LES LIBERTÉS COLLECTIVES DES TRAVAILLEURS

Étude comparative Afrique / Europe

Études Africaines

Collection dirigée par Denis Pryen et François Manga Akoa

Dernières parutions

Mathurin C. HOUNGNIKPO, *L'Afrique au futur conditionnel*, 2011.

Michel KOUAM et Christian MOFOR, *Philosophies et cultures africaines à l'heure de l'interculturalité, Anthologie tome 1 et 2*, 2011.

Baudouin MWAMBA MPUTU, *Le Congo-Kasai (1865-1950), De l'exploration allemande à la consécration de Luluabourg*, 2011.

André-Hubert ONANA-MFEGE, *Cameroun, Nigeria, ONU. Entre la force de la palabre et la primauté du droit*, 2011.

Moïse Tchando KEREKOU, *Union africaine et processus d'intégration*, 2011.

Constant SOKO, *Les Entrepreneurs Informels en Côte d'Ivoire. Entre l'État, le marché et les circuits de financement*, 2011.

Alphonse NDJATE, *La police des étrangers sous le règne du maréchal Mobutu*, 2011.

Pierre AKINWANDE, *Négritude et francophonie*, 2011.

Arlète TONYE, *Épargnants d'Afrique, inquiétez-vous !*, 2011.

Patrice ITOUA « Lepatrick », *Le cinquantenaire économique du Congo-Brazzaville. Fonctionnariat et entreprenariat*, 2011.

Pape Moussa SAMBA, *Léopold Sédar Senghor, philosophe de la culture*, 2011.

François Lonsény FALL, *Mon pari pour le Guinée. Le changement est possible*, 2011.

Emmanuel YENSHU VUBO, *Inventer un nouvel espace public en Afrique. Le défi de la diversité ethnique*, 2011.

Yaya KONE, *Anthropologie de l'athlétisme en Afrique de l'Ouest, La condition de l'athlète*, 2011.

Ahmed BELLO

LES LIBERTÉS COLLECTIVES DES TRAVAILLEURS

Étude comparative Afrique / Europe

Préface de Alain COEURET

L'Harmattan

5-7, rue de l'École-Polytechnique ; 75005 Paris

http://www.librairieharmattan.com
diffusion.harmattan@wanadoo.fr
harmattan1@wanadoo.fr

ISBN : 978-2-296-56346-9
EAN : 9782296563469

LISTE DES PRINCIPALES ABRÉVIATIONS

Aff.	Affaire
A.J.	Actualité juridique
Al.	Alinéa
Art.	Article
Ass. Plén.	Assemblée Plénière de la Cour de Cassation
Bull. civ.	Bulletin des arrêts de la Chambre Civile
Bull. crim.	Bulletin des arrêts de la Chambre Commerciale
C.A.	Cour d'Appel.
Cah. Dr. Entr.	Cahier de Droit de l'Entreprise
C. Civ.	Code civil.
C. Com.	Code de commerce
Cah. Prud'h.	Cahier Prud'homaux.
C.E.	Conseil d'Etat.
CEDH.	Cour Européenne des Droits de l'Homme
Cf.	Confer
C. pén.	Code pénal.
Civ.	Cour de Cassation, Chambre civile.
Chr.	Chronique.
CJCE.	Cour de Justice des Communautés Européennes.
Coll.	Collection.
Com.	Cour de Cassation, Chambre commerciale.
Comm.	Commentaire
Concl.	Conclusions.
C.C.	Conseil Constitutionnel
Crim.	Cour de Cassation, Chambre criminelle
DDHC.	Déclaration des Droits de l'Homme et du Citoyen
D.	Recueil Dalloz.
D.O.	Droit Ouvrier
D.S.	Droit Social
Dr. Trav.	Droit du travail.
Ed.	Edition.
Gaz. Pal.	Gazette du Palais, Paris
I.R.	Informations Rapides, Recueil Dalloz.
JCP, E.	Semaine juridique, édition Entreprise
JCP, G.	Semaine juridique, édition Générale.
JCP, S.	Semaine juridique, édition Sociale.

JDI.	Journal du Droit International (Clunet).
JO.	Journal Officiel
JSL.	Journal Social Lamy
Jurisp.	Jurisprudence.
L.	Loi
Loc. cit.	*Loco citato,* article cité
LPA.	Les Petites Affiches.
Liaisons soc.	Liaisons sociale.
NCPC.	Nouveau Code de Procédure Civile.
Obs.	Observations
Op. cit.	*Opere citato*, ouvrage cité.
Préc.	Précité
Préf.	Préface
Rapp.	Rapport
RDT.	Revue de Droit du travail
Rép. Civ.	Répertoire de Droit Civil.
Rép. Trav.	Répertoire de Droit du travail. Dalloz
Rev. sc. Crim.	Revue de Science Criminelle et de droit pénal
R.I.T	Revue Internationale du travail
RJS	Revue de Jurisprudence Sociale
RTD Civ.	Revue Trimestriel de Droit Civil.
RTD Com.	Revue Trimestriel de Droit comparé
RPDS.	Revue Pratique de Droit social
SSL.	Semaine Sociale Lamy
Soc.	Cour de cassation, Chambre sociale.
Somm.	Sommaire
TPS.	Travail et Protection Sociale
TGI.	Tribunal de Grande Instance
V	Voir.

À madame Valérie BERNAUD

SOMMAIRE

Préface

C'est avec une profonde satisfaction que je présente la thèse remarquable consacrée par M. Ahmed BELLO à l'étude des libertés collectives des travailleurs dans la dimension comparative France-Bénin. Fortement ancrée dans le droit du travail, l'ouvrage ainsi réalisé opère également de profondes incursions dans le droit constitutionnel de chacun des deux pays, surmontant un clivage de discipline qui conduit trop souvent encore à une balkanisation de la recherche universitaire.

Il convient tout d'abord de saluer comme il le mérite l'effort accompli par l'auteur pour surmonter les obstacles liés à la nature même du sujet à traiter. A partir d'une documentation considérable, Ahmed BELLO est parvenu à donner un tableau riche et subtil du développement souvent contrarié des libertés collectives des travailleurs, non seulement au Bénin mais aussi en France à une époque plus reculée qui fut décisive pour la reconnaissance, au plus haut niveau normatif de la liberté syndicale, du droit de grève et du droit des travailleurs de participer à la vie de leur entreprise.

Le plan adopté est logique et progressif. L'auteur traite dans une première partie de la définition des libertés collectives des travailleurs autant en droit béninois qu'en droit français, engageant un travail comparatif dès les premières pages. Il en tire profit pour ensuite, dans une seconde partie étudier, toujours dans la même optique, les modes juridiques de protection de ces libertés.

Les développements et les propositions de M BELLO sont clairs et convaincants. Le lecteur pourra tout particulièrement apprécier les passages sur les régimes respectifs du droit de grève, l'idée de rejeter toute hiérarchie formelle entre les libertés collectives des travailleurs en termes de droit-libertés (même s'ils sont mêlés dans le Préambule de la Constitution française du 27 octobre 1946 à des droits-créance), la pénalisation du droit du travail, lorsque la norme violée exprime les valeurs qui sous tendent ces droits constitutionnels.

Enfin et surtout, on appréciera la distance prise avec le droit français en tant que source d'inspiration du droit du travail béninois. Ainsi, une question est posée qui dépasse largement le territoire pourtant déjà vaste parcouru par l'auteur. Cette question est la suivante : dans quelle mesure la problématique du « mimétisme juridique » qui caractérise bien souvent la manière dont sont réalisées les avancées normatives dans les pays ayant fait partie de l'empire colonial français, génère-t-elle des difficultés non seulement dans la conception mais aussi dans la protection des libertés collectives des travailleurs. Prenant ses distances avec une telle méthode Ahmed BELLO plaide ici pour un pluralisme juridique qui seul lui parait permettre de garantir l'efficacité des droits fondamentaux au Bénin et plus largement en Afrique. Gageons que l'idée fera son chemin et permettra, dans le respect mutuel des cultures juridiques et sociales, de se retrouver sur l'essentiel.

Alain COEURET
Agrégé des Facultés de droit
Université Paris 1 Panthéon-Sorbonne, Université Cergy-Pontoise
Ancien conseiller à la Cour de cassation Française
Directeur de thèse

Avant-propos

Lorsque monsieur BELLO Ahmed était venu nous voir – à l'Université d'Abomey-Calavi du Bénin – pour la codirection de sa thèse portant sur l'étude comparative des droits à expression collective des travailleurs français et béninois, l'impression qu'il offrait était convaincante et particulièrement portée à la promesse d'un bel avenir. C'était en 2006.

Alors en première année de thèse, l'auteur, dont les premières années de scolarité au Bénin l'ont été au Collègue d'enseignement général de Sègbèya et au Lycée Technique FM Coulibaly de Cotonou avant qu'il ne soit accepté à l'université de Paris 1 Panthéon-Sorbonne, puis en Master II spécialité droit social à l'université de Cergy-Pontoise a vraiment retenu notre attention. En conséquence, il parut légitime de superviser son travail. Mais, eu égard aux impératifs administratifs, décision a été prise de réaliser une thèse non plus en codirection franco-béninoise mais sous la direction unique de monsieur Alain COEURET, professeur aux universités de Panthéon-Sorbonne et de Cergy-Pontoise.

Pour venir à l'essentiel, la fin de l'année 2010 vit la constitution du jury de soutenance de monsieur BELLO. Les échanges et discussions entre collègues suffragants n'ont pas manqué de conforter l'impression faite par le candidat aux mérites, à tout point de vue, distingués ainsi que l'attestent les écrits des deux rapporteurs. Le doyen Franck PETIT n'a pas passé sous silence les qualités intellectuelles et scientifiques de l'intéressé : « le sujet qu'a choisi le candidat est d'un grand intérêt ; il s'agit d'un thème d'une grande actualité et d'une grande richesse, comme le montre l'abondance des textes internationaux sur le sujet ; ... la thèse de monsieur Ahmed BELLO est agréable à lire ; son propos est servi par une langue limpide ... Monsieur Ahmed BELLO est également en phase avec l'actualité jurisprudentielle ; s'il n'hésite pas à la critiquer, c'est toujours au prix d'une démonstration longue, fournie et convaincante. On sent d'ailleurs chez lui le souci de la cohérence du droit. Ces développements sont la marque d'un juriste confirmé, attestent d'une recherche approfondie et d'une réelle maîtrise des concepts que l'auteur utilise. » Affirmations consolidées par les observations du doyen Bernard

BOSSU : « dans la forme, le travail présenté est de qualité car structuré et accessible ; contenant peu de scories, il se lit bien et on peut suivre aisément la pensée de l'auteur... Quant au fond, le travail s'appuie sur une documentation solide, complète et à jour, la culture juridique du candidat est évidente. »

Les analyses comparatives faites par le candidat des différents systèmes juridiques béninois et français sont particulièrement intéressantes. En ce sens, il convient de louer le talent souvent observé dans sa démonstration dont ressort la preuve qu'il faut s'émanciper des frontières internes et des espaces nationals pour, avant tout, considérer la dimension universelle des prérogatives traitées. Soulignant les hésitations, imperfections ou limites de tels ou tels instruments juridiques, aussi bien dans l'ordre interne de chaque pays que sur le plan du droit international ou régional, dont font partie les normes de l'OIT, de l'OHADA et de l'UE, il cerne l'intérêt tous azimuts qu'induira une meilleure garantie de ces droits. A ce titre, il est patent de constater que les derniers développements d'actualité lui donne raison, surtout en ce qui concerne la dimension réaffirmée du caractère supranational et extra-occidental des prérogatives humaines. L'auteur précise, dans le prolongement des propos de bien d'autres auteurs dont il s'inspire, au rang desquels figurent les professeurs Jean CARBONNIER et Jean-Maurice VERDIER, la manière dont les difficultés économiques et sociales actuelles ne peuvent trouver leur solution durable que dans la restauration des libertés collectives des travailleurs qui doivent, en conséquence, cesser d'être à tort considérées comme des *« droits subordonnés »* voire des *« droits de nuire »*.

Nul ne doute que la lecture de cet ouvrage ne le fasse encore progresser, grâce à la richesse des informations données en son sein. Ce sera pour l'auteur une récompense à la mesure de son travail. Déjà, dès la première approche, il apparaît que M. BELLO y manifeste clairement les qualités attendues d'un futur universitaire.

Dorothé SOSSA
Agrégé des Facultés de droit
Secrétaire Permanent de l'OHADA
Doyen honoraire de l'Université d'Abomey-Calavi du Bénin
Ancien ministre
Président de Jury

INTRODUCTION

1. Le temps n'est pas éloigné où M. Jean-Michel BELORGEY se demandait si « les droits sociaux[1] – et quels sociaux ? – sont-ils pour de bon, des droits fondamentaux ? Et peuvent-ils à ce titre bénéficier de la même protection, des mêmes garanties d'exercice que les droits *classiques*, les droits civils et politiques ? »[2]. Par-delà les préjugés une précision d'usage assurément nécessaire, et qui vient au point au bon moment, s'impose. Encore faudrait-il connaître les fondements juridiques de la discussion.

Nul n'ignore la jurisprudence du Conseil d'État des années 1960 et 1970[3], où le principe de participation s'analysa comme « un objectif à atteindre auquel les constituants ont réaffirmé leur attachement »[4]. Au demeurant, dans ce prolongement, la Haute juridiction administrative affirma vers la fin des années 1980 au sujet de l'alinéa 8 du préambule du 27 octobre 1946 que « les droits reconnus par ce principe ne peuvent s'exercer que dans le cadre des dispositions législatives et règlementaires qui le régissent »[5], à croire qu'il n'y avait rien à attendre du droit de

---

[1] Pour une définition générale de la formule, on renvoie à : F. GAUDU, Les droits sociaux, *in Libertés et droits fondamentaux,* R. CABRILLAC, M.-A. FRISON ROCHE, T. REVET (dir.), Dalloz, 12ème éd. 2006, p. 729.

[2] J.-M. BELORGEY, *in La Charte sociale européenne,* J.-F. AKANDJI-KOMBÉ, S. LECLERC (dir.), Bruxelles, Bruylant, 2001, p. XIII

[3] On fait ici allusion aux arrêts : *Sieur Leseur et autres* du Conseil d'État, sec., 15 février 1961, *Rec.,* p. 115. ; *Fédération nationale des syndicats des services de santé et services sociaux de la DFDT,* Conseil d'État ass. 28 juin 1974, *Rec., p. 380 et RTDSS,* 1974, p. 699, conclusion BERTRAND ; *Manufacture française des pneumatiques Michelin,* Conseil d'État, 15 décembre 1978, *D.* 1979, J., p. 329, conclusion LATOURNERIE.

[4] Dans le droit fil de la distinction doctrinale alors entretenue entre les dispositions juridiques contenant ou non des règles de droit directement applicables, que l'on désigna respectivement comme étant des « règles de droit positif » ou des « dispositions programmes » nécessitant une *interpositio legislatoris* : G. BURDEAU, *Traité de science politique,* LGDJ, 1950, t. 3. p. 128.

[5] CE, Sec., 9 juillet 1986, *Syndicat des commissaires de polices et des hauts fonctionnaires de la police, RDP* 1987. 250.

participation dans le contentieux administratif[1]. Chacun sait l'antagonisme qui apparut entre la continuité du service public et la grève dans les conclusions du commissaire du Gouvernement TARDIEU sur l'arrêt *Winkell*[2], lequel conduisit d'éminents membres de la doctrine à considérer le droit de grève des fonctionnaires comme étant un « droit de guerre privée »[3], « un crime »[4] ou « un attentat »[5]. On se souvient des difficultés qui s'élevèrent autour de la reconnaissance de la liberté syndicale négative devant les juges européens, dont l'affaire *Young James et Webster*[6] constitua le témoignage éloquent.

2. En effet, il faut admettre, ainsi que le fait remarquer Mme OGIER-BERNAUD[7], que les droits constitutionnels des travailleurs ont toujours été victimes de préjugés doctrinaux et d'hésitations jurisprudentielles[8]. Les droits sociaux, à dimension collective[9], pourtant inventés[10] pour permettre aux salariés de sortir du dilemme de la subordination volontaire[11] sans remettre en cause sa situation subordonnée[12], ne sont pas toujours des plus simples à saisir dans le champ de la « fondamentalité »[13] des prérogatives humaines. Or ils constituent l'une des principales raisons d'être de la discipline du droit du travail[1].

---

[1] Selon les propos de M. le professeur A. LYON-CAEN se rapportant à cette décision : « Le droit constitutionnel de participation et délimitation des collectivités de travail », *RDT* ; Février 2007, p. 85.
[2] Conseil d'État, 7 aout 1909, *Rec.,* p. 826 s., 1909, 3, p. 145.
[3] Cf. M. HAURIOU, *S* 1909-3-145.
[4] Cf. L. DUGUIT, *Traité de droit constitutionnel,* t. III, 3e éd., 1929, de Boccard, p. 219 et s.
[5] Ibid.
[6] Du 13 aout 1981 : Série A, n°44, p 21-22, para 55-58.
[7] Dans le même sens, cf. P.-H. IMBERT, *in La Charte sociale européenne, op. cit.,* p. XI.
[8] *Les droits constitutionnels des travailleurs,* Économica, PUAM, 2003, p. 167.
[9] Selon la formule de M. le professeur A. SUPIOT, *Critique du droit du travail,* Paris, PUF, coll. Les voies du droit, 1994, p. 140.
[10] Ibid. Et l'on ne peut manquer de penser, au regard de la portée universelle du mouvement, à la Déclaration de Philadelphie concernant les buts et les objectifs de l'Organisation internationale du travail adoptée le 10 mai 1944 en Conférence générale par les membres des Nations Unies … : A. SUPIOT, *L'esprit de Philadelphie. La justice sociale face au marché total,* Seuil, 2010, 178 p.
[11] A. SUPIOT, *Critique du droit du travail, op. cit.,* ibid.
[12] Ibid.
[13] On emprunte ici le mot des professeurs A. VIALA et .B. MATHIEU, respectivement dans : « Droit fondamentaux (garanties procédurales) », *in Dictionnaire des droits fondamentaux,* D. CHAGNOLAUT, G. DRAGO (dir.), Dalloz, 2006, p. 287 ; « Pour

C'est pourquoi il a semblé nécessaire de leurs consacrer une étude particulière, et plus précisément aux grandes libertés publiques des travailleurs : « car le droit du travail, d'une façon ou d'une autre, participe nécessairement d'un débat fondamental sur les libertés publiques, sur le régime politique. Ainsi donc, le pluralisme, la reconnaissance des divergences d'intérêts entre employeurs et salariés, la consécration du droit syndical, le développement de la participation dans l'entreprise comme à d'autre niveau de la société, ne sont jamais pour trop plaire aux tyrans de tous ordres non plus qu'aux esprits peu libéraux, pour ne pas les qualifier de totalitaires… »[2].

Il reste encore, après avoir acquis cette certitude, à délimiter le champ de la recherche, et donc, à définir la catégorie des droits sociaux devant être prise en considération. S'est rapidement imposée l'idée de se circonscrire sur la variante des droits sociaux dont jouissent uniquement les travailleurs, en tant que personnes liées à un employeur par un contrat de travail. Le choix est en réalité incontournable dans la mesure où il n'est nullement possible de privilégier une conception large du sujet et de traiter, non pas des seules droits sociaux dont bénéficie la catégorie exclusive des travailleurs, mais de tous les droits et libertés de nature individuelle comme collective qui leurs reviennent en qualité d'homme.

Ainsi s'aperçoit-on rétrospectivement qu'il n'était en aucun cas possible de procéder autrement, puisque toute autre alternative allait transformer la thèse en un véritable catalogue, où aurait été réalisée une analyse superficielle des différents droits et libertés des personnes, sans l'observation d'une quelconque cohérence. Ceci aurait conduit à prendre tout à la fois en considération des droits à caractère civil ou politique et d'autres à dimension sociale ou économique, des droits ayant été

---

une reconnaissance de principes matriciels en matière de protection constitutionnelle des droits de l'homme », *D.*, 1995, p. 211 s.

[1] V. J. Le GOFF, *Du silence à la parole. Une histoire du droit du travail,* 2ème éd. PU Rennes, 2004 ; Actes du Colloque « Construction d'une histoire du droit du travail », Cahier de l'*Institut régional du travail,* Univ. Aix-Marseille II, n°9, avril 2001 ; J.-P. LE CROM, *Du bon usage de l'histoire en droit du travail, Regard croisé sur le droit social, SSL,* suppl. n°1095 (28 oct. 2002), p. 58 ; M. DAVID, *Les travailleurs et le sens de leur histoire,* Cujas, 1967 ; R. CASTEL, *Les métamorphoses de la question sociale. Chronique du salariat,* Fayard, 1995 (2ème éd., 1999).

[2] J.-C. JAVILLIER, « La doctrine en droit du travail », *in Les sources du droit du travail,* B. TYESSIÉ (dir.), PUF, 1998, . spéc. p. 47.

proclamés pendant la première génération et ceux appartenant à la deuxième génération, des droits pouvant s'exercer par la volonté d'une seule personne et d'autres ne se mettant en œuvre d'ordinaire que dans un cadre collectif.

3. D'où la nécessité s'étant manifestée de se borner aux droits d'expression collective[1] ayant été inventés pour donner au travailleur une force résultant du groupe, en vue de lui restituer sa qualité de sujet libre[2], même dans l'espace de l'entreprise : la liberté syndicale, le droit de grève et le principe de participation[3]. En conséquence, les droits consacrés dans les seuls alinéas 6,7 et 8 du préambule de 1946 occuperont notre intérêt. Mais est-ce à dire qu'on ne devra recourir d'aucune manière que ce soit aux droits civils et politiques et, qu'il sera possible de traiter des libertés collectives des travailleurs sans l'ombre d'une évocation des droits dits « classiques », auxquels les auteurs reconnaissent sans ambages la qualification de « fondamentaux » ? Peut-on étudier les droits d'expression collective des travailleurs sans rapprocher leur régime juridique de celui des droits des personnes à caractère individuel, alors que c'est par rapport à ces derniers qu'il faut raisonner pour voir dans quelle mesure le continuum juridique de la collectivité des libertés constitutionnelles mériterait d'être restauré ?

4. S'il est nécessaire de prendre en considération que les seuls droits sociaux des travailleurs dont la particularité est de ne pouvoir (en principe) être mis en œuvre que par la volonté de plusieurs personnes, il convient immédiatement de signaler que l'analyse du triptyque des libertés collectives des travailleurs ne peut être menée sans la réalisation

---

[1] A. SUPIOT, *Critique du droit du travail op. cit.*, ibid.

[2] Ibid.

[3] Tout au long de ce développement, on emploiera le terme de « principe de participation » pour désigner les droits consacrés par l'alinéa 8 du préambule de la Constitution du 27 octobre 1946. La prise de cette décision a été précédée particulièrement par une phase d'hésitation. Il était possible d'employer l'expression de « droit à la participation », si l'on voulait souligner l'aspiration dynamique de la notion. On aurait également pu préférer la formule de « droit de participation », par déduction du fait que l'alinéa 8 reconnaîtrait à tout travailleur, malgré l'échec de la Déclaration d'avril, un « droit de participer » à la détermination collective des conditions de travail et à la gestion de l'entreprise. Mais, il a semblé plus pertinent de rester au plus près de la pratique doctrinale majoritaire, préférant utiliser le vocable de « principe de participation » pour marquer que l'alinéa 8 prend place dans une liste de *principes particulièrement nécessaires à notre temps*.

d'une comparaison avec le régime juridique des libertés individuelles dans le corpus d'autres disciplines du droit[1]. C'est alors qu'une nouvelle interrogation s'est imposée à nous, eu égard à la dimension comparative de l'analyse. Doit-on comparer les libertés collectives des travailleurs aux droits civils et politiques dans le seul prisme du droit du travail français ou, dans une dynamique davantage stimulante, convient-il d'élargir le champ de la comparaison à d'autres éléments d'extranéité ? L'universalité[2] des droits des personnes salariées conjuguée à la spécificité inhérente, aussi bien à la liberté de revendication professionnelle, qu'au droit conventionnel des relations professionnelles, ne conduit-elle pas à inscrire le débat dans une approche comparative et externe, c'est-à-dire dans une mise en contact avec un autre système juridique national ?

5. Les propos de M. le professeur JAVILLIER ont été particulièrement déterminants dans la prise de la décision finale. Selon l'auteur, « une doctrine ne saurait se concevoir sans sortir de son territoire : de sa discipline familiale comme de son territoire national. Bien peu d'écrits sont consacrés à l'impact du droit du travail sur d'autres disciplines. Et pourtant, l'impression est bien que des concepts (la représentativité) et techniques (la convention collective) font désormais partie des instruments communs à de nombreuses disciplines »[3].

Le spécialiste convaincu du droit comparé estime, en effet, que : « en revenant aux thèses, force est de constater que le droit des autres (droit étrangers-droit comparé, avec toutes les incertitudes terminologiques et

---

[1] À défaut, l'objet de la question posée par le praticien du droit, J. M. BELORGEY, consistant à se demander si, au bout du compte, les droits sociaux sont de véritables droits fondamentaux, perdrait son sens, tant elle ne se justifie que par la mise en relation des droits dits de la « première » et de la « deuxième » génération.

[2] Ce qui n'est pas à confondre avec l'universalisation, et encore moins avec l'universalisme, qui confine au vestige de la pensée unique dogmatique ; de façon courante, le ghetto redouté de la hiérarchisation des cultures et des civilisations humaines en piteuse contradiction avec les principes même d'égalité et de dignité revendiqués, v. en ce sens :H. PALLARD, Universalité ou universalisation des droits de l'homme ?, Un philosophe du droit lit un anthropologue du droit, *in La quête anthropologique du droit : autour de la démarche d'Étienne Le Roy*, Karthala, 2006, p. 115 ; E. Le ROY, « Les fondements anthropologique des droits de l'homme. Crise de l'universalisme et post modernité », *Rev. de la Recherche juridique-Droit prospectif*, 1992, n°1, p. 151 s.

[3] « La doctrine en droit du travail », *in Les sources du droit du travail, op. cit.*, p 53.

méthodologiques) ne semble pas honorer l'œuvre doctrinale. L'impression est même que les juristes français sont bien à part. À la différence d'universités européennes (allemandes, anglaises, belges, hollandaises, notamment), il est bien difficile de trouver sur les rayons (quand il y a facilement accès) des ouvrages de droit du travail des différents pays. Avec ce constat qu'il convient aussi de faire : que la langue française n'est plus une langue usuelle en droit comparé, puisque les publications les plus nombreuses sont désormais en langue anglaise. Pour qui souhaite une présence doctrinale hors du territoire, l'hésitation n'est désormais plus possible »[1].

6. Il est patent de constater que jusqu'à nos jours, à notre connaissance, aucune comparaison n'a été réalisée sur les libertés collectives des travailleurs béninois et français. En somme, il conviendra de mener, dans tous les sens du terme, une étude comparative sur cet objet. Mais une précision importante doit être apportée dans l'immédiat. En effet, contrairement aux observations souvent réalisées dans certains ouvrages de droit comparé, il ne sera nullement question ici d'accomplir une juxtaposition artificielle des différents systèmes juridiques en lieu et place d'une véritable étude de comparaison : le travail comparatif oblige assurément, d'un champ juridique à un autre, à un rappel chronologique des points de droits, mais cela ne peut conduire à procéder à un bilan artificiel des concepts et notions des ordres internes. Il est primordial de distinguer l'objet de la comparaison de la topique de la juxtaposition, dont il ne sera nullement question ici. A titre principal, l'étude devra s'ouvrir à tous les éléments du débat concernant, de près ou de loin, les droits sociaux des travailleurs. C'est dire le cadre général de la réflexion imposé par le caractère universel des droits concernés, en dépit de sa limitation liminaire aux champs juridiques béninois et français. Mais, surtout, l'étude comparative devra intégrer les impacts des autres disciplines du droit sur les libertés collectives des travailleurs, ce qui permettra de les confronter plus précisément au travers des dispositions législatives et règlementaires résultant du code du travail français (dont la première version date du 28 décembre 1910) et du code du travail béninois (entré en vigueur le 27 janvier 1998). Dans le prolongement des observations de M. le professeur JAVILLIER, ce travail présente un intérêt majeur aussi bien dans les champs juridiques béninois et français que sur le plan plus général de la progression de l'analyse des libertés

---

[1] Ibid., p 53-54.

collectives de la communauté des travailleurs. Toutefois, malgré la pertinence des constatations de l'auteur, une remarque pourrait nous être objectée, tant la bonne marche du processus du rayonnement du Droit par le rapprochement des droits n'est pas toujours des plus connus.

On pourrait en effet nous objecter que plusieurs travaux doctrinaux d'envergure permettaient déjà de conclure que les jurisprudences françaises auxquelles nous faisions allusions au début de cette introduction sont datées et que, de fait, l'apport de notre analyse s'appuyant sur les propos de M. BELORGEY serait résiduel. Autant en convenir d'emblée : l'étude des libertés collectives des travailleurs français, particulièrement rare il y a quelques années, a depuis lors connu un certain succès[1]. Le passage des conceptions individualistes de la période révolutionnaire aux conceptions sociales des droits des personnes à partir de la fin de la Seconde Guerre mondiale a certainement contribué à cette inversion des tendances[2]. Dans ce contexte, est-il indispensable d'entreprendre une nouvelle recherche sur ce thème ? La réponse est assurément positive.

Il faut immédiatement préciser que, malgré leur qualité respective, les thèses soutenues dans les universités françaises et principalement celles des vingt dernières années, en dehors du fait qu'elles n'avaient pas été menées sous un angle comparatif classique, ne se sont intéressées aux droits d'expression collective des travailleurs que de façon subsidiaire. Il en est ainsi, en particulier, de celles de MM. les professeurs CLAPIÉ[3],

---

[1] Dans ce sens, Cf. : J. AUROUX, *Les droits des travailleurs, rapport du ministre du travail au Président de la République et au Premier ministre,* Paris, La documentation française, 1982, 104 p.

[2] V. en ce sens les réflexions de M. le professeur G. COUTURIER – *Droit du travail,* Pairs, PUF, t.1, *Les relations individuelles de travail,* 3e éd., 199-, p. 85 – qui observe que les années soixante-dix ont été marquées par un « conflit de logiques », stigmatisant « les contradiction de la société capitaliste et du droit qui s'y applique. Étaient en cause les concepts utilisés, les modes de raisonnement mis en œuvre, les sanctions encourues, voire les modes d'élaboration de la loi. Parmi ces instruments de la technique juridique, certains étaient identifiés comme véhiculant une "logique" favorable aux employeurs : les concepts et les principes du droit des obligations (...). La théorie voulait leur en opposer d'autres, relevant d'une autre "logique", favorable aux travailleurs : problématiques formulées en terme de droit de la défense et de libertés fondamentales... ».

[3] *De la consécration des principes politiques économiques et sociaux particulièrement nécessaires à notre temps,* Thèse, Montpellier I, 1992, 542 p.

MOLFESSIS[1] ou de MM. FRANGI[2], WANDJI-KEMADJOU[3], ou encore de celles de Mmes SAUVIAT-CANIN[4], MEYRAT[5]. Sauf l'étude de Mme OGIER-BERNAUD[6] se rapportant aux droits constitutionnels propre à la catégorie des travailleurs et donc à la liberté syndicale, au droit de grève et au principe de participation, examinés selon une approche de constitutionnaliste avec un point de vue ponctuellement comparatiste.

L'auteur, soulignant le caractère incident de ces principaux travaux de recherche sur les libertés collectives des travailleurs, avait été amené à réaliser des comparaisons ponctuelles et à confronter la jurisprudence du Conseil constitutionnel avec celle des Cours constitutionnelles d'autres pays. C'est ainsi qu'elle se référa « aux solutions étrangères pour faire ressortir l'originalité de celles retenues en France ou au contraire leur absence de spécificité »[7]. Il est donc nécessaire de tirer toutes les conséquences de l'intérêt du procédé du rapprochement des droits et de réaliser, à proprement parler, une étude comparative.

---

[1] *Le Conseil constitutionnel et le droit privé*, Paris, LGDJ, Bibliothèque de droit privé, 1997, 602 p.

[2] *Constitution et droit privé – Les droits individuels et les droits économiques,* Paris, Aix-en-Provence, Economica, PUAM, Coll. Droit public positif, 1992, 317 p.

[3] *Les droits et libertés fondamentaux du salarié : réflexion sur la hiérarchie des normes,* Thèse, Paris II-Assas, 2007, 355 p.

[4] *La jurisprudence judiciaire et les décisions du Conseil constitutionnel,* Thèse, Limoges, 1993, 576 p.

[5] *Droit fondamentaux et droit du travail,* Thèse, Paris X-Nanterre, 1998, 373 p.

[6] *Op. cit.*

[7] Ibid., p 22.

7. L'utilité de la méthode comparative n'est plus à démontrer[1] : elle enrichit le Droit par intégration en son sein d'éléments exogènes ou de pratiques nouvelles[2], en vue de la sélection des matières susceptibles d'unification[3] ; « comme par une sorte d'effet réflexe, lié au retour comparatif sur soi-même, la connaissance du droit étranger favorise une meilleure compréhension des solutions, des structures et des tendances du droit national »[4]. Le vide juridique constitué par l'absence d'étude comparative des libertés collectives des travailleurs béninois et français se doit d'être comblé. D'ailleurs, à l'instar de Mme OGIER-BERNAUD[5], qui utilisa la méthode comparative pour traiter des *droits constitutionnels des travailleurs* dans le champ juridique français, des auteurs béninois s'étaient également rendus compte de son utilité voire, de sa nécessité.

Ainsi le précisa-t-on de diverses manières. D'une part, il fut constaté que, « qu'on le veuille ou non, l'étude des lignes de l'évolution du droit du travail au Bénin ne peut se faire, de manière compréhensible, sans

---

[1] G. LYON-CAEN, « Les apports du droit comparé au droit du travail », *in Un siècle de droit comparé en France. Les apports du droit comparé au droit positif français. Le livre du centenaire de la société de législation comparée,* Paris, LGDJ, 1969, p 315. M. ANCEL, *Utilité et méthode du droit comparé,* Ides et Calendes, 1971, p. 37 s ; P.G. VALLINDAS, « L'utilité du Droit comparé en vue de la sélection des matières susceptibles d'unification », *R.H.D.I.,* 1949.84 ; R. SACCO, La comparaison juridique au service de la connaissance du droit, Economica, coll. « Études juridiques comparatives », 1991, spéc. ch.1, sur « le but de la comparaison » ; C.-J. HAMSON, « Droit comparé et enseignement du droit » », *R.I.D.C.,* 1950, p 672 ; R. DAVID, « Le droit comparé, enseignement de culture générale », *R.I.D.C.,* 1950, p 682 ; *Traité élémentaire de droit civil comparé. Introduction à l'étude des droits étrangers à la méthode comparative,* L.G.D.J., 1950, p 1 s ; A. SCHWARTZ, « La réception et l'assimilation des droits étrangers, in *Introduction à l'étude du droit comparé, Recueil en l'honneur d'Édouard LAMBERT,* Sirey-L.G.D.J., 1938, T.II, p 581 ; I. ZAJTAY, « La réception des droits étrangers et droit comparé », *R.I.D.C,* 1947, p 686 ; J. GAUDEMET, « Les transferts de droit », *L'année sociologique,* vol.27, 1976, p 29 ; R. RODIÈRE, « Approche d'un phénomène : les migrations de systèmes juridiques », in *Mélanges Gabriel MARTY,* p. 947 ; E. AGOSTINI, « La circulation de modèles juridiques », *R.I.D.C.,* 1990 ; p. 461 ; A.-J. VAN DER HELM, V.-M. MEYER, *Comparer en droit,* Cerdic, 1991, p 21 ; J.-C. JAVILLIER, « Les enseignements de l'analyse comparative et la pratique française », *Dr. soc.,* 1990, p.661.

[2] M. ANCEL, *Utilité et méthodes du droit comparé, op. cit.,* ibid.

[3] P.G. VALLINDAS, « L'utilité du Droit comparé en vue de la sélection des matières susceptibles d'unification », *op. cit.,* ibid.

[4] F. TERRÉ, *Introduction générale au droit,* Précis Dalloz, 3e éd., 1996, n°390, p. 347.

[5] Dans le même sens mais non point sur l'objet spécifique des droits des travailleurs, Cf. : N. MOLFESSIS, Le *Conseil constitutionnel et le droit privé, op. cit.,* p 12 s.

retracer l'itinéraire suivi par les relations de travail en Afrique Noire à travers différentes périodes de l'Histoire »[1]. D'autre part, il est observé, dans le cadre d'étude se rapportant aux *Libertés de l'individu dans le système juridique béninois,* que « faire un bilan de l'état des libertés de l'individu au Bénin sans une comparaison avec le modèle français n'est pas facile. Cette comparaison était nécessaire à cause du mimétisme souvent observé au niveau des règles de droit sur lesquelles reposent les conditions d'exercice de ces libertés et leur effectivité »[2].

8. On aura compris : une constatation primordiale ressortant de l'approche comparative s'impose d'ores et déjà. Les relations juridiques françaises et béninoises et, plus globalement, celles qui intègrent les pays de l'Afrique à expression française, seraient caractérisées par une problématique récurrente de mimétisme juridique, dont les effets seront à rechercher, selon les chercheurs et observateurs, scientifiques de tous horizons, dans les difficultés de réception des droits fondamentaux des personnes en Afrique.

Pour M. le doyen GBAGO, « l'État béninois aujourd'hui monopolise le droit enseigné dans les facultés en présentant son uniformité comme un dogme. Pourquoi s'étonner de son échec ? »[3] Et l'auteur de conclure : « l'Afrique a donc intérêt à *réinterpréter* comme elle a commencé par le faire la méthode de pensée et d'adaptation des droits de l'homme en usage sur le plan international »[4]. Il conviendra, évidemment, de fournir une réponse complète sur cette question et de voir dans quelle mesure, dans quel postulat d'autres paradigmes, d'autres hypothèses, d'autres facteurs référentiels, tantôt ignorés mais toujours déterminants, peuvent également expliquer les difficultés de réception des droits fondamentaux des personnes en Afrique[5].

---

[1] B. AMOUSSOU, *Droit béninois du travail*, Cours, Cotonou, 2003, p. 7. Ceci se justifie par le fait que, le Dahomey d'antan, avant qu'il ne devienne la République populaire du Bénin (à partir du 30 novembre 1975) puis la République du Bénin (depuis le début des années 1990), fut une ancienne colonie française, entre le 22 juin 1894 et le 31 juillet 1960, où elle fit partie de *l'Afrique Occidentale Française.*

[2] S. A. APITHY, *Les libertés de l'individu dans le système juridique béninois,* Thèse, Caen, 1997, sn 245242, p. 291.

[3] B. G. GBAGO, *Le Bénin et les droits de l'homme*, L'Harmattan, 2002, p. 19.

[4] Ibid.

[5] M. SAMB, « Réformes et réception des droits fondamentaux du travail au Sénégal », *Afrilex*, 2000, p. 2.

9. En bout de course, on s'aperçoit que les questions posées sur les droits sociaux par l'ancien président du CEDS – M. BELORGEY – sont également valables pour les travailleurs béninois et plus généralement africains mais, il est vrai, au travers de la problématique du mimétisme juridique. Il est indispensable de vérifier si la liberté syndicale, le droit de grève et le principe de participation sont pour de bon des droits fondamentaux comme tout autre prérogative humaine et s'ils bénéficient, en conséquence, de systèmes de reconnaissances et de mécanismes de garanties identiques à ceux dont jouissent les droits civils et politiques, aussi bien dans les champs juridiques béninois et français qu'au-delà. Autant dire que la question concerne plus globalement tous les travailleurs, au-delà des frontières spatiales de chaque nation. Il convient de l'aborder dans cette dimension, en dépit du caractère binaire qu'emprunte le rapprochement. Sans conteste, la discussion renvoie, au regard de sa dimension universelle, à la nécessité de préciser les traits de spécificité et les points de convergence des libertés collectives des travailleurs sur le plan du droit international du travail.

10. Il faudra bien sûr les faire ressortir, sans oublier une autre nécessité, celle de prendre en considération l'impact des autres disciplines du droit (surtout le poids de la principale d'entre elles[1]) sur les libertés collectives des travailleurs, ainsi que le précisait M. le professeur JAVILLIER[2]. Il est acquis, dans l'ordre interne et, à certains égards, sur le plan du droit international, que le degré d'effectivité d'une liberté se mesure par rapport à la place et à la considération qui lui sont conférées au niveau constitutionnel[3]. La constitution, qui intègre l'ensemble des règles suprêmes permettant de déterminer le fonctionnement des institutions de la République, est la Loi fondamentale, la plus haute règle dans la hiérarchie des normes d'un pays[4]. Par conséquent, pour savoir si les libertés d'expression collective des travailleurs sont des droits fondamentaux dans tous les sens du terme, il faut s'intéresser à

[1] V. L. FAVOREU, « L'influence de la jurisprudence du Conseil constitutionnel sur les diverses branches du droit », in *Mélange Léon HAMON*, Économica, 1982, p. 244.
[2] *Op. cit.*, ibid.
[3] L. FAVOREU, « La hiérarchie des normes constitutionnelles et sa fonction dans la protection des droits fondamentaux », *Ann. int. just. const.*, 1990, p. 133.
[4] Ibid.

l'attention qui leurs est conférée dans la norme suprême, surtout, à la manière dont les juges constitutionnels veillent à leur respect[1].

11. Dans le même dessein, M. le doyen FAVOREU écrivit : la protection constitutionnelle constitue la condition d'existence *même* des droits fondamentaux[2]. Il convient de s'enquérir des conditions – concomitantes ou variables ? – d'intervention des constituants béninois et français sur l'objet des droits syndicaux et, davantage, voir dans quelle mesure les gardiens de la Loi fondamentale veillent effectivement au respect des dispositions relatives aux droits fondamentaux de l'homme au travail. Le procédé du mimétisme juridique, ci-dessus décrié par un auteur, est-il susceptible, dans l'ordre interne béninois, plus globalement, dans celui des pays de l'Afrique francophone, de conduire à la réception mécanique des difficultés de protection des libertés collectives des travailleurs ?

12. Il sera digne d'intérêt de répondre également à cette question qui implique, à titre principal, des éléments d'appréciation de nature constitutionnelle. A-t-on ainsi perçu l'exigence de procéder à la réalisation d'une étude hybride[3] et complète[4]. Faire recours aux

---

[1] R. BADINTER, B. GENEVOIS, « Normes de valeur constitutionnelle ET degré de protection des droits fondamentaux », *R.F.D.A.*, 1990, p. 317 et s.

[2] L. FAVOREU, P. GAÏA et alii, *Droit des libertés fondamentales*, 2e éd., Paris, Dalloz, Précis droit public, 2001, p. 149

[3] Tant l'on admet aujourd'hui que, d'une part, « Le droit est un. Le risque de l'oublier est grand en un temps où le "spécialiste" règne. Ceux qui arpentent les terres du droit social le savent bien. » (B. TYESSIÉ (dir.), *Les sources du droit du travail, op. cit.*, p 9.) ; d'autre part, « la "part" du droit est relative dans les relations du travail » (J.-C. JAVILLIER, « La doctrine en droit du travail », *in Les sources du droit du travail,* B. TYESSIÉ (dir.), PUF, 1998, . spéc. p. 52-53.).

[4] Il ne fait donc aucun doute que l'objet de cette recherche conduit à faire vaciller les frontières qui séparent le droit privé du droit public. Comme on faisait valoir autrefois que « les cloisons [croulaient] de toutes parts entre le droit public et le droit privé » (R. SAVATIER, « Droit privé et droit public », *D.*, 1946, p. 25, spéc. p. 27.) on s'aperçoit aujourd'hui de la « relativisation croissante de la distinction entre droit public et droit privé », même s'il faut reconnaître que celle-ci « n'est pas encore rentrée dans la conscience des juristes » (L. FAVOREU, « Le droit constitutionnel, droit de la constitution et constitution du droit », *RFDC,* n°1, 1990, p. 71, spéc., 87 et 88.)
Les exemples ne manquent pas. Notamment avec les réformes du 23 juillet 2008 et du 10 décembre 2009 dans le cadre français et le chantier actuellement ouvert de la révision constitutionnelle sur la scène nationale béninoise.

dispositions de la Loi fondamentale et à l'observation des décisions constitutionnelles avec une approche de travailliste est indispensable[1] pour confronter les libertés collectives des travailleurs béninois et français, et, surtout, pour savoir si les droits sociaux de nature collective des travailleurs sont des droits fondamentaux à part entière.

Certes, la liberté syndicale, le droit de grève et le principe de participation sont techniquement des droits constitutionnels des travailleurs au Bénin comme en France. Ils ont tous été élevés au rang des prérogatives à valeur constitutionnelle, à l'instar des droits civils et politiques. Les travaux des Assemblées constituantes de 1946 ont permis de conférer une assise constitutionnelle absolument primordiale aux droits sociaux propre à la catégorie des travailleurs[2] tels qu'ils ont été énoncés respectivement aux alinéas 6, 7 et 8 du préambule.

Il est particulièrement intéressant de constater que les droits promulgués à la fin de la Seconde Guerre mondiale visèrent également les travailleurs coloniaux de l'époque. Mais des années plus tard, eu égard aux évolutions du cours de l'histoire, le Dahomey d'alors, à l'instar d'autres colonies françaises de l'Afrique, devait prendre en main sa destinée et décider lui-même de la gestion de son sort. Pour autant, l'indépendance aurait-elle eu pour conséquence de remettre en cause les textes promulgués lors de la souveraineté française par l'adoption de

---

D'où la confirmation de l'idée que la « "coloration" progressive des diverses branches du droit par le constitutionnel » aurait pour conséquence que « tout clivage entre branches de droit public et branches de droit privé sera supprimé car le soubassement constitutionnel est commun aux différents droits » (L. FAVOREU, « Le droit constitutionnel juridictionnel en 1981-1982 », *R.DP*, 1983.333, spéc., n°46, p363.)

[1] Dans le même sens, v. : A. JEAMMAUD, « Le droit constitutionnel dans les relations de travail », *AJDA* 1991, p. 612 ; « La constitutionnalisation rampante du droit du travail français », *Les cahiers de droit*, vol. 48, n° 1-2, mars-juin 2007, p. 93 ; F. PETIT, « La constitutionnalisation du droit du travail », *JCP S* n°37, 14 septembre 2010, p. 9.

[2] Mais aussi à d'autres catégories de droits ne leurs étant pas limitativement réservés, si ce n'est à tous les membres de la famille humaine. Tel est le cas des droits reconnus aux alinéas 5, 11 et 13 du préambule lesquels sont relatifs, d'abord, à l'obtention d'un emploi, ensuite, à « la protection de la santé, la sécurité matérielle, le repos, les loisirs », « à tous et notamment à l'enfant, à la mère et aux vieux travailleurs » et enfin, « à l'instruction, à la formation professionnelle et à la culture ».
Bien que n'étant pas principalement pris en considération dans le cadre de cette analyse, il n'est pas moins important d'insister sur la manière dont les rédacteurs de la constitution de 1946 les avaient intégrés dans la norme fondamentale : L. GAY, *Les droits-créances constitutionnels*, Bruxelles, Bruylant, 2007, 826 p.

nouvelles règles se distinguant radicalement – dans le cadre béninois voire gabonais – de celles ayant prévalu ?[1] L'indépendance politique aurait-elle été suivie d'une indépendance juridique, sous réverse du socle évidemment acceptable de ce que l'on nomme la standardisation politique et institutionnelle ?

13. Les développements à venir permettront d'apporter des réponses précises à ces interrogations, sur le terrain de la mise en balance des droits des travailleurs béninois et français. Toujours est-il qu'après une longue période d'instabilité politique chronique, en 1990, les constituants béninois suivirent les pas de leurs homologues français, décidant de tourner le dos à un passé douloureux pour établir un régime politique démocratique d'État de droit et de respect des libertés fondamentales des personnes, où seront reconnus les droits sociaux des travailleurs. L'analyse des Travaux de la *Conférence nationale des Forces Vives,* qui menèrent à cette consécration, s'insère dans le cadre d'étude plus large de la réalisation de l'opération de *définition des droits des travailleurs*.

14. Aussi, doit-on s'intéresser à l'appréciation des conditions qui permettent d'accéder à l'effectivité de ces droits. La discussion autour des différents modes d'établissement des libertés collectives des travailleurs (ce qui est loin de pouvoir se limiter à la seule voie de consécration constitutionnelle en raison des caractéristiques afférentes à ces droits), doit automatiquement faire suite à l'appréciation de leurs conditions d'effectivité. Il serait peu pertinent de comparer les droits sociaux des travailleurs béninois et français en occultant les conditions dans lesquelles ceux-ci se réalisent. Et pour ce faire l'implication de l'acteur constitutionnel est, une nouvelle fois, indispensable. La vérification de l'effectivité des garanties constitutionnelles postule une pleine nécessité sur le chemin de l'accomplissement des droits fondamentaux de tous les travailleurs. Mais il serait erroné de croire que les travailleurs béninois et français sont logés à la même enseigne, quant à *la protection de leurs libertés collectives.*

[1] L'énoncé de l'arrêt de la Cour de Libreville du 8 janvier 1963 – *Penant*, p. 548. – nous permettra d'en savoir davantage.

On étudiera donc successivement :

PREMIÈRE PARTIE : **LA DÉFINITION DES LIBERTÉS COLLECTIVES DES TRAVAILLEURS**

DEUXIÈME PARTIE : **LA PROTECTION DES LIBERTÉS COLLECTIVES DES TRAVAILLEURS**

Première partie

LA DÉFINITION DES LIBERTÉS COLLECTIVES DES TRAVAILLEURS

15. On enseigne habituellement en droit comparé que « la première partie [de l'étude] doit saisir et présenter les termes à comparer tels qu'ils sont. Cette partie doit comprendre l'étude analytique des termes à comparer, en eux-mêmes et dans le cadre des ordres juridiques dont ils font partie »[1]. En d'autres termes, il est indispensable de consacrer les premiers développements d'une analyse comparative à la présentation de l'objet à comparer[2]. Cette exigence ressort des règles de méthodologie s'appliquant à toutes activités de recherche, en particulier à celles de rapprochement de systèmes juridiques nationaux. C'est pourquoi la présente démonstration sera entamée par la définition des libertés collectives des travailleurs, dans tous les « ordres juridiques dont [elles] font partie ». En vérité, il serait difficile de traiter d'un thème et en l'espèce d'une catégorie de prérogatives sociales de « l'homme salariés »[3] ou encore de « l'homme situé »[4], pour reprendre des formules doctrinales bien connues, sans fixer en premier les contours et limites qui permettent de les apprécier, ainsi qu'il ressort du *Vocabulaire juridique* de M. le doyen CORNU[5].

Ainsi s'aperçoit-on de l'essence des caractéristiques : le principal attribut des libertés collectives des travailleurs est constitué par la vocation universelle qui leur est conférée sur la scène internationale. Il en est ainsi en raison de la portée des conventions internationales du travail adoptées dans le cadre des Nations Unies, dont le Bénin et la France sont

---

[1] L.-J. CONSTANTINESCO, *Traité de droit comparé,* T. II, *La méthode comparative,* L.G.D.J., 1974, spéc. n°107, p 280. Dans le même sens, v. : M. ANCEL, *Utilité et méthode du droit comparé, op. cit.,* p 89 ; J.-P. NIBOYET, « Montesquieu et le droit comparé. La pensée politique et constitutionnelle de Montesquieu », *in Bicentenaire de l'Esprit des lois. 1748-1948,* 1952, p 256.

[2] Ibid.

[3] A. CARILLON, *Les sources européennes de droit de l'homme salariés,* Bruxelles, Bruylant, 2006, 562 p.

[4] G. BURDEAU, *Manuel de droit public, Les libertés publiques, les droits sociaux,* Paris, LGDJ, 1948, p. 287.

[5] *Vocabulaire juridique,* Paris, P.U.F./Association Henri Capitant, 6ème éd.

membres. Il existe une filiation certaine entre les libertés collectives des travailleurs, notamment béninois et français. Elle provient, à titre principal, de l'héritage des textes de l'OIT, relatifs aux droits à caractère social.

16. Dénominateur commun des droits sociaux des travailleurs, la convergence rendue possible par l'édiction des normes internationales du travail s'insère dans un cadre d'analyse plus global. Il convient de le prendre en considération, sauf à amputer les développements consécutifs d'un intérêt majeur[1]. L'étude des conventions internationales du travail n'est pas toutefois exclusive d'autres observations, concernant les différentes formes sous lesquelles naissent les prérogatives à variante collective des travailleurs. Il en résulte la nécessité de traiter non pas des seules sources communes à la France et au Bénin, mais de toutes celles qui ont un rapport direct avec les droits étudiés, aussi bien celles se trouvant dans l'ordre interne que les autres s'établissant au niveau régional.

L'exercice de définition permet de distinguer, dans les systèmes juridiques nationaux, les caractéristiques originelles résultant des modalités d'établissement des libertés collectives des travailleurs, où s'apprécient la marge de manœuvre et les limites des pouvoirs des dirigeants politiques sur l'objet des prérogatives humaines. Il est donné de le constater, à titre illustratif, sur le principe de participation, qui ne peut constituer à proprement parler un droit constitutionnel consacré de façon explicite par les rédacteurs du texte du 11 décembre 1990, mais qui ne reste pas moins une liberté fondamentale, jouissant à ce titre d'une protection identique à celle des autres libertés collectives dans l'ordre interne. Cette observation, qui en réalité recouvre le champ d'étude plus large des traits de spécificité propres au Bénin et à la France, relève des éléments constitutifs de la définition des libertés collectives des travailleurs et des catégories juridiques qui alimentent l'examen comparatif. Il sera particulièrement digne d'intérêt de la souligner, dans le prolongement des différentes sources normatives des droits sociaux des personnes au travail.

---

[1] Car, faut-il encore le rappeler, selon la précision ci-dessus apportée, la première partie de l'étude comparative doit comprendre l'analyse des termes en eux-mêmes et dans le cadre, non pas de l'ordre juridique dans lequel il s'insère, mais des « ordres juridiques dont ils font partie » : L.-J. CONSTANTINESCO, *Traité de droit comparé,* T. II, *La méthode comparative, op. cit.* ibid.

En ce sens, l'étude des sources des libertés collectives des travailleurs béninois et français devra être suivie par celle des spécificités attachées à chacun de ces droits dans les ordres juridiques respectifs.

Titre1

LES SOURCES DES LIBERTÉS COLLECTIVES DES TRAVAILLEURS

17. « Le problème des sources du droit positif constitue le problème crucial de toute réflexion juridique ; c'est le point central de la philosophie du droit autour duquel converge toute la complexité de ses thèmes. »[1] Les propos de l'auteur méritent de retenir l'attention, davantage sur l'objet des libertés collectives des travailleurs. Pour celui-ci, l'étude des sources du droit positif, constitue « un problème crucial de toute réflexion juridique »[2].

La connaissance des caractéristiques des sources internationales du droit du travail permet de saisir les éléments théoriques qui fondent cette affirmation : « les sources du droit du travail international sont multiples et forment une sorte de catalogue hétéroclite...tant le champ est vaste. Le plus grand inconvénient de cette diversité est le risque de discordances entre les sources... »[3]. En résumé l'étude des différents instruments du droit international du travail et des multiples catégories qui l'ordonnent montre que les libertés collectives des travailleurs reposent sur un fondement normatif disparate, voire, sur une provenance textuelle polymorphe[4]. Pourtant, ainsi qu'il fut précisé[5], il n'est pas rare de produire de la prolixité à partir de la complexité.

L'esprit ayant guidé la réalisation de ce travail étant de ne pas renouveler cet enchainement, il a semblé pertinent de se concentrer de façon exclusive, dans les champs juridiques béninois et français, sur les sources immédiates des libertés collectives des travailleurs. L'intérêt de ce choix est essentiel : il permet d'éviter que ne soit réalisée une analyse superficielle sans véritable cohérence, qui aurait abouti à transformer la

---

[1] G. GURVITCH, *L'expérience juridique et la philosophie pluraliste du droit*, Pédone, 1935, p. 138.
[2] Ibid.
[3] B. TEYSSIÉ (dir.), *Les sources du droit du travail*, PUF,1998, . spéc. p 64.
[4] Eu égard à la réalité prosaïque dans laquelle elle s'insère et qui, du même coup, laisse appréhender « le problème crucial » tant redouté de la matière.
[5] B. TEYSSIÉ, *Les sources du droit du travail,* Ibid., p 11.

thèse en un catalogue. C'est pour ce faire qu'il convient de prendre en compte – et il est vrai de façon arbitraire –, parmi les multiples sources internationales existant entre la France et le Bénin, les seules normes de l'OIT, ainsi que celles à caractère régional. Le postulat revient à délaisser l'étude de certains textes adoptés dans le cadre des Nations Unies, au rang desquels figurent la Déclaration universelle des droits de l'homme de 1948 et les Pactes internationaux de 1966 relatifs aux droits civils et politiques, d'une part, aux droits sociaux, économiques et culturels, d'autre part.

Il n'est d'ailleurs ni inutile ni redondant de rappeler, à l'appui de la justification d'une telle restriction, que, sur le plan du droit, ces derniers instruments internationaux disposent d'une valeur d'ordre purement symbolique d'où ne peut être inférée en tant que telle une véritable obligation juridique incombant aux États parties[1]. L'opération de confrontation ne peut cependant s'arrêter à la frontière des normes internationales qui, selon la formule d'un spécialiste, recèlent quelques « lacunes » (chapitre 1). En clair, la vulnérabilité des mécanismes de reconnaissance des libertés collectives des travailleurs impose de poursuivre la réflexion, et de la déplacer de l'ordre international et régional à celui interne, propre à chaque pays, où les pouvoirs publics édictent des normes d'admission des droits des travailleurs. Sera d'abord étudié l'ordre français, qui prend en compte les conditions de consécration et d'élévation au rang constitutionnel des alinéas 6, 7 et 8 du préambule de 1946. Puis l'ordre béninois, où la Conférence nationale des forces Vives et de la nation tenue en 1990 permit de donner une assise constitutionnelle aux libertés collectives des travailleurs (Chapitre 2).

---

[1] Quoi de plus illustratif que de restituer la remarque de M. le professeur OBERDORFF, soulignant que « le système des Nations Unies », à l'instar de ces instruments internationaux, est, non seulement constitué par « un ensemble de mécanismes non juridictionnels » mais aussi caractérisé par « une absence d'efficacité concrète [qui] ne peut que faire douter de la réalité de la protection » ; *Droit de l'homme et libertés fondamentales,* L.G.D.J., 2008, p 202 ; ou encore, dans le même sens : C-A. COLLIARD, *Libertés publiques*, Paris, Dalloz, 8ème édition, p 49, n°55.

- CHAPITRE I -

LES SOURCES INTERNATIONALES DES LIBERTÉS COLLECTIVES DES TRAVAILLEURS

18. Nul ne peut douter qu'il existe, sur le plan du droit international du travail, entre les libertés collectives des travailleurs béninois et français, une connexion logique pertinente constituée par les engagements dont sont comptables les autorités nationales auprès de l'OIT. Elle s'observe, en particulier, autour de certaines normes internationales du travail et non des « mécanismes non juridictionnels » des Nations Unies. Les propos de deux auteurs ayant contribué à la rédaction de la Déclaration universelle des droits de l'homme en sont la parfaite illustration.

D'abord ceux du français R. CASSIN, père de la Déclaration du 10 décembre 1948[1], qui estima que « cette déclaration fait époque dans l'histoire de l'humanité, elle est la charte de la liberté pour les opprimés et les victimes de la tyrannie, elle proclame que les droits des êtres humains devront être protégés dans un régime de droit »[2]. Ensuite ceux de l'américaine E. ROOSEVELT, présidente du comité de rédaction de ce texte, la caractérisant de la manière suivante : « ce n'est pas un traité, ce n'est pas un accord international. Il n'a pas et ne vise pas à avoir force de loi. C'est une déclaration de principe sur les droits et libertés

[1] Dont les membres des Nations Unies avaient décidé de compléter l'autorité juridique en prenant, dès 1952, l'initiative d'adoption des deux Pactes censés remédier à son incurie. Mais ceux-ci connaitront de véritable lenteur contribuant à prolonger les difficultés, d'où ces instruments internationaux ne furent adoptés qu'après quatorze années passées, le 16 décembre 1966, étant nécessaire d'ajouter que ceux-ci entreront en vigueur seulement dix ans plus tard, en 1976, ce temps ayant été nécessaire pour obtenir la ratification des trente-cinq États ; C-A. COLLIARD, *Libertés publiques, op. cit.,* p 50.

[2] R. CASSIN, « La Déclaration universelle et la mise en œuvre des droits de l'homme », *RCADI,* 1951, t.79, p 289.

fondamentales de l'homme destinés à être approuvée par vote solennel des membres de l'Assemblée générale »[1].

19. Néanmoins, la comparaison des libertés collectives des travailleurs dans les champs juridiques considérés est loin de se cristalliser autour des seules règles de l'OIT. Bien entendu, celles-ci constituent le fondement de la comparaison analytique des droits des travailleurs. Partant, elles doivent être traitées prioritairement dans le cadre de l'étude des sources internationales communes aux deux pays (section 1). Mais elles ne peuvent conduire à occulter l'étude d'autres catégories de règles, constituées par les sources régionales européenne et africaine de reconnaissance des libertés collectives des travailleurs, lesquelles ont participé, tout autant – sinon davantage à certains égards –, à la réception et à la consolidation de ces droits dans les espaces juridiques nationaux (section 2).

SECTION I : LA SOURCE INTERNATIONALE COMMUNE À LA FRANCE ET AU BÉNIN : LE DROIT DE L'OIT

20. L'apophtegme de J.-A. BLANQUI, frère du révolutionnaire du même patronyme, est souvent cité comme ayant joué un rôle déterminant dans la prise de la décision de créer la Société des Nations Unies. Celui-ci scandait en effet : « On a bien fait des traités de puissance à puissance pour s'engager à tuer les hommes, pourquoi n'en ferait-on pas aujourd'hui pour leur conserver la vie et la leur rendre douce ? »[2]. Mais il est loin d'être le seul français à prendre une part importante dans la vie de l'organisation ; bien au contraire, un certain D. Le GRAND est aussi présenté comme étant le principal précurseur de l'OIT[3], qui, du reste, est mort en 1859 sans avoir vu la réalisation de ses projets[4]. Prenant en considération l'importance alors acquise par le salariat et celle des

---

[1] Texte cité par René CASSIN, ibid.
[2] Cité par H. G. BARTOLOMEI de la CRUZ & A. EUZÉBY, *L'organisation internationale du travail*, PUF, 1997, p 6.
[3] Ibid., p 6.
[4] Ibid., p 7.

problèmes nés de la civilisation industrielle et de la mécanique moderne[1], ce véritable pionnier avait souligné que la création d'une organisation de défense des droits des travailleurs était le seul moyen pour « dispenser à la classe ouvrière les bienfaits moraux et matériels désirables, sans que les industriels en souffrent et sans que la concurrence entre les industries de ces pays en reçoive la moindre atteinte »[2].

On pourrait encore citer d'autres « hexagonaux »[3] ayant été à l'origine de la création de l'OIT dont l'objet visait à réglementer et à coordonner les principes et règles du droit international du travail[4]. Comme chacun sait, A. THOMAS fut le premier Président ayant été élu à sa tête, en 1919, à Washington, poste qu'il occupa jusqu'à passer de vie à trépas ; il y laissa sa marque, à travers les réformes réalisées sous son impulsion, en vue de l'amélioration du statut de l'organisation. C'est un truisme de dire que « la France a bien été un des pays inspirateurs de l'OIT par ses hommes »[5]. Encore faudrait-il préciser, en dépit de l'intérêt historique présenté par le rappel, que c'est moins le rôle prépondérant de la France dans le cadre de la création de l'OIT qui nous intéresse ici, n'était l'exposé des droits dont disposent les personnes en relation de subordination juridique avec leur employeur. L'enjeu de l'analyse des dispositions du *Code international du travail* (ainsi que l'on nomme parfois l'ensemble des normes émanant de l'OIT), est de permettre le rapprochement des libertés collectives des travailleurs béninois et français.

Il est donc indispensable de s'interroger, dans un premier temps, sur la place de ces prérogatives dans le droit de l'OIT, puis, dans un second temps, sur la portée conférée par les autorités normatives nationales aux dispositions du droit international du travail.

---

[1] C.-A. COLLIARD, *Les libertés publiques*, 7e éd., Paris, Dalloz, Précis de droit public, 1989, p 783.
[2] H. G. BARTOLOMEI de la CRUZ & A. EUZÉBY, *L'organisation internationale du travail*, op. cit., p 7.
[3] Selon la formule employée par M. le doyen J. – M. VERDIER dans *Apport des normes de l'OIT au droit du travail français*, *Rev. int. tr.*, n°56, 1993, p 761.
[4] M. MONTCEAU, *L'organisation internationale du travail (1919-1959)*, Paris, PUF (3Que sais-je ? »), 1972, p 5 s.
[5] Ibid., p 747.

§1 : La place des libertés collectives dans le droit international du travail

21. Institué en 1919 par le traité de Versailles ayant suivi la Première Guerre mondiale, le principal objectif de l'Organisation Internationale du travail (OIT) est constitué par la promotion de la justice sociale et, par là même, par la contribution à la paix dans le monde[1]. Dès sa création, l'OIT a élaboré un certain nombre de normes dont l'objet visait à préserver, dans tout espace de vie (y compris dans celui de l'entreprise), la dignité de la personne humaine ; en même temps, elle permettait de redonner au travailleur, malgré sa situation de subordonné, une qualité de sujet libre[2]. Prenant conscience du fait que par son engagement le travailleur consent à mettre sa seule force de travail à la disposition de son employeur et non sa personne entière, dès 1919, les membres du BIT ont décidé de réaliser le vœu si cher à D. Le GRAND qui, jadis, milita pour l'introduction de la justice sociale dans le monde du travail[3].

Ce faisant, les acteurs de l'OIT apportait une réponse significative au problème que soulevait la montée en puissance d'un phénomène, celui des relations de travail pouvant se caractériser moins par une simple subordination juridique du travailleur à l'employeur que par un lent et certain asservissement de la partie faible du contrat de travail au plus fort cocontractant. Mieux, dans (mais aussi par) l'exercice de leur activité, les membres de l'OIT allaient définitivement permettre de mutualiser le régime juridique des libertés collectives de la communauté des travailleurs. Après la création de l'Organisation, plus précisément à la fin de la Seconde Guerre mondiale, l'initiative des autorités normatives internationales permit, d'un point de vue concret, d'inscrire la liberté

---

[1] *L'organisation internationale du travail, op. cit.* spéc. intro.

[2] « L'idéal du respect de la protection des droits de l'homme a toujours fait partie intégrante, au moins implicitement de la problématique des objectifs de l'OIT : sans libertés civiles, la justice sociale ne serait que leurre et le catalogue des droits de l'homme gravement lacunaire » ; V.- Y. GHEBALI, *L'organisation internationale du travail*, Genève, Georg, 1987, p 110.

[3] Cette démarche relève, assurément, de la question de la place de la démocratie sociale dans le monde du travail. Elle consiste à savoir « comment le mouvement syndical se saisit-il des transformations et évolutions contemporaines pour contribuer au développement de la démocratie sociale, pour permettre aux salariés d'exercer leurs droits fondamentaux de citoyens dans l'entreprise et, au delà des frontières de l'entreprise, de participer réellement aux choix qui les concernent » ?; J. BARREAU (dir.), *Quelle démocratie sociale dans le monde du travail ?,* PUR, 2003, p 224.

syndicale au rang des dispositions du droit international du travail (I). Par suite, au même niveau international d'édification des normes du droit du travail, les autres libertés collectives des travailleurs seront reconnues mais, il est vrai, de façon analytique (II).

I. L'INSCRIPTION CONCRÈTE DE LA LIBERTÉ SYNDICALE DANS LE DROIT INTERNATIONAL DU TRAVAIL

22. L'OIT se caractérise principalement par son *tripartisme.* Composée de trois organes pouvant adopter deux catégories de normes dont l'ensemble forme le *Code international du travail,* elle est au centre d'évolution de l'analyse des droits sociaux des travailleurs. Le premier de ces organes est la *Conférence internationale du travail ;* elle se réunit en Assemblée générale, une fois par an. Le deuxième organe est un conseil exécutif, prenant la forme d'un *Conseil d'administration ;* les fonctions dont il est investi sont pour l'essentiel de nature bureaucratique. Quant au troisième, le *Bureau international du travail*[1], chargé de gérer les activités du secrétariat permanent de l'organisation, son rôle est dit « plus important que ce que sa désignation peut laisser supposer »[2].

Deux catégories de normes peuvent être mises en place par ces différents types d'organes. C'est davantage celles-ci qui nous intéressent : les *conventions* et les *recommandations*[3]. Il convient de les définir. Les *conventions* désignent des instruments qui créent des obligations juridiques sur le plan international lorsqu'elles sont ratifiées. Les *recommandations*, par contre, sont destinées à orienter les politiques sociales et les législations et pratiques nationales. Elles ne peuvent être

---

[1] G. de LUSIGNAN, *L'organisation internationale du travail* (1919-1958), Paris, Editions ouvrières, 1959, p 136.

[2] H. G. BARTOLOMEI de la CRUZ & A. EUZÉBY, *L'organisation internationale du travail, op. cit.,* p 36.

[3] En effet, il faut noter que les *résolutions* ne rentrent pas dans cette catégorie de normes internationales du travail, dans la mesure où elles ne constituent à proprement parler que des procès verbaux et non des actes juridiques pouvant créer des règles et des principes appartenant à ce *Code du travail international* ; cf., N. VALTICOS, *Droit international du travail,* Paris, Dalloz, 1987, p 241 s.

soumises à ratification et, en conséquence, sont insusceptibles de faire naître des obligations juridiques internationales quant au fond[1].

La norme internationale du travail ayant proclamé la liberté syndicale au rang supranational est la convention n°87. Il est indispensable de l'étudier, en ce qu'elle concerne la comparaison des libertés collectives des travailleurs. Les conditions dans lesquelles elle a été ratifiée, notamment par les États béninois et français, ne peuvent aussi manquer de retenir l'attention.

A. LA CONVENTION N°87

23. Certes, ainsi que l'affirmait DUNNING : il serait quasiment impossible de trouver de part le monde un seul bureau syndical où la convention n°87 ne serait pas non seulement bien connu mais aussi tenu en haut estime. La convention internationale du travail de 1948 constitue la pierre angulaire des libertés collectives des travailleurs. Elle occupe, sans conteste, une place à part dans l'œuvre de l'Organisation du travail[2]. Malgré la considération notoire dont elle bénéficie, sur le plan du droit des relations internationales, il serait erroné de la considérer comme étant l'assisse exclusive des droits d'expression collective des travailleurs.

Actuellement, on dénombre 187 conventions et 199 recommandations auprès de l'Organisation. Leur application permet d'atteindre – au travers du moyen de la justice sociale – l'objectif d'une paix durable, nécessairement fondée sur la protection des droits de l'homme au travail. Mais il convient aussi d'ajouter la place prépondérante de la convention

---

[1] *L'organisation internationale du travail, op. cit.*, p 46.

[2] « Indépendamment de toute hiérarchie, il est manifeste que la liberté syndicale occupe une place prioritaire dans l'action de l'OIT en faveur des droits de l'homme. La liberté syndicale fut, dès l'origine, une préoccupation constitutionnelle de l'Organisation…L'édifice normatif en la matière commença à voir le jour à la fin des années quarante. En 1948, la Conférence internationale du travail adopta la célèbre Convention (n°87) sur la liberté syndicale et la protection des droits fondamentaux…La Convention n°87 – pierre angulaire de l'édifice – avait été précédé par un autre texte de portée plus restreinte, la Convention n°84 sur les droits d'association dans les territoires non métropolitains » ; V.- Y. GHEBALI, *L'organisation internationale du travail, op. cit.*, p 111.

n° 87 au sein du groupe des huit conventions[1], considérées comme étant *fondamentales,* et censées recevoir application dans tous les États membres, même dans ceux ne l'ayant pas ratifiée, peu important leur niveau de développement respectif[2]. La précision, pour autant indispensable qu'elle soit, ne peut conduire à dissimuler l'intérêt capital de la norme, tant la manière dont elle vise à garantir les droits des travailleurs et en particulier la liberté syndicale est significative. Dans son article 2, la convention du 17 juin 1948 adoptée à San Francisco déclare que : *« Les travailleurs et les employeurs, sans distinction d'aucune sorte, ont le droit, sans autorisation préalable, de constituer des organisations de leur choix, ainsi que celui de s'affilier à ces organisations, à la seule condition de se conformer aux statuts de ces dernières »*[3].

La mention « sans distinction d'aucune sorte » ne doit pas étonner, elle consacre la dimension universelle ainsi que la nature binaire de la prérogative proclamée. Il ressort des termes de cet article la possibilité conférée à tout « travailleur » – non limitativement à la catégorie restreinte de « salarié »[4] – de fonder un syndicat ou d'y adhérer. Ainsi, indépendamment du pays dont il est ressortissant, tout individu lié à un employeur par un contrat de travail peut jouir de la liberté syndicale individuelle (positive comme négative) ou collective sur le fondement de

---

[1] Dont respectivement, la convention n°29 de 1930 sur le travail forcé, la convention n°87 sur la liberté syndicale adoptée en 1948 et celle n°98 sur la négociation collective adoptée l'année d'après, la convention n°100 relative à l'égalité de rémunération adoptée en 1951, la convention n° 105 sur l'abolition du travail forcé des enfants négociée en 1957, la convention n° 111 de 1958 relative à la lutte contre la discrimination à l'emploi et dans toutes professions manuelles, intellectuelles, artisanales ou de toutes autres formes, la convention n° 138 sur l'âge minimum adoptée en 1973, et, enfin, la dernière des « conventions fondamentales » de l'OIT est celle plus récente de 1999, la convention n° 182 sur les pires formes du travail forcé des enfants.

[2] *« Le Conseil d'administration du BIT a considéré comme fondamentales pour les droits de l'homme au travail huit conventions de l'OIT, quel que soit le niveau de développement des différents Etats Membres. De ces droits* – parmi lesquels figurent la liberté syndicale – *dépendent les autres car ils sont nécessaires pour agir librement en vue de l'amélioration des conditions individuelles et collectives de travail »*. Cf. ilolex.

[3] *Conférence internationale du travail : conventions et recommandations*, Genève, BIT, 1919-1949, p 789.

[4] La précision est importante, elle découle, par exemple, de la décision du Conseil constitutionnel du 28 décembre 2006 (n° 2006-545 DC, JO du 31 déc. 2006, p. 20210 ; RJS 2/07 n° 302) ou encore de l'arrêt *Peugeot Citroën automobiles* du 28 février 2007 de la Cour de cassation (RJS 5/07 n° 636 ; P. MORVAN, « Salariés mis à disposition et institutions représentatives du personnel », *JCP S* 2007, n° 1272).

la Convention n° 87 de l'OIT et, précisément, de l'article 2 de cette norme. La permission de constituer un syndicat professionnel[1] ou d'adhérer à celui de son choix[2] est dévolue de plein gré à tout travailleur, par la *Convention fondamentale* de l'après Seconde Guerre mondiale. Mais le droit de constituer des groupements en vue de la défense de leurs intérêts n'est aucunement le monopole des seuls travailleurs, les employeurs jouissent également de ce droit. La liberté syndicale est établie, dans l'indifférencié, au bénéfice de la partie faible et de la partie forte du contrat de travail.

24. Il reste à compléter que le législateur international a accordé une attention particulière à la liberté syndicale des travailleurs, tant les organisations syndicales de salariés rencontrent davantage de difficultés que les groupements professionnels des employeurs pour défendre les droits et les intérêts des personnes visées par leur statut. Afin de permettre la réalisation de la liberté syndicale, l'autorité législative internationale à chercher à protéger les représentants des travailleurs contre les entraves ou autres mesures de rétorsions pouvant être prises à leur encontre, soit par la personne privée, au rang de laquelle figure l'employeur[3], soit par la puissance publique, dont l'État est le principal dépositaire[4]. Les représailles exercées par les employeurs réfractaires à

---

[1] Qui n'est autre que l'incarnation d'une liberté syndicale collective, laquelle permet à tous groupements professionnels syndicaux de s'implanter dans l'entreprise en vue de défendre les intérêts des travailleurs et de règlementer leurs conditions de travail par la signature des conventions et accords collectifs... ; dans le même sens, v. : F. PETIT, *La notion de représentation dans les relations collectives du travail*, Paris, L.G.D.J., 2000, p 327 s.

[2] Il s'agit ici de la « liberté syndicale individuelle » revenant à chaque travailleur pris isolement, pouvant s'exercer de manière positive ou négative ; v. F. PETIT, *La notion de représentation dans les relations collectives du travail*, *op. cit.*, ibid.

[3] D'où la raison pour laquelle la convention n°135 du 30 juin 1971 vient renforcer cette interdiction à leur bénéfice en prévoyant en son article premier que « Les représentants des travailleurs dans l'entreprise doivent bénéficier d'une protection efficace contre toutes mesures qui pourraient leur porter préjudice, y compris le licenciement, et qui seraient motivées par leur qualité ou leurs activités de représentants des travailleurs, leur affiliation syndicale, ou leur participation à des activités syndicales, pour autant qu'ils agissent conformément aux lois, conventions collectives ou autres arrangements conventionnels en vigueur » *Conférence internationale du travail : conventions et recommandations*, Genève, BIT, 1919 – 1984.

[4] Parce qu'il est acquis que « la méfiance contre le pouvoir royal et par la suite l'exécutif, malgré le rôle évident qu'il joue au sein d'un gouvernement constitutionnel, dans la protection des libertés, est originelle. Celle-ci ne se réduirait qu'à proportion du

l'existence d'un contre pouvoir syndical[1] au sein de l'entreprise[2] sont assurément répréhensibles, sur le fondement des dispositions internationales du travail.

Corollaire de cette règle, l'article 3 affirme que : « *Les organisations de travailleurs et d'employeurs ont le droit d'élaborer leurs statuts et règlements administratifs, d'élire librement leur représentants, d'organiser leur gestion et leur activité, et de formuler leur programme d'action. Les autorités publiques doivent s'abstenir de toutes interventions de nature à limiter ce droit ou à en entraver l'exercice légal* »[3].

Précisément, les articles 4 et 5 influencent directement l'objet de cette étude comparative des libertés collectives des travailleurs. Le premier, en énonçant que « *les organisations de travailleurs et d'employeurs ne sont pas sujettes à dissolution ou à suspension par voie administrative* »[4], appuie l'obligation établie à l'égard de la personne morale de droit public, notamment béninoise et française, d'assurer l'épanouissement des droits syndicaux des travailleurs. Le second, en permettant d'identifier les prérogatives garanties par la disposition conventionnelle : le droit pour toutes organisations de travailleurs et d'employeurs de constituer des fédérations et des confédérations ainsi que celui de s'affilier à des organisations internationales en vue de la défense de leurs intérêts[5]. Toutefois, cette norme n'aurait pu véritablement produire des effets dans les champs juridiques béninois et français, n'était son intégration par les autorités politiques au sein des dispositions de l'ordre interne, dans le respect évident des solennités requises.

---

caractère libéral et démocratique de ce pouvoir » ; P. ROLLAND, *La protection des libertés en France*, Dalloz, spéc. p 75 ; il en est de même dans le cadre béninois : S. A. APITHY, *Les libertés de l'individu dans le système juridique béninois*, Thèse, Caen, 1997, sn 245242.

[1] A. COEURET, B. GAURIAU, M. MINÉ, *Droit du travail*, Sirey, 2ème éd., p 101.

[2] Surtout que, « la consécration du droit syndical, le développement de la participation dans l'entreprise comme à d'autre niveau de la société, ne sont jamais pour trop plaire aux tyrans de tous ordres non plus qu'aux esprits peu libéraux, pour ne pas les qualifier de totalitaires » : *Les sources du droit du travail, op. cit.*, p 47.

[3] *Conférence internationale du travail : conventions et recommandations, op. cit.*, ibid.

[4] *Conférence internationale du travail : conventions et recommandations, op. cit.*, ibid.

[5] *Conférence internationale du travail : conventions et recommandations, op. cit.*, ibid.

B. LA RATIFICATION DE LA CONVENTION N°87

25. La procédure de ratification constitue une formalité juridique préalable et nécessaire pour, dans l'ordre interne, donner effet à toutes dispositions du droit international du travail. Bien que la règle ne soit pas absolue (l'étude à venir des sources régionales européennes et africaines des libertés collectives des travailleurs nous en offrira maintes illustrations), elle s'impose d'ordinaire. Ainsi reçoit-elle application dans les États – pourtant monistes - béninois et français, quant au processus d'appropriation et d'incorporation des normes juridiques internationales[1] par les autorités locales.

Avant de revenir sur la situation d'intégration de la Convention n° 87 dans les ordres internes, il est particulièrement intéressant de souligner comment cette norme (de même que celle qui lui est gémellaire dans le cadre du droit international du travail au fin de la protection des droits fondamentaux des travailleurs)[2] n'est nullement ratifiée par certains États, pour des motifs au demeurant différents les uns des autres. Tel est le cas des États-Unis d'Amérique, de la Chine ou encore de l'Arabie Saoudite. L'énumération n'est pas exhaustive. Pour d'aucun, le mobile de réfraction est constituée par des raisons tenant aux considérations et sensibilités économiques, où engage la prétention moderne à soumettre le monde à une pure et universelle rationalité économique. Pour d'autre, il n'est pas essentiellement emprunt à la rationalité économique, mais davantage confiné aux traits de spécificités culturelles ou spirituelles, dont la raison humaine se charge souvent de débaucher les intentions profondes. Il convient, hélas[3], d'admettre, encore aujourd'hui, que la convention du 17 juin 1948 n'est ratifiée par aucuns des États ci-dessus mentionnés. Le contraste est particulièrement saisissant avec la situation du droit positif béninois et français, qui postule la réception et

---

[1] N. VALTICOS, *Droit international du travail, op. cit.*, p 132 s.

[2] Et l'on fait référence ici à la convention n°98 sur laquelle on reviendra bien évidemment dans la suite de nos développements se rapportant au principe de participation consacré par elle sur le plan international et au droit de grève qu'elle reconnait également, mais seulement de façon subsidiaire : *Cf. supra.* n° 27 s.

[3] Car, à vrai dire, ce constat ne peut que laisser pantois et ce, davantage, quand l'on sait l'incidence de la protection de la liberté syndicale du travailleur sur la sauvegarde de sa dignité humaine en tant que personne au travail ; cf. P. JUVIGNY, *L'OIT et les droits de l'homme*, *Rev. franç. aff. soc.*, avril-juin 1969, p 85 ;ou encore :N. VALTICOS, « Un développement du droit international du travail : les droits syndicaux et les libertés publiques », Liège, 1972.

l'intégration de la norme visée dans les dispositions juridiques de l'ordre interne, mais de façon non concomitante.

La France a ratifié la Convention n° 87, le 28 juin 1951, soit trois ans après son adoption par l'Assemblée générale des Nations unies. L'État béninois, pour sa part, n'a accompli cette formalité que le 12 décembre 1960. Le décalage calendaire s'explique par une raison évidente. Elle est due à un simple fait historique, qui noua le sort des droits d'exercice collectif des travailleurs béninois et français, dont les éléments constitutifs permettent de comprendre les difficultés souvent rencontrées au moment de la mise en place des outils de définition et de protection des droits sociaux des personnes au travail.

S'il existe un tel écart entre la date de ratification béninoise et française, c'est parce que le Bénin, à l'instar des autres pays africains à expression française, était rattaché à la France et constituait l'un de ces territoires d'outre-mer avant la prise de son indépendance, le 1er aout 1960 ; cette même année où, on le sait, le processus intervint pour la plupart des anciennes colonies françaises de l'Afrique. En ce qui concerne la réception de la convention n°87 de l'OIT dans l'ordre juridique béninois, il n'est aucune hostilité aux normes internationales du travail à rechercher dans cette différence de date, dans la mesure où ce n'était qu'après son indépendance que *« le quartier latin de l'Afrique »* pouvait incorporer les principes et règles du *Code international du travail* parmi ses outils juridiques locaux. Il en est ainsi pour la convention de 1948 protégeant la liberté syndicale, *a fortiori* pour la plupart des conventions de l'OIT veillant au respect des autres libertés collectives des travailleurs.

II. LA RECONNAISSANCE ANALYTIQUE DES AUTRES LIBERTÉS COLLECTIVES DES TRAVAILLEURS

26. Il existe une différence de traitement dans le corpus du droit international du travail, non pas entre le Bénin et la France comme il serait possible de le penser *a priori,* mais à partir des interventions variées du législateur international du travail. Alors que le droit conféré aux travailleurs de fonder un syndicat et de s'y affilier est expressément consacré par le biais d'une convention internationale du travail[1], force est de constater qu'il en va autrement pour la liberté de revendication professionnelle ; elle ne jouit du bénéfice de la même assise normative que de façon incidence, après un effort d'interprétation de la convention n° 98. À l'opposé du droit de grève (B), le principe de participation dont, le droit à la négociation collective, constitue l'une des formes par lesquelles il se manifeste, est consacré par le texte conventionnel de 1949 (A).

A. LA RECONNAISSANCE DU PRINCIPE DE PARTICIPATION PAR LA CONVENTION N°98

27. Certes, aucun texte de l'OIT ne consacre, en tant que tel, le principe de participation. Les droits garantis par ce principe ne sont cependant pas moins protégés par les normes de l'Organisation. Le droit à la négociation collective est l'une des formes sous lesquelles se manifeste le principe conférant à tous les travailleurs la faculté de prendre part, par l'intermédiaire de ses représentants à la détermination collective des conditions de travail et à la gestion de l'entreprise. Or il se produit que la convention n° 98, adoptée en 1949[2] (et ratifiée par la France le 16/05/1968 et par le Bénin le 26/10/1968), est relative au droit d'organisation et de négociation collective. Résultat, celle-ci incorpore dans sa totalité les facultés conférées par l'alinéa 8 du préambule de 1946 aux travailleurs. Toutefois, s'agissant de la négociation collective, le texte conventionnel de 1949 n'est pas le seul adopté par l'OIT[3]. Ainsi en est-il également, du droit de grève et de la liberté syndicale.

Si les conventions n° 87 et 98 doivent particulièrement retenir l'attention quant à l'étude des outils internationaux de consécration des droits d'exercice collectif des travailleurs (ce d'autant qu'elles sont qualifiées de fondamentales), il est indispensable, dans la compréhension de l'affirmation, d'insister sur le fait qu'elles ne sont nullement exclusives sur l'objet de la reconnaissance et de l'admission des droits

---

[1] N. VALTICOS, *Droit international du travail, op. cit.*, p. 247 s.
[2] Soit l'année ayant suivi l'accomplissement du même acte pour la convention n°87.
[3] V.-Y. GHEBALI, *L'organisation internationale du travail, op. cit.*, p. 110-111.

des travailleurs dans la sphère du droit international du travail[1]. Les normes adoptées en 1948 et en 1949 ne sont pas les seules œuvrant à la définition des libertés collectives des travailleurs. Bien d'autres textes, mis en place au sein de l'OIT, permettent également de consolider les droits des travailleurs.

Il en est ainsi, à titre illustratif, de la convention n°11 sur la liberté syndicale des travailleurs agricoles[2]. Pour l'essentiel, ce texte oblige les États contractants à « assurer à toutes les personnes occupées dans l'agriculture les mêmes droit d'association et de coalition qu'aux travailleurs de l'industrie et à abroger toute disposition législative ou autre ayant pour effet de restreindre ces droits à l'égard des travailleurs agricoles »[3]. On peut aussi citer la convention n°154 relative à la négociation collective adoptée le 19 juin 1981[4], dont l'objet permit la libération des forces nouvelles de négociation collective à tous les niveaux décisionnels où s'exerce une activité économique[5].

Le principe de participation des travailleurs est garanti – de l'évidence – par le droit positif de l'OIT, en partie par le biais des conventions n° 98 et 154 relatives au droit de la représentation syndicale et de la négociation collective[6] ; la technique ne peut conduire à perdre de vue la finalité ; la forme de même que la formulation des prérogatives changent, mais la structuration du principe demeure stable avec ses fondamentaux. Bien qu'en n'utilisant pas l'expression le principe de participation, le législateur international du travail ne le reconnaît pas moins, grâce à l'invocation du droit à la négociation collective. Il en va autrement pour le droit de grève.

---

[1] Dans le même sens cf : N. VALTICOS, Droit international du travail, op. cit., ibid ; V.-Y. GHEBALI, *L'organisation internationale du travail, op. cit.,* ibid.

[2] Datant du 25 octobre 1921 ; cf. *Conférence internationale du travail : conventions et recommandations, op.cit.,* p 53.

[3] N. VALTICOS, *Droit international du travail,* p. 245-246.

[4] *Conférence internationale du travail : conventions et recommandations,* Genève, BIT, 1919-1984.

[5] Il ne sera pas nécessaire de restituer la liste exhaustive des recommandations se rapportant à ce même objet de droit à la négociation ; une énumération indicative suffit pour étayer la démonstration : on renvoie aux recommandations n° 91 de 1951 sur les conventions collectives, n°163 de 1981.

[6] C. -A. COLLIARD, R. LETTERON, *Libertés publiques,* Dalloz, 8ème Édition, p. 542.

B. LA RECONNAISSANCE SANS ASSISE CONVENTIONNELLE DU DROIT DE GRÈVE

28. Le constat pourrait *a priori* étonner les esprits peu sensibilisés à la pratique du droit international du travail ; mais la confession ne vient pas de nous : « *Il peut paraître surprenant que le droit de grève dont la Conférence internationale du Travail a maintes fois débattu lors de l'élaboration d'instruments qui y touchaient de près ou de loin n'ait fait l'objet à ce jour, pour diverses raisons, d'aucune convention ou recommandation internationale du travail.* »[1] Parmi les droits sociaux des travailleurs, le droit de grève constitue la seule prérogative n'ayant pas été expressément consacrée jusqu'aujourd'hui par une convention internationale du travail. Pour autant, faut-il hâtivement conclure à un désintérêt des membres de l'OIT vis-à-vis de cette liberté collective des travailleurs ? Doit-on procéder à un raisonnement mécanique et déduire à partir de cette constatation que le droit de grève pâtirait d'une faible considération de la part des acteurs du droit international du travail, à l'opposé du principe de participation et davantage de la liberté syndicale[2] ? Le droit de grève serait-il au sein de l'OIT la prérogative orpheline des libertés collectives des travailleurs ?

S'il est vrai que ce droit fondamental n'a été reconnu, pour l'heure, par aucune norme internationale du travail, précisons d'abord que « l'*absence de normes expresses à ce sujet ne signifie nullement, toutefois, que l'OIT méconnaisse ce droit ou ne se préoccupe pas d'en protéger l'exercice* »[3]. Deux initiatives de l'Organisation permettent d'illustrer ces propos : la convention n°105 sur l'abolition du travail forcé du 5 juin 1957[4] et la recommandation n°92 sur la conciliation et

[1] B. GERNIGON, A. ODERO et H. GUIDO, *Les principes de l'OIT sur le droit de grève*, BIT, p 7.

[2] Et l'on songe ici à la procédure de protection spécifique mise en place dans le cadre de l'OIT relative à la saisine de la commission d'investigation et de conciliation en matière de la liberté syndicale ou du comité de la liberté syndicale ; cf. à ce propos, *La liberté syndicale. Recueil de décisions du Comité de la liberté syndicale du Conseil d'administration du Bureau international du travail,* Genève, BIT, 1976, xii-184 p. (2ème édition).

[3] Ibid.

[4] *Conférence internationale du travail : conventions et recommandations,* Genève, BIT, 1951-1970.

l'arbitrage volontaires, signée six ans plus tôt, en 1951[1]. Dans le premier texte, le droit de grève a été invoqué par les membres de l'Organisation de façon subsidiaire. Son article premier interdit toute forme de travail forcé ou obligatoire, *« en tant que punition pour avoir participé à une grève »*[2]. La même voie incidente a été empruntée par la recommandation[3] du 6 juin 1951 pour traiter du droit de grève. L'autorité normative internationale, en invitant à ne pas recourir à son exercice pendant les procédures de conciliation ou d'arbitrage[4], précisa qu'aucune des dispositions émanant de celle-ci ne peut « [limiter] d'une manière quelconque le droit de grève »[5].

Ajoutons ensuite deux remarques essentielles qui permettent, également, de pondérer le constat de carence du droit international du travail sur le droit d'expression collectif des idées et des opinions des travailleurs quant à leur condition de travail. La première tient au fait que, à maintes reprises, deux organes du système de contrôle, le Comité de la liberté syndicale (depuis 1952) et la Commission d'experts pour l'application des conventions et *recommandation*s (depuis 1959) ont réaffirmé la fondamentalité du droit de grève des travailleurs et de leurs organisations et en ont défini le champ, élaborant à ce sujet un ensemble de principes, une vaste jurisprudence (au sens large) qui précisent la portée des différents instruments[6]. La deuxième se rattache à la manière dont l'Organisation qualifie cette prérogative puisqu'elle a estimé, à plusieurs occasions que, d'une part, « le droit de grève est un des moyens essentiels dont disposent les travailleurs et leurs organisations pour promouvoir et pour défendre leurs intérêts économiques et sociaux »[7], d'autre part, « le droit de grève est un corollaire indissociable du droit syndical protégé par la convention n° 87 »[8].

---

[1] Ibid.

[2] Ibid., p 2.

[3] Dont il n'est plus nécessaire, au regard de nos développements antérieurs, d'insister sur la différence de valeur normative existant entre elle et la première.

[4] Précisément aux paragraphes 6 et 7 de l'acte.

[5] paragr. 7, BIT, 1996b, p 76-77.

[6] *Les principes de l'OIT sur le droit de grève, op. cit.*, spéc., p 8.

[7] V. *Recueil* 1996, paragr. 475 et entre autres, le 299e rapport, cas no 1687, paragr. 457; 300e rapport, cas no 1799…Pour ne citer que ceux là, sans nullement pouvoir prétendre à l'exhaustivité.

[8] V. 311e rapport, cas no 1954, paragr. 405. Ou encore, sous d'autres termes rétablissant la même exigence à propos du gouvernement de l'île du Prince-Édouard, de la Nouvelle-Écosse, de l'Ontario – dans son observation valant *lato sensu* à tous les autres

29. Mise à part la pléthore[1] de résolutions[2] qui le consacre, il est patent de voir la manière – particulièrement opportune – dont il est protégé par les *conventions fondamentales* n°87 et n°98 de l'OIT. Sans mentionner expressément ce droit, la *convention* (n° 87) sur la liberté syndicale et la protection du droit syndical, de 1948, affirme le droit des organisations représentatives de travailleurs et d'employeurs – auxquelles elle reconnaît pour but : «de promouvoir et de défendre les intérêts des travailleurs ou des employeurs» (art. 10) - «d'organiser leur gestion et leur activité et de formuler leur programme d'action» (art. 3.1)[3]. Or, selon les termes de la législation internationale, la liberté de revendication professionnelle, constitue l'essentiel des moyens d'action collective permettant de promouvoir et de défendre les intérêts et les droits des travailleurs. Il faut donc y inférer qu'il n'existe, à propos des libertés collectives des travailleurs, nulle cloison étanche pouvant laisser penser que les membres de l'OIT se sont désintéressés du droit de grève au profit de la liberté syndicale et du principe de participation[4].

Pour clôturer sur cette démonstration, il est intéressant de rappeler l'énoncé de la *Déclaration de l'OIT relative aux principes et droits*

---

pays étant en une situation identique, on peut également lire : « le droit de grève est un corollaire du droit de se syndiquer, et que ce droit ne saurait être limité… » ; CEACR: Observation individuelle concernant la convention No 87, Liberté syndicale et protection du droit syndical, 1948 Canada (ratification: 1972) Publication: 2004

[1] *Les principes de l'OIT sur le droit de grève, op .cit.*, p. 7.

[2] Et pour ne citer qu'une, afin de dissiper toute ambigüité, « devant l'importance des relations entre libertés publiques et libertés syndicales, la Conférence internationale du Travail a adopté en 1970 une résolution sur ce sujet dans laquelle elle reconnaît que les droits conférés aux organisations des travailleurs et d'employeurs doivent se fonder sur le respect des libertés civiles énoncées notamment dans le Pacte international relatif aux droits civils et politiques et que l'absence des libertés civiles enlèvent toute signification aux droits syndicaux. En outre, la Conférence à insister sur certaines libertés… », « la liberté de réunion », … « de manifestation » ; B. GERNIGON, *«L'Organisation internationale du Travail et les libertés publiques»*, *Droit social* (Paris), 1982, n° 5 (mai), pp. 425-427 s.

[3] La logique de connexion normative pertinente entre la convention n°87 et celle du 8 juin 1949 est évidente, la première suffisant à faire ressortir les garanties fondamentales à l'application de la seconde. Pour acquis de conscience, v., B. GERNIGON, A. ODERO et H. GUIDO, *Les principes de l'OIT sur la négociation collective du travail, Rev. int. du trav.*, vol. 139, 2000, n°1, p. 37-60.

[4] Cf. sur ce point, N. VALTICOS, « Les normes de l'Organisation en matière de protection des droits de l'homme », *Revue des droits de l'homme*, Vol III-1, 1970, p. 109-128.

fondamentaux au travail et son suivi. Selon ses termes, « *l'ensemble des membres, ...même lorsqu'ils n'ont pas ratifié les conventions en question, ont l'obligation, du seul fait de leur appartenance à l'organisation, de respecter, promouvoir et réaliser, de bonne foi et conformément à la Constitution, les principes concernant les droits fondamentaux...* »[1]

30. Au regard des normes de l'OIT, les droits sociaux des travailleurs seraient donc des droits fondamentaux, du moins d'un point de vue formel. Qu'il soit donc permis d'émettre une réserve quant à l'appréciation ayant été attribuée récemment à ce droit par un non moins célèbre auteur de la doctrine canadienne du droit du travail, selon laquelle, « en effet, le droit de grève n'est pas mentionné expressément dans les conventions ou recommandations de l'OIT. Il a été développé par ces deux organes de contrôles à partir de l'article 3 de la convention 87. Il s'agit donc d'une création jurisprudentielle à partir du droit des organisations de travailleurs »[2]. Le raisonnement subséquent ne souffre d'aucune incertitude[3]. Pour rester dans le champ juridique délimité par la recherche, il est nécessaire d'apprécier, eu égard aux propos de cet auteur, la portée des conventions internationales du travail au niveau béninois et français.

[1] Cf. *Déclaration de l'OIT relative aux principes et droits fondamentaux au travail et son suivi*: adoptée par la Conférence Internationale du Travail à sa quatre-vingt-sixième session, Genève, 18 juin 1998.

[2] I. DUPLESSIS, « *Le droit de grève et à la négociation collective : perspective canadienne et internationale* », Université de Montréal, octobre 2002.

[3] En effet, si tel était le cas, et que le droit de grève obéissait davantage à la qualification de *jus praetorium* qu'à celle de *jus positivum*, alors, sur le plan du droit, il serait insusceptible de bénéficier de la protection prépondérante réservée aux seules catégories de droits fondamentaux, n'était de celle ordinaire conférée aux principes généraux notamment du droit du travail. Pour ce qui concerne la distinction des régimes juridiques respectifs, on renvoie à : G. LYON -CAEN, « Les principes généraux du droit du travail », *in Tendance du droit du travail français contemporain, Études offertes à G. H. CAMERLYNCK*, Dalloz, 1977, p. 35-45.

§ 2 : La portée des conventions internationales du travail dans les ordres juridiques béninois et français

31. Les dispositions du droit international du travail constituent le trait d'union des droits des travailleurs béninois et français, en particulier, en ce qui concerne les prérogatives à enveloppe collective. Les termes de la Déclaration de 1998[1] illustrent ces propos. Celle-ci fait obligation à l'ensemble des États membres, même s'ils n'ont pas ratifié la totalité des textes, de respecter et de promouvoir – en conformité avec la Loi fondamentale – ceux concernant les principes relatifs aux droits fondamentaux des personnes humaines au rang desquels figurent la liberté syndicale, le droit de grève et le principe de participation.

Leur incidence n'est pas identique dans l'ordre interne béninois et français. Ainsi que le démontrait l'éminent auteur N. VALTICOS, les principes et règles de l'OIT ont apporté une impulsion notoire et une avancée majeure à l'amélioration des systèmes de garantie des libertés collectives des travailleurs aussi bien sur le plan du droit international que dans les champs juridiques nationaux. Mais il convient également d'admettre, selon les observations de M. le professeur A. SUPIOT et de bien d'autres auteurs, que ces instruments juridiques internationaux recèlent quelques insuffisances, méritant d'être corrigées, ainsi qu'ils y appellent de leur vœu.

I. LA PORTÉE AVÉRÉE DES NORMES DU DROIT INTERNATIONAL DU TRAVAIL

32. Nul ne peut douter qu'il n'existe aucun espace dans le monde où la convention n° 87 (mais non point exclusivement) n'est pas non seulement bien connue mais également considérée comme indispensable par les travailleurs et leurs représentants. En terme d'institutions spécialisées modernes, l'OIT, avant de conclure avec l'ONU naissante le premier accord interorganisationnnel prévu à l'article 57 de la Charte des Nations Unies, fut à la fois le précurseur et le modèle ayant œuvré en collaboration organique avec la SDN. L'édifice normatif élevé par ses

---

[1] Cf. *Déclaration de l'OIT relative aux principes et droits fondamentaux au travail et son suivi, op cit.,* ibid.

soins dès l'entre-deux-guerres compte au rang des premières réalisations majeures de coopération internationale. D'autres résultats lui sont également dus : l'établissement des précieux systèmes de contrôle d'obligations étatiques, de collaboration technique, de rapprochement interétatique, fonction essentielle sur le chemin duquel s'accomplisse la protection des droits des personnes[1].

En se fondant toutefois sur les observations relatives au droit de grève, on aurait pu penser la portée du droit international du travail dans la singularité, tant la liberté syndicale a depuis toujours été au cœur de l'œuvre accomplie par l'Organisation[2]. En effet, de prime abord, il était possible d'estimer que la notoriété, pour autant avérée soit-elle des normes du droit international du travail, ne recouvre que la seule liberté conférée aux travailleurs de fonder un syndicat ou d'y adhérer. A partir de l'adoption, de l'observation des conventions internationales du travail (relatives à la liberté syndicale), on s'aperçoit que de liens matériels certains se sont établis entre les droits syndicaux et les libertés publiques de l'homme situé[3].

C'est donc dans une dimension collective – solidement penser entre le groupement des droits des travailleurs – qu'il faut saisir les effets des normes internationales du travail sur les libertés de nature collectives, et non dans celle étriquée, confinée à la lorgnette de la liberté syndicale. La démarche est particulièrement indispensable pour mesurer l'incidence des normes internationales dans les champs juridiques béninois et français, étant donné les variations observées d'un espace à un autre.

---

[1] V.-Y. GHEBALI, *L'Organisation internationale du travail, op. cit.*, p. 9-10.

[2] N. VALTICOS, « Les méthodes de protections internationales de la liberté syndicale », *Recueil des cours de l'Académie de droit international,* 1975-I, p. 79-138.

[3] N. VALTICOS, « Un développement du droit international du travail : les droits syndicaux et les libertés publiques », *En hommage à Paul HORION*, Liège, Faculté de droit, 1972, p 268.

A. LA PORTÉE DES NORMES INTERNATIONALES DU TRAVAIL AU NIVEAU BÉNINOIS

33. « En effet, après une période initiale consacrée essentiellement à combattre les abus les plus criant du début de l'ère industrielle, puis à améliorer les conditions matérielles de travail, le droit international du travail s'est, surtout depuis un quart de siècle, attaché à sauvegarder aussi les valeurs de liberté et d'égalité qui devraient assurer au travailleur sa dignité d'être humain et lui permettre, par la reconnaissance de droits syndicaux de plus en plus largement compris, de défendre efficacement ses intérêts et de participer pleinement à la formation de son avenir »[1].

Qu'en est-il, d'abord, des impacts[2] de ces normes dans les pays africains en général ? « De façon générale, les Etats africains, devenus membres de l'OIT ont reconnu la validité des conventions antérieurement ratifiées par les Etats coloniaux et qui leurs avaient été déclarés applicables (...) le maintien des conventions internationales du travail, acceptées par la puissance coloniale avant l'indépendance, devint une clause de style, dans les déclarations par lesquels les nouveaux Etats manifestaient leur volonté de devenir membres de l'OIT »[3].

34. Voyons maintenant dans le cadre singulier et particulier de l'ordre interne béninois. Les autorités politiques de l'ex Dahomey ont-elles donné un prolongement réel aux dispositions du droit international du travail ratifiées par elles bien après l'État français ? Autrement dit, dans le champ juridique béninois, la « réception juridique » (il s'agit de l'applicabilité[4]) des textes votés par l'OIT a-t-elle été suivie par la « réception sociale » (il s'agit de l'application[5]) des conventions

---

[1] Ibid., p 285.

[2] *L'impact des conventions et recommandations internationales du travail*, Genève, BIT, 1977, vi-113 p.

[3] P.F. GODINEC, *Les droits africains, évolutions et sources*, LGDJ, Paris, 1968, p. 37-38.

[4] Qui n'est autre que la procédure permettant d'intégrer une norme internationale au rang des dispositions de l'ordre interne, c'est-à-dire la reconnaissance de l'aptitude d'une convention bilatérale ou multilatérale à régir une situation de droit (mais non pour l'instant de fait) sur le plan national ; v. G. CORNU, *Vocabulaire juridique*, 6e éd. *op. cit.*

[5] Laquelle recouvre une appréciation fondée sur des éléments concrets qui permettent à son auteur de caractériser les conditions réelles de mise en œuvre de la norme dans une

internationales du travail au bénéfice des travailleurs ? Un élément doit maintenant retenir l'attention : la manière dont les conventions n° 87 et 98 se rapportant à la définition de la liberté syndicale, du droit de grève et du principe de participation ont été reçues par les décideurs locaux (d'un point de vue juridique et non d'ores et déjà sur le plan de la sociologie du droit).

35. En ce qui concerne « l'efficacité des normes fondamentales de l'OIT relatives aux libertés collectives »[1], un auteur a pu estimer que ce « but est atteint au Bénin »[2]. S'agissant de la première, il a été jugé que « depuis l'avènement de la démocratie en 1990 au Bénin, tout porte à croire que l'application du principe de la liberté syndicale et du droit syndical notamment la liberté de constitution et d'adhésion des travailleurs est une réalité. On continue d'assister en matière de liberté de constitution à une floraison d'organisations syndicales. On dénombrait déjà en 2001, environ 231 syndicats de base regroupés dans sept (7) centrales ou confédérations syndicales. En 2005, le nombre des syndicats de base a atteint 333 »[3].

---

espèce donnée, ce qui engage naturellement son aptitude à régir une situation de fait ; v., G. CORNU, *Vocabulaire juridique, op. cit.*, ibid.

[1] C. A. KENOUKON (Dir. J.-C. JAVILLIER), *Effectivité et efficacité des normes fondamentales et prioritaires de l'OIT : cas du Bénin et du Togo, Institut international d'études sociales, 2007*, BIT, p. 47.

[2] Ibid.

[3] Ibid., p 49. Par rapport aux cinq organisations syndicales classiques françaises (la CGT, la FO, la CFTC, la CFDT, la CFG) auxquelles viennent s'ajouter les deux plus récents que sont le SUD et l'UNSA, il faut signaler qu'il existe pareillement sept principales organisations syndicales au Bénin :
-l'UNSTB, Union Nationale des syndicats Travailleurs du Bénin, dont le Secrétaire général est M. E. ZOUNON ;
-la CSTB, Confédération Syndicale des travailleurs du Bénin, dont le Secrétaire général est M. G. AZOUA
-le CSA-Bénin, Confédération des Syndicats Autonomes du Bénin, dont le Secrétaire général est M. D. LOKOSSOU ;
-le COSI-Bénin, Confédération des Organisations Syndicales Indépendantes du Bénin, dont le Secrétaire général est M. G. GLÈLÈ ;
-la CGTB, la Confédération Générale des Travailleurs du Bénin, dont le Secrétaire général est M. P. TODJINOU ;
-la CSUB, la Centrale des Syndicats Unis du Bénin, dont le Secrétaire général est M. J. S. AGOSSOU ;
-la CSPIB, la Centrale des Syndicats du Privé et de l'Informel du Bénin, dont le Secrétaire général est Fr. HOUSOU.

En ce qui concerne la deuxième, il est affirmé que, « la liberté de revendication est un attribut de la personnalité juridique que la convention n° 87 confère aux organisations syndicales. Elle permet à celles-ci d'œuvrer par tous les moyens légaux pour obtenir la satisfaction de leurs revendications notamment après échec de toutes les voies de négociations. Ces moyens peuvent consister en un déclenchement de mouvement de grève, en de simples marches de protestations, meeting ou *settings* dans le respect de la procédure légale en vigueur dans le pays »[1]. Pour l'auteur, « au Bénin, la liberté de revendiquer est chose effective. Les organisations syndicales de travailleurs y font recours soit pour consolider des droits acquis menacés soit pour conquérir de nouveaux droits. Les moyens souvent utilisés sont les grèves à titre principal, les meeting et settings etc., mais généralement dans le respect des exigences légales en vigueur »[2].

36. Quant à la troisième prérogative, dont la substance fluctue avec le droit à la négociation collective[3], il est souligné à son propos que « le droit d'organisation et de négociation collective, il faut le rappeler, vient compléter celui de la liberté syndicale et de la protection du droit syndical »[4]. Ce n'est qu'ensuite qu'on ajouta : « le droit d'organisation et de négociation collective est une réalité au Bénin en dépit de quelques insuffisances »[5].

B. LA PORTÉE DU DROIT INTERNATIONAL DU TRAVAIL AU NIVEAU FRANÇAIS

37. À n'en point douter, la question méritait d'être soulevée des deux côtés, peu important l'option pouvant être prise sur la réponse dans un champ et non dans l'autre, et ce pour deux raisons précises. D'abord

---

[1] Ibid., p. 52.
[2] Ibid., p. 53.
[3] Étant nécessaire de préciser que la négociation collective est « l'ensemble des discussions entre les représentants des employeurs ou des organisations professionnelles d'une part et des syndicats de salariés d'autres part, en vue de conclure une convention collective », R. GUILLIEN & J. VINCENT, *Lexique des termes juridiques,* Paris, Dalloz, 1985.
[4] Ibid., p. 54.
[5] Ibid., p. 55.

parce que la confrontation des droits sociaux des travailleurs, dans le prisme délimité, exigeait que l'ensemble des éléments qui composent le sujet soit pris en compte, hors de toutes présuppositions possibles, favorables comme néfastes. Ensuite pour un fait se rapportant à une récente étude, qui réactive l'intérêt de l'objet, au moyen de la réhabilitation de sa dimension historique. En effet, la question relative à « l'application *par le juge français des droits sociaux fondamentaux affirmés par l'OIT* » a récemment fait l'objet d'un travail collectif mené à l'Université Robert Schuman de Strasbourg[1].

38. Franchissant le premier cap de la problématique relative à *l'applicabilité en France des conventions internationales du travail* (lequel, naguère, avait préoccupé la jurisprudence et les membres de la doctrine du droit du travail[2]), le responsable de cette initiative de recherche décidait de s'intéresser directement à la question de la réception sociale des normes de l'OIT. Mais c'est exclusivement celle de la réception juridique qui se trouve placée au cœur de la présente interrogation. En vérité, la question qui entoure la portée des règles du droit international du travail dans le droit positif français a toujours préoccupé les jurisconsultes de même que les juges, à telle enseigne que, déjà, au début des années soixante-dix, l'on posa la pierre angulaire de son architecture : à plus d'un titre, l'incidence des conventions internationales du travail sur la législation française ne peut passer inaperçue[3].

C'est alors que l'on esquissa une réponse, estimant que « de tous les États Membres de l'Organisation internationale du travail, la France, à l'heure où ces lignes sont écrites, est celui qui a ratifié le plus grand nombre de conventions »[4]. Par suite, les propos seront affinés : la valeur prélégislative des conventions et recommandations adoptées par l'Organisation Internationale du Travail est notoire dans l'ordre interne français[5]. Enfin, sous une forme presque péremptoire, la conclusion

---

[1] Cf. R. de QUENAUDON, « L'application par le juge français des droits sociaux fondamentaux affirmées par l'OIT et l'ONU », *Rev. dr. du tr.* 2007, p 109.
[2] A. JEAMMAUD, « Sur l'applicabilité en France des conventions internationales du travail », *Dr. soc.*, n°5, mai 1986, p. 399.
[3] J. MORELLET, « L'influence des conventions internationales du travail sur la législation française », *Rev. int. trav.*, 1990, vol.101, n°4, p. 363.
[4] Ibid., p. 389.
[5] Ibid., p. 390.

devait être apportée : « en ce sens, on peut affirmer que les décisions adoptées depuis cinquante ans par la Conférence Internationale du Travail pour alléger la peine des hommes n'ont jamais été tenues pour négligeables par la France. Sa législation en est imprégnée »[1].

39. La principale question à ce sujet est de savoir si, ainsi qu'un auteur l'affirmait dans le champ juridique béninois, on peut hâtivement conclure que le but est atteint quant à l'applicabilité des conventions internationales du travail dans le cadre français ? Confronté à un manque de précision de l'ancien article L.631-8 C. Trav.[2], les juges du fond de Montbrison, qui avait à se prononcer pour entrave à l'exercice de la fonction d'inspection de travail et pour outrage à l'inspecteur du travail, s'étaient référés à l'article 12 de la convention n°81 de l'OIT, pour savoir si un inspecteur du travail pouvait prétendre interroger un membre du personnel de l'entreprise qui n'exerçait pas formellement les fonctions de direction[3]. De ce point de vue, il parait plausible de souscrire à la constatation de but atteint, eu égard à la portée avérée des conventions internationales du travail auprès des pouvoirs publics béninois[4] et français[5]. Les différentes contributions ci-dessus mentionnées s'y prêtent avec conviction. Toutefois, il est nécessaire d'inscrire la question des effets dans la pluralité de sa dimension pour saisir tout son intérêt.

---

[1] Ibid., p. 392.
[2] Tribunal de grande instance, Montbrison (corr.), 28 fév. 1985. En annexe de A. JEAUMMAUD, *Sur l'applicabilité en France des conventions internationales du travail, op. cit.*, p. 405.
[3] Ibid. Peu important dans cette décision qu'il s'agissait de la protection des droits de l'inspecteur du travail, seul important la corrélation existant entre les droits syndicaux et les libertés civiles, à maintes fois mise en évidence par les spécialistes ; cf. N. VALTICOS, « Un développement du droit international du travail : les droits syndicaux et les libertés publiques », *op. cit.*, ibid.
[4] C. A. KENOUKON (dir. J. -C. JAVILLIER), *Effectivité et efficacité des normes fondamentales et prioritaires de l'OIT : cas du Bénin et du Togo, op. cit.*, p. 5 s.
[5] J. -M., VERDIER, « L'intervention des pouvoirs publics et des juges dans la vie interne des syndicats en droit français selon les normes internationales de l'OIT », Rapport au colloque d'Athènes sur la liberté syndicale dans le droit des pays européens, mars 1986.

II. LA PORTÉE DISCUTÉE DU DROIT INTERNATIONAL DU TRAVAIL

40. Il est un point sur lequel tout le monde s'accorde : le rôle joué par les traités, et les engagements internationaux est notoire sur la voie du nivellement interétatique des systèmes juridiques nationaux ; les instruments internationaux, même non ratifiés, constituent des références sérieuses en tant que moyens d'harmoniser les mesures prises dans les champs juridiques nationaux des différents pays[1]. Par exemple au niveau béninois et français d'élaboration des normes, les conventions n° 87 et 98 permettent la mise en place de principes et règles standards, dans la définition des conditions d'exercice des libertés collectives des travailleurs : le Bureau International du Travail s'apparente, à l'évidence[2], à un lieu d'ancrage des droits sociaux des travailleurs[3] ; son activité conditionne l'élévation des prérogatives humaines au rang supranational. Mais l'objet du constat n'est pas exclusif d'autre, ce point d'ancrage étant également assorti d'un point d'achoppement. Si l'on n'a pas manqué de souligner, de surcroit, avec une once d'emphase, que le droit international a permis par un rapprochement des différentes législations internes de faciliter la coopération juridique internationale dans un contexte normatif hétéroclite[4], l'on a également fait remarquer les « limites », voire les « échecs »[5] des instruments en présence.

---

[1] J. -M. VERDIER, *Apport des normes de l'OIT au droit du travail français*, *op. cit.*, p 748.

[2] Sous les réserves cependant formulées par certains auteurs puisqu'il a été observé que, « jusque vers les années 1950, l'Organisation internationale du Travail avait montré peu d'intérêt pour l'Afrique. [Mais], depuis 1945, il est vrai, les organisations syndicales internationales n'ont pas cessé d'intervenir, tant auprès du B.I.T. que du groupe ouvrier du Conseil d'Administration, pour diriger vers l'Afrique l'attention de l'organisation : ainsi les attaques de la F.S.M. contre les clauses coloniales permettant, dans certaines conditions, aux pays métropolitains de ne pas appliquer à leurs Dépendances les conventions internationales du Travail qu'ils venaient de ratifier », J. MEYNAUD & A. SALAH -BEY, *Le syndicalisme africain, évolution et perspective*, Payot, Paris, 1963, p. 166.

[3] V. A. CASSESE, *Le droit international dans un monde divisé*, Paris, Berger-Levrault, 1986, p 261s.

[4] Ibid.

[5] P.-M., MARTIN, *Les échecs du droit international*, Que sais – je ? n°3151, Paris, PUF, 1996, p 4.

« La ritournelle de l'échec de la Communauté internationale est depuis longtemps familière à nos oreilles. Elle est devenue tintamarre pendant la dernière décennie (du siècle écoulé). Le problème de l'effectivité du droit international est une des questions classiques posées par les juristes (...). Derrière cela se pose la question de l'échec du droit international (...), échec de la création du droit, échec pour faire adopter un texte conventionnel, échec pour faire entrer en vigueur un texte conventionnel, échec pour éliminer totalement le recours à la force, échec du droit du développement (...) »[1].

On se souvient de la Déclaration universelle de 1948, des Pactes de 1966, jugés par M. le professeur OBERDORFF comme étant des mécanismes non juridictionnels[2], caractérisés par une absence d'effectivité concrète qui ne peut que faire douter de la réalité de sa protection[3]. Ces propos, largement partagés par la communauté scientifique, ont notamment conduit à délaisser l'étude spécifique de ces sources, étant par ailleurs nécessaire d'ajouter que lesdits textes sont loin d'être particulièrement à l'origine de la création des libertés collectives des travailleurs. Ces observations, relatives aux instruments de protection des Nations Unies (dont font partie spécifiquement les normes internationales du travail), peuvent-elles leurs être applicables ? En d'autres termes, les échecs du droit international sont-ils également ceux de la branche internationale du droit du travail ? On ne peut se dispenser de s'enquérir du résultat, dans les ordres juridiques béninois et français délimités par la recherche.

A. LA DISCUSSION DE LA PORTÉE DANS L'ORDRE JURIDIQUE BÉNINOIS

41. Que peut-on dire de la réalité de l'applicabilité – en marge pour l'instant de l'application – des normes fondamentales du travail dans le cadre juridique béninois ? N'y aurait-il véritablement aucune réserve pouvant être émise quant à la réception juridique des textes de l'OIT et qui, de fait, pourrait distinguer – ou rapprocher ? – la situation juridique

---

[1] Ibid., p 4 s.
[2] *Cf. infra*. n° 17 s.
[3] Ibid.

béninoise de celle notamment française relative au constat global souvent formulé par les auteurs sur les caractéristiques dont disposent les dispositions de l'Organisation ? Qu'en est-il du bien fondé des observations de M. KENOUCHOU ?

42. Une décision du 30 mai 2002 rendue par la Cour constitutionnelle béninoise nous apporte certains éléments de réponse. Il s'agissait dans cette espèce d'une organisation syndicale indo-libanaise (SYNTRACILAB), aux prises avec l'autorité étatique, qui refusait de lui accorder la capacité juridique, motifs pris de la non réunion des critères en vigueur de représentativité[1]. La personne publique s'opposait à l'attribution de personnalité juridique au syndicat indo-libanais, tirant argument du non remplissage des critères (notamment d'audience) exigés par l'acte règlementaire pour un tel bénéfice.

Pour faire triompher sa prétention devant les juges, l'organisation syndicale requérante avait invoqué un argument particulier qui retient ici l'attention. En effet, elle avait estimé que le décret incriminé du 13 septembre 1999, portant *définition des différentes formes d'organisation syndicales et critères de représentativité*, méconnaissait les dispositions de la convention n° 87 de l'OIT dont elle ajoutait, de surcroit, qu'elles devaient recevoir application sur le plan national[2].

La réponse des gardiens de la norme fondamentale fut sans appel : « aux termes de l'article 147 de la Constitution *les traités ou accords régulièrement ratifiés ont, dès leur publication, une autorisation supérieure à celle des lois*, qu'il s'ensuit que la ratification et la publication sont deux conditions indispensables et indissociables à l'insertion des traités dans l'ordonnancement juridique béninois ; que la Convention n°87 de l'OIT ratifiée par le Bénin n'a jamais été publiée, qu'elle n'est donc pas applicables... »[3]. Les propos sont donc clairs ; la précision serait redondante. Toutefois, pour expliquer la relativité de la théorie sur laquelle son fondement repose, encore faudrait-il intégrer tous les éléments de la discussion.

---

[1] Une question dont l'économie est d'ailleurs couramment soulevée en droit du travail : F. PETIT, *La notion de représentation dans les relations collectives du travail*, *op cit.*, ibid..
[2] Cf. La lettre de saisine.
[3] DCC 02-050, considérant n°5.

B. LA DISCUSSION DE LA PORTÉE DANS L'ORDRE JURIDIQUE FRANÇAIS

43. On pourrait être tenté de penser, de prime abord, que les observations juridiques dont nous venons de restituer la teneur dans le domaine juridique de l'ex Dahomey font preuve de dissidence, et que les libertés collectives des travailleurs béninois et français se distingueraient radicalement sur ce point d'analyse, eu égard à la portée juridique discutable (et dans une certaine mesure écorchée) des dispositions internationales du travail et en l'espèce de la *convention fondamentale* n°87 de l'OIT dans le champ béninois. Au demeurant, ce sentiment pourrait être parfaitement légitime, tant les faits de l'espèce s'y prêtent avec force. Tel n'est pourtant pas le cas. Pour deux raisons précises de *« self-executing »* et de *« self-service »*, « pour utiliser des termes d'origine américaine qui ont acquis droit de cité en France »[1].

D'abord parce que, ainsi qu'il a été souligné, l'observation de la vie juridique et des dispositions parlementaires consécutives montrent, aussi bien dans le cadre français voire au-delà, et donc dans l'hypothèse béninoise, que l'apport des normes de l'OIT[2] est assez flou[3] dans la mesure où l'objet de la formalité de ratification n'a été pour l'essentiel que de confirmer une situation textuelle préexistante[4].

Ensuite parce que le principe de supériorité des traités internationaux sur la loi interne française, inscrit dans l'article 55 de la Constitution, et son corollaire, l'incorporation dans l'ordre juridique français des conventions ratifiées par la France, se sont toujours montrés insuffisants pour permettre une application effective de mécanismes internationaux, la véritable portée de l'incorporation étant limitée aux dispositions des conventions qui sont *d'application directe* ou encore *self-executing*[5]. Or il est possible de dire après examen des prescriptions relatives aux

---

[1] N. VALTICOS, « Droit international du travail et droit interne français », dans *Travaux du Comité français de droit international privé*, op. cit., p. 13.

[2] J. -M. VERDIER., *Apport des normes de l'OIT au droit du travail français, op. cit.*, p. 747.

[3] Ibid.,

[4] J. MORELLET, « L'influence des conventions internationales du travail sur la législation française », *op. cit.*, p. 391.

[5] J. -M. VERDIER., *Apport des normes de l'OIT au droit du travail français, op. cit.*, p. 760.

conventions internationales du travail que la plupart des dispositions qu'elles renferment ne sont pas pourvues de caractère *self-executing*[1].

Enfin parce que « à vrai dire c'est depuis ses origines que le droit international du travail semble relever d'un *self-service* normatif qui permet à chacun de puiser sur un étalage de règles celles qui lui conviennent et d'ignorer les autres. Les conventions de l'Organisation Internationale du Travail (OIT) relèvent d'une certaine manière de cette logique, chaque État membre étant libre de ratifier ou non celles qu'il contribue à adopter au sein de la Conférence internationale du travail, sans que cela influe sur son poids et sa représentation dans l'organisation. »[2]

En outre, « tandis que les règles instituant la libéralisation internationale du commerce se situent toutes du côté de la *dura lex* et s'imposent absolument aux ordres juridiques nationaux, les aspects sociaux de cette libéralisation semblent voués à un droit mou (*soft law*) livré au bon vouloir de ceux auxquels il s'adresse »[3]. Ceci se transpose sur le terrain de notre comparaison. De quelle manière, pourrait-on aussitôt nous objecter ?

Pour la France, c'est retrouver la question lancinante de l'effectivité du droit du travail, et plus précisément des droits des travailleurs ; en somme, interroger la problématique de la distance entre la norme et la pratique, une problématique soulignée de longue date par la doctrine et davantage reconnue par les praticiens[4]. Pour le Bénin, il s'agit de se référer à la décision constitutionnelle du 30 mai 2002, dont l'énoncé constitue le miroir déformant qui abrite cette difficulté. Bien qu'il faille ajouter (une fois de plus afin d'éviter toutes éventualités d'équivoques) que la procédure de ratification des conventions internationales du travail intervient souvent dans les ordres juridiques nationaux comme formalité

---

[1] « Droit international du travail et droit interne français », dans *Travaux du Comité français de droit international privé, op.cit.,* p. 14.
[2] A. SUPIOT, « Du nouveau self-service normatif : la responsabilité sociale des entreprises », *in Mélanges J. Pélissier*, Dalloz, p. 543.
[3] Ibid., p 541.
[4] J. -M. VERDIER., *Apport des normes de l'OIT au droit du travail français, op. cit.,* p. 761.

de répétition des dispositions législatives et règlementaires préexistantes[1].

44. Au vu de ces constatations, doit-on maintenant considérer que les propos du professeur OBERDORFF ou de M. P.-M. MARTIN reposent sur des fondements juridiques suffisamment plausibles pour mériter de rencontrer adhésion ? Convient-il de souscrire à l'affirmation selon laquelle les techniques de garantie des droits fondamentaux mises en place par les Nations Unies recèlent des carences d'efficacité et d'effectivité manifestes, lesquelles sont justifiées par le dessein (par ailleurs non moins pertinent) de respecter la souveraineté nationale de chaque pays[2] ? Faut-il partager le constat d'échecs – presqu'enclin de virulence – réalisé par les précédents auteurs sur les systèmes juridiques du droit international, au rang desquels figurent les conventions international du travail ?[3]

45. En réalité, la pléiade des éléments pouvant permettre, non seulement de répondre à une question d'aussi vaste dimension, mais, aussi de proposer des pistes de solutions pour remédier au constat corollaire d'absence d'effectivité, nous manque à ce niveau balbutiement d'analyse. Ils résident dans le prolongement de la réflexion, ô combien stimulante, et dont l'objet, mais exclusivement lui, porte en son sein le germe d'un saut qualificatif dans la clé de résolution des problèmes de réalisation des droits fondamentaux des personnes, en tout cas, dans le progrès des droits sociaux des travailleurs. Il ne fait guère de doute que, avant d'incliner une quelconque réponse au regard du constat d'échec, ainsi que l'affirmait en prélude un célèbre auteur, ce sont tous les ordres juridiques par lesquels naissent les libertés collectives des travailleurs qui doivent être prises en considération.

---

[1] Ibid.

[2] H. OBERDORFF, *Droits de l'homme et libertés fondamentales. op. cit.*, p. 202 s.

[3] P.-M., MARTIN, *Les échecs du droit international, op. cit.*, ibid.

SECTION II : LES SOURCES INTERNATIONALES PROPRES A LA FRANCE ET AU BÉNIN : LES CHARTES DE TURIN ET DE BANJUL

46. Il aurait été prématuré de procéder à l'analyse des insuffisances relatives aux différents instruments juridiques définis dans le cadre de l'OIT, alors qu'un tel exercice relève du régime des garanties dont bénéficient les prérogatives humaines à valeur fondamentale. Il aurait également été tout simplement maladroit, pour procéder à une telle conclusion, de s'obstiner sur les seules sources internationales communes aux libertés collectives des travailleurs béninois et français, dans la mesure où les conventions internationales du travail ne sont pas les formes exclusives sous lesquelles naissent les droits sociaux des travailleurs.

Les libertés collectives des travailleurs ne s'établissent pas uniquement au niveau international avec des conventions du travail. Il est exact, du point de vue des législations de chaque pays, le droit international du travail a conditionné le métissage des règles de définition des droits reconnus aux personnes. Grâce à son objet, dans une certaine mesure, les droits sociaux ont pu sortir des clivages politiques et des divergences législatives interétatiques restreignant leur ampleur. Les activités de l'OIT concourent assurément à l'intégration des prérogatives humaines dans le champ de leur universalité, laquelle assure à chaque membre de la famille humaine le respect de sa dignité d'être humain et la possibilité de prendre part pleinement à la formation de son avenir. Mais les textes de l'OIT ne sont pas les seules dispositions internationales qui œuvrent à la standardisation politique et institutionnelle des droits syndicaux. Dans l'accomplissement des objectifs dont elles sont investies, les conventions internationales du travail ont été secondées[1] (surtout depuis un demi-siècle[2]) par une autre catégorie d'outils. Il s'agit des règles communautaires ; elles sont certes pourvues d'une portée internationale inférieure, mais en même temps sanctionnées d'une meilleure proximité géographique ; concrètement, elles se rapportent au

---

[1] Ou tantôt supplées, ainsi qu'il est parfois donné de le constater, en marge du risque du double emploi restant présent.

[2] H. OBERDORFF, *Droit de l'homme et libertés fondamentales, op. cit.*, p. 108.

phénomène de la régionalisation des reconnaissances des droits des personnes[1].

L'observation de la vie juridique béninoise et l'étude du droit positif français a permis de constater que les libertés collectives des travailleurs disposent, non seulement de sources internationales communes constituées, à titre principal, par les conventions n° 87 et 98 de l'OIT mais aussi, de façon secondaire, de fondements normatifs particuliers propres à chaque pays. Ce sont, en résumé, la Charte sociale européenne de 1961 et la Charte africaine des droits de l'homme et des peuples de 1981.

§ 1 : La Charte de Turin

47. On le sait, et il convient de le préciser, la technique ne doit pas faire perdre de vue la finalité. Les termes des propos tenus par les auteurs précités ne peuvent conduire à dissimuler l'objet principal de la réflexion. S'il est vrai qu'il a été dit, et ce sans ambages, que les instruments juridiques des Nations Unies recèlent des insuffisances sinon constituent des échecs, l'objectif principal de ces observations était moins de discréditer les initiatives normatives de l'institution que de souligner la vulnérabilité parfois patente caractérisant l'exercice des droits fondamentaux et plus particulièrement des libertés collectives des travailleurs.

Par conséquent, il était impossible de s'arrêter à la lettre des formules doctrinales sans rechercher si, dans le périmètre ainsi tracé pour la comparaison, les libertés collectives des travailleurs ne disposaient pas d'autres types de provenance auxquelles ces affirmations pourraient également se trouver confrontées. Au cours de cette recherche, il est vite apparu que les droits sociaux ont aussi été consacrés au niveau régional de chaque pays, en particulier, par la Charte sociale européenne en France et la Charte de Banjul au Bénin.

48. De surcroit, une remarque prépondérante entre ces mécanismes régionaux – indicatifs et non exhaustifs de définition des libertés collectives des travailleurs – allait donner une portée décisive à

---

[1] Ibid.

l'analyse : entre le Bénin et la France, une différence structurelle de coercition peut être observée, au niveau de l'appréciation du degré des instruments supranationaux qui visent à garantir les droits des travailleurs. Alors que le droit communautaire européen se trouve placé à certains égards dans et sous la constitution française[1], force est de constater que les textes de l'OHADA de même que la Charte de Banjul, lesquels constituent les dispositions régionales de protection des droits sociaux des travailleurs dans l'ordre juridique béninois, sont directement applicables devant les juges nationaux, sans la nécessité préalable d'une intervention parlementaire[2].

Autrement dit, les instruments régionaux d'établissement des droits fondamentaux des personnes, qui déjà produisent de systèmes variables de garanties des libertés collectives des travailleurs (par le biais de leur qualité de source normative et spécifique), reçoivent des considérations différentes de la part des pouvoirs publics béninois et français. Certes, la Charte de Turin constitue la principale et spécifique source normative régionale dans le cadre français. Mais elle est loin d'être unique. D'où la nécessité d'étudier chacune d'elle, caractérisée respectivement par le « droit originaire » et le « droit dérivé » de l'Union européenne, pour saisir la portée des propos des précédents auteurs.

I. LE DROIT ORIGINAIRE DE L'UNION EUROPÉENNE

49. Les libertés collectives des travailleurs ne disposent nullement d'une source unique et commune au Bénin et à la France. S'y ajoute des sources d'origine spécifique, qui participent également au niveau continental à leur proclamation et reconnaissance formelle. S'ensuit une remarque principale : s'agissant de la France, dans le cadre du droit communautaire, les droits sociaux des travailleurs ont pu naitre des règles de droit originaire et dérivé.

50. Ainsi que le définit M. le professeur PETIT[3], le droit originaire de l'Union européenne, encore appelé droit institutionnel[1], est constitué par

---

[1] P. CASSIA, *« Le droit communautaire dans et sous la Constitution française »*, *RTD Eur.* , n°2/2007 p. 378.
[2] Ph. TIGER, *Le droit des affaires en Afrique*, Que sais –je ?; PUF, p. 29.
[3] *Introduction générale au droit*, Sup'foucher, 2007, p. 38.

l'ensemble des règles se trouvant à l'origine de la création de la communauté des États membres de l'Union ; ce sont les textes institutionnels communautaires, composés de « principes propres à l'Union européenne », pour reprendre une formule bien connue[2]. Le droit dérivé, dont proviennent également les normes européennes de garantie des libertés collectives des travailleurs, au rang desquelles figure la Charte de Turin, recouvre, à la différence de la première, non pas les textes créateurs de la communauté européenne, mais les mécanismes de proclamation mis en place par les institutions dérivant de l'Union[3]. C'est pourquoi M. le professeur RODIÈRE les désigne comme étant « des principes consacrés par renvoi »[4].

D'une certaine manière, il est patent de constater la pluralité des sources de consécration des libertés collectives des travailleurs de préférence, au niveau communautaire, où l'on invoque la problématique d'une obésité normative en constante progression[5]. En effet, dans le cadre des règles institutionnelles de l'Union, les droits sociaux des travailleurs ont fait l'objet d'une véritable inflation législative et règlementaire, de multiples textes les ayant énoncés[6]. Pour autant, est-ce à dire que ces droits des travailleurs ont été véritablement intégrés au traité communautaire[7] ? Les libertés collectives font-elles corps avec la norme originaire de l'Union ? Précisons d'emblée qu'en dépit de leur diversité, les instruments de définition des libertés fondamentales adoptées dans le cadre du droit originaire, se distinguent par la valeur juridique qui leurs est attachée par rapport aux techniques du droit dérivé.

51. S'agissant des droits sociaux dits fondamentaux[8], et donc en particulier des libertés collectives des travailleurs, une affirmation du

---

[1] Ibid.

[2] Cf. P. RODIÈRE, *Droit social de l'union européenne,* LGDJ, 2008, p. 139.

[3] *Introduction générale au droit, op. cit.,* p 40 s.

[4] *Droit social de l'Union européenne,* p. 153.

[5] Cf., M. MOREAU, « Sur un droit obèse », *RJC,* 01/05/2006, n°3, p. 267-275. D. SOULAS de RUSSEL, « Nature et racine du principe de sécurité juridique : une mise au point », *Rev. int. dr. comp.,* 01/03/2003, n°1, p. 85-103.

[6] M.A. DAUSES, « La protection des droits fondamentaux dans l'ordre juridique communautaire », *RTDEur.* 1984, p. 410.

[7] Une question d'autant plus pertinente que, dans le même prolongement, l'on pourrait se demander si la mise en œuvre de mécanismes permettant de reconnaître la nature fondamentale des droits sociaux des travailleurs ne se heurterait pas en Europe à un obstacle qu'un simple changement d'ordre juridique ne suffirait pas à surmonter…

[8] Dont on cherche ici à procéder à la vérification…

précédant auteur qui, en outre, est pourvu d'une autorité particulière en la matière, permet d'illustrer la distinction avec les droits des travailleurs béninois. Ainsi qu'il le souligna[1], récemment encore[2], « on observera d'abord que les droits sociaux fondamentaux sont restés placés sous le signe d'une extériorité formelle au traité communautaire. Le traité n'a à ce jour, ni intégré ni proclamé directement aucun catalogue des droits sociaux fondamentaux. Néanmoins, il se réfère à divers instruments juridiques proclamant l'existence de principes ou de droits fondamentaux des travailleurs et les énumérant »[3].

Au regard des instruments du droit originaire de l'Union européenne, les libertés collectives des travailleurs ont été proclamées, dans un premier temps, par la Charte sociale communautaire de 1989 puis, dans un deuxième temps, par la Charte de l'Union européenne adoptée en 2000. Il convient, dès lors, d'apprécier la véracité de l'affirmation de M. le professeur RODIÈRE à leurs égards.

A. LA CHARTE SOCIALE COMMUNAUTAIRE

52. Plutôt que de renouveler la consécration des droits des travailleurs, les États membres de l'Union européenne auraient pu adopter une logique différente, en se contentant de donner un prolongement et une effectivité aux conventions internationales du travail déjà reconnus par la Société Des Nations unies, ancêtre de l'ONU. Le choix d'une autre option était envisageable. Elle aurait pu convier les États membres à ratifier et à appliquer les instruments internationaux en vigueur, tant ceux existant au sein du Conseil de l'Europe que de l'Organisation Internationale du Travail. La ratification par la communauté elle-même des outils internationaux était également plausible[4]. Ces instruments internationaux, par delà les avancées d'ampleur qu'ils renferment, ont un champ d'application beaucoup plus large (les 23 pays membres du Conseil de l'Europe sont membres de

[1] P. RODIÈRE, *Droit social de l'union européenne,* LGDJ, 2ème Édition, 2002, p. 136.
[2] *Droit social de l'Union européenne,* LGDJ, 2008, p. 139.
[3] Sous réserve toutefois des modifications ayant été récemment apportées par le traité de Lisbonne de 2007 finalement entré en vigueur le 1er décembre 2009...
[4] Ch. PETTITI, *La Charte des droits sociaux fondamentaux des travailleurs : un progrès ?,* DS, n°04/90, p. 389.

l'Organisation internationale du Travail)[1]. Le choix des États parties à la communauté européenne ne fut pas moins d'une autre nature, ceux-ci ayant préféré adopter en 1989 un nouvel instrument spécifique de reconnaissance des droits des travailleurs (1), diversement apprécié par la doctrine (2).

1. L'adoption de la Charte de 1989

53. Le peu d'enthousiasme manifesté par les spécialistes du droit communautaire à l'encontre de la Charte de 1989 pouvait troubler. « Au moment où la mondialisation de l'économie, plaçant les salariés en concurrence, tend à ramener le travail humain à l'état de marchandise, la reconnaissance des droits sociaux fondamentaux est indispensable pour réintroduire la dignité de la personne humaine et la primauté d'objectifs tel que la lutte contre la pauvreté ou les inégalités sociales »[2] au cœur du fonctionnement de la Communauté européenne. De ce point de vue[3], on aurait pu s'attendre à ce que l'adoption du mécanisme communautaire de droit originaire rencontre l'approbation des jurisconsultes, en dépit des événements de dissidence ayant accompagné son processus de reconnaissance. Car, le 9 décembre 1989, la *Charte communautaire des droits sociaux fondamentaux des travailleurs* a été mise en place au Conseil européen de Strasbourg dans une déclaration solennelle, de onze chefs d'États ou de gouvernement, sur l'ensemble des douze composant à l'époque la communauté européenne, le Royaume-Uni ayant décidé de s'abstenir[4]. L'objectif alors affiché était de relancer l'idée de la création d'un espace européen telle qu'elle résultait du Mémorandum sur la

---

[1] Ibid.

[2] M. BONNECHÈRE, « Quelle garantie des droits sociaux fondamentaux en droit européen ? », *Europe*, 4 juil. 2000, p. 4.

[3] « La porosité des structures étatiques qui accompagnent la mondialisation des échanges économiques [rendant] encore plus vraie cette constatation », M. BONNECHÈRE, « Quelle garantie des droits sociaux fondamentaux en droit européen ? », *op. cit.*, p. 4.

[4] V. Commission européenne, DG V , Europe sociale, n°1/90, La Charte communautaire des droits sociaux fondamentaux des travailleurs.

Relance européenne[1] présenté par la présidence française du Conseil européen de 1981[2].

54. Avant le sommet de Strasbourg, la question de la Charte des droits sociaux fondamentaux et de la dimension sociale du Marché intérieur agitait les débats[3]. Les États membres avaient pris le devant, exprimant leur volonté de voir se concrétiser une démarche normative tenant compte des effets d'une telle préoccupation[4]. De fait, bien plus tôt, « il était réclamé depuis de nombreuses années au sein des instances communautaires et notamment par le Parlement européen une initiative de la Communauté en matière sociale »[5]. On le perçoit facilement, après avoir pris connaissance du contenu du programme de la Commission des communautés européennes pour 1986, dans lequel il était explicitement souligné que « l'achèvement du grand marché ne saurait se faire au détriment de la dimension sociale de la Communauté car, sans un minimum d'harmonisation au niveau des conditions sociales du travail, des distorsions graves risqueraient d'entraver le projet d'Europe sociale entrepris »[6].

55. Les États membres de l'Union avait une conscience aigue de la nécessité à construire l'Europe sociale[7], dans le dessein d'accélérer et de renforcer la coopération interétatique entre les différentes autorités politiques nationales[8]. Surtout, pour atteindre cet objectif, le moyen choisi par les intéressés consistait en la proclamation des droits sociaux

---

[1] Sur cette thématique, *Cf. La question de l'Europe sociale : pour une nouvelle politique sociale en Europe.* Sous la direction de Jacques Vandamme, avant-propos de Jacques Delors – Tepsa, Economica.
[2] Ch. PETTITI, *op. cit.*, p. 387.
[3] E. VOGEL-POLSKY, « Quel futur pour l'Europe sociale après le sommet de Strasbourg ? », *Dr. soc.*, n° 2 févr. 1990, p. 219
[4] Ibid.
[5] V. avant projet du 30 mai 1989, COM (91) 248. Projet du 2 octobre 1989, COM (91) 471 ; Europe sociale, n°1/90. V. également le rapport « Aubry » ayant précédé la rédaction des projets de la Commission, Martine Aubry, Pour une Europe sociale, La Documentation française, 1988, Pour le Parlement européen, v. résolution du 22 novembre 1989 et Martine BURON (rapporteur de la Commission parlementaire), Europe sociale, n° 1/90.
[6] Ibid.
[7] M. BONNECHÈRE, « La reconnaissance des droits fondamentaux comme condition de progrès social », *Dr. ouvr.*, 1998, p. 249.
[8] Ibid. ou encore: A. LYON-CAEN & S. SIMITIS, « L'Europe sociale à la recherche de ses références », *op. cit.*, ibid.

fondamentaux dans l'instrument spécifique du droit institutionnel constitué par la Charte sociale communautaire de 1989[1]. Par conséquent, il était possible de s'attendre à ce que les auteurs[2] reçoivent positivement cette initiative européenne.

2. L'appréciation de la Charte

56. Remarquons déjà, au regard des libertés collectives des travailleurs consacrées par ce mécanisme, les différents renvois et délégations de pouvoir décidés par les signataires de la Charte sociale communautaire aux Etats membres et aux partenaires sociaux ainsi qu'à la Commission en ce qui concerne la garantie des droits sociaux et l'élaboration des actes d'exécution[3]. Il en résulte une constatation principale : l'instrument de 1989, de valeur essentiellement politique que juridique, ne fait naître sur le plan du droit aucune obligation à l'encontre des Etats membres de la Communauté[4]. Au demeurant, il était possible de s'en rendre compte à partir de l'absence de processus de ratification ayant suivi son adoption, lequel aurait pu conduire à modifier le Traité de Rome (ainsi que l'Acte unique avait apporté la démonstration). Sans doute n'est-il pas excessif, au regard de ces éléments, de considérer ce texte comme étant une décision politique *sui generis* extérieure à toute considération juridique frappée de contrainte[5].

57. Pour ce faire M. le professeur RODIÈRE avait souligné le signe d'extériorité sous lequel étaient restés placés, dans le droit communautaire, les droits sociaux des travailleurs, alors qualifiés par les textes de fondamentaux. : « la charte n'est pas un traité et ce n'est pas l'absence du Royaume-Uni qui en aura diminué la force juridique. Ce

---

[1] Ibid.

[2] A. LYON-CAEN & S. SIMITIS, « L'Europe sociale à la recherche de ses références », *Rev. marché en. Eur.*, 1993, p. 109.

[3] Ch. PETTITI, *op. cit.*, p. 388.

[4] Ibid.

[5] Ibid., p. 387. D'où ressort la nécessité d'une nouvelle constatation. « On peut se demander si la Charte n'avait pas seulement pour objet de présenter aux citoyens européens une image de la construction européenne plus proches de leurs préoccupations quotidiennes au sein du discours économique et financier de l'Europe de 1992 » ; Ibid., p. 389.

n'est qu'une déclaration, sans portée juridique précise. Mais elle a eu une signification politique importante. Elle est un signal politique donné au plus haut niveau, a dit le président Jacques Delors au moment de son *adoption* »[1].

58. D'autres analyses doctrinales se sont montrées davantage virulentes à l'encontre de ce texte : « le sommet de Strasbourg a concrétisé une non-décision. Rien n'est changé dans le système institutionnel ni dans les compétences communautaires du point de vue social »[2]. Selon les observations scientifiques, plutôt que de faire avancer et de permettre le renforcement de la coopération européenne, l'impact du mécanisme adopté à Strasbourg a été neutre, puisque, « à l'inverse de ce qui s'est produit en 1972, lors du Sommet de Paris et de l'adoption du premier programme d'Action sociale de la communauté en 1974, la Commission n'a pas reçu de mandat du Conseil l'habilitant à élargir les bases juridiques de la politique sociale communautaire »[3]. Et l'auteur, également spécialiste du droit communautaire[4], de conclure : d'une part « le pari perdu de l'Europe sociale s'est traduit par une panoplie puisque onze États ont adopté une Déclaration relative à la Charte communautaire des droits sociaux fondamentaux (le Royaume-Uni ayant refusé de s'y associer) »[5] ; d'autre part « le sommet européen de Strasbourg de décembre 1989 s'est soldé par un échec cuisant en ce qui concerne l'avenir social de l'Europe »[6].

Inutile de rappeler la ritournelle classique des échecs. Il n'est guère possible d'y céder, sans vérification complète des éléments de l'analyse. C'est pourquoi il convient d'observer la façon dont la seconde Charte, adoptée onze ans après, est susceptible de conduire à la modération – sinon au confort – de ces propos, eu égard aux principes généraux de

---

[1] *Droit social de l'Union européenne, op. cit.*, p. 150.

[2] E. VOGEL-POLSKY, « Quel futur pour l'Europe sociale après le sommet de Strasbourg ? », *op. cit.*, p. 220.

[3] Ibid.

[4] E. VOGEL-POLSKY & J. VOGEL, *L'Europe sociale 1993 : illusion, alibi ou réalité ?*, Études européennes, 1991, p. 149

[5] E. VOGEL-POLSKY, « Quel futur pour l'Europe sociale après le sommet de Strasbourg ? », *op. cit.*, p. 219.

[6] Ibid.

droit communautaire[1] ayant pu être dégagés par les juges européens[2] pour œuvrer à la protection des droits de l'homme au travail.

B. LA CHARTE DE L'UNION EUROPÉENNE

59. Dans le cadre de la structure et des objectifs du droit communautaire[3], le catalogue des douze droits sociaux[4] définis par les États membres de l'Union en 1989 n'aurait pas suffi à dissimuler la véritable nature de ce texte alternant, dans les analyses savantes, entre innovations et lacunes[5]. Après le constat des limites, les autorités communautaires et les représentants des exécutifs nationaux avaient pris conscience de la nécessité d'inventer un nouvel instrument. Reste à voir si, à l'instar du précédent outil, ce nouvel instrument ne serait pas également considéré comme une simple déclaration politique sans portée juridique concrète. Les éléments permettant d'y répondre sont à puiser dans le débat s'étant élevé pendant son adoption (1) et les discussions relatives à ses effets (2).

1. Le débat d'adoption

60. L'un des arguments souvent invoqués par une partie de la doctrine pour dénier aux droits sociaux des travailleurs la protection prépondérante devant leur être apportée est leur supposé absence de justiciabilité[6], y compris dans le cadre européen[7]. Bien entendu, le propre

---

[1] H. RUIZ FABRI, « Les principes généraux du droit communautaire et du droit comparé », *Revue française de théorie, de philosophie et de culture juridique,* 01/06/07, n°45, p. 127 s.

[2] A. MALLET, *Introduction à l'Europe sociale*, Éd. ENSP, 1997, p. 49 s. relative aux « actions concrètes » de la « Charte communautaire des droits sociaux fondamentaux du 9 décembre 1989 ».

[3] V. BOULUOIS et CHEVALIER, *Grands arrêts CJCE*, Tome 1, n°17.

[4] A. MALLET, *Introduction à l'Europe sociale, op. cit.,* p. 47.

[5] *Droit social de l'Union européenne, op. cit.,* p. 142 s.

[6] V. N. ALIPRANTIS, « Les droits sociaux sont justiciables ! », *Dr. soc.,*, 2006, p. 158.

[7] Cf. la communication de Mme Montserrat Enrich I MAS au Congrès international, M.M.J.C., 1991, « Justiciabilité des droits sociaux en Europe », sur la jurisprudence de la Commission et de la Cour européenne des droits de l'homme.

de tous droits fondamentaux est de pouvoir être soumis au juge afin que celui-ci puisse tirer les conséquences concrètes découlant de son observation voire, à défaut, de sa transgression. *Le droit au juge en droit communautaire*[1] constitue le critère essentiel dont ressorte la définition du caractère fondamental d'un droit ou d'une liberté de la personne humaine. Et il est donné de voir la manière dont les rédacteurs de la Charte des droits fondamentaux de l'Union européenne, adoptée à Nice le 7 décembre 2000, ont reçu cette problématique, se s'étant particulièrement préoccupés de la question de la justiciabilité. La restitution des propos de l'un des protagonistes de cette œuvre (au demeurant, le principal) est assez probante : « au début de la Convention, le projet de liste des droits était assez richement fourni en droits sociaux. Ensuite, il y a eu une évolution négative sous l'influence de deux arguments politiques et doctrinaux. Les arguments politiques consistaient à dire que nous ne pouvions pas développer l'État providence qui coute cher et qui freine la croissance économique. Les arguments juridiques concernaient la justiciabilité ; on nous objectait que les droits sociaux qui sont généralement des droits de créances…ne sont pas justiciables au sens traditionnel de ce terme »[2].

Après avoir soutenu pour leur défense que les droits sociaux relèvent d'une justiciabilité normative, l'auteur fit valoir que, « en définitive, même si les formules retenues comportent rarement le terme *droit*, mais des expressions moins fortes comme *pourront bénéficier* ou encore *l'Union reconnaît et protège* telle ou telle action comme l'aide au logement, ce sont des avancées importantes ; sur ces bases là, un juge peu très bien construire une théorie équivalente à la reconnaissance d'un droit »[3].

A partir de la révélation de cette anecdote, des appréhensions peuvent être nourries. Mais, d'emblée, on doit souligner l'utilité particulière relative au nouveau mécanisme. En effet, bien que l'histoire ait enseigné aux démocraties contemporaines l'indissociabilité de la collectivité des droits des personnes, la Charte de Nice, contrairement à celle de

---

[1] V. F. PICOD, Le droit au juge en droit communautaire, *in* J. RIDEAU (dir.) *Le droit au juge dans l'Union européenne*, LGDJ, 1998, p. 141.
[2] G. BRAIBANT, *La Charte des droits fondamentaux de l'Union européenne*, Éd. Seuil, p. 44.
[3] Ibid. p. 46.

Strasbourg, est le seul instrument originaire ayant affirmé le principe d'indivisibilité des droits fondamentaux[1]. La Charte des droits fondamentaux de l'Union européenne a voulu briser avec la tradition séculaire et la hiérarchisation les droits fondamentaux. D'un côté les droits civils et politiques, nés de la philosophie des Lumières, solennellement déclarés lors de la Révolution française, occupent une place traditionnelle prééminente ; ils représenteraient des valeurs intangibles ou immuables. De l'autre, des droits sociaux, de facture plus récente, nés pour l'essentiel de la moitié du siècle dernier, pourvus d'une certaine contingence. Or la Charte regroupe dans le même corpus droits civils, politiques et droits sociaux.

61. Sur ce point, il est incontestable que ce texte marque un changement d'approche notoire, tendant vers l'octroie d'une considération véritable aux libertés collectives des travailleurs, par la prise en compte du caractère solidaire et unitaire liant les *intérêts juridiquement protégés*[2]. Mais, pour autant, celui-ci aurait-il une portée concrète différente de celle attachée à la Charte de 1989, plutôt considérée comme étant le résultat d'un échec cuisant en ce qui concerne l'avenir social de la communauté ? L'intérêt principal de l'avancée, que ce mécanisme serait susceptible de constituer, réside en réalité dans ce constat.

2. La discussion autour de l'apport

62. Les négociations engagées au moment de l'adoption de la Charte de l'Union auraient été longues et vives, mais également stimulantes, puisque soumises à l'obligation de compromis. Entre plusieurs États, l'acte de formation d'un accord, qui permet de souder les liens, n'est pas une sinécure. M. BRAIBANT[3], un des principaux concepteurs du texte, le fit remarquer avec enthousiasme. Conviendrait-il alors, en raison de

---

[1] M. BONNECHÈRE, « Droits sociaux fondamentaux : vers un droit commun pour l'Europe », *SSL*, 25 oct. 2004, n°1187, p. 5.
[2] J. -P. COSTA, *« Vers une protection des droits économiques et sociaux en Europe ? »*, in *Mélanges en hommage à Pierre Lambert « Les droits de l'homme au seuil du troisième millénaire », op. cit.*, ibid.
[3] *La Charte des droits fondamentaux de l'Union européenne*, Éd. Seuil, cf. résumé.

ces difficultés, de sacrifier les quelques innovations sans doute relatives de cette technique sur l'autel de la raison critique et de la réflexion constructive ? Doit-on considérer la Charte de Strasbourg en marge de tout apport et avancée, particulièrement dans le registre de la définition des libertés collectives des travailleurs sur la scène européenne ?

L'interrogation n'est pas vaine. Elle est fondée sur un rappel souvent formulé : la Charte n'est nullement un Traité soumis à ratification des États membres, devant créer à leur charge des obligations juridiques. A l'instar de la Charte communautaire des droits sociaux, la Charte des droits fondamentaux, simple déclaration du Conseil européen, a constitué un acte de nature politique ; ce n'est pas non plus un acte communautaire de droit dérivé. Tout au plus a-t-elle pu constituer une source d'inspiration pour le développement d'une action normative ou une source d'interprétation jurisprudentielle[1].

À ce propos, dans sa décision du 19 nombre 2004, le Conseil constitutionnel français avait expliqué que la Charte de 2000 ne contient pas des *« droits » « directement invocables devant les juridictions »* mais *« des principes »* constituant, selon sa formule, *« des objectifs »* ne pouvant être exigibles qu'à l'encontre *« des actes ...relatifs à leur mise en œuvre »*, actes *« de portée générale »*, avaient-précisé les gardiens de la Loi fondamentale[2]. Pour sa part, le Conseil d'État affirmait, une année plus tard, que la norme adoptée à Nice est « dépourvue, en l'état actuel du droit, de la force juridique qui s'attache à un traité une fois introduit dans l'ordre juridique interne et ne figure pas au nombre de ces actes du droit communautaire dérivé susceptibles d'être invoqués devant les juridictions nationales »[3].

63. Toutefois, en dépit de ces observations, il est de soutenir que la Charte de Nice a marqué une amélioration considérable dans le droit

---

[1] *Droit social de l'Union européenne, op. cit.*, p. 145.

[2] *JCP* éd. A 2004, 1847, note O. GOHIN ; JCP éd. A 2005, 1025, note M. GAUTIER; *Europe*, février 2005, p. 6, étude D. SIMON.

[3] Cons. d'Ét., 5 janvier 2005, n°257341 ; v. également Cons. d'Ét., 19 octobre 2005, contrat « nouvelle embauche », mécanisme d'aide à l'embauche dont il est d'ailleurs patent de souligner que les juges français avaient également été amenés à connaître de son contentieux en statuant sur le fondement des conventions internationales du travail – S. MAILLARD, « Le contrat nouvelle embauche est contraire à la Convention n°158 de l'OIT », *D*, 31/01/2008, n°29, p. 1986-1988 – mais l'économie de celles qui se rapportent aux libertés collectives des travailleurs a déjà été restituée.

interne. Les exemples ne manquent pas à l'appui de ces propos. Appelés à se prononcer sur le bien fondé de mesures de licenciements économiques, dans l'affaire Renault-Vilvorde où les autorités judiciaires françaises étaient sollicitées par le Comité de groupe européen (réuni douze jours après l'annonce à la presse de la décision de fermeture), ceux-ci avaient recouru à l'un des principes directeurs de la Charte communautaire (*le droit à l'information et à la consultation des représentants des travailleurs doit être mise en œuvre en temps utile*), pour dégager le sens de la directive 94/45 du 22 septembre 1994[1] relative à l'institution d'un comité d'entreprise européen ou d'une procédure d'information et de consultation. La Charte de 1989 s'était ainsi vu reconnaître une valeur normative indirecte[2]. Bien que sa portée soit plus politique que juridique, la Charte de Nice demeure non seulement le seul instrument ayant matérialisé le principe de l'unicité des droits fondamentaux des personnes humaines[3] mais aussi celui dont l'analyse est caractérisée par l'apport d'un certain nombre d'améliorations relatives à la précision des contours et des limites de la définition des libertés fondamentales des personnes salariées[4]. Par son biais, nombre d'évolutions ont été enregistrées, à l'instar de celles découlant de l'affaire Renault-Vilvorde.

---

[1] Étant nécessaire de préciser que cet instrument – cf. J.O L 254 du 30 septembre 1994, p 64 – encore appelé « directive de délocalisation d'Hoover », trouve son origine dans un fait divers. La société Hoover au début des années 1990, a décidé de délocaliser son entreprise vers l'Écosse au détriment du site de Dijon. Prise de panique par cette affaire, la volonté de la commission fut de faire en sorte que « des licenciements massifs dans le cadre d'opération de restructurations industrielles ne puissent être réalisés sans la discussion préalable d'alternatives éventuelles au profit des travailleurs avec leurs représentants, ni sans donner la possibilité à l'autorité publique compétente (l'agence local pour l'emploi) de recevoir à son tour un temps d'appréciation du projet de licenciement dans un délai encore utile aux fins de l'atténuer »...Pour davantage de précision sur cette affaire, cf. : F. VANDAMME, « La fermeture de l'usine Renault-Vilvorde : conséquences politiques et sociales internationales », *Revue du marché communautaire de l'Union européenne*, 01/09/1997, n° 411, p. 513.

[2] M. BONNECHÈRE, « Quelle garantie des droits sociaux fondamentaux en droit européen ? », *op. cit.*, p. 6. V. aussi, CA Versailles, 7 mai 1997, Sté Renault SAc/CGE, DS 1997, p 506, note A. Lyon – Caen p. 509, et chronique M. A. Moreau, p. 493.

[3] *Droit social de l'Union européenne, op. cit.*, p. 141 ; M. BONNECHÈRE, « Droits sociaux fondamentaux : vers un droit commun pour l'Europe », *op. cit.*, p 5.

[4] J.-Y. CARLIER, O. De SCHUTTER (dir.), « *La Charte des droits fondamentaux de l'Union européenne : son apport à la protection des droits de l'homme en Europe* » in *Mélange en hommage à MARCUS-HELMONS Silvio,* Bruylant, 2002, p. 304.

64. Les propos de M. le professeur P. RODIÈRE se vérifient donc dans le domaine du droit originaire de l'Union européenne. Ils sont cependant indivisibles de l'étude des mécanismes du droit dérivé, tout autant destinés à la confection des prérogatives humaines.

II. LE DROIT DÉRIVÉ DE L'UNION EUROPÉENNE

65. Les modalités – directes ou interposées – de pénétration des sources régionales de reconnaissance des droits fondamentaux des personnes dans les ordres juridiques béninois et français constituent, d'une certaine manière, le centre de gravité ou s'élabore la définition des libertés collectives des travailleurs. Une dichotomie demeure sur ce point d'analyse entre le Bénin et la France. Son explication est déjà amorcée, par la restitution de la portée normative des techniques originaires existant au niveau communautaire de consécration des droits fondamentaux. Il reste à l'entériner avec l'examen des principes consacrés par renvoi par les institutions mises en place dans le cadre de l'Union. Parmi ces institutions, le Conseil de l'Europe[1] se démarque nettement, eu égard à son activité normative (riche et développée) sur les droits et libertés des personnes. De son corps, a émergé le système référentiel dont le pendant est constitué par la Charte africaine des droits de l'homme et des peuples. Ces Chartes, respectivement adoptées à Turin

---

[1] Une précision s'impose à ce niveau de l'analyse. Il convient de distinguer le Conseil européen du Conseil de l'Europe. Le Conseil européen est né de la pratique, engagée en 1974, de réunir régulièrement les chefs d'État ou de gouvernement de la Communauté européenne. Cette pratique a été instituée par l'Acte unique européen de 1986. Il se réunit deux fois par an, en juin et en décembre, à la fin de chaque présidence semestrielle. Les décisions sont prises par consensus à l'issue de négociations entre les États membres. Le Conseil européen fournit à l'Union « *l'impulsion nécessaire à son développement* » et définit « *les orientations politiques générales* » (article 4, TUE). Les chefs d'État ou de gouvernement définissent ensemble les priorités et le calendrier de la construction européenne. Il s'agit d'une organisation intergouvernementale dont l'objectif est, notamment, de défendre les droits de l'homme, de promouvoir la diversité culturelle de l'Europe et de lutter contre des problèmes sociaux tels que la discrimination raciale et l'intolérance. Le Conseil de l'Europe, pour sa part, fondé en 1949, a eu parmi tant d'autres de ses premières réalisations la rédaction de la convention de sauvegardes des droits de l'homme. Par suite, l'organe juridictionnel chargé de veiller à l'application des règles de la convention de sauvegarde, la Cour européenne des droits de l'homme, a été créée. Le Conseil de l'Europe compte aujourd'hui 45 États membres. Son siège est le Palais de l'Europe à Strasbourg.

et à Banjul, se distinguent par leur applicabilité dans les champs juridiques respectifs.

En effet, l'observation de la vie juridique européenne montre que « le traité renvoie à des normes qui sont extérieures à l'ordre juridique communautaire, soit qu'il en fasse une source d'inspiration, soit plus fortement, qu'il en exige le respect par les institutions communautaires. Il en va ainsi des conventions élaborées dans le cadre du Conseil de l'Europe »[1], c'est-à-dire de la Convention européenne de sauvegarde des droits et des libertés fondamentales du 04 novembre 1950 (A) et de la Charte sociale européenne du 18 octobre 1961 (B). Afin de restituer les différences existant entre les sources régionales dont dépendent le Bénin et la France quant à l'établissement des droits constitutionnels des travailleurs, il convient d'étudier séparément la Convention de Rome et la Charte de Turin, et ce d'autant que ces dernières sont loin de posséder une force de coercition identique dans le cadre du Conseil de l'Europe.

A. LES LIBERTÉS COLLECTIVES DANS LA CONVENTION DE ROME

66. Il était à n'en point douter nécessaire de relativiser les propos sur la Charte de Nice, elle dispose d'un avantage majeur par rapport aux techniques du droit dérivé : malgré les enseignements de l'histoire aux démocraties contemporaines relatifs à l'indivisibilité des droits civils et politiques et des droits sociaux fondamentaux, des instruments différents ont été adoptés dans le cadre du Conseil de l'Europe : Convention européenne du 4 novembre 1950 d'un côté, Charte sociale européenne du 18 octobre 1961 et Charte révisée du 3 mai 1996, par ailleurs soustraites au contrôle de la Cour de Strasbourg de l'autre[2].

67. Mais il serait erroné de penser que les dissemblances entre d'une part, la Convention de Rome de 1950 et la Charte de Turin de 1961 de l'autre, les sources régionales africaines et les dispositions normatives européennes de définition des libertés collectives des travailleurs résident

[1] *Droit social de l'Union européenne*, *op. cit.*, p. 153.
[2] M. BONNECHÈRE, « Quelle garantie des droits sociaux fondamentaux en droit européen ? », *op. cit.*, p. 4.

à ce seul niveau de confrontation. Il y a matière à signaler l'existence d'une autre distinction, tout aussi fondamentale sur l'élément comparatif. Alors que, dans le premier cadre, le bénéfice des droits civils et politiques est absolument reconnu à toute personne tel qu'il est prévu à l'article premier de la Convention de 1950 (laquelle crée des « obligations positives »[1] dont la garantie *« déborde le cadre de la simple réciprocité entre États contractants »*[2]), dans le second, la portée juridique de la Charte de 1961 est rigoureusement cantonnée, en ce qui concerne les personnes protégées, aux seuls étrangers ressortissants des parties contractantes, résidant légalement ou travaillant régulièrement sur le territoire d'une autre partie[3]. La Charte sociale européenne s'adresserait d'abord aux Etats, au vu d'une approche classique par sa structure, elle ne serait qu'un simple modèle de développement, *(« La Charte sociale européenne » Bruylant, éd. J.-F. Akandji-Kombé et S. Leclerc)*, tandis que la Convention européenne ouvrirait directement des droits subjectifs aux personnes[4]. « Cette restriction, reprise par la Charte révisée de 1996, et très critiquée par les ONG, implique que les droits sociaux fondamentaux, à l'inverse des droits de l'homme, ne sont pas par principe attachés à la personne humaine… »[5] (sic).

68. Pour constater la manière dont se précise la distinction entre la source régionale béninoise et française, il convient d'analyser les instruments adoptés dans le cadre du Conseil de l'Europe. Il est nécessaire de voir, s'agissant de la Convention européenne de sauvegarde, mais dans la seule borne des libertés collectives des travailleurs, comment cette norme pourtant réservée à titre principal aux droits civils et politiques, a pu intérioriser les droits des travailleurs en

---

[1] F. SUDRE, Les « obligations positives » dans la jurisprudence européenne des droits de l'homme, *RTDH*, 1995, p. 363.

[2] CEDH, 18 janvier 1978, Irlandec/Royaume – Uni, *Cah. dr. eur.* 1979, p 465, obs. COHEN-JONATHAN.

[3] De sorte que, par voie restrictive, c'est uniquement « quiconque [relevant] de la juridiction d'un État contractant [qui] peut …s'en prévaloir », non les travailleurs d'un pays tiers, en l'occurrence du Bénin… Cf. M. BONNECHÈRE, « Quelle garantie des droits sociaux fondamentaux en droit européen ? », *op. cit.*, p. 8.

[4] M. BONNECHÈRE, « Droit sociaux fondamentaux : vers un droit commun pour l'Europe(I) », *op. cit.*, p. 5.

[5] M. BONNECHÈRE, « Quelle garantie des droits sociaux fondamentaux en droit européen ? », *op. cit.*, ibid.

reconnaissant, d'abord de façon concrète[1] la liberté syndicale, ensuite de manière abstraite[2] le principe de participation et le droit de grève.

1. La reconnaissance concrète de la liberté syndicale par la Convention européenne

69. Le texte de Rome, signé le 4 novembre 1950, par onze représentants des exécutifs nationaux membres du Conseil de l'Europe[3], puis entré en vigueur le 3 septembre 1953, puise sa source en grande partie de la Déclaration universelle des droits de l'homme[4] adoptée à la fin de la Seconde-Guerre mondiale. Son originalité, ainsi qu'il fut observé, est d'avoir été la technique la plus perfectionnée dans le cadre de la protection internationale des droits attribués aux personnes : la Convention européenne garantit des droits et instaure un contrôle juridictionnel spécifique[5]. L'objectif alors fixé était de faciliter la mise en place des mécanismes efficaces de garantie et de promotion des prérogatives humaines, de déceler de nouvelles menaces pour les droits des personnes, de sensibiliser le public à l'importance de ces droits et, enfin, d'encourager l'éducation et le développement des actions relatives à l'apprentissage professionnelle sur les questions concernant les libertés fondamentales et la dignité humaine[6].

70. Mais, à cette remarque, il convient d'apporter une précision. Elle est relative à l'objet des droits visés en son sein. Bien sûr, la Convention européenne ne traite directement (« concrètement ») que du travail forcé et du droit syndical, inscrits respectivement en ses articles 4 et 11. Il n'est pas anodin de faire ressortir la manière dont celle-ci a été un véritable

---

[1] Ch. PETTITI, L. PETTITI, *« Du « in concreto » dans la Convention européenne des Droits de l'homme »*, *Gaz. Pal.*, 1988, doctrine, p. 1-2.
[2] Ch. PETTITI, L. PETTITI, *« Suite du « in concreto » dans la Convention européenne des Droits de l'homme et fin »* *Gaz. Pal.*, 1989, doctrine, p. 281-283.
[3] Créé à Londres le 5 mai 1949 par dix États du vieux continent dans l'objectif alors affiché de constituer le « symbole historique de la réconciliation » ; *La réforme de la Convention européenne des droits de l'homme, Un travail continu*, Ed. Conseil de l'Europe, p. 764.
[4] G. COHEN-JONATAN, *La Convention européenne des droits de l'homme,* PUAM, 1989, p. 11.
[5] *Introduction à la Convention européenne des Droits de l'Homme*, Éditions du Conseil de l'Europe, 2005, p. 6.
[6] Ibid. p. 5.

outil de progression des droits sociaux et, en particulier, des libertés collectives des travailleurs. En dehors de la liberté syndicale et de l'interdiction du travail forcé, les droits sociaux ne figurent pas parmi les droits garantis en bonne et due forme par la Convention européenne des droits de l'homme (ce que rappelle la Cour européenne des droits de l'homme dans la note consacrée à l'arrêt du 9 juillet 2002, *Salvetti c/Italie, req. n°42187/98)*[1]. La Cour de Strasbourg n'a pas cependant moins intégré et enrichi, avec une particulière minutie, les principes et concepts qui fondent les droits des travailleurs. C'est ainsi qu'elle utilisa la technique de notions autonomes[2] pour forger de son propre chef des principes directeurs des droits des travailleurs[3], en particulier dans les arrêts *Mazarri* du 4 mai 1999[4], *La Parola* du 30 novembre 2000[5] ou encore *Zehnalova et Zehnal* du 14 mai 2002[6], pour ne citer que ceux-là[7].

S'agissant de la liberté reconnue aux travailleurs de fonder un syndicat et d'y adhérer, il est particulièrement intéressant de constater la variation de son raisonnement sur le double aspect de la prérogative. Le juge strasbourgeois s'était d'abord contenté de confirmer celui positif avant d'y déduire, après une longue évolution jurisprudentielle, le second qui, depuis toujours, lui était pourtant inhérent.

a. De la reconnaissance de la liberté syndicale positive

71. La Cour européenne l'a réalisé sans surmonter l'horizon d'une difficulté particulière, ni prouver l'expression d'une audace quelconque,

---

[1] M. BONNECHÈRE, « Des droits sociaux fondamentaux : vers un droit commun pour l'Europe (I) », *op. cit.*, p. 7.
[2] Notamment dans l'arrêt Gaygusuz c/Autriche du 16 septembre 1996 (*D.* 1998, 441, note J-P. MARGUÉNAUD et J. MOULY).
[3] V. F. SUDRE, « La perméabilité de la convention européenne des droits de l'Homme aux droits sociaux », *RTDE* 2001, p. 467.
[4] 36448/97.
[5] 39712/98.
[6] 38621/97.
[7] Toutefois, avant de parvenir à cette ultime étape dans le processus de la réception des droits des travailleurs, « l'intégration des droits sociaux dans le système de la protection de la CEDH s'est faite d'abord par le biais d'une interprétation large des notions de *droits et obligations à caractère civil* » ; M. BONNECHÈRE, « Droits sociaux fondamentaux : vers un droit commun pour l'Europe (I) », *op. cit.*, p. 7.

susceptible de témoigner du recours à un effort d'interprétation. Les juges strasbourgeois ont reconnu la liberté syndicale positive dans l'exercice courant de leur fonction, voire dans le prolongement des analyses fournies par certains membres de la doctrine[1]. L'observation première à formuler sur ce sujet est, assurément, relative à l'absence de difficulté jurisprudentielle dont fait preuve le processus de reconnaissance de la dimension positive de la liberté syndicale des travailleurs sur le fondement de la Convention de sauvegarde des droits de l'homme[2].

72. Et cela ne peut guère étonner, dans la mesure où les droits garantis en son sein disposent d'une assise textuelle[3] permettant de franchir le postulat du problème, laquelle a été conçue au demeurant de façon particulièrement explicite et sans équivoque, ce qui n'est pas toujours le cas dans l'enceinte européenne, mais la remarque ne vient pas de nous[4]. En effet, les rédacteurs de la Convention de Rome ont explicitement prévu au terme de l'article 11§1 que : *« Toute personne a droit à la liberté de réunion pacifique et à la liberté d'association, y compris le droit de fonder avec d'autres des syndicats et de s'affilier à des syndicats pour la défense de ses intérêts »*[5].

Ce mentionnant, les législateurs européens ont donné un sens et un intérêt particulier à la faculté d'adhésion du travailleur à toutes organisations syndicales représentatives. Par la même occasion, ils lui ont conféré des moyens essentiels à la défense de ses droits et libertés. Sa qualité de sujet libre dans le cadre des relations contractuelles de travail se trouvait de fait assurée. Ainsi allaient-ils poser les bases nécessaires à

---

[1] V., à titre indicatif, I. DAUGAREILH, « La convention de sauvegarde des droits de l'homme ...et la protection sociale », *RTDE,* 2001, p. 123 ; J. MOULY, « Les droits sociaux à l'épreuve des droits de l'homme », *Dr. soc*, 2002, p. 800.

[2] Ibid.

[3] F. SUDRE, « Les droits sociaux fondamentaux et la Convention européenne des droits de l'homme », *RUDH*, 2000, p. 28.

[4] F. SUDRE (et autres), *Les grands arrêts de la Cour européenne des droits de l'homme,* PUF, 5ème éd., p. 670.

[5] Mais l'on doit rappeler dans la foulée le prolongement de la réglementation européenne, puisque l'article 11§2 limite la portée de ces droits en disposant des restrictions susceptibles d'être apportées à leur exercice, lesquelles doivent être prévues par la loi et constituer des mesures nécessaires dans une société démocratiques...

la reconnaissance de la liberté syndicale positive des travailleurs[1]. Au regard de cette disposition, il devenait presque banal pour le juge européen de procéder à la confirmation de ce droit. La Cour de Strasbourg rappelait, dès 1975, notamment dans l'arrêt *Golder*[2], la faculté dont jouit le travailleur d'appartenir à une organisation syndicale, en charge de porter ses revendications auprès de différents interlocuteurs que sont l'employeur ou les représentants de l'exécutif.

Dans le même dessein, mais avec une étendue et une formule variable, l'arrêt *Engel et autres* vint confirmer la portée générale du droit consacré à l'article 11 de la Convention de 1950. La Cour de Strasbourg choisit d'élargir le champ des personnes devant en jouir en y intégrant, outre les travailleurs du secteur privé, les fonctionnaires du secteur public[3].

73. Il n'est donc point concevable de sous-estimer, en dépit des restrictions possibles établies par l'article 11§2 de la Convention, l'importance de l'apport réalisé par l'article 11§1 au droit syndical qui, du reste, constitue la condition *sine qua none* de la matérialité des libertés collectives des travailleurs[4]. Bien que la valeur fondamentale de la liberté syndicale positive ait été confirmée au niveau européen, l'œuvre jurisprudentielle de la Cour européenne des droits de l'homme reste timorée en ce qui concerne la reconnaissance négative de la liberté syndicale.

b. La reconnaissance de la liberté syndicale négative dans la jurisprudence européenne

74. Les premières tentatives de qualification puisent leur source dans l'affaire *Young James et Webster c/ Royaume-Uni* du 13 aout 1981[5], dans

---

[1] V. J.-M. BÉRAUD, « Aspects de la liberté syndicale au sens de la CEDH », *Dr. soc.*, 1986, p. 384 ; A. TICLIÉ, « Aspects de la liberté syndicale », *Rev. int. dr. comp.*, 1993, p. 355.

[2] CEDH, 21 février 1975, *Golder c/ Royaume-Uni,* Req. 4451/70.

[3] CEDH, 08-06-1976, Req. 5100/71, *Engel et autres.*

[4] Ceci relevant d'un truisme qui, du reste, s'inscrit dans le prolongement de nos précédentes analyses relatives aux instruments régionaux du droit originaire et aux conventions internationales du travail dans lesquels s'observent la même portée juridique ambivalente.

[5] Série A, n°44, p. 21-22, §55-58.

laquelle la juridiction européenne a refusé de reconnaître la faculté de certains représentants des salariés de ne pas adhérer à une organisation syndicale. Mais elle admettait, curieusement, le caractère excessif des pressions exercées par la partie défenderesse, pour contraindre (sous la menace d'une non-embauche) les travailleurs requérants à adhérer à une organisation. De telles constatations n'auraient-elles pas dû la conduire à reconnaître le volet négatif de la liberté syndicale et à admettre sa transgression dans les faits lui étant soumis ?

Ne convient-il pas de s'associer aux critiques émises par MM. les professeurs G. COHEN-JONATHAN[1] et P. ROLLAND[2] selon lesquelles les juges strasbourgeois n'ont pas su tirer toutes les conséquences concrètes découlant de leur propre constatation pourtant réalisée sans ambages aux termes de laquelle il ressortait que les victimes avaient subies des pressions excessives de la part de la défenderesse ? Pour apprécier le bien fondé de ces propos, encore faudrait-il connaître l'objet du litige. Dans l'espèce, il s'agissait de la fameuse affaire des closed shop ayant agitée la jurisprudence européenne dans les années 1970 et 1980. Les closed shop ne sont autres que des conventions ou accords collectifs signés par les employeurs et imposés pour adhésion aux travailleurs sous peine de licenciement[3].

75. Pendant longtemps, la jurisprudence européenne a refusé d'admettre leur caractère abusif, ignorant par là même l'existence aux travailleurs d'un droit de non-adhésion. Pour se justifier, elle usait d'un artifice particulier, empruntant à une motivation floue et imprécise, « particulièrement alambiquée dont elle seule a le secret »[4], pour expliquer que l'intégralité de cette prérogative n'était point méconnue tant que se trouvait préservée la « substance même de la liberté d'association »[5]. Procédant de la sorte, la Cour européenne faisait

---

[1] G. COHEN-JONATHAN, Cour européenne des droits de l'homme- chronique de jurisprudence 1980-1981, *C.D.E.,* 1982, p. 226-232.

[2] P. ROLLAND, Chronique de jurisprudence de la Cour européenne des droits de l'homme, *J.D.I.,* 1982, p. 220-224.

[3] Pour plus d'explication sur cette affaire v. M. de BLOIS, De Closed shop zaak, *NJCM Bulletin,* 1982, p. 400-412.

[4] F. SUDRE (et autres), *Les grands arrêts de la Cour européenne des droits de l'Homme*, Puf, 3ème Éd., spéc. p. 605.

[5] Ainsi qu'elle réitéra l'utilisation de cette fameuse formule dans l'arrêt *Young, James et Webster* au début des années quatre-vingt.

ressortir, à partir de son œuvre jurisprudentielle, les limites relatives à l'activité de définition des principes directeurs et des concepts fondateurs de la liberté syndicale des travailleurs[1].

76. Elle récidiva plusieurs fois durant, avec sa présupposée motivation désormais célèbre d'absence d'atteinte à la substance même de la liberté d'association. Notamment dans l'arrêt *Sibson,* dans lequel la partie défenderesse fut celle ayant principalement été secouée par le problème des embauches réservées au lendemain des trente glorieuse[2]. Cette fois, elle avait jugé que les pressions exercées sur un salarié s'étant retiré d'un syndicat n'avait pas été assez graves pour constituer une torsion à la substance même du droit garanti par l'article 11[3], mais que la liberté syndicale se trouvait entravée, contrairement à la solution initialement retenue dans l'affaire des closed shop de la *British Rail* de 1981, alors que le problème soulevé dans les deux espèces était similaire[4].

Puis, au fur et à mesure, chemin faisant, elle peaufina sa position classique relative à la non reconnaissance de la liberté syndicale négative. Par le biais d'une coopération interétatique particulièrement fructueuse et d'une élévation significative du degré de consensus au niveau européen

---

[1] J.M. BÉRAUD, « Aspect de la liberté syndicale au sens de la Convention européenne des droits de l'homme », *Dr. soc.,* n°5, mai 1986, p. 384 et s.

[2] CEDH, 20 avril 1993, *Sibson c/ Royaume-Uni,* A. 258-A.

[3] F. SUDRE, *Les grands arrêts de la Cour européenne des droits de l'homme,* 3ème éd., *op. cit.,* p. 605.

[4] Car dans l'affaire des clauses d'entreprises fermées de l'entreprise British Rail de 1981, les juges européens avaient conclu à la violation de la liberté syndicale des salariés James, Young et Webster en se fondant sur les pressions excessives subies par eux de la part de leur employeur sans reconnaître expressément la liberté syndicale négative dont devaient jouir les requérants. Elle affirmait, en l'occurrence, qu'il ne lui incombait pas *« d'apprécier au regard de la Convention le système du* closed shop *en tant que tel »,* mais qu'il ne résulte pas des dispositions de l'article 11 de cette Convention que *« contraindre quelqu'un à s'inscrire à un syndicat déterminé cadre toujours avec l'esprit de cette institution »...*

Le problème soulevé par monsieur Sibson est presque identique à celui des précédents salariés, mais la solution est à géométrie variable. Le requérant a été victime d'un acharnement constant de la part de son employeur qui l'obligeait à adhérer à un syndicat. Toutefois, le salarié ne faisait valoir aucun mobil précis en matière d'affiliation syndicale et son refus d'adhérer ne l'ayant pas directement exposé à la perte de moyens d'existence qui lui sont dévolus, la Cour décida que les menaces proférées par l'employeur ne constituent pas à proprement parler une atteinte « à la substance même de la liberté d'association ».

et plus globalement international[1], la Cour européenne de sauvegarde finit par intérioriser les droits des travailleurs dans le système de protection des droits civils et politiques adopté au sein du Conseil de l'Europe en 1950[2] ; au final, l'admission du caractère irrégulier des fameux closed shop par voie de reconnaissance du droit d'association négatif. En 1981, dans l'affaire *Young, James et Webster*, elle s'était basée sur des données statistiques pour signaler que 95% des salariés de British Rail ne désapprouvaient pas les *closed shop*, ceci lui ayant permis de conclure que les syndicats de cheminots n'auraient nullement été empêchés dans leur lutte pour la défense des intérêts de leurs membres[3].

Deux mois plus tard, par son important arrêt *Sigudur A. Sigurjonsson c/Islande* du 30 juin 1993, le juge affirme avec courage qu'il convient désormais de considérer que l'article 11 consacre un droit de ne pas s'associer. Ce retournement de situation s'explique par un facteur précédent, il est constitué par l'élévation à plusieurs niveaux du degré de consensus des décideurs communautaires[4]. C'est ainsi que la juridiction européenne consacra un véritable revirement de jurisprudence, sur le chemin de délimitation des contours et limites des droits des travailleurs et, en particulier, de la liberté syndicale négative[5].

77. Avant l'arrêt *Sigudur Sigurjonsson,* la Cour admettait des cas de violations de la liberté syndicale négative, ainsi qu'il ressort de la jurisprudence *Young, James et Webster*, sans pour autant reconnaître

---

[1] En résumé : « La question de savoir si l'art. 11 consacre aussi le droit de ne pas adhérer à un syndicat ou à une association a été posée plusieurs fois à la Cour européenne des droits de l'homme. Initialement, elle s'est abstenue de prendre partie, se bornant à vérifier si les contraintes exercées sur les réfractaires ne touchaient pas à la substance même de la liberté d'association. Cependant, le constat d'un degré croissant de consensus sur cette question au niveau international a fini par la déterminer à reconnaître l'existence, au cœur de l'article 11, d'un droit d'association négatif. » ; J. P. MARGUÉNAUD& J. MOULY, note, *D* 1997, p. 366.

[2] Cf. F. SUDRE, « La perméabilité de la convention européenne des droits de l'homme aux droits sociaux », *RTDE* 2001, p. 467.

[3] Bien qu'elle ait pris soin d'ajouter que « le tort infligé à ces derniers se révélant supérieur à ce qu'exigeait la réalisation d'un juste équilibre entre les différents intérêts en présence et ne pouvant être proportionné au but poursuivi... (dix-huit voix contre trois) » ; CEDH, 13 août 1981, Young, James et Webster, 13 août 1983, série A, n°44.

[4] F. SUDRE (et autres), *Les grands arrêts de la Cour européenne des droits de l'homme,* PUF, 5ème éd., p. 670.

[5] *JCP* 1994, I, n°3742, spéc. n°34, obs. F. SUDRE.

l'existence de celle-ci, estimant que l'article 11 n'était pas concerné mais qu'il était applicable. Cette situation, par ailleurs qualifiée par la doctrine comme étant un « numéro de contorsionniste »[1] « dont elle seule détient le secret »[2], a été définitivement surmontée par la décision du 30 juin 1993[3]. S'impose alors une vérification : il s'agit de la question de mesure de l'intensité de l'œuvre jurisprudentielle caractérisée par l'incursion de la Cour européenne des droits de l'homme dans le champ du droit du travail.

2. La reconnaissance abstraite des libertés collectives des travailleurs

78. Ainsi que le souligna un auteur, au demeurant juge chevronné de la Cour européenne des droits l'homme[4], l'étude des dispositions contenues dans la Convention de Rome relative aux droits civils et politiques montre que les libertés collectives des travailleurs y sont admises par deux voies différentes en fonction de la prérogative concernée. L'une, la liberté syndicale, l'est de façon explicite[5]. Les autres, en l'occurrence le droit de grève et le principe de participation, le sont par circuit implicite[6].

79. En effet, dans le cadre de cette étude comparative relative aux droits des travailleurs béninois et français, où intervient l'analyse respective des différentes sources internationales et régionales des droits fondamentaux, on ne pouvait se dispenser de montrer la manière – du reste ambivalente – dont les libertés collectives des travailleurs sont

---

[1] J. P. MARGUÉNAUD, J. MOULY, « Vers une protection du droit de grève par la Cour européenne des droits de l'homme », *D.*, 2003, p. 939.
[2] F. SUDRE (et autres), *Les grands arrêts de la Cour européenne des droits de l'homme, op. cit.*, 3ème éd., p. 605.
[3] Série A n°264, p 15-16, § 35.
[4] L.-E. PETTITI, « Droits fondamentaux et Convention européenne des droits de l'homme », *Gaz. Pal.,* 11 juil. 1997 ; « La Convention européenne des droits de l'homme, Développements récents et nouveaux défis, rapports de synthèse », coll. Droit et justice n°19, Bruxelles, Nemesis/Bruylant, 1997.
[5] Ch. PETTITI, L. PETTITI, « Du *« in concreto »* dans la Convention européenne des Droits de l'homme », *op. cit.*, p. 1-2.
[6] Ch. PETTITI, L. PETTITI., « Suite du *« in concreto »* dans la Convention européenne des Droits de l'homme et fin » *op. cit.*, p. 281-282.

consacrées dans l'ordre juridique du Conseil de l'Europe et plus particulièrement dans celui de la Cour européenne des droits de l'homme. Ce rappel fournit de précieux éléments, qui permettent de faire aboutir la réflexion. Le principal apport de l'arrêt *Sigudur Sigurjonsson* ne peut guère échapper à l'attention, cela relève de l'évidence[1]. Le nouveau phénomène d'attraction des droits des travailleurs par la Convention de Rome, constitué à travers l'immersion récente de la Cour dans le droit du travail, mérite d'être saisi[2].

80. Selon les spécialistes du droit européen, le mouvement serait « en demi-teinte »[3]. L'œuvre jurisprudentielle, émanant de la Cour européenne de sauvegarde, permet de s'en enquérir. Grâce à un dynamisme interprétatif[4] et à une interdépendance des normes et des concepts[5] de la Convention de 1950, le droit à la négociation collective (a) et le droit de grève (b) sont aujourd'hui reconnus dans l'enceinte européenne.

a. La mobilisation du dynamisme interprétatif au service de la reconnaissance du droit à la négociation collective

81. La Cour européenne des droits de l'homme a recouru à un interprétation dynamique du texte adopté dans le cadre du Conseil de l'Europe sur les droits civils et politiques[6] pour finalement matérialiser la reconnaissance des libertés collectives des travailleurs. Du moins, c'est

---

[1] D'autant plus que celui-ci a été confirmé il n'y a pas longtemps de cela par un nouvel arrêt de la Cour européenne des droits de l'homme du 11 janvier 2006 dans l'affaire *Sorensen et Rasmussen contre Danemark*. Cf. J.-P.MARGUÉNAUD, J. MOULY, « Le modèle syndical danois terrassé par le droit d'association négatif », *Dr. soc.*, 01/11/2006, n°11, p. 1022-1025.

[2] J.-P. MARGUÉNAUD, J. MOULY, « Les incursions de Cour européenne des droits de l'homme dans le droit du travail : une œuvre encore en demi teinte » *RDT* 2008, p. 16.

[3] Ibid.

[4] F. SUDRE, « A propos du dynamisme interprétatif de la cour européenne des droits de l'Homme », *JCP, ed.G.*, n°28, 11juillet 2001, p1365.

[5] M. BONNECHÈRE, « Droit sociaux fondamentaux : vers un droit commun pour l'Europe (I) », *op. cit.*, p. 8.

[6] F. SUDRE, « L'interprétation dynamique de la Cour européenne des droits de l'Homme », Colloque de Paris du 29 septembre 2006 sur l'office du juge.

ce que montrent les écrits de M. le professeur SUDRE[1]. On ne peut sous-estimer leur incidence sur la fixation des limites de l'énoncé de chacune des libertés collectives des travailleurs, en particulier sur le principe de participation.

Cette méthode d'interprétation (constructive) s'est révélée particulièrement opérationnelle pour la liberté syndicale. Encore que les étapes constituées par les arrêts *Young, James et Webster* puis *Sibson* ressortent les limites du postulat. Un effort complémentaire d'interprétation a, toutefois, été nécessaire pour le principe de participation, dans la mesure où celui-ci ne dispose d'aucune base textuelle, même résiduelle. Sans oublier, dans le même temps, la situation du droit à la négociation collective qui se conjugue avec le principe de participation et le principe de la liberté syndicale[2].

Dans son historicité, le problème de la reconnaissance du droit à la négociation collective se rapporte, également, aux procédés ayant été observés quant à l'admission du droit d'association négatif dans l'ordonnancement juridique de la jurisprudence européenne des droits de l'homme. On se souvient que ceux-ci sont constitués par une hostilité initiale, suivie d'un degré croissant de consensus international et d'un niveau prépondérant de convergence des systèmes juridiques nationaux, en tant que signes avant-coureurs de tout infléchissement de la position strasbourgeoise.

82. La première position de la jurisprudence européenne des droits de l'homme à l'égard du droit à la négociation collective a été celle de la rigidité. En témoigne les *trois affaires syndicales devant la Cour*

---

[1] Cf. également M. BONNECHÈRE, « Droit sociaux fondamentaux : vers un droit commun pour l'Europe (I) », *op. cit.*, p. 7 ; ou encore J.-P. MARGUÉNAUD, J. MOULY, *« Les incursions de Cour européenne des droits de l'homme dans le droit du travail : une œuvre encore en demi teinte », op. cit.*, ibid.

[2] M.-L. MORIN, Le Conseil constitutionnel et le droit à la négociation collective, *Dr. soc*, 1997, p 26. Mais la démonstration de cette interaction n'émane pas de cette contribution exclusive parmi les œuvres de l'auteur spécialisé en ce domaine, cf. également : *Le droit des salariés à la négociation collective. Principe général du droit*, LGDJ, 1994 ; *la loi et la négociation collective : concurrence ou complémentarité, Dr.soc.*, 01/05/1998, p. 419 ; espace et enjeu de la négociation collective, *Dr. soc.*, 01/07/1999, n°7, p. 681 ; ou plus récemment *Le dualisme de la négociation collective à l'épreuve des réformes : validité et loyauté de la négociation, application et interprétation de l'accord, Dr. soc.*, 01/01/2008, n°1, p. 24-33.

européenne des droits de l'homme[1] classiquement invoquées à ce sujet : les arrêts *Syndicat national de la police belge* du 27 octobre 1975[2], *Syndicat suédois des conducteurs de locomotives* du 6 février 1976[3], *Schmidt et Dahlström* du 6 février 1976[4]. À la question de savoir si les organisations syndicales requérantes pouvaient revendiquer le bénéfice du droit à la négociation collective en faisant grief aux États incriminés de ne pas les avoir invité à la table de négociation, la Cour raisonnait en deux temps. D'abord, s'agissant du gouvernement belge, elle relevait que l'article 11§1 ne garantie pas aux syndicats, ni à leurs membres, un traitement précis de la part de l'État et notamment le droit d'être consulté par lui[5]. Ensuite, à propos du pouvoir public suédois, elle soulignait que l'article 11§1 présente la liberté syndicale comme une forme ou un aspect particulier de la liberté d'association[6].

Décidant de ne pas faire application du principe de proportionnalité (qui seul pouvait permettre aux syndicats de faire aboutir leurs prétentions), le juge européen a estimé « qu'il n'est pas clairement établi que le désavantage subi par le requérant soit excessif par rapport au but poursuivi par le gouvernement ; le principe de proportionnalité n'est par conséquent pas transgressé »[7]. En ce qui concerne la fondamentalité de la liberté de conclure des négociations collectives, il a été affirmé que « dans les trois espèces d'ailleurs la Cour a refusé de reconnaître ce caractère aux droits revendiqués par les requérants. L'article 11 ne comporte pas le droit pour le syndicat d'être consulté ni celui de participer à des négociations collectives, ni celui d'échapper à la clause de non-rétroactivité des conventions collectives lorsqu'il y a eu recours à la grève »[8].

---

[1] R. PELLOUX, *Trois affaires syndicales devant la Cour européenne des droits de l'homme*, *AFDI*, 1976, p. 120 et s.
[2] Série A n°19
[3] Série A n°20
[4] Série A n°21
[5] Dans son rapport du 27 mai 1974, la Commission unanime ayant par la suite conclu à l'absence de toute violation de la Convention de Rome.
[6] A n°21 §34.
[7] Cf. extrait de décisions, *dans* R. PELLOUX, *Trois affaires syndicales devant la Cour européenne des droits de l'homme*, *op. cit.* p. 123.
[8] R. PELLOUX, *Trois affaires syndicales devant la Cour européenne des droits de l'homme op. cit.*, p. 127.

83. Mais il fallait, dès cette époque, commencer par surveiller les premiers signes annonciateurs de l'élévation du degré de consensus international et de convergence de systèmes nationaux, quant à l'ouverture du chantier de revirement jurisprudentiel de la Cour de Strasbourg sur l'objet du principe de participation. Le constat relève de l'évidence ; l'arrêt *Gustafsson*[1] constitue pour le droit à la négociation collective ce qu'était l'arrêt *Sibson* pour la liberté syndicale négative : le point de départ d'une atténuation substantielle de la jurisprudence européenne relative au phénomène d'attraction des droits des travailleurs par les juges de la Convention de sauvegarde.

La première pierre étant posée[2], il restait à franchir un nouveau palier, constitué par la reconnaissance définitive du droit à la négociation collective. Il restait à attendre l'équivalent de l'arrêt *Sigudur Sigurjonsson* pour la catégorie des droits essentiellement garantis aux travailleurs de participer à la vie de leur entreprise. La formalité fut accomplie par l'arrêt *Wilson, Palmer et Wyeth* du 2 juillet 2002. Alors que la Cour européenne était saisie d'une autre affaire de brimades dans laquelle il était exigé des syndicats journalistes britanniques de signer des contrats individuels et de renoncer à l'exercice de leurs droits syndicaux moyennant une augmentation de salaire plus élevée que celle qu'ils devaient normalement percevoir, celle-ci décide, pour la première fois, mais implicitement, de placer le droit à la négociation collective à l'abri du désormais célèbre et très populaire article 11 de la Convention de 1950[3].

---

[1] CEDH, 25 avril 1996 ; *JCP* 1997 I, n°4000, spéc. n°40, obs. F. SUDRE.

[2] Et il faut préciser qu'au même titre que dans l'arrêt *Sibson*, dans la décision du 25 avril 1996, la Cour n'a pas expressément reconnu le droit à la négociation collective négative, dont le bénéfice était invoqué par le plaignant, lequel mit un point d'honneur au fameux modèle suédois en refusant de se syndiquer et d'adhérer à une convention collective. Par là même il manifesta son aversion à ce système, suite à la mise à l'index décrété par le Syndicat suédois du personnel de l'hôtellerie et de la restauration et aux pressions énergiques exercées à son encontre ; J. P. MARGUÉNAUD, J. MOULY, *D.* 1997, p. 365.

[3] Bien qu'elle ait cependant expressément rappelé, en prélude que « la négociation collective n'est pas indispensable à la jouissance effective de la liberté syndicale » (V. BERGER, *Jurisprudence de la Cour européenne des droits de l'homme,* Sirey, 11ème éd., p. 667). Mais à propos de l'arrêt *Gustafsson* ayant précédé, M. le professeur F. SUDRE avait déjà fait remarquer que « la Cour admet nécessairement – mais implicitement – que le droit à la négociation collective est inhérent à la liberté syndicale » ; « Droit de la convention européenne des droits de l'homme », *JCP* 1997 I

Il est nécessaire de se circonscrire sur la seule partie de la décision relative à la violation de l'article 11 et non de l'article 10 et des articles combinés 10, 11 et 14 qui a été rejetée par la Cour. L'organe juridictionnel a estimé, d'une part, « qu'aucune question distincte ne se pose sous l'angle de l'article 10 (unanimité) et que le constat de violation de l'article 11 la dispense d'examiner le grief tiré de l'article 14 combiné avec les articles 10 et 11 (unanimité) »[1]. D'autre part, s'agissant de l'article 11, il ajoute qu'une grande liberté d'action doit être garantie aux syndicats dans la défense des intérêts de leurs membres[2]. Et les juges de conclure : « le fait de permettre à des employeurs de recourir à des incitations financières afin de pousser des salariés à renoncer à des droits syndicaux importants a violé l'article 11, tant à l'égard des syndicats requérants que des individus requérants (unanimité) »[3].

Commentant cette décision[4], rendue au moyen de la désormais populaire interprétation dynamique de la Cour[5], la doctrine française du droit européen, composée d'auteurs aussi différents les uns des autres[6] et unanime dans l'expression des idées, saluèrent une évolution souhaitable de la jurisprudence européenne. Elle est d'ailleurs confirmée par un récent arrêt[7]. Les jurisconsultes n'ont cependant pas manqué de préciser la dimension naissante de cette jurisprudence[8]. D'où la nécessité de la prolongée, aussi bien sur le terrain du principe de participation qu'au

---

n°4000, n°40. Dans le même sens, v. aussi A. JEAUMAUD, « Convention européenne des droits de l'homme, relations de travail et droit français », *Annales Univ. Jean Moulin,* 1981, p. 71 s.

[1] V. BERGER, *Jurisprudence de la Cour européenne des droits de l'homme, op.cit.*, p. 668.

[2] Ibid., p 667.

[3] Ibid. p 668.

[4] F. SUDRE, « Droit de la Convention européenne des droits de l'homme », *J.C.P.* 5 février 2003, Éd. Générale, I, 109, p 235.

[5] F. SUDRE, « L'interprétation dynamique de la Cour européenne des droits de l'Homme », *op. cit.,* ibid.

[6] À ce propos v. également : E. DECAUX et P. TAVERNIER, « Chronique de jurisprudence de la Cour européenne des droits de l'homme (année 2002) », J.D.I 2003, p 566-568.

[7] CEDH, 21 nov. 2006, Baykara c/Turquie, JCP G II 10038 n°10, 7/03/2007 (note J.-P. MARGUÉNAUD et J. MOULY).

[8] J.-P. MARGUÉNAUD, J. MOULY, *« Les incursions de Cour européenne des droits de l'homme dans le droit du travail : une œuvre encore en demi teinte »* , *op. cit.,* ibid. ; dans le même sens et des mêmes auteurs, Cf., : « La Cour européenne des droits de l'homme à la conquête des droits de grève », *RDT,* 2009, p. 499 s.

sujet des autres libertés collectives des travailleurs et en particulier du droit de grève.

b. L'usage de l'interprétation dynamique pour tendre vers une protection européenne du droit de grève

84. S'agissant du problème soulevé par les trois affaires précitées, lequel met en contact la vie syndicale et la politique du gouvernement à l'égard des syndicats[1], un élément mérite d'être mis en lumière. Il est indispensable de souligner qu'en dépit de la dimension collective de la problématique se rapportant au droit à la négociation collective des travailleurs, dans les deux premiers arrêts du 27 octobre 1975 et du 6 février 1976, les syndicats belges de police nationale et suédois des conducteurs de locomotives faisaient également grief à leurs gouvernements respectifs d'avoir transgressé leur droit de grève[2]. La réponse de la Cour fut sans appel : « l'article 11 protège seulement la liberté de défendre les intérêts professionnels des syndiqués par l'action collective du syndicat ; il laisse à chaque État le choix des moyens à employer pour rendre possible cette action ; le droit de grève n'est pas le seul mode d'action »[3]. De plus, elle avait précisé qu'un tel droit que l'article 11 ne consacre pas expressément peut être soumis par le droit interne à une réglementation de nature à en limiter dans certains cas l'exercice[4].

Mais chacun sait dorénavant le mode de fonctionnement de la Cour. Ce sont deux arrêts *Unisson* et *OFS*[5] qui permettront aux juges strasbourgeois d'opérer un revirement de jurisprudence sur le droit de grève. Faisant toujours usage de sa méthode particulièrement alambiquée

---

[1] R. PELLOUX, *Trois affaires syndicales devant la Cour européenne des droits de l'homme op. cit.*, p. 121.
[2] Ibid., p 126.
[3] Cf. extraits de décisions, *dans* R. PELLOUX, *Trois affaires syndicales devant la Cour européenne des droits de l'homme op. cit.*, ibid.
[4] Ibid.
[5] CEDH, 10 janvier 2002, Unisson c/ Royaume – Uni ; CEDH, 27 juin 2002, Fédération of Offshore Workers Trade Unions and Others (OFS) c/ Norvège.

dont elle seule a le secret[1], la juridiction européenne des droits de l'homme réalise un rattachement inavoué du droit de grève à l'article 11 de la Convention européenne de sauvegarde[2].

Elle affirmait, en reprenant sa motivation élaborée dans les trois affaires syndicales de 1975 et 1976, que l'article 11 de la Convention européenne des droits de l'homme ne garantit pas expressément le droit de grève. « En effet, si la grève représente l'un des moyens les plus importants permettant aux syndicats de remplir leurs fonctions, il en existe d'autres »[3]. En se fiant à cette motivation, on pourrait croire que la juridiction européenne continue de se camper sur sa position initiale d'opposition d'un refus systématique en forme de fin de non recevoir à toute demande de reconnaissance du droit de grève. Tout bonnement, « on pourrait donc penser qu'elle ne présente pas la moindre utilité pour sortir le droit de grève du néant conventionnel où l'avait plongé l'arrêt *Schmidt et Dahlström* »[4].

La Cour ajoute curieusement, dans le premier cas, que « néanmoins, en l'espèce, l'interdiction de la grève doit être considérée comme une restriction à la possibilité pour le syndicat requérant de protéger les intérêts professionnels de ses adhérents et révèle donc une restriction de la liberté d'association. Elle doit dès lors respecter les exigences posées par l'article 11§2 de la Convention européenne des droits de l'homme »[5]. Puis, dans le deuxième cas, elle décide que «la restriction incriminée au droit de grève s'analyse en une ingérence dans l'exercice des droits garanties par cette disposition. Elle doit dès lors respecter les exigences posées par le 11§2 dudit article »[6].

---

[1] F. SUDRE (et autres), *Les grands arrêts de la Cour européenne des droits de l'Homme,* 3ème éd., *op. cit.,* p. 605.

[2] Cf. « Un rattachement inavoué du droit de grève à l'article 11 de la Convention européenne des droits de l'homme », *in* J.-P. MARGUÉNAUD, J. MOULY, « Vers la protection du droit de grève par la Convention européenne des droits de l'homme », *op. cit.,* p. 940.

[3] Cf. extraits de la décision, *dans* J.-P. MARGUÉNAUD, J. MOULY, « Vers la protection du droit de grève par la Convention européenne des droits de l'homme », *op. cit.,* p. 939.

[4] Ibid.

[5] Cf. extraits de la décision, *dans* J.-P. MARGUÉNAUD, J. MOULY, « Vers la protection du droit de grève par la Convention européenne des droits de l'homme », *op. cit.,* p. 939.

[6] Ibid.

Autant dire qu'il ressort de ces propos les fondements de la compréhension des affirmations de MM. les professeurs J.-P. MARGUÉNAUD et J. MOULY : « les deux décisions *Unisson* et *OFS* font apparaître une discordante frappante entre les principes rappelés et les solutions retenues par les juges »[1]. Les juges ont conclu à l'irrecevabilité des requêtes après avoir rappelé que l'article 11 ne protège pas en tant que tel le droit de grève, tout en admettant étonnamment l'applicabilité directe de cette disposition.

Mis à part le fait relatif à l'instauration de la nouvelle Cour européenne sans laquelle ces litiges n'auraient sûrement pu être connus par les juges de Strasbourg[2], cette discordance frappante qui apparait dans la jurisprudence européenne des droits de l'homme s'explique par une pratique des juges européens bien connue. Il s'agit de celle que la doctrine influente nomme l'étonnante démarche généralement adoptée par la Cour pour préparer les grands revirements[3]. Un chantier dont on souhaite la livraison à brève échéance. Car, comme l'affirme les auteurs eux-mêmes, sauf à dérouter le justiciable qui n'est pas toujours initié aux subtilités de sa méthode de revirement, la Cour devra ici aussi cesser de produire son numéro de contorsionniste et aller jusqu'au bout de sa propre logique en plaçant officiellement le droit de grève et le droit à la négociation collective sous le patronage de l'article 11 qui, pour ce faire, devra être réécrit, précisent-ils[4].

Les propos des précédents auteurs, par ailleurs largement partagés au sein de la doctrine influence[5], se justifie aisément. La conquête du droit de grève par la Cour européenne des droits de l'homme est toujours

[1] « Vers la protection du droit de grève par la Convention européenne des droits de l'homme », *op. cit.* p. 940.

[2] Puisque c'est la nouvelle réglementation qui oblige la Cour à se prononcer sur un différend dont il est saisi après avoir examiné de manière particulièrement attentive le fond du problème qu'il soulève tel qu'il a été souligné dans plusieurs écrits : J. F. FLAUSS, « Radioscopie de la nouvelle Cour européenne des droits de l'homme », RTDH, 1998, p 435 ; F. BENOIT-ROHMER, C. CREWE, P WACHSMANN, « Quelle réforme pour la Cour européenne des droits de l'homme ? », *RUDH*, 2002, p. 253.

[3] Ibid.

[4] Ibid.

[5] J.-P. MARGUÉNAUD, J. MOULY, « Les incursions de Cour européenne des droits de l'homme dans le droit du travail : une œuvre encore en demi teinte » *op. cit.*, ibid.

poursuivie, en témoigne un récent arrêt du 21 avril 2009[1]. Face à cette constatation découlant du mécanisme général de garantie des droits fondamentaux élaboré en 1950, mais plusieurs fois réformé depuis[2], la question de la portée du système spécifique adopté dans le même cadre du Conseil de l'Europe ne peut que légitimement venir à l'esprit. C'est d'elle que proviennent les éléments de divergences existant entre les sources européennes et africaines de production des libertés collectives des travailleurs.

B. LES LIBERTÉS COLLECTIVES ET LA CHARTE DE TURIN

85. L'étude de la Convention de Rome postule un double intérêt, nonobstant sa qualité de norme destinée à titre principal à la garantie des droits civils et politiques et non des droits sociaux des travailleurs. Le premier tient au fait comparatif de l'analyse, le second à l'objet de sa valeur, plus contraignante que la Charte du 18 octobre 1961. En réalité, la Convention, adoptée par les États membres du Conseil de l'Europe au milieu du siècle dernier, est l'instrument juridique le plus coercitif pouvant être invoqué par le travailleur béninois ou celui de tout autre pays tiers pour obtenir le bénéfice de la liberté syndicale, du droit de grève ou du principe attribué aux travailleurs de participer à la gestion de leur entreprise. Ainsi en est-il sur le terrain du droit positif français, dans le champ diversifié des sources européennes à partir desquelles naissent les libertés collectives des travailleurs.

M. le professeur P. RODIÈRE précisait la manière dont au préalable les droits à enveloppe sociale sont placés sous le signe d'une extériorité au traité communautaire. On ne peut que souscrire à cette affirmation, en dépit de la question de la diversité des normes européennes relatives aux droits fondamentaux des personnes et de la volonté constamment renouvelée par les États contractants d'inscrire les droits de l'homme au

---

[1] J. -P. MARGUÉNAUD, J. MOULY, « La Cour européenne des droits de l'homme à la conquête du droit de grève, A propos de l'arrêt de la chambre de la Cour européenne des droits de l'homme Energi Yapi Yol Sen contre Turquie du 21 avril 2009 », *RDT*, 01/09/09, n°9, p. 499-504.

[2] *La réforme de la Convention européenne des droits de l'homme, Un travail continu*, Ed. Conseil de l'Europe, p. 764

cœur de l'intégration communautaire ; les exemples ne manquent pas en ce domaine[1]. Le travailleur béninois n'a d'autre choix devant les tribunaux que de se tourner vers les deux instruments du droit dérivé, pour pouvoir disposer d'un mécanisme européen à caractère moins programmatique que contraignant, lorsqu'il prend l'initiative de demander le bénéfice d'une liberté collective.

Entre ces deux textes, non seulement la Convention de Rome produit des effets *erga omnes* tandis que ceux de la Charte de Turin sont *inter partes* mais, surtout, la Charte sociale européenne est caractérisée par une absence d'invocabilité directe en droit interne[2] qui se prolonge au plan international par la soustraction de son contrôle à la Cour de Strasbourg[3].

86. Il était donc indispensable pour ce faire de traiter de la Convention européenne des droits de l'homme. Et ce d'autant que certains auteurs, en se fondant sur ces différentiations notamment entre les travailleurs béninois et français, ont soutenu que la Charte sociale européenne *« fait figure de parent pauvre voire de tigre de papier »*[4] par rapport à la Convention du 4 novembre 1950 élevée au rang de *« réalisation majeure du Conseil de l'Europe »*[5]. Il est vrai que la Charte de Turin souffre de certaines lacunes. Parmi elles, l'absence d'une juridiction effective chargée de contrôler l'application des règles qu'elle établisse. Mais, de l'évidence, ces propos doivent être atténués. Bien de limites que connaisse la Charte de Turin sont également connues de la Convention de Rome. En plus, la question des libertés collectives des travailleurs est moins liée à une difficulté normative qu'à un manque de volonté manifeste au niveau décisionnel. Le problème est ailleurs, dans la

---

[1] F. SUDRE, « La Communauté européenne et les droits fondamentaux après le traité d'Amsterdam », *JCP G* 1998 I, 100 ; H. LABAYE, « Droits fondamentaux et droit européen », *AJDA*, n°spécial, juil-aout 1998, p. 75 s.

[2] M. BONNECHÈRE, « Quelle garantie des droits sociaux fondamentaux en droit européen ? », *op. cit.*, p. 7.

[3] Ibid.

[4] Cf. C. LALUMIÈRE, Rencontre interrégionale organisée par le Conseil de l'Europe en vue de la conférence mondiale sur le *droit de l'homme*, Strasbourg, 28-30 janvier 1993. Également cité par J. DHOMMEAUX, « La contribution du comité des droits économiques, sociaux et culturels des Nations Unies à la protection des droits économiques, sociaux et culturels », *Annuaire français de droit international*, 1994, p. 635.

[5] D. GOMIEN, D. HARRIS, L. ZWAAK, *Convention européenne des droit de l'homme et Charte sociale européenne : droit et pratique*, éd. Conseil de l'Europe, 1997.

recherche d'une ambition effective de reconnaissance. Le débat, en conséquence, doit être replacé sur son vrai terrain, l'hypothèse de parent pauvre mérite d'être examinée en vue de vérifier les conditions de relativité ou de renforcement qui la fondent.

1. L'hypothèse de « parent pauvre »

87. La formule rappelle inévitablement une autre. Dans l'une de ces contributions, un éminent auteur s'était déjà posé la question de savoir si les droits à caractère sociaux ne seraient pas *« des droits des pauvres, pauvres droits ? »*[1]. On le sait : la Convention de Rome et la Charte de Turin émanant du Conseil de l'Europe constituent, en dépit de leurs originalités, les instruments de définition des permissions d'agir des travailleurs. Elles se rapprochent l'une de l'autre, sur certains points. Comme la Convention de 1950, la Charte de Turin du 18 octobre 1961 n'est pas aussitôt entrée en vigueur, n'était quelques années après sa signature, précisément le 26 février 1965[2]. Aussi, la Charte sociale européenne n'a été ratifiée qu'en 1975, soit une année après l'intégration de la Convention de 1950 dans l'ordre interne français[3]. La principale source d'inspiration de la Charte de Turin est le Pacte international relatifs aux droits économiques, sociaux et culturels, à l'instar du Pacte international des Nations Unies de 1966 se rapportant aux droits civils et politiques, dont la Convention de Rome tire principalement son imprégnation.

88. Toutefois, ainsi qu'il a été souligné dans la *Convention européenne des droits de l'homme et la Charte sociale européenne : droit et pratique*, le parallèle entre la Convention et la Charte se limite au stade de l'inspiration. Si les textes de 1950 et de 1961 ont des points connus, ils se distinguent nettement par les droits qu'ils confèrent aux personnes[4].

---

[1] P. IMBERT, « Les droits des pauvres, pauvres droits ? », *Rev. dr. public,* 1989, p. 3.

[2] P. LAROQUE, « La Charte sociale européenne », *Dr. soc.,* n°3, mars 1979, p. 100.

[3] *Droit de l'homme* Charte sociale européenne, Application de la Charte sociale européenne ; Aperçu par pays – 2002, Document d'information du Secrétariat de la Charte sociale européenne ; Éd. Du Conseil de l'Europe, p. 145.

[4] D. GOMIEN, D. HARRIS, L. ZWAAK, *Convention européenne des droit de l'homme et Charte sociale européenne : droit et pratique, op. cit.*, p. 402. Tant cette constatation

89. Malgré tout, ces outils seraient-ils vraiment et totalement différents pour qu'on puisse considérer le premier comme étant la réalisation majeure du Conseil de l'Europe et le second le parent pauvre voire de tigre de papier ? Surtout quand l'on sait que, parfois, cette manœuvre conduit à marginaliser la protection des droits sociaux des travailleurs au profit de ceux civils et politiques ? Peut-on raisonnablement séculariser de la sorte ces mécanismes de reconnaissance des libertés individuelles et collectives des personnes ? Ne devrait-on pas, un temps soit peu, tempérer les critiques (souvent facile) pour ne pas perdre de vue la réalité ? La réponse à ces questions, réside dans l'étude des limitations des différents champs d'application de la Charte de Turin et des restrictions relatives à son application à proprement parler.

a. Les limitations des champs d'application de la Charte de Turin

90. Le constat est indéniable : la différence entre le travailleur français et béninois est moins virtuelle que réelle, quant à l'examen des sources spécifiques européennes de consécration des droits à facture sociale. Les limitations consécutives à un tel constat concernent les quatre catégories de champs d'application : *ratione loci, ratione temporis, ratione personae, ratione materiae* ; au demeurant très usuelles en droit international public[1]. Mais est-à-dire que la Convention de 1950 n'épouserait pas des limitations semblables ?

91. Il est vrai que le champ d'application *ratione loci* – expression latine signifiant en "raison du lieu" – de la Charte de Turin connaît une limitation. Cela ressort des termes mêmes des articles 31 et 34 du texte. La Charte de 1961, au terme de son premier paragraphe de l'article 31, ne peut recevoir application que sur les seuls territoires métropolitains des États membres, certains ressortissants se trouvent *a priori* exclus de son bénéfice, peuvent être concernés ceux des territoires *sui generis* et des

---

a également été réalisée par un autre auteur : S. LECLERC, Les restrictions et limitations à l'application de la Charte sociale, *in La Charte social européenne, op. cit.*, p. 67.

[1] Sur ce point v. P. DAILLET et A. PELLET, *Droit international public*, L.D.G.J., 6ème éd., 1999, Paris, p. 299-305.

collectivités d'outre mer, dont fait partie une partie de la France d'outre-mer[1], et bien d'autres[2]. Une option est cependant offerte à chacune des parties contractantes, pour élargir l'application de la Charte sur ces périmètres non initialement visés.

C'est alors qu'on s'est sitôt demandé si une telle possibilité d'atténuation ne figurerait pas également dans la Convention européenne de sauvegarde ? Il est possible de s'apercevoir d'emblée à l'étude de la norme de 1950 que, au terme du premier alinéa de son article 56 : *« Tout État peut, au moment de la ratification ou à tout autre moment par la suite, déclarer, par notification adressée au Secrétaire Général du Conseil de l'Europe, que la présente Convention s'appliquera, sous réserve du paragraphe 4 du présent article, à tous les territoires ou à l'un quelconque des territoires dont il assure les relations internationales »*[3].

On peut donc conclure avec un auteur, à ce sujet, que « cette limitation du champ d'application territorial de la Charte ne constitue pas à proprement parler une originalité dans la mesure où d'autres traités internationaux comportent des dispositions similaires »[4].

92. Quant à la seconde limitation du champ d'application *ratione temporis,* à travers laquelle est pris en considération un critère temporel de délimitation, elle s'illustre également par une autre disposition de la Charte. En son article 37, ce texte prévoit deux types de dénonciations, pouvant conduire à la limitation de ses effets. Il s'agit de la dénonciation totale (laquelle met en cause toutes les dispositions de la Charte), et de la dénonciation partielle (qui ne vise que certaines de ces dispositions).

---

[1] Mais il faut préciser que les DOM ont été intégrés dans l'Union européenne et en sont les « régions ultrapériphériques » ; J. ZILLER, « L'Union européenne et l'outre-mer », *Pouvoirs*, n°113, L'outre-mer, avril 2005, p. 145-158.

[2] Et il convient de faire remarquer à cet effet que deux pays, le Danemark et la Norvège, ont mis en œuvre le bénéfice de cette procédure de *limitation du champ d'application ratione loci* de la Charte sociale européenne ; le premier avec la Déclaration du Danemark consignée dans l'instrument de ratification déposé le 3-3-1965 ; la deuxième avec la Déclaration de la Norvège consignée dans l'instrument de ratification déposé le 26-10-1962 : Cf. *Application de la Charte sociale européenne. Aperçu par pays – 2002, op. cit.,* ibid.

[3] G. COHEN-JONATHAN, *La Convention européenne des droits de l'homme*, Paris, Économica, et Aix-en-provence, PUAM, 1998, p. 616.

[4] S. LECLERC, « Les restrictions et limitations à l'application de la Charte », *in La Charte sociale européenne, op. cit.,* p. 69.

Elles ne peuvent produire que des effets nécessairement relatifs, dans la mesure où cette procédure est insusceptible d'interférer dans les rapports s'établissant entre la Charte et les autres États membres. Seules les relations liant le pays concerné et les dispositions de la norme en cause devant s'altérer, dans la limite des actes dénoncés et, surtout, dans les solennités requises[1].

Mais il existe des gardes fous, puisque la validité d'une telle dénonciation est conditionnée par des contraintes de délais. De la sorte, l'État contractant ne peut exercer régulièrement ce droit qu'après une période de cinq ans, à partir de la date d'entrée en vigueur du texte à son égard, et, ultérieurement à toute période de deux ans, sous réserve dans tous les cas, que soit respecté un préavis de six mois[2].

Cette procédure à son équivalent dans la Convention de Rome, où l'article 58 déclare : *« Une Haute partie ne peut dénoncer la présente Convention qu'après l'expiration d'un délai de cinq ans à partir de la date d'entrée en vigueur de la Convention à son égard et moyennant un préavis de six mois, donné par une notification adressée au Secrétaire Général du Conseil de l'Europe, qui informe les autres Parties contractantes »*[3]

93. Il n'est pas nécessaire de s'appesantir sur la limitation du champ d'application *ratione personae,* déjà évoquée. Elle constitue la ligne de crête de la réflexion comparative. Il en ressort, pour le travailleur béninois, l'impossibilité de revendiquer le bénéfice des droits sociaux consignés dans la Charte sociale européenne, ce qui contraste avec la situation du travailleur français qui, lui, est ressortissant européen.

94. S'agissant de la dernière limitation, elle est relative au champ d'application *ratione materiae*, relevant du fameux système de souscription d'engagement à la carte afférente à la norme de protection des droits sociaux des travailleurs du Conseil de l'Europe. En son terme, un État membre peut intégrer ce texte dans les dispositions de l'ordre

---

[1] Ibid.
[2] Conseil de l'Europe, *Charte sociale européenne - Recueil des textes*, 4ème éd., 2003, p ? 11s.
[3] G. COHEN-JONATHAN, *La Convention européenne des droits de l'homme, op.cit.,* ibid.

juridique national sans pour autant engager sa responsabilité sur la totalité des dispositions qu'il contient. Pour reprendre la formule d'un auteur[1], ceci « permet à chacun de puiser sur un étalage de règles celles qui lui conviennent et d'ignorer les autres »[2]. Cette expression, plutôt employée au sujet des conventions internationales du travail, permet de rapprocher le caractère *self-service* normatif des normes de l'OIT au système d'engagement à la carte de la vrai Charte, ainsi qu'elle est parfois nommée[3].

Cette dernière limitation connaît également des gardes fous. La première est relative à l'obligation imposée aux États d'accepter au moins 6 engagements dans 7 articles considérés comme les plus importants de la Charte[4]. Le second se rattache au devoir de choisir – mais il est vrai en toute latitude – des engagements supplémentaires hors du précédant *noyau dur,* lesquels devront être des articles et des paragraphes dont le nombre total ne doit pas être inférieur à 10 articles ou à 45 paragraphes[5].

Il existe donc une véritable proximité entre le système d'engagement à la carte et le *self-service* normatif des conventions internationales du travail. Il en est de même pour la technique de réserve, qui peut être formulée par un pays contractant au sujet des dispositions particulières de la Convention européenne des droits de l'homme[6]. L'objet d'une telle proximité ne permet-elle pas de relativiser la qualification de parent pauvre de la Charte sociale européenne ? Et que dire de l'examen des restrictions à proprement parler relatives à l'application de la Charte ?

---

[1] A. SUPIOT, Du nouveau self-service normatif : la responsabilité sociale des entreprises, *in Mélanges Pélissier,* Dalloz, p. 543.

[2] Ibid.

[3] P. RODIÈRE, *Droit social de l'Union européenne, op. cit.,* p. 141.

[4] Ces articles sont : l'article 1 du droit du travail, l'article 5 du droit syndical, l'article 6 du droit de la négociation collective, l'article 12 du droit à la sécurité sociale, l'article 13 du droit à l'assistance sociale et médicale, l'article 16 du droit de la famille à la protection sociale, juridique et économique et enfin l'article 19 du droit des travailleurs migrants et de leur famille à la protection et à l'assistance. Cf. Conseil de l'Europe, *Charte sociale européenne - Recueil des textes, op. cit.* ibid.

[5] Pour plus de détails sur les dispositions acceptées par les États v. Conseil de l'Europe, *Charte sociale européenne - Recueil des textes, op. cit.,* p 126-134.

[6] Tel que le prévoit l'article 57 de cet instrument.

b. Les restrictions relative à l'application de la Charte de Turin

95. Cela relève de l'évidence, la différence entre les libertés collectives des travailleurs béninois et français est particulièrement saisissante à travers l'étude des instruments juridiques du Conseil de l'Europe. La Charte n'énonce des droits qu'en faveur des seuls ressortissants des Etats membres, les étrangers, mêmes autorisés à séjourner et à travailler sur le territoire en étant exclus. Il en va autrement, on le sait, des droits énoncés par la Convention européenne de sauvegarde des droits de l'homme et des libertés fondamentales[1]. Mais la rupture ainsi consacrée dans le continuum des droits fondamentaux ne s'arrête pas là, s'y ajoute celles résultant du défaut d'instauration d'un dispositif de contrôle juridictionnel des violations de la Charte analogue à celui constitué, pour la Convention européenne de sauvegarde, par la Cour européenne des droits de l'homme et des libertés fondamentales, et du défaut d'application directe, sinon systématique, par les juridictions nationales ou internationales des dispositions établies[2].

De ce point de vue, la qualification de parent pauvre qui, de surcroit, vise à certains égards à dénoncer le délitement de la fondamentalité des libertés collectives des travailleurs, pourrait paraître justifiable. Mais ce serait là confondre le tronc avec l'une les branches de ses ramures, en camouflant le véritable problème des droits à expression collective des travailleurs. Le débat sur les libertés collectives des travailleurs ne se situe pas autour des caractéristiques de la Charte de Turin, même si elles en sont illustratives, à plus d'un titre. Il se trouve plutôt au niveau du consentement fébrile, en tout cas non encore acquis en totalité, manifesté par les divers décideurs dans l'admission des prérogatives humaines à dimension sociale. La démonstration fut faite par les juges strasbourgeois, plaçant sous leur protection le droit de grève et le droit à la négociation collective, non initialement admis. En outre, les restrictions connues par la Charte de Turin sont-elles également observées sur la Convention de Rome. Elles peuvent être de deux sortes, relatives aux dérogations en cas d'urgence ou de danger public et à la protection de l'intérêt public.

---

[1] J.-M. BELORGEY, *in* J.-F. AKAMDJI KOMBÉ, S. LECLERC (dir.), *La Charte sociale européenne*, *op.cit.*, p XV et XVI.
[2] Ibid.

96. Certes, l'article 30§1er de la Charte de Turin prévoit : « *en cas de guerre ou de cas de danger public menaçant la vie de la nation, toute Partie contractante peut prendre des mesures dérogeant aux obligations prévues par la présente Charte, dans la stricte mesure où la situation l'exige et à la condition que ces mesures ne soient pas en contradiction avec les autres obligations découlant du droit international* »[1].

La proximité de cette disposition est patente avec le premier point de l'article 15 de la Convention : « *En cas de guerre ou en cas d'autre danger public menaçant la vie de la nation, toute Haute partie contractante peut prendre des mesures dérogeant aux obligations prévues par la présente Convention, dans la stricte mesure où la situation l'exige et à la condition que ces mesures ne soient pas en contradiction avec les autres obligations découlant du droit international* »[2]

Dans le même sens, l'article 31 de la Charte déclare en son premier paragraphe que : « *Les droits et principes énoncés dans la partie I, lorsqu'ils seront effectivement mis en œuvre, et l'exercice effectif de ces droits et principes, tels qu'il est prévu dans la partie II, ne pourront faire l'objet de restriction ou limitation non spécifiées dans la partie I et II, à l'exception de celles prescrites par la loi et qui sont nécessaires, dans une société démocratique, pour garantir le respect des droits et libertés d'autrui ou pour protéger l'ordre public, la sécurité nationale, la santé publique ou les bonnes mœurs* »[3]

L'énoncé de l'article 11§2, au visa duquel les arrêts *Unisson et OFS* ont été rendus en 2002 (malgré l'irrecevabilité des requêtes), ne peut que revenir à l'esprit : « *l'exercice de ces droits ne peut faire l'objet d'autres restrictions que celle qui, prévues par la loi, constituent des mesures nécessaires, dans une société démocratique, à la sécurité nationale, à la sûreté publique, à la défense de l'ordre et de la prévention de crime, à la protection de la santé ou de la morale, ou à la protection des droits et libertés d'autrui* »[4].

---

[1] Conseil de l'Europe, *Charte sociale européenne - Recueil des textes, op. cit.*, ibid.
[2] G. COHEN-JONATHAN, *La Convention européenne des droits de l'homme, op.cit.*, ibid
[3] Conseil de l'Europe, *Charte sociale européenne - Recueil des textes*, op. cit. ibid.
[4] G. COHEN-JONATHAN, *La Convention européenne des droits de l'homme, op.cit.*, ibid

97. Dès lors, nonobstant la différence indiscutable quant aux effets susceptibles d'être produits par la Charte à l'égard des travailleurs béninois et français dans le cadre de l'exercice de leurs libertés collectives, on doit se rallier à l'opinion émise par un auteur selon laquelle « la formulation de l'article 31§1er est très proches de celle des secondes paragraphes des articles 8 à 11 de la Convention EDH qui énumèrent également les motifs que peut invoquer un État pour restreindre l'exercice de certains droits essentiels et libertés fondamentales protégés par la Convention »[1].

2. La vérification de l'hypothèse de « parent pauvre »

98. Malgré les termes de nos précédents développements, qui permettent déjà de tempérer les appréciations dichotomiques de réalisation majeure attribuée à la Convention de 1950 et de parent pauvre conférée à la Charte de 1961, il convient de poursuivre la démonstration. Il est nécessaire de la conjuguer avec deux nouvelles observations, quant à elles relatives à l'activité jurisprudentielle de la Cour européenne des droits de l'homme et à l'œuvre interprétative du Comité d'experts indépendants. Bien évidemment, s'agissant du phénomène d'attraction des droits sociaux des travailleurs par la Cour de Strasbourg, il est encore confiné dans une demi teinte et non dans un trop plein[2]. Il est cependant nécessaire de relativiser la qualification de parent pauvre voire de tigre de papier, eu égard à la perméabilité de la Cour européenne des droits de l'homme aux droits sociaux et aux impressionnants travaux ayant conduit en 1996 à la révision de la Charte sociale européenne.

---

[1] S. LECLERC, Les restrictions et limitations à l'application de la Charte, *in La Charte sociale européenne, op. cit.*, p. 80.

[2] J. -P.MARGUÉNAUD, J. MOULY, *« Les incursions de Cour européenne des droits de l'homme dans le droit du travail : une œuvre encore en demi teinte » op. cit.*, ibid. ; v. également : F. SUDRE, « La protection des droits sociaux fondamentaux par la Cour européenne des droits de l'Homme : un exercice de jurisprudence fiction », *RTUDH,* 2003, p. 755.

a. De la perméabilité à la relativité de la qualification de parent pauvre

99. La constatation a été réalisée à plusieurs reprises en doctrine française de droit européen par M. le professeur SUDRE[1] et M. AKAMDJI-KOMBÉ[2]. L'énumération n'est pas exhaustive[3]. Fort du constat, qui témoigne du caractère soluble des droits civils et politiques dans les droits sociaux, une partie de la doctrine s'est également prononcée pour la conception d'un droit commun[4], une fusion institutionnelle dans le cadre de l'Union. D'autres se sont interrogées sur la question de savoir si le processus d'interaction des normes européennes entre les Cours de Strasbourg et de Luxembourg ne conduirait pas finalement à une véritable appropriation des dispositions communautaires, en lieu du simple emprunt législatif entre juridictions ?[5]

Bref, il faut admettre qu'il existe des interactions normatives entre instruments européens relatifs à la protection des droits sociaux, dans le cadre de la reconnaissance régionale des libertés collectives des travailleurs[6]. Les raisons pour lesquelles le bénéfice de ces prérogatives est aujourd'hui ouvert aux travailleurs des pays tiers ne sont pas étrangères au phénomène de perméabilité des normes européennes concernées par la définition des droits humains. Même si la doctrine a pu voir dans celui-ci la marque d'une interprétation intertextuelle, tendant vers un exercice boulimique de la fonction d'application des règles de droit par les juges européens, on ne peut se dispenser de relever l'utilité de cette interdépendance normative dans l'affirmation et la consolidation des libertés collectives des travailleurs[7].

---

[1] « La perméabilité de la Convention européenne des droits de l'homme aux droits sociaux », *RTDE* 2001, p. 467.

[2] « L'interaction normative entre le Conseil de l'Europe et l'Union européenne en matière de droits sociaux », contribution au colloque de Grenoble des 2 et 3 décembre 1999 sur *L'interaction entre l'Union européenne et le Conseil de l'Europe.*

[3] V. SIMITIS et alii, « Affirmation des droits fondamentaux dans l'Union européenne, il est temps d'agir », *Rapport du groupe d'experts en matière de droits fondamentaux, transmis à la Commission en février 1999,* p. 8-9

[4] M. DELMAS MARTY, « Pour un droit commun », Seuil, 1994.

[5] J. ANDRIANTSIMBAZOVINA, « La Convention européenne des droits de l'homme et la CJCE après le traité d'Amsterdam, de l'emprunt à l'appropriation ? », *Europe,* octobre 1998, chron. 7, p. 3.

[6] J.-F. FLAUSS, « Les interactions normatives entre instruments européens relatifs à la protection des droits sociaux », *LPA,* 2001, n°148, p. 9.

[7] Ibid.

100. Si l'effet *erga omnes* des droits sociaux des travailleurs est aujourd'hui en train de s'affirmer progressivement dans l'Union européenne, c'est grâce à une interpénétration textuelle des dispositions réalisée par les juges. L'illustration de cette interaction, entre le Conseil de l'Europe et l'Union européenne, ne peut prendre corps dans un long développement ; le témoignage apporté en partie par les arrêts *Nold*[1], *Defrenne III*[2] et *Blaizot*[3], ainsi que le rappelle l'un des principaux acteurs[4], suffit amplement. Il convient de se circonscrire sur l'interdépendance des seuls instruments du droit dérivé, et non des mécanismes du droit originaire et du droit dérivé : le besoin de fournir des exemples d'interaction entre la Cour européenne et le Comité européen s'impose à titre exclusif.

Les cas dans lesquels ces deux organes s'empruntent des règles de droit sont si foisonnants qu'il serait redonnant de revenir sur l'analyse des différentes décisions ayant conduit aux spectaculaires revirements de jurisprudence, ainsi qu'on l'observa, entre autres dans les arrêts *Sigurdur Sigurjonson* de 1993, *Gustafsson* de 1996, *Unison et OFS* de 2002. Il suffit de s'en tenir aux *trois affaires syndicales* de 1975 et de 1976 pour procéder à la démonstration, dans un sens comme dans l'autre.

Ainsi, s'agissant de l'emprunt des règles de la Charte de Turin par la Cour européenne, il a été constaté que, pour exclure leur compétence en vue de la connaissance d'une demande dont le *Syndicat national de la police belge* les avait saisis, les juges strasbourgeois ont fourni une motivation particulière. Ils ont estimé que les questions touchant aux syndicats ont été traitées en détail dans une autre Convention, élaborée dans le Cadre du Conseil de l'Europe : la Charte sociale européenne du 18 octobre 1961[5].

---

[1] Où la Cour de Luxembourg affirme « la possibilité de s'inspirer de la Charte à l'instar de la Cour EDH, afin de dégager de nouveaux principes généraux du droit » ; CJCE, 14 mai 1976, aff. 4/73, Rec. 491.

[2] Allant dans le même sens : CJCE, 15 juin 1978, *Defrenne c/Sabena*, aff. 149/77 Rec. 1365.

[3] Qui renouvelle à son tour cette référence : CJCE, 2 février 1988, aff. 24/86, Rec. 379.

[4] J.-F. AKAMDJI-KOMBE, « Charte sociale et droit communautaire », *in* La *Charte sociale européenne*, *op. cit.*, p. 151.

[5] CEDH, Syndicat national de la police belge, 27 octobre 1975, Série 1, n°19.

101. Quant au phénomène de réception des dispositions de la Convention européenne des droits de l'homme par le Comité européen, cela ne fait l'ombre de doute à partir de la connaissance de la démarche de l'organe. Qu'on y songe ! À propos des libertés collectives des travailleurs *stricto sensu*, le Comité EDS s'était inspiré réciproquement de la jurisprudence de Strasbourg (l'arrêt *Young, James, Webster* du 30 aout 1981 l'a amené à changer d'avis sur les closed shop, réservant l'embauche aux salariés syndiqués)[1]. De même, au sujet des droits des travailleurs au sens large, « il interprète aussi l'article 16 de la Charte sociale européenne (droit de la famille à une protection) par référence à une mise en œuvre de l'article 8 de la Convention européenne des droits de l'Homme dans le contentieux de l'expulsion des étrangers *(notamment CEDH, Berrehab c/Pays Bas, 26 juin 1988)* »[2].

La relativité des propos de parent pauvre voire de tigre de papier, se rapportant à la comparaison des libertés collectives des travailleurs béninois et français, tient, toutefois, autant aux interactions normatives entre instruments européens relatifs à la protection des droits sociaux qu'aux travaux d'envergure ayant précédé en 1996 la révision de la Charte sociale européenne.

b. De la révision à la confirmation de la relativité de l'hypothèse de « parent pauvre »

102.D'impressionnants travaux ont été conduits à partir du début des années quatre-vingt-dix par les représentants des exécutifs nationaux, des autorités communautaires, des observateurs, spécialistes de la Charte sociale européenne. Ceci permit d'enrichir le système de reconnaissance des droits à expression collective des travailleurs[3]. Après avoir suppléé le Comité d'experts indépendants par le Comité européen des droits sociaux[4], le Comité des ministres du Conseil de l'Europe adopta, le 3

---

[1] M. BONNECHÈRE, « Droits sociaux fondamentaux : vers un droit commun pour l'Europe », *op. cit.*, p. 6.
[2] Ibid.
[3] F. VANDAMME, « La révision de la Charte sociale européenne », *Rev. int. dr. trav.*, 1994, vol. 133, n°5-6, p. 697.
[4] Ch. PETTITI, « La Charte sociale européenne révisée », *RTDH*, 01/01/1997, n°29, p. 3-16.

avril 1996, la Charte sociale européenne révisée. Les principales innovations peuvent se résumer en six points :

- Adoption du Protocole réformant le mécanisme de contrôle ;
- Modification de la périodicité de la présentation des rapports nationaux ;
- Adoption des premières *recommandation*s par le Comité des Ministres ;
- Augmentation du nombre d'experts indépendants de 7 à 9 ;
- Ouverture à la signature du Protocole de réclamations collectives ;
- Ouverture à la signature de la Charte révisée ;

Ce changement structurel a conduit, depuis 1998, à l'exercice d'un contrôle d'application des dispositions de la vrai Charte, par voie de deux mécanismes complémentaires : le système des rapports nationaux[1] émanant des autorités politiques de chaque pays et la procédure de réclamations collectives[2] dont l'impact a été jugé positif sur la consolidation des libertés collectives des travailleurs, notamment dans le champ juridique français[3].

Certaines critiques doctrinales, relatives à la Charte de Turin doivent, en conséquence, être pondérées, celles-ci paraissant à certains égards excessives. Pour autant, dans le prisme de cette analyse, est-ce à dire que

---

[1] R. BRILLAT, « Le système de contrôle d'application de la Charte sociale », *in La Charte sociale européenne*, *op. cit.*, p. 46 et s.

[2] J.-F. AKANDJI-KOMBÉ, « L'application de la Charte sociale européenne : la mise en œuvre de la procédure de réclamations collectives », *Dr. soc.* 01/09/2000, n°9/10, p. 888-896 ; « La procédure de réclamation collective dans la Charte sociale européenne, chronique des décisions du comité européen des droits sociaux (CEDS) 1999-2000 », *RTDH,* 01/10/2001, n°38, p. 1035-1061.

[3] J.-F. AKANDJI, « La France devant le comité européen des droits sociaux », *Dr. soc.,* 01/11/2001, n°11, p. 977-982.

les droits sociaux des travailleurs ne souffrent d'aucune difficulté formelle et matérielle de protection par rapport aux droits civils et politiques proclamés en prélude ? Peut-on soutenir que les garanties d'exercice et les systèmes de contrôle dont bénéficient les libertés collectives des travailleurs et les libertés individuelles des personnes postulent le principe d'indivisibilité des droits fondamentaux, à l'opposé de ce que laisse présager les qualificatifs de parent pauvre de la Charte sociale européenne et de réalisation majeure de la Convention européenne de sauvegarde ? Il serait difficile d'incliner une réponse négative. La relativité de l'hypothèse de parent pauvre relève de l'évidence, en raison de la proximité de certaines spécificités de la Charte de Turin avec la Convention de Rome. Mais cela ne peut conduire à perdre de vue la réalité, ni à sous-estimer l'étendue de la question.

§ 2 : La Charte de Banjul

103. La Charte de Turin de 1961 et celle de Banjul de 1981 constituent les sources régionales spécifiques respectivement instaurées au niveau européen et africain de reconnaissance des libertés collectives des travailleurs. Elles postulent une différence fondamentale, à l'instar des instruments généraux de proclamation que sont la Convention européenne des droits de l'homme et les textes de l'OHADA[1]. L'observation des mécanismes continentaux de consécration des droits sociaux des personnes permet de rendre compte d'une divergence principale entre la Charte de Turin et la Charte de Banjul. La première a été, non seulement, adoptée de façon dérivée par les institutions de l'Union européenne et non directement par l'Union elle-même mais, de surcroit, est frappée d'une absence d'invocabilité directe dans les ordres juridiques nationaux et d'un déficit de juridiction européenne chargée de contrôler l'application des principes et des règles qu'elle élabore. La seconde, directement conçue par les représentants des exécutifs nationaux, se trouve intégrée dans l'ordre interne béninois, surtout, au rang des dispositions nationales à valeur constitutionnelle.

---

[1] Sans qu'il soit nécessaire de prolonger la comparaison dans l'ordre juridique de l'Union européenne, et l'on a déjà invoqué les raisons ; P. RODIÈRE, *Droit social de l'Union européenne, op. cit.*, p. 139.

104. Cette différence de traitement est indispensable à examiner, dans le cadre de l'analyse comparative des libertés collectives des travailleurs béninois et français. Pourquoi, pourrait-on nous objecter aussitôt ? Précisément parce qu'elle permet de savoir si le travailleur français, comme son collègue béninois, est irrecevable à fonder une action sur les normes africaines de reconnaissance des libertés collectives pour en demander le bénéfice devant les tribunaux de l'ordre interne. Existe-t-il une norme africaine qui garantit aux travailleurs des pays tiers la jouissance des droits à expression collective sur l'ensemble du continent ? La question est d'autant plus fondamentale que la Charte de Banjul constitue, à l'heure actuelle, principalement, le seul outil de droit positif africain pouvant conduire à inférer une telle conclusion.

Elle se distingue toutefois d'un autre corps de dispositions, et ce de façon radicale, élaborées dans le cadre de l'OHADA, constituées par l'avenir normatif des droits sociaux des travailleurs africains, puisque non encore entrée en vigueur. Le constat est saisissant entre les dispositions de l'OHADA et celles de la Convention européenne de sauvegarde. Il faut le remarquer : les textes de l'OHADA ont été directement adoptés par les États parties et ne nécessitent aucune intervention législative préalable quant à leur application dans les ordres internes africains[1]. En revanche, la Convention européenne de sauvegarde provient, on le sait, du Conseil de l'Europe. La conséquence est sans ambages : dans les ordres juridiques nationaux ne l'ayant pas ratifié, elle est insusceptible de produire de quelconques effets. En témoigne la situation juridique française antérieure à l'accomplissement de cette formalité à la date du 3 mai 1974, de même que la problématique relative au droit de recours individuel devant les instances de Strasbourg

[1] En effet, « les textes de l'OHADA, dits Actes uniformes, sont directement applicables dans les États parties, sans qu'une intervention du législateur nationale soit nécessaire. Ils y sont également obligatoires, et s'impose contre toutes dispositions de droit interne, antérieur ou à venir.
En souscrivant au traité de l'OHADA, les États parties ont consenti une importante délégation à cette organisation, laquelle soustrait aux parlements et aux organes exécutifs nationaux leurs pouvoirs législatif et règlementaire, dans les domaines concernés. La concession de souveraineté nationale est l'inévitable contrepartie institutionnelle – et politique – susceptible d'être soulignée dans l'accomplissement de tous processus d'intégration efficient. » Ph. TIGER, *Le droit des affaires en Afrique*, Que sais –je ?; PUF, p. 29.

avant le 3 octobre 1981[1]. C'est pourquoi il convient de prolonger la réflexion sur l'étude du projet d'acte uniforme de l'OHADA relatif au droit du travail.

I. L'ANALYSE DE LA CHARTE DE BANJUL

105. De la même manière que les douloureux évènements de la Première-Guerre mondiale ont conduit en 1919 à la création de la Société Des Nations qui matérialisa l'expansion d'un nouveau phénomène, celui de *l'internationalisation des droits de l'homme*[2], la fin de la Seconde-Guerre mondiale a coïncidé avec l'éclosion d'une tendance originale dont provient la naissance de la Charte de Banjul, elle est constituée par *la régionalisation des droits de l'homme*[3]. Pour donner blanc seing au processus de *reconnaissance régionale des droits de l'homme*, l'Organisation des Nations Unies affirmait à l'article 52 du chapitre III de sa Charte du 26 juin 1945 : *« Aucune disposition de la présente Charte ne s'oppose à l'existence d'accords ou organismes régionaux destinés à régler les affaires qui, touchant au maintien de la paix et de la sécurité internationale, se prêtent à une action de caractère régional, pourvu que ces accords ou ces organismes et leur activité soient compatibles avec les buts et les principes des Nations Unies »*.

---

[1] M. FABRE & A. GOUROU-MAZEL, *Convention européenne des droits de l'homme, application par le juge français*, Litec, 1998, p. XI.

[2] De sorte qu'on a pu affirmer, dans un premier temps, que : « l'anéantissement sans merci et en masse des individus et des groupes d'hommes dans les États fascistes, le mépris de la personne humaine, la dégradation extrême des rapports entre l'État et l'homme : tels sont les facteurs qui ont contribué à élever les droits de l'homme au niveau du droit international et, à rechercher dans le droit international une certaine protection pour eux » - Imre SZABO *in* Les dimensions Internationales des Droits de l'Homme, *Manuel destiné à l'enseignement des droits de l'homme dans les universités*, Unesco, Paris, 1978, p. 22 -, avant d'ajouter, dans un deuxième temps, que : ce processus « présentait deux avantages : d'une part il dépolitisait les pétitions ; d'autre part, il amorçait un processus de juridictionnalisation des droits de l'homme » – J-M. BECET et D. COLARD : *Les droits de l'homme, I, Dimensions nationales et internationales*, Ed. Economica, Paris, 1982, p. 80.

[3] J.-S. BERGÉ, *L'enchevêtrement des normes internationales et européennes dans l'ordre juridique communautaire : contribution à l'étude du phénomène de régionalisation du droit*, *LPA*, 01/10/2004, n°199, p. 32-39.

L'adoption de la Charte de Banjul, unique instrument de référence du droit positif des droits des travailleurs en Afrique, s'inscrit dans ce contexte particulier de régionalisation de reconnaissance des droits des personnes. Il est nécessaire de le souligner. Il en est de même pour les lacunes qu'elle comporte. En effet, à titre principal, la Charte ne consacre que les droits civils et politiques, elle se contente d'une mention minimale des droits à caractère social. Or elle insiste curieusement sur la nature d'indissociabilité de l'ensemble de ces prérogatives.

A. LE CONTENU PRINCIPAL DE LA CHARTE DE BANJUL

106. Le 28 juin 1981, à Banjul, Capitale de Gambie, les représentants des exécutifs africains secondés par différents observateurs internationaux, notamment européens, se réunissaient pour adopter un nouvel instrument relatif aux droits de l'homme et des peuples africains dont les implications dépassent le simple cadre continental pour intégrer celui du droit international des droits de l'homme[1]. Ayant principalement contribué à faire progresser la discussion sur les libertés des personnes en Afrique[2], ce texte, dont il ressort des travaux préliminaires à son adoption[3] qu'il visait à conjurer le renouvellement sempiternel des douloureux évènements qui conduisirent à deux reprises la société humaine au bord de son précipice, une première fois à la fin des années 1910, une seconde fois au milieu des années quarante, se distingue en particulier de la Charte sociale européenne. Il bénéficie d'une intéressante élévation au niveau constitutionnel des règles de droit interne dans l'ordre juridique béninois. Celle-ci s'observe à travers l'étude de sa

---

[1] R. DEGNI-SEGUI, *L'apport de la Charte Africaine des droits de l'homme et des peuples au Droit international des Droits de l'Homme*, Revue Africaine de droit international comparé, Tome 3 n°4, Décembre 1991, p. 699-741.

[2] F. OUGUERGOUZ, *La Charte Africaine des Droits de l'Homme et des Peuples : Historique, portée juridique et contribution à la protection des droits de l'homme en Afrique*, Thèse de Doctorat en Science Politique, Université de Genève, Institut Universitaire des Hautes études Internationales Genève, 1991.

[3] Avant-projet de la Charte Africaine des Droits de l'Homme et des peuples, Dakar, 28 novembre – 8 décembre 1979, O.U.A. Doc. CAB/LEG/67/3. Rév. 1 ; Introduction – Projet de Charte Africaine des Droits de l'homme et des Peuples, O.U.A. doc. CAB/LEG/67/1.

double dimension, dans le prisme de l'appréciation concrète des apports qu'elle renferme.

1. La double dimension de la Charte de Banjul

107. Parlant d'elle, M. le doyen Maurice KAMTO disait que « La Charte africaine est héritière de l'importante tradition normative qui l'a précédée en matière de protection des droits de l'homme. On le conçoit aisément. Ces rédacteurs n'ont pas créé *ex nihilo* un corpus juridique dans ce domaine. Il n'en reste pas moins que l'Afrique a voulu également y affirmer ses spécificités en exaltant certaines valeurs qu'elle revendique comme lui étant propre ou comme reflétant ses préoccupations fondamentales en matière des droits de l'homme »[1]. L'auteur témoigne par ces mots de la bipolarité de l'instrument africain de consécration des droits de l'homme et des peuples. Ce dernier, ainsi que bien d'autres[2], ont souligné la manière dont l'identité de ce texte oscille entre tradition et modernité. Tradition d'abord, eu égard à son attention formelle à la sémantique même des pratiques et habitudes proprement endogènes de la culture africaine, qui confinent à la précision des droits de l'homme et des peuples. Modernité ensuite, parce que ce sont, à proprement parler, les phénomènes de mondialisation des droits de l'homme et de régionalisation généralisée de l'adoption des instruments de reconnaissance des libertés publiques qui lui ont permis de voir le jour. C'est dire les éléments symétriques et originels qui composent la Charte, la démarquant des autres instruments régionals relatifs à l'affirmation des droits fondamentaux des personnes.

---

[1] J.-F. FLAUSS, E. LAMBERT-ABDELGAWAD (dir.), *L'application nationale de la Charte africaine des droits de l'homme et des peuples*, Bruxelles, Bruylant, 2004, spéc. p. 13.

[2] F. OUGUERGOUZ, *La Charte Africaine des Droits de l'Homme et des Peuples, une approche juridique des droits de l'homme entre tradition et modernité*, Paris, P.U.F., 1993, p. 479.

a. L'élément symétrique de la Charte de Banjul

108. À ce niveau de l'analyse, compte tenu des différentes caractéristiques qui l'ordonnent, on comprend aisément la prééminence de l'élément symétrique de la Charte de Banjul au regard des instruments universels et régionals de consécration des droits des personnes[1]. D'ordinaire, elle est présentée comme l'héritière[2] d'une tradition commune. On fit remarquer que les textes régionaux ont en commun d'avoir réaffirmé leur "*foi dans les droits fondamentaux de l'homme, dans la dignité et la valeur de la personne humaine*"[3]. Il faut l'admettre : l'élaboration de la Charte de Banjul, dont il convient de faire remarquer qu'elle est consécutive à la mise en place de la Convention européenne de sauvegarde du 4 novembre 1950 et de la Charte sociale européenne du 18 octobre 1961 du Conseil de l'Europe, a été influencée en particulier par les mécanismes préexistants.

109. Il faut lire « la Charte africaine à la lumière des autres instruments internationaux de protection des droits de l'homme »[4] pour saisir les éléments d'aussi vaste dimension qui englobent sa portée. L'affirmation n'est pas neuve : l'adoption de la Convention européenne des droits de l'homme au milieu du siècle dernier par les dirigeants des pays libres visait à offrir un exemple à toutes les autorités régionales pour que l'effort de réception des prérogatives humaines soit partout entrepris mais surtout accompli[5]. Nombre d'emprunts normatifs se sont réalisés entre la

---

[1] Pour un développement détaillé sur cette question, on renvoie à : V. G. ETEKA, *Étude comparative de la Charte africaine des droits de l'homme et des peuples et des autres instruments universels et régionaux des droits de l'homme*, Thèse, Université de Rennes I, 1994.

[2] Selon la formule de M. le doyen Maurice KAMTO, *op. cit.*, ibid.

[3] Ainsi que les avaient précisé les États membres des Nations Unies lors de l'Assemblée générale de l'après Seconde-Guerre mondiale.

[4] *Op. cit.* spéc. " *La Charte africaine à la lumière des autres instruments internationaux de protection des droits de l'homme*".

[5] « La Convention de sauvegarde des droits de l'homme et des libertés fondamentales, habituellement désignée en France sous le nom de Convention européenne des droits de l'homme, a été signée à Rome le 4 novembre 1950. Les États signataires se réfèrent, dans le préambule, à la Déclaration universelle des droits de l'homme, qu'ils rapprochent du but du Conseil de l'Europe pour conclure qu'ils sont « résolus, en tant que gouvernement d'États européens animés d'un même esprit et possédant un patrimoine commun d'idéal et de tradition politiques, de respect de la liberté et de la prééminence du droit, à prendre les premières mesures propres à assurer la garantie

Commission africaine des droits de l'homme et des peuples et les mécanismes de consécration européenne[1], à l'image de ce qui ressort de l'étude des instruments des ordres juridiques du Conseil de l'Europe et de l'Union européenne[2].

Bien avant l'apparition de la Charte de Banjul, à l'échelon américain, la démarche illustrative des États membres du Conseil de l'Europe a été suivie par l'adoption de la Convention américaine des droits de l'homme du 22 novembre 1969, encore appelé Pacte de San José du Costa Rica[3]. Rien d'étonnant donc à ce que le système africain soit proche des normes européennes issues des règles du droit dérivé ou du droit originaire, voire de la Convention américaine des droits de l'homme.

Ces instruments ont tous un dénominateur commun : affirmer la priorité de l'individu en tant que sujet libre, titulaire de droit et *d'intérêts juridiquement protégés,* aussi bien dans les rapports entre État et particuliers qu'au niveau des relations nées de personnes privées, par exemple dans les rapports contractuels de travail. Toute personne, y compris celle liée à un employeur par un contrat de travail, doit pouvoir s'épanouir entièrement, par la reconnaissance de la possibilité qui lui est attribuée de prendre une part active dans la formation de son avenir[4]. Il

---

collective de certains droits énoncés dans la Déclaration universelle ». Le propos est donc clair : il s'agit pour l'Europe de montrer l'exemple en réalisant à l'échelon régional ce qui pourra faire figure de modèle pour la protection internationale des droits de l'homme » ; P. WACHSMANN, *Les droits de l'homme,* Dalloz, 5ème Édition, p. 28.

[1] A.-D. OLINGA, Les emprunts normatifs de la Commission africaine des droits de l'homme et des peuples aux systèmes européens et interafricains de garantie des droits de l'homme, *RTDH*, 01/04/2005, n°62, p 499-537. Ou encore LEUPRECHT P., « La coopération européenne dans le domaine des droits de l'homme » dans *L'Europe dans les relations internationales,* Pedone, 1982, p. 162-195 ; V. également à travers l'aspect juridictionnel : E. LAMBERT-ABDELGAWAD, « Le rayonnement de la jurisprudence de la Cour européenne à l'égard de la Commission africaine des droits de l'homme et des peuples, Analyse empirique des références à la jurisprudence de la Cour européenne des droits de l'homme », collection droit et justice n°64. Bruxelles, Bruylant, 2005, 280 p.

[2] J. ANDRIANTSIMBAZOVINA, *La Convention européenne des droits de l'homme et la CJCE après le traité d'Amsterdam, de l'emprunt à l'appropriation ?, op. cit.,* ibid.

[3] Convention américaine des droits de l'homme du 22 novembre 1969 : San José, Éd. Conseil de l'Europe, 1970, p. 25.

[4] «Il ne suffit pas que ce principe soit respecté par l'autorité étatique pour que l'on puisse considérer que l'égalité des personnes est assurée dans la société. Il faut également assurer la non-discrimination dans les rapports entre les personnes privées et notamment entre l'employeur et ses salariés. Les droits de l'homme doivent être vécus

en ressort la présence de l'élément symétrique[1] et les raisons pour lesquelles, la Convention européenne de 1950, la Convention américaine de 1969 de même que la Charte africaine de 1981, ont une source d'influence conjointe constituée par les textes de l'OIT et plus globalement ceux des Nations Unies[2].

La symétrie ainsi constituée participe d'une harmonisation des règles et des principes du droit et surtout des droits des travailleurs, à l'échelle régionale de réglementation des normes. En outre, elle présente un avantage certain quant aux titulaires des droits fondamentaux. Il est constitué par sa proximité, et donc par l'élévation du degré démocratique des dispositions mises en place par les dirigeants politiques des exécutifs nationaux à l'échelon régional. Il n'est plus nécessaire de préciser que, de manière générale, les dispositions juridiques sont mieux acceptées par leurs destinataires lorsqu'elles sont adoptées par des personnes leurs étant proche.

Le processus régional d'instauration des normes confère une légitimité supérieure aux acteurs régionaux, par rapport à ceux internationaux plus éloignés des bénéficiaires des normes. La raison est simple : la relation entre le législateur régional et les justiciables est moins distendue que celle qui s'établisse au-delà, sur le plan plus général du droit international. L'interlocuteur régional connaît (ou en tout cas est plus à même de connaître) les préoccupations sociales des citoyens, comparativement aux mandataires des Nations Unies qui parfois (mais

---

comme une réalité quotidienne et c'est justement dans l'entreprise qu'ils peuvent acquérir cette nouvelle dimension », B. BOSSU, « Droits de l'homme et pouvoirs du chef d'entreprise : vers un nouvel équilibre », *Dr. soc.,* 1994, p. 747.

[1] Fortement emprunt d'universalité qui confère (ou en tout cas est censé conférer) à tous les membres de la famille humaine, en tous temps et en tous lieux, la jouissance des mêmes droits, indépendamment des aléas de la culture et des genres de la société.

[2] Dans les travaux de recherches ayant été menés sur cet objet, bien souvent, la Déclaration universelle des droits de l'homme et des citoyens de 1948 est présentée comme étant « la matrice » de tous instruments de consécration des droits fondamentaux des personnes, aussi bien pour ceux d'envergure internationale que pour les autres de portée régionale ; Cf. L.-A. SICILIANOS, « Rapport de séance », *in* Déclaration universelle des droits de l'homme. 1948-1998. *Avenir d'un idéal commun, Paris,* La Documentation française, 1999, p. 322.

pas toujours) peuvent souffrir d'un manque de liaison spatiale[1]. Toutefois, il serait maladroit de cantonner les caractéristiques de la Charte africaine des Peuples dans ce seul champ symétrique.

b. L'élément originel de la Charte de Banjul

110.S'il est évident de constater à titre liminaire que le système africain de 1981 épouse nombre de ressemblances avec ces équivalents régionaux établis au niveau européen ou américain, il convient de préciser d'emblée que ce texte comporte des particularités techniques et des spécificités formelles qui rompent avec le régime des autres textes pendants. Bien qu'il soit nécessaire de faire ressortir dans un premier temps l'héritage normatif universel et régional de la Charte africaine, cela ne peut conduire, tant s'en faut, à dissimuler les spécificités formelles et normatives qui la caractérise[2]. Dans son esprit premier, la Charte africaine des droits de l'homme et des peuples (CADHP) n'est autre qu'une expression de la volonté des États africains de se démarquer de l'approche occidentale des droits de l'homme, davantage confinée à l'individu et hâtivement projetée au reste du monde sous la bannière d'universalisme bâti au détriment de l'universalité[3].

Il est d'ailleurs possible de s'imprégner de cette particularité à partie de la lecture de l'intitulé du texte. On l'a déjà indiqué ; la Charte africaine, en ce qu'elle intègre aussi bien les droits de l'homme que ceux des peuples, recouvre une certaine originalité par rapport aux autres instruments régionals de reconnaissance des droits des personnes. Il n'est pas possible de nier la différence – du moins d'un point de vue formel – existant entre la Charte africaine et les mécanismes européens de consécration des droits de l'homme et des libertés fondamentales. Celle-ci s'observe par une principale marque du texte de Banjul, lui permettant de manifester son attachement aux valeurs culturelles et traditions localement véhiculées dans les us et coutumes africaines.

---

[1] Pour plus de détail sur cette thématique, Cf. Paul LAGARDE, Le principe de proximité dans le droit international privé contemporain : cours général de droit international privé, Pays-Bas, M. Nijhoff, 1987, p. 237.
[2] V. ETAKA YEMET, *La Charte africaine des droits de l'homme et des peuples*, L'Harmattan, 1996, p. 476.
[3] *Op. cit.*, p. 11.

111. On pourrait éprouver, à la lecture de ce dispositif, le sentiment que la Charte de Banjul n'est pas un doublon de la Charte sociale européenne, ni sa reproduction linéaire, encore moins la reproduction de la Charte sociale communautaire voire de la Charte de l'Union européenne[1]. Voici les raisons : les négociateurs africains voulant imprégner le texte de 1981 de valeurs coutumières et de traditions proprement endogènes ne se sont pas contentés d'adopter un texte relatif aux droits de l'homme et des Peuples ; est proclamé, au cinquième alinéa de la Charte, la nécessité de la mettre en œuvre en « *Tenant compte des vertus de leurs traditions historiques et des valeurs de civilisation africaine qui doivent inspirer et caractériser leurs réflexions sur la conception des droits de l'homme et des peuples* »[2].

Ainsi, dans la première partie de la Charte, les articles 1 à 18 énoncent des droits à caractère individuel[3], au bénéfice de l'homme, dans des termes différents des prescriptions de droits subjectifs que proclament les articles 19 à 25[4]. Les dispositions de la deuxième partie sont relatives aux mesures de sauvegarde des droits et des devoirs prévues par ses dispositions, en particulier à la mise en place d'un organe de contrôle dont l'office est de veiller à la bonne application des principes et règles élaborés par les dirigeants des pays africains : la Commission africaine des droits de l'homme et des peuples, pendant du Comité des experts européens, lui-même ancêtre du Comité européen des droits sociaux[5]. Les législations de la troisième partie de la Charte sont consacrées à l'objet des dispositions diverses, qui doivent permettre de la mettre en œuvre dans les pays adhérents[6].

---

[1] Dans une logique de rapprochement global et également complète impliquée par tous les instruments juridiques européens précédemment analysés.

[2] Cf. le texte intégral.

[3] Dans le prisme d'une acception plutôt large que celle de nature étriquée du champ de notre analyse qui, du reste, est circonscrit aux seules libertés collectives permettant de mettre fin au dilemme de subordination individuelle des travailleurs et se réalisant, par principe, non pas à travers la volonté solitaire d'un individu isolé, mais avec l'expression collective sinon conjointe des intéressés.

[4] Cf. le texte intégral.

[5] Instauré en 1996 après qu'avait été achevé le grand chantier de réforme ayant fait que l'on ait pu apporter des modifications structurelles et des améliorations techniques au mode de fonctionnement de cet organe européen, à l'instar du sort qu'à également connu il n'y a pas longtemps de cela la Commission africaine des droits de l'homme et des peuples.

[6] Cf. le texte intégral.

112. La double dimension de la Charte, caractérisée par la présence en son sein d'éléments originel et authentique, pourrait conduire sans nul doute à la conclusion de la démarcation. Pour autant, est-ce-à dire qu'aucun problème de mimétisme juridique n'aurait été soulevé entre les libertés collectives des travailleurs français et ceux béninois et plus globalement ceux des pays africains française d'expression ? Dans le prolongement des précédentes interrogations, doit-on comprendre, à partir de ces informations, relatives à l'invocation de la structure binaire du système africain, que la liberté syndicale, le droit de grève et le principe de participation bénéficieraient d'une meilleure assise textuelle avec la Charte de Banjul plutôt qu'avec la Charte de Turin ? Ce dont il ressortirait que le travailleur français (autant que celui de tous les autres pays tiers) pourrait jouir des droits qu'elle garantisse, à rebours du travailleur béninois à destination duquel un tel bénéfice n'est nullement ouvert sur la base de la Charte de 1961 ?

2. L'apport de la Charte de Banjul

113. A titre principal, les avancées de la Charte résident en sa vocation exclusive à règlementer les droits fondamentaux des personnes en Afrique parmi une panoplie de mécanismes disponibles à ce niveau de décision. Mais à quel prix ! L'outil promu à Nairobi (Kenya) le 28 juin 1981 lors de la mémorable Conférence des Chefs d'Etat et de Gouvernement de l'O.U.A (au cours de laquelle la date de son entrée en vigueur a été fixée au 21 octobre 1981) demeure, au moment où ces lignes ont fini d'être écrites, le seul instrument africain d'envergure ayant énoncé les droits de l'homme et les libertés des peuples. Sa portée politique est sur ce point indéniable. Mais les limites dont elle est assortie sur le plan juridique, quant à la consécration des libertés collectives des travailleurs, doivent également retenir l'attention.

a. L'apport politique de la Charte de Banjul

114. Selon les analyses réalisées par nombre d'auteurs notamment précités[1], la mise en place de la Charte africaine des Peuples fut d'une importance notoire dans l'amélioration des rapports sociaux et des relations politiques interétatiques. La Charte de 1981 a contribué à faire progresser l'idée de la construction d'un système juridique harmonieux sur le plan du droit des pays africains[2], sa participation en ce domaine est d'une portée substantielle[3]. Elle a permis aux dirigeants africains de coordonner leur voix pour engager des négociations, dans le but de préserver l'intégrité des êtres humains, de sauvegarder leur dignité et de protéger les valeurs attachées à leur personne[4]. En 1981, l'adoption de la Charte africaine n'était rien d'autre que la traduction d'un long et tumultueux processus de pourparlers engagés par les pays africains dès le début des années soixante, lequel s'était soldé en premier lieu par des échecs répétitifs[5]. À l'appui de ces propos, on pourrait rappeler deux évènements. Le premier se rapporte à la formule préliminaire, la moins aboutie de la discussion, liée à la reconnaissance des droits de l'homme et des libertés des peuples en Afrique : la Charte de l'Organisation de l'Unité Africaine du 25 mai 1963 non encore véritablement perfectionnée vu le jour. Le second vise un geste qui en dit long sur son inspiration. Le 16 décembre 1981, soit environ six mois après l'adoption de la Charte de Banjul, par résolution A/Res/36/154, l'Assemblée générale des Nations Unies adresse une vive félicitation aux États membres de l'Organisation de l'Unité Africaine. Elle précise à l'occasion les efforts accomplis et les difficultés franchies par les protagonistes pour mettre en place ce nouveau mécanisme.

---

[1] V. ETAKA YEMET, *La Charte africaine des droits de l'homme et des peuples, op. cit.*, ibid. ; F. RIGAUX, « La place de la Charte Africaine dans la reconnaissance des droits des peuples », *Revue Africaine de Droit International et Comparé*, Tome I, n°4, décembre 1989, p. 584-594.

[2] E. JOUVE, « La protection des droits de l'homme et des peuples en Afrique », *Zaïre Afrique*, n°191, Janvier 1985, p. 25-30.

[3] Ibid.

[4] Ibid.

[5] Avant-projet de la Charte Africaine des Droits de l'Homme et des peuples, Dakar, 28 novembre – 8 décembre 1979, O.U.A. Doc. CAB/LEG/67/3. Rév. 1 ; Introduction – Projet de Charte Africaine des Droits de l'homme et des Peuples, O.U.A. doc. CAB/LEG/67/1.

115. Il est donc impératif de conclure, après avoir observé les évolutions respectives de la vie politique africaine et les améliorations successives apportées par l'adoption d'un texte de reconnaissance régionale des droits des personnes dans ce cadre, que la Charte de 1981 a été d'une importance capitale quant à l'assainissement des rapports interétatiques sur la scène continentale[1]. Il est indispensable de procéder de la sorte en dépit de la question parfois posée de savoir si, on le sait, la Charte africaine ne doit pas être considérée comme une convention encombrante voire des apories juridiques[2] ? Mais les données de la problématique concernent davantage un autre champ d'analyse que celui plus étriqué des pouvoirs exécutifs africains.

b. L'apport juridique de la Charte de Banjul

116. Nul ne doute pourtant que l'énumération des apports de la Charte africaine des peuples relève d'une véritable gageure[3]. D'autres auteurs s'y sont déjà essayés[4], y compris en marge des lacunes hautement révélatrices qui la caractérisent, des difficultés majeures lui étant afférentes[5]. L'apport politique de la Charte de 1981 contraste avec sa portée juridique.

L'idée même, qui consiste à se demander si le système africain d'établissement des droits de l'homme et des peuples s'apparente ou non

---

[1] A.-D. OLINGA, « L'efficacité de la Charte africaine des droits de l'homme et des peuples » *in Afrique* 2000, n°27/28, p 171 et s.

[2] M.-H. SINKONDO, « La Charte africaine des droits de l'homme et des peuples ou les apories juridiques d'une convention encombrante », *Penant*, 1994, n°816, p. 288 s.

[3] M. GLÈLÈ-AHANHANZO, « Introduction à la Charte africaine des droits de l'homme et des peuples », *Mélanges Claude-Albert COLLIARD*, Pedone, 1984, p. 511.

[4] Notamment M. le professeur P.-F. GODINEC - « Un espoir pour l'homme et les peuples africains ? La Charte africaine des droits de l'homme et des peuples », *Le Mois en Afrique,* juin-juillet 1983, p. 25-26 – qui estimait que, « plutôt que de s'interroger sur l'insondable problème de savoir s'il y a une philosophie africaine des droits de l'homme ou si les africains ont adhéré à celle qui inspire la déclaration universelle et les pactes internationales de 1966, il est plus intéressant de se demander si l'originalité de la Charte réside, non pas dans la formulation des droits pris isolément, mais plutôt dans les liaisons établies entre les groupes de droits comme entre les droits et les obligations » ; R. DEGNI-SEGUI, *L'apport de la Charte Africaine des droits de l'homme et des peuples au Droit international des Droits de l'Homme*, *op. cit.*, ibid.

[5] M.-H. SINKONDO, « La Charte africaine des droits de l'homme et des peuples ou les apories juridiques d'une convention encombrante »,*op. cit.,* ibid.

à une convention encombrante ou à des apories juridiques, est particulièrement révélatrice d'une telle difficulté d'énumération et d'appréciation. Le caractère davantage postulé que démontré du questionnement n'est cependant pas moins avéré[1].

Illustrons nos propos. Dans le prisme des appréhensions (et non des appréciations) de la Charte africaine, il n'est pas rare que le raisonnement juridique qui fonde la formation des concepts délaisse le champ du droit objectif, nécessairement marqué par une certaine modération et indivisibilité des avantages et inconvénients des éléments, au profit d'un nouveau partageant, avec, ce dernier, une proximité latente. Le phénomène est assez connu ; il concerne l'intériorisation des ressentis personnels dans la sphère objective du pur droit positif. En témoigne la pratique de bien d'acteurs du droit, furent-ils jurisconsultes, investis de l'office – ô combien prépondérant mais aussi prestigieux – d'expliquer la règle de droit au plus grand nombre de personnes et, d'une certaine manière, de la démocratiser[2].

Ainsi n'est-il pas rare que la qualification doctrinale de la Charte africaine des droits de l'homme et des peuples s'émancipe du domaine juridique des règles de droit, pour se situer sur le terrain du *placebo* ou de la *panacée*[3]. À ce niveau de développement, il convient de faire preuve de pédagogie. Il est indispensable d'affirmer, au regard des différentes difficultés ayant précédemment été constatées dans le cadre de la proclamation des droits de l'homme[4] et en particulier des libertés publiques[5], que l'adoption de la Charte de 1981 constitue une avancée

---

[1] Ibid.
[2] Mais il convient toutefois de préciser immédiatement que la remarque ne vient nullement de nous, si ce n'est d'un célèbre auteur, déjà cité au préalable, à plusieurs occasions, et dont l'autorité en la matière n'est plus à rappeler ni à préciser : M. BONNECHÈRE, « Quelle garantie des droits sociaux fondamentaux en droit européen ? », *op. cit.*, p 8.
[3] N. MAKOUNDZI-WOLO, « La commission africaine des droits de l'homme et des peuples : panacée ou placebo ? », *Revue Congolaise de Droit*, n°04, juil/Déc. 1988, p. 112-182.
[4] K. VASAK, « Les droits de l'homme en Afrique », *Revue juridique et Politique, Indépendance et Coopération*, avril /juin 1967, p. 273-294.
[5] J. ZEIGLER, « Le problème de la protection des droits de l'homme dans les États africains de l'Ouest et du Centre », *Revue Economique de Lausanne*, avril 1963, p. 133-140.

indiscutable dans une certaine mesure[1]. Son impact sur la scène politique béninoise, pour se borner à celle qui nous concerne au principal, ne peut être remis en cause[2].

Ce n'est seulement qu'après avoir apporté cette précision liminaire[3] qu'on pourrait – et devrait – s'appesantir sur ses défauts, ses lacunes, voire ses virtualités et ses limites[4], pour reprendre des terminologies doctrinales consacrées à cet effet. Précisément, il est nécessaire de revenir sur le contenu subsidiaire de la Charte relatif aux libertés collectives des travailleurs qu'elle consacre avec fébrilité, ce qui ne peut en aucun cas conduire à occulter ses apports sur le plan politique (bien que demeurant singuliers quant à l'évolution des droits des personnes-salariées et des peuples en Afrique).

B. LE CONTENU ABSTRAIT DE LA CHARTE DE BANJUL

117.C'est sur l'objet des libertés collectives des travailleurs que ressort l'intérêt – la nécessité – de faire le parallèle entre la Charte de

---

[1] R. DEGNI-SEGUI, *L'apport de la Charte Africaine des droits de l'homme et des peuples au Droit international des Droits de l'Homme*, op. cit., ibid.

[2] Et il est donné de le voir à partir de la contrainte qu'elle impose à tous les États membres, par le biais de la Commission chargée de veiller à l'application de ces règles, de devoir fournir des rapports périodiques sur la situation des droits des personnes qu'elle a reconnu en 1981. C'est ainsi que, concernant le Bénin, dans son rapport datant de septembre 1992, presque deux ans après la conférence nationale des forces vives et de la nation, il a été mentionné que « les dispositions de cet instrument font partie intégrante de sa Constitution et reprenait dans les détails chacun des droits consacrés par cette dernière » ; cf. « Les mesures d'ordre législatif ou autres prises en vue de donner effet aux droits et libertés reconnus et garantis dans la Charte africaine des droits de l'homme et des Peuples, Rapport (septembre 1992) », Rapport périodique du Bénin, Doc. OUA/ACHPR/PR/BENINXVI, 16ème session ordinaire de la Commission africaine, Banjul (Gambie), 25 octobre -3 novembre 1994, p 19.

[3] Qui confine en latence à l'efficacité de la Charte des peuples africains où s'observe les améliorations distinctes et successives ayant été constatées (timidement) aussi bien sur l'échiquier politique que sur l'état de droit des pays parties à l'ancienne l'Organisation de l'Union Africaine aujourd'hui devenue l'Union Africaine ; A. –D. OLINGA, « L'efficacité de la charte africaine des droits de l'homme et des peuples », *op. cit.,* ibid.

[4] Cf. M. GLÈLÈ-AHANHANZO, « La Charte africaine des droits de l'homme et des peuples : ses virtualités et ses limites », Revue de Droit Africain, *Centre de Recherche et d'Études Juridiques Africaines*, n°1, Janvier/Février/Mars 1985.

Banjul et le texte de Turin dans les champs juridiques béninois et français, où s'élaborent les dispositions législatives et constitutionnelles de reconnaissance des droits fondamentaux des personnes. Alors que l'étude de la norme édictée au sein du Conseil de l'Europe le 18 octobre 1961 se rapportant aux droits sociaux dits fondamentaux fournirait une pléthore d'exemple de lacunes[1], ainsi que les auteurs ne manquent pas de le faire constater[2], force est de souligner que la Charte africaine, qui constitue à l'heure actuelle le seul instrument charismatique ayant proclamé les droits fondamentaux des personnes à l'échelle régionale, recèle un certain nombre de virtualités et de limites[3]. Il est en effet possible de se demander, dans la posture évidente de relativité applicable aux différentes appréciations, si, à certains égards, la Charte africaine des peuples ne serait pas à l'instar de la Charte sociale européenne le parent pauvre[4] des normes de l'Union Africaine ? Si, finalement, les droits sociaux des travailleurs ne deviendraient pas de pauvres droits[5], des droits des pauvres[6], des droits appauvris dans la famille pourtant indivisible[7] et indissociable[1] des libertés publiques et en particulier des droits fondamentaux des personnes ?

---

[1] Selon l'expression alors employée par M. le professeur RODIÈRE pour exprimer de telles insuffisances dans son *Traité du Droit social de l'Union européenne* précédemment versé au débat et en particulier à la page 142 de l'ouvrage…

[2] Au point où l'on a affirmé *in extenso* – M. BONNECHÈRE, « Quelle garantie des droits sociaux fondamentaux en droit européen ? », *op. cit.*, p 4 – que « la mise en œuvre de mécanismes permettant d'assurer l'effectivité des droits sociaux fondamentaux se heurte toujours en Europe à des obstacles qu'un simple changement d'ordre juridique ne suffit pas à surmonter ». L'Union européenne avait alors décidé en quelques sorte de prendre le relai du Conseil de l'Europe afin de pallier à l'existence « crépusculaire » de la Charte sociale européenne par le biais de l'intégration des droits de l'homme au cœur de la politique communautaire et surtout à travers l'adoption de la Charte sociale communautaire de Strasbourg et de la Charte de l'Union européenne de Nice dont la valeur davantage « politique » que « juridique » n'est plus nécessaire à rappeler aux dires de la « doctrine majoritaire ».

[3] M. GLÈLÈ-AHANHANZO, « La Charte africaine des droits de l'homme et des peuples : ses virtualités et ses limites », *op. cit.*, ibid.

[4] Cf. Lalumière, Rencontre interrégionale organisée par le Conseil de l'Europe en vue de la conférence mondiale sur le *droit de l'homme*, op. cit., ibid.

[5] P. IMBERT, « Les droits des pauvres, pauvres droits ? », *op. cit.*, ibid.

[6] Ibid.

[7] Puisque, s'agissant de la Charte sociale européenne et des droits qu'elle établit, les juristes européens ont plusieurs fois réitérés l'affirmation selon laquelle les libertés civiles et politiques entretiennent un rapport « d'indivisibilité » avec les libertés collectives des travailleurs. Notamment dans le célèbre arrêt *Aireyc/Irlande* de la Cour européenne des droits de l'homme du 9 octobre 1979 ; Série A 32, §. 26.

La question mérite sûrement d'être posée et qu'on s'y arrête, afin de mettre en lumière la vulnérabilité sinon la véracité d'une telle opinion doctrinale, au demeurant, largement partagée. Elle implique de se pencher sur deux objets, d'abord sur la subsidiarité formelle des libertés collectives des travailleurs dans la Charte de Banjul (1), ensuite sur la manière dont les juges internes béninois ont porté secours à la subsidiarité formelle au moyen de la pratique jurisprudentielle aujourd'hui grandement répandue (2). Par ce bais, les juges internes reçoivent et acceptent de connaître des griefs fondés sur la violation des dispositions du texte de Banjul dans l'ordre interne.

1. La subsidiarité des libertés collectives des travailleurs dans la Charte de Banjul

118. Tandis que les négociateurs africains, dans les dix-huit premiers articles, ont pris soin d'énoncer respectivement chacune des libertés individuelles classiques, y compris le droit légitime de propriété, il est patent de constater la manière dont les libertés collectives des travailleurs n'ont pu bénéficier de la même parcimonie dans le contenu du texte de 1981. Même si la norme africaine de consécration des droits de l'homme et des peuples se distingue nettement de la Charte sociale européenne, elle s'y rapproche intimement, à bien d'égards. Nul ne peut remettre en cause, dans les champs juridiques béninois et français, la dichotomie entretenue par ces deux textes. Les raisons sont évidentes. Dans l'ordre interne de l'ex-Dahomey, la Charte africaine jouit d'une applicabilité directe devant les juges nationaux. Elle est même élevée au rang des normes à valeur constitutionnelle[2]. Dans le cadre juridique hexagonal, la Charte sociale européenne est insusceptible d'invocation directe par les justiciables[3]. Mais est-ce possible d'en dire autant sur les caractéristiques

[1] Ainsi que les signataires de la Charte africaine des droits de l'homme et des peuples avaient, malgré tout, pris soin de le faire constater au huitième alinéa de leur Préambule, martelant que « les droits civils et politiques sont indissociables des droits économiques, sociaux et culturels », consacrant les libertés collectives des travailleurs que de façon subsidiaire dans le corps de ces dispositifs.

[2] Cf. la décision : DCC 96-060, 26 septembre 1990 et, plus récemment : DCC 01-009 11 janvier 2001.

[3] Ainsi qu'il est déjà arrivé à la Haute juridiction administrative française de juger qu'un agent contractuel employé par l'administration fiscale ne peut se prévaloir devant le

intrinsèques de l'une et l'autre de ces normes, lesquelles finissent par receler des insuffisances semblables, n'étaient des restrictions quasi-identiques ? Il est d'ailleurs aisé de le constater à travers l'énonciation des droits syndicaux dans la Charte de Banjul, surtout, à travers la manière dont, les jours passés, son système de contrôle a également été réformé.

a. La subsidiarité dans l'énonciation

119. Il est difficile de passer sous silence la formulation elliptique par laquelle la liberté syndicale, le droit de grève et le principe de participation ont été consacrés dans la Charte africaine de 1981. Le constat est particulièrement rédhibitoire[1] sur l'objet de notre analyse. À la vérité, ces prérogatives à caractère social n'ont pas été admises au sein de la norme africaine sous la même forme – ni dans la même dialectique – que les droits civils et politiques, eux intégrés unité par unité, séparément, à rebours d'elles, inscrites en posture de synthèse, dans une expression mutualisée[2]. Ce n'est d'ailleurs pas un hasard si, à cette

---

juge administratif du bénéfice de l'article 4§4 de la Charte de 1961 (droit à un délai de préavis raisonnable en cas de cessation d'emploi), le Conseil d'État ayant pris soin de préciser que les clauses de cette norme ne peuvent produire des effets directs à l'égard des nationaux des États contractants (CE, 20 avril 1984, Min. du Budget c/Valtone. a., Rec., p 148). Mais, dix ans plus tard, l'occasion lui fut offerte de se prononcer directement sur l'objet d'une liberté collective des travailleurs, ce qui la conduisit à faire savoir au requérant que le texte de Turin ne créé nullement un droit directement exigible au bénéfice des individus, mais « se borne à inviter les États à favoriser et à promouvoir la négociation collective » (CE, 28 janv. 1994, Féd. services CFDT, RJS, 04/94, n°480). C'est pourquoi l'on a pu constater que : « L'impact de ces mécanismes (repris intégralement par la Charte révisée) sur l'évolution des législations nationales demeure incertain malgré tout. Pour se limiter à un exemple, la France se voit reprocher sans effet depuis une quinzaine d'année par le CEI de ne pas appliquer la règle de l'âge minimal d'admission au travail (quinze ans selon l'article 7 de la Charte) dans les établissements où ne sont employés que les membres de la famille sous l'autorité du père, de la mère, ou du tuteur » ; M. BONNECHÈRE, « Quelle garantie des droits sociaux fondamentaux en droit européen ? », *op. cit.*, p 7.

[1] J. OWONA, « L'essor du constitutionnalisme rédhibitoire en Afrique noire : étude de quelques "Constitutions janus" », *Mélanges Paul-François GODINEC*, LGDJ, 1985.

[2] J. FIEERENS, « La Charte africaine des droits de l'homme et des peuples », *Revue Trimestrielle des Droits de l'Homme*, Première année, n°3, 1er juillet 1990, p. 235-248.

occasion, les États membres de l'Union Africaine ont simplement estimé qu'ils étaient « *convaincus* » des droits sociaux[1].

120. En effet, les représentants des exécutifs africains ont affirmé au terme du huitième alinéa du Préambule de la Charte du 21 juin 1981 : « *qu'il est essentiel d'accorder désormais une attention particulière au droit au développement; que les droits civils et politiques sont indissociables des droits économiques, sociaux et culturels, tant dans leur conception que dans leur universalité, et que la satisfaction des droits économiques sociaux et culturels garantit la jouissance des droits civils et politiques ;* »[2]

121. Les signataires de la norme africaine ont assurément mis en évidence le sacro-saint principe d'indivisibilité des droits civils et politiques et des droits sociaux des personnes. Mieux, ils sont allés plus loin dans l'expression théorique des idées, rappelant la corrélation susceptible de s'établir entre la satisfaction des seconds et la réalisation effective des premiers. Mais, cependant, en s'abstenant d'aller jusqu'au bout de la logique qui aurait dû les conduire à consacrer intégralement et de façon autonome la liberté syndicale, le droit de grève et le principe de participation des travailleurs (entre autres droits sociaux), les législateurs africains n'ont-ils pas manqué de tirer les conséquences découlant de leur propre constatation ? Ne se sont-ils pas privés de l'accomplissement de l'ultime démarche qui aurait permis aux droits syndicaux de disposer d'une assise normative explicite au niveau africain, et à partir de laquelle on pourrait effectivement déduire la manifestation de la volonté expresse et non entachée d'équivoque d'insister sur l'interdépendance caractérisant les libertés individuelles et collectives des personnes ?

Les propos de M. le professeur M. GLÉLÉ-AHANHANZO sont à ce sujet particulièrement illustratifs. Celui-ci avait affirmé que « ce fut une gageure d'élaborer et de faire adopter une Charte au niveau de tout un continent réparti en une cinquantaine de pays qui ne partage pas une même idéologie si ce n'est la mystique de l'Unité Africaine, encore que

---

[1] Et l'on se souvient que les mêmes distinctions ont été faites en des termes presque étonnement identiques au sein de l'Union européenne sur les textes de reconnaissance des libertés individuelles et collectives des personnes, ainsi qu'il a été souligné par un auteur : M. BONNECHÈRE, « Droits sociaux fondamentaux : vers un droit commun pour l'Europe », *op. cit.,* p 5.

[2] Cf. texte intégral.

les approches au plan structurel divergent sensiblement »[1]. Mais allait-il automatiquement ajouter les restrictions et les lacunes recelées par ce texte ; elles se conjuguent avec l'invocation incidente des libertés collectives des travailleurs dans son corpus[2].

L'étude du système de contrôle de la Charte élucidait, de façon particulièrement expressive, son ambivalence intrinsèque. C'est pourquoi plusieurs touches lui seront apportées, à l'instar de ce que nous observâmes sur la Charte sociale européenne[3]. Celles-ci sont constituées, entre autres, par le remplacement de la *Commission africaine des droits de l'homme et des peuples* par la *Cour africaine des droits de l'homme et des peuples*.

b. La subsidiarité dans le contrôle

122. D'un point de vue général, les conséquences attachées à la qualification de la *Commission* ou de la *Cour* africaine des droits de l'homme et des peuples ne recouvrent pas totalement les mêmes enjeux. Il est nécessaire de le rappeler, eu égard aux confusions établies dans certains écrits au niveau du Conseil de l'Europe et même au-delà. Ainsi estima-t-on naguère qu'il existerait une *« Jurisprudence du Comité des droits de l'homme »*[4] (sic) ou, plus récemment, que, dans le Cadre du Conseil de l'Europe, qu'on disposerait d'une *« Jurisprudence de la Charte sociale européenne »*[5] (sic) sur l'objet des droits des travailleurs. Il est difficile de souscrire à cette opinion dans la mesure où, aussi bien le *Comité des droits de l'homme*[6] que la *Commission africaine des droits de*

---

[1] M. GLÈLÈ-AHANHANZO, « Introduction à la Charte africaine des droits de l'homme et des peuples », *op. cit.*, ibid.
[2] M. GLÈLÈ-AHANHANZO, « La Charte africaine des droits de l'homme et des peuples : ses virtualités et ses limites », *op. cit.*, ibid.
[3] Ayant d'ailleurs conduit, entre autres innovations, à ce que l'on soit amené à instituer des CEI pour suppléer les CEDS.
[4] J. DHOMMEAUX, « La jurisprudence du Comité des Droits de l'homme (Novembre 1987-Juillet 1991) », *A.F.D.I.*, p. 514-547.
[5] L. SAMUEL, *Droits sociaux fondamentaux, jurisprudence de la Charte sociale européenne*, Éd. Conseil de l'Europe, 1997.
[6] Cf. Rapport du Comité des droits de l'homme des Nations Unies de 1977.

l'homme et des peuples[1] de même que l'ancien *Comité d'experts indépendants,* chargé de veiller à l'application des prescriptions de la Charte de Turin, ne disposent nullement d'une capacité effective de rendre des décisions de justice, à proprement parler, dans le cadre des litiges dont il serait saisi.

Sur le strict plan du droit, selon le *Vocabulaire juridique*, la jurisprudence signifie « l'ensemble des décisions de justice rendues pendant une certaine période soit dans une matière (...), soit dans une branche du Droit (...), soit dans l'ensemble du Droit »[2]. Or un *Comité* ou une *Commission* n'est aucunement investi de l'obligation de trancher les litiges qui lui sont soumis, la prohibition du déni de justice prônée par l'article 4 du code civil de 1804 leurs étant pas applicable. C'est la raison pour laquelle les solutions qu'ils établissent ne peuvent constituer en bonne et due forme une décision de justice. Elles sont insusceptibles de revêtir une autorité relative de la chose jugée, constituant le caractère nécessairement attaché aux jugements ou aux arrêts rendus par les juges, acteurs principals de la jurisprudence.

Cet écueil a d'ailleurs été récemment surmonté au sein de l'ONU, à travers la publication d'un ouvrage se rapportant aux « œuvres du Comité des droits de l'homme »[3], et non plus à tort, comme autrefois, à sa jurisprudence. Des démarches identiques ont également été accomplies depuis lors par divers auteurs, en ce qui concerne l'instrument spécifique du Conseil de l'Europe, relatif aux droits à facture sociale dont jouissent toutes personnes[4]. Les travaux menés dans le cadre de l'Union africaine

---

[1] Cf. Colloque sur *La Commission Africaine des Droits de l'Homme et des Peuples*, Dakar, 17-19 juin 1987 (Rapport Général A. DIENG) ou encore : F. OUGUEREGOUZ, « La Commission africaine des droits de l'homme et des peuples : présentation et bilan d'activité (1988-1989), *A. F.D.I.*, Vol. XXV, 1989, p. 557-571.

[2] G. CORNU, *Vocabulaire juridique, op. cit.*

[3] N. BOUZIRI, *La protection des droits civils et politiques par l'ONU : l'œuvre du Comité des droits de l'homme*, L'Harmattan, 2003, p 604.

[4] Cf. à ce titre R. BRILLAT, « Le système de contrôle de l'application de la Charte », *in La Charte sociale européenne, op.cit.,* p 45-66 ; B. FITZPATRICK, « Le système européen de protection des droits sociaux fondamentaux », *in La protection des droits sociaux fondamentaux en Europe par la Charte sociale européenne,* Actes du colloque de Sofia des 5, 6 et 7 juillet 2000, Cahier de la Charte sociale, n°11, éditions du Conseil de l'Europe 2001, p 25-34 ; L.-E. TROLET, « Dynamisme et contrôle de l'application de la Charte », La Charte sociale européenne : dix années d'application, Université libre

qui ont conduit, le 9 juin 1998, lors de la conférence des chefs d'État et de gouvernement, à la signature du Protocole de Ouagadougou créant la *Cour africaine des droits de l'homme et des peuples*, participent assurément à la prise en compte de cette précision.

123. Mis à part le premier constat se rapportant au fait que la Charte sociale européenne et la Charte des peuples africains partagent à bien des égards des défaillances similaires, on peut également remarquer[1], dans le prisme de cette analyse, à travers un élargissement succinct de son champ d'application territorial, que d'autres instruments régionaux de garantie des droits fondamentaux des personnes sont frappés des mêmes insuffisances. Il en est ainsi, et par exemple[2], de l'instrument régional américain, à propos duquel une simple *Commission* avait été mise en place pour le contrôle de l'application des règles édictées par la Convention du 22 novembre 1969[3].

Mais est-ce à dire que la déficience serait finalement conjointe et proviendrait d'une réception mécanique et artificielle des règles d'organisation de la société, dans un champ juridique qui lui est non seulement exogène mais également extérieure et surtout étrangère et sans connexion logique pertinente ? Pour sa part, M. MUBIALA se pose la question de savoir si l'on doit considérer la mise en place de la *Cour africaine des droits de l'homme et des peuples*, entrée en vigueur le 25 janvier 2004, comme un phénomène de mimétisme institutionnel ou une avancée judiciaire[4] ? L'observation de la manière dont l'activité jurisprudentielle des juges nationaux béninois a servi efficacement en tant qu'œuvre de secours contre la reconnaissance subsidiaire des libertés collectives des travailleurs au sein de la Charte de 1981 permet d'y répondre.

---

de Bruxelles, (Actes du colloque organisé en octobre 1976 par l'institut d'Études Européennes de l'Université libre de Bruxelles) 1978, p. 35-46.

[1] Ce qui constitue, du reste, les motifs précieux ayant conduit à l'ouverture d'un vaste chantier de réformes respectivement entérinées le 3 mai 1996 dans le cadre du Conseil de l'Europe et, deux ans plus tard, le 9 juin 1998 au sein des États membres de l'Union Africaine.

[2] Seulement à titre indicatif.

[3] K. VASAK, « La Commission Interaméricaine des Droits de l'Homme », *Revue de Droit International et Comparé,* Vol I-1, 1968, p. 109-117.

[4] M. MUBIALA, « La Cour africaine des droits de l'homme et des peuples : mimétisme institutionnel ou avancée judiciaire ? », *RGDIP,* 1998-3, p. 765 et s.

2. La pratique au secours de la subsidiarité formelle

124.S'agissant de ces interrogations, il faut préciser qu'il existe bien de différences entre la Charte sociale européenne et la Charte africaine des peuples, ne se prêtant pas toujours à une parfaite systématisation. En témoigne l'appréciation du postulat de la possibilité dont peuvent jouir les travailleurs béninois et français, et plus généralement tous ceux des pays tiers. En dehors des signes distinctifs déjà précédemment énoncés, on doit en effet signifier que le texte de Turin et le mécanisme de Banjul relatifs à la consécration des libertés collectives des travailleurs se distinguent également par la délimitation de leur champ d'application personnel respectif. Ceci s'observe aussi bien dans l'ordre juridique béninois que dans celui plus large des pays africains où, reste à confirmer, le processus compensatoire de la subsidiarité formelle de la Charte de Banjul par la pratique jurisprudentielle nationale.

a. Dans l'ordre juridique béninois

125. Les représentants des exécutifs nationaux, membres du Conseil de l'Europe, avaient choisi de restreindre nommément le champ d'application personnel de la Charte sociale européenne aux seuls étrangers ressortissants d'une partie contractante, résidant légalement ou travaillant régulièrement sur le territoire d'une autre partie. Tel n'est pas le cas de la norme africaine des peuples, dont le bénéfice est conféré à toute personne non limitativement africaine. La Charte de Banjul, à l'instar de la Convention européenne des droits de l'homme[1], consacre des droits subjectifs inhérents à la collectivité des humains, contrairement au texte de Turin qui filtre les personnes habilitées à invoquer sa jouissance.

Le travailleur béninois, autant que toute autre personne placée dans une situation de subordination par rapport à un employeur ressortissant d'un pays tiers aux parties contractantes du Conseil de l'Europe, n'a pas

---

[1] Qui créé des « obligations positives » dont la garantie « déborde le cadre de la simple réciprocité entre États contractants » ainsi que le constat a souvent été réalisé par les juges et les jurisconsultes, (CEDH, 18 janvier 1978, Irlande c/Royaume-Uni, Cah. Dr. eur. 1979, p 465, obs. COHEN-JONATHAN).

qualité à agir pour obtenir l'application des prérogatives de la Charte sociale européenne. L'idée alors largement diffusée – mais particulièrement discutée – étant que les droits sociaux des personnes, à l'inverse des droits civils et politiques, ne sont pas (par principe) attachés à la personne humaine[1]. En somme, ils ne seraient pas de véritable droits fondamentaux, contrairement à la signification de la qualification formelle leurs étant toujours dévolue. Or il est prévu au terme de l'article 2 du texte du 21 juin 1981 que *« toute personne a droit à la jouissance des droits et libertés reconnus et garantis par la présente Charte, sans distinction aucune, notamment de race, d'ethnie, de couleur, de sexe, de langue, de religion, d'opinion politique, ou de toute autre opinion, d'origine nationale ou sociale, de fortune, de naissance ou de toute autre situation »*[2]. Certes, et l'on l'a déjà précisé, les libertés collectives des travailleurs ont seulement été reconnues de façon subsidiaire par les autorités de l'Union Africaine, à travers une formulation succincte, se contentant de souligner leur indissociabilité par rapport aux libertés individuelles.

126. L'œuvre jurisprudentielle nationale, et en particulier celle du juge constitutionnel béninois, a permis cependant de combler notoirement ce déficit, grâce à une interprétation dynamique et constructive de la Charte africaine des peuples, ce qui n'est pas sans rappeler les constatations relatives aux modes de fonctionnement de la Cour européenne de sauvegarde sur l'objet des libertés collectives des travailleurs[3]. En atteste l'apport de la décision constitutionnelle du 11 janvier 2001. Celle précédemment rendue par la Cour constitutionnelle béninoise le 26 septembre 1996, en regard de sa portée, peut également être invoquée. Par leur biais, les sages béninois ont été amenés à faire produire des effets directs aux dispositions de la Charte de 1981 dans l'ordre juridique national[4].

La première décision, étant donnée son objet relatif à une liberté individuelle et, précisément, à la liberté d'aller et de venir, n'est pas

---

[1] M. BONNECHÈRE, « Quelle garantie des droits sociaux fondamentaux en droit européen ? », *op. cit.*, p. 8.
[2] Cf. texte intégral.
[3] F. SUDRE, « À propos du dynamisme interprétatif de la cour européenne des droits de l'Homme », *op. cit.*, ibid. ; « L'interprétation dynamique de la Cour européenne des droits de l'Homme », *op. cit.*, ibid.
[4] L'énumération n'est pas exhaustive.

indispensable à analyser, bien que celle-ci ait été rendue notamment au visa de l'article 12 alinéa 2 de la norme africaine qui, parmi d'autres, protège cette faculté de mouvement. Il suffira de s'appesantir sur la seconde, se rapportant aux garanties auxquelles peut s'attendre un salarié dans l'exercice d'une activité syndicale. Les faits étaient relativement simples et particulièrement ahurissants. Monsieur Djibril Tahiri, agent contractuel auprès du grand marché local de Ganhi, travaillait pour le compte de la Société de Gestion des Marchés (SOGEMA), qui lui avait confié une tâche syndicale de contrôle de gestion des toilettes nouvellement construites[1]. L'intéressé fit les frais d'un commissaire de police peu vertueux ; s'est-il cru autoriser d'outrepasser les limites du pouvoir que lui confère sa fonction pour détenir arbitrairement le mandataire syndical, lui infliger des traitements inhumains et dégradants, constitués par des faits de sévices et d'invectives divers et variés, privant le requérant d'eau, de nourriture, de visites de ses parents, le faisant coucher à même le sol, le traitant de tous les mots et injures, lui assénant des coups très violents…[2].

Peu important que cette décision soit relative à des actes de tortures physiques et morales et à bien d'autres formes d'exploitation et d'avilissement de l'homme par l'homme civilement et pénalement répréhensibles par les dispositions africaines[3], seul important le fait qu'elle se rapporte à un agent contractuel investi d'une mission représentative pour illustrer la manière dont la juridiction constitutionnelle béninoise a été amenée à donner un effet direct aux prescriptions de la Charte africaine dans l'ordre interne, dans le but de suppléer les défaillances qui lui sont afférentes par rapport aux libertés collectives des travailleurs.

---

[1] Cf. la lettre de saisine.

[2] Au terme de la lecture des faits de cette décision et de tous les autres documents y afférents, l'on ne sait toujours pas encore quels sont les mobiles essentiels ayant conduit la partie défenderesse à accomplir de tels actes et surtout à devoir développer une telle aversion couplée d'une exécration à l'encontre du requérant, bien qu'il soit acquis que les personnes morales de droit public ainsi que les employeurs peuvent parfois se montrer hostiles si ce n'est peu coopérant à l'égard des délégataires d'une activité syndicale, en raison de la concurrence susceptible d'en découler par rapport à leur autorité.

[3] Et qu'elle soit rendue entre autres au visa des articles 5 et 6 de la Charte africaine des droits de l'homme et des peuples.

Pour condamner les agissements du commissaire de police indélicat, la Cour s'était appuyée sur les dispositions de la norme de Banjul, elle avait affirmé dans son troisième considérant « *que selon l'article 6 de la Charte Africaine des Droits de l'homme et des Peuples : "Tout individu a droit à la liberté et à la sécurité de sa personne. Nul ne peut être privé de sa liberté sauf pour des motifs et conditions préalablement déterminés par la loi ; en particulier nul ne peut être arrêté ou détenu arbitrairement* ». Quelle démonstration de l'invocabilité directe de la Charte africaine dans l'ordre juridique béninois !

b. Dans l'ordre juridique africain

127. Il faut le reconnaître, de nos jours, le combat judiciaire pour le respect de la dignité et de l'intégrité des personnes humaines préoccupe davantage les juges constitutionnels africains. Ils semblent être prêts à jouer le jeu et capable de s'engager dans une orbite de protection effective des droits humains à partir des règles internes déjà existantes en la matière, « mais aussi et surtout à partir des normes internationales et, tout particulièrement, de celle de la Charte africaine »[1]. Pour quel motif, pourrait-on nous objecter automatiquement ? Pour celui tenant au fait que « un précédent heureux existe déjà et semble être le point de départ – bien timide encore… – d'une utilisation plus régulière des normes de protection des droits de l'homme provenant de la Charte africaine. À titre d'exemple, une disposition de celle-ci fut en effet appliquée par la Cour constitutionnelle du Bénin dans une affaire de rétention de passeport. Elle condamna cette rétention qu'elle jugea arbitraire en tant qu'elle prive la requérante d'un droit fondamental, celui d'aller et de venir, et pour avoir eu lieu sans l'intervention de l'autorité judiciaire. Cette décision s'est certes fondée sur l'article 25 de la Constitution béninoise, mais elle l'a été aussi – certainement pour donner à la décision une portée plus retentissante – sur l'article 12 alinéa 2 de la Charte africaine des droits de l'homme et des peuples »[2].

---

[1] A. BADARA FALL, « La Charte africaine des droits de l'homme et des peuples : entre universalisme et régionalisme », *Pouvoirs,* n°129, p. 97.
[2] Ibid., p. 97-98.

« C'est dire combien l'effectivité des dispositions de la Charte africaine est tributaire également des juges internes et de leurs capacités, voire de leur hardiesse à vouloir les imposer là où les risques de violation de ces droits ou leur méconnaissance sont ressentis. Cette jurisprudence – qui n'est pas unique en son genre – pourra entrainer les autres juridictions internes, et par ricochet celles des autres pays d'Afrique, dans son sillage, mais aussi s'inspirer des positions prises par les instances régionales instituées à cet effet par l'OUA/UA, c'est-à-dire principalement la Commission et la Cour africaine des droits de l'homme et des peuples »[1].

Il reste aux juridictions africaines, dans leurs ordres internes respectifs, à confirmer cette hypothèse – somme toute louable – et à donner un prolongement effectif aux principes et règles provenant de la Charte de 1981. Car, en réalité, dans la continuité de l'audace dont a fait preuve la Cour constitutionnelle béninoise dans ce domaine, la reconnaissance effective des droits sociaux des travailleurs africains passe nécessairement par le chemin de l'intériorisation des valeurs du respect de la dignité humaine telles qu'elles sont consignées dans la Charte de 1981. Elles exigent que l'on transcende les difficultés relatives à la proclamation laconique dont pâtissent les libertés collectives des travailleurs dans ce texte qui, curieusement, reconnaît qu'elles sont indissociables des libertés individuelles plutôt énoncées avec parcimonie.

C'est pourquoi il convient de préciser les éléments de l'analyse en signalant immédiatement que, si la Charte africaine de Banjul se rapproche de la Charte sociale européenne à bien des égards, relatifs à l'objet de la problématique de reconnaissance effective des droits des travailleurs au sein des normes régionales de consécration des droits fondamentaux, elles s'en distinguent cependant sur d'autres points. En plus de celui relatif à la situation du travailleur béninois ne pouvant nullement revendiquer le bénéfice des droits énoncés par le texte de Turin, à l'inverse de son homologue français qui, lui, dispose absolument de la faculté de se prévaloir des prérogatives issues de la norme de Banjul, il existe bien d'autres différences de traitement qui caractérisent ces textes dans les champs juridiques nationaux.

[1] Ibid.

La Charte de Banjul, dans l'ordre interne béninois, ainsi que le précise l'article 7 de la Constitution du 11 décembre 1990[1], a été ratifiée, le 20 janvier 1986, par les autorités politiques locales. Les droits et devoirs qu'elle proclame et garantisse font partie intégrante à la présente Constitution et au Droit béninois, ainsi que l'ont prouvé les décisions constitutionnelles du 26 septembre 1996 et du 11 janvier 2001 précédemment citées mais, seulement, à titre indicatif. La Charte de Turin, elle, ratifiée par la France le 09 mars 1973, est, on le sait, frappée d'une absence d'invocabilité directe par les individus. L'observation rend ici vraisemblable l'hypothèse de l'application de la solution dont l'objet provient de l'arrêt *Sarran* de la Haute juridiction administrative[2], d'autant plus que celle-ci a été confirmée en Assemblée plénière, par la jurisprudence *Fraisse*[3] qui, pour l'essentiel, n'a pas été remis en cause par la décision constitutionnelle du 10 juin 2004[4].

Mais ce n'est pas seulement *de lege lata* que s'apprécie la situation juridique des libertés collectives des travailleurs dans les accords et traités africains en balance avec ceux européens.

II. LE PROJET D'ACTE UNIFORME DE L'OHADA

128. Il était indispensable de confronter la Charte sociale européenne et la Charte de Banjul dans la mesure où, s'agissant des libertés collectives des travailleurs, ces instruments constituent les sources régionales susceptibles d'être invoquées par les justiciables dans la sphère juridique française et béninoise. Il en est ainsi, spécialement, pour le mécanisme de Turin, destiné à cette catégorie de droits dont la fondamentalité est moins réelle que théorique. Il en va de même pour l'instrument de Banjul, pour une raison que l'on n'a pas manqué de souligner dans les développements précédents ; elle est liée à sa situation d'outil le plus influent existant actuellement à l'échelon africain de proclamation des droits et des libertés fondamentaux[5].

---

[1] Cf. texte intégral.
[2] CE, 30 octobre 1998, n°200286.
[3] *Cass. ass. plén.*, 2 juin 2000, n°99-60.274.
[4] Décision 04-96.
[5] A. BADARA FALL, « La Charte africaine des droits de l'homme et des peuples : entre universalisme et régionalisme », *op. cit.*, p. 77 s.

129. Toutefois, partant de ce constat d'exclusivité, pouvait-on s'abstenir de traiter d'une catégorie particulière de technique, non encore composée de règles relatives à la reconnaissance régionale des droits syndicaux des travailleurs africains, certes, mais programmée pour l'être dans un futur proche ou, en tout cas, appelée à les recouvrir puisque des pourparlers étant toujours en cours pour ce faire ? Était-il envisageable sur l'objet de cette étude de s'émanciper des textes votés dans le cadre de l'OHADA et en particulier du projet d'Acte uniforme relatif au droit du travail non encore entré en vigueur ? Surtout lorsque l'on sait que les normes provenant de cette Organisation africaine partagent une divergence authentique avec celles émanant des parties contractantes du Conseil de l'Europe principalement, avec la Convention européenne de sauvegarde analysée au préalable ?

130. En réalité, dans le cadre de la présente étude relative aux libertés collectives des travailleurs, aussi bien que dans l'hypothèse plus globale de celle se rapportant aux libertés fondamentales des personnes, il est inconcevable de s'affranchir de l'étude des normes mises en place dans l'enceinte du droit de l'OHADA, sauf à priver la conclusion subséquente d'un intérêt majeur[1] où émerge l'utilité et l'efficacité des éléments de la discussion. C'est pourquoi il convient à présent de faire ressortir l'économie générale de celles-ci, à travers leur articulation et leur situation sur le plan national des États membres de l'Organisation, dans la lumière de la Convention européenne des droits de l'homme (A). L'exercice permettra assurément de connaître les caractéristiques et les avancées devant être attendues de la mise en place du projet d'Acte uniforme relatif au droit du travail (B).

A. L'ÉCONOMIE GÉNÉRALE DES NORMES DE L'OHADA

131. On aurait pu confronter les normes de l'OHADA avec celle de la Communauté européenne, tant cette dialectique semble allée de soi, compte tenu de la capacité directe de production des actes que détiennent les représentants des exécutifs nationaux de ces deux institutions. La posture conduirait à rapprocher le droit de l'OHADA des Traités de

[1] Si ce n'est le principal.

l'Union européenne voire des Chartes de Nice et de Strasbourg. Mais cette tentative s'est avérée irréalisable dans la mesure où les droits à dimension sociale des travailleurs ne font pas corps avec le traité communautaire[1]. L'unique hypothèse qui s'offrait à nous était donc de comparer les textes de l'OHADA avec ceux du Conseil de l'Europe. La Charte de 1961, système de prédilection des libertés collectives des travailleurs, ayant déjà été mise en parallèle avec celle de Banjul, pour des raisons évidentes sur lesquelles il n'est plus nécessaire de revenir, il reste la Convention de Rome à examiner avec les textes de l'OHADA.

En outre, il s'est apparu nécessaire de procéder de la sorte au vu de deux mobiles. D'une part parce que la Convention de Rome, relative aux droits de l'homme, qui ne concernait pas principalement les libertés collectives des travailleurs, a été amenée par la force des choses dans l'évolution de sa jurisprudence à les concerner. D'autre part parce que, les textes de l'OHADA, initialement mis en place dans le dessein de règlementer et d'harmoniser les règles de la seule discipline du droit des affaires, sont aujourd'hui élargis à l'objet des droits des travailleurs (ainsi que l'illustre le projet d'Acte uniforme relatif au droit du travail). C'est dire la nécessité de mettre en balance ces deux mécanismes. Or force est de constater que les dispositions de la Convention de Rome ne disposent pas, dans l'ordre juridique français, de la même valeur que celle attribuée aux textes de l'OHADA dans l'ordre interne béninois. Tandis que les règles du droit communautaire – au rang desquelles figurent les principes consacrés par renvoi[2] dans la Convention de Rome – font l'objet d'un *« contentieux de la troisième génération »*[3] et sont placées *« dans et sous la Constitution française »*[4], les règles édictées et sanctionnées par l'OHADA bénéficient d'une applicabilité – et d'une application – directe sur la scène nationale des parties contractantes. Le rappel des conditions entourant la mise en place de l'Organisation africaine, de même que l'analyse des structures se rattachant à son fonctionnement, permettent d'en savoir davantage.

---

[1] P. RODIÈRE, *Droit social de l'Union européenne, op. cit.*, p. 139. Sous réserve cependant des dernières évolutions obtenues en la matière...
[2] *Droit social de l'Union européenne, op. cit.*, p. 153.
[3] É. DUBOUT, *« Le « contentieux de la troisième génération » ou l'incomplétude du système juridictionnel communautaire »*, *RTD Eur.*, N°03/2007, p. 427.
[4] P. CASSIA, *« Le droit communautaire dans et sous la Constitution française »*, *RTD Eur.*, N°2/2007 p. 378.

1. La mise en place de l'OHADA

132. Au début des années 1990, la perspective de voir les États africains se dotés d'un outil efficace de régulation et de réglementation des règles de droit au sein de l'Organisation de l'Unité Africaine[1], conduisit ses adhérents à confier au juge K. MBAYE et à son ami[2] M. KIRSCH, le projet d'élaborer un instrument juridique d'envergure, dont l'objet visait à homogénéiser les dispositions juridiques existant à l'échelle africaine. Résultat de cette collaboration fructueuse, l'Organisation pour l'Harmonisation en Afrique du Droit des Affaires, actuellement composée de 16 pays[3] mais appelée à s'élargir en raison des procédures d'adhésion en cours[4], vit le jour.

133. Précisément, l'OHADA a été créée par le Traité de Port-Louis (l'Île Maurice) du 19 octobre 1993 et abrite 105 millions d'habitants parlant au moins quarante langues différentes. Ces objectifs sont :

- trouver les solutions juridiques les meilleures et les mettre à la disposition de tous les pays quelles que soient leurs ressources humaines ;

- instaurer la sécurité juridique ;

- restaurer la sécurité judiciaire ;

- encourager la délocalisation vers l'Afrique de certaines grandes entreprises ;

- rétablir la confiance des chefs d'entreprises et des investisseurs ;

- développer l'arbitrage en Afrique ;

---

[1] Qui en ce moment n'était pas encore dissoute pour être remplacée par l'Union africaine, ultérieurement mise en place, en 2002.
[2] Pour reprendre la formule employée par l'intéressé à l'égard de ce dernier.
[3] Dont quatorze de la zone franc que sont : le Bénin, le Burkina-Faso, le Cameroun, la Centrafrique, le Congo, la Côte-d'Ivoire, le Gabon, la Guinée Bissau, la Guinée équatoriale, le Mali, le Niger, le Sénégal, le Tchad et le Togo. De même que deux autres utilisant des monnaies du nom de leur pays constitués par la Guinée et les Îles Comores.
[4] Et précisément de celles se situant à un niveau déjà avancé relatives à l'admission de la RDC au sein de l'Organisation.

- faciliter l'intégration économique sur le continent ;

- renforcer l'unité africaine

Actuellement, l'Organisation dispose de huit Actes uniformes, ayant été adoptés respectivement sur le droit commercial (1997), les sociétés commerciales et le groupement d'intérêt économique (1997), l'organisation des sûretés (1997), les procédures simplifiées de recouvrement et des voix d'exécutions (1998), l'organisation des procédures collectives d'apurement du passif (1998), le droit d'arbitrage (1999), la comptabilité des entreprises (2000) et enfin, sur les contrats de transport de marchandise par route (2003)[1].

De cette constatation découle une interrogation : est-il possible de voir dans l'œuvre de l'Organisation africaine, exclusivement cantonnée dans le domaine du droit des affaires, la signification d'un présupposé discutable relatif aux difficultés de consécration des libertés collectives des travailleurs ? Il n'y a pas longtemps de cela, M. le professeur P.-G. POUGOUÉ faisait remarquer que, d'une certaine manière, les droits fondamentaux de l'homme au travail sont relégués au second rang dans les traités africains[2], ajoutant que l'observation de la vie juridique africaine pourrait conduire à avoir l'impression que les décideurs locaux sont bien à part[3], ceux-ci accordant une hégémonie absolue à l'économique sur le juridique[4] : le sentiment qu'en Afrique il faut d'abord construire l'économie avant de s'intéresser aux droits et libertés des personnes apparaît au moment de l'adoption des premières dispositions sur les droits fondamentaux de l'homme africain au travail[5].

C'était à la fin des années 1960, lors de la Conférence de Genève du 2 septembre 1969, mais les propos émis par le Président K. MBAYE pourrait encore s'appliquer au contexte actuel : au nom du

---

[1] Pour une vue d'ensemble sur le dernier projet d'Acte, en renverrai aux toujours stimulantes études de MM. SOSSA C. Dorothé et de BOKALLI E. Victor, *Droit des contrats de transport de marchandises par route,* Bruxelles, Bruylant, 2006, 169 p.

[2] P.-G. POUGOUÉ, Les droits fondamentaux de l'homme au travail dans les traités africains, *in* Mondialisation, travail et droits fondamentaux, I. Daugareilh (dir.), Éd. Bruylant & L.G.D.J, 2005, p. 121 s.

[3] Ibid.

[4] Ibid.

[5] Ibid, p. 122.

développement économique et social, il arrive trop souvent que la défense des libertés et droits publics soit reléguée au dernier plan... Cet état de fait s'explique par l'état de sous-développement qui, en lui-même recèle des insuffisances dans tous les domaines et qui, en outre, avec son cortège de maux qui atteignent l'individu dans ces besoins vitaux, exige parfois des mesures prioritaires à caractère général dont l'urgence semble t-il, ne tolère pas que l'on s'embarrasse des considérations juridiques.

Le projet d'Acte uniforme relatif au droit du travail constitue assurément une nouvelle pièce versée au débat de cette problématique, liée à la reconnaissance des libertés collectives des travailleurs en Afrique. Mais encore faudrait-il connaître la nature des règles gouvernant le fonctionnement des différentes structures de l'Organisation dont il provient, afin de pouvoir l'apprécier à bon escient.

2. Les structures de l'OHADA

134. Le groupement des pays africains, dont l'office est d'harmoniser les règles du droit des affaires à l'échelon régional, et dont l'énoncé de nombre de ces articles a été modifié à l'unanimité par ses États membres le 17 octobre 2008 au Québec[1], est composé de cinq organes[2] :

- la Conférence des chefs d'États et de gouvernements, présidée par le Chef de l'État ou de Gouvernement dont le pays assure la présidence du Conseil des Ministres[3], elle se réunit en tant que de besoin ou sur convocation de son Président pouvant être déférée à son initiative ou à celle du tiers des États parties[4] ; ses décisions sont prises par consensus ou à la majorité absolue des États présents[5] ; ainsi que son

[1] Par le nouveau Traité entrée en vigueur en janvier 2010, *portant révision du Traité relatif à l'harmonisation du droit des affaires en Afrique signé à Port-Louis (Îles Maurice), le 17 octobre 1993*.

[2] Article 3 du Traité.

[3] Étant nécessaire de préciser que, récemment, le 20 décembre 2009, à N'Djaména (Tchad), s'est tenue la première Conférence des Chefs d'État et de Gouvernement des pays membres de l'OHADA au cours de laquelle le Président de la République togolais, Faure GNASSINGBE, a succédé au chef d'État tchadien Idriss DEBY à la tête de l'Organisation.

[4] Article 27 du Traité.

[5] Ibid.

nom l'indique, elle est composée, des Chefs d'État et de Gouvernement des États parties et est présidée par le Chef de l'État ou de gouvernement dont le pays assure la présidence du Conseil des Ministres[1] ;

- le Conseil des ministres de la Justice et des Finances, qui constitue l'organe normatif du groupement, se tient au moins une fois par an sur convocation de son Président, à l'initiative de celui-ci ou, du tiers des États Parties[2] ; en dehors des cas d'adoption des actes uniformes requérant l'unanimité des voies des États Parties présents et votants[3], ses décisions sont prises non pas à l'unanimité mais à la majorité absolue des États Parties présents et votants[4] ;

- le Secrétariat permanent, organe exécutif par essence, rattaché au Conseil des ministres qui, du reste, a pour rôle de nommer, pour une durée de quatre ans renouvelable une fois[5], le Secrétaire permanent assurant la direction de l'organe ; sa fonction est de préparer les actes et programmes annuels d'harmonisation du droit des affaires, il siège à Yaoundé ;

- l'École Régionale de la Magistrature (ERSUMA), sise à Porto-Novo (Bénin), est quant à elle chargée de concourir à la formation et au perfectionnement des magistrats et des auxiliaires de justice des États-parties[6] ;

- la Cour commune de justice et de l'arbitrage, entrée en vigueur en 1995, dont le siège se trouve à Abidjan (Cote d'Ivoire), constitue l'organe juridictionnel de l'Organisation ; sa mission consiste à assurer l'interprétation et l'application communes du Traité ainsi que des règlements pris pour son application, des actes uniformes et des décisions[7] ; dans le périmètre des compétences qui lui sont dévolues, elle peut être saisie pour avis simple par tout État Partie ou par le Conseil des ministres[8] ou par toutes juridictions nationales des États Parties pour une

---

[1] Ibid.
[2] Article 28 du Traité.
[3] Article 8 du Traité.
[4] Article 30 du Traité.
[5] Article 40 du Traité.
[6] Article 41 du Traité.
[7] Article 14 du Traité.
[8] Ibid.

question relative à l'application et à l'interprétation des règles édictées par l'Organisation[1].

135. Là est le point d'ancrage des spécificités caractérisant la Convention européenne des droits de l'homme et les Actes uniformes de l'OHADA dans les champs juridiques nationaux des États membres. Dans le premier cas il est acquis aussi bien dans le champ juridique français qu'au-delà[2], que, les dispositions provenant du droit dérivé ou du droit originaire de l'Union européenne[3] ne permettent pas (encore) systématiquement un transfert de la souveraineté de la République vers la Communauté européenne[4], sous réserve toutefois des améliorations apportées par l'entré en vigueur du Traité de Lisbonne[5], et surtout de l'influence certaine qu'ont souvent exercé les règles de droit européen sur l'œuvre jurisprudentielle des parties contractantes notamment française[6]. Dans le second cas, mis à part le fait que les dispositions de l'Organisation sont automatiquement applicables – et appliquées[7] – dans

---

[1] Ibid.

[2] A titre illustratif, v. en particulier les célèbres arrêts *Solange II* du 22 octobre 1986 au niveau de l'ordre interne allemand et la fameuse jurisprudence *Fragd* du 21 avril 1989 dans le domaine juridique italien.

[3] Cf. Les actes de la journée d'études organisée le 10 février 2003 à la Faculté de droit, économie et administration de l'Université de Metz : F. LICHÈRE, L. POTVIN-SOLIS, A. RAYNOUARD (dir.), *Le dialogue entre les juges européens et nationaux : incantation ou réalité?*, Bruxelles, Bruylant, 2004, p. 242.

[4] P. CASSIA, *« Le droit communautaire dans et sous la Constitution française »*, *RTD Eur.*, N°2/2007 p. 407 ; « Le traité établissant une constitution pour l'Europe et la Constitution française », *JCP G* 2005. I. 108.
En atteste l'œuvre normative produite par le législateur organique du 10 décembre 2009 relative à la question prioritaire de constitutionnalité et à son implication sur l'articulation devant prévaloir entre le rapport de la conventionnalité et le rapport de la constitutionnalité ; Ph. BLACHÈR, *La question prioritaire de constitutionnalité en question...*, *LPA*, 18 mars 2008 2010, n°55, p. 3.

[5] Qu'il n'est assurément pas donner de sous-estimer quant aux effets et aux impacts du dynamisme des outils communautaires dans l'ordre interne.

[6] Cf. J.-P. MARGUÉNAUD (dir.), L'influence de la jurisprudence de la Cour européenne des droits de l'homme sur le droit privé français, Éd. Mission de recherche droit et justice, Paris, 1999, p 160 ; J.-C. MASCLET, Les grands arrêts de droit communautaire : Cour de justice des communautés européennes, Conseil constitutionnel, Cour de cassation, Conseil d'État, PUF, 2003, p 127.

[7] De manière particulièrement illustrative, la preuve a été apportée par les juges constitutionnels béninois à travers les décisions constitutionnelles de septembre 1996 et de janvier 2001 ci-dessus invoquées.

les États parties[1], la Cour Commune de Justice et d'Arbitrage qui, fonctionne comme une juridiction de cassation[2], peut être directement saisie[3] d'un pourvoi en cassation lorsque sa compétence est en cause. Dès lors, elle est susceptible de connaître des décisions rendues par une juridiction d'appel de l'un de ces pays membres, sans que le justiciable soit contraint de devoir initialement éplucher les voies de recours interne.

En d'autres termes, la juridiction communautaire africaine bénéficie, de la part de ses adhérents, d'un abandon de la souveraineté nationale[4] et d'une portée juridictionnelle essentiellement supranationale[5]. Ceci, concourant au bon fonctionnement de son activité, contraste avec les difficultés qui entourent la problématique de la reconnaissance de la supraconstitutionnalité[6] des règles édictées par les autorités de l'Union européenne et les membres du Conseil de l'Europe dans l'ordre interne des pays membres.

L'Organisation communautaire africaine et, plus globalement, les dirigeants politiques africains, ne sont pas moins visés par la critique liée à l'objet des libertés collectives des travailleurs : « les droits fondamentaux de l'homme au travail n'ont jusqu'ici pas été le centre d'intérêt dans les traités africains. Il n'en a parfois été question que parce qu'ils étaient un moyen de réaliser des objectifs économiques. Quelques textes spécifiques aux droits fondamentaux ont certes été adoptés. Mais ils sont relativement pauvres en ce qui concerne particulièrement les droits de l'homme au travail »[7]. « Faut-il alors désespérer ? Non, puisque l'avenir est plein de promesses. Il suffit de lire le projet d'Acte uniforme OHADA sur le droit du travail. Il consacre tout un titre aux droits fondamentaux. On y traite de la liberté du travail, de la liberté syndicale,

---

[1] :J.-J. RAYNAL, « Intégration et souveraineté : le problème de la constitutionnalité du traité
OHADA », *Penant* 2000, p. 5.

[2] Article 14, 15 et 16 du Traité

[3] Ibid.

[4] G. KENFACK DOUAJNI, « L'abandon de souveraineté dans le traité OHADA », *Penant,* 1999, p. 125.

[5] D. ABARCHI, « La supranationalité de l'OHADA », Revue internationale de droit africain, *EDJA,* n°44, janviers-mars 2000, p. 7.

[6] Pour reprendre l'expression de M. le doyen FAVOREU (dir.), Droit et libertés fondamentales, Dalloz, 2007, p. 80-81.

[7] P.-G. POUGOUÉ, « Les droits fondamentaux de l'homme au travail dans les traités africains », *in Mondialisation, travail et droits fondamentaux, op. cit.,* p. 138.

de la représentation du personnel, de l'égalité, du harcèlement sexuel ou moral »[1].

B. L'ANALYSE DU PROJET D'ACTE UNIFORME RELATIF AU DROIT DU TRAVAIL

136. Les conseils de l'auteur qui invite à ne pas céder au fatalisme méritent d'être suivis. Les membres de l'Organisation africaine ont apporté au problème soulevé une réponse significative, par le biais du projet d'Acte du droit du travail, voire des projets d'Acte relatifs au droit du travail (la précision n'est pas inutile). L'initiative du projet d'Acte uniforme du droit du travail constitue assurément, une réponse concrète aux diverses critiques souvent formulées au sujet du délaissement des droits fondamentaux de l'homme salarié dans les accords et engagements régionaux africains.

D'abord à celles provenant du principal instigateur de l'institution communautaire africaine, le Président K. MBAYE[2], ayant estimé que l'arbitrage entre la nécessité de prendre en compte des considérations économiques et l'exigence de respecter les droits et libertés des personnes en Afrique est fréquemment réalisé au détriment des prérogatives humaines[3]. Ensuite à celles émises par le célèbre chercheur camerounais, qui fait remarquer que les libertés collectives des travailleurs et, plus généralement, les droits fondamentaux de l'homme au travail, répondent aux abonnés absents dans les traités africains[4].

Il n'en reste pas moins qu'un projet relatif au droit du travail ayant finalement été élaboré dans le cadre de l'OHADA, sa réalisation est aujourd'hui devenue sujette à caution, de sorte que l'on pourrait objectivement s'interroger sur les possibilités – moins fictives que réelles – susceptibles de conduire à son entré en vigueur (2). L'étude

---

[1] Ibid.

[2] C.Y. SECH, *Kéba Mbaye, Parcours et combats d'un grand juge*, Karthala, Paris, 2009, p. 220. V. spécialement la Préface rédigée par l'ancien garde des sceaux R. Badinter.

[3] Au terme de propos, toujours d'actualité, tenus à la Conférence de Genève du 2 novembre 1969.

[4] P.-G. POUGOUÉ, « Les droits fondamentaux de l'homme au travail dans les traités africains », *in Mondialisation, travail et droits fondamentaux*, *op. cit.*, ibid.

comparative des libertés collectives des travailleurs, énoncées dans le projet d'Acte uniforme, fournit les premiers éléments de réponse (1).

1. L'énoncé des libertés collectives des travailleurs dans le projet d'Acte uniforme

137. Dans le registre des dispositions du droit communautaire africain, il est particulièrement fructueux d'apprécier les circonstances dans lesquelles les propos du président K. MBAYE et du professeur P.-G. POUGOUÉ (mais également de nombre d'autres auteurs[1]) peuvent rencontrer adhésion. Comment ne pas s'étonner des lenteurs qui ont ébauché l'initiative du projet d'Acte OHADA sur le droit du travail et des difficultés qui ont entouré et entourent encore son adoption ? L'Acte uniforme sur le droit du travail a, hélas, connu bien de vicissitudes.

En matière du droit du travail, l'observation de péripéties – en perpétuel recommencement ? – permet, en outre, d'inférer de pertinents éléments de comparaison sur l'objet des libertés collectives des travailleurs béninois et français. Elle nourrit une confrontation particulière qui, se rapporte à la caractéristique de l'architecture des libertés collectives des travailleurs, où s'apprécie les termes choisis par les acteurs de l'OHADA pour énoncer ces droits et la forme sous laquelle ceux-ci ont été proclamés et précisés par les autorités législatives et jurisprudentielles françaises.

a. Les vicissitudes du projet d'Acte uniforme du droit du travail

138. Les vicissitudes sont avérées en droit du travail, elles s'observent principalement sur les modifications consécutives du contenu des projets d'Acte uniforme de l'OHADA élaborés en ce domaine. En effet, la

---

[1] Cf. B. MARTOR, N. PILKINGTON, D. SELLERS, S. THOUVENOT, « Le droit uniforme africain des affaires issu de l'OHADA », Litec, 2009, p. 32 s. ; ou encore : J.-M. BÉRAUD, *Étude préalable à l'adoption d'un Acte uniforme en Droit du Travail dans le cadre de l'Organisation pour l'Harmonisation en Afrique du Droit des Affaires (OHADA)*, BIT, Genève, octobre 2003, p. 11 s.

version actuelle du projet d'Acte, qui date du 24 novembre 2006, n'en constitue que la seconde, différente du premier projet présenté le 24 juillet 2003. La restitution de la chronologie des évènements permet d'y voir plus clair.

Il convient de remonter à la Conférence des chefs d'États d'Afrique, tenue à Libreville les 5 et 6 octobre 1992. C'est au cours de cette cérémonie que la décision avait été prise par les États membres d'inclure, dans la liste des matières à harmoniser, la branche du droit du travail, non initialement visée[1]. Cette option choisie, en 1997, un séminaire organisé par le Bureau International du Travail (BIT) et la Banque Mondiale (BM) sur la réforme du droit du travail en Afrique permit de mettre en exergue les risques de discordances et les possibilités de divergences pouvant s'élever entre les normes communautaires en prévision d'adoption et les conventions internationales du travail existantes[2].

Le Conseil des ministres de l'OHADA, après avoir pris conscience du caractère *« délicat et discutable »* du sujet décida, en mars 1999, d'instruire le Secrétariat permanent de l'OHADA *« d'associer étroitement au processus d'harmonisation les ministres chargés du travail et les partenaires sociaux des États parties »*. C'est ultérieurement (précisément en février 2001) que le BIT remettra à M. le professeur BÉRAUD une étude à réaliser intitulée : *« Étude préalable à l'adoption d'un Acte uniforme en Droit du travail dans le cadre de l'OHADA »*.

En s'appuyant sur les propositions émanant des travaux remis par l'auteur, le Conseil de ministres de l'OHADA affirma, en février 2002, la nécessité d'adopter un Acte uniforme en matière de droit du travail qui *« pourrait certainement couvrir un ensemble de question suffisamment conséquent pour en faire un véritable Code du travail uniforme »*[3]. La remise aux Commissions nationales de l'OHADA en juillet 2003 du premier projet d'Acte uniforme élaboré par Madame Couty FALL, constitue l'acte de matérialisation de cette nécessité ressentie un an plus tôt par les membres de l'Organisation[4]. Il n'en reste pas moins que le Comité de lecture présidé par Madame Marie-Andrée NGWÉ avait choisi, en vue de la compétence détenue au moyen de la mission, de

[1] Droit africain du travail, numéro spécial 927-928, juillet 2003, éditions Juris africa.
[2] Ibid.
[3] J.- M. BÉRAUD, *Étude préalable à l'adoption d'un Acte uniforme en Droit du Travail dans le cadre de l'Organisation pour l'Harmonisation en Afrique du Droit des Affaires (OHADA), op. cit.*, ibid.
[4] *Droit africain du travail*, numéro spécial 927-928, juillet 2003, éditions Juris africa.

remanier en profondeur le premier texte et de proposer le 24 novembre 2006[1].

139. Mise à part la dimension synthétique du second (qui ne comporte que 299 articles alors que le premier en contenait 480), on peut également souligner la différence d'approche dont ont fait preuve les principaux acteurs des deux projets, ceux-ci semblant privilégier dans le dernier texte l'aspect économique plutôt que celui social de la réglementation des relations individuelles et collectives du travail. Ainsi a-t-on remarqué[2] que le choix des normes à uniformiser serait réalisé en fonction des objectifs économiques, énumérés sous forme de principes : la libération de la réglementation du travail, la flexibilité du marché de l'emploi, l'externalisation de l'activité économique.

140. Eu égard à la connaissance des mécanismes de fonctionnement du marché et des modalités de réalisation des réformes, furent-elles à orientation libérale, le corollaire desdits objectifs doit être mis en exergue. Il se rapporte à la libération des forces de négociations collectives et à la manifestation d'un attachement particulier – n'était-ce formelle – aux droits fondamentaux des travailleurs. C'est davantage ce corrélat qui retient ici l'attention. Il convient d'examiner les formes sous lesquelles les libertés collectives des travailleurs ont été énoncées dans le projet d'Acte de 2006.

b. Des libertés collectives des travailleurs dans le projet d'Acte de l'OHADA

141. Le titre premier de la dernière version du projet d'Acte uniforme du droit du travail est d'emblé relatif aux « *dispositions générales et droits fondamentaux* » des travailleurs. Il est intéressant de voir la manière dont chacune des libertés collectives des travailleurs est consacrée en son sein. D'abord, la liberté syndicale. Au terme de l'article 6 du projet d'Acte, il est prévu que « *l'exercice du droit syndical est reconnu à tous les travailleurs* »[3], ce qui n'est pas sans rappeler la

---

[1] Ibid.
[2] Après la lecture comparative des textes de 2003 et de 2006.
[3] Cf. le texte intégral.

formulation de l'alinéa 6 du préambule du 27 octobre 1946 proclamant que *« Tout homme peut défendre ces droits et ses intérêts par l'action syndicale et adhérer au syndicat de son choix »*[1]. Ensuite, le principe de participation. L'article 7 du projet d'Acte est rédigé en ces termes : « *la liberté d'association et la liberté de négociation collective sont reconnues* »[2]. La particularité du droit à la négociation collective (qui demeure l'une des variantes de la permission attribuée aux salariés de participer à la vie de leur entreprise) est aujourd'hui acquise[3], il n'est plus nécessaire de préciser la dimension artificielle de la distinction entre principe de participation et liberté syndicale[4]. Enfin, le droit de grève. C'est principalement autour de cette dernière que se cristallise les observations découlant de l'exercice du rapprochement. En effet, le titre VII du projet d'Acte, au sein duquel sont invoqués les différends pouvant s'élever dans le cadre des relations individuelles ou collectives du travail entre employeur et salariés ou plus globalement avec les travailleurs, abrite les dispositions relatives aux droits de grève et aux *lock out*. L'article 242 du texte de l'OHADA définit la grève comme suit : *« cessation collective et concertée de travail en vue d'appuyer des revendications professionnelles déjà déterminées auxquelles l'employeur n'a pas donné satisfaction »*[5]. On ne peut s'abstenir de rapprocher cette définition de la jurisprudence élaborée par la Chambre sociale de la Cour de cassation française depuis le 17 janvier 1968[6], au terme de laquelle *« la grève est une cessation concertée du travail en vue d'appuyer des revendications professionnelles déjà déterminées auxquelles l'employeur refuse de donner satisfaction »*[7].

On pourrait prolonger la confrontation sur l'article 243 du projet d'Acte uniforme de l'OHADA, le législateur communautaire ayant prévu en son sein que *« la grève n'est pas une cause de rupture du contrat de travail, sauf faute lourde imputable au travailleur. Tout licenciement*

---

[1] Cf. le texte intégral.
[2] Cf. le texte intégral.
[3] Cf. M.-L. MORIN, « Le Conseil constitutionnel et le droit à la négociation collective », *Dr. soc.*, 1997, p. 25.
[4] Le Conseil constitutionnel français l'avait précisé dans la décision du 6 novembre 1996.
[5] Cf. le texte intégral.
[6] *Bull. civ. V*, n°35.
[7] Dans le même sens Cf. Soc. 16 mai 1989 : *Bull. civ. V*, n°360.

prononcé en violation du présent article est nul et de nul effet »[1]. Or, dans le Code du travail français, l'article L 521-1[2] dispose que *« L'exercice du droit de grève ne peut justifier la rupture du contrat de travail, sauf faute lourde imputable au salarié...Tout licenciement prononcé en absence de faute lourde est nul de plein droit ».*

Le procédé général du mimétisme juridique, ou du moins ce que l'on présente comme tel, a certainement sa légitimité et sa limite. Tout est question d'espèce et de circonstance. Ce qui est sûr, c'est l'inopportunité et davantage le manque d'utilité de certaines méthodes doctrinales qui consistent à dresser des convocations systématiques au mimétisme juridique, sinon aux fins d'instruire un procès des tares de l'héritage colonial dans l'observation du droit africain. Il est assurément louable voire indispensable qu'il y ait un dialogue entre les juges et un échange de techniques juridiques de part le monde. Cette nécessité, le phénomène heureux de la standardisation politique et institutionnelle n'en constitue que l'une des résultantes. On la connaît en particulier dans le cadre de cette réflexion, qui se rapporte au rayonnement de la pratique du droit par le rapprochement des droits. Or c'est particulièrement celle-ci que cherche parfois à mettre en péril certaines critiques doctrinales plutôt excessives, relatives au procès systématique en mimétisme juridique spontanément dirigé vers les pays africains.

Mais faut-il automatiquement ajouter qu'une telle légitimité du processus de standardisation politique et institutionnelle peut aussi connaître des limites, lorsqu'elle est détournée de ces fins et utilisée ou usitée comme prétexte. Il est normal qu'il y ait une ressemblance entre les outils juridiques de différents pays. Mais tel n'est plus le cas lorsque la technique d'harmonisation des systèmes juridiques recourt à des pratiques surannées pour imposer le décorum du droit dans un champ juridique qui lui est aussi bien différent, étranger qu'exogène. En pareil cas, les reproches du mimétisme juridique comme mode de fonctionnement du droit rencontreront légitimité et approbation[3]. Surtout, il faut le constater, la question du mimétisme juridique ne se situe pas au niveau de l'énoncé des libertés collectives des travailleurs dans les textes

[1] Cf. le texte intégral.
[2] Cf. nouvel article L 2511-1 du Code du travail
[3] D. ABARCHI, « Problématique des réformes législatives en Afrique : le mimétisme juridique comme méthode de construction du droit », *Penant*, 2003, n°842, p. 88.

exclusifs de l'OHADA[1]. Elle réside plutôt dans la manière dont les difficultés de reconnaissance des droits des travailleurs ont pu s'exporter dans le cadre communautaire africain, pour gagner la conscience des promoteurs de l'OHADA et hypothéquer l'adoption de l'Acte uniforme relatif au droit du travail.

2. À quand l'adoption de l'Acte uniforme du droit du travail ?

142. Il serait crédule de considérer les critiques du président K. MBAYE et du professeur P.-G. POUGOUÉ comme dépourvues d'une explication dans le champ de la rationalité des expressions. La situation de manque de statut, où se trouvent confinée les libertés collectives des travailleurs dans les traités africains, invite assurément à souscrire aux constats réalisés par les intéressés. Encore plus crédule serait-il de croire que le projet d'Acte uniforme de l'OHADA relatif au droit du travail viendrait aussitôt clore le débat, en attribuant aux droits sociaux des travailleurs l'assise communautaire leur faisant, toujours, défaut. On pourrait être tenté de penser, ainsi que le faisait remarquer l'auteur des *droits fondamentaux de l'homme au travail dans les traités africains*, que les promesses émises en ce texte auraient une prompte réalisation, dans le prisme de l'affirmation des libertés collectives des travailleurs dans les traités et engagements africains. Une telle tentation était d'autant plus forte que le projet du 24 novembre 2006 avait particulièrement pris soin de placer en tête de l'Acte uniforme un Titre premier traitant des *dispositions générales et droits fondamentaux*[2]. En toute logique, la démarche témoignait d'un attachement particulier aux droits des travailleurs.

143. Mais ce serait sans compter sur la suite des évènements. L'observation des multiples périples traversés[3] par le projet d'Acte uniforme du droit du travail, dans le cadre des différentes étapes de procédures relatives à son adoption, permettent de comprendre la véracité des propos du président K. MBAYE et, mieux, de souligner leur

[1] Ibid.
[2] Ainsi d'ailleurs intitulé.
[3] Et encore pour combien de temps avant que la proclamation explicite par un texte « africain » des libertés collectives des travailleurs ne voit le bout du tunnel ?

dimension stimulante et leur intérêt empirique toujours d'actualité. Encore aujourd'hui, l'entrée en vigueur du texte du 24 novembre 2006 relève d'une gageure, ainsi que l'avait été celui du 24 juillet 2003, finalement ajourné. Ils ont tous deux fait l'objet d'échecs consécutifs lors des séminaires de Bamako et de Libreville relatifs au premier projet et du séminaire d'Abidjan se rapportant au second.

a. L'échec des séminaires de Bamako et de Libreville

144. Les 22, 23 et 24 juillet 2003, s'était déroulé dans la Capitale malienne, un séminaire sous régional réunissant notamment les membres des Commissions nationales de l'OHADA. L'objet était relatif à l'étude de l'avant projet de l'Acte uniforme du droit du travail[1]. Etaient présents à cette rencontre, les représentants tripartites[2] des différents États parties de l'Afrique de l'Ouest[3], monsieur J. P. MARTRES, magistrat, conseiller technique au ministère de la justice représentant la France, les délégués et représentants d'institutions variées dont par exemple la BCEAO, le BIT, le CIPRES, le JURISCOPE, le PNUD, l'UEMOA, l'UNIDA, l'Union européenne[4].

---

[1] Les modalités d'organisation et d'administration des travaux lors de ses réunions étaient pensées avec minutie. C'est ainsi que la première journée fut réservée à l'examen des 40 premiers articles de l'avant projet d'Acte. Au cours de la deuxième journée l'on se concentra sur les articles 41ème au 176ème du texte. De la sorte, les participants à cette rencontre s'attachèrent pendant la troisième journée du 24 juillet à l'analyse des articles 176ème et suivants de l'avant projet, qui sera plus tard, comme on sait maintenant, abandonné au bénéfice d'un autre, différemment structurée.

[2] Composés des organisations syndicales des travailleurs des groupements professionnels des employeurs et également des mandataires du pouvoir exécutif.

[3] Que sont le Bénin, le Burkina-Faso, la Cote d'ivoire, la Guinée Bissau, la Guinée Conakry, le Mali, le Niger, le Sénégal, le Togo.

[4] Ce qui illustre, d'une certaine manière, la volonté des membres de l'Organisation de ne pas adopter des normes régionales incompatibles aux prescriptions en vigueur aussi bien sur le plan international que sur celui européen, dans les traces de la standardisation des politiques institutionnelles.

L'objectif visé à travers l'organisation de ce séminaire[1] était de faire le point sur le seuil d'évolution des travaux entrepris par chaque État partie et, de recueillir les suggestions respectives pouvant venir enrichir le débat constructif relatif à l'élaboration du projet d'Acte uniforme de l'OHADA sur le droit du travail. Au demeurant, la réalisation d'un tel projet avait été inscrite dans l'agenda de l'Organisation communautaire africaine depuis la fin des années quatre-vingt-dix. Il était donc temps que les tables rondes engageant son aboutissement soient organisées[2].

145. C'était du reste pour ce faire que, deux mois plus tard, les 2, 3 et 4 septembre, un autre séminaire fut animé dans la Capitale gabonaise, s'y réunissaient les États parties de l'OHADA ressortissant de la zone de l'Afrique centrale. L'organisation bureaucratique étant quasiment la même que celle adoptée lors de la rencontre initiale de Bamako[3], il n'est pas nécessaire de reproduire les détails précédemment évoqués, si ce n'est le besoin de rappeler les conclusions finales ayant clôturés ces différents échanges[4].

146. Les participants aux séminaires de Bamako et de Libreville ont particulièrement clarifié leurs propos en des termes qui auraient pu, une fois encore, nourri l'espoir. Il convient de restituer le contenu exact de ceux-ci pour rendre compte de l'embellie projetée. Les intéressés avaient en effet estimé qu'« il reste maintenant à organiser une dernière rencontre, réunissant les deux groupes d'États parties, toujours sur une base tripartite, afin d'établir le projet qui sera soumis au Conseil des Ministres de l'OHADA. On peut espérer que l'Acte uniforme OHADA portant droit du travail sera adopté par le Conseil des Ministres de l'OHADA en 2004 et pourra entrer en vigueur à partir de janvier 2005, dès son adoption, cet Acte Uniforme sera librement consultable sur

---

[1] Qui était présidé par l'intellectuel gabonais Abel MOULOUNGUI et dont le vice président était le représentant du pays abritant la rencontre, le premier rapporteur étant burkinabais, monsieur Bakary MILLOGO et, le deuxième, le fonctionnaire Sylvère LEGBA, ressortissant du Bénin.

[2] J. -M. BÉRAUD, *Étude préalable à l'adoption d'un Acte uniforme en Droit du Travail dans le cadre de l'Organisation pour l'Harmonisation en Afrique du Droit des Affaires (OHADA), op. cit.,* ibid.

[3] Cf. Informations disponibles sur le site de l'Organisation.

[4] Ibid.

www.ohada.com, ainsi que toute la doctrine et la jurisprudence y afférente »[1].

147. Il y avait par conséquent matière, après les séminaires de 2003, à escompter une amélioration future mais, surtout, prompte, de l'état de délaissement où étaient maintenues les libertés collectives des travailleurs dans les traités africains. Il était même plausible d'apprécier cette expectative communautaire comme constituant un outil africain de perfectionnement programmé aux fins d'intégrer les droits à caractère social au cœur de l'institution. Mais on connaît la suite, ce texte ayant été substantiellement amendé, au profit d'un second, datant du 24 novembre 2006, faisant également l'objet de différents types de difficultés quant à son entrée en vigueur. Les conclusions des travaux du séminaire organisé dans la Capitale ivoirienne en 2007 en attestent.

b. L'échec du séminaire d'Abidjan

148. Les espoirs nourris par le projet d'Acte uniforme du 24 juillet 2003 ayant été finalement avorté, il restait à trouver en lieu et place de celui-ci, un autre système de remplacement, apte à répondre aux nouvelles et légitimes aspirations des travailleurs africains. Il restait en effet aux partenaires de l'OHADA à inventer un nouveau projet, un nouvel Acte, capable de dynamiser la démocratie sociale et d'intérioriser au rang des dispositions communautaires les libertés collectives et plus globalement les droits fondamentaux des personnes salariées. Celui-ci fut constitué par le projet d'Acte du 24 novembre 2006 qui, en outre, s'est attaché à proclamer les libertés collectives en tête de ses dispositions. Mais la difficulté réside moins dans la volonté régionale de conférer un statut aux droits syndicaux que dans l'accomplissement des actes permettant de donner plein effet à cette volonté. En d'autres termes, il est indispensable de vérifier si le second projet d'Acte uniforme du droit du travail a pu s'affranchir des vicissitudes du texte de 2003, pour pouvoir apprécier l'intérêt du positionnement stratégique des libertés collectives des travailleurs en son sein.

---

[1] Cf. rapport de synthèse du séminaire disponible en ligne sur le site de l'Organisation.

Les constats réalisés dans le rapport de synthèse du séminaire organisé les 12, 13, 14 et 15 mars 2007 à Abidjan sont, à ce propos, explicites. Au cours de cette rencontre, ayant porté sur l'objet de la *Connaissance des réalités et enjeux d'une législation communautaire sur le droit du travail dans l'espace OHADA*, les partenaires africains affirmaient : « le présent texte apporte, surtout aux travailleurs, des avantages indéniables à travers les innovations constatées »[1]. Puis ils ajoutaient, sous forme d'aveu péremptoire, qu'« il n'en demeure pas moins qu'en se plaçant du côté des employeurs, ce nouveau texte contient aussi de nombreuses dispositions au sujet desquelles des réserves peuvent être émises »[2].

Et les acteurs communautaires de conclure : « si une bonne protection sociale est nécessaire pour les travailleurs, une réglementation trop protectrice freine ou empêche la venue de nouveaux investisseurs. De même, elle pèse sur la gestion sociale des entreprises déjà installées. En clair, une protection sociale excessive est de nature à pénaliser l'emploi, et par voie de conséquence, constitue un frein au développement économique »[3].

149. Le constat est sans appel et en dit long dans la justification des propos des précédents auteurs, quant à l'approche du traitement réservé aux droits fondamentaux et aux libertés collectives des travailleurs dans les accords et engagements africains. Aussi, il constitue un indéniable moyen qui permet de saisir le caractère précaire de l'engouement suscité par le projet d'Acte uniforme du 24 novembre 2006, dans le prolongement de celui qu'avait fait naître le texte initial du 24 juillet 2003. Il est difficile, au vu de ces évènements, de ne pas partager les appréhensions dont témoignaient MM. le professeur POUGOUÉ et le

[1] Cf. rapport de synthèse du séminaire disponible en ligne sur le site de l'Organisation.
[2] Ibid. Étant nécessaire de préciser l'absence d'invocation formelle et d'énonciation concrète desdits éléments constitutifs des réserves susceptibles d'être émises sur le chemin de la consécration des libertés collectives des travailleurs. Il se dégage de l'orbe de cette affirmation, les traces d'une présupposée contestable dont sont parfois victimes les droits à enveloppe social, lorsque la protection des droits des travailleurs est ouvertement – voire vertement – opposée à la sauvegarde des intérêts de l'entreprise, ainsi qu'on le constate tantôt dans la doctrine.
[3] Ibid. Il convient cependant de préciser, qu'à notre avis, la consécration des libertés collectives des travailleurs en l'état actuel où elle est présentée par le texte du 24 novembre 2006 ne comporte en apparence aucun caractère de « protection sociale excessive » et ne peut, en conséquence, constituer, ni une entorse pour l'emploi, ni un frein au développement.

président K. MBAYE au regard du droit positif et de l'avenir normatif des droits des travailleurs africains.

150. Le 12 décembre 2007, lors de sa réunion, le Conseil des ministres a invité les États parties à accélérer l'examen des projets d'Acte en cours dont, notamment, le projet d'acte uniforme relatif au droit du travail et à transmettre leurs observations au secrétariat permanent au plus tard le 31 mars 2008[1]. Le 20 décembre suivant, au cours de la première Conférence des Chefs d'États et de gouvernements s'étant déroulé à Ndjamena, les conclusions finales de ces travaux préliminaires[2] sur le projet d'Acte uniforme du droit du travail ont été déposées par l'ensemble des États parties. L'Organisation n'a pas donné davantage d'information sur le calendrier de l'adoption et de l'entrée en vigueur de ce texte.

151. On se souvient, s'agissant des normes communautaires de reconnaissance des libertés collectives des travailleurs, que des difficultés similaires s'étaient initialement élevées au niveau de l'Union européenne avec laquelle les partenaires de l'OHADA entretiennent une étroite collaboration. En témoigne le colloque de décembre 2004, où se réunissaient les membres de *l'OHADA et de l'Union européenne* de même que la *Convention d'affaires euro-africaine* de Rouen des 26, 27 et 28 avril 2010, dont l'objet visait à intensifier la dynamique coopérative – tant économique que juridique – entre les représentants des deux continents.

152. Une observation principale doit être inférée à partir de l'analyse de ces normes : les sources régionales aussi bien européenne qu'africaine de consécration des libertés et droits fondamentaux des personnes recèlent dans une certaine mesure des difficultés d'ordre structurel quant à la catégorie particulière des libertés collectives des travailleurs. La comparaison des instruments spécifiques adoptés au sein du Conseil de l'Europe permet de corroborer cette affirmation. Il en est de même pour l'étude de la Charte africaine des peuples et des tentatives – restant pour l'instant infructueuses – d'édicter dans le cadre de l'OHADA un Acte uniforme relatif au droit du travail, lesquelles confirment les propos des précédents auteurs.

---

[1] B. MARTOR, N. PILKINGTON, D. SELLERS, S. THOUVENOT, *Le droit uniforme africain des affaires issu de l'OHADA, op. cit.*, p. 31.

[2] Dont les détails à ce propos sont disponibles sur le site de l'Organisation.

153. En pareil cas, une seule hypothèse reste à explorer. Il reste à étudier la possibilité pour les pouvoirs publics béninois et français de prendre, de façon implicite ou par voie explicite, le relai des dirigeants politiques internationaux, afin de suppléer les lacunes de ces derniers en établissant dans les ordres juridiques nationaux des instruments performants d'affirmation des droits constitutionnels des travailleurs.

- CHAPITRE II -

LES SOURCES INTERNES DES LIBERTÉS COLLECTIVES DES TRAVAILLEURS

154. Les libertés collectives des travailleurs béninois et français épousent une ressemblance presque troublante dans l'étude des sources internationales de consécration des droits fondamentaux des personnes. La liberté syndicale, le droit de grève et le principe de participation ne sont pas logés à la même enseigne universellement parlant, eu égard aux constatations diverses et unanimes des auteurs[1]. Ainsi en est-il en ce qui concerne les fondements normatifs communs à la France et au Bénin, qu'au regard de ceux régionaux leurs étant particuliers[2]. Après avoir pris connaissance du constat des échecs du droit international du travail, on a également pu constater, s'agissant des sources spécifiques à ces deux pays, que les dispositions communautaires ne sont également pas sans receler ce qu'un membre charismatique de la doctrine européenne qualifia de lacunes. Il est donné de constater, dans le cadre de la mise en place des instruments de consécration des prérogatives humaines, que les représentants des exécutifs nationaux, européens comme africains, n'ont pas conféré, tant s'en faut, une place privilégiée aux libertés collectives des travailleurs. Autrement dit, les libertés collectives des travailleurs n'ont pas été honorées par les dirigeants politiques internationaux et communautaires[3].

Au vu de cette constatation, il devient indispensable d'affiner l'objet de la réflexion. Et ce, à travers l'intégration dans la discussion des instruments juridiques nationaux, aussi bien français que béninois, pour

---

[1] Cf. P.-M. MARTIN, *Les échecs du droit international, op. cit.*, ibid ; H. OBERDORFF, *Droits de l'homme et libertés fondamentales. op. cit.*, p. 202 s. ; P.-G. POUGOUÉ, Les droits fondamentaux de l'homme au travail dans les traités africains, *in* Mondialisation, travail et droits fondamentaux, *op. cit.*, p 138 ; P. RODIÈRE, *Droit social de l'Union européenne, op. cit.*, p 139.

[2] Ibid.

[3] Ibid.

voir les conditions dans lesquelles les droits des travailleurs ont pu, grâce à l'activité normative des pouvoirs publics, transcender les limites leurs étant communautairement et internationalement inhérentes. Surtout, il s'agit de voir si les autorités normatives nationales ont consacré les libertés collectives des travailleurs sur le plan national dans le but de compenser les échecs internationales et les lacunes communautaires ou, plutôt, dans le dessein de rompre avec un passé historique de l'évidence gloriole. La réponse à cette question réside dans l'étude du préambule constitutionnelle du 27 octobre 1946, en particulier des alinéas 6, 7 et 8 de ce texte et de la constitution béninoise du 11 décembre 1990 qui consacra, en son article 31, de proches prérogatives humaines.

SECTION I : LE PRÉAMBULE DE LA CONSTITUTION DU 27 OCTOBRE 1946

155. Le travail législatif et règlementaire mais surtout constitutionnel des autorités politiques béninoises et françaises a assurément permis de surmonter les limites observées sur le champ international et régional de consécration des libertés collectives des travailleurs[1]. En outre, tant au niveau français que béninois, on ne peut passer sous silence la manière par laquelle cette consécration s'est finalement réalisée, par le biais de la catégorie de norme possédant la plus haute valeur dans l'ordonnancement juridique interne. Pour le dire autrement, les libertés collectives des travailleurs ont pu faire leur entrée dans le prestigieux champ de la Loi fondamentale. C'est ainsi que, dans l'ordre interne français, la liberté syndicale, le droit de grève et le principe de participation seront successivement et finalement élevées au rang constitutionnel, avec le préambule du 27 octobre 1946 (§ 2). Il est indispensable de le mentionner, sans toutefois qu'il ne soit possible d'ignorer le contexte historique global dans lequel s'insère ce mouvement de reconnaissance, constituer par la genèse de la consécration constitutionnelle (§ 1).

[1] Pour une vue d'ensemble sur les différentes phases d'évolution ayant conduit à l'adoption du préambule : P. H. PRÉLOT, *Droits des libertés fondamentales,* Hachette, 2007, p. 50.

§ 1 : La genèse de la consécration

156. Afin d'éviter tout malentendu, il est nécessaire de préciser en prélude des développements à venir que, dans la sphère juridique française, la consécration formelle des libertés collectives des travailleurs ne date nullement des travaux de 1946. Il s'agissait à cette occasion, à proprement parler, de la consécration supérieure et constitutionnelle des droits des travailleurs, c'est-à-dire de leur élévation significative au niveau constitutionnel et non de leur reconnaissance initiale et sans précédant sur le plan du droit[1]. C'est le législateur qui avait, pour la première fois, consacré la liberté de fonder un syndicat et d'y adhérer, à partir de la loi du 21 mars 1884, avant que les constituants de 1946 ne viennent se prononcer sur son objet[2]. C'est également lui qui, à travers la loi du 25 mars 1919, a reconnu en premier la liberté de conclure des conventions collectives, laquelle a été entre autres reprise à l'alinéa 8 du préambule de 1946[3]. Enfin, sans cependant aller jusqu'à la proclamer explicitement, on se souvient que le délit de coalition fut aboli par le biais de la loi du 25 mai 1864, dont l'empereur Napoléon III avait commandé la préparation au Conseil d'État[4].

157. Par conséquent, après la Seconde Guerre mondiale, il ne s'agissait point d'une consécration liminaire des droits de l'homme-situé. Mais d'une admission de leur valeur constitutionnelle, s'inscrivant dans le prolongement de l'héritage des Lumières[5], du Code Napoléonien[6], de la constitution de 1848[7] de même que des dispositions législatives du second Empire et de la troisième République[8]. Cette précision apportée, il reste à insister sur les premiers éléments ayant nourri la gestation de la consécration constitutionnelle et l'échec initialement enregistré quant aux travaux de la Première Assemblée constituante. Car, entre le gouvernement corporatiste de Vichy et le régime marxiste léniniste

---

[1] D. AMSON, *La protection des libertés économiques et sociales*, Paris, Montchrestien, 1999, Préparation au C.R.F.P.A, 198 p.
[2] Ibid.
[3] Ibid.
[4] Ibid.
[5] G. ANTONETTI, *Histoire contemporaine politique et sociale*, 8ème éd., Paris, PUF, Coll. Droit fondamental, 1999, 626 p.
[6] Ibid.
[7] Ibid.
[8] Ibid.

béninois d'avant *la Conférence nationale des forces vives,* il existe bien de similitudes.

A. LA GESTATION DE LA CONSÉCRATION

158.À y voir de plus près, on s'aperçoit en définitive que, l'admission, par le pouvoir constituant de 1946 des libertés collectives des travailleurs au rang des dispositions constitutionnelles, constitue moins une opération compensatoire de la faillite des engagements internationaux qu'une réponse démocratique et sociale en réaction aux pratiques et agissements totalitaires qui ont asservi et dégradé la personne humaine pendant la douloureuse occupation allemande[1]. La dégradation des conditions de vie des personnes, le régime de Vichy l'a particulièrement incarnée. Le récit des faits en est le témoignage majeur. Cependant, signe d'un héroïsme particulièrement remarquable, il est consolant de voir la manière dont plus d'un esprit s'étaient élevés contre la barbarie humaine, devenant institution, en passe d'intégrer les rangs de la normalité politique. Ainsi, dans la clandestinité, divers projets constitutionnels de la Résistance[2] seront élaborés pour, en partie, affirmer la nécessité de consolider les libertés fondamentales des personnes au sens général et plus particulièrement celles des travailleurs, alors considérées comme les *« principes économiques et sociaux particulièrement nécessaires à notre temps ».*

[1] De la même manière qu'au lendemain de la révolution de 1789, par réaction contre l'Ancien Régime, l'on souhaita la disparition des corps intermédiaires, au profit de l'individu, seul devant être pris en compte, dans la définition de ces droits naturels, la constitution ne devant pas se préoccuper des communautés, des collectivités dans lesquelles il serait appelé à vivre.

[2] H. MICHEL, B. MIRKINE-GUETZÉVITCH, *Les idées politiques de la résistance,* Paris, PUF, 1954, p. 410 ; H. MICHEL, *Les courants de pensées de la résistance,* Paris, PUF, 1962, p. 842.

1. Les Projets constitutionnels de la Résistance et les libertés fondamentales

159. S'il est vrai que, dans les champs juridiques nationaux, les pouvoirs publics français et béninois sont intervenus pour suppléer les carences des normes internationales et communautaires du travail relatives à la consécration des libertés collectives des travailleurs, il est cependant difficile de soutenir que le processus d'intégration constitutionnelle a été réalisé par les constituants dans le seul dessein de compenser les insuffisances internationales et régionales. Certes, par le biais du préambule de 1946, les constituants français ont inscrit les droits des travailleurs et plus globalement les droits sociaux dans le corpus des dispositifs de la Loi fondamentale. Mais ils l'ont fait davantage pour rompre avec les législations vichyssoises à orientation corporatiste que pour donner un prolongement et une solennité aux projets constitutionnels de la Résistance élaborés pendant la collaboration.

a. Les législations corporatistes du régime de Vichy

160. Le gouvernement de Vichy avait montré un attachement particulier au régime totalitaire des États corporatistes, fondé sur une logique de rupture totale avec l'individualisme de l'État libéral et la nécessité de respecter les droits inhérents à l'Homme en tant que titulaire d'une permission d'agir voire d'un pouvoir d'autodétermination[1]. Les termes de l'article unique de la loi constitutionnelle du 10 juillet 1940 sont, à ce titre, illustratifs : *« Cette constitution devra garantir les Droits du Travail, de la famille et de la Patrie »*. Mais c'est davantage dans le projet de constitution du maréchal Pétain[2] qu'il est possible de retrouver les concepts fondateurs du nouvel État corporatiste[3] : précellence de l'intérêt général[4], affirmation de la hiérarchie[5], caractère autoritaire de

---

[1] P.-H. PRELOT, *Droits des libertés fondamentales, op. cit.*, p. 17 ; G. BURDEAU, *Manuel de droit public, Les libertés publiques, les droits sociaux*, Paris, LGDJ, 1948, p. 287.

[2] Qui du reste ne fut jamais promulgué d'un point de vue formel.

[3] Plus exactement dans le "préambule" de ce Projet, v. M. DUVERGER, *Constitutions et documents politiques*, Paris, PUF, Thémis, 1966, p. 115.

[4] Ibid.

[5] Ibid.

l'organisation sociale[1], prééminence du groupe sur l'individu[2], rôle primordial du travail et de la collaboration sociale[3], substitution de l'esprit communautaire à la lutte des classes[4].

Parmi l'ensemble des mesures législatives adoptées à partir de 1940 pour transcrire ces concepts, la *Charte du Travail*[5] constitue la norme phare. Sans plus tarder, on affirma la nécessité de rompre avec l'esprit de lutte des classes pour instaurer le principe de collaboration entre les individus et les groupes[6]. En conséquence, la grève et le *lock-out* sont interdits. Des procédures obligations de règlement des conflits collectifs par l'arbitrage ou l'intervention des tribunaux du travail sont instituées. En outre un grand chantier de réforme syndicale sera poursuivi, dans le prolongement de la loi du 16 aout 1940, attribuant au Gouvernement le pouvoir de dissoudre par décret les confédérations syndicales.

C'est ainsi qu'après la suppression du droit de grève, la liberté syndicale disparaissait également ; il est désormais obligatoire d'adhérer à un syndicat, lequel devenait par la même occasion unique et spécialisé[7]. En même temps, le contrôle exercé sur leur activité s'était notoirement accentué, leur moyen d'action substantiellement restreint. On pouvait aussi noter la création, au sein de différentes familles professionnelles, de nouvels organismes au service de la collaboration sociale : les comités

---

[1] On en veut pour preuve, l'article 8 de ce texte, qui disposait que : « *L'organisation des professions, sous le contrôle de l'État, arbitre et garant de l'intérêt général, a pour objet de rendre employeur et salarié solidaires de leur entreprise, de mettre fin à l'antagonisme des classes et de supprimer la condition prolétarienne (...)* ».

[2] Article 5 : « *L'État reconnaît les droits des communautés spirituelles, familiales et professionnelles au sein desquelles l'homme prend le sens de sa responsabilité sociale et trouve appui pour la définition de ses libertés* ».

[3] Dans le même sens, P. DURAND, A. ROUAST, *Traité de droit du travail,* Paris, Dalloz, t. 3, 1953, p. 22.

[4] Ibid.

[5] Loi du 4 octobre 1941 ayant pour objet « *l'organisation sociale des professions* ». Sur la *Charte du Travail,* v. par exemple « La Charte du travail », Cahiers collectifs, Dr. soc., XIII, 1942 ; P. PIC, J. KRÉHER, *Le nouveau droit ouvrier français dans la cadre de la Charte du Travail,* Paris, 1943.

[6] Ibid.

[7] Étant nécessaire d'ajouter qu'il ne pouvait être formé qu'un seul syndicat dans une même circonscription, pour une même profession et pour une même catégorie de membres. En sus, la Charte déterminait le ressort territorial des syndicats, leur cadre professionnel et la catégorie de travailleurs qu'ils peuvent grouper : v. P. DURAND, A. VITU, *Traité du droit du travail,* t. 3, Paris, Dalloz, 1956, p. 68.

sociaux représentatifs de la profession, bien sûr, mais aussi les comités sociaux d'établissements, ou encore les associations professionnelles mixtes ; l'énumération n'est pas complète[1]. Toujours était-il que, de manière particulièrement arbitraire, la *Charte du Travail* définissait les devoirs et les droits des membres des professions en prenant soin cependant de formuler certaines règles sur la rémunération, le principe de participation des travailleurs au bénéfice de l'entreprise et la question de l'emploi.

161. Ces lois d'inspiration corporatiste du gouvernement de Vichy se rapprochent, toute proportion gardée, des agissements du régime militaire dahoméen, celui qui faillit emporter le Bénin dans le précipice à la fin des années quatre-vingt, n'eut été le génie d'avoir su inventer le dialogue de la *Conférence nationale des Forces Vives*[2]. Toujours dans la limite de la proportion, sur le terrain des libertés collectives des travailleurs, il est également possible de comparer les lois adoptées par le gouvernement de Vichy avec les mesures émanant des membres de l'exécutif italien fasciste de Mussolini, des prohibitions identiques ayant été mises en place dans un cadre comme dans l'autre[3].

Mais il convient de signaler qu'à la Libération, les dispositions d'inspiration corporatiste du gouvernement de Vichy seront supprimées par l'ordonnance du 9 aout 1944 laquelle précéda l'ouverture des travaux dont l'objet permit de faire pénétrer dans l'ordre de la constitutionnalité les projets constitutionnels de la Résistance conçus au péril de leur vie par nombre d'héros.

b. Les projets élaborés dans la clandestinité

162. Il est important de préciser la filiation s'établissant entre les projets constitutionnels de la Résistance et les réformes structurelles qui ont permis au lendemain de la Seconde Guerre mondiale de consacrer les droits des travailleurs au rang constitutionnel. Le lien entre ces deux

---

[1] Ibid.

[2] Th. HOLO, *L'étude d'un régime militaire. Le cas du Dahomey (Bénin),* 1972-1977, Thèse de droit, Paris 1 Panthéon-Sorbonne, Paris, 1979.

[3] B. MIRKINE-GUETZÉVITCH, *Les constitutions de l'Europe nouvelle-avec les textes constitutionnels*, Paris, Librairie Delagrave, 1928 et 1938, p. 404.

évènements ne peut être passé sous silence, tant le second s'inscrit dans la continuité du premier. À ce titre, il est donc indispensable de rendre compte des travaux ayant préfiguré l'adoubement constitutionnel des libertés collectives des travailleurs après la Libération. Et ce d'autant que le mouvement s'inscrivait dans un cadre global extérieur à l'objet limité des droits des travailleurs.

163. Mais sur le terrain de la réalisation de ce travail, il existe une limite, il faut d'ores et déjà le préciser : les projets constitutionnels de la Résistance sont multiples, de sorte que l'économie de tous ne peut être restituée sur le plan de la présente réflexion[1] ; la richesse de l'objet et la complexité de l'évènement obligent à donner une vue nécessairement synthétique et simplificatrice[2]. Il n'en demeure pas moins indispensable d'invoquer les premier et second projets constitutionnels de la Résistance d'André Philip, pour deux raisons bien évidentes.

D'abord parce que l'auteur s'était attaché à ce que « la constitution soit précédée d'une nouvelle déclaration des droits de l'homme »[3], soulignant dans les travaux la nécessité de penser l'innovation sociale dans le prolongement libéral des idées de la Révolution des Lumières. C'est ainsi qu'aux termes des deux premiers articles de son second projet, il est prévu que, d'une part, «*Après des années où toutes les libertés ont été foulées aux pieds, il est naturel que la IV*e *République débute par une réaffirmation des principes solennels sans lesquels il n'est point de démocratie »*[4] *;* d'autre part, « *Cette déclaration des droits ne doit pas être une simple reproduction de celle de 1789. Elle doit ajouter aux libertés politiques les libertés économiques telles qu'elles ont été définies dans les constitutions modernes, en particulier dans la constitution soviétique »*[5].

---

[1] Pour davantage de précision, on renvoie à : H. MICHEL, B. MIRKINE-GUETZÉVITCH, *Les idées politiques de la résistance, op. cit.,* ibid ; H. MICHEL, *Les courants de pensées de la résistance, op. cit.,* ibid., ; ou encore : J.-E. CALLON, *André philip et la Constitution de 1946,* Thèse, Aix-Marseille III, 1996, p. 4123 s. ; *Les Projets constitutionnels de la Résistance,* Paris, La documentation française, 1998, p. 244.

[2] Eu égard à la qualité des travaux doctrinaux ayant déjà été réalisés sur la question dont les références viennent d'être données.

[3] Dans son second projet. V. dans ce sens, J.-E. CALLON, *Les Projets constitutionnels de la Résistance, op. cit.,* p 233.

[4] Ibid.

[5] Ibid. À noter cependant, l'absence de l'invocation des droits sociaux dans l'extrait de ce projet, bien que les travaux des Assemblées constituantes l'aient par la suite intégré sous la présidence de l'intéressé.

Ensuite parce que le projet d'André Philip de 1942 constitue le premier projet constitutionnel de la Résistance entièrement rédigé sous l'occupation[1]. Une attention particulière doit, par voie de conséquence, lui être accordée. Mais encore parce qu'il propose des solutions institutionnelles qui influenceront, non seulement les travaux des autres mouvements, mais aussi des constituants de 1946. Et que dire du statut de l'auteur qui devint, en raison de ses fonctions, le personnage pivot des travaux constitutionnels de 1942 à 1946[2]. Nommé « promoteur des groupes de réflexion en zone sud, il est en juillet 1942, commissaire à l'Intérieur auprès du général de Gaulle et centralise les études, il participe à la mise en place de l'Assemblée consultative provisoire d'Alger, crée une Commission d'étude de la réforme de la constitution en 1944 et préside la commission de la constitution des Assemblées nationales constituantes élues en 1945 et 1946 »[3].

Toutefois, en dépit de leur impact notoire, les deux projets constitutionnels du ministre de l'économie et des Finances du gouvernement de Félix Gouin sont loin de constituer les seuls textes ayant permis d'impulser une dynamique nouvelle à la consécration constitutionnelle des libertés fondamentales des personnes. Car, en ce qui concerne la catégorie des libertés collectives des travailleurs, ce sont plutôt le projet d'E. Mounier et celui de la Défense de la France qu'on trouve au premier rang.

2. Les projets constitutionnels de la Résistance et les libertés collectives des travailleurs

164. Les droits sociaux des travailleurs ont été consacrés – constitutionnellement parlant – grâce à une évolution lente mais certaine de la qualification du travail et de l'appréciation du sujet qui l'exerce, ainsi qu'il ressort de l'analyse des projets constitutionnels de la Résistance et nommément de certains d'entre eux. En d'autres termes l'amélioration de la perception du travail, dans les projets constitutionnels de la Résistance, constitue le fait générateur de la

---

[1] Archives nationales, 72 AJ 546.
[2] J.-E. CALLON, *Les Projets constitutionnels de la Résistance, op. cit.*, p 16.
[3] Ibid.

définition de l'énoncé des libertés collectives des travailleurs telles qu'elles émanent des travaux de la clandestinité.

a. L'amélioration de la perception du travail

165.Dès le début des années quarante[1], le programme du Conseil national de la Résistance avait prôné, *« l'instauration d'une véritable démocratie économique et sociale, impliquant l'éviction des grandes féodalités économiques et financières de la direction de l'économie »*[2]. Pour sa part, J. Moch proposait une planification de l'économie reposant sur la création d'un *Conseil national du travail* investi de la mission d'étudier les problèmes sociaux[3].

166. Au même moment, la perception du travail ainsi que celle des droits des travailleurs évoluèrent. Diversement considérés comme un instrument de prospérité et du progrès général, voire comme une fonction sociale, la plupart des projets élaborés dans la clandestinité avaient en commun d'établir un lien entre les conditions de travail des travailleurs et le respect de leur dignité humaine. C'est pourquoi E. Mounier, rejetant les dédales du capitalisme, affirmait : *« Le travail n'est pas une marchandise ; il ne peut être traité comme tel »*[4] : *« Les communautés économiques et les communautés de travail sont fondées sur le service rendu, non sur le privilège acquis ou sur la puissance d'argent »*[5].

L'auteur soulignait davantage un point important en son article 32 : *« Le but de l'activité économique n'est exclusivement ni le profit de l'employeur, ni le développement indéfini de la production, ni la puissance de l'État politique, mais à côté et au dessus de ces buts connexes, la satisfaction des besoins d'une libre consommation dans des conditions respectant la dignité du travailleur et le développement de l'entreprise »*[6]. Dans le même sens, l'article 33 est conçu comme tel :

---

[1] Précisément en mars 1944, 5°.
[2] R. HOSTACHE, *Le Conseil national de la Résistance,* Paris, PUF, 1958, p. 514.
[3] Article 27. Ainsi qu'il convient d'ajouter que les textes adoptés par ce Conseil peuvent acquérir force de loi à certaines conditions.
[4] « Faut-il refaire la déclaration des Droits ? », Esprit, 1944, n°105, p. 125, article 27.
[5] Ibid., article 31.
[6] Ibid.

« Le droit du travail prévaut en toute circonstance sur les droits du capital. Le pouvoir économique ne peut être assumé que par le travail. Le profit économique doit rémunérer pleinement le capital responsable avant de dédommager le capital irresponsable »[1].

167. Il s'agissait là d'un progrès essentiel, qui rejaillit sur la détermination du régime juridique des libertés collectives des travailleurs sous la Quatrième République, permettant aux résistants de pouvoir envisager leur rétablissement et leur constitutionnalisation à la Libération.

b. L'invocation des libertés collectives des travailleurs dans les projets d'E. Mounier et de la défense de la France

168. Dans le rang des divers projets constitutionnels de la Résistance, c'est l'article 27 du projet d'E. Mounier qui définit au mieux la liberté syndicale dans la forme où elle apparaît dans le préambule de la constitution de 1946. Au terme de cet article, il était prévu que *« la loi garantit au travailleur la liberté d'adhérer au syndicat de son choix, ou de n'adhérer à aucun... »*[2]. Bien que les termes de l'article 191 du projet du Comité général d'études[3] s'y rapprochent également, c'est essentiellement au projet d'E. Mounier que l'on doit la formulation de la consécration constitutionnelle de la liberté syndicale à la Libération. De son côté, J. Moch prônait un syndicalisme libre et pluraliste et s'opposait à la *« formule de "l'organisation la plus représentative" »*[4], au motif qu'elle porterait atteinte au droit des minorités d'être équitablement représentées. Le Conseil national de la Résistance exigeait, pour sa part, la mise en place d'un syndicalisme indépendant *« doté de larges pouvoirs dans l'organisation de la vie économique et sociale »*[5].

---

[1] Ibid.
[2] Ibid.
[3] « Élaboré sous l'occupation allemande et envoyé à Alger au Comité français de libération nationale » puis publié dans la revue *Les Cahiers politiques*, octobre 1945, p I s.
[4] Article 29.
[5] R. HOSTACHE, *Le Conseil national de la Résistance, op. cit.*, ibid.

Quant au principe de participation, sa consécration fut principalement inspirée par les projets d'E. Mounier et de la Défense de la France. À son propos, le même article 27 ci-dessus mentionné invoquait *« le droit à la détermination collective des conditions de travail... »*[1] et l'article 193 du projet de la Défense de la France faisait remarquer que « *des conventions collectives peuvent être conclues en vue de déterminer les conditions de travail (...)* »[2]. L'article 191 du projet de la Défense de la France avait également proposé d'impliquer les travailleurs « *à la gestion des entreprises et à la direction de l'organisme économique* »[3], selon des formules proches des prérogatives prônées par les membres du Conseil national de la Résistance au bénéfice des travailleurs, lesquelles étaient constituées par « *le droit d'accès dans le cadre de l'entreprise, aux fonctions de direction et d'administration, pour les ouvriers possédant les qualifications nécessaires (...)* »[4].

Enfin, en ce qui concerne le droit de grève, l'étude des différents projets constitutionnels élaborés pendant l'occupation permet de conclure au faible intérêt que lui manifestaient les intéressés. Du reste, une brève allusion à son objet provient du seul projet de Défense de la France. Conformément à son article 5, « *Le droit de grève, une fois épuisé les moyens de conciliation et la demande de réduction des heures de travail trouvent ici la limite morale au-delà de laquelle ils cessent de constituer la légitime action de défense des travailleurs* »[5].

Il y a lieu toutefois de préciser dans la foulée que ce désintérêt des projets constitutionnels de la Résistance pour le droit de grève n'a pu affecter la détermination ultérieure des membres des Assemblées constituantes de l'établir, dans l'affirmation de la dimension indivisible et solidaire des libertés collectives des travailleurs. Même si les travaux de la première Assemblée constituante s'étaient soldés par un échec, le droit de grève a fini par pénétrer la norme fondamentale.

---

1 « Faut-il refaire la déclaration des Droits ? », *op. cit.*, ibid.
2 H. MICHEL, B. MIRKINE-GUETZÉVITCH, *Les idées politiques de la résistance, op. cit.*, ibid.
3 Ibid.
4 R. HOSTACHE, *Le Conseil national de la Résistance, op. cit.*, ibid.
5 J.-E. CALLON, *Les Projets constitutionnels de la Résistance, op. cit.*, p. 64.

B. L'ÉCHEC DES TRAVAUX DE LA PREMIÈRE ASSEMBLÉE CONSTITUANTE

169. Au lendemain de la Seconde Guerre mondiale, la restauration de la République acquise, les dispositions corporatistes du gouvernement de Vichy abrogées, il restait à l'Assemblée constituante à indiquer les nouveaux principes devant dorénavant sous-tendre la tradition démocratique de la nation[1]. Face à cette nécessité impérieuse, la consécration constitutionnelle des libertés collectives des travailleurs s'imposait de l'évidence[2]. L'exigence était manifeste. La Quatrième République proclamée, les membres de l'Assemblée constituante se devaient d'affirmer la nécessité de rétablir l'être humain dans le respect du caractère *inaliénable* et *sacré* de ses droits. Tout particulièrement, ceux-ci étaient tenus de renouveler la garantie de la dignité humaine de toute personne, à tous lieux, y compris dans l'entreprise, espace où le travailleur acquiesce à fournir une prestation en contrepartie d'une rémunération mais ne consent pas à renoncer à son intégrité[3]. Au demeurant, les implications sociales d'une telle nécessité ressortaient des travaux menés pendant l'occupation. L'adoption d'une nouvelle norme fondamentale était donc inéluctable.

Mais il n'en reste pas moins que la première tentative d'intégration des libertés collectives des travailleurs dans le champ constitutionnel s'était révélé infructueuse. Le projet constitutionnel liminaire visant à inscrire notamment la liberté syndicale, le droit de grève et le principe de participation dans la Loi fondamentale avait été rejeté par le *Peuple souverain* lors du référendum du 5 mai 1946. Mais non sans raisons apparentes, liées à la détermination des bénéficiaires et à la portée des droits dits nouveaux.

1. De la détermination des bénéficiaires

170. À la première Constituante, la commission de la constitution se mit très rapidement d'accord sur la nécessité de rédiger une déclaration

---

[1] G. KOUBI, « Présentation », *Le Préambule de la Constitution del1946, antinomies juridiques et contradictions politiques*, Paris, PUF, 1996, p. 6.
[2] Ibid.
[3] Ibid.

des droits et d'en faire une partie intégrante à la constitution[1]. Ainsi s'empressa-t-elle d'élaborer un texte faisant une large place aux droits économiques et sociaux. C'est sur ce premier texte que le débat s'engagea à la Constituante, suite au rapport de M. ZAKSAS, déposé au mois de mars 1946[2]. Les débats s'étant déroulés entre le 7 et le 21 mars 1946, le vote sur l'ensemble des dispositions de la déclaration fut finalement reporté au 19 avril, au moment où l'Assemblée devait avoir à se prononcer sur l'ensemble de la constitution. C'est pourquoi ce mécanisme fut nommé la déclaration d'avril.

Les articles 30, 31 et 32 de la déclaration, respectivement relatifs à la liberté syndicale, au principe de participation et au droit de grève, étaient rédigés comme suit : *« Tout homme a le droit de défendre ses intérêts par l'action syndicale. Chacun adhère au syndicat de son choix ou n'adhère pas » ; « Tout travailleur a le droit de participer, par l'intermédiaire de ses délégués, à la détermination collective de ses conditions de travail ainsi qu'à la gestion des entreprises » ; « Le droit de grève est reconnu à tous dans le cadre des lois qui le règlementent »*. Par suite, devait figurer au nombre des points d'achoppement apparus dans les débats et ayant conduit au rejet de la déclaration d'avril, la question de la détermination de la catégorie de travailleurs et de représentants des travailleurs apte à bénéficier des droits énoncés aux articles 30, 31 et 32.

a. La détermination de la catégorie de travailleurs

171. Avant que la déclaration d'avril ne soit désapprouvée par le *Peuple souverain*, les débats engagés autour de la définition de la notion de travailleurs recelaient bien d'hésitations, d'insuffisances voire de laxismes devant l'Assemblée constituante[3]. Il est patent de voir comment d'autres types d'insuffisances relatives à la non consécration explicite du principe de participation ont également écorché l'activité des constituants béninois du début des années 1990. Sauf que, à la différence des travaux de la première Constituante de 1946, qui nourrissaient déjà explicitement

[1] *Comptes rendus analytiques de la première commission*, p. 167 s.

[2] Ibid.

[3] Il n'est que de mentionner une question réponse pour s'en convaincre : M. COTY : « Mais le patron qui ne travaille pas par exemple, le patron paresseux aura-t-il droit à l'action syndicale ? », M. le rapporteur : Si un patron ne travaille pas, il ne peut être considéré comme un travailleur », *JO*, Débats, ANC, 1946, p. 879.

les difficultés de consécration constitutionnelle des libertés collectives des travailleurs, la question d'élévation ou non du principe de participation au rang des prérogatives humaines à valeur constitutionnelle ne ressortait pas explicitement des débats des constituants de 1990.

172. Dans les travaux ayant suivi le rapport de M. ZAKSAS de mars 1946, les constituants avaient déjà rencontré des difficultés lorsqu'il s'était agi de définir le champ d'application personnel des bénéficiaires des droits se trouvant sur le point d'être établis, tant pour le principe de participation qu'au sujet de la liberté syndicale et du droit de grève.

173. Les discussions autour du principe de participation avaient montré une véritable tergiversation. Une première et large conception des destinataires avait été retenue par les constituants, ouvrant le bénéfice de cette prérogative au plus grand nombre de personnes, ce qui impliquait les établissements privés et les services publics et permettait aux fonctionnaires et aux agents publics de pouvoir en jouir[1].

Il faut reconnaître le caractère particulièrement ambitieux de la première formulation : « *Tout travailleur a le droit de participer par l'intermédiaire de ses délégués à la détermination collective des conditions de travail ainsi qu'aux fonctions de direction et de gestion des entreprises, établissements privés et secteurs publics* »[2]. La comparaison avec la forme actuelle sous laquelle s'établit le principe de participation est, pour le moins, saisissante. Chacun sait, certes, que cette référence initiale, plutôt claire et précise, mais surtout extensive, diffère de l'énoncé final du principe de participation tel qu'il sera adopté et édicté[3].

174. En clair, à cette époque, il y avait une problématique de définition du champ d'application personnel de la notion de travailleurs laquelle renvoyait à la question de savoir si les fonctionnaires, ouvriers, artisans, paysans, commerçants et autres membres des professions libérales devaient également être titulaires des droits concernés ? Toutes ces catégories de personnes étaient-elles impliquées par le bénéfice des droits sociaux en cours de consécration[4] ?

---

[1] Ibid., p. 880.
[2] Ibid.
[3] J.-Y. CHÉROT, « Le principe de participation des travailleurs en droit constitutionnels », *Gaz. Pal*, 5 juillet 1994, p. 837.
[4] *JO*, Débats, ANC, 1946, p 953.

Telle était la question principale. Et les propos du rapporteur, relatifs à l'article 30 de la déclaration d'avril, fournissaient déjà une ébauche de réponse : « le texte n'a pas un caractère restrictif », « il est question des travailleurs et de tous ceux qui ont une profession, qui occupent un emploi et qui vivent de leur travail »[1]. Autrement dit, il n'était nullement « question de faire des distinctions entre les diverses catégories des travailleurs »[2], toutes devant être prises en considération.

175. Au sujet de la liberté syndicale, dans sa rédaction initiale, la mention était la suivante : « *Tout travailleur a le droit de défendre ses intérêts...* »[3]. Mais cette formule fut finalement abandonnée au profit d'une autre, élargie à « *Tout homme* »[4]. Pour être complet sur l'article 30, il convient d'ajouter que la modification avait été réalisée à la suite d'un amendement visant à remplacer les termes « *Tout travailleur* » par « *tout citoyen* », ce qui aurait pu conduire à un rattachement indirect de la jouissance de ce droit à la condition de nationalité[5]. D'où le bénéfice du droit invoqué était susceptible d'exclure les travailleurs des pays tiers notamment béninois. Mais le rapporteur repoussa cette proposition, voyant dans la liberté syndicale un mode de défense des intérêts des travailleurs. Ce pour quoi il retiendra finalement l'expression « *Tout homme* », après le dépôt d'un nouvel amendement[6].

En résumé, la première Assemblée constituante avait retenu une conception extensive de la notion de travailleurs[7], intégrant en son sein les membres des professions libérales de même que les ouvriers et bien d'autres ; le terme travailleur recouvrait toutes personnes ayant une profession, occupant un emploi et vivant d'un travail. C'est assurément en échos à cette acception large qu'au terme de l'article 32, le droit de grève avait été conféré à tous, même si son exercice était prévu pour être encadré par les lois qui le règlementent.

---

[1] Ibid., p 879.
[2] Ibid., p 3371.
[3] Ibid.
[4] Ibid.
[5] Ibid.
[6] Ibid.
[7] M. CLAPIÉ, *De la consécration des principes politiques économiques et sociaux particulièrement nécessaires à notre temps,* Thèse, Montpellier I, 1992, p. 312.

Et à en croire les analyses savantes de M. le professeur R. PELLOUX, le rejet de la déclaration d'avril tient au motif de cette conception trop ambitieuse des dispositions établies dans son corpus, mais en partie seulement, tant la problématique des représentants des travailleurs n'avait pas été des plus simples à résoudre, à l'instar d'autres difficultés[1].

b. La détermination des représentants des travailleurs

176. La question du statut des représentants des travailleurs a toujours suscité moult controverses en droit du travail. En témoigne la récente loi du 20 aout 2008, venue modifier la substance même des règles et principes applicables en matière de représentativité et de légitimité syndicale. Au lendemain de la Seconde Guerre mondiale, la première Assemblée constituante s'était trouvée confrontée à cette difficulté.

Après s'être demandée si l'invocation des droits syndicaux devait être reconnue à *« Tout homme », « Tout travailleur » ou « Tout citoyen »,* un problème nouveau guettait les membres de la première Assemblée constituante, il est lié à l'identification des représentants des travailleurs pouvant être, soient au terme de l'article 30, des *« syndicats »*, soient en vertu de l'article 32, des *« délégués »*. L'enjeu sous-jacent à cette difficulté était et reste encore relatif à l'appréciation de la capacité d'action dont peuvent se prévaloir les groupements intermédiaires des travailleurs dans l'accomplissement de leur mission de défense des droits et intérêts de la partie faible du contrat de travail. De quelle marge de manœuvre doivent-ils jouir pour exercer efficacement cette fonction ? La réponse des constituants différait selon le corps intermédiaire concerné.

S'agissant des syndicats, on se souvient que les terribles évènements de l'occupation avaient conduit nombre de résistants à préconiser dans leurs projets constitutionnels un syndicalisme libre et pluraliste. C'est ainsi que J. MOCH s'était opposé à *« la formule de "l'organisation la plus représentative" »*, en ce qu'elle risquerait d'altérer le droit à la représentation syndicale des minorités[2]. Dans des termes presque

---

[1] *Le préambule de la Constitution du 27 octobre 1946, Rev. dr. pub.*, 1947, n°3-4, p. 355.

[2] Ainsi que l'on l'avait noté.

similaires, les mêmes questions s'étaient posées devant la première Assemblée constituante. Pour se démarquer des agissements du gouvernement de Vichy, plusieurs voix étaient venues réclamer la nécessité de préserver la liberté et le pluralisme syndical, afin que l'adhésion ne soit pas obligatoire[1]. L'expression « *Chacun adhère au syndicat de son choix ou n'adhère pas* » était censée garantir cette adhésion syndicale libre et pluraliste.

Cependant, au cours des discussions, la première Assemblée constituante repoussa un amendement[2] qui tentait d'affirmer que *« tous les syndicats sont soumis aux mêmes obligations et jouissent des mêmes droits ».* Ceci aura pour conséquence d'avaliser implicitement la possibilité reconnue aux membres de l'exécutif et aux autorités législatives de conférer un certain nombre de prérogatives aux organisations syndicales les plus représentatives, au grand dam de J. MOCH. Les termes de la loi du 11 février 1950 et de l'arrêté du 31 mars 1966 qui suivront en sont l'illustration parfaite[3].

En ce qui concerne les délégués auxquels l'article 31 faisait référence, le peu d'intérêt qui leurs étaient accordés ressort du caractère lapidaire et expéditif des débats les entourant, ou plutôt, à vrai dire, ne les ayant pas entouré. Si l'on pouvait déduire clairement des propos des orateurs que la participation de chaque travailleur à la détermination collective des conditions de travail est reconnue par l'intermédiaire de ces délégués, aucune discussion n'était venue en revanche préciser le sens de la notion.

Aux dires de M. le professeur PELLOUX ces imperfections, qui rendaient la déclaration d'avril trop technique, moins sage, auraient été aussi à l'origine de l'échec du référendum du 5 mai 1946, parmi tant d'autres facteurs cependant. Ces derniers sont invoqués par le publiciste, à travers la problématique de la portée des libertés collectives des travailleurs que les membres de la première Assemblée constituante entendaient proclamer[4].

---

[1] H. MICHEL, *Les courants de pensées de la résistance, op. cit.*, ibid.
[2] Déposé par M. Joseph DENAIS
[3] A. COEURET, B. GAURIAU, M. MINÉ, *Droit du travail*, Sirey, 2ème éd., p. 642 et 656.
[4] *Le préambule de la Constitution du 27 octobre 1946, op. cit.*, ibid.

2. De la portée des droits nouveaux

177. Pour l'auteur du *Préambule de la Constitution du 27 octobre 1946*, l'histoire du droit constitutionnel et des institutions politiques montrent les « principales difficultés sur lesquelles ont buté les constituants de 1946 quand il s'est agi pour eux d'élaborer une déclaration des droits »[1]. Dans ce débat le caractère trop général des dispositions proposées par la première Assemblée constituante occupe une place importante (b), ce qui se comprend aisément à partir de la connaissance de la volonté affirmée par les orateurs de l'époque de matérialiser les acquis obtenus par la classe ouvrière (a).

a. La volonté de marquer les acquis

178.L'une des principales préoccupations des réformateurs de l'après Seconde Guerre mondiale était de donner un effet normatif significatif[2] à la victoire qui venait d'être obtenue sur le fascisme, grâce aux efforts fournis – notamment – par les ouvriers[3] dont nombre étaient résistants[4]. Dès lors, la proclamation des acquis[5] de la classe ouvrière dans la norme fondamentale en préparation devenait nécessité, n'était une obligation incontournable[6]. Le triomphe de la résistance sur le système oppressif des valeurs humaines devait se solder par un signal fort et, pour formuler la pensée dominante de l'époque, par une synergie de la démocratie civile et politique à la démocratie économique et sociale[7]. Selon les mots d'un

---

[1] *Op. cit.*, p. 354.

[2] H. MICHEL, *Les courants de pensées de la résistance, op. cit.,* ibid.

[3] Ibid.

[4] Ibid.

[5] Relatifs par exemple à la législation sur les conventions collectives de travail, amorcée en 1919, développée et généralisée en 1936, puis mis en sommeil pendant la guerre et remise en vigueur par la loi du 23 décembre 1946…

[6] H. MICHEL, *Les courants de pensées de la résistance, op. cit.,* ibid.

[7] Ainsi que nombre d'orateurs l'avaient relevé au cours des débats : M. COSTE-FLORET, séance du 20 aout, *JO*, Débats, ANC, 1946, p. 3185. On ne peut manquer de verser au dossier les propos du président, M. A. PHILIP : « Désormais pour nous, la démocratie n'est plus seulement politique, elle est également économique et sociale. La classe ouvrière n'a pas seulement à exercer la démocratie en faisant acte de citoyen tous les quatre ans, dans un vote politique. La démocratie doit être réalisée, et dans les secteurs nationalisés et dans les secteurs libres, par la faculté donnée aux travailleurs,

auteur, il était indispensable « de penser la continuité libérale dans l'innovation sociale », non cependant sans difficulté[1].

179. Une immersion dans les discussions permet d'en savoir davantage. Les propos de deux intervenants devant l'Assemblée étaient particulièrement révélateurs des termes du débat. Le premier, M. HERRIOT, avait insisté sur le besoin « de marquer les résultats obtenus par l'émancipation, au moins relative, des travailleurs »[2]. Le second, R. CAPITANT, faisait quant à lui remarquer que « lorsque l'homme n'est plus maitre de son entreprise (...), lorsqu'il n'est plus que l'ouvrier anonyme qui travaille à la chaine d'une usine moderne (...) ses droits d'être libre sont de plus en plus menacés »[3]. L'intéressé fait aboutir l'expression de sa pensée en ces termes : « pour les défendre il faut aujourd'hui lui donner des armes nouvelles »[4], lesquelles étaient supposées être constituées dans une large acception par la consécration constitutionnelle des libertés collectives des travailleurs. L'énumération n'est pas exhaustive[5].

C'est sûrement dans le même sens que M. le professeur A. SUPIOT avait affirmé que « l'invention de la dimension collective a permis de sortir du dilemme de la subordination volontaire, en restituant aux salariés sa qualité de sujet libre, sans remettre en cause sa situation de subordonnée (...). La liberté qui leur est déniée au plan individuel leur est rendue au plan collectif sous forme de liberté collective »[6].

Dans cette perspective, les acteurs de la déclaration d'avril avaient été amenés à élargir la portée des droits à valeur constitutionnelle qu'ils s'apprêtaient à établir au bénéfice des travailleurs. Et selon les propos des membres de la doctrine[7], c'est précisément cette volonté – ambitieuse –,

---

suivant leur compétence et leur degré d'éducation, de prendre partout leur responsabilité de la gestion même de l'entreprise », *JO*, Débat de l'ANC, p. 3372.

[1] G. KOUBI, « Présentation », *Le Préambule de la Constitution de1946, antinomies juridiques et contradictions politiques, op. cit.,* ibid.

[2] Séance, du 8 mars, *JO,* ANC, p. 636.

[3] Ibid., p. 645.

[4] Ibid.

[5] J. DUCLOS, Ibid., p. 674.

[6] *Critique du droit du travail*, Paris, PUF, coll. Les voies du droit, p. 140.

[7] Cf. R. PELLOUX, *Le préambule de la Constitution du 27 octobre 1946,* op. cit., ibid. ; ou encore M. CLAPIÉ, *De la consécration des principes politiques économiques et sociaux particulièrement nécessaires à notre temps, op. cit.,* ibid.

conjuguée à d'autres facteurs peu ou prou exogènes, qui conduiront au résultat négatif du référendum du 5 mai 1946.

b. L'ambition de la première constituante

180. Il n'est guère une nouveauté pour personne que la boulimie d'un souhait peut conduire à la technicité des idées, tant il n'est pas rare de produire de la prolixité à partir de la complexité dans le cadre du Droit. Et il serait déjà suffisamment loyal de s'en préserver, dans la formulation des droits. Le principal reproche adressé aux travaux de la première Assemblée constituante était relatif à sa complexité et complexion qui, souvent, quand elles ne frustrent pas le principe de sécurité juridique, annihile la portée démocratique des réformes structurelles[1] qu'elles portent, au risque de les exposer au verdict populaire formé d'une opinion publique refusant d'y manifester son adhésion.

Mais encore, convient-il de s'entendre sur la nature des griefs et critiques[2] alors émises. Elles se rattachent à l'audace dont fit preuve la première Assemblée. C'est ainsi qu'à la lecture de l'article 30 on s'aperçoit de son caractère général voire, pour certains, ambitieux[3] visant à consacrer la liberté syndicale dans toute sa richesse et sa pluralité dimensionnelle et à préciser expressément, au-delà de la loi du 1884 confinant à l'aspect individuel de la prérogative, la faculté dont dispose chacun d'adhérer ou de ne pas adhérer à une organisation syndicale.

Le constat du même genre peut également se réaliser sur l'article 31 où était conçu à proprement parler, avec toutes les conséquences juridiques qui s'y rattachent, un droit à la participation non susceptible d'équivoque, dont l'objet avait été initialement envisagé pour s'étendre aux fonctions de direction y compris à celles placées sous le régime du droit administratif, mais on connaît la suite des évènements. Que dire enfin de l'article 32 porté dans la proclamation d'un droit de grève à tous

---

[1] J.-J. SUEUR, « Régénération des droits de l'homme et/ou consécration de droits nouveaux ? », *in Le Préambule de la Constitution de 1946, Antinomies juridiques et contradictions politiques*, Paris, PUF, 1996, p. 129.
[2] Souligné par M. le professeur R. PELLOUX, *op, cit*, p. 355.
[3] Souligné par M. le professeur R. PELLOUX, *op. cit.*, p. 364.

par une formulation impliquant les agents du secteur public, les fonctionnaires, artisans, paysans de même que les membres de la profession libérale ?[1] De toute évidence, les traces d'une ambition certaine étaient décelables dans les travaux de la première Assemblée[2].

Ainsi que l'explique M. le professeur PELLOUX[3], et bien d'autres[4], les raisons de la déconvenue de la déclaration d'avril devraient être recherchées dans les méandres de ce caractère audacieux, si ce n'est subversif, coupant net avec les pratiques du régime de Vichy. Cependant, pour autant louable qu'elle soit par sa volonté de rompre avec le corporatisme instauré par le maréchal Pétain, elle parut trop courageuse pour remporter le test référendaire qui suivit. Ainsi qu'on s'empressa de mettre en place une nouvelle équipe, qui s'attacha à prendre en compte les principales difficultés et les critiques formulées, pour finalement établir une nouvelle monture susceptible de recueillir l'assentiment populaire.

§ 2 : L'aboutissement de la consécration

181. « Après avoir désiré et préparé une déclaration des droits on devait plus modestement se contenter d'un préambule »[5]. Ainsi pouvait se résumer la principale idéologie[6] prévalant au lendemain du référendum du 5 mai 1946. La première Assemblée constituante n'ayant parvenu à convaincre le Peuple avec la déclaration d'avril, il restait à intégrer les objections émises par elle et à mettre en place un nouveau mécanisme. Il

---

[1] Cela ne peut d'ailleurs guère échapper qu'un amendement avait été déposé lors des discussions visant à faire préciser que la paysannerie et l'artisanat ont « droit aux mêmes garanties pour leur liberté professionnelle (…) que le travail ouvrier », ce à quoi le rapporteur avait répondu que « les principes concernant le monde du travail s'applique à eux », repoussant l'amendement : *JO,* ANC, 1946, p. 953.

[2] H. MICHEL, *Les courants de pensées de la résistance, op. cit.,* ibid.

[3] *Le préambule de la Constitution du 27 octobre 1946, op. cit.,* ibid.

[4] M. CLAPIÉ, *De la consécration des principes politiques économiques et sociaux particulièrement nécessaires à notre temps,* Thèse, *op. cit.,* ibid.

[5] J. RIVERO, G. VEDEL, « Les principes économiques et sociaux de la Constitution : le Préambule », *Dr. soc.,* 1947, p. 95.

[6] Ibid.

fallait renouveler la sollicitation du Peuple et soumettre une nouvelle fois au référendum un texte nécessairement revu et corrigé par rapport au précédent, dans le dessein d'obtenir la consécration constitutionnelle des libertés collectives des travailleurs[1]. Ceci se matérialisa par le succès de l'œuvre de la deuxième Assemblée constituante (A), dont on sait la manifestation non immédiate des effets des règles qu'elle établisse (B).

A. LE SUCCÈS DE L'ŒUVRE DE LA DEUXIÈME ASSEMBLÉE CONSTITUANTE

182. La nécessité de tenir le cap et de continuer dans l'engagement des réformes s'était aussitôt fait ressentir après l'échec du 5 mai 1946. « Très rapidement, l'idée devait se faire jour devant la commission de substituer un simple préambule à la déclaration, un simple préambule comme en 1848, mais sans que personne, semble t-il, ait pris soin de définir en quoi le préambule se distingue de la déclaration *(Comptes rendus analytiques de la seconde commission, p 279 et suiv. ; p. 303)* »[2]. Toujours est-il qu'il est nécessaire de remonter à la source de ce succès issu de compromis, ainsi qu'il sera longtemps rappeler et préciser par la doctrine. Son champ, emprunt d'une ambition universelle, mérite d'être souligné.

1. Un succès issu d'un compromis

183. On pourrait être tenté de penser de prime abord que, le Peuple ayant rejeté la déclaration d'avril, les travaux de la seconde Assemblée constituante devaient radicalement se distinguer de ceux de la première et que l'énoncé des droits des travailleurs, en particulier de la liberté syndicale, du droit de grève et du principe de participation ne serait pas, pour l'essentiel, conforme à ce qu'avait prévu la précédente commission de constitution. En réalité, le compromis générateur du succès des travaux de la seconde commission (b) s'inscrit dans le prolongement et la complémentarité des discussions de la première (a).

---

[1] G. KOUBI, « Présentation », *Le Préambule de la Constitution de1946, antinomies juridiques et contradictions politiques, op. cit.*, ibid.

[2] R. PELLOUX, *Le préambule de la Constitution du 27 octobre 1946,* op. cit., p. 355.

a. La complémentarité des travaux des deux assemblées

184. Il est vrai, les libertés collectives des travailleurs dans les formes où elles étaient prescrites dans la déclaration d'avril n'ont pu recueillir le suffrage du Peuple, même s'il convient d'ajouter que la complexité des débats et la variété des éléments ne permettent pas d'imputer l'échec du premier référendum à l'objet exclusif de la formulation initiale des droits des travailleurs. « Néanmoins – on l'a également noté – le préambule a repris, souvent avec des formules différentes, la plupart des droits et libertés qui avaient été déclarés en avril »[1]. Un précédent ne peut manquer de revenir à la mémoire[2]... S'il en était ainsi, « c'est qu'il eût été difficile pour la seconde Constituante de paraître marquer une régression par rapport à la première »[3]. « En général le texte d'octobre s'est borné à proclamer des principes, sans en prévoir la mise en œuvre dans des dispositions détaillées que le texte d'avril »[4]. Partant, « on ne peut pas affirmer que le plan soit particulièrement net et particulièrement satisfaisant »[5].

Les travaux de la première et de la seconde Assemblée sont intimement liés[6]. En effet, les débats de la seconde se sont fondés sur ceux de la première, en tenant compte, au moins jusqu'à un certain degré, des critiques formulées par le corps électoral à l'égard du texte primitif (ainsi que la constatation ressorte du référendum du 5 mai 1946[7]). Cette opération s'était toutefois réalisée avec une limite. « Quoi qu'il en fût la seconde Constituante ne pouvait songer à reprendre tel quel le projet de déclaration d'avril. Si la proposition de loi constitutionnelle déposée par les membres du parti socialiste reprenait dans ses grandes lignes la déclaration d'avril, la proposition déposée par les membres du M.R.P reproduisait dans un premier paragraphe la déclaration de 1789 et

---

[1] R. PELLOUX, *Le préambule de la Constitution du 27 octobre 1946, op. cit.*, p. 364.
[2] On se souvient, en effet, des discussions ayant entouré l'adoption de la Charte des droits fondamentaux de l'Union européenne et des propos révélés par un de ces principals acteurs : G. BRAIBANT, *La Charte des droits fondamentaux de l'Union européenne,* Éd. Seuil, op. cit., p 46.
[3] R. PELLOUX, *Le préambule de la Constitution du 27 octobre 1946, op. cit.*, ibid.
[4] Ibid.
[5] Ibid.
[6] J. RIVERO, G. VEDEL, « Les principes économiques et sociaux de la Constitution : le Préambule », *op. cit.*, ibid.
[7] R. PELLOUX, *Le préambule de la Constitution du 27 octobre 1946, op. cit.*, p. 353.

consacrait un second aux droits économiques et sociaux (*Voir les textes de ces deux propositions Doc, parl. De l'A.N.C. élue le 2 juin 1946 n° 23 et 68. – Cf. in Notes documents et études publiées par la Direction de la documentation du Secrétariat d'État à la présidence du Conseil à l'information, n°369 (Série Textes et Documents XXVIII), 3 aout 1946)* »[1].

Il est indispensable de préciser à ce sujet que la continuité était par ailleurs présente dans le renvoi fait par les constituants aux *principes fondamentaux reconnus par les lois de la République*, bien que toute référence à 1793 ou 1848 fut finalement abandonnée par les intéressés[2]. Mais cette référence aux *principes fondamentaux reconnus par les lois de la République* n'était pas proposée sous la première Constituante. Elle a figuré pour la première fois dans la proposition de loi constitutionnelle déposée par les représentants du M.R.P[3] et dans le premier projet de préambule établis par M. COSTE-FLORET, rapporteur général, sur la demande de la commission de constitution. Y était question des « droits et libertés de l'homme et du citoyen consacrés par les déclarations des droits antérieurs et par les lois de la République »[4].

L'introduction de cette nouvelle formule de *principes fondamentaux reconnus par les lois de la République*[5] préfigurait assurément l'esprit de compromis qui caractérise le succès de l'œuvre de la seconde commission, puisque les discussions des deux Assemblées s'inscrivaient dans une logique de continuité et non de rupture.

---

[1] Ibid., p. 355.

[2] V. sur ce point la discussion du contre-projet de M. HERRIOT, *JO*, Débats, ANC, p. 670 s., mais aussi p. 681 lorsque M. CAPITANT repris l'idée.

[3] *Doc. Parl.* De l'ANC élue le 2 juin 1946, n°68. On pouvait y lire : « ...le peuple français entend proclamer et garantir les droits inaliénables de l'homme et du citoyen : 1° ceux qui ont été consacrés en 1791, 1793, 1795 et 1848 : 2° ceux qui ont été reconnus par les lois de la République ; 3°... ».

[4] *Comptes rendus analytiques de la seconde commission,* p. 285.

[5] Pour une définition générale de la notion, v. :V. CHAMPEIL-DESPLATS, *Les principes fondamentaux reconnus par les lois de la République,* Thèse, Paris X, 1997, 432 p.

b. La réalité du compromis

185. L'utilité des travaux de la première commission pour la seconde est indéniable. Le préambule n'a pas suscité d'aussi long débat que la déclaration, puisque forcément moins long, en conséquence moins précis ; aussi bien pouvait-on bénéficier sur les points essentiels des travaux de préparation du mois de mars : les séances de travaux consacrées à la commission devaient être moins nombreuses et les discussions devant l'Assemblée nationale plutôt rapide[1]. On ne précisera pas assez l'esprit dans lequel il fut élaboré. L'idée du compromis est omniprésente dans l'adoption du préambule comme dans l'ensemble de la constitution. Après l'échec de la déclaration d'avril, auquel venait s'ajouter la faible majorité s'y étant dégagée, une concession réciproque était attendue des partis pour qu'enfin puisse aboutir un texte convenable à tous, ou presque tous[2].

La concession ayant déjà été réalisée dans le premier sens, par la pénétration des *principes fondamentaux reconnus par les lois de la République* dans le nouveau texte constitutionnel, il était normal qu'elle se poursuive dans le second, avec l'admission d'une expression succincte des droits des travailleurs. Ainsi que les auteurs le signaleront longuement, y trouvant un texte au dogmatisme réticent[3] ou un plan qui ne peut être particulièrement net et particulièrement satisfaisant.

C'est ainsi que la seconde commission se contenta d'une formulation plus concise, moins solennelle, dans la nouvelle énonciation des libertés collectives des travailleurs, abandonnant toute référence expresse à la qualification de droit ; du moins, en ce qui concerne la liberté syndicale et le principe de participation. Le contenu essentiel des prérogatives n'était pas cependant substantiellement différent de ce qu'avait prévu la première commission[4]. Les prescriptions de l'article 30 de la déclaration d'avril furent reprises à l'alinéa 6 du préambule, où sera supprimée l'expression formelle de la liberté syndicale négative[5]. Les dispositions

---

[1] R. PELLOUX, *Le préambule de la Constitution du 27 octobre 1946*, op. cit., p. 355.

[2] Ibid., p 364.

[3] G. BURDEAU, *Manuel de droit public, Les libertés publiques, les droits sociaux, op. cit.*, p. 299.

[4] *Comptes rendus analytiques de la seconde commission*, ibid.

[5] Ibid.

de l'article 31 seront, elles, inscrites dans le nouveau texte à l'alinéa 8, avec lequel il n'est désormais plus question à proprement parler de droit de participer mais, de façon équivoque, de principe de participation, susceptible d'interprétation ambivalente[1]. Enfin, les termes de l'article 32 finiront par être consignés, mais différemment, à l'alinéa 7 du préambule dont le bénéfice ne sera plus ouvert à tous, l'usage de ce vocable ayant été abandonné.

186. Ainsi s'était-on résigné à revoir les ambitions à la baisse. Ce n'était après que le préambule fut soumis avec le reste de la constitution au vote sur l'ensemble, qui eut lieu le 29 septembre 1946, ainsi qu'au référendum du 13 octobre suivant. Au cours de la campagne qui précéda le référendum, on invoqua beaucoup moins les imperfections du préambule (sinon en ce qui concerne la liberté d'enseignement) qu'on avait fait de celles de la déclaration du mois de mai. Le texte, moins ambitieux, plus sage, donnait sans doute satisfaction à une partir des critiques adressées à la précédente déclaration.

Le triomphe des travaux de la seconde commission ne peut donc s'apprécier que dans le prolongement des concessions et souplesses de positions dont firent preuve les membres de l'Assemblée. Mais ce préalable de compromis, pour aussi capital qu'il fut dans le succès final, ne pouvait dissimuler la dimension extensive du domaine d'application des dispositions édictées.

2. Le champ du succès

187. Il faut admettre, pour le moins, ainsi que la doctrine l'écrira à de multiples occasions[2], que la seconde Assemblée a dû lâcher du lest sur la conception initiale et complète de consécration des libertés collectives des travailleurs[3]. L'évolution des débats et la teneur des faits ci-dessus

---

[1] Ibid.

[2] J. RIVERO, G. VEDEL, « Les principes économiques et sociaux de la Constitution : le Préambule », *Dr. soc.*, 1947, p. 95 s ; G. KOUBI, « Présentation », *Le Préambule de la Constitution de1946, antinomies juridiques et contradictions politiques, op. cit.*, ibid. ; R. PELLOUX, *Le préambule de la Constitution du 27 octobre 1946, op. cit.*, p. 355 s.

[3] Ibid.

invoqués en sont le témoignage. Toutefois, la concession ne peut faire perdre de vue un élément majeur de la réflexion. Car ainsi qu'il ressort des documents authentiques, il est un point essentiel relatif à la portée universelle de la Déclaration que la seconde Assemblée n'a pas entendu remettre en cause en dépit des modifications apportées et des compromis observés. C'est pourquoi une attention particulière devra être portée à l'étendu des droits sociaux consacrés par le constituant de 1946 à titre liminaire aux travailleurs français (a) mais également à leurs homologues non métropolitains faisant partie des territoires français d'Outre mer au rang desquels figurait le Dahomey de l'époque (b).

a. D'une consécration initialement française

188. Les constituants des deux Assemblées s'étaient particulièrement attachés à l'exigence de ne pas consacrer des droits sociaux au rabais, en dépit de la contrainte du compris. En outre, ils étaient décidés à établir des libertés collectives à tous les travailleurs français, mais bien à toutes les catégories de personnes exerçant un métier, disposant d'un travail, et non limitativement à certains d'entre eux. Souvenons-nous des termes des difficultés soulevées devant la première constituante, quand il s'agissait de savoir si toutes les catégories de travailleurs devaient jouir des droits sociaux et en particulier des libertés collectives. Une opposition avait été manifestée par un orateur, à travers la proposition d'amender l'article 30 relatif au droit de grève, afin de l'interdire expressément aux fonctionnaires. M. J. DENAIS avait proposé une rédaction du texte comme suit : « *Le droit de grève est reconnu à tous, exception faite des fonctionnaires, dans les conditions fixées par la loi* »[1]. La préoccupation de l'intéressé, classique en droit[2], était assurément relative à la difficulté d'articuler le respect du principe de continuité du service public (s'imposant particulièrement au personnel administratif) avec l'exercice du droit de grève par ces derniers[3]. Cela ne nous a guère échappé que cet amendement fut repoussé, le rapporteur général ayant

[1] *JO*, Débats, ANC, op. cit., p 881.
[2] Ph. TERNEYRE, « Grève dans les services publics », *Rép.. trav. Dalloz*, 1991, 1991 ; B. TEYSSIÉ, « Le déroulement de la grève dans les services publics industriels et commerciaux : le primat de la continuité », *Rev. fr. dr. adm.*, 1988, p. 825.
[3] Ibid.

fait remarquer, parmi tant d'autres arguments, que « la loi aurait la possibilité de garantir le bon fonctionnement du service public »[1]. La question ne fut pas reprise en ces termes sous la seconde Constituante lors des discussions du préambule.

Plutôt, c'est une nouvelle variante de cette préoccupation qui fit jour. MM. De SESMAISONS et ROULON avaient présenté un amendement tendant à faire rédiger comme suit le texte de l'alinéa 6 : « *Le droit de grève dans le cadre des lois qui le règlementent, est reconnu à tous les citoyens* »[2]. Les auteurs de l'amendement avaient à cœur de faire consacrer le droit de grève des commerçants et surtout celui des paysans auxquels la loi du 14 mai 1946 interdisait de retenir leurs produits pour fait de grève. C'est alors que le rapporteur général fit une brève intervention, pour indiquer qu'il n'est nullement *« question de faire une distinction envers les catégories de travailleurs »*[3], avant que les auteurs ne consentent facilement à retirer leur amendement, ayant trouvé réponse à leur préoccupation.

189. Ceci permit de lever définitivement (après les remous connus sous la première Constituante) le doute sur la faculté de jouissance de ces droits par les personnes occupant un emploi ou un travail, qu'elles soient ouvriers, employés administratifs ou journaliers. Il est indispensable de distinguer les termes emplois et travail pour s'apercevoir de l'utilité de la précision[4]. À n'en point douter, les libertés collectives consacrées par le constituants de 1946 s'appliquent au plus grand nombre de catégories de

---

[1] *JO*, Débats, ANC, *op. cit.*, ibid.
[2] Ibid., p. 3370 s.
[3] Ibid., p. 3371.
[4] « Le terme emploi est apparu également dans les relations de droit privé, pour se distinguer du simple travail : le patron offrait un travail aux ouvriers, alors qu'il proposait un emploi aux employés administratifs. Sous cette distinction se dessinait en réalité une différence de statut qui a perduré jusqu'à la généralisation de la mensualisation : l'ouvrier était jadis payé à la journée – d'où l'expression journalier – ; par la suite s'instaura un paiement à l'heure de travail ; sur une durée d'un mois, son salaire était versé en deux temps, à la fin de chaque quinzaine ; en revanche, l'employé a été rémunéré, bien plus tôt, au mois, il bénéficiait également d'avantage supplémentaire – par exemple, un maintien du salaire pendant les jours fériés chômés ou un complément d'indemnités en cas de maladie ou de maternité – qui échappaient à l'ouvrier. L'emploi était donc source d'une plus grande stabilité que le simple travail, autant dans sa rémunération que sans son travail », F. PETIT, *Droit de l'emploi*, Montchrestien, 2005, p. 15-16.

travailleurs, dans le champ juridique français, du moins sont-elles censées l'être dans le périmètre de cet espace, qui intègre bien de bénéficiaires. Cependant, l'amendement des MM. SESMAISONS et ROULON aurait pu soulever une autre difficulté. Autrement dit, en voulant résoudre un problème, ces orateurs auraient pu créer un nouvel, quant à lui relatif à la possibilité de prolonger le bénéfice des droits reconnus à l'égard des travailleurs non métropolitains, notamment béninois. Ceux-ci n'étaient nullement considérés en ce moment comme des citoyens français à part entière (pouvant jouir à ce titre de leurs droits civiques et politiques), sauf à être affranchi, d'où la possibilité de créer une torsion complémentaire à la vocation ambitieuse des constituants de 1946.

b. D'une consécration notamment béninoise

190. Nul n'est besoin de rappeler que, au milieu des années quarante jusqu'à la fin des années cinquante, le territoire béninois était rattaché à la France et y tirait sa dépendance politique, ainsi que bien d'autres anciennes colonies (au demeurant non limitativement africaines) d'expression française. Cet élément historique, dont l'intérêt est assurément indéniable dans la compréhension de l'analyse, donne tout son sens à la nécessité de la démarche entreprise. Force est de constater l'existence d'une filiation certaine entre l'Histoire des libertés collectives des travailleurs béninois et les évènements de l'après Seconde Guerre mondiale, relatifs au préambule de 1946. C'est sûrement dans ce dessein qu'un auteur fut amené à inférer une reconnaissance constitutionnelle du droit de grève dans le domaine de l'ex Dahomey, à partir du préambule de la constitution du 27 octobre 1946[1].

Il est donné de voir la manière dont les discussions s'étant élevées devant les deux Assemblées constituantes lui donnent raison. On se souvient de l'amendement de M. J. DENAIS[2], tendant à faire exclure la catégorie des fonctionnaires du bénéfice du droit de grève. Et on avait invoqué une première réponse apportée par le rapporteur général, consistant à soutenir que la continuité du service public serait bien

---

[1] B. AMOUSSOU, *Droit béninois du travail*, *op. cit.*, p. 15.
[2] *JO*, Débats, ANC, *op. cit.*, p. 881 s.

garantie par le biais de la loi[1]. À la même occasion, le rapporteur général avait également souligné que les constituants entendaient élaborer une déclaration à portée universelle, devant transcender le seul espace de droit conféré au bénéfice des travailleurs métropolitains, pour intégrer ceux d'Outre-mer.

C'est d'ailleurs dans ce prolongement que la loi du 11 avril 1946 interviendra pour abolir le travail forcé ou obligatoire, confirmant ainsi la reconnaissance de la liberté du travail dans les Territoires d'Outre-mer[2]. C'est aussi sans doute dans le même prolongement que l'exercice des célèbres grèves générales des cheminots africains déclenchées le 10 octobre 1947 ne sera pas réprimé, en contraste avec les réactions du pouvoir exécutif métropolitain dans le passé. Mieux encore, c'est nécessairement dans le respect de la vocation universelle du bénéfice des libertés collectives et en l'occurrence du droit de grève que les revendications légitimes desdits cheminots africains seront prises en compte, pour conduire à l'ouverture d'un grand chantier, ébauché par le décret du 17 octobre 1947, obligeant le ministre de la France d'Outre-mer, M. FLORET, à mettre en place un Code du Travail des Territoires d'Outre-mer, lequel ne connaitra pas moins d'atermoiements.

Par conséquent, on ne peut passer sous silence la dimension universelle (verticale et non horizontale) d'affirmation des droits d'exercice collectif telle qu'elle ressort des propos des constituants. L'amendement des MM. SESMAISONS et ROULOU aurait pu produire un effet boomerang – à la surprise des orateurs ? –, mais il n'avait nullement conduire à exclure les travailleurs non métropolitains du bénéfice des droits nouvellement consacrés. De la même manière, on ne peut également passer sous silence le décalage constaté entre la consécration finale des libertés collectives des travailleurs dans l'ordre constitutionnel et le moment nécessaire à la manifestation des effets de ces dispositions élevées au rang de constitutionnalité normative.

---

[1] Ibid.

[2] Article 1er de la loi.

B. LES EFFETS NON IMMÉDIATS DE LA CONSÉCRATION

191.À se fier au cours des évènements on aurait pu penser que, les constituants ayant explicitement établi le lien entre la démocratie civile et politique et la démocratie économique et sociale, le Code du travail des territoires d'Outre-mer serait rapidement mis en place, sans aucun blocage possible de lobby colonial représenté par le *Comité de l'Empire français*, afin que les travailleurs béninois et bien d'autres non métropolitains puissent également jouir des droits nouvellement proclamés. En raison du vigoureux discours du président A. PHILIP, soulignant devant la seconde Assemblée que *« désormais, pour nous, la démocratie n'est plus seulement politique elle est économique et sociale »*[1], il était possible de s'attendre à une consécration constitutionnelle des libertés collectives des travailleurs immédiatement suivie d'effet. Sauf que, pour pouvoir procéder à une telle observation, il fallut attendre de longue date, précisément, une décision du Conseil constitutionnel du 16 juillet 1971, dont la portée sur l'évolution du régime des libertés collectives des travailleurs s'apprécie à partir de l'étude de la période l'ayant précédée et celle l'ayant suivie.

1. Avant la décision du 16 juillet 1971

192.Dès le début du vingtième siècle, la question de la valeur constitutionnelle des déclarations avait beaucoup préoccupé la doctrine publiciste[2]. C'est donc logiquement qu'elle réapparaît au lendemain de la Seconde Guerre mondiale, à propos du préambule[3]. Devait-il s'imposer au législateur ? Quelle est sa place dans la hiérarchie des normes ? Telles étaient les interrogations auxquelles étaient confrontées, aussi bien les auteurs que les juristes[4]. Précisément, la lecture des écrits doctrinaux de l'époque faisait ressortir une longue hésitation quant à la volonté de

---

[1] *JO*, Débats, ANC, *op. cit.*, p. 3372.

[2] G. JÈZE, « Valeur juridique des déclarations de droits », *Rev. dr. pub.*, 1913, p. 685 ; J. LAFERRIÈRE, *Manuel de droit constitutionnel*, Paris, Domat, Montchrestien, 1943, p. 327.

[3] M. MIGNON, « La valeur juridique du préambule de la Constitution selon la doctrine et la jurisprudence », *D.*, 1951, chr., p. 130.

[4] Ibid.

conférer une valeur constitutionnelle à la catégorie des libertés collectives des travailleurs et plus globalement à tous les droits sociaux émanant des travaux des deux Assemblées (a). Au même moment, les juges français semblent également épris d'un doute sérieux dans l'exercice de leur activité jurisprudentielle de trancher les conflits pouvant les amener à attribuer une qualification au préambule (b).

a. Les hésitations doctrinales

193. Le succès des travaux de la seconde constituante eut été insuffisant pour mieux faire comprendre la nécessité d'intégrer les droits sociaux dans l'ordre constitutionnel, du moins l'avait-on constaté dans les écrits doctrinaux de l'époque. C'est ainsi que malgré le plébiscite du 13 octobre 1946, « la doctrine se divisa : pour les uns, les dispositions du préambule, hétérogènes et imprécises, n'auraient eu aucune valeur juridique. Pour les autres elles auraient été constitutionnelles formellement mais non matériellement, sauf peut-être les plus précises d'entres elles. D'autres enfin leurs accordaient une valeur législative »[1].

Dans ce débat d'idées, deux courants s'opposaient : celui des auteurs estimant que les dispositions énoncées dans le préambule sont pourvues d'une valeur constitutionnelle et celui des jurisconsultes soutenant la position contraire. Pour sa part, M. le doyen VEDEL écrivait : le préambule, « texte voté par la Constituante, soumis comme tel au référendum, fait partie intégrante de la constitution et à, au minimum, une valeur juridique égale à celle-ci »[2]. Dans le même sens, M. le professeur PELLOUX avait affirmé que « le préambule, partie intégrante de la constitution, a force juridique constitutionnelle »[3]. Il en est de même pour un autre spécialiste, G. MORANGE, à travers ces explications : « les Déclarations solennelles (...) ont force constitutionnelle et lient par la suite le législateur ordinaire »[4]. En

---

[1] D. TURPIN, *Libertés publiques et droits de l'homme,* Seuil, 2004, p. 17.
[2] *Droit consitutionnel,* Paris, Sirey, 1949, p. 326.
[3] R. PELLOUX, « Le préambule de la constitution du 27 octobre 1946 », *Rev. dr. pub.,* 1947, p. 347.
[4] G. MORANGE, « Valeur juridique des principes contenus dans les déclarations des droits », *Rev. dr. pub.,* 1945, p. 229.

revanche, selon M. le professeur M. PRÉLOT, « le préambule n'a, vis-à-vis du législateur, pas d'autre autorité que morale »[1].

194. Mais il serait erroné de penser que de telles hésitations firent forgées de toutes pièces par les auteurs. Elles puisent leur source dans les ambigüités et contradictions ayant jalonné les travaux des constituantes, selon les termes de M. le professeur PELLOUX[2]. Ainsi qu'il le souligne, « une très grosse équivoque a plané sur les débats, en commission comme à l'assemblée »[3] sur la valeur à donner aux dispositions du préambule. « En effet dès le débat il avait été entendu non seulement qu'on se contenterait d'un simple préambule, mais encore que la procédure de contrôle de constitutionnalité que certains tenaient à voir établir ne pourrait jamais jouer pour la violation d'une disposition de ce préambule (*Comptes rendus analytiques de la seconde commission,* p 279, p. 368, mais son opinion semble être la même pour les déclarations des droits, p. 279) »[4]. De cette manière les constituants avaient délibérément voulu diminuer la valeur juridique et la portée pratique des droits énoncés dans le préambule, en instituant une procédure de pseudo-contrôle de constitutionnalité des lois[5] qui permettait de ne pas soumettre l'activité du législateur à leur respect.

195. Il ne fait dès lors aucun doute, dans les travaux préparatoires des deux Assemblées constituantes, que les ambigüités et les contradictions constatées ont essentiellement nourri voire conduit aux hésitations ultérieurement observées dans les écrits doctrinaux, quant à la question de savoir si les droits proclamés en tête du texte constitutionnel devaient ou non enserrer l'activité normative de l'autorité législative. Il fallait donc s'attendre que lesdites ambigüités et contradictions s'exportent sur le terrain constructif de la production intellectuelle stimulante.

196.Dès lors, il n'était en aucun cas possible de trouver infondés les propos des auteurs ne voulant pas reconnaitre aux dispositions du préambule une portée constitutionnelle s'imposant aux législateurs (sauf une autorité morale), tant on ne pouvait nettement inférer l'affirmation

---

[1] *Précis du droit constitutionnel,* Paris, Dalloz, 1948, p. 335. « Le Préambule de la Constitution du 27 octobre 1946 ».
[2] *Le préambule de la Constitution du 27 octobre 1946, op. cit.*, p. 391.
[3] Ibid.
[4] Ibid.
[5] Ibid., p. 395-396.

contraire de l'œuvre des Assemblées constituantes. De cette manière, les hésitations doctrinales nourrissaient les doutes jurisprudentiels pendant les trois décennies consécutives à la consécration solennelle et constitutionnelle des libertés collectives des travailleurs.

b. Les doutes jurisprudentiels

197. Au lendemain de l'adoption du texte constitutionnel de 1946 il apparaît, après l'analyse des décisions de justice, que l'obligation morale de considérer les droits énoncés dans le préambule comme disposant d'une valeur constitutionnelle ne s'était pas automatiquement imposée devant les tribunaux. La liberté syndicale, le droit de grève et le principe de participation, parmi d'autres droits sociaux, n'avaient pu être immédiatement considérés par les juges comme possédant une valeur normative supra-législative. Ainsi que des hésitations s'observèrent dans les écrits doctrinaux, des doutes s'installèrent devant le prétoire[1]. Le constat est imparable. Les hésitations doctrinales puisent leur source dans les ambigüités et contradictions des travaux des constituants. De même, les doutes jurisprudentiels trouvent leur fondement dans un domaine identique[2]. Il est donné de le voir à travers l'ordre des difficultés relatives à la reconnaissance de la valeur constitutionnelle des libertés collectives des travailleurs. Les juges administratifs et judiciaires avaient accordé – non dans l'indifférencié – un traitement de faveur au 7ème alinéa du préambule, reconnaissant très tôt sa juridicité et son caractère directement applicable. Ainsi qu'il ressort du jugement du Tribunal civil de Rouen du 15 novembre 1948[3], ou de la jurisprudence *Sieur Dehaene* du 7 juillet 1950[4].

---

[1] Ph. TERNEYRE, « Le Conseil d'État et la valeur juridique des droits sociaux proclamés par le préambule de la Constitution du 27 octobre 1946 », *Rev. fr. dr. constit.*, 1991, p. 317.

[2] Ibid.

[3] *Société rouennaise de Ferblanterie c. dames Levitre et Tourbates, Gaz. Pal.*, 1949, J., p. 130.

[4] Conseil d'État 7 juillet 1950, S., 1950, 3, p 109 ; *D.*, 1950, J., p 538 ; *Rev. dr. pub.*, 1950, p. 691, *JCP éd. G*, 1950, II, 5681 ; *Rev. Adm.*, 1950, p. 366 ; *Dr. soc.*, p. 317.

La Cour de cassation avait clairement adopté une position de principe, sur la question de la constitutionnalité du droit de grève au début des années cinquante[1]. Il est significatif de le souligner[2], même si l'on observa, sous réserve des avancées enregistrées en ce domaine grâce aux arrêts *Société d'impression sur étoffes du grand Lemps c. Geoffroy* et *Maïseries de la Méditerranés c. dame Roth*[3], que la reconnaissance constitutionnelle avait été rendue difficile par la faible règlementation législative existante en la matière.

198. Ce ne fut point le cas pour la liberté syndicale et le principe de participation, dont la reconnaissance de la valeur constitutionnelle intervint tardivement, orchestrée de façon inégale par les juges. Mis à part les précédents facteurs ci-dessus invoqués, cette disparité pouvait également s'expliquer par l'existence préalable, avant le référendum du 13 octobre 1946, d'une réglementation législative abondante, ayant permis d'octroyer une qualification déjà législative à la liberté syndicale et aux conventions collectives, malgré les difficultés qui s'étaient élevées autour de la question de la normativité et de l'applicabilité directe du huitième alinéa.

199.C'est respectivement en 1957[4] et en 1962[5] que la Cour de cassation et le Conseil d'État se prononcèrent, pour la première fois, sur l'alinéa 6 du préambule alors que, s'agissant du droit de grève, on pouvait recenser une décision de justice sur son objet dès la fin des années quarante. Cette différence de date est assurément éloquente, dans le traitement variable des libertés collectives des travailleurs par les juges français au lendemain du référendum du 13 octobre 1946. Il convient de souligner la situation, davantage critique, du principe de participation.

---

[1] Cour de cassation, soc., 1er juin 1951, *Société Ardennaise d'outillage et de construction mécaniques, Dr. soc., 1951,* p. 530 ; Cour de cassation, soc., 1er juin 1951, Époux Llambrich c. Cavaille, même référence.
[2] V. également le rapport Patin sous la décision Court de cassation, crim, 28 juin 1951, *Ministère public c. Piegeay, D.*, 1951, J., p. 542.
[3] *Dr. soc.*, 1951, p. 532.
[4] Précisément dans l'arrêt *Société entreprise Ollier c. Vigneux et autres* du 24 janvier 1957, *Bull Civ*, IV, p. 57 et 58.
[5] Où les juges administratifs avaient considéré « qu'il résulte du préambule de la Constitution du 27 octobre 1946 et de l'article 6 de la loi du 19 octobre 1946 (…) que les syndicats ont pour seul rôle la défense des intérêts professionnels communs à leurs membres (…) » ; Conseil d'État, sec., 8 juin 1962, *Ministres des Postes et Télécommunications c. Frischmann, D.,* 1962, J., p. 492, note L. DUBOIS.

Dans nombre de ces arrêts et précisément dans celui du 15 février 1961[1] le Conseil d'État a refusé, de surcroit avec une constance particulière[2], de conférer une valeur constitutionnelle au huitième alinéa du préambule, préférant y voir *« un objectif à atteindre auquel les constituants ont réaffirmé leur attachement »*[3], devant alors être considéré comme une *« simple directive à l'usage du législateur »*[4].

En bout de course on n'attendait plus qu'une intervention de la juridiction constitutionnelle, une sorte du qu'en dira t-elle face au déni de reconnaissance de la valeur constitutionnelle des dispositions du préambule. Autrement dit, une décision sonnant le glas des hésitations doctrinales et des doutes jurisprudentiels. Le Conseil constitutionnel remplit son office le 16 juillet 1971[5].

2. La décision du 16 juillet 1971

200. M. le doyen RIVERO écrivait à propos de la décision du début des années 1970 que « les décisions de justice, en France – hormis parfois celles du juge pénal – ont rarement dans la grande presse les honneurs de la une. Celle que le Conseil constitutionnel a rendue le 16 juillet a fait exception à la règle »[6]. Elle est d'un poids capital sur l'avènement de la constitutionnalité des libertés collectives des travailleurs. Commençons d'abord par rappeler l'objet du litige, pour saisir la portée de la règle qu'elle établie.

---

[1] Rec., p. 115.
[2] Conclusions LATOURNERIE sur Conseil d'État, 15 décembre 1978, *Manufacture française des pneumatiques Michelin, D.*, 1979, J., p. 329.
[3] Ibid.
[4] Conseil d'État, ass., 28 juin 1974, *Fédération nationale des syndicats des services de santé et services sociaux de la CDFT, Rec.*, p., 380, et *RTDSS*, 1974, p. 699, conclusions BERTRAND.
[5] V. cependant la décision – moins célèbre mais bien entendu précurseur – du 26 juin 1970, où le Conseil constitutionnel se référa au préambule de 1946 dans le visa de sa décision : Déc. 70-39 DC du 26 juin 1970, *Rec.*, p. 15.
[6] *A.J.*, 1971, p 537.

a. L'objet du litige

201. Les faits de l'espèce étaient relatifs à un récépissé de déclaration que le préfet de Paris de l'époque, sur l'instruction du ministre de l'intérieur (R. MARCELLIN), avait refusé de délivrer à l'association des Amis de la cause du peuple. S'ensuivra une requête déposée par de hautes personnalités publiques – telles que Mme Simone de BEAUVOIR et M. LEYRIS – pour contester la régularité de la décision du refus du préfet. La première requête qui demandait de sursoir à l'exécution de la décision du préfet fut rejetée par le tribunal administratif, avant que celui-ci n'en vienne à censurer la décision de l'autorité publique.

Ainsi que le fit remarquer M. le doyen, le ministre de l'intérieur « sans doute conscient du bien-fondé juridique du jugement, n'en appelle pas au Conseil d'État, mais au Parlement : puisque le juge donnait de la loi une interprétation irrécusable, mais contraire à celle que soutenait le ministre, il suffisait de changer la loi »[1]. Le 11 juin 1971, le gouvernement adopta un projet de loi tendant à compléter les dispositions de l'article 7 de la loi du 1er juillet 1901. L'objet de ce projet de loi était de soumettre certaines associations à un *contrôle a priori de l'autorité judiciaire*, à *l'initiative du préfet*. La règle qu'elle élaborait était claire : en cas de déclaration faite par une association apparaissant fondée sur une cause ou en vue d'un objet illicite, contraire aux lois, aux bonnes mœurs, ou qui aurait pour but de porter atteinte à l'intégrité du territoire national et à la forme républicaine du gouvernement, le préfet ou le sous-préfet, avant de délivrer le récépissé, communique la déclaration avec les pièces y annexées au procureur de la République du lieu ou elle a été faite[2].

Le projet de loi prévoyait que le récépissé soit délivré si, dans un délai de deux mois, le tribunal, saisi par le procureur, n'a pas ordonné la fermeture des locaux ou l'interdiction de toutes réunions des membres de l'association. Il était par conséquent évident d'y voir un dispositif spécialement taillé sur mesure pour s'appliquer à l'association des Amis de la cause du peuple, afin qu'elle ne puisse pas exercer. Après avoir reçu l'avis favorable du Conseil d'État, ce projet de loi fut adopté en première lecture, le 23 juin 1971, à l'Assemblée nationale (après amendement). Mais le Sénat rejeta ce texte à trois reprises, avant que l'Assemblée

---

[1] Ibid.
[2] Cf. exposé du projet de loi.

nationale ne statue définitivement en quatrième lecture avec la suprématie que lui reconnaît l'article 45 de la constitution.

Le président du Sénat, monsieur A. POHER, par ailleurs non connu pour être sympathisant particulier de gauche ou des causes associatives, préféra mieux faire que de s'y soumettre : un recours fut formé devant le Conseil constitutionnel sur fondement de l'article 61 de la constitution. Est déféré à l'examen du Conseil constitutionnel, bien entendu pendant son adoption et avant sa promulgation, l'ensemble des dispositions du projet de loi. C'est à cette occasion que les juges constitutionnels eurent à rendre leur décision du 16 juillet 1971 et à se prononcer sur la valeur constitutionnelle des dispositions du préambule, dans une affaire où les libertés collectives des travailleurs n'étaient pas directement concernées.

b. La portée de la décision du 16 juillet 1971

202. Les dispositions particulièrement mises en cause par le requérant devant le Conseil constitutionnel étaient celles du troisième article. Sans leurs apporter des modifications substantielles, les deux premiers articles reprenaient les termes de la loi du 1er juillet 1901 relative à la liberté d'association, ce qui n'était point le cas du troisième, contenant un mécanisme nouveau. Celui-ci prévoyait que, dans un délai de cinq jours, le procureur de la République pourrait assigner en référé le déclarant d'une association devant le tribunal de grande instance « en cas de déclaration faite par une association *apparaissant* fondée sur une cause *illicite* ou en vue d'un objet *contraire aux lois* »[1] ou « par une association *paraissant reconstituer* une association dont la nullité ou la dissolution a été régulièrement constatée ou prononcée »[2]. La liste est particulièrement longue[3].

203. Dans un premier *considérant* les juges soulignent le respect scrupuleux de la procédure d'adoption de loi par le dispositif incriminé, jugé conforme sur ce point à la lettre de la constitution, malgré les objections soulevées par les parlementaires : « *Considérant que la loi*

[1] Cf. exposé du projet de loi.
[2] Cf. exposé du projet de loi.
[3] J. ROBERT, *R.D.P.*, 1971, p. 1170 à 1187.

déférée à l'examen du Conseil constitutionnel a été soumise au vote des deux assemblées, dans le respect d'une des procédures prévues par la Constitution, au cours de la session du Parlement ouverte le 2 avril 1971... »[1].

204. Dans deux autres *considérants,* ils se prononcent sur le troisième article situé au cœur de l'examen de constitutionnalité :« *si rien n'est changé concernant la constitution même des associations non déclarés, les dispositions de l'article 3 de la loi dont le texte est, avant sa promulgation, soumis au Conseil constitutionnel pour examen de sa conformité à la Constitution, ont pour objet d'instituer une procédure d'après laquelle l'acquisition de la capacité juridique des associations déclarées pourra être subordonnée à un contrôle préalable par l'autorité judiciaire de leur conformité à la loi ; Considérant, dès lors, qu'il y a lieu de déclarer non-conformes à la Constitution les dispositions de l'article 3 de la loi soumise à examen du Conseil constitutionnel complétant l'article 7 de la loi du 1er juillet 1901, ainsi, par voie de conséquence, que la disposition de la dernière phrase de l'alinéa 2 de l'article 1er de la loi soumise au Conseil constitutionnel leur faisant référence ;* »[2].

205. Mais là ne réside par l'apport essentiel de la décision *Liberté d'association,* quant aux libertés collectives des travailleurs. Il se trouve au niveau de la portée de la solution établie par les juges à l'égard des prescriptions du préambule. Pour censurer l'article 3 du projet de loi, les juges constitutionnels avaient affirmé qu'il porte atteinte à la liberté d'association qui « est à la base des dispositions générales de la loi du 1er juillet 1901 » laquelle figure « au nombre des principes fondamentaux reconnus par les lois de la République et solennellement réaffirmés par le préambule de la constitution »[3].

---

[1] Souligné par nous.

[2] Souligné par nous.

[3] Étant nécessaire de préciser que les principes fondamentaux reconnus par les lois de la Républiques sont « des principes inscrits dans le préambule de la constitution du 27 octobre 1946, repris par le préambule de la constitution du 4 octobre 1958, et renvoyant à l'ensemble des lois républicaines antérieures à l'entrée en vigueur de la constitution de la IVème République et plus particulièrement à l'œuvre législative de la IIIème République ». Jean Jacques ISRAËL, *Droit des libertés fondamentales, op. cit.,* p. 29.

Le projet de loi du 2 avril 1971 porte atteinte à la liberté d'association et est contraire à la constitution : « *Au nombre des principes fondamentaux reconnus par les lois de la République et solennellement réaffirmés par le préambule de la Constitution il y a lieu de ranger le principe de la liberté d'association ; que ce principe est à la base des dispositions générales de la loi du 1er juillet 1901 relative au contrat d'association ; qu'en vertu de ce principe les associations se constituent librement et peuvent être rendues publiques sous la seule réserve du dépôt d'une déclaration préalable ; qu'ainsi, à l'exception des mesures susceptibles d'êtres prises à l'égards de catégories particulières d'associations, alors même qu'elles paraîtraient entachées de nullité ou auraient un objet illicite, ne peut être soumise pour sa validité à l'intervention préalable de l'autorité administrative ou même de l'autorité judiciaire* »[1].

206.À vrai dire l'occasion offerte au Conseil par cette saisine était trop belle pour régler définitivement, le sort des velléités constitutionnelles, des droits énoncés en tête du texte de 1946. Les juges constitutionnels, invités à se prononcer sur la nécessité de conférer une valeur supralégislative à la liberté d'association, avaient assurément pris conscience de l'impact de leur décision sur la question de la place du préambule dans la hiérarchie des normes. C'est logiquement qu'ils vinrent mettre un terme aux réticentes jurisprudentielles et doctrinales observées dès l'abord, quant à l'admission de la qualification constitutionnelle des droits sociaux proclamés après la Seconde Guerre mondiale.

207. Les bases ayant été posées par la décision du 16 juillet 1971[2], il fallait tout bonnement s'attendre à ce que, six ans plus tard, le Conseil constitutionnel vienne confirmer cette orientation et se prononcer explicitement, pour la première fois, sur la valeur constitutionnelle d'un droit d'expression collectif des travailleurs, ainsi qu'il le fit dans la célèbre décision *Emploi des jeunes* du 5 juillet 1977.

---

[1] Souligné par nous.

[2] Même s'il convient d'ajouter que le Conseil constitutionnel s'était déjà référé au préambule de 1946 dans son visa dans une décision du 26 juin 1970 ; Déc. 70-39 DC 26 juin 1970, *Rec.*, p. 15.

208. Il est indispensable d'insister sur la décision du 16 juillet 1971[1]. Certes, les libertés collectives des travailleurs ont été élevées au rang constitutionnel en 1946. Mais les travaux des deux commissions sont loin d'avoir produit des effets immédiats[2]. De la même manière, il est nécessaire de signaler que l'intervention des pouvoirs publics français de l'après Seconde Guerre mondiale était moins destinée à compenser les échecs et les lacunes des dispositions internationales et européennes qu'à matérialiser les acquis de la classe ouvrière dont le combat héroïque pendant la résistance permis de vaincre le régime de Vichy[3]. Sans l'avoir (en tant qu'objectif) initialement fixé, le travail des constituants, dont on a par ailleurs constaté la nature universelle des ambitions se rattachant à l'implication des travailleurs des territoires d'Outre-mer notamment de l'ex Dahomey au rang des bénéficiaires, a permis de surmonter ces échecs et lacunes.

Il reste maintenant à voir dans le domaine béninois, où l'ambition universelle avait pu produire des effets singuliers comment, dans cette continuité, les constituants du début des années 1990 sont également parvenus à surmonter, à travers l'œuvre de *la Conférence nationale des Forces Vives,* de telles difficultés internationales et régionales d'établissement des droits des travailleurs.

SECTION II : LA CONFÉRENCE NATIONALE DES FORCES VIVES

209. Le constat est identique : en réalisant l'œuvre majeure de la *Conférence nationale des Forces Vives* les constituants béninois du début des années quatre-vingt-dix ne s'étaient pas fixés pour objectif de suppléer les insuffisances des dispositions internationales et africaines de reconnaissance des libertés collectives des travailleurs. Autrement dit, la constitution béninoise du 11 décembre 1990 – et en particulier son article

---

[1] Tant c'est par son biais que l'une des dispositions énoncées dans le préambule de 1946 fut, pour la première fois, considérée dans sa valeur constitutionnelle.
[2] Et l'on devait le mentionner.
[3] Ce qui relève quasiment d'un truisme, ainsi que le matérialise les différents travaux et Projets constitutionnels de la résistance, dont il ressort l'empressement de tourner le dos au temps de l'occupation et de la servitude humaine.

31 – est venue subséquemment intégrée les droits-salariés de l'homme dans son corpus autant que le texte fondamental du 27 octobre 1946 avait pu procéder, de façon implicite, à une valorisation normative des droits des travailleurs. Aucune volonté de suppléer les déficits des engagements internationaux n'était affichée, d'un côté comme de l'autre. Du moins, à travers l'analyse des débats et des discussions consécutifs à cette consécration, il convient de reconnaître que cette volonté n'était pas explicitement manifestée, aussi bien dans le cadre français que béninois.

La démonstration venant d'être réalisée dans le premier champ juridique, celui français, il est nécessaire de procéder de la même manière dans le second, dans l'orbe béninois. L'étude de l'avènement de la *Conférence nationale des Forces Vives* est indispensable[1] sur l'objet d'une réflexion consacrée aux libertés collectives des travailleurs. C'est par son biais que la constitution du 11 décembre 1990 à élever les droits des travailleurs au plus haut niveau de considération dans la hiérarchie des normes (§ 2). Il serait cependant déficient, dans le prisme d'une telle nécessité, de sous-estimer le contexte sociopolitique et les facteurs juridico-institutionnels qui ont conduit à sa manifestation. La crise économique et gouvernementale de la fin des années quatre-vingt y a joué un rôle de premier rang (§ 1).

§ 1 : De la crise de la fin des années quatre vingt

210. La *Conférence nationale des Forces Vives et de la nation,* qui s'est déroulée à Cotonou entre le 19 et le 28 février 1990, s'inscrit dans un contexte culturel et social bien déterminé. Il faut partir de ce point, pour comprendre l'analyse subséquente relative aux libertés collectives des travailleurs. Celui-ci est constitué par le constat d'une crise générale qui, selon la formule du président K. MBAYE, frappe les individus dans leurs besoins vitaux. Ses fondements politiques et ses causes économiques doivent être soulignés. C'est en son sein que le phénomène de constitutionnalisation des libertés collectives des travailleurs trouve sa justification.

---

[1] Pour ne pas dire incontournable quant à ces implications sur les droits fondamentaux des l'homme béninois au travail.

A. LES FONDEMENTS POLITIQUES DE LA CRISE

211. Il existe, dans la formation des facteurs qui ont mené au déroulement de la Conférence nationale de février 1990, une variante politique essentiellement déterminante. Le *« dialogue national »* tire sa provenance d'une crise systémique. L'élément politique est le principal fait générateur de cette crise voire, pour d'aucun, de ces crises[1] des années quatre-vingt qui atteignirent leur point culminant à la fin de la décennie. Ses effets se sont observés aussi bien sur la scène nationale béninoise (a) que dans le cadre régional africain (b).

a. Sur la scène nationale béninoise

212. Depuis la veille de l'indépendance, la vie politique béninoise a été jonchée par bien d'intrigues et d'instabilités institutionnelles[2]. Les évènements de février 1990 constituent leur faste aboutissement[3]. Intrigues tout d'abord, parce que pas moins d'une dizaine de constitutions ont été adoptées entre 1959 et 1990 par les autorités locales[4]. Instabilité ensuite, en raison des effets induits par une telle activité normative frénétique sur la scène politique nationale[5]. La situation institutionnelle béninoise du début des années soixante-dix illustre à merveille ces propos. Le 26 octobre 1972, suite à un coup d'état réussi, la destinée nationale du Dahomey fut prise en charge par un jeune

---

[1] M. DOBRY, *Sociologie des crises politiques,* Paris, Presses de la FNSP, 1992, p. 141-150.

[2] Ibid.

[3] Ibid.

[4] Dont respectivement, la Constitution du 28 février 1959, la Constitution du 26 novembre 1960, la Constitution du 11 janvier 1964, l'Ordonnance du 1er septembre 1966 du régime général Soglo fixant les règles fondamentales de la République du Dahomey, la Constitution du 11 avril 1968, la Constitution du 28 avril 1968, l'Ordonnance 69-53-D du 26 décembre 1969 portant Charte du Directoire, l'Ordonnance 70-34-CP du 7 mai 1970 portant Charte du Conseil Présidentiel, la loi fondamentale du 26 aout 1977, la loi constitutionnelle du 13 aout 1990 portant organisation des pouvoirs durant la période transitoire.

[5] F. De MÉDÉROS, « Armée et instabilité : les parties militaires au Bénin », Paris, Le Sycomore, 1987, p. 127-149.

Commandant, totalement anonyme, du nom de Mathieu KÉRÉKOU[1]. Celui-ci affirma, officiellement et ostensiblement, son adhésion à l'idéologie marxiste-léniniste. Ceci conduisit à l'instauration d'un régime de gouvernement révolutionnaire. Des réformes structurelles furent engagées en fonction des dogmes et, des directives des pays du bloc communiste, principalement de la Chine, de l'Union des Républiques Socialistes et Soviétiques (URSS), à l'égard desquels le jeune Commandant manifestait son penchant.

Le 18 nombre 1974, on adopta l'Ordonnance n° 74-68 *portant structure du pouvoir sous le gouvernement militaire révolutionnaire (G.M.R).* Après avoir supprimé les institutions constitutionnelles existantes, la nouvelle Ordonnance les remplaçait par un président et un G.M.R. Le 30 novembre 1975, soit un an jour pour jour après l'adoption du marxisme-léninisme comme fondement philosophique du système politique béninois, le nom du pays fut changé, la République du Dahomey devenait la République populaire du Bénin. À la même date, on créa le parti unique, constitué par le Parti de la Révolution populaire du Bénin (PRPB). Conformément à ses dispositions statutaires, le PRPB se définissait comme *« un parti de classe, détachement d'avant-garde du prolétariat et de toutes les couches sociales exploitées de la République Populaire du Bénin en lutte contre l'impérialisme, le colonialisme, le néo-colonialisme et toutes les formes d'exploitation et d'avilissement de l'homme par l'homme »*[2]. Il était en outre prévu que *« Le projet de loi fondamentale, pour répondre aux exigences exprimées, [...] doit affirmer sans équivoque le rôle dirigeant du Parti de la Révolution populaire du Bénin sur l'État et sur toutes les activités dans la société béninoise »*[3].

---

[1] Sur la polémique autour de l'attribution de la paternité des évènements du 26 octobre 1972 V. F. GODIN, *Bénin 1972-1982. La logique de l'État africain,* Paris, L'Harmattan, 1986, p 273 ; J. ESTABLET, *Mathieu KÉRÉKOU, l'inamovible président du Bénin,* Paris, L'Harmattan, 1997, p. 57.

[2] Statuts du Parti de la Révolution populaire du Bénin (PRPB), Chapitre II Nature du Parti, Article 3, *Documents fondamentaux du 1er Congrès national ordinaire : Résolutions et statuts,* éd. du Comité central, Cotonou, ONEPI, Novembre 1979.

[3] *Deux instruments de lutte patriotique et de classe pour accéder à l'étape de la révolution démocratique populaire,* Discours du Président M. KÉRÉKOU à la séance d'ouverture de la session extraordinaire du Conseil national de la révolution (CNR), 26 aout 1977.

213. Dans ce contexte, une loi fondamentale fut adoptée le 26 aout 1977 pour l'organisation et l'administration du fonctionnement des nouvelles institutions de la République populaire du Bénin. Aux termes des dispositions de l'article 30 de la loi fondamentale, *« L'Assemblée Nationale Révolutionnaire est l'Organe Suprême du Pouvoir d'État de la République Populaire du Bénin ».* L'article 31, quant à lui, ajoutait que *« L'Assemblée Nationale Révolutionnaire est l'unique Organe législatif de la République populaire du Bénin ».*

Le système du parti unique instauré, l'allégeance au marxiste-léniniste manifestée, c'est donc logiquement que le représentant de l'exécutif béninois va ultérieurement « adopter des déclarations et des droits en rapport avec son idéologie »[1]. Elles se rattachaient à une prédominance du développement économique de l'État sur le bien-être de l'individu et, subséquemment, à une violation tolérée des libertés fondamentales des personnes pour des supposés motifs d'intérêt général de la nation.

214. Selon les analyses du politologue M. DOBRY, cette instabilité politique[2], que le régime révolutionnaire du 26 octobre 1972 venait accentuer, est le principal fait générateur des crises politiques de la fin des années quatre-vingt[3], ayant conduit, comme chacun sait, aux heureux évènements du dialogue national. Il est digne d'intérêt de constater au milieu des années quatre-vingt, l'existence d'un certain nombre d'indices et de signes avant-coureurs de ces crises politiques, au sein même – mais également au-delà[4] – de l'armée béninoise, le climat social des régiments de l'époque alternait entre trahisons et règlements de comptes[5].

---

[1] A. AJAVON, « La protection des droits de l'homme dans les Constitutions des États de l'Afrique Noire francophone », *RJPIC.*, n°1, Mars 1992, p. 128.
[2] F. De MÉDÉROS, « Armée et instabilité : les parties militaires au Bénin », *op. cit.*, ibid.
[3] M. DOBRY, *Sociologie des crises politiques, op. cit.*, ibid.
[4] R. BANÉGAS, « Mobilisations sociales et oppositions sous Kérékou », in *Le Bénin, Politique Africaine,* n°59, octobre 1995, p. 26-43.
[5] V. « Dahomey : règlement de comptes entre les officiers supérieurs », *in Le mois en Afrique, RFEPA,* n°47, novembre 1969, p. 10-13.

b. Dans le cadre régional africain

215. La situation politique d'implosion institutionnelle et d'explosion sociale, où se trouvait la République populaire du Bénin dans les années quatre-vingt, et qui se cristallisa à la fin de la décennie, était également caractéristique à cette époque de l'état politique –presque chaotique – des autres pays de l'Afrique noir. Il est important de le souligner, afin de saisir l'analyse dans toute sa portée : l'avènement du despotisme conjugué à l'ouverture d'une nouvelle ère démocratique symbolisait la fin de l'époque des années 80 dans la majorité des pays africains. En effet, à partir de la fin des années 1980, précisément en 1988, des soulèvements sociaux et politiques majeurs vacillaient l'ensemble du continent. On pourrait rappeler, avant le Bénin en 1989, les protestations populaires d'Algérie de 1988. La suite constitue un embrasement global par touches successives et continues de contamination[1].

Le même constat est réalisé par M. le professeur J. du BOIS de GAUDUSSON dans l'une de ces contributions[2], lorsqu'il explique que la plupart des pays africains choisirent au milieu des années quatre-vingt-dix l'option de *la solution constitutionnelle* pour résorber les *conflits politiques* et les *agitations sociales* qui faillirent emporter le continent tout entier dans le précipice[3]. Le modèle de gouvernement béninois, issu du « concept nouveau de changement de régime politique »[4], allait ainsi y voir le jour.

Dans le même sens, des auteurs aussi différents les uns des autres tels que MM. les professeurs G. CONAC[5], F. MODERNE[6], ou encore C.

---

[1] Ph. NOUDJÈNOUMÈ, *La démocratie au Bénin*, Paris, L'Harmattan, p. 9.

[2] Cf. en particulier celle dans l'ouvrage collectif portant sur *Les institutions politiques des États d'Afrique francophone et de la République Malgache* placé sous la direction de M. le professeur G. CONAC…

[3] « Les solutions constitutionnelles des conflits politiques », *AC,* numéro spécial, octobre-décembre 1996, p. 251.

[4] F. LALOUPO, « La conférence nationale au Bénin : un concept nouveau de changement de régime politique », *L'Année Africaine,* 1992-1993.

[5] G. CONAC (dir.), *Les institutions politiques des États d'Afrique francophone et de la République Malgache,* Paris, Économica, 1979, p. 6.

[6] « L'évolution des juridictions constitutionnelle dans les États d'Afrique francophone et la République Malgache, *in* G. CONAC (dir.), *Les institutions politiques des États d'Afrique francophone et de la République Malgache,* ibid., p. 185 s.

LECLERCQ[1], C. CADOUX[2], ont souligné que, partout ailleurs, après la décolonisation, les nouvelles Républiques d'Afrique noire se sont singularisées par l'instauration d'un monopole politique de fait ou de droit, représenté par le régime du parti unique. Ceci, observent-ils, se solda par la constatation d'une « instabilité constitutionnelle »[3], d'un « aléa de l'institutionnalisation étatique »[4], n'était d'une « stabilité constitutionnelle apparente »[5] des appareils gouvernementaux africains.

Mais l'envergure africaine de l'agitation politique qui se déploya notamment sur la scène nationale béninoise n'est pas exclusive d'autres facteurs de crises.

B. LES CAUSES ÉCONOMIQUES DE LA CRISE

216. Il serait sélectif et surtout partiel de vouloir circonscrire les faits générateurs de la *Conférence nationale des Forces Vives* dans l'unique dominante politique de la crise de la fin des années quatre-vingt. Le rôle joué par l'instabilité institutionnelle et les hésitations étatiques est, assurément, pour beaucoup dans son apparition. Mais l'on ne peut la réduire à ce phénomène, même s'il est loin d'être minuscule. Dans la fragilité politique de la situation nationale, l'implication du facteur économique s'était également montrée déterminante sur le chemin de l'organisation du forum de février 1990. À l'instar de la portée des constatations réalisées, lesquelles découlent des fondements politiques de la crise des années 80, les retombées du mobile économique sont apparues aussi bien sur la scène nationale béninoise que dans le cadre régional africain. L'interpénétration structurelle des éléments de l'analyse l'illustre.

---

[1] « Les libertés publiques en Afrique noire », *in* G. CONAC (dir.), *Les institutions politiques des États d'Afrique francophone et de la République Malgache*, ibid., p. 223 s.

[2] « Le statut et les pouvoirs des chefs d'États et des gouvernements », *in* G. CONAC (dir.), *Les institutions politiques des États d'Afrique francophone et de la République Malgache*, ibid., p. 69.

[3] Ibid., p. 6.

[4] Ibid.

[5] Ibid., p. 7.

a. Sur la scène nationale béninoise

217. La loi constitutionnelle du 16 aout 1977 avait imprégné la détermination des règles applicables en matière économique, en regard de l'influence idéologique du marxisme-léninisme. C'est ainsi que le gouvernement révolutionnaire fut placé au centre et au dessus de tous, selon la logique des principes et concepts soviétiques. Aux termes des dispositions de la loi constitutionnelle, le G.M.R devait rester le principal acteur économique et l'unique entrepreneur de l'État[1]. La suite on la connaît : nationalisation des entreprises privées les plus vitales du secteur primaire, secondaire et tertiaire[2], capitalisation des sociétés rendant une mission de service public[3], expropriation, réquisition et confiscation par l'État de la propriété privée pour cause d'utilité publique[4]. Bref, ceci conduisit à l'observation d'un phénomène que les spécialistes qualifièrent d« 'étatisation de l'économie ». Il en résulte bien de dérives politiques telles que la corruption, la concussion, la mauvaise gestion des deniers publics, facteurs rampants de crise économique en gestation.

« Du fait de l'absence totale de contrôle approprié sur les recettes et les dépenses de l'État, du fait d'une gestion désordonnées et irresponsable des deniers publics et surtout à cause d'investissement fantaisistes et hasardeux, la situation financière de l'État béninois s'est rapidement détériorée, amorçant en 1983, déjà, la descente aux enfers. Fidèle à sa logique suicidaire de corruption généralisée et de gestion artisanale des finances de l'État, l'État PRPB n'a rien su, ni pu prendre effectivement aucune mesure pour stabiliser et redresser sa situation financière compromise. C'est donc noyé sous des déséquilibres de toutes sortes, déséquilibre économique, financier, de trésorerie avec la faillite de la quasi-totalité des entreprises publiques, la faillite de tout le système bancaire et sous l'emprise de la banqueroute que contraint et forcé, l'État

[1] Et il est assez éloquent d'insister, à ce niveau de l'analyse, sur la proximité étonnante découlant des dispositions juridiques mises en place par le gouvernement militaire révolutionnaire et les législations corporatistes instaurées pendant l'occupation par le régime de Vichy.
[2] Article 13 à 29 de la loi fondamentale.
[3] Ibid.
[4] Ibid.

a signé le premier Programme d'Ajustement Structurel du Bénin en juin 1989. »[1]

Il faut souligner la manière dont la crise économique exacerba les antagonistes (la mauvaise gestion, les détournements de fonds publics, l'enrichissement illicite ne favorisèrent pas l'environnement socio-économique plutôt électrique de ces années-là). Le destin politique national, déjà altéré par des contestations farouches au régime du parti unique, se trouva en délicate posture, avec l'empilement des crises auxquelles s'ajoutait la fin de la guerre froide. La puissance exceptionnelle de certains bailleurs de fonds internationaux et d'institutions financières ou monétaires spécialisées (les institutions de Bretton-Woods) conduisit à infléchir la tendance de la prépondérance du pouvoir des Partis politiques sur celui de l'État[2].

En ce sens, confronté à la crise économique, le gouvernement renonça à l'option d'une économie d'obédience socialiste pour tenir en 1991 des élections libres et transparentes. Ces élections ont impulsé un changement radical dans la pratique politique africaine. Pour la première fois depuis les années 1960, un pouvoir central en Afrique allait être démis par les urnes avec une passation pacifique du pouvoir. La République populaire du Bénin ne fut toutefois pas la seule concernée.

b. Dans le cadre régional africain

218. Le diagnostic réalisé à cette époque quant à la situation de crise économique était valable aussi bien pour la République populaire du Bénin que pour la plupart des pays de l'Afrique sub-saharienne. Un bref rappel historique permet de saisir la nature des évènements.

219. Avant même l'observation du problème d'endettement, dans les années 1970, la crise économique est apparue en Afrique (sub-saharienne) comme le résultat de plusieurs dysfonctionnements patents dans les choix économiques des gouvernements :

---

[1] R. ADJAHO, *La faillite du contrôle des Finances Publiques au Bénin (1960-1990)*, Cotonou, Les Éditions du Flamboyant, 1992, p. 15.
[2] B. GBAGO, *Le Bénin et les droits de l'homme*, *op. cit.*, p. 27.

-accroissement rapide des dépenses du secteur public sans un accroissement équivalent des recettes de ce secteur ;

-relégation au second rang de l'agriculture, souci majeur de la population active (70% des actifs) et pilier de l'économie nationale ;

-baisse de l'épargne intérieure à laquelle venait s'ajouter la surévaluation de la monnaie, le fléchissement des politiques incitatives à la production et à l'exportation[1].

À l'instar de la République populaire du Bénin, au début des années 1980, l'Afrique sub-saharienne se retrouva dans un climat international de faiblesse particulière, caractérisée par la coexistence d'une crise économique et financière. Les taux très bas (entre 3 et 8% par an jusqu'en 1978) des crédits reçus, en raison de la surliquidité produite par le recyclage des pétrodollars, n'allaient rien arranger à la situation de surendettement des pays africains, plutôt aggravée par des difficultés nouvelles à faire face durablement à leur dette extérieure à cause de la baisse des prix des matières premières[2]. Les problèmes ne s'arrêtant pas, dans le même intervalle de temps, certains pays non producteurs du pétrole, comme le Bénin ou le Sénégal, verront leur facture de pétrole s'accroitre excessivement, avec pour corollaire le gonflement du montant des dettes commerciales[3]. Ajouté à cela les clauses d'indexation insérées dans les contrats d'emprunts souscrits par les pays africains dans les années 1970, lesquelles permettaient aux pays du Nord d'ajuster leurs taux d'intérêts aux taux d'inflation enregistrés sur le marché : les pays africains vont se trouver confrontés à un poids considérable de dette extérieure, étant nécessaire de préciser que les contrats étaient en sus libellés en dollars[4]

Jouant de ce contexte de fragilité économique, les investisseurs et prêteurs publics et privés (Club de Paris, Club de Londres) de même que des institutions économiques tels que le Fonds Monétaire international et la Banque mondiale, allaient imposer aux États africains des règles d'une

---

[1] M. SAMB, « Réformes et réception des droits fondamentaux du travail au Sénégal », *Afrilex*, 2000, p. 2-3.
[2] Ibid., 2.
[3] Ibid.
[4] Ibid.

austérité budgétaire particulièrement drastique : politiques libérales de stabilisation et d'ajustements structurelles, privatisation et flexibilisation des normes du droit du travail, ouverture du marché public à la concurrence internationale selon les préceptes de l'économie du marché[1]. Ultérieurement, précisément au début des années 1990, après la chute du mur de Berlin et l'étiolement du bloc socialiste, on assistera en Afrique à l'hégémonie absolue des dogmes de l'économie du marché et à la remise en cause des politiques africaines protectionnistes et socialisantes de l'État[2]. Face aux conséquences critiques engendrées par cette situation, il fallait s'attendre à une réaction significative sur l'ensemble du continent. Il fallait escompter des représentants des exécutifs africains qu'ils entreprennent des réformes en profondeur pour améliorer la vivacité démocratique de l'appareil politique lequel, assurément, conditionne la santé économique de l'organe étatique. En résumé, une réponse démocratique était inéluctable pour contrer la faillite révolutionnaire.

Elle fut apportée en premier par un petit pays du Tiers-Monde qui, à l'heure où tout craquait, « a laissé la raison et l'intelligence du cœur prendre le pas sur l'instinct et les intérêts égoïstes afin de tout sauver à nouveau »[3]. Arriva la Conférence nationale des Forces Vives et de la nation, qui fit un peu partout ses doubles[4]. À leur tour, elles permirent de consacrer l'aboutissement du processus de démocratisation du pouvoir par voie de la constitutionnalisation de la politique. Le texte fondamental du 11 décembre 1990 a laissé des traces.

§ 2 : De la Constitution du 11 décembre 1990

220. Le dénouement des crises politiques et économiques ci-dessus évoquées fut apporté par l'avènement du constitutionnalisme. Dans les années 1990 et en particulier au tout début de cette décennie, pour la

---

[1] Ibid.
[2] Ibid.
[3] Préface de L'Archevêque de Cotonou, feu Mgr Isidore de SOUZA, élu à la tête du Présidium de 13 membres qui dirigea la Conférence nationales, in *Les Actes de la Conférence Nationale*, Ed. Onépi, Cotonou, 1994, p. 209.
[4] D. BOURMAUD, P. QUANTIN, « Le modèle et ses doubles : les Conférences nationales en Afrique noire (1990-1991) », in Yves MÉNY, *Les politiques du mimétisme institutionnel. La greffe et le rejet*, Paris, L'Harmattan, 1993, p. 167.

désormais feu République populaire du Bénin – qui deviendra la République du Bénin –, le constitutionalisme devient un élément important de la vie politique nationale que personne ne peut plus négliger. Il arrive désormais à jouer son rôle de démineur des différends, de convertiseur des conflits politiques majeurs en litiges juridiques négociables[1]. Un nouveau phénomène de démocratisation par voie de constitutionnalisme pris corps au Bénin. Concrètement, c'est à partir des travaux de la Conférence nationale de février 1990 que le gouvernement béninois fit un pas crucial dans l'ère de la démocratie, drainant derrière lui nombre de pays africains. L'organisation de ces travaux permit l'adoption de la constitution du 11 décembre 1990, consacrant, notamment, les libertés collectives des travailleurs.

A. L'ORGANISATION DES TRAVAUX

221. « *Le génie* »[2] du peuple béninois, ainsi que l'écrivit un auteur, mais non de façon isolée[3], est d'avoir su inventer par le bais de la Conférence nationale des Forces Vives un outil privilégié d'organisation des régimes politiques, de prévention des litiges et de résolution des conflits et plus particulièrement « de gestion des crises politiques affectant des systèmes à parti unique, par la reconnaissance officielle des libertés publiques et la consécration de l'État de droit »[4]. Cette nouvelle voie d'accès au pluralisme politique[5], tracée par le Bénin en 1990[6], conduisit à l'élévation des libertés collectives des travailleurs au rang des prérogatives à valeur constitutionnelle, à l'instar de ce que nous observâmes, dans le champ juridique français, à travers l'analyse des

[1] J. du BOIS de GAUDUSSON, « Les solutions constitutionnelles des conflits politiques », *AC*, numéro spécial, octobre-décembre 1996, p. 251.
[2] F. E. BOULAGA, *Les conférences nationales en Afriques noire. Une affaire à suivre*, Paris, Karthala, 1993, p. 31.
[3] J. du BOIS de GAUDUSSON, « Les solutions constitutionnelles des conflits politiques », *op. cit.*, ibid.
[4] F. E. BOULAGA, *Les conférences nationales en Afriques noire. Une affaire à suivre*, *.op. cit.*, ibid.
[5] J.-B. MOKOTAN, « Une nouvelle voie d'accès au pluralisme politique : la Conférence Nationale souveraine », *Afrique 2000* n°7, novembre 1991, p. 41-53.
[6] Ibid.

travaux des deux Assemblées constituantes de l'après Seconde Guerre mondiale.

Ainsi convient-il de procéder de la même sorte et de partir des travaux de la Conférence nationale de février 1990. L'analyse des débats des deux Assemblées constituantes s'étaient également révélée indispensable, mais il n'est plus nécessaire de préciser les raisons. Pour sortir de la crise au début des années 1990, plusieurs organes *ad hoc* furent mis en place. Grâce à leur compte rendu, la première Loi fondamentale adoptée dans un régime démocratique vit le jour, en rupture complète avec les pratiques révolutionnaires précédentes.

a. Les organes de la Conférence

222. La Conférence nationale des forces Vives est en réalité une enceinte, constituée de plusieurs organes représentatifs des différents corps de la nation béninoise. Son objectif était d'élaborer une solution de sortie de crises et surtout de concevoir les fondements inédits d'un ordre constitutionnel nouvel assis sur les principes de la démocratie et de l'État de droit. À l'instar des réactions qui gouvernaient différents acteurs pendant l'élaboration des projets constitutionnels de la résistance, les membres de la Conférence nationale voulaient rompre avec le passé, désireux de marquer leur opposition avec les pratiques révolutionnaires et autoritaires. Celles-là qui ont bafoué la dignité humaine et ont relégué les libertés fondamentales et les droits constitutionnels des personnes au second rang.

223. Afin de se faire une peau neuve, pas moins de cinq cents personnes participeront aux discussions de la Conférence[1], auxquelles une large distribution fut assurée dans les médias nationaux, grâce à l'article 53 du Règlement intérieur de la Conférence qui stipulait que : « les débats de la Conférence seront retransmis en direct par la Radio

[1] Cf. A. ADAMON, *Le renouveau démocratique au Bénin, la Conférence Nationale des Forces Vives et la Transition*, Paris, Édition L'Harmattan, 1994 ; R. BANEGAS, *Action collective et transition politique en Afrique, la Conférence nationale au Bénin,* Cultures et Conflits n°17, L'Harmattan printemps, 1995.

Nationale »[1]. L'article 4 du Règlement intérieur prévoyait la mise en place de cinq organes pour conduire les débats :

- *L'Assemblée plénière*
- *Le Présidium de la Conférence*
- *Les Commissions de travail*
- *La Commission de vérifications des mandats*
- *Le Secrétariat technique*

224.*L'Assemblée plénière,* instance suprême de décision, avait pour vocation d'examiner les rapports des différentes Commissions et de recueillir les opinions des intervenants[2]. Au terme de l'article 6 du Règlement intérieur, tout participant avait « le droit d'émettre son avis sur tout sujet en discussion ». Les limites de cet exercice étaient tracées par l'article 46 al. 1er, qui affirmait que les décisions de l'organe doivent être prises « par consensus dans un esprit de persuasion, de conciliation et de compromis ».

225. Le rôle du *Présidium de la Conférence* était relatif à la direction des débats de l'Assemblée plénière, à la maitrise de la décision de l'ouverture et la clôture des séances et également à l'exercice de la faculté de donner la parole aux participants[3]. Ainsi qu'il ressort de l'article 11 al. 5, le *Présidium de la Conférence* « conduit au consensus et, le cas échéant, met aux voix la question en discussion ». Somme toute, sa fonction consistait à présider la Conférence des Forces Vives.

226. Les *Commissions de travail,* quant à elles, avaient en charge d'apporter une solution efficiente aux crises politiques et économiques qui ont fondé la nécessité de l'organisation de la Conférence[4]. Il était ainsi question de résoudre les problèmes économiques et sociaux ci-dessus évoqués, les difficultés éducatives et culturelles, mais surtout la

---

[1] Ibid.
[2] Ibid.
[3] Ibid.
[4] Ibid.

problématique constitutionnelle de consolidation de l'État de droit et de la démocratie conjuguée à la reconnaissance des droits fondamentaux des personnes.

C'est pourquoi différentes *Commissions* furent créées pour s'occuper de chacune des catégories des problèmes soulevées lors des discussions. La *Commission chargée des problèmes économiques et sociaux* avaient à cœur de conjurer les effets de la crise d'endettement des années 1980, qui conduisirent à observer diverses agitations sociales au-delà des frontières de la nouvelle République du Bénin[1].

La *Commission chargée de l'éduction et de la culture* avait, pour sa part, mis l'accent sur d'autres thématiques. Une importance particulière était accordée dans ces travaux aux préoccupations liées à l'éducation, la recherche scientifique et l'environnement conformément aux conclusions des rapports des deux-sous commissions créées à cet effet. En leur sein, on pouvait lire : « l'éducation est une industrie dont les produits finis sont les agents producteurs des biens qui assurent la vie de la communauté ». Selon les formules de son Président, M. le professeur GLÈLÈ-AHANHANZO, la *Commission des Lois et des affaires constitutionnelles*, principal organe au sens où son activité fut à la base de la constitutionnalisation des libertés collectives des travailleurs, avait pour fonction de « mettre en pratique la théorie en l'adaptant aux réalités sociales du Bénin »[2].

227. Le quatrième et le cinquième organes sont la *Commission de vérification des mandats* et *le Secrétariat technique.* Leur compétence était limitée, pour l'essentiel, au bon déroulement des Assises. Ainsi avaient-ils pour office de procéder à la vérification de l'authenticité des mandats, à l'examen des pouvoirs des participants, à la production des rapports, gestion des documents et fournitures ainsi qu'à la mise au propre des documents. Sans oublier la réalisation des tâches ayant une portée incidente sur le déroulement de la Conférence qui leurs incombait également.

---

[1] L. NAKA, *Le tiers-monde et la crise d'endettement des années 80 : fléchissement des flux financiers en direction des pays en développement*, L'Harmattan, 1989, spéc. Préface de V. GISCARD d'ESTAING.

[2] M. GLÈLÈ-AHANHANZO, « Le Bénin » in *L'Afrique en transition vers un pluralisme politique* (sous la Direction de G. CONAC), Économica, 1993, p. 173.

228.M. St. BOLLE, dans son ouvrage portant sur *Le nouveau régime constitutionnel du Bénin, Essai sur la construction d'une démocratie par voie de la constitution,* avait en effet souligné que « la Conférence nationale a consacré le consensualisme comme axe cardinal du processus décisionnel »[1]. L'esprit de compris et de consensus fut le maitre mot des assises de l'hôtel PLM-Alédjo[2]. La prise en considération du compte rendu des divers organes de la Conférence permet de s'en rendre compte.

b. Les conclusions des organes

229. On ne peut manquer de rapprocher, à ce niveau également, les termes des propos relatifs à l'esprit de compromis ayant guidé la réalisation des travaux du forum de février 1990 à la manifestation de la volonté tolérante et souple qui permit (en bout de course) à la deuxième Assemblée constituante, lors du référendum du 13 octobre 1946, d'intégrer les libertés collectives des travailleurs au rang des dispositions constitutionnelles. Il serait futile d'insister sur les raisons ayant imposé la nécessité du compromis... À l'inverse, il n'est pas anodin de préciser la manière dont l'esprit de compris conduisit les acteurs des différents organes *ad hoc* de la Conférence au résultat escompté[3]. C'est sous l'emprise d'une volonté consensuelle que bien de décisions qui changèrent le Bénin et l'Afrique noire allaient être prises aux termes des diverses assises. Seules les principales seront ici évoquées[4].

Le premier mérite de la Conférence nationale est, certes, d'avoir pensé et rédigé un avant-projet constitutionnel pour définir les nouvelles bases de la dorénavant pionnière République du Bénin. Pour être plus précis, c'est la *Commission des Lois et des affaires constitutionnelles* qui, avec l'apport et l'appui d'éminents constitutionnalistes et publicistes venant de

---

[1] St. BOLLE, *Le nouveau régime constitutionnel du Bénin. Essai sur la construction d'une démocratie africaine par la constitution,* Thèse, Lille, 1997, p. 86.
[2] Ibid.
[3] Ibid.
[4] Pour davantage de détails on renvoie à : S. ADJOVI, *De la dictature à la démocratie sans les armes,* Paris, éd. C.P., 1999 ; B. GBADO, *En marche vers la liberté. Passage d'un régime autoritaire à un État de droit, mai 1985-février 1990,* Porto-Novo, éd. CNPMS, 1991.

tous horizons, a mis en place un nouveau texte constitutionnel, lequel sera plus tard soumis au référendum et à l'approbation du Peuple.

230. Ce projet constitutionnel, qui organise les modalités de fonctionnement des institutions de la République béninoise dans le respect des principes de l'État de droit et de la démocratie[1], fut principalement influencé par le régime présidentiel[2]. Il prévoyait six grandes innovations :

- la mise en place d'un exécutif doté d'un pouvoir prépondérant conféré au président de la République[3] ;

- la mise au point d'un parlement composé d'une seule chambre, l'Assemblée nationale, dont les membres devront être élus au suffrage universel direct, à l'instar du mode de désignation du président de la République[4] ;

- l'établissement d'une Cour constitutionnelle devant être, à la fois, juge électoral, juge de la constitutionnalité des normes, garant du respect des droits et des libertés fondamentales des personnes, artisan de la stabilité institutionnelle du régime post marxiste-léniniste[5] ;

- la création d'une Cour suprême, compétente pour trancher en dernier ressort les contentieux de nature judiciaire ou administrative et ceux se rattachant aux comptes de l'État[6] ;

- l'institutionnalisation d'une Haute Autorité de l'Audiovisuel et de la communication, défenseur de la liberté de la presse et du droit à l'information du public[7] ;

---

[1] Ibid.
[2] Ibid.
[3] M. GLÈLÈ-AHANHANZO, « Le Bénin » in *L'Afrique en transition vers un pluralisme politique, op. cit.,* ibid.
[4] Ibid.
[5] Ibid.
[6] Ibid.
[7] Ibid.

- l'instauration d'un Conseil Économique et social, investi d'une fonction essentiellement consultative sur la politique économique et sociale de l'État[1].

231. Le dimanche 2 décembre 1990, le projet constitutionnel était soumis au référendum au Peuple béninois. Son adoption fut immédiate, à l'inverse du résultat consécutif au référendum du 05 mai 1946. En outre, le résultat fut enregistré à une grande majorité des suffrages exprimés. Ainsi naitra la Loi fondamentale béninoise du 11 décembre 1990, qui permit d'élever (en partie) au rang constitutionnel les libertés collectives des travailleurs.

B. L'ADOPTION DE LA CONSTITUTION DU 11 DÉCEMBRE 1990

232. La confection de la norme constitutionnelle représente l'apport essentiel du forum de février 1990. Le principal acquis relevant des travaux des différents organes de la Conférence nationale aura été d'avoir su trouver les ressources nécessaires et les moyens suffisants pour concevoir, à l'heure où tout craquait, un nouveau régime démocratique de constitutionnalisation des droits et des libertés fondamentales des personnes. Le texte du 11 décembre 1990, en ce qu'il intègre les libertés fondamentales des personnes dans l'ordonnancement juridique des normes constitutionnelles, constitue un outil efficient de progrès des droits des travailleurs. C'est pourquoi il aurait été particulièrement déficient de ne pas l'avoir étudié et de vouloir limiter sa portée à la seule consécration des libertés collectives des travailleurs, tant celui-ci avait proclamé en premier les droits civils et politiques.

a. La proclamation des droits civils et politiques

233. La nécessité de respecter les droits de l'Homme et les libertés publiques tels qu'ils ont été énoncés par les mécanismes internationaux et

---

[1] Ibid.

régionaux[1] ressort clairement des termes de la constitution du 11 décembre 1990. Son invocation liminaire (dans le préambule) précède la proclamation des droits civils et politiques (dans le corpus même du texte constitutionnel)[2].

234. En effet les constituants, après avoir affirmé solennellement dans le préambule leur détermination *« pour créer un État de droit et de démocratie pluraliste »*, au nom du Peuple béninois, ont réaffirmé *« Leur attachement aux principes de la démocratie et des Droits de l'Homme tels qu'ils ont été définis par la Charte des Nations-Unies de 1945 et la Déclaration Universelle des Droits de l'Homme et des Peuples adoptée en 1981 par l'Organisation de l'Unité Africaine, ratifiée par le Bénin le 20 Janvier 1986 et dont les dispositions font partie intégrante de la présente Constitution et du droit béninois et ont une valeur supérieure à la loi interne » ;.*

Ils ont ensuite consacré les droits civils et politiques. Classiquement désignées comme étant des droits de la première génération, les prérogatives connues sous ce vocable ont été prescrites au Titre deuxième des droits et des devoirs des personnes humaines dans la Loi fondamentale. D'ordinaire, on trouve dans cette catégorie des droits des personnes des libertés considérées *a contrario* comme étant négatives – des libertés abstentions. En d'autres termes, les droits civils et politiques seraient une variante de droits susceptibles d'être exercés sans que la personne publique ne soit obligée d'intervenir initialement. L'observation de la vie juridique et l'étude du droit positif des libertés à caractère fondamental des personnes montrent pourtant que plus d'un droit civil et politique peut requérir une action positive de l'État, destinée à faciliter sa jouissance et effectivité[3].

---

[1] Mais les explications initialement données sur chacun de ces outils nous dispensent de l'obligation de s'appesantir encore sur leur objet. Il en est ainsi pour l'ensemble des dispositions adoptées dans le cadre des Nations-Unies que pour celles provenant des représentants des exécutifs nationaux au sein de l'Organisation de l'Unité Africaine de l'époque.

[2] Cf. le texte intégral.

[3] Autant que bien de droits dits de la « deuxième » voire de la « troisième génération » peuvent également se mettre en œuvre indépendamment d'une intervention initiale du pouvoir public. Mais la remarque ne vient pas de nous : L. GAY, *Les droits-créances constitutionnels*, Bruylant, 2007, p 7 s.

235. Le premier droit civil et politique proclamé par les constituants du 11 décembre 1990 est le droit de tout individu à la vie, à la liberté, à la sécurité et à l'intégrité de sa personne[1]. L'article 16, lui, est relatif à la légalité et à la non-rétroactivité des délits et des peines[2]. L'article 17, pour sa part, établissait le droit à la présomption d'innocence[3]. Et que dire des articles 18 et 19 qui consacrèrent le droit au respect de la dignité humaine avec son corollaire constitué par la prohibition de toutes sortes de sévices, traitements cruels, inhumains ou dégradants[4] ? Ou encore de l'article 26, qui affirma le principe d'égalité de traitement et de la non-discrimination, notamment entre l'homme et la femme[5] ?

En résumé, il convient de préciser que la plupart des droits civils et politiques bafoués par le gouvernement marxiste-léniniste pendant la période révolutionnaire ont été réhabilités dans le texte constitutionnel consécutif aux travaux de la Conférence nationale. Il est également nécessaire de souligner le caractère non exhaustif de la liste des droits civils et politiques établie ci-dessus. Car le droit d'aller et de venir[6], le droit de propriété[7], le droit au respect du domicile familial et de la vie privée[8], à la protection du secret de correspondance[9], la liberté de conscience, de religion et d'opinion[10], ont été eux aussi proclamés par les constituants du 11 décembre 1990, dans le prolongement de l'œuvre de l'autorité constitutionnelle du 26 aout 1789.

La nouvelle Loi fondamentale consacre, en sus des droits civils et politiques dits classiques, les libertés collectives des travailleurs, dont on sait la qualification de « droits nouveaux » voire de « *principes économiques et sociaux particulièrement nécessaire à notre temps* » conférée dans nombre d'écrits au lendemain de la Seconde Guerre mondiale.

---

[1] Article 15 de la constitution.
[2] À rapprocher à l'article 8 de la Déclaration des droits de l'homme et des citoyens du 26 aout 1789.
[3] À rapprocher à l'article 9 de la déclaration de 1789.
[4] À rapprocher à l'article 7 de la déclaration de 1789.
[5] À rapprocher à l'article premier de la déclaration.
[6] Article 25 de la constitution.
[7] Article 22 de la constitution.
[8] Article 20 de la constitution.
[9] Article 21 de la constitution.
[10] Article 23 de la constitution.

b. La consécration des libertés collectives des travailleurs

236.C'est à l'article 31 de la constitution que sont énoncés les droits d'exercice collectif des travailleurs. Au terme de cette disposition :

« L'État reconnaît et garantit le droit de grève. Tout travailleur peut défendre, dans les conditions prévues par la loi, ses droits et ses intérêts soit individuellement, soit collectivement ou par l'action syndicale. Le droit de grève s'exerce dans les conditions définies par la loi ».

Sans qu'il soit nécessaire de le préciser, on aurait déjà remarqué la méthode groupée choisie par les constituants béninois du 11 décembre 1990 pour formuler les libertés collectives des travailleurs dans la Loi fondamentale nouvelle. La liberté syndicale, le droit de grève et le principe de participation sont tous consignés au sein des prescriptions de l'article 31 de la constitution. Il convient d'analyser la manière par laquelle chacune de ces libertés collectives des travailleurs a été consacrée par les constituants de 1990.

D'abord, s'agissant du droit de grève, il ne fait aucun doute sur la volonté des constituants de 1990 de l'intégrer dans le prestigieux ordre juridique constitutionnel. Les premières et dernières phrases de l'article 31 y font expressément référence, en affirmant que « L'État reconnaît et garantit le droit de grève », et en prévoyant en outre la nature – nécessairement ! – légale des conditions dans lesquelles celui-ci peut s'exercer. L'expression mutualisée des libertés collectives des travailleurs dans l'article 31 ne crée donc aucune torsion (en tant que telle) à l'élévation par les constituants de 1990 du droit de grève au rang des prérogatives à valeur constitutionnelle.

Ensuite, en ce qui concerne la liberté syndicale, le droit reconnu à tout travailleur de fonder un syndicat et d'adhérer ou de ne pas adhérer à une organisation syndicale, aucun doute ne peut également être entretenu sur la volonté des constituants de l'intégrer dans le champ juridique privilégié du droit constitutionnel. Malgré la manière, les constituants béninois de 1990 ont voulu assurément constitutionnaliser la liberté syndicale. L'assentiment ne peut faire l'ombre de doute, bien que ceux-ci se soient contentés d'une formulation elliptique, rompant avec la méthode observée auprès des deux Assemblées constituantes de 1946, qui individualisèrent le traitement des libertés collectives des travailleurs en énonçant notamment la liberté syndicale, le droit de grève et le principe de participation respectivement aux alinéas 6, 7 et 8 du préambule.

Mais il est digne d'intérêt d'ajouter à cette constatation que, à la différence de leurs homologues français, les constituants béninois ont pu et su faire pénétrer les libertés collectives des travailleurs dans le corpus même de la Loi fondamentale. Cette manœuvre a permis assurément d'éviter de connaître dans l'ordre béninois le même type de problème qui prévalut dans le champ juridique français jusqu'au début des années 1970, en regard de l'absence d'effet immédiat consécutif à la constitutionnalisation des droits sociaux des travailleurs en 1946. Il est d'autant plus hypothétique de vouloir déduire des travaux des constituants de 1990 la manifestation d'un faible intérêt pour la liberté syndicale que, toujours au travers de notre fameux article 31, ceux-ci l'ont expressément affirmé : « tout travailleur peut défendre, dans les conditions prévues par la loi, ses droits et ses intérêts soit individuellement, soit collectivement ou par l'action syndicale ».

Par le biais de cet article, les constituants béninois avaient intégré dans l'ordre constitutionnel, la liberté syndicale individuelle, bien sûr, mais aussi la liberté syndicale collective, et surtout la liberté syndicale positive. Si un doute a subsisté quant à la reconnaissance de la valeur constitutionnelle du volet négatif de la liberté syndicale, c'est-à-dire quant à la possibilité d'exercice du droit syndical par renoncement, celui-ci a été rapidement balayé par la décision du 14 mai 1998 de la Cour constitutionnelle[1]. La liberté syndicale, dans tous ses aspects, a été intégrée par le texte du 11 décembre 1990 dans l'ordre des prérogatives à valeur constitutionnelle.

Enfin, quant à l'objet du principe de participation, il n'est tout autant pas possible de considérer que les constituants du début des années 1990 n'auraient pas souhaité lui conférer une nature constitutionnelle. Car ainsi que l'on moult fois rappelé les juges[2] et les auteurs[3] de la doctrine

[1] DCC 98-043.
[2] Notamment dans la décision du Conseil constitutionnel du 6 novembre 1996.
[3] Cf. M.-L. MORIN, « Le Conseil constitutionnel et le droit à la négociation collective », *Dr. soc.*, 1997, p. 25

travailliste française, il est purement et simplement artificiel de continuer par séparer la liberté syndicale et le principe de participation, la première ne constituant que le prolongement du second qui, à certaines occasions, peut prendre la forme du droit à la négociation collective[1].

Il serait effectivement problématique de reconnaître à tout travailleur le droit de fonder un syndicat et d'adhérer à celui de son choix pour défendre ses intérêts (la liberté syndicale donc), sans automatiquement offrir aux syndicats dans la continuité de cette reconnaissance la possibilité de négocier des accords permettant au final à tout travailleur – dont ils ont la charge de défendre les intérêts – de participer à la détermination collective de leurs conditions de travail et à la gestion de leur entreprise (le principe de participation donc)[2]. Par conséquent il faut admettre, en dépit de la forme – dont on ne peut nier l'imperfection – que les constituants béninois de 1990 ont entendu élever les libertés collectives des travailleurs dans l'orbite constitutionnelle des droits des personnes, à l'instar de la démarche accomplie des années antérieures par les membres des deux Assemblées constituantes de 1946.

---

[1] Cf. dans les mêmes sens les analyses de MM. les professeurs J-P. MARGUÉNAUD et J. MOULY pour lesquelles « *le droit à la négociation collective* [est] *"partie inséparable" de la liberté syndicale* » ; « Le droit à la négociation collective "partie inséparable" de la liberté syndicale », *JCP G,* 07/03/07, n°10, p. 35-39.

[2] Ibid.

Conclusion du Titre 1

237.M. le professeur SUPIOT fait remarquer que les normes internationales du travail s'apparentent davantage à des *selfs services normatifs*, à rebours des règles de libéralisation du commerce international revêtant un caractère tout particulièrement contraignant[1]. En conséquence, dans les autres ordres juridiques de règlementation des libertés collectives des travailleurs, il fallut approfondir la réflexion. Il était nécessaire de procéder de la sorte pour voir, non plus dans le cadre des sources communes à la France et au Bénin, mais au sein des fondements normatifs externes qui leur sont spécifiques c'est-à-dire, dans la sphère des normes européennes et africaines de consécration des droits et libertés fondamentaux des personnes, la manière dont les droits des travailleurs ont été mis en place. Les constats de lacunes des dispositions communautaires aussi bien africaines[2] qu'européennes[3] réalisés par les spécialistes en la matière ne pouvaient également échapper à l'attention : l'instauration de mécanismes effectivement contraignants qui permettent de consacrer d'un point de vue formel les droits sociaux des travailleurs se heurte souvent à des difficultés structurelles que les simples changements d'ordre n'ont pas suffi à surmonter. Mais, à cela, deux précisions méritent d'être apportées. La première est relative aux incursions réalisées par les juges strasbourgeois[4] dans le domaine de la sécurisation des libertés collectives des travailleurs. La seconde se rapporte aux espoirs nourris par le projet d'Acte uniforme de l'OHADA sur le droit du travail[5]. Pour l'heure, il a été constaté que lesdites

---

[1] « Du nouveau sur le self-service normatif : la responsabilité sociale des entreprises », *in Mélanges Pélissier, op. cit.*, p. 543.

[2] P. G. POUGOUÉ, « Les droits fondamentaux de l'homme au travail dans les traités africains », *in Mondialisation, travail et droits fondamentaux, op. cit.*, p. 138.

[3] P. RODIÈRE, *Droit social de l'Union européenne, op. cit.*, p. 139.

[4] J.-P. MARGUÉNAUD & J. MOULY, « Les incursions de la Cour européenne des droits de l'homme dans le droit du travail : une œuvre encore en demi teinte », *op. cit.*, p. 16.

[5] P.-G. POUGOUÉ, Les droits fondamentaux de l'homme au travail dans les traités africains, *in Mondialisation, travail et droits fondamentaux, op. cit.*, p. 138.

incursions n'ont été réalisées qu'en demi teinte [1] et que, s'agissant du projet d'Acte du 24 novembre 2006, la promesse formulée est loin d'être si facilement tenable, la question des prérogatives de la personne salariée ayant été reconnue par les acteurs africains comme étant des plus *« délicates et discutables »*[2] à aborder.

238. En bout de course, une seule possibilité restait à explorer ; il restait à étudier la manière dont les autorités normatives nationales, aussi bien françaises que béninoises, ont reçu de telles difficultés. Après avoir pris acte des échecs des normes internationales du travail et des lacunes des dispositions communautaires relatives aux droits sociaux, il était indispensable de ramener la discussion dans la sphère nationale de réglementation des libertés collectives des travailleurs. Sur le plan de l'opportunité, la démarche visait à s'enquérir de la manière dont les pouvoirs publics ont su s'émanciper ou s'accommoder de ces insuffisances. Car, après tout, c'est à eux qu'incombe, dans la sphère locale, la responsabilité de donner effets aux dispositions internationales. Bref, il restait à étudier les sources internes des libertés collectives des travailleurs. Or on ne pouvait ignorer que, dans l'ordre interne, la norme suprême est celle de nature constitutionnelle. Pour savoir si les dirigeants politiques français et béninois ont pu s'émanciper des échecs et des lacunes des dispositions internationales et régionales, il fallait rechercher et situer la place et le poids des libertés collectives des travailleurs dans le champ constitutionnel. En d'autres mots, l'intervention des pouvoirs constituants relative aux droits des travailleurs devait passer par là. Ce fut chose faite, dans les deux champs juridiques nationaux respectifs. D'abord dans celui français, au travers des travaux des Assemblées constituantes de l'après Seconde Guerre mondiale qui ont élevé au rang constitutionnel les libertés collectives des travailleurs, les énonçant aux alinéas 6, 7 et 8 du préambule. Ensuite dans celui béninois où, l'œuvre – ô combien anthologique – de la Conférence nationale de février 1990 permit de procéder à une telle élévation des libertés collectives des travailleurs dans l'espace du droit constitutionnel. Mais encore faut-il préciser, en ce qui concerne les autorités législatives, les juges et les

---

[1] J.-P. MARGUÉNAUD & J. MOULY, « Les incursions de la Cour européenne des droits de l'homme dans le droit du travail : une œuvre encore en demi teinte », *op. cit.*, ibid.

[2] J.-M. BÉRAUD, *Étude préalable à l'adoption d'un Acte uniforme en Droit du Travail dans le cadre de l'Organisation pour l'Harmonisation en Afrique du Droit des Affaires (OHADA), op. cit.*, p. 11.

membres des exécutifs français et béninois, la manière dont ils prirent le relais pour définir les conditions d'exercice de chacune de ces prérogatives.

Titre 2

LA SPÉCIFICITÉ DES LIBERTÉS COLLECTIVES DES TRAVAILLEURS

239. Les libertés collectives des travailleurs ne seraient manifestement pas des droits fondamentaux comme les autres[1]. Les raisons qui fondent cette affirmation sont multiples. Elles proviennent d'abord de nos développements précédents, qui témoignent des difficultés variables pouvant et, surtout, s'étant élevées à l'occasion de l'instauration des instruments de reconnaissance contraignants des droits des travailleurs : envisager l'intégration des droits sociaux au rang des prérogatives à valeur coercitive peut soulever nombre de difficultés[2]. Du moins, la doctrine majoritaire, dans ces analyses, relatives aux outils internationaux et communautaires d'affirmation des droits collectifs des travailleurs aboutit à cette conclusion[3].

Elles émanent ensuite de nos développements à venir, se rattachant à la question de la protection des libertés collectives des travailleurs, où s'apprécie l'aspect pratique des difficultés qui, encore aujourd'hui, empêchent d'accéder, dans certains domaines, à l'effectivité de ces droits. Le périmètre concerné par l'affirmation nécessite précision. Il est patent de constater la cohérence qui s'établit entre les lacunes relatives à la définition des libertés collectives des travailleurs et les déficits liées à la protection des droits sociaux des personnes-salariées. Dans un cadre comme dans l'autre, bien de problèmes se manifestent autour de la catégorie de droits à caractère sociaux. Cette compilation de délicatesses, de facture ordinaire et non isolée, à n'en point douter, fait le nid de la

---

[1] J. AUROUX, *Les droits des travailleurs, rapport du ministre du Travail au Président de la République et au Premier ministre,* Paris, La documentation française, 1982, p. 104.

[2] Cf. M. BONNECHÈRE, « Quelle garantie des droits sociaux fondamentaux en droit européen ? », *op. cit.,* p. 5.

[3] Cf. P. RODIÈRE, *Droit social de l'Union européenne, op. cit.,* ibid. ; P.-G. POUGOUÉ, « Les droits fondamentaux de l'homme au travail dans les traités africains », in *Mondialisation, travail et droits fondamentaux, op. cit.,* ibid.

spécificité des libertés collectives des travailleurs[1]. Elle ne se limite néanmoins guère à ces seuls éléments. Les droits à expression collective des travailleurs, placés au centre de cette réflexion, épousent une nouvelle variante de spécificité.

240. Les raisons qui, davantage, sous-tendent cette réflexion sont, enfin, à chercher dans le particularisme[2] des libertés collectives des travailleurs béninois et français. Si, en 1946 et en 1990, les constituants ont intégré les droits des travailleurs dans le champ des dispositions juridiques d'ordre constitutionnel, il est nécessaire de signaler immédiatement que les modalités d'exercice et de mise en application de ces droits sont loin d'être identiques dans les deux ordres internes. Les autorités normatives législatives, règlementaires et juridictionnelles ont donné un prolongement différent aux travaux réalisés par les constituants dans les ordres juridiques béninois et français. La liberté syndicale, le droit de grève et le principe de participation ne s'exercent nullement de la même manière selon qu'on soit sur la scène nationale de l'ex Dahomey ou de l'Hexagone. Il faut préciser les termes de la constatation : c'est en prélude le particularisme du droit du travail et, de préférence, la particularité de la liberté de revendication professionnelle qui déterminent la spécificité[3] des libertés collectives des travailleurs dans les champs juridiques béninois et français. C'est elle qui, comme chacun sait, constitue le principal moyen d'accomplissement des missions des représentants des travailleurs. La spécificité s'étend aussi sur l'essence du droit de la négociation collective, lequel conditionne l'exercice de la liberté de se syndiquer et de conclure des négociations collectives.

---

[1] Ibid.

[2] Qui ne constitue que la conséquence plausible et prévisible de celui qui caractérise la discipline juridique dans laquelle il s'insère. Le droit du travail dispose assurément de particularités, ces dernières produisent des effets par ricochet sur les droits des travailleurs : P. DURAND, « Le particularisme du droit du travail », *Dr. soc.*, 1945, p. 298.

[3] Doit-on dire en se fiant à la formule de membres charismatiques de la doctrine (V. G. H. CAMERLYNCK et G. LYON-CAEN, *Droit du travail,* 4ème éd., Paris, Dalloz, 1970, paragr. 13, p 15) sinon « l'autonomie » (V. G. H. CAMERLYNCK, « L'autonomie du droit du travail », *D.*, 1956, Chr., p. 23.).

- CHAPITRE I -

LA SPÉCIFICITÉ INHÉRENTE AU DROIT DE GRÈVE

241. Au terme de l'article 17 de la loi du 14 septembre 1941, le Gouvernement de Vichy avait disposé que « Tout acte d'un fonctionnaire portant atteinte à la continuité indispensable à la marche normale du service public qu'il a reçu pour mission d'assurer constitue le manquement le plus grave à ces devoirs essentiels ; lorsqu'un acte de cette nature résulte d'une action collective ou concertée, il a pour effet de priver le fonctionnaire des garanties prévues par le présent statut en matière disciplinaire ». Cette loi, ultérieurement abrogée par l'Ordonnance du 9 aout 1944, avait, sérieusement, écorché le droit de grève des travailleurs du secteur public.

Sous le triomphe du régime béninois marxiste-léniniste, l'ultime moyen d'action syndicale qui permet de faire aboutir les revendications professionnelles des travailleurs avait pu subir le même sort[1]. En témoigne l'objet de l'Ordonnance n°69-14 du 19 juin 1969, qui restreignait en substance les possibilités d'exercice de ce droit, mais qui fut également abrogée par la loi du 21 juin 2002. De nombreuses violations du droit de grève ont été constatées à cette époque[2], bien que l'article 134 de la Loi fondamentale du 26 aout 1977 affirmait pieusement que « Les citoyens de la République populaire du Bénin jouissent de la liberté de parole, de presse, de correspondance, de réunion, d'association et de manifestation. L'État assure les conditions matérielles nécessaires à la jouissance de ces droits ».

242. Dès lors, la question reste à savoir si, une fois constitutionnalisées, les droits syndicaux des travailleurs s'exercent à l'identique dans nos deux systèmes juridiques. Précisément, le droit

[1] Th. HOLO, *L'étude d'un régime militaire. Le cas du Dahomey (Bénin), 1972 – 1977, op. cit.,* ibid.
[2] Ibid.

reconnu au travailleur d'interrompre son travail pour défendre des revendications professionnelles se définit-il dans les mêmes termes au Bénin et en France ? Le désormais « droit constitutionnel de grève »[1] serait-il partout de même régime ? Tel n'est en vérité pas le cas. Il faut d'abord souligner, d'un point de vue général que la liberté constitutionnelle[2] de revendication professionnelle postule une véritable originalité. Au travers de ses caractères et critères de formation, elle se démarque des autres prérogatives humaines. Au demeurant, on s'en aperçoit davantage dans l'appréciation des effets susceptibles d'en résulter sur le portefeuille du salarié.

SECTION I : L'ORIGINALITÉ DU DROIT DE GRÈVE

243. Traiter du droit de grève, c'est d'abord lui rendre son épaisseur historique, rappeler les contestes anciens qui l'on faite et ceux plus récents qui l'on formée et transformée. C'est aussi lui restituer sa signification étymologique et sa dimension épistémologiste. Le mot grève vient du mot gravier, qui signifie en latin *grava,* ce qui désigne un terrain situé en bord de mer. Il fut utilisé par extension en 1260 pour nommer une place parisienne, située en bordure de Seine, sur la Grève du fleuve, que l'on baptisa la place de la Grève, aujourd'hui devenue la place de l'Hôtel de ville[3].

La signification du mot grève sous l'Ancien Régime renvoyait au fait d'aller sur la place de la Grève pour exprimer ses revendications ; mais les salariés grévistes risquaient déjà à cette époque d'être condamnés à de sérieuses mesures de rétorsion, ainsi pouvait-on les enfermer à la Bastille, ou les envoyer à l'armée voire, aux galères[4]. De cette manière

---

[1] B. MATHIEU, « Le droit constitutionnel de grève », *Ann. int. just. const.* 1997, p. 310.

[2] Laquelle valeur conduisit, il y a quelque temps, la Cour de cassation à tracer avec précision la limite du pouvoir d'intervention des partenaires sociaux en précisant « qu'une convention collective ne peut avoir pour effet de limiter ou de règlementer pour les salariés l'exercice du droit de grève constitutionnellement reconnu et que seule la loi peut créer un délai de préavis de grève s'imposant à eux » ; *Soc.* 7 janv. 1995, *Dr. soc.,* 1995. 835 obs. J. E. RAY.

[3] V. J.-M. OLIVIER, *Droit du travail,* cours de DEA Paris 2, 1997-1998.

[4] Ph. TERNEYRE, *La grève dans les services publics*, Paris, Sirey, 1991, p. 9.

commençait par se délimiter (avant même la proclamation du texte révolutionnaire du 26 aout 1789 et l'adoption de la loi Le Chapelier[1]) les contours du potentiel droit constitutionnel de revendications professionnelles dont les traits spécifiques ressortent de sa définition et de ses fonctions.

§ 1 : La définition du droit de grève

244. Il est vrai que la loi du 25 mai 1864 a aboli le délit de coalition[2]. Et l'on l'a préalablement indiqué. Mais elle n'a pas dépénalisé le droit de grève pour faire de son exercice un comportement licite. Au début du XXe siècle, la définition[3] même du droit de grève faisait l'objet de débats dans la doctrine travailliste de la métropole française[4]. Pour les uns, il s'agissait non pas d'un droit mais d'un simple fait. Pour d'autres, il serait plutôt un droit du salarié de rompre unilatéralement son contrat de travail. Ainsi, à cette époque, la Haute juridiction judiciaire avait pour habitude de juger que l'exercice du droit de grève produisait des effets de rupture du contrat de travail[5]. Ceci obligea les grévistes de longue date à respecter le préavis prévu par le législateur en cas de rupture du contrat de travail, mais surtout à se faire formellement réembaucher par leur employeur à la fin de la grève[6]. Ce n'est que par une décision du 19 mai 1939 que la Cour supérieure de l'arbitrage devait abandonner cette position. Elle décide que « la cessation collective du travail [...] ne saurait par elle-même entraîner la rupture des contrats individuels de travail, en l'absence de toute volonté expresse ou implicite des salariés d'abandonner définitivement leurs emplois »[7].

---

[1] P. H. PRÉLOT, *Droits des libertés fondamentales*, Hachette, 2007, p. 299.
[2] B. TEYSSIÉ, *La grève*, Dalloz, 1994, p. 1.
[3] Pour une vue d'ensemble, v. : P DURAND, « Le nouveau droit jurisprudentiel de la grève », *Dr. soc.*, 1951 ; J.-J. DUPEYROUX, « Le droit de grève : de quoi parle t-on ? », *Dr. soc.*, 1988.619. ; J.-E. RAY, « 1988-1991 : un nouveau droit jurisprudentiel de la grève », *Dr. soc.*, 1991.716.
[4] G. LEVASSEUR, « La notion de grève », *Dr. soc.*, 1960, p. 654.
[5] Ibid.
[6] Ibid.
[7] 19 mai 1939, *Syndicat du papier carton de la Seine et Seine-et-Oise, Dr. soc.*, 1939, p. 109.

Et que dire de l'exercice du droit de grève par les fonctionnaires qui restera un acte illicite jusqu'à la fin de la Seconde Guerre mondiale, avec la confirmation à de nombreuses reprises[1] de la jurisprudence *Winkell*[2] dans l'œuvre du Conseil d'État. Comment faut-il saisir – ou appréhender ? – ce droit que l'on qualifia diversement de « droit de guerre privée », de « crime » ou « d'attentat » ? Sans doute le doyen DUGUIT ne manquait pas de mobile en affirmant que « la grève d'un service public est inadmissible »[3]. Depuis lors, les juridictions du fond et du droit, se sont attachées à faire évoluer leur position. Dans la jurisprudence actuelle, la grève se définit comme *une cessation (A) concertée (B) du travail en vue d'appuyer des revendications professionnelles (C) déjà déterminées auxquelles l'employeur refuse de donner satisfaction.* Cette définition se rapproche sans se confondre avec celle établie par les juges béninois.

A. LA GRÈVE EST UNE CESSATION DU TRAVAIL

245. Le constat est identique dans les deux ordres juridiques nationaux : l'art de se défausser est à son paroxysme[4]. En effet, les constituants de 1946 et de 1990, dans leurs travaux respectifs, s'étaient contentés de proclamer – de façon minimaliste – le droit de grève sans en donner une définition concrète. L'affirmation ainsi formulée par les premiers était particulièrement sobre ; « *le droit de grève s'exerce dans le cadre des lois qui le règlementent* ». Les seconds, dans les traces des précédents, avait précisé que « *Le droit de grève s'exerce dans les conditions définies par la loi* ». S'en était suivie l'intervention des pouvoirs législatifs, laquelle s'inscrivit dans le même registre d'énonciation succincte, ceux-ci ne s'étant pas fait prier pour se décliner autant que les précédents[5]. Cela ne peut guère échapper à l'attention : le législateur (français) du 11 février 1950 s'était limitativement borné à

---

[1] CE 6 aout 1910, Amalric et autres, *Rec. Conseil. D'Ét.*, p 720 ; 1er mars 1912, Tichit et autres, ibid., p. 302 ; 24 juin 1921, Nos et autres, *ibid.*, p. 620 ; 18 avril 1947, JARRIGION, *ibid.*, p. 148, S. 1948. 3. 33, note J. RIVERO.

[2] CE 7 aout 1909, grands arrêts.

[3] L. DUGUIT, *Traité de droit constitutionnel*, vol. 3, Paris, E. de Brocard, 1930, p. 226.

[4] S. DION, B. MATHIEU, « Le droit de grève : l'affirmation elliptique du constituant, le silence du législateur, la parole du juge », *Rev. fr. dr. const.*, 1991, p. 512, note 11.

[5] Ibid.

disposer au quatrième article de son texte que *« La grève ne rompt pas le contrat de travail, sauf faute lourde imputable aux salariés »*[1]. L'autorité législative (béninoise) de la fin des années 1990 a procédé de la même manière, à l'alinéa 3 de son article 264 de la loi du 27 janvier 1998 *portant Code du travail de la République du Bénin* : *« La grève ne rompt pas le contrat de travail ; l'employeur ne peut pas licencier pour fait de grève, sauf faute lourde du salarié ».*

Face à cette situation[2] les juges ordinaires, sur lesquels les précédents acteurs ont déchargé magistralement leur responsabilité, se devaient d'agir. Tenues de trancher tous les litiges qui leurs sont soumis (ce qui ne constitue en réalité que la conséquence concrète de la prohibition du déni de justice), les juridictions administratives et judiciaires béninoises et françaises se sont trouvées confrontées à une nouvelle contrainte : préciser le périmètre du droit consigné à l'alinéa 7 du préambule de 1946 et à l'article 31 de la constitution de 1990.

Cette tâche paraissait d'autant plus ardue qu'elle permettait de déterminer la catégorie des mouvements sociaux pouvant être placée sous le protectorat de la Loi fondamentale et, celle ne devant pas en faire partie. Ce fut les juges ordinaires français qui, en premier, s'y employèrent, ouvrant la voie à leur homologue béninois, lesquels ne manqueront pas de l'emprunter, à travers la réception de la jurisprudence française relative à la définition du droit de grève.

246.L'arrêt salvateur en la matière date du 17 janvier 1968[3]. Saisi d'une demande tendant à lui faire apprécier la régularité des conditions de mises en œuvre du droit de grève, la Chambre sociale de la Cour de

---

[1] Pour définitivement entériner la solution établie par la décision du 19 mai 1939, qui mettait fin à la jurisprudence *Winkell,* admettant de longue date que l'exercice du droit de grève produit les effets de la rupture du contrat de travail : P. DURAND, « Fin d'une controverse. Les effets de la grève sur le contrat de travail (L'article 4 de la loi du 11 février 1950) », *Dr. soc.,* 1950.118, spéc. p. 121.

[2] Qui, du reste, n'est pas impossible à analyser dans la mesure où « la grève est une arme classique des travailleurs salariés, celle d'une révolte contre la situation qui leur est faite. Elle est un moyen de pression d'autant plus efficace qu'elle est novice. Ce qui explique sans doute que le législateur, sauf hypothèses particulières, n'ait pu la règlementer. Elle symbolise, par tradition, la lutte des classes » ; G. FRIEDEL, Les représentants du personnel dans les classes, in *Études offertes à G. H. CAMERLYNCK,* p. 331.

[3] Pour la juridiction judiciaire, sinon que pour le Conseil d'État il faut remonter au fameux arrêt *Dehane* du 7 juillet 1950.

cassation précisa que celle-ci doit reposer sur une cessation du travail. Autrement dit, pour constituer une grève, le mouvement social doit prendre la forme d'une interruption du travail[1], indépendamment de la durée de l'arrêt de travail[2]. Mais est-ce à dire, *ipso facto,* que toutes interruptions du travail seraient susceptibles de constituer une situation de cessation du travail que les juges devront qualifier d'exercice normal du droit de grève ? De façon constante, et ce depuis son arrêt du 18 février 1960[3], la Chambre sociale de la Cour de cassation a toujours précisé que « le droit de grève n'autorise pas les salariés à exécuter leur travail dans des conditions autres que celles prévues à leur contrat où pratiquer dans la profession, il en résulte que la grève perlée, qui consiste en un ralentissement de l'activité ou une baisse de la production sans véritable arrêt de travail ne peut être qualifiée d'exercice normal du droit de grève »[4].

247. Il en est de même pour les grèves d'autosatisfaction, dans la mesure où « le droit de grève n'autorise pas les salariés à exécuter leur travail dans les conditions qu'ils revendiquent, en conséquence, ne constitue pas une grève licite le fait pour un salarié ne voulant pas travailler le samedi, de s'absenter trois samedis de suite »[5]. C'est également le cas lorsqu'un salarié, qui cherche à obtenir la révision d'une convention collective en ce qui concerne la durée et la rémunération du service continu, refuse de travailler le dimanche après-midi[6].

---

[1] Soc. 21 juillet 1986 : *D.* 1987. Somm. 205, 1er esp. Obs. ROTSCHILD-SOURIAC.

[2] Soc. 7 avril 1993: *Bull. Civ. V,* n°111; *D.* 1993, *IR* 115 ; *RJS* 1993, 316, n°539, *Dr. soc.,* 1993. 607.

[3] *Bull. civ. IV,* n°199 ; *JCP* 1960. II 11704, note F. D.; *Dr. soc.,* 1960. 490, obs. H.F.

[4] Dans le même sens : Soc. 22 avril 1964 : Bull. civ. IV, n°320 ; JCP 1964. II. 13883, note B. A.; H. GALLAND, « La "grève perlée" et ses conséquences juridiques », *JCP* 1947.I.637, spéc. n°3.

[5] Soc. 23 nov. 1978 : *Bull. civ. V,* n°790, *GADT,* 4è éd., n°189; *D.* 1979. *IR* 226, obs. PÉLISSIER, *Dr. ouv.* 1980, 12 note BONNECHÈRE.

À ce propos, il est de souligner la pertinence de la remarque de M. le professeur J. PÉLISSIER, *op. cit., :* « les travailleurs peuvent se mettre en grève tous les lundis pour obtenir le droit de ne pas travailler les samedis. Évidemment, s'ils réclament un repos les lundis, ils pourront se mettre en grève les samedis ! En définitive, il faut demander autre chose que ce que l'on veut avoir pour avoir des chances d'atteindre le but poursuivi. Vive le père Ubu ! ».

[6] Soc. 15 juin 1978 : *Bull. civ. V,* n°477 ; *D.* 1979. *IR* 25, obs. LANGLOIS ; *Dr. ouv.* 1980. 12, note BONNECHÈRE.

Notons cependant les termes de l'article 11 de la loi du 21 juin 2002 qui dispose des conditions dans lesquelles, toute centrale, toute fédération ou tout syndicat de base peut déclencher légalement une grève de solidarité, sous la réserve que la grève qu'il soutient soit elle-même légale et que les responsables de l'établissement ou de l'administration en soient au préalable informés. En marge de cette distinction, la Cour de cassation a estimé que le fait pour un salarié d'arrêter de travailler en vue de participer à une réunion[1] ou de préparer une journée nationale d'action[2] ne constitue pas, à proprement parler, une cessation du travail pouvant être qualifiée d'exercice normal du droit de grève.

Bien plus, dans son arrêt du 22 avril 1964[3], celle-ci avait précisé la manière dont de tels types d'arrêt de travail sont insusceptibles de constituer une cessation du travail ouvrant droit au bénéfice de la protection constitutionnellement prévue dans l'énoncé de l'alinéa 7 du préambule. En revanche, ils peuvent coïncider avec une exécution défectueuse du travail qui, elle, constitue une faute professionnelle du salarié, rendant légitime toutes mesures de sanctions disciplinaires prises par l'employeur à son encontre[4]. On comprend dès lors les risques et périls encourus par le salarié en pareil cas.

Sans avoir procédé avec autant de minutie, qui oblige à devoir élaborer de façon successive les différents éléments constitutifs de la définition du droit de grève, les juridictions béninoises ont fini par connaître de cette exigence, ainsi qu'il ressort de l'arrêt de la Cour d'appel de Cotonou du 19 février 2003. Toutefois, la condition de la cessation du travail est loin de constituer l'unique critère posé par l'arrêt du 17 janvier 1968 pour inférer la qualification de grève.

---

[1] Crim. 9 nov. 1971 : Bull. crim. N°305 ; *JCP* 1972. II.17704, note PÉLISSIER.

[2] Soc. 26 mars 1980 : Bull. civ. V, n°297.

[3] Bull. civ. IV, n°320 ; *JCP* 1964. II. 13883, note B. A.

[4] Ibid.

B. LA GRÈVE EST UNE CESSATION CONCERTÉE DU TRAVAIL

248. En plus d'avoir établi une première condition de cessation du travail, les juges de la Chambre sociale avaient ajouté la forme devant être prise par celle-ci pour qu'elle soit considérée comme un exercice normal du droit de grève[1]. Pour ce faire, la cessation du travail doit être de concert[2]. Cela signifie que l'acte d'interruption du travail doit nécessairement provenir d'une concertation initiale, laquelle est à l'évidence soluble dans une organisation collective, collégiale du mouvement[3]. Ainsi que les écrits doctrinaux d'autorité le précisaient, « il est dans la nature juridique de la grève d'être une action collective »[4]. Par définition, le fait de grève doit émaner de l'expression d'une volonté mutuelle, non d'un agissement spontané ou isolé, en regard de la dimension conjointe qui lui est attachée[5]. En ce sens, la Chambre sociale a requis une cessation concertée du travail pour faire pénétrer le fait de grève dans la sphère des comportements licites.

Pour autant, automatiquement, doit-on conclure que toute cessation du travail non collective serait insusceptible d'intégrer l'orbite de la protection constitutionnelle de la liberté de revendication professionnelle ? L'exigence de la cessation concertée du travail exclut-elle de la qualification de grève tous arrêts de travail émanant d'un seul individu ou de membres minoritaires du personnel ? En d'autres termes, le salarié unique d'une entreprise ne pourrait-il pas jouir de l'ultime moyen d'action syndicale permettant de faire aboutir les doléances professionnelles ?

D'abord, il convient de préciser qu'une cessation du travail ne constitue pas moins une grève licite dans les cas où elle ne provient pas d'un appel syndical[6] ; la mise en œuvre du droit de grève ne doit pas être nécessairement soluble dans l'action des représentants indirects des

---

[1] S. DION-LOYE, *Le fait de grève*, Thèse, Dijon, 1989.

[2] Le droit de grève « est un droit attribué aux travailleurs *uti singuli* mais qui doit être exercé collectivement par accord ou de concert entre les travailleurs », A. BAYLOS GRAU, « Le droit de grève en Espagne », *Bull. dr. comp. trav. séc. soc.,* 1995, p. 180.

[3] S. DION-LOYE, *Le fait de grève, op. cit.* ibid.

[4] R. LATOURNERIE, *Le droit français de la grève,* Paris, Sirey, 1972, p 173.

[5] A. BRUN, H. GALLAND, *Droit du travail,* T. 2, *Les rapports collectifs de travail,* Sirey, 2e éd., 1978, n°1078, p.433.

[6] Soc. 19 février 1981 : *Bull. civ. V,* n°143 ; *D.* 1981 417, note BONNEAU.

travailleurs[1]. Ensuite, il est d'ajouter une autre certitude : l'arrêt de travail ne perd pas systématiquement son caractère de grève pour la seule raison d'avoir été suivi par un nombre minoritaire des membres du personnel[2]. Les juges l'ont moult fois précisé, notamment dans le cadre d'une entreprise où seulement 76 salariés (sur un effectif de 1468) étaient en débrayage[3]. Enfin, il est nécessaire de répondre aux questions ci-dessus posée en rappelant les termes de la jurisprudence de la Chambre sociale : l'exercice du droit de grève ne peut prendre une forme d'expression individuelle, sous l'unique réserve que le salarié réponde à un mot d'ordre de grève nationale[4]. Selon l'un des principes constamment rappelé par la juridiction du droit, il est même permis au salarié unique d'une entreprise de ne pas spécialement informer son employeur toutes les fois où il participe à une grève nationale[5].

Autrement dit, il n'y a point d'ambigüité sur le fait que « dans les entreprises ne comportant qu'un seul salarié, celui-ci, qui est le seul à même de présenter et de défendre ses revendications professionnelles, peut exercer le droit de grève constitutionnellement reconnu »[6]. Si l'arrêt du 17 janvier 1967 impose explicitement que la cessation du travail soit concertée pour être qualifiée de grève licite, cela ne signifie pas pour autant que les salariés uniques d'une entreprise ne pourraient être à même de jouir du droit de grève ou qu'un syndicat minoritaire serait dépourvu de la faculté de le déclencher dans une entreprise[7]. La nature collective du droit de grève ne fait pas obstacle à la possibilité exceptionnelle de sa mise en œuvre par la volonté d'un seul salarié ou d'un groupe minoritaire de salariés[8].

Cette seconde condition de cessation concertée du travail est également imposée par les juges béninois ainsi qu'il ressort de l'arrêt de la Cour d'appel de Cotonou du 19 février 2003, sous réserve des limites

---

[1] V. J. SAVATIER, « La distinction entre la grève et l'action syndicale », *Dr. soc.*, 1984, p. 54.
[2] Soc. 3 oct. 1983 : *GADT,* 4e éd., n°188; *D.* 1964. 3, note G. LYON-CAEN.
[3] Soc. 21 juin 1967 : *D.* 1967. 753. *JCP* 1967. II. 15256.
[4] Soc. 29 mars 1995 : *Bull. civ. V,* n°111 ; *RJS* 1995. 369, n°553.
[5] Soc. 29 mai 1979 : *Bull. civ. V,* n°464 ; *GADT* 4ème éd., n°190.
[6] Soc. 13 nov. 1996 : *Bull. civ. V,* n°379 ; *JCP 1997.* II. 22754, rapp. WAQUET, note CORRIGNAN-CARSIN.
[7] S. DION-LOYE, *Le fait de grève, op. cit.,* ibid.
[8] Ibid.

identiques à celles ci-dessus rappelées. Mais la cessation concertée du travail reste, toutefois, insuffisante pour conduire à la déduction de la licéité de la grève.

C. LA GRÈVE EST UNE CESSATION CONCERTÉE DU TRAVAIL EN VUE D'APPUYER DES REVENDICATIONS PROFESSIONNELLES

249. Dans son arrêt fondateur du 17 janvier 1968, la Chambre sociale avait posé une troisième condition pour conclure à l'exercice normal du droit de grève. Après avoir initialement précisé que celui-ci doit provenir d'une cessation concertée du travail, elle avait ajouté l'objectif sur lequel devait reposer *le fait de grève* pour être licite. C'est ainsi qu'elle décida que la mise en œuvre du droit de grève, tire sa légitimité dans une finalité particulière, en tant qu'elle permet « d'appuyer des revendications professionnelles déjà déterminées auxquelles l'employeur refuse de donner satisfaction ».

250. Il s'en déduit que la cessation du travail ne correspondant à aucune revendication professionnelle revêt nécessairement un caractère illicite[1]. Mais ces propos doivent être affinés : la licéité de la grève n'est pas soumise à la condition du rejet desdites revendications par l'employeur bien que le salarié gréviste soit tenu de les lui avoir présentés au préalable[2]. La Chambre sociale l'a rappelée à plusieurs occasions[3]. Il n'en demeure pas moins que la présence et la présentation préalable des revendications professionnelles constituent l'élément essentiel de la licéité de la grève[4]. En outre, si les modalités de présentation des revendications peuvent varier, il en est autrement pour leur caractère devant être nécessairement professionnel[5]. Il n'est pas exigé que les revendications soient présentées *de facto* par les grévistes eux-mêmes. Elles peuvent l'être par une union syndicale, qui a

---

[1] Soc. 17 déc. 1996 : *Bull. civ. V,* n°445 ; *JCP* 1997. II. 22773, rapp. WAQUET; CSB 1997.86, S. 44.
[2] Soc. 11 juillet 1989 : *Bull. civ. V,* n°509 ; *GADT,* 4e éd., n°192 ; *D.* 1989. *IR* 233 ; *Dr. soc.,* 1989, 717, note DÉPREZ.
[3] Soc. 4 avril 1990 : *Bull. civ. V,* n°156 ; *D.* 1990. *IR.* 108 ; *RJS* 1990. 299, n°419.
[4] Soc. 19 nov. 1998 : *Bull. civ. V,* n°391.
[5] Soc. 27 juin 1990 : *RJS 1990. 483, n°718.*

préalablement arrêté avec un des salariés de l'entreprise la liste des revendications[1]. La seule obligation qui incombe aux grévistes est d'informer l'employeur avant le déclenchement de la grève, peu importent les modalités de cette information (revendications portées à la connaissance de l'employeur par une lettre de l'inspection du travail)[2].

251. Mais, en revanche, il est imposé aux salariés grévistes de présenter des revendications à caractère nécessairement professionnel pour pouvoir bénéficier de la protection exceptionnelle établie par les constituants[3]. *Le fait de grève*, pour être licite, doit obligatoirement reposer sur des revendications de nature professionnelle, ce qui exclut de cette catégorie les « grèves politiques »[4]. Il en est ainsi dans le cadre d'une protestation contre des incidents intervenus à la veille à l'Assemblée Nationale, laquelle ne repose sur aucun motif professionnel[5]. Ou encore d'une protestation contre la politique générale du gouvernement[6], tout autant dénuée, dans sa traduction juridique, du même caractère professionnel.

252. Mais, cependant, il peut arriver que des décisions de nature purement politique aient un impact certain sur les conditions de travail et la vie professionnelle des salariés (il s'agit là des « grèves mixtes »). En pareil cas celles-ci seraient constitutives d'un motif de revendication professionnelle pouvant entrainer une cessation concertée du travail, dans le cadre de l'exercice normal du droit de grève[7]. C'est ainsi que ne peut être mise en cause la licéité d'une grève nationale qui a pour objet le refus du blocage des salaires, la défense de l'emploi et la réduction du temps de travail[8] puisqu'elle repose sur des revendications étroitement liées aux préoccupations quotidiennes des salariés[9]. Il en est de même

---

[1] Ibid.
[2] Soc. 28 févr. 2007 : *D.* 2007. *AJ* 869 *; D.* 2007. 2269, obs. AMAUGER-LATTÉS ; *RJS* 2007. 481, n°651.
[3] Soc. 23 mars 1953 : *Bull. civ. V,* n°253 ; *GADT* 4e éd., n°186 ; *D.* 1954. 89, note LEVASSEUR.
[4] Ibid.
[5] Ibid.
[6] Soc. 10 mars 1961 : *Bull. civ. IV, n°333 ; D.* 1961. Somm. 92 ; *Dr. soc.* 1961. 363, obs. J. savatier.
[7] Soc. 29 mai 1979 : *Bull. civ. V,* n°464 ; *GADT,* 4e éd.,n°190 ; *D.* 1980. *IR.* 23, obs. Langlois.
[8] Ibid.
[9] Ibid.

pour la défense du mode d'exploitation du réseau des transports urbains qui constitue, pour les employés de la régie, établissement public industriel et commercial, une revendication d'ordre professionnel, la capacité de l'employeur à satisfaire ces revendications étant sans incidence sur la légitimité de la grève[1].

Le sort réservé aux grèves politiques est identique à celui des grèves de solidarité : la grève faite par un salarié pour obtenir la réintégration d'un de ses collègues régulièrement licencié revêt sans conteste un caractère illicite dans la mesure où elle ne repose sur aucun motif de nature professionnel, ni sur la défense d'un intérêt collectivement considéré, ni sur la sauvegarde ou la promotion de meilleures conditions de travail[2]. Dans le même sens, par l'arrêt du 19 février 2003, les juges du fond de la Cour d'appel de Cotonou avaient tenu compte du caractère professionnel des réclamations présentées par un salarié ayant cessé son travail pour disqualifier le licenciement subséquent prononcé par l'employeur à son encontre.

253. Au regard de cette jurisprudence – bien assise – il est possible de considérer, de prime abord, que les juges ordinaires français et béninois accordent une protection soutenue aux travailleurs puisque, d'emblée, le caractère exceptionnel de la garantie du droit constitutionnel de grève est acquis. Mais la connaissance des fonctions de cette prérogative inverse la tendance de la considération.

§ 2 : Les fonctions du droit de grève

254. En réalité on ne pouvait s'étonner qu'à moitié de l'ascension fulgurante de la notion de démocratie sociale, pendant les travaux des constituants. La nécessité de combiner la démocratie civile et politique avec la démocratie sociale était inéluctable, tant l'ignorance, l'oubli et le mépris des droits des travailleurs avaient participé en substance aux malheurs que venaient de traverser le monde. Il restait à voir la manière par laquelle elle pouvait se concrétiser. Une seule possibilité était envisageable : le besoin incontournable étant ressenti de proclamer les

---

[1] Soc. 23 oct. 2007: *D. 2007. AJ. 2807, obs. Ines.*

[2] Soc. 8 janvier 1965 : *Bull. civ. IV, n°19 ; Dr. soc. 1965 ; 380, obs. Savatier.*

libertés collectives des travailleurs qui constituent, ainsi qu'une partie de la doctrine le précisa longuement, des libertés-ripostes, voire des « contre-pouvoirs »[1] syndicaux de grande importance dans l'entreprise ; en d'autres termes, il fallait établir au plus haut niveau la catégorie particulière des permissions d'agir mises au service de la sauvegarde de la dignité de la personne humaine dans l'enceinte de l'entreprise.

Or au rang de ces prérogatives d'exercice collectif, le droit de grève, encore nommé la liberté de revendication professionnelle, constitue le plus efficace – mais également le plus redoutable – des moyens d'action garantissant le succès des demandes des travailleurs[2]. Certains diront *l'ultima ratio*[3] dont peut se servir la collectivité du personnel pour défendre ses droits et intérêts lors des discussions, négociations et pourparlers susceptibles de s'engager avec les employeurs ou les groupements professionnels[4]. Le droit de grève joue, à ce titre, un rôle primordial. À telle enseigne que, pour nombre d'auteurs, il convient de considérer *« la grève comme une coalition fondée sur la défense (A) et la promotion de l'emploi (B) face aux modes concurrentiels du capitalisme (C) »*[5]. Les mutations de l'emploi ont, cependant, eu raison des métamorphoses et vestiges de la grève dont la tendance est désormais, affirme-t-on, à l'affadissement. Une analyse de chacune des fonctionnalités de la liberté de revendication permet d'en savoir davantage.

A. SUR LA DÉFENSE DE L'EMPLOI

255. « Ici comme ailleurs, le nombre et les jours de grève baissent depuis vingt ans. Ce recul marque t-il l'avènement d'un monde du travail pacifié et assagi, ou n'est-il que l'effet de la pression exercée par la menace du chômage et de la précarité sur les salariés ? »[6]. Nommons les espaces concernés : « en France comme en Europe, …les mutations de

---

[1] A. COEURET, B. GAURIAU, M. MINÉ, Droit du travail, Sirey, 2ème éd., p. 101.
[2] S. DION-LOYE, *Le fait de grève,* Thèse, *op. cit.,* ibid.
[3] *Les droits constitutionnels des travailleurs, op. cit.,* p. 157.
[4] Ibid.
[5] G. GROUX, J.-M. PERNOT, *La grève,* Paris, Les Presses Sciences Po, 2008, p. 143 s.
[6] Ibid.

l'emploi ont contribué à affaiblir l'usage de la grève comme recours pour les salariés, mais les métamorphoses de la grève n'impliquent pas pour autant l'extinction des mobilisations protestataires dans le monde du travail »[1]. Autrement dit, l'observation de la vie juridique française et européenne montre que « la grève n'est plus aussi centrale au sein des conflictualités sociales. Elles s'inscrit plus souvent dans un halo de mobilisations qui relèvent d'autres registres contestataires (pétitions, manifestations, etc.) mais qui reprennent à leur manière l'esprit de coalition et de résistance qui la caractérise depuis sa naissance »[2].

Pour les auteurs, « en France comme dans beaucoup de pays européens, le constat est identique. L'institutionnalisation de la grève n'a pu empêcher son déclin. Les mobilisations liées à la grève sont en reflux, et avec elles, tout ce qui fondait la grève dans le contexte des compromis sociaux qui se sont édifiés dans le capitalisme du XXe siècle. Car derrière le recul des pratiques grévistes, c'est bien la grève comme institution relevant de compromis sociaux historiquement fondés sur l'emploi et sur un échange de type particulier entre deux univers *a priori* opposés, la coalition des salariés et la concurrence capitalistes qui est aussi mise en cause »[3].

256. Certes, ainsi qu'ils le soulignent, la grève constitue un outil efficient de sécurisation de l'emploi des travailleurs. C'est d'ailleurs dans ce dessein que la Chambre sociale, par son arrêt du 29 mai 1979[4], avait conclu à la licéité de la grève déclenchée par les salariés en vue de la défense de leur emploi et de la réduction de leur temps de travail, alors qu'elle était pourvue d'un caractère mixte, à la fois professionnel et politique[5].

257. La grève nationale dirigée contre le blocage des salaires, la défense de l'emploi et la réduction du temps de travail présentait assurément un caractère professionnel, mais elle ne disposait pas moins d'une dimension politique manifeste. En effet, ni les employeurs directement mis en cause par ces mouvements, ni leur collectivité, ne pouvaient satisfaire les revendications présentées par les salariés

---

[1] Ibid.
[2] Ibid.
[3] Ibid., p. 133.
[4] *Bull. civ. V,* n°464 ; *GADT,* 4e éd., n°190 ;
[5] *D.* 1980. *IR.* p. 23.

grévistes. La réponse à la majeure partie des craintes exprimées par les salariés ne pouvait que nécessairement provenir de la mise en place d'une politique économique générale d'optimisation de l'emploi où seront intégrés de tels objectifs d'emploi présentés par les grévistes[1].

258. Dès lors, il va de soi que le plus efficace des moyens d'action collective des travailleurs que constitue le droit de grève revêt, mais entre autres seulement, une fonctionnalité certaine de défense de l'emploi de la collectivité du personnel. Les juges l'on vaillamment prouvé.

B. SUR LA DÉFENSE DE LA PROMOTION DE L'EMPLOI

259. La fonction de la grève n'est pas uniquement confinée à la défense de l'emploi. Elle est liée, également, à la sauvegarde de la qualité du travail susceptible d'être proposé aux salariés[2]. Les juges du 29 mai 1979, dans leur décision, avaient assurément tenu compte de ce deuxième volet fonctionnel du droit de grève pour tolérer le débrayage des salariés de l'établissement Lhomme qui, du reste, affichaient ouvertement leur protestation contre des mesures gouvernementales susceptibles d'altérer la qualité et la sécurité de l'emploi[3].

La grève menée contre les mesures générales ou spécifiques du gouvernement mises en place dans le cadre d'une politique économique de l'emploi a certainement un ressort politique, puisqu'elle repose sur la contestation des actes des pouvoirs publics. Mais elle possède aussi une amplitude professionnelle, en tant qu'elle influe sur les préoccupations quotidiennes des salariés au sein de leur entreprise. En somme, elle est une grève mixte, licite dans la mesure où elle ne vise pas à remettre en cause les modalités de fonctionnement des organes de l'État[4].

260. Pour s'apercevoir de l'audace dont ont fait preuve les juges en suivant ce raisonnement dans la décision du 29 mai 1979, il est

---

[1] Ibid.
[2] Dans le même sens, v., P.-D. OLLIER, *Le droit du travail*, Paris, Armand Colin, Coll. U, 1972, p. 399.
[3] *D.* 1980. *IR*. p. 23
[4] Ibid.

nécessaire de rappeler la position du moment de la doctrine. Avant cette décision, pour M. le professeur HAURIOU par exemple, le droit de grève, en général, « c'est le droit de guerre privée qui réapparaît. Et ce n'est pas une guerre privée accidentelle, c'est une guerre privée systématique, menée par une classe qui aspire à la souveraineté »[1].

Pour M. le doyen DUGUIT, « si le fonctionnaire ne peut pas, sans violer la loi de sa fonction, refuser individuellement d'accomplir son travail, il est évident qu'*a fortiori* le refus concerté et collectif d'un groupe de fonctionnaires, aboutissant à l'arrêt ou à la désorganisation d'un service, c'est-à-dire la grève d'un groupe de fonctionnaires, est une violation parfaitement caractérisée de la loi du service, par conséquent un fait illicite, et constitue une faute disciplinaire grave. C'est même un crime. Le service public étant par définition même un service qui est d'une importance telle pour la vie collective qu'incombe aux gouvernements l'obligation juridique d'en assurer l'accomplissement sans interruption, les fonctionnaires, en se mettant en grève, s'insurgent contre le but essentiel de la loi du service. Ils commettent le plus grave des attentats à la vie collective elle-même »[2].

261. A la fin des années 1970, les juges de la Chambre sociale de la Cour de cassation ont apporté la preuve d'une audace particulièrement salutaire, admettant la licéité d'une grève mixte fondée sur des revendications qui tendent à la sauvegarde, à la défense de la qualité de l'emploi[3]. Surtout si l'on sait le contexte doctrinal qui prévalut[4], particulièrement tendu et hostile à la reconnaissance du droit de grève des travailleurs et davantage pour la catégorie spécifique des salariés du secteur public[5], dans le prisme de l'adoubement de la jurisprudence *Winkell* du 7 aout 1909 qui finira par être abandonnée[6].

262.À rebours de cette conception de la doctrine française du droit constitutionnel de grève, le pouvoir législatif béninois apporta la preuve d'une autre audace, à travers l'adoption des dispositions législatives du

---

[1] *S 1909-3-145.*
[2] *Traité de droit constitutionnel,* t. III, 3e éd., 1929, de Boccard, p. 219 et s.
[3] *D.* 1980. *IR.* p. 23.
[4] R. LATOURNERIE, *Le droit français de la grève, op.cit.,* ibid.
[5] Ph. TERNEYRE, *La grève dans les services publics, op. cit.,* ibid.
[6] J. TOUSCOZ, « Le droit de grève dans les services publics et la loi du 31 juillet 1963 », *Dr. soc.,* 1964. 20.

27 janvier 1998 et du 21 juin 2002 lesquelles, en terme général, posent les principes directeurs qui intègrent la définition des conditions d'exercice de ce droit dans des formes différentes de celles rencontrées dans le droit positif français. Partant, dans la prise en considération de tous ces éléments, il est difficile de contester l'affirmation des auteurs selon laquelle la grève doit être saisie comme une coalition fondée sur la défense et la promotion de l'emploi face au mode concurrentiel du capitalisme

C. SUR LE MODE CONCURRENTIEL DU CAPITALISME

263. Qu'on se souvienne des propos formulés au début des années soixante-dix par M. le professeur VALTICOS. L'éminent spécialiste des normes internationales du travail avait pu souligner que le droit international du travail, parmi tant d'autres œuvres, s'est surtout attaché à combattre les abus les plus criants faits aux travailleurs depuis le début de l'ère industrielle et à remettre au centre des préoccupations la défense de la dignité humaine des travailleurs dont, la reconnaissance et la réalisation des libertés collectives des travailleurs constituent le moyen[1].

264. Cette opinion, particulièrement autorisée eu égard à la qualité et à l'expérience de son auteur, offre une parfaite illustration à la présente analyse. Le droit de grève reconnu à tous les travailleurs requiert assurément une fonction de régulation du jeu contractuel que l'on sait par nature inégal entre le travailleur (placé sous un lien de subordination) et l'employeur (appelé à donner des ordres, à contrôler l'exécution et à sanctionner le manquement de son subordonné)[2].

265.À ce titre, on comprend que les auteurs aient considéré la liberté de revendication professionnelle en tant qu'une prérogative permettant de rééquilibrer les rapports de travail entre l'employeur et le travailleur. À l'évidence, il pourrait résulter de ce postulat une hostilité face au mode concurrentiel du capitalisme, selon la formule de ces derniers. Mais est-

---

[1] « Un développement du droit international du travail : les droits syndicaux et les libertés publiques », En hommage à Paul HORION, Liège, Faculté de droit, 1972, p. 285.

[2] Soc. 13 nov. 1996.

ce une raison pour renoncer à la consolidation et à la revitalisation des libertés collectives des travailleurs et, en l'occurrence, du droit de grève ? Ne doit-on pas, ainsi que le précisait le célèbre auteur ci-dessus, continuer à combattre les abus les plus criants pouvant provenir du mode concurrentiel du capitalisme ? De la sorte, n'est-il pas indispensable de considérer la reconnaissance et l'effectivité des droits sociaux des travailleurs comme un seuil de garantie infranchissable ne pouvant être remis en cause, et l'on pense ici assurément aux enseignements de la jurisprudence cliquet anti-retour[1] ?

266. Le constat n'est pourtant pas isolé : « le droit de grève est un droit à valeur constitutionnelle qui jalonne l'histoire ; tantôt interdit, tantôt autorisé, il demeure un droit social fondamental du citoyen. Cependant, face à la diminution du contre-pouvoir syndical, le droit de grève nécessite d'être aménagé et protégé, que ce soit par le législateur ou le juge »[2]. Dans l'une de ses plus récentes contributions, M. le professeur SUPIOT souligne les implications du mode concurrentiel d'organisation libérale du travail sur l'affaissement du droit de grève : « les collectivités de travail sont fragmentées par l'externalisation, la sous-traitance et l'intérim. Et l'employeur est souvent différent des véritables décideurs, qui peuvent fuir leur responsabilité et se cacher derrière l'écran des différentes sociétés placées dans leur dépendance économique. La grève tend dès lors à devenir l'arme des forts tandis que les faibles en sont de fait privés »[3].

Il convient d'admettre, avec MM. G. GROUX et J.-M. PERNOT, la nature variable des fonctions de grève, destinée à la défense, la protection et la promotion de l'emploi face au mode concurrentiel du capitalisme qui, au fil du temps, ainsi qu'ils le font remarquer, semble incarnée une tendance davantage favorable à l'effritement de ce droit. Toutefois, en ce qui concerne l'enjeu du rapprochement, c'est davantage au niveau des effets de la grève sur la rémunération du salarié que s'observent les plus marquantes distinctions entre le travailleur béninois et français.

---

[1] En ce sens, L. GAY, « "L'effet cliquet" dans la jurisprudence du Conseil constitutionnel », intervention au IVe Congrès de droit constitutionnel, Aix-en-Provence, 1999, non publié, p. 11.

[2] F. CHOPIN, *Le droit de grève*, L'Harmattan, 2003, p. 67 s.

[3]A. SUPIOT, « Justice sociale et libéralisation du commerce international », *Dr. soc.*, 02/02/2009, p. 141

SECTION II : LES EFFETS DU DROIT DE GRÈVE

267. Le droit de grève possède une certaine originalité dans les champs juridiques béninois et français. Elle est constituée par les effets susceptibles de découler de son exercice, selon les dispositions législatives béninoises et les pratiques jurisprudentielles françaises. Pour le dire autrement, l'étude des impacts de la grève nourrit une distinction centrale dans nos deux ordres juridiques nationaux. Le législateur béninois, en se démarquant de son homologue français, a prévu à l'article 25 de la loi du 21 juin 2002 que l'exercice du droit constitutionnel de grève ne peut donner lieu à aucune retenue sur salaire lorsqu'il est fondé sur un motif « de violation des libertés fondamentales », « des droits syndicaux » ou de « non-paiement des droits acquis par les travailleurs ». Cette disposition législative du 21 juin 2002, rompt de façon certaine avec la jurisprudence *Waroquet* du 15 novembre 1957 de la Cour de cassation[1]. L'objet de cette rupture constitue un élément essentiel de notre réflexion. Il conduit à traiter des incidences de la grève sur le salaire et les primes, dans le rapprochement du droit positif béninois et français.

§ 1 : Les incidentes de la grève sur le salaire

268. Le contrat de travail est avant tout un contrat synallagmatique, un contrat qui produit des effets réciproques à l'égard des parties[2]. Le salarié, en s'engageant à mettre sa force de travail à la disposition de l'employeur souscrit, à une obligation dont la contrepartie est constituée par le salaire qu'est tenu de lui verser ce dernier[3]. Dès lors, la rémunération perçue par le salarié doit être analysée comme la contrepartie légitime et méritée d'une prestation de travail initialement

[1] *D.* 1958, p 60. V. aussi : Soc. 5 juin 1953, *Bull.* IV, p. 738, p. 314 et *D.* 1954. 74, note G.L. ; Soc.5 mars 1953, *Dr. soc.,* 1953, p. 347 ; *J.C.P.,* 1953.II.7553, note H. DELPECH ; Soc., 1er juin 1951, *Bull.,* III, n°4 33, p. 310 ; *Dr. soc.,* 1951, p. 530.
[2] G.H. CAMERLYNCK et G.LYON-CAEN, *Précis Dalloz,* 11e éd., 1982, n°709, p. 978.
[3] M. COHEN, « Les entraves directes et indirectes à l'exercices du droit syndical et du droit de grève », *Dr. soc.,* 1978, p. 268.

fournie[1]. C'est donc normal que l'employeur puisse être déchargé de son obligation de payer le salaire, à partie du moment où le salarié lui-même cesse d'être à la disposition de son employeur par *le fait de la grève* : la légitimité d'une telle règle ressort de l'adage *causa data causa non secuta*. Cette normalité conduisit une partie de la doctrine à présenter l'austérité pécuniaire de la grève comme étant une application de la règle *non adimpleti contractus*[2].

Mais cela ne convainc pas totalement, dans la mesure où l'exception d'inexécution constitue un moyen de pression visant à contraindre l'autre cocontractant à s'exécuter. Le non paiement du salaire pour fait de grève ne peut en effet constituer un arsenal financier répressif permettant de forcer le salarié à reprendre son travail. L'exception d'inexécution est sous-tendue par l'idée de méconnaissance des conventions. Elle a pour conséquence de permettre à une partie de contraindre l'autre à s'exécuter. Or il est clair que le salarié gréviste n'est en aucun cas dans une situation d'inobservation de ses engagements contractuels. Il exerce sa liberté constitutionnelle, qui l'autorise à cesser son travail et, donc, à suspendre sa relation contractuelle. Il ne peut être contraint à ce titre par son employeur à reprendre le travail. Le non paiement du salaire n'est pas une exception d'inexécution. Il ne permet pas à l'employeur de forcer le salarié à cesser la grève[3].

Il faut plutôt comprendre dans pareille hypothèse que l'exercice du droit de grève, bien qu'étant régulier, produit des effets d'une suspension du contrat de travail par la non-fourniture du travail par le salarié gréviste, laquelle exonère du même coup l'employeur de son obligation contractuelle et rend légitime la privation de salaire dans le sillage des spécificités béninoises provenant de la loi du 21 juin 2002. Mais, par ailleurs, il faut ajouter que si l'obligation patronale au salaire est dépourvue de cause pendant la suspension du contrat de travail (en raison de l'inexécution momentanée par le salarié de son obligation de travail), c'est à la condition que la privation de salaire subséquente soit proportionnée à la durée de la grève.

---

[1] J.-C. JAVILLIER, *Droit du Travail,* L.G.D.J., Paris, 2e éd., 1981, p 553 s., n°666 et s.

[2] H.et P. MAZEAU, *Rev. trim. dr. civ.,* 1948, p. 471 ; PLANIOL et RIPERT, *Traité élém. de dr. civ.,* 2e éd., t. II, n°490 ; COLIN et CAPITANT, 1er éd., *Cours élém. dr. civ.,* t. II, n°143 ; H. DELPECH, note sous Soc., 5 mars 1953, *J.C.P.,* 1953.II.7553 ; cf. A. HUET, « Exceptio non adimpleti contractus ou exception d'inexécution », *Juriscl. Civ.,* art.1184, n°123.

[3] H. SINAY, J.-C. JAVILLIER, *La grève,* Paris, Dalloz, 1984, p. 317.

A. DE LA SUSPENSION DU CONTRAT DE TRAVAIL À LA PRIVATION DE SALAIRE

269. Tant dans le cadre béninois[1] que français[2], l'exercice du droit de grève est loin de constituer l'unique fait générateur de la suspension du contrat de travail. La survenance d'un accident (surtout de travail), produit également les mêmes effets suspensifs sur le contrat de travail. Il en est de même pour la maladie (davantage professionnelle), laquelle déclenche des conséquences semblables. Sauf que, à la différence de ces derniers évènements pris en charge par les Organismes de Sécurité sociale ou d'Assurance-maladie, le salarié gréviste ne perçoit aucun substitut de salaire durant la période de la suspension de son contrat de travail, sous réserve des mécanismes de secours. Il est assez intéressant de voir la manière dont cette règle, au demeurant classique, est appliquée en France sous une forme qui diffère à certains égards avec les aménagements dont elle est assortie dans la sphère juridique béninoise.

1. Une règle classique appliquée en France

270. La règle selon laquelle les grévistes ne perçoivent aucun salaire pendant la durée de la grève est l'une des plus classiques, particulièrement bien assise dans le droit positif de la liberté de revendication professionnelle. Le travailleur, n'ayant pas fourni la prestation dont le paiement du salaire constitue la contrepartie, ne peut légitimement se prévaloir du bénéfice d'une rémunération. C'est pourquoi la Cour de cassation avait affirmé dans son arrêt du 15 novembre 1957, opposant la Régie Autonome des Transports Parisiens à l'un des membres de son personnel, que *« si la grève ne rompt pas le contrat de travail, elle en suspend, tant qu'elle dure, tous les effets et en particulier l'obligation de payer le salaire »*[3].

Cette règle, dont l'observation des premiers éléments de son élaboration remonte à la fin de la Seconde Guerre mondiale[4], est l'une

---

[1] N.G. MENSAH, *Le droit du travail au bénin,* T.I, Cotonou, 1976.
[2] J.-M. BÉRAUD, *La suspension du contrat de travail,* Paris, Sirey, 1980.
[3] *D.* 1958, p. 60.
[4] Cons. prud'h. Saint-Nazaire, 17 sept. 1949, *D.* 1949.1. 547.

des plus anciennes ayant toujours été bien appliquée et respectée par les juridictions françaises de tous degrés, à tous niveaux, aussi bien celles du fond[1] que du droit[2].

En outre peut-on faire remarquer qu'elle participe à un principe d'équité et d'égalité de traitement. En effet, pour autant fondamentaux ou constitutionnels que sont les droits syndicaux des travailleurs, le droit de grève en particulier, il n'est nullement possible d'imposer à l'employeur le paiement d'un salaire qui correspond à un travail non accompli par des salariés en débrayage. La liberté de revendication professionnelle, aussi précieuse soit-elle, ne peut s'accommoder d'un tel absolutisme. C'est assurément dans le même dessein que, récemment, la Chambre sociale a procédé à une affirmation : la suspension de l'exécution du contrat de travail pendant toute la durée de cessation du travail consécutive à l'exercice du droit de grève délivre l'employeur de son obligation de payer le salaire[3]. L'une des parties (le débiteur) ne s'étant pas acquittée des engagements qu'elle a souscrits, il va de soi que l'autre (le créancier) doit s'en trouver déchargée.

Doit-on cependant considérer que le salarié exerçant son droit de grève et n'ayant accompli qu'un service minimum parce que celui-ci lui aurait été imposé par une volonté extérieure ne peut avoir, lui aussi, la possibilité d'invoquer le paiement du salaire correspondant à cette durée effective du travail ? L'employeur est-il tenu de rémunérer le temps de travail qui équivaut au service minimum fourni par un salarié gréviste ? Ces questions, auxquelles la Cour de cassation fut confrontée, ont donné lieu à une réponse sans équivoque. La réponse est assurément positive. L'employeur est tenu de rémunérer le service minimum effectué par un salarié gréviste[4], peu important que ce travail soit exécuté sous l'empire de la contrainte ou par manifestation d'une volonté souveraine. Aucun abattement de salaire ne peut être effectué sur le temps correspondant à la réalisation d'un service minimum[5].

---

[1] Ibid.
[2] Civ., sec. Soc., 20 mars 1953, *D.* 1954. 53.
[3] Soc. 5 févr. 2002 : *RJS* 4/02, n°479.
[4] Soc. 20 févr. 1991 : *Bull. civ. V,* n°81; *Dr. ouvrier* 1991. 149 ; *RJS* 1991. 266, n°508.
[5] Soc. 16 nov. 1993 ; *Dr. soc.,* 1994. 54.

Mais il en va autrement pour le paiement des jours fériés et, par exemple, pour le paiement d'une journée de grève qui coïncide avec le 1er mai. La Cour de cassation en a décidé ainsi ; les temps de grève correspondant aux jours fériés ne donnent lieu à aucune rémunération[1], même si la grève est intervenue un jour férié chômé et payé et que le salarié gréviste ne travaille pas habituellement ce jour-là[2].

Des réserves peuvent cependant être émises sur cette motivation. Les jours fériés sont normalement et légalement ceux où on est payé sans avoir à travailler. Aucune considération de travail accompli ou de prestation fournie n'est attachée à la rémunération de ces jours. La seule exigence posée pour en obtenir le bénéfice est d'avoir un contrat de travail. Le lien intrinsèquement établi entre le 1er mai et le non paiement des jours de grève peut donc être contesté[3].

Cette modalité classique, par laquelle le juge français procède à l'application de la règle d'indexation de l'obligation patronale de salaire sur l'accomplissement du travail effectif, se distingue quelque peu des aménagements apportés par le législateur béninois du 21 juin 2002 dont l'objet est, d'une certaine manière, établi aux fins d'accroitre la protection du précieux droit de grève des travailleurs salariés.

2. Une règle classique aménagée au Bénin

271. Le salaire s'apparente à certains égards comme un geste de retour fait par l'employeur, qui vise à récompenser le service rendu ou devant être rendu par le travailleur. C'est d'ailleurs pour ce faire qu'il a toujours été retenu en tant qu'un élément essentiel[4] du contrat de travail (y compris par le législateur béninois[5]), devant être nécessairement réuni afin que les juges puissent inférer sa qualification. La règle de la

---

[1] Soc. 24 juin 1998 : *Bull. civ. V*, n°335 *; Dr. soc.* 1998.853, obs. J.-E. RAY.
[2] Ibid., D. 1998, IR. 178.
[3] Dans le même sens, *La grève, op. cit.*, p. 320.
[4] J.-M. VERDIER, A. COEURET, M.-A. SOURIAC, *Droit du travail, Rapports individuels*, Paris, Dalloz, 15e éd., p 37.
[5] Ainsi qu'il est prévu dans le code du travail de 1998 en ses articles 207 à 214.

suspension du salaire pendant la durée de la grève s'inscrit sans doute dans la même logique de connexion.

272. Certes, cette règle a été rappelée par le législateur du 21 juin 2002. Ainsi avait-il disposé en son article 24 : « Toute grève entraîne une réduction proportionnelle du traitement ou salaire et des accessoires à l'exception des allocations familiales. Aucune réduction n'est appliquée si l'interruption de travail a duré moins d'une journée ».

273. Mais c'est davantage l'article 25 qui retient ici notre attention, le législateur y prescrivant : « Les grèves ayant pour motifs la violation des libertés fondamentales et des droits syndicaux universellement reconnus ou le non-paiement des droits acquis par les travailleurs, ne donnent lieu à aucune réduction de salaire ou de traitement. Sont considérés comme droits acquis ceux qui sont reconnus d'accord parties par l'employeur et les travailleurs et à défaut de cet accord, ceux qui sont déclarés tels par une décision de justice passée en de chose jugée ».

274.Là se trouve un principal élément de comparaison démarquant les autorités législatives béninoises et françaises. Dans son souci d'assurer une reconnaissance effective aux libertés collectives des travailleurs – il s'agit précisément du droit de grève – le législateur béninois a été amené à considérer certaines catégories de revendications professionnelles comme ne devant pas faire l'objet d'une retenue sur salaire. Cette disposition, à n'en point douter, permet de mieux protéger le plus efficace des moyens d'action collective des travailleurs, conférant aux organisations syndicales et aux travailleurs une large capacité d'action aux fins d'œuvrer au rayonnement des intérêts des travailleurs dans le cercle contractuel.

Pour autant, peut-on estimer, dans le cadre du droit positif français, que l'équivalent d'un tel outil n'existe pas ? Le législateur béninois se différentierait-il à ce point de lui ? En réalité, même si la règle ne dispose pas d'une même assise législative privilégiée, elle a droit de cité dans la jurisprudence française, connaissant aussi une telle dérogation au principe de non paiement du salaire des grévistes. De façon constante, la Chambre sociale a toujours considéré que « dans les cas où les salariés se sont trouvés dans une situation contraignante telle qu'ils ont été obligés de cesser leur travail pour faire respecter leurs droits essentiels, directement lésés par suite d'un manquement grave et délibéré de l'employeur à ses obligations, celui-ci peut-être condamné à payer aux grévistes une indemnité compensant la perte de leurs salaires »[1].

Cette jurisprudence qui, du reste, a été récemment rappelée dans un arrêt du 3 mai 2007[2], permet de soutenir que le droit constitutionnel de grève des travailleurs est aussi bien promu dans le champ juridique béninois que français, peu importante la différence des fondements normatifs de protection car, dans les deux ordres internes, l'abattement de salaire susceptible d'être pratiqué par l'employeur doit en outre obéir à une condition de proportionnalité.

B. DE LA NÉCESSITÉ DE PROPORTIONNALITÉ DANS LA PRIVATION DE SALAIRE

275. S'il est vrai que la non-fourniture du travail par le débiteur d'une obligation dispense le créancier de devoir lui-même s'exécuter, il n'en est pas autant des conditions dans lesquelles ce dernier peut s'exonérer[3]. L'abattement de salaire dont l'employeur se trouve en droit de pratiquer, doit se conformer à une condition de proportionnalité[4]. Celle-ci est affirmée aussi bien dans le cadre français que béninois, selon un principe dont on connaît les exceptions.

1. Le principe de proportionnalité dans le droit positif de la grève

276. La limite ressort des termes de l'article 24 de la loi du 21 juin 2002 ci-dessus invoquée. En son sein, le législateur a prévu explicitement la nécessité de rattacher la réduction salariale du salarié gréviste à une condition de proportionnalité. En d'autres termes, la retenue sur salaire, pour être légale, doit équivaloir à la période de suspension du contrat de

---

[1] Soc. 29 févr. 1991 : *Bull. civ. V,* n°80 ; *GADT,* 4e éd., n°207 ; *D.* 1991. *IR.* 83 ; *Dr. soc.* 1991. 315 ; trois arrêts, rapp. WAQUET, note J. SAVATIER ; *RJS* 1991. 266, n°507.

[2] D. 2007. AJ. 1423.

[3] H. SINAY, « Les conflits collectifs et l'argent », in *Études offertes à G.H. CAMERLYNCK,* 1977, p. 299 et s.

[4] Ibid.

travail pendant le temps de la grève[1]. « L'exercice du droit de grève ne peut donner lieu, sauf abus, qu'à un abattement de salaire proportionnel à l'arrêt de travail »[2]. Le caractère prépondérant de cette règle a, du reste, conduit la Chambre sociale à affiner ces propos : « le paiement de la somme retenue en excédant peut être obtenu en référé »[3].

En outre, cette proportionnalité entre l'arrêt de travail et la réduction de la rémunération, doit être établie avec rigueur[4]. En conséquence, si le salaire est horaire, il conviendra de déterminer le nombre exact d'heures chômées pour cause de grève et procéder à l'abattement ainsi calculé[5]. Si le salaire est mensuel, il appartiendra à l'employeur de déterminer le nombre d'heures de travail auquel correspond normalement un mois de salaire en ventilant la proportion de temps mort pour fait de grève durant le mois considéré[6]. Si le salaire est journalier, la même exigence s'imposera à l'employeur dans la mesure où il ne peut priver du salaire d'une journée entière un salarié ayant fait grève pendant quelques heures seulement. Mais on connaît la réserve de la règle dans la fonction publique. Et l'on a vu qu'au terme de l'article 24 de la loi du 21 juin 2002 : « aucune réduction n'est appliquée si l'interruption de travail a duré moins d'une journée ». Quelle illustration de la spécificité du droit de grève des travailleurs béninois et français par rapport à cet article et à la règle du trentième indivisible[7] !

---

[1] Ibid.

[2] Soc. 8 juil. 1992: *Bull. civ. V,* n°445.

[3] Soc. 3 févr. 1993 : *Bull. cir. V,* n°40 *; Dr. soc.* 1993. 306.

[4] H. SINAY, « Les conflits collectifs et l'argent », *op. cit.,* ibid.

[5] Ibid.

[6] Soc. 24 févr. 1961, *Bull. civ.,* IV, n°254, p 202.

[7] La question, intéressant le droit public de la grève, intègre la spécificité du droit de grève béninois et français. Au Bénin, le fait de grève ne peut donner lieu à une privation du salaire lorsqu'il est inférieur à une journée. Il en est ainsi tant pour les salariés du secteur privé que pour ceux du secteur public. Tel n'est pas le cas pour les salariés grévistes français du secteur public. La question mérite d'être rapidement étudiée.
En vertu de l'article 4 de la loi de finances rectificatives du 29 juillet 1961, « l'absence de service fait, pendant une fraction de la journée, donne lieu à une retenue dont le montant ne peut être inférieur à la fraction du traitement frappé d'invisibilité », c'est-à-dire à un trentième du traitement mensuel. Cette règle, désavouée par le Conseil d'État (C.E. Assemblée. 20 mai 1977, *Ministère de l'éducation c. Quinteau et autres, Rec. Cons. D'Ét.,* p. 230 ; *AJDA*, 1977, p. 638 ; *RDP,* 1978.917, obs. R. DRAGO ; *D.,* 1979, p.297, note L. HAMON), approuvée par le Conseil constitutionnel (Déc. 77-83 DC du 20 juillet 1977, *Rec.* p. 39 ; *D.,* 1979, p.297, note L. HAMON) est souvent présentée

Dans le cadre du privé, s'agissant d'un salarié mensuel, la Chambre sociale a précisé que pour être proportionnel à l'interruption du travail, l'abattement de salaire pour fait de grève doit être calculé sur l'horaire mensuel des salariés et non en jours calendaires, même si la convention collective dispose que les nécessités inhérentes à la profession ne permettent pas de déterminer la répartition des heures de travail[1].

En ce qui concerne le cas particulier d'un salarié cadre soumis à une convention de forfait en jours, il a été décidé qu'en cas d'absence pour fait de grève, lorsqu'elle est d'une durée non comptabilisable en journée ou demi-journée, la retenue opérée doit être identique à celle pratiquée pour toute autre absence d'une même durée[2]. La rigueur ainsi imposée à l'employeur dans le cadre de la proportionnalité est telle que le temps consacré à la remise en marche des machines à l'issue d'un mouvement de grève, même répété, ne saurait justifier une retenue sur salaire au motif de la perte de production qui suit le mouvement, même à l'encontre des salariés grévistes, dès l'instant que la grève est reconnue licite[3].

Par conséquent l'employeur, en dépit de la faculté qui lui est reconnue de réduire le salaire du salarié gréviste qui a été conduit à interrompre son contrat de travail, est soumis au respect d'une obligation, liée à la proportionnalité de la privation de la rémunération. Cette règle classique de privation conditionnée de salaire, est assortie d'une restriction relative aux mécanismes de secours autours desquels se noue le régime juridique de la grève.

---

comme étant non pas une sanction pécuniaire du droit de grève mais une mesure comptable parce qu'elle se réfère aux règles de la comptabilité publique.
Qui plus est, dans l'état actuel des textes (B. PERRIN, « Retenu pour fait de grève : entre prorata et trentième indivisible », *Cah. Fonc. Publ., mars 2005)*, la règle n'est pas la même pour la fonction publique de l'État. La retenue est égale au « trentième indivisible » (TA Strasbourg, 11 déc. 1989, Paoletti :*RD publ.* 1987, p. 10975, note J. ROBERT*)* et dans les fonctions publiques hospitalière et territoriale, elle est de 1/60° du traitement si la grève n'a pas excédé une heure, 1/50° si elle n'a pas excédé une demi-journée, le principe du « trentième indivisible » reprenant son empire au-delà (TA Versailles, 22 déc. 1988, Jadot : JuriData n°1988-048732 ; *RFD adm.* 1990, p.440 X. PRÉTOT).

[1] Soc. 19 mai 1998 : *Bull. civ. V,* n°262 ; *D.* 1998, *IR* 150.

[2] Soc. 13 nov. 2008 : *D.* 2008. *AJ.* 2946.

[3] Soc. 6 juin 1989 (trois arrêts) : *Bull. civ. V,* n°426 ; *D.* 1990. Somm. 170, obs. BORENFREUND ; *RJS* 1989. 333, concl. FRANCK ; *JCP* 1990. II. 21452, note SAINT-JOURS.

2. Les limites de la privation avec les mécanismes de secours

277. La prise en considération de la sacralité du droit de grève a permis d'apporter un tempérament à la fameuse règle de la privation salariale des salariés grévistes. Il relève d'un principe de bon sens qu'un salarié ayant fait grève ne doit pas être rémunéré, celui-ci n'ayant fourni aucun travail pouvant justifier cette rémunération, sous réserve, cependant, des conditions de proportionnalité devant être observées. Mais il aurait été particulièrement incompréhensible (si ce n'est trop dirigiste) que tout salarié gréviste puisse être radicalement privé de salaire, dans toutes conditions possibles d'interruption du travail. Dans pareil cas, la constitutionnalité du droit de grève et, plus globalement, des libertés collectives des travailleurs, se trouverait sérieusement altérée.

Ainsi que l'affirmait les acteurs de l'OIT, le droit de grève est l'un des outils primordials de défense des droits des travailleurs[1]. Dès lors, son usage devait être aménagé quant aux incidences de privation salariale. Il était indispensable d'assortir la règle de la retenue sur salaire d'une exception. Ceci conduisit le législateur du 21 juin 2002 à établir les prescriptions de l'article 25, servant de foyer de résistance à l'austérité pécuniaire du droit de grève. En même temps, dans la jurisprudence – permanente[2] – de la Chambre sociale, il a été restitué l'équivalent de ce dispositif. Les hauts magistrats français, en outre, ne s'étaient pas arrêtés à ce niveau. Le Conseil d'État au même titre que la Cour de cassation a établi, par le biais des mécanismes de secours, une autre exception liée à la règle de privation salariale des salariés grévistes. En effet, les hauts magistrats ont toujours considéré que les collectivités locales de même que les syndicats et les comités d'entreprise pouvaient allouer une aide financière à certains grévistes, dans le respect cependant de certaines conditions.

Ainsi la Haute juridiction administrative a considéré que le conseil municipal ne pouvait apporter une aide à des salariés grévistes que si elle est utilisée à des fins exclusivement sociales et n'a pas le caractère d'une

---

[1] V. Recueil 1996, paragr. 475 et entre autres, le 299e rapport, cas no 1687, §gr. 457; 300e rapport, cas no 1799.

[2] Soc. 27 nov. 1990 : *Bull. civ. V*, n°590 ; *D.* 1990, *IR* 298; *Dr. soc.* 1991. 321, note J. SAVATIER; Soc. 21 mai 1997: *Bull. Civ. V*, n°183: *Dr. soc.* 1997.783, obs. J.-E. RAY.

intervention dans un conflit collectif du travail[1]. C'est pourquoi elle estima, comme étant illicite, le secours attribué par le conseil municipal à travers une intervention dans un conflit collectif du travail en vue d'apporter son soutien financier à l'une des parties en litige[2]

De manière identique, les juges du fond administratif ont reconnu au Conseil général la faculté d'aider les salariés grévistes dans la même limite de ne pas intervenir dans un conflit collectif du travail[3]. Une telle possibilité de secourir les salariés grévistes est également admise par la Cour de cassation aux organisations syndicales[4] et aux comités d'entreprise[5]. Partant, il va de soi que, de manière générale, l'austérité pécuniaire du droit de grève sur le salaire[6] ne constitue, en aucun cas, un facteur d'altération et de fragilité de la liberté de revendication professionnelle et plus globalement des droits sociaux des travailleurs. Ainsi en est-il tant dans le cadre français que béninois, en dépit des différences de modalités observées, même si l'on sait que le salaire de base est loin de constituer le seul élément sur lequel le fait de grève provoque des incidences.

§ 2 : Les incidences de la grève sur les primes

278.À l'inverse des spécificités locales observées quant aux effets pécuniaires de la grève sur le salaire, les incidences relatives aux primes disposent d'un régime unique dans nos deux ordres juridiques nationaux. En principe, le salarié gréviste est privé également de primes et d'indemnités sous la seule réserve, pour l'employeur, de ne pas tomber sous le coup de la discrimination.

---

[1] CE 12 oct. 1990 : *JCP* 91, éd. G, II, 21638, 1re esp., concl. M. TUOT, note B. PACTEAU.
[2] CE 12 oct. 1990 : *JCP* 91, éd. G, II, 21638, 2e esp., concl. M. TUOT, note B. PACTEAU.
[3] TA Besançon, 31 janv. 1991 : *Dr. soc.* 1991, 951.
[4] Soc. 5 juin 1953 : *JCP* 53, éd. G, II, 7832, note G. B.
[5] Soc. 8 juin 1977 : *JCP* 79, éd. G, II, 19089, note D. LEGRAND ; V. également M. COHEN, *Les secours accordés par les comités d'entreprises: RPDS* 1975, 209.
[6] Ibid.

A. LA GRÈVE ET LES PRIMES

279. « Liées à l'exécution du travail, les primes et les indemnités suivent en principe le même régime que le salaire (Cass. soc., 21 févr. 1990, *Bull. civ.* V, n°71). »[1] Cela ressort de l'article 24 de la loi du 21 juin 2002 qui dispose de la privation pour fait de grève aussi bien du traitement du salaire que des accessoires du salaire, à l'exception des allocations familiales. C'est ainsi qu'on estima opportun de faire produire des effets identiques sur le salaire et les primes, à partir de la suspension du contrat de travail découlant de l'exercice normal de la grève.

Dans le même registre[2], la Cour de cassation a estimé que, comme pour l'obligation au paiement du salaire principal, l'obligation au paiement des accessoires se trouve dépourvue de cause par défaut de fourniture du travail[3]. Le salarié ne s'étant pas exécuté, il est logique que l'employeur soit à son tour délivré de son obligation salariale[4]. Mais il n'en demeure pas moins que, toujours comme pour les conditions d'application de la retenue sur salaire[5], l'employeur doit respecter une obligation de proportionnalité[6] dans la pratique de la privation des primes[7]. Il est tenu, minutieusement, de lier l'abattement des primes sur la durée de la grève[8].

C'est pourquoi la Chambre sociale a dû rappeler dans nombre de cas où l'employeur était tenté de se livrer à des abus que « comme tous les accessoires du salaires, les primes doivent êtres réduites proportionnellement à la durée de la grève »[9], n'était « à la baisse de rendement suscitée par celle-ci »[10] dans l'hypothèse où le salaire serait fixé par rendement. Autrement dit, s'agissant par exemple du cas

---

[1] M. MOREAU, *La grève,* Paris, Economica, 1998, p. 55.
[2] Ibid.
[3] Soc. 15 nov. 1957, *Bull. civ.,* IV, n. 1068, p. 763.
[4] O. DRAGUE, « De quelques éléments concernant les conséquences pécuniaires de la grève à l'égard des grévistes et de leurs organisations syndicales », *La semaine sociale Lamy,* 1986, n°1986, n°322, suppl., D. 20.
[5] Ibid.
[6] Ibid.
[7] V. J. SAVATIER, *Grèves et primes complémentaires du salaire, Dr. soc.* 1981, 435.
[8] Ibid.
[9] Soc. 12 mai 1980 : *D.* 1981, *IR.* 126, obs. Ph. Langlois.
[10] Soc. 6 mars 1976 : *Dr. ouvrier.* 1977. 27.

particulier des primes d'assiduité, qualifiées de primes anti-grèves par la doctrine influente[1], la Cour de cassation a estimé que « dès lors qu'il n'est pas contesté que toute absence autorisée ou non, qu'elle qu'en soit la cause, entraîne la perte de la prime d'assiduité, ce qui n'est pas discriminatoire à l'encontre des grévistes, l'employeur est en droit de ne pas verser la prime aux grévistes »[2].

En se prononçant de la sorte pour conditionner la licéité de la privation de la prime d'assiduité à l'exigence de non-discrimination[3], les hauts magistrats invoquent explicitement les limites de la possibilité offerte à l'employeur de réduire les accessoires du salaire après grève.

B. LES PRIMES ET L'EXIGENCE DE NON-DISCRIMATION

280. Les primes d'assiduité, en raison de leur vocation à récompenser une catégorie de travailleurs à la condition d'être assidus (ce qui avait pour fonction de stigmatiser et de disqualifier les grévistes en particulier), étaient considérées comme des primes anti-grèves par les auteurs les plus influents[4]. Les arguments invoqués à l'appui de cette analyse étaient pourvus d'une certaine pertinence[5]. D'aucuns faisaient valoir la nature principale de la pénalité pécuniaire, infligée par une telle mesure aux salariés grévistes[6]. D'autres soulignaient la manière dont sa mise en place visait à discréditer l'usage du droit de grève et, en conséquence, à oblitérer la défense des droits des travailleurs[7].

---

[1] J.-J. DUYPEROUX, « De la prime anti-grève aux prud'hommes », *Le Monde* 2-3juil. 1978 ; M. PETIT, « L'interdiction des primes anti-grèves », *Rev. prat. dr. soc.* 1978, n°401, p. 247 ; H. SINAY, « La suppression des primes anti-grèves », *D.* 1979, chron. 81.

[2] Soc. 26 févr. 1981 : *Bull. civ.* V, n°s 162 et 163; *D.* 1981. 509, note MOULY; *Dr. soc.* 1981. 435, note J. SAVATIER.

[3] Ibid.

[4] J.-J. DUYPEROUX, De la prime anti-grève aux prud'hommes, *op. cit.,* ibid. ; M. PETIT, « L'interdiction des primes anti-grèves »,*op. cit.,* ibid. ; H. SINAY, « La suppression des primes anti-grèves », *op. cit.,* ibid.

[5] Ibd.

[6] Ibid.

[7] Ibid.

Signe d'une influence heureuse des réflexions doctrinales sur l'activité de production normative, ces propos trouvèrent échos dans l'intervention législative du 17 juillet 1978. C'est ainsi que naquis l'additif au feu article L 521-1 du Code du travail. On compléta l'article 4 de la loi du 11 février 1950 en ajoutant que, dorénavant, *l'exercice du droit de grève ne saurait donner lieu, de la part de l'employeur, à des mesures discriminatoires en matière de rémunérations et d'avantages sociaux*[1]. Des années plus tard, cette exigence de non-discrimination, considérée par la Cour de cassation comme étant un « principe général du droit », fera son entrée dans le Code du travail du 27 janvier 1998. La précision fut apportée en ces termes en son article 6 : « Aucun employeur ne peut user des moyens de pression à l'encontre ou en faveur d'une organisation syndicale quelle qu'elle soit ». On peut également citer l'énoncé de l'article 215 du même Code, qui interdit à l'employeur d'infliger des amendes.

Le Conseil d'État, de son côté, ajouta en ce qui concerne les travailleurs du secteur public que « la règle selon laquelle l'exercice du droit de grève ne saurait donner lieu, de la part de l'employeur, à des mesures discriminatoires en matière de rémunération et d'avantages sociaux constitue un principe général du droit applicable aux entreprises publiques »[2]. Il devient dès lors indispensable de conclure : si l'employeur dispose du droit de ne pas payer aux salariés grévistes les primes et autres accessoires du salaire, il n'en est pas autant lorsqu'il fonde sa décision sur un motif discriminatoire tendant à sanctionner l'exercice du droit de grève par le salarié. La licéité de la privation des primes est conditionnée par l'obligation de non-discrimination pour fait de grève. Il en est ainsi tant dans le cadre du droit positif français que dans le champ juridique béninois.

Toutefois, le droit de grève n'étant pas la seule liberté d'exercice collectif des travailleurs imprégnée de spécificité, il convient de s'appesantir sur celles restantes, constituées par la liberté de fonder mais aussi d'adhérer ou de ne pas adhérer à un syndicat, et celle de conclure des négociations collectives. La spécificité des libertés collectives des travailleurs béninois se rapporte, en réalité, aussi bien au droit de grève qu'au droit de la négociation collective.

---

[1] *J.O* 18 juillet 1978, p. 2851 ; *D.* 1978.325 s., spéc. p. 329.
[2] CE 12 nov. 1990 : *Gaz. Pal.* 23 févr. 1991, chron. D. CHABANOL.

- CHAPITRE II -

LA SPÉCIFICITÉ AFFÉRENTE A LA NÉGOCIATION COLLECTIVE

281. Les normes édifiées par les pouvoirs publics béninois et français se distinguent au sujet du droit de grève. La réglementation de la liberté de revendication professionnelle des travailleurs ne procède nullement de principes et de règles identiques dans les champs juridiques concernés. Il s'agit là d'une remarque importante, en dépit de l'existence dans ce domaine d'un socle de dispositions standard. Cette spécificité, qui s'invite dans la comparaison des libertés collectives des travailleurs, s'observe au niveau des incidences de la grève sur le salaire de base. La liberté de revendication professionnelle est, néanmoins, loin de pouvoir représenter le seul objet de spécificité de la réflexion. Le droit de la représentation collective des travailleurs, par le biais de la liberté syndicale et du principe de participation, concentre, aussi, de traits spécifiques. Ils s'observent dans le régime juridique du droit de la négociation collective et du droit à la négociation collective des travailleurs.

SECTION I : LE DROIT DE LA NÉGOCIATION COLLECTIVE

282. Il existe nombre de facteurs de divergences entre le droit du travail béninois et français, dans le cadre de la représentation et de la représentativité des travailleurs. La raison est simple. Elle est constituée par les préférences variables observées de chaque côté pour la catégorie des représentants des travailleurs pouvant et devant jouir d'une compétence de principe (tantôt considérée comme « exclusive ») pour engager des négociations au nom des travailleurs. En effet, dans le droit positif français, c'est aux délégués syndicaux, à titre principal, qu'est conférée la compétence de négocier des conventions et accords collectifs de travail[1]. En revanche, dans l'ordre juridique béninois, les règles sont nuancées, en dépit des principes de bases communs[2]. D'une certaine manière, le mode représentatif français (§ 1), essentiellement tourné vers le principe du monopole syndical, contraste, précisément, avec le système de représentation béninois (§ 2), plutôt marqué par l'attribution d'un rôle prépondérant aux délégués du personnel dans le cadre de la négociation collective. Déjà, dès les débats engagés devant les deux Assemblées en 1946, la tendance ressortait[3].

§ 1 : Le mode représentatif français

283. « Monopole syndical – Du coté des salariés, ce sont les organisations syndicales de salariés représentatives dans l'entreprise qui négocient. En effet, la négociation d'entreprise, tout comme la négociation de branche, est dominée par le principe de monopole syndical. Les organisations syndicales, comme le précise l'article L. 2231-1 du Code du travail ont une compétence exclusive pour négocier et signer des conventions ou accords collectifs »[4]. C'est donc le principe[5] de monopole syndical qui constitue la caractéristique majeure du droit de la négociation collective française. Sur le plan national[6], ce sont les organisations syndicales – sous réserves de remplir certaines conditions – qui disposent du droit de négocier et de signer des conventions et accords collectifs au nom des travailleurs. Il s'agit là d'un contraste majeur, avec le droit positif béninois des relations professionnelles. Ainsi procède la manifestation de ce principe (A) qui, toutefois, s'est érodé sensiblement ces derniers temps à travers différentes modifications apportées par l'autorité législative lesquelles permettent de renouer avec la conception

---

[1] J.-M. VERDIER, J.-D. REYNAUD, G. ADAM, *La négociation collective en France,* Édition ouvrière, 1972.

[2] J.-M. BÉRAUD, *Étude préalable à l'adoption d'un Acte uniforme en Droit du Travail dans le cadre de l'Organisation pour l'Harmonisation en Afrique du Droit des Affaires (OHADA), op. cit.*, p 66 s.

[3] *Cf. infra,* n° 176 s.

[4] *JurisClasseur Travail Traité,* Fasc. 1-32, n°114 (Cote : 05, 2009).

[5] A. ARSEGUEL, *La notion d'organisations syndicales les plus représentatives,* Thèse, Université des sciences de Toulouse, 1976, p 5.

[6] J.-M. VERDIER, « Syndicats et droit syndical », vol. 1, 2e éd. 1987 p 35 s.

béninoise de représentation des travailleurs et de négociation collective (B).

A : LE MONOPOLE SYNDICAL

284. La règle est classique[1], et solidement ancrée dans le droit positif français du travail. En dépit des différentes évolutions connues ces jours-ci, ce sont toujours les représentants syndicaux qui disposent d'une priorité pour négocier les conventions et accords collectifs au nom des travailleurs[2], même dans l'entreprise, à rebours de la pratique du droit béninois de la représentation collective du travail[3]. Cette règle relève de l'article L 2231-1 du Code du travail qui, par ailleurs, connaissait déjà quelques aménagements.

1. L'article L 2231-1 du Code du travail

285. Concrètement, l'article L 2231-1 confère une priorité aux organisations syndicales de salariés représentatives pour signer des contrats collectifs d'entreprise. Du partage de compétence ainsi opéré par le législateur[4], seul un pouvoir supplétif est censé revenir aux représentants élus pour édicter des actes conventionnels de réglementation des conditions de travail, d'emploi et des garanties sociales des travailleurs[5].

---

[1] G. LYON-CAEN, « Droit syndical et mouvement syndical » *Dr. soc.* 1984 p 9 à 11.
[2] Ibid.
[3] Mais il conviendra de faire ressortir les limites de cette affirmation…
[4] Cf. P. RODIÈRE, « Accord d'entreprise et convention de branche ou interprofessionnelle : négociation indépendante, subordonnée, articulée », *Dr. soc.*, 1982, p 711 ; « La branche professionnelle, l'entreprise et le groupe dans le projet de loi "Fillon" sur le dialogue social », *SSL*, n°1148.
[5] Ibid.

a. Le pouvoir prioritaire des délégués syndicaux

286. Les prescriptions de l'article L 2231-1 du Code du travail sont claires : « la convention ou l'accord est conclu entre :- d'une part, une ou plusieurs organisations syndicales de salariés représentatives dans le champ d'application de la convention ou de l'accord ;- d'autre part une ou plusieurs organisations syndicales d'employeurs, ou toute autre association d'employeurs, ou un ou plusieurs employeurs pris individuellement. Les associations d'employeurs constituées conformément aux dispositions de la loi du 1er juillet 1901 relative au contrat d'association, qui ont compétence pour négocier des conventions et accords, sont assimilées aux organisations syndicales pour les attributions conférées à celle-ci par le présent titre ».

Il en ressort que, du côté des salariés, ce sont des représentants syndicaux qui peuvent négocier au nom des travailleurs, même si la Cour de cassation impose une consultation préalable du comité d'entreprise sur les questions entrant dans son champ de compétence[1]. Il en est ainsi à tous les niveaux de négociation[2], que ce soit, dans l'établissement, dans l'entreprise, la branche, voire dans un groupe ou, plus récemment, dans une unité économique et sociale. C'est sur ce point que se différencie le droit de la négociation collective de l'ex Dahomey et de l'Hexagone. S'agissant des modalités d'exercice de la liberté syndicale et du principe de participation des travailleurs, dans le Code du travail dont la première version date de 1910, on a préféré donner priorité aux représentants syndicaux plutôt qu'aux membres élus du personnel pour engager des négociations[3]. Le Conseil constitutionnel, tout en restant nuancé dans l'emploi des formules[1], l'a aussi précisé dans sa jurisprudence[2].

---

[1] Soc. 10 avril 1998 : *Dr. soc.*, 1998, 579, rapp. J.-Y. FROUIN ; *RJS* 06/98, n°750.

[2] Cf. M.-L. MORIN, « L'articulation des niveaux de négociation dans l'accord interprofessionnel sur la politique contractuelle du 31 octobre 1995 », *Dr. soc.*, 1995, p.11 ; H. TISSANDIER, « L'articulation des niveaux de négociations : des principes en mutation », *SSL*, 27 septembre 2004, p. 57.

[3] « Depuis une soixantaine d'années, les organisations syndicales se sont vues attribuer des fonctions de plus en plus larges dans la vie économique et sociale. D'une part, le cadre de leur intervention s'est considérablement étendu. D'autre part, et de manière concomitante, sans abandonner leur vocation première à défendre et à améliorer la condition des salariés, les syndicats ont été étroitement associés à l'organisation des professions et à la prise de décision…Cet élargissement du rôle des syndicats, qui les conduit à chercher un équilibre entre les fonctions de revendications et de participations, s'est traduit en France comme dans d'autres pays par la nécessité de désigner la ou les

Cette préférence est d'autant plus ostensible qu'elle comporte une obligation de négocier à charge des intéressés. Traditionnellement appelés à représenter auprès du chef d'entreprise le syndicat qui l'a désigné, les délégués syndicaux qui, sur le plan d'ensemble, constituent la première catégorie des représentants syndicaux, sont investis d'une obligation annuelle de négocier sur certaines matières du droit du travail[3] : les salaires effectifs[4], la durée effective et l'organisation du temps de travail[5], l'emploi des travailleurs handicapés[1], l'égalité

---

organisations authentiquement qualifiées pour représenter les travailleurs, pour promouvoir leurs intérêts » ; G. BORENDREUND, « Propos sur la représentativité syndicale », *Dr. soc.*, Juin 1988, p. 478.

[1] Puisqu'il a estimé que le « monopole syndical » en matière de conventions et d'accords collectifs n'est pas contraire à la constitution (Décision 82-145 DC, *RJC*, I-133.), tout en préférant ne pas aller plus loin pour considérer ce « monopole syndical » comme résultant d'une exigence syndicale.

C'est ainsi qu'il précisait dans sa décision de 6 novembre 1996 que « si ces dispositions constitutionnelles confèrent aux organisations syndicale vocation naturelle à assurer, notamment par la voie de la négociation collective, la défense des droits et des intérêts des travailleurs, elles n'attribuent pas pour autant à celles-ci un monopole de représentation des salariés en matière de négociation collective ; les salariés désignés par voie de l'élection, ou titulaire d'un mandat assurant leur représentativité, peuvent également participer à la détermination collective des conditions de travail dès lors que leur intervention n'a ni pour objet ni pour effet de faire obstacle à celle des organisations syndicales représentatives ».

[2] D'abord, dans sa décision *Démocratisation du secteur public* (Décision 83-162 DC des 19 et 20 juillet 1983, *RJC-I,* p.157). Dans cette décision, les requérants déploraient qu'une disposition législative, définissant les conditions d'éligibilité aux conseils d'administration et de surveillance des entreprises du secteur public, rende éligible un salarié qui « exerce ou a exercé des fonctions de permanences syndicales avec ou sans suspension du contrat de travail ». Ceux-ci, estimant que la participation à la gestion de l'entreprise doit avoir lieu par l'intermédiaire des délégués et non des représentants syndicaux, demandaient aux juges constitutionnels de déclarer le texte de loi incriminé contraire à la constitution. Ils dénonçaient une « violation du principe de la participation directe des travailleurs à la gestion des entreprises sans passer par l'intermédiaire des syndicats ». Mais le Conseil constitutionnel ne fit pas droit à cette demande. Celui-ci s'était contenté de préciser que « les représentants syndicaux ne sont éligibles que s'ils sont ou ont été titulaires d'un contrat de travail avec l'entreprise concernée ».

Ensuite, dans sa décision *Négociation collective* (Décision 96-383 DC du 6 novembre 1996), dans laquelle sa position fut clairement affirmée. Elle énonçait que les alinéas 6 et 8 du préambule « confèrent aux organisations syndicales *vocation naturelle* à assurer, notamment par voie de la négociation collective, la défense des droits et intérêts des travailleurs ».

[3] L 2242-1 du Code du travail.

[4] L 2242-8 al. 2. du Code du travail.

[5] L 2242-8 al. 3. du Code du travail

professionnelle entre hommes et femmes[2], l'organisation d'un régime de prévoyance maladie[3], les modalités d'exercice du droit d'expression[4], les modalités complémentaires d'exercice du droit syndical dans les entreprises du secteur public[5].

En d'autres circonstances, le législateur a préféré faire une simple suggestion de négocier aux délégués syndicaux, tout en subordonnant cette possibilité à la condition de respecter un certain nombre d'exigences. Il en est ainsi dans le cadre des repos compensateurs de remplacement[6], ou encore en ce qui concerne le régime d'intéressement des travailleurs aux résultats ou aux performances de l'entreprise[7] ; l'énumération n'est pas exhaustive[8].

Bref, la conclusion d'une convention ou d'un accord collectif (défini comme étant un « acte normatif négocié entre un employeur ou un groupement d'employeurs et une ou plusieurs organisations syndicales représentatives de salariés, en vue de fixer en commun les conditions d'emploi et de travail ainsi que les garanties sociales »[9]), relève de la compétence prioritaire des délégués syndicaux. Ce sont eux qui, assurément, ont vocation naturelle à signer des accords pour le compte des travailleurs dans le droit positif français de la représentation collective du travail.

Mais ces principals attributs des délégués syndicaux s'accommodent d'ordinaire d'une capacité d'intervention subordonnée reconnue aux autres représentants des travailleurs tels que les élus du personnel, les représentants *ad hoc* (salarié mandaté par une organisation syndicale représentative) ou les représentants de la section syndicale.

---

[1] L 2242-13 du Code du travail.
[2] L 2242-5 du Code du travail.
[3] L 2242-11 du Code du travail.
[4] L 2242-9-1 al. 1 du Code du travail.
[5] L 2242-9-1 al. 2 du Code du travail
[6] L 3121-24 du Code du travail.
[7] L 3312-5 du Code du travail.
[8] V. par exemple, article L 3122-9, L3132-16, L 3132-18, L 2232-17 al. 1er du Code du travail.
[9] J. PÉLISSER, A. SUPIOT, A. JEAMMAUD, *Droit du travail,* Précis Dalloz, 24e éd., 2008, p. 116.

b. Le pouvoir supplétif des autres représentants des travailleurs

287. Il peut arriver qu'une entreprise soit dépourvue de délégué syndical. Faut-il pour autant délaisser l'activité de défense et de protection des droits et intérêts des travailleurs dans de telle circonstance ? Certes, le législateur français a répondu par la négative. Il a jugé utile de conférer en pareil cas un champ d'action aux autres représentants des travailleurs ce qui, à titre exceptionnel mais, de façon certaine, se rapproche de la pratique béninoise de négociation collective. Toute organisation syndicale représentative dans l'entreprise qui constitue une section syndicale est en droit de désigner un ou plusieurs délégués syndicaux. Même dans l'hypothèse où elle ne serait pas représentative dans l'entreprise, toute organisation syndicale est admise à y constituer une section syndicale et peut donc désigner de ce fait un représentant considéré comme étant la « version minorée des délégués syndicaux »[1].

En clair, le législateur français prévoit, dans toute entreprise ayant aux moins 50 salariés, la présence obligatoire d'un délégué syndical. Or tel n'est pas le cas dans le Code du travail béninois. Techniquement, la désignation par les organisations syndicales de délégués syndicaux dans une entreprise française ne peut intervenir que si l'effectif de l'entreprise, calculé mois par mois[2], a été (sauf amoindrissement égal pour tous d'origine conventionnelle[3]) d'au minimum cinquante salariés pendant douze mois, consécutifs ou non, au cours des trois années précédents leur nomination[4].

Eu égard aux différends susceptibles de s'élever dans le cadre de la computation de l'effectif de l'entreprise (et les raisons ne sont plus à rappeler[5]), il n'est pas rare de constater l'absence de délégué syndical dans des entreprises devant en disposer. Pourvu d'une compétence prioritaire pour signer des contrats collectifs, il devient dès lors

[1] B. TEYSSIÉ, *Droit du travail, Relations collectives,* Paris, Litec, 2009, 6ème éd., p. 379.
[2] Soc. 21 mars 1986 : *Juri-social,* 1986, SJ 234.
[3] L 2141-10 du Code du travail.
[4] L 2143-3 du Code du travail. Étant nécessaire de préciser que pour le calcul de l'effectif, on tient compte non seulement des salariés disposant d'un contrat à durée indéterminée mais aussi de ceux liés à l'entreprise par un contrat de travail temporaire « pendant une durée totale d'au moins trois mois au cours de la dernière année civile » (L 1251-54 du Code civil).
[5] R. OLIVIER, *La désignation des délégués syndicaux,* Litec, 2007, p. 11 s.

indispensable de suppléer son absence, aux fins de permettre à d'autres représentants des travailleurs d'intervenir en son lieu et place.

« En principe, les représentants du personnel ne peuvent pas négocier. Toutefois, dans les entreprises dépourvues de délégués syndicaux, les entreprises peuvent signer des accords avec les représentants du personnel, des salariés mandatés par une organisation syndicale représentative, ou un représentant de la section syndicale »[1]. Même si la négociation collective doit s'engager nécessairement avec les délégués syndicaux lorsqu'ils sont présents dans l'entreprise (lesquels sont considérées de fait comme devant être les interlocuteurs privilégiés de l'employeur), les autres représentants syndicaux ne sont pas pour autant dépourvus de toute possibilité d'intervention.

Il en est ainsi du corps du représentant de la section syndicale né, dans le prolongement de la Position commune du 9 avril 2008, de la loi du 20 aout suivant. Ce nouvel interlocuteur, tantôt qualifiés de « version minorée du délégué syndical »[2], parfois considérée comme « un délégué syndical en devenir »[3], peut aussi engager des négociations collectives dans l'entreprise en absence des délégués syndicaux. À ce titre il constitue, au travers des aménagements pouvant être apportés à la compétence prioritaire et exclusive des délégués syndicaux sur le terrain de la négociation collective, un outil probant de renforcement de l'action syndicale.

2. Les aménagements du monopole syndical

288. La défense des droits et intérêts des travailleurs, par le biais de la signature des contrats collectifs d'entreprise, n'est pas moins assurée par les membres élus du personnel dans l'hypothèse de l'absence dans l'entreprise des délégués syndicaux[4]. En d'autres termes, le monopole de négociation collective conféré aux délégués syndicaux peut être

---

[1] *JurisClasseur Travail Traité ;* ibid., Fasc. 1-32, n°114.

[2] B. TEYSSIÉ, *Droit du travail, Relations collectives, op. cit.,* ibid.

[3] F. DUQUESNE, « Un délégué syndical en devenir : le nouveau représentant de la section syndicale », *Dr. soc.,* 2008 », p. 1084 ; Y. PAGNERRE, « Le représentant de la section syndicale », *JCP S* 2009, 1156.

[4] J.-M. VERDIER, « La présence syndicale dans l'entreprise et la loi du 28 novembre 1982 », *Dr. soc.,* 1983, p 37.

aménagé. En témoigne l'existence d'accords dérogatoires et atypiques qui, substantiellement, atténuent cette règle.

a. Les accords dérogatoires

289. Ainsi que le définit M. le professeur PETIT, « l'accord dérogatoire est un accord collectif qui déroge aux règles étatiques dans un sens qui n'est pas nécessairement plus favorable pour les salariés »[1]. En d'autres termes l'accord dérogatoire est celui qui peut s'émanciper des règles impératives d'ordre public, applicables sur le plan du droit conventionnel des relations professionnelles[2]. C'est pourquoi on dit encore d'eux qu'ils créent un « ordre public dérogatoire »[3].

L'exemple type d'accord dérogatoire souvent rencontré dans la pratique est l'accord de méthode. Prévu à titre expérimental par la loi Fillon du 03 janvier 2003, l'accord de méthode est relatif à la « procéduralisation conventionnelle »[4] des règles de licenciement économique. Il se caractérise par la possibilité conférée aux organisations syndicales – non nécessairement représentatives – de signer des accords d'entreprise (portant sur une seule matière du droit du travail et non sur l'ensemble de la discipline) dérogeant aux dispositions du Code du travail relatives au placement, à l'emploi, aux groupements professionnels, à la représentation, la participation et l'intéressement des salariés.

290. Il permit aux acteurs sociaux de fixer les modalités d'informations et de consultations du comité d'entreprise lorsque l'employeur projette de prononcer le licenciement pour motif économique d'au moins dix salariés sur une même période de trente jours. À ce sujet, la question s'est posée de savoir s'il fallait considérer tous les accords – même ceux qui intègrent une amélioration des dispositifs légaux – comme dérogatoires ; une difficulté était liée à cette incertitude : l'exigence majoritaire s'impose-t-elle aux accords traduisant

---

[1] *Droit de l'emploi, op. cit.*, p 305.
[2] F. BOCQUILLON, « La dérogation en droit du travail », Thèse, Strasbourg, 1999.
[3] Cf. définition : F. PETIT, *Droit de l'emploi, op. cit.*, ibid.
[4] Selon la formule utilisée par M. le professeur G. COUTURIÉ, « Le choix de la procéduralisation conventionnelle », *SSL* 2004, n°1152, p. 6.

une amélioration de la loi[1] ? Les accords de méthode doivent-ils faire l'objet d'un consensus syndical majoritaire ?

La circulaire de 26 février 2003 a répondu à cette question, précisant que l'accord de méthode, gouverné par les règles de droit commun, n'était pas soumis au principe majoritaire en ce qu'il était plus favorable aux salariés que la loi[2]. Pour le pouvoir exécutif, l'accord de méthode ne devait pas être nécessairement approuvé par la majorité des organisations syndicales couvrant le champ d'application territorial et professionnel du dispositif.

Mais, dans son ordonnance du 19 décembre 2003, rendue par référence à la lettre de la loi, le TGI de Nanterre a décidé du contraire : il n'est pas pertinent de s'émanciper de la volonté du législateur en distinguant entre les accords effectivement dérogatoires et ceux apportant une plus grande amélioration aux salariés par rapport à ce que prévoit la loi ; tout accord, quel qu'il soit, plus favorable ou non, doit être soumis à l'approbation des organisations syndicales représentatives ayant recueilli la majorité des suffrages exprimés lors du premier tour des dernières élections professionnelles organisées dans l'entreprise[3].

Cette catégorie d'accords expérimentals (qui au passage a été pérennisée par la loi Borloo du 18 janvier 2005 à l'article L 1233-21 et suivants du nouveau Code du travail et assigne au demeurant un nouvel objet) constitue, assurément, une exception aux règles d'ordre public social dont fait partie l'exigence du monopole syndical dévolue aux organisations syndicales représentatives, en dépit de la catégorie des représentants des travailleurs concernés en pareil cas. Par conséquent, d'une manière où d'une autre, elle participe à l'aménagement de la compétence exclusive dont jouissent les organisations syndicales dans le domaine de la négociation collective. Mais, davantage, c'est une autre variante d'accords d'entreprise qui fonde radicalement les aménagements du monopole.

---

[1] F. PETIT, *Droit de l'emploi, op. cit.*, p. 230.
[2] Ibid.
[3] Ibid.

b. Les accords atypiques

291. À côté de l'aménagement ci-dessus invoqué, il existe un second, plus frontal quant aux tempéraments apportés par le législateur à la compétence prioritaire et exclusive des délégués syndicaux pour signer des contrats collectifs d'entreprise qui engagent le sort de tous les salariés[1] ; il est constitué par les accords atypiques[2]. Son objet est aussi défini par M. le professeur F. PETIT ; « l'accord atypique est un accord portant sur les conditions de travail que l'employeur conclut avec des représentants du personnel dépourvus du pouvoir de conclure une convention collective »[3]. Autrement dit, l'accord atypique est celui signé par un délégué du personnel, un représentant *ad hoc* ne disposant pas *a priori* d'une compétence primaire pour engager une négociation.

Dès lors il va de soi que l'intervention de ces interlocuteurs non privilégiés lèse, d'une certaine manière, la priorité du pouvoir attribuer aux délégués syndicaux de signer des contrats collectifs d'entreprise au nom des collectivités de travail. Cette hypothèse se rapproche de la situation du droit conventionnel des relations professionnelles régies par le Code du travail du 27 janvier 1998 ; il convient également de le souligner : les accords atypiques, mieux que les accords dérogatoires, postulent la proximité du droit des relations collectives du travail béninois et français dans la mesure où ce sont d'ordinaire les membres élus par les salariés qui les signent et non les délégués syndicaux. S'il est vrai que les représentants désignés restent titulaires de droit pour engager des négociations collectives au sein de l'entreprise, les représentants élus ne sont pas pour autant dépourvus de toute capacité d'intervention normative.

La loi Auroux du 12 novembre 1982[4] marqua, en ce domaine, une étape prépondérante[5]. C'est elle qui, auprès de l'employeur, rehaussa[1] la

---

[1] G. BORENFREUND, « La négociation collective dans les entreprises dépourvues de délégués syndicaux », *Dr. soc.*, 2004. p. 606.
[2] Ibid.
[3] *Droit de l'emploi, op. cit.*, p. 305.
[4] Précédée par celle du 4 aout 1982 relative aux libertés des travailleurs dans l'entreprise dont l'impact ne peut être négligé dans l'avancement de la discussion : B. BOSSU, F. DUMONT, P.-H. VERKINDT, *Droit du travail. Tome 1, Introduction, relations individuelles de travail*, Paris, Montchrestien, 2008, p 240 s.
[5] G. BORENFREUND, « La négociation collective dans les entreprises dépourvues de délégués syndicaux », *op. cit.*, ibid.

figure traditionnelle des membres élus, du comité d'entreprise, faisant de cet organe l'interlocuteur privilégié des travailleurs vers qui le chef d'entreprise devait se tourner pour négocier. Les dispositions de ce texte étaient particulièrement précises. Elles prévoyaient avant toute chose que, d'une part, « *la convention ou, à défaut les accords d'entreprise sont négociés entre les employeurs et les organisations syndicales de salariés représentatives dans les entreprises* », d'autre part, « *une convention ou des accords peuvent être conclus au niveau d'un établissement ou d'un groupe d'établissements dans les mêmes conditions* ».

Il n'en reste pas moins que ces accords d'entreprise – atypiques – susceptibles d'être signés en l'absence de délégué syndical, doivent obéir à un ordre de préférence dans le choix du négociateur parmi autres interlocuteurs disponibles. En pareille hypothèse, le législateur donne priorité à la négociation avec les élus du personnel (comité d'entreprise ou, à défaut délégués du personnel)[2] ; ce n'est qu'en l'absence de représentants élus que l'employeur peut se tourner vers un salarié mandaté[3], étant nécessaire de préciser que cette carence doit être constatée par procès-verbal[4]. Le monopole syndical de négociation collective s'accommodait ainsi de ces premières restrictions avant les réformes majeures de la loi du 4 mai 2004 et du 20 aout 2008 qui, dans cette lignée, amorça un changement relatif à la portée des accords

---

[1] Avant que la loi du 12 novembre 1996 ne vienne confirmer la tendance, v. sur ce point, B. BOSSU, F. DUMONT, P.-H. VERKINDT, *Droit du travail. Tome 2, relations collectives de travail, réglementation du travail*, Paris, Montchrestien, 2007, 131 s.

[2] Ibid., p. 607.

[3] Remarquons cependant l'inversion de la logique établie par les lois « Aubry I » du 13 juin 1998 et Aubry II du 19 janvier 2000 entre les autres interlocuteurs disponibles dans l'entreprise. Celles-ci confèrent une préférence aux salariés mandatés et non aux élus du personnel, pour signer des accords sur la réduction du temps de travail dans les entreprises dépourvues de délégués syndicaux.

[4] Ibid. Même si l'on sait, s'agissant des accords conclus avec les élus du personnel, que le législateur avait prévu que ceux-ci deviennent un accord collectif de travail seulement après avoir été approuvé par la commission paritaire nationale de branche constituée à cet effet. Le dépôt de l'accord auprès de l'autorité administrative avec la preuve (devant être constituée par procès verbal de validation) que celui-ci a bien été approuvé constitue la dernière formalité à remplir. En ce qui concerne les contrats collectifs d'entreprise signés par les salariés mandatés, lesquels ne peuvent agir qu'en cas de carence (constatée par procès verbal) des élus du personnel dans l'entreprise, la validité de leurs accords est également soumise aux mêmes conditions d'approbation et de dépôt, en sus de l'obligation de consultation préalable des salariés.

atypiques et dérogatoires quant au principe de compétence exclusive des délégués syndicaux.

B. L'ÉROSION DU MONOPOLE SYNDICAL

292. Une précision est nécessaire à ce niveau de développements : les lois du 4 mai 2004 et du 20 aout 2008 n'ont véritablement pas remis en cause le principe du monopole de la négociation collective conféré aux organisations syndicales représentatives de salariés, bien qu'ayant érodé cette situation monopolistique[1]. La règle reste inchangée, en dépit des différentes modifications survenues[2] ; les délégués syndicaux demeurent les premiers titulaires du droit de négocier dans l'entreprise. En conséquence, aujourd'hui comme hier, le chef d'une entreprise de plus de 50 salariés qui court-circuitera les organisations syndicales pour directement négocier avec un représentant élu ou *ad hoc* commettra un délit d'entrave, civilement sanctionnable et pénalement répréhensible[3]. Ce n'est qu'en cas de carence des délégués syndicaux que l'employeur peut négocier avec les élus du personnel ou les salariés mandatés, en l'état actuel du droit positif de la négociation collective qui intègre les innovations de la loi du 04 mai 2004 (1) et du 20 aout 2008 (2).

1. La loi du 04 mai 2004

293. Dans son approche critique des principales dispositions du projet de loi du 04 mai 2004, M. le professeur LANGLOIS faisait remarquer que « telles qu'elles ont été adoptées par l'Assemblée nationale le 06 janvier 2004, les dispositions du projet de loi relatives au dialogue social

---

[1] A. BEVORT, « De la position commune sur la représentativité au projet de loi : renouveau et continuité du modèle social français », *Dr. soc.*, n°7/8, 2008, p. 830.
[2] Ibid.
[3] Cass. crim. 16 nov. 1997, n°96-80.002. Dans le même sens, B. MATHIEU, « Précisions relatives au droit constitutionnel de la négociation collective », *D.*, 1997, chr., p. 154 : « En fait l'intervention des salariés élus ou représentatifs, des délégués au sens de l'al. 8 du préambule de 1946, n'est admise que de manière subsidiaire, à partir du moment où les syndicats sont défaillants, en l'espèce dans les entreprises qui ne disposent pas de délégués syndicaux ».

révolutionnent le droit de la négociation collective sur deux points essentiels que sont la vocation des organisations syndicales à représenter la collectivité des salariés et les relations entre conventions et accords collectifs »[1]. M. le professeur RODIÈRE avait, quant à lui, utilisé l'expression de « bouleversement » pour qualifier les changements consécutif à cette loi sur le droit conventionnel des relations professionnelles[2]. S'agissant de l'objet spécifique du monopole syndical de négociation, il convient de voir la manière dont ces observations s'appliquent ; il en ressort la stabilité de la compétence exclusive des délégués syndicaux.

a. La « révolution » de la loi du 04 mai 2004

294. La loi du 04 mai 2004 a révolutionné le droit conventionnel des relations professionnelles sur nombres de point du droit du travail[3], et en particulier sur celui de l'articulation et de la structuration des différents niveaux de négociations[4]. Sans plus tarder, la question de la hiérarchie des normes s'invite dans la discussion[5]. La loi de 2004 relative au dialogue social et à la formation professionnelle tout au long de la vie renforce l'autonomie des différents niveaux de négociations, remettant en cause le principe de faveur qui servait de clé de résolution des conflits de normes[6]. Avant cette loi, dans l'ordonnancement des différents niveaux où s'engagent les négociations collectives, les accords dérogatoires ou atypiques signés directement par l'employeur avec un interlocuteur autre que le délégué syndical devaient obéir à un principe hiérarchique. Un acte négocié de niveau inférieur (par exemple un accord d'entreprise), ne pouvait méconnaitre les prescriptions d'un autre acte négocié de niveau

---

[1] « Approche critique des principales dispositions du projet de loi (I) », *SSL*, 19 janvier 2004, p 6.
[2] « La branche professionnelle, l'entreprise et le groupe dans le projet de loi Fillon sur le dialogue social », *SSL*, n°1148, 15 décembre 2003.
[3] Ibid.
[4] H. TISSANDIER, « L'articulation des niveaux de négociations : des principes en mutation », *SSL*, 27 septembre 2004, p. 57.
[5] G. BÉLIER, « La hiérarchie des normes entre la branche et l'entreprise : saine articulation ou désarticulation du droit de la négociation collective ? », *SSL*, 27 septembre 2004, n°1183, p. 53.
[6] Ibid., p 58.

supérieur (par exemple un accord de branche), sauf à être plus favorable au salarié[1].

Cette règle permettait de consolider la vocation naturelle des délégués syndicaux à signer des contrats collectifs d'entreprise, au travers du maintien de la croyance en la convention de la branche comme loi de la profession[2]. Sans doute était-ce une distinction marquante du droit conventionnel des relations professionnelles tel que régi par les règles des Codes du travail de 1910 et de 1998. Initialement, sous l'empire du droit du travail français, le monopole syndical de négociation collective se trouvait parcimonieusement protégé avec une articulation équilibrée des différents niveaux de négociations[3]. Les accords de branche négociés par les délégués syndicaux bénéficiaient d'une possibilité exclusive de déroger à la loi, par rapport aux accords d'entreprise signés par les élus du personnel ou les mandataires sociaux.

Mais le législateur du 04 mai 2004 décida du déclin de la réglementation professionnelle de la branche[4], dans le dessein de démocratiser le droit de la relation collective de travail et de procéder à une recomposition inédite du rapport qui unit l'employeur aux différents interlocuteurs des travailleurs[5]. Il en ressort une bousculade de la compétence exclusive des délégués syndicaux. Une plus grande capacité d'action serait ainsi conférée aux élus du personnel et aux salariés mandatés pour négocier des accords collectifs de travail[6], la régularité des accords d'entreprise désormais extirpée de la condition de conformité aux accords de branche, néanmoins, sous réserve de l'autorisation de ces derniers[7]. L'autorité législative prend toutefois soin de prévoir la non-rétroactivité des dispositions pour disposer, en son article 45, que la valeur hiérarchique accordée par leurs signataires aux conventions et

---

[1] Ibid.
[2] S. NADAL, « La transformation du rôle de la négociation des conventions et accords de branche », *SSL*, 27 septembre 2004, n°1183, p. 48.
[3] Ibid.
[4] Ibid.
[5] D. TELLIER, « Une loi de liberté pour les négociateurs », *SSL*, 27 septembre 2004, n°1183, p. 15.
[6] Ibid.
[7] Ibid.

accords conclus avant l'entrée en vigueur de la présente loi demeure opposable aux accords de niveaux inférieurs[1].

Cette mise à égalité de la branche et de l'entreprise pour déroger à la loi consacra, pour reprendre la formule des auteurs, un bouleversement voire une révolution du régime des conventions et accords collectifs de travail. Il convient de faire ressortir la spécificité du monopole de la négociation collective dans le prolongement de ces affirmations.

b. Les particularismes du monopole de négociation syndicale

295. La loi du 04 mai 2004, sans être sans incidence sur le principe de titularisation des délégués syndicaux dans le cadre de la négociation collective, n'a pas véritablement sonné le glas de la compétence exclusive des représentants désignés au bénéfice de celle des représentants élus. Certes, une érosion de leur capacité d'intervention prioritaire en est résultée[2]. Mais non un changement structurel, en tout cas pas en ce qui concerne l'objet spécifique du droit de préférence des délégués syndicaux pour signer des contrats collectifs d'entreprise.

L'étendue de l'érosion[3] se mesure à travers la portée nouvellement conférée aux accords atypiques. Comment peut-on ne pas consentir à l'emploi de la formule si l'on sait le régime juridique des accords négociés par les élus du personnel ou les salariés mandatés avant l'entrée en vigueur de cette loi ? Dans l'état du droit antérieur, ces accords dits atypiques n'avaient que la valeur d'un engagement unilatéral de l'employeur[4]. En conséquence, ils étaient soumis au respect absolu – et non relatif – du principe de faveur, de sorte qu'ils ne pouvaient recevoir application qu'à la condition d'être plus favorable aux salariés que les dispositions législatives, règlementaires ou, figurant dans une convention collective de niveau supérieur[5].

---

[1] S. STEIN, « La sécurisation des accords de branche – commentaire de l'article 45 de la loi du 4 mai 2004 », *SSL*, 27 septembre 2004, n°1183, p. 64.
[2] M.-A. SOURIAC, « L'articulation des niveaux de négociations », *Dr. soc.*, Juin 2004, p. 585.
[3] Ibid.
[4] Soc. 25 févr. 1997 : *RJS* 1998. 313, n°497.
[5] Soc. 19 nov. 1997 : *Dr. soc.* 1998.89, obs. COUTURIER.

Cette règle permettait de faire prévaloir le moyen d'action prioritaire des délégués syndicaux, d'ordinaire habilités à signer les conventions collectives de travail. Et ce d'autant que, de surcroit, les accords atypiques ne pouvaient également pas faire échec à des usages qui n'avaient pas été régulièrement dénoncés[1]. Sur ce point réside l'apport de la loi du 04 mai 2004 : désormais, mais sous réserve du respect d'un certain nombre de conditions (dont la principale vient d'être évoquée), les actes négociés avec les élus du personnel (voire avec un représentant *ad hoc*) constituent des accords au sens propre du terme, avec toutes les conséquences qui s'y attachent sur le plan du droit (prééminence par rapport aux usages de l'entreprise, subsidiarité du principe de faveur, etc...)[2].

296. Le législateur du 04 mai 2004, en débridant les accords d'entreprise (par inscription des accords de branche dans un régime minceur), renforce la capacité d'action normative des représentants élus et des salariés mandés dans le champ du droit conventionnel des relations professionnelles[3]. Explicitement ou incidemment, il attribue à ces derniers une plus grande marge de manœuvre en leur permettant, sur le terrain de la négociation collective, de contrevenir aux dispositions d'ordre public au même titre que les délégués syndicaux[4].

297. Dès lors, dans la comparaison des situations juridiques béninoises et françaises, cette faculté nouvellement conférée requiert une incidence notoire sur le droit de préférence classiquement octroyé aux représentants syndicaux et non aux représentants élus pour négocier des textes conventionnels. L'élévation de la portée des actes négociés dans l'entreprise au rang des accords de branche procède, peu ou prou, d'une recomposition inédite du rôle des différents interlocuteurs du chef

---

[1] Soc. 25 février 1988 : *D.* 1988. Somm. 319, obs. A. LYON-CAEN *; JCP* éd. E 1988. II. 15228, n°1 ; obs. TEYSSIÉ.

[2] M.-A. SOURIAC, *L'articulation des niveaux de négociations, op. cit.*, p. 579.

[3] Ibid.

[4] Ibid. p 587. « Dans le droit fil de la logique d'affranchissement de l'accord d'entreprise caractéristique de la réforme, il s'agit de faire sauter le verrou de la branche ». De ce point de vue, « la démarche consiste en une mise en égalité des accords de branche et d'entreprise pareillement autorisés à déroger à la loi hormis une poignée d'exception ».

d'entreprise[1]. En ce domaine, la loi la plus récente du 20 aout 2008 s'inscrit assurément dans le même registre que celle du 04 mai 2004.

2. La loi du 20 aout 2008

298. La technique, on l'a indiqué, ne doit pas faire perdre de vue la réalité ; en dépit de moult changements ayant été observés en la matière, le délégué syndical dispose toujours d'une capacité d'intervention prioritaire – par rapport aux représentants élus pour édicter des actes collectifs d'entreprise. Certes, la priorité – ces jours-ci – a été profondément étiolée, d'abord par la loi du 04 mai 2004, ensuite par celle du 20 aout 2008. Mais le législateur n'a pas entendu modifier la règle de base relative à la vocation naturelle des délégués syndicaux en vue d'engager des négociations collectives, il n'a pas encore fait des représentants élus des acteurs pivots du droit conventionnel des représentations professionnelles. L'observation est dès lors indispensable : la loi du 20 aout 2008, bien qu'ayant confirmé la tendance de la précédente réforme, n'a pas remis en cause le principe de la répartition de compétences normatives entre les différents représentants des travailleurs pouvant négocier avec l'employeur. Ainsi a-t-on préféré préserver le statu quo ; au bout du compte, le choix de réajuster quelque peu les principes directeurs avec la compétence exclusive des délégués syndicaux sur le plan de la négociation collective qui s'en sort préservée.

a. La réforme du 20 aout 2008

299.L'impact de la loi du 20 aout sur le droit de la représentativité syndicale est notoire ; il est relatif, pour l'essentiel, à la révision des règles de la représentation collective et à la suppression de la présomption de représentativité irréfragable. Initialement, la loi du 11 février 1950 relative aux conventions collectives et aux procédures de règlement des conflits collectifs de travail avait repris des critères

---

[1] S. NADAL, « La transformation du rôle de la négociation des conventions et accords de branche », *op. cit.*, ibid.

élaborés par la jurisprudence pour recenser les principales organisations syndicales, en vue de leur attribuer une présomption de représentativité.

Précisément, cinq critères (non-cumulatifs) avaient été repris et établis par cette loi :

- les effectifs ;
- l'indépendance ;
- les cotisations ;
- l'expérience et l'ancienneté syndicale ;
- l'attitude patriotique pendant l'occupation.

Pour leurs donner effet, le 31 mars 1966, l'autorité publique prit un arrêté portant détermination des organisations syndicales appelées à discuter et à négocier des conventions collectives de travail[1]. C'est ainsi que cinq organisations syndicales se virent reconnaître le droit de représenter les travailleurs, à travers le bénéfice d'une présomption irréfragable (insusceptible d'être combattue par l'apport de la preuve contraire) de représentativité : la CGT, la CGT FO, la CFDT, la CFTC et la CFE-CGC. De longue date, ces dernières rythmèrent la vie économique et sociale des entreprises françaises, avec leur mémorable particularité fondée sur le principe d'exclusivité dominant la négociation des actes collectifs de travail[2].

300. L'innovation majeure de la loi du 20 aout 2008 (dans le prolongement des précédentes réformes) est relative à la remise en cause de ce principe ; désormais, pour pouvoir négocier des conventions ou accords au nom des travailleurs, toute organisation syndicale, quelle qu'elle soit, doit réunir sept critères (cumulatifs) nouvellement définis au terme de l'article L. 2121-1 du Code du travail. Ils sont relatifs :

- au respect des valeurs républicaines ;
- à l'indépendance ;
- à la transparence financière ;
- à une ancienneté minimale de deux ans dans le champ professionnel ou géographique couvrant le niveau de négociation ;

---

[1] *J.O* 2 avr., p. 2675.

[2] L'UNSA n'étant pas parvenu à rejoindre ce groupe : CE, *5 nov. 2004, req. n°257878*).

- à l'audience établie selon les niveaux de négociation conformément aux articles L 2122-1, L 2122-5, L 2122-6 et L 2122-9 ;
- à l'influence, prioritairement caractérisée par l'activité et l'expérience ;
- aux effectifs d'adhérents et aux cotisations[1].

301. Par rapport aux critères précédents, l'on ne peut s'empêcher de constater la manière dont la loi du 20 aout 2008 procède par soustraction et addition[2] ; d'abord, par soustraction, en ce qu'elle délaisse la référence à l'attitude patriotique pendant l'Occupation, ce qui se comprend aisément à travers son caractère aujourd'hui désuet[3] ; ensuite, par addition, eu égard aux nouveaux critères qu'elle intègre, liés entre autres au respect de la valeur démocratique et à l'audience – devant être appréciée en fonction du résultat du premier tour des élections professionnelles[4]. Concrètement, le législateur du 20 aout 2008 a disposé que toute organisation syndicale pourra être représentative et signer des conventions ou accords au nom des collectivités de travail à condition de recueillir, dans l'entreprise ou dans l'établissement, au moins 10% des suffrages exprimés au premier tour des dernières élections des titulaires au comité d'entreprise ou de la délégation unique du personnel ou à défaut, des délégués du personnel, quel que soit le nombre de votants[5]. Au niveau national et interprofessionnel, ce taux est ramené à 8%[6].

En outre, la nouvelle loi subordonne la validité d'un accord interprofessionnel, d'une convention de branche, d'un accord d'entreprise ou d'établissement à deux autres conditions ; la première est liée à la signature de l'acte par une ou plusieurs organisations syndicales de salariés représentatives, ayant recueilli aux élections professionnelles

---

[1] Étant nécessaire d'ajouter que ces critères s'appliquent à titre exclusif aux organisations syndicales représentatives des salariés, les groupements professionnels des employeurs ou un employeur pris individuellement pouvant toujours signer une convention ou un accord selon l'article L 2231-1 du Code du travail.
[2] B. TEYSSIÉ, « A propos de la rénovation de la démocratie sociale », *Dr. soc.*, 2009, p. 627.
[3] Ibid.
[4] Ibid.
[5] P.-Y. VERKINDT, « Les élections professionnelles dans l'entreprises », *Dr. soc.*, 2009, p. 641.
[6] Ibid.

au moins 30% des suffrages exprimés en faveur d'organisations reconnues représentatives ; la seconde, en revanche, se rapporte à l'absence d'opposition de syndicats majoritaires. Sans toutefois inverser la logique de compétence prioritaire dont elles disposent, ce triple seuil conditionne dorénavant la validité des actes négociés par les organisations syndicales[1]. En conséquence, d'ici fin 2013, le pouvoir règlementaire doit abroger l'arrêté du 31 mars 1966[2].

b. Le statu quo

302. Un syndicat qui ne bénéficie pas de présomption de représentativité peut – en vertu des dispositions de la loi du 20 aout 2008 – toujours l'établir pendant la période transitoire de négociation[3]. Pour pouvoir négocier au nom des travailleurs, toute organisation syndicale est désormais tenue de prouver – selon des critères nouveaux – sa représentativité dans le champ d'application professionnel et territorial de l'accord[4]. De ce point de vue, il devient indispensable de souligner l'impact de la loi du 20 aout 2008 sur l'autorité des organisations syndicales à négocier des actes dans la mesure où la représentativité syndicale confère un accès privilégié à la négociation, lequel s'est rétréci en substance[5].

Pour autant, la suppression de la présomption irréfragable de représentativité fait-elle des représentants élus des interlocuteurs privilégiés des travailleurs auprès du chef d'entreprise ?[6] La réforme du 20 aout aurait-elle retiré aux organisations syndicales leur compétence exclusive pour engager des négociations et signer des contrats collectifs d'entreprise ?[7] La règle posée par le Conseil constitutionnel dans ces décisions *Démocratisation du secteur public* et *Négociation collective* serait-elle aujourd'hui devenue obsolète ? En effet, autant que la loi du

---

[1] Ibid.
[2] A. COEURET, B. GAURIAU, M. MINÉ, *Droit du travail*, Sirey, 2ème éd., p. 642.
[3] Soc., 10 mars 2010, n°09-60.246.
[4] F. FAVENNEC-HÉRY, « La représentativité syndicale », *Dr. soc.*, 2009, p. 630.
[5] Ibid.
[6] J.-F. CESARO, « La négociation dans les entreprises pourvues de délégués syndicaux », *Dr. soc.*, 2009, p. 658.
[7] Ibid.

04 mai 2004 n'était pas revenue sur ce principe de base, il convient de remarquer sa survivance au lendemain des dispositions du 20 aout 2008[1] ; les organisations syndicales françaises restent titulaires, aujourd'hui comme hier, d'une capacité d'action prioritaire dans l'adoption de textes conventionnels[2]. Mais pour combien de temps encore ! Serait-on tenté d'ajouter. La fameuse vocation naturelle des organisations syndicales à négocier au nom de la communauté des travailleurs pourra-t-elle résister – dans l'éternité – à toutes innovations normatives ? Par exemple, à une prochaine réforme législative ?

La question mérite d'être posée, tant la volonté de restaurer le périmètre de compétence des représentants élus n'est plus à sous-estimer. Par tous les moyens dont elle dispose, l'autorité législative française cherche à renforcer la valeur des actes négociés émanant des différents interlocuteurs des travailleurs – et en particulier des élus du personnel – différents des délégués syndicaux[3]. Pour ce faire elle procéda à des modifications successives : une première fois par les dispositions de 2004, relatives au dialogue sociale et à la formation professionnelle tout au long de la vie, supprimant le principe de faveur entre conventions collectives de branche et accords collectifs d'entreprise et consacrant, par la même occasion, le principe majoritaire en tant que condition de validité des actes négociés[4] ; une seconde fois à travers l'innovation majeure de la loi de 2008 dont, à l'évidence, on sait les changements notoires qui y ont résulté sur les règles de représentativité syndicale à partir de création et d'abandon de critères[5].

Cependant il n'en demeure pas moins que, reste applicable, la jurisprudence de la Chambre criminelle du 18 novembre 1997 condamnant un employeur au motif d'avoir court-circuité une organisation syndicale pour directement engager des négociations avec

---

[1] Ibid.
[2] Ibid.
[3] À méditer : « … La réforme de la représentativité paraît bien avoir été pensée, réfléchie, essentiellement à l'aune d'une interrogation sur la légitimité des syndicats partis à un accord collectif » G. BORENFREUND, « Le nouveau régime de la représentativité syndicale », *RDT* décembre 2008, 712 ; p. 721.
[4] Dans le prisme de la réforme de mai 2004 : « Les conditions de validité des accords », *SSL*, 27 septembre 2004, n°1183, p. 19.
[5] G. BORENFREUND, « Le renouveau du droit syndical dans l'entreprise : entre faveur et défiance ? », *Dr. soc.*, 2009, p. 700.

un élu du personnel[1] ; même aujourd'hui, la condamnation d'un chef d'entreprise pour délit d'entrave dans de tel cas demeure valable[2] ; en dépit des différentes évolutions ayant été observées sur le sujet, ce principe de base solidement ancré dans le droit positif français a donc encore quelques jours devant lui. La distinction entre le droit des relations collectives du travail béninois et français se cristallise autour de ce point d'analyse.

§ 2 : Le système béninois de représentation

303. Autant qu'on l'a vu sur le droit de grève[3], le droit de la négociation collective concentre également nombre de traits spécifiques quant aux droits sociaux des travailleurs béninois et français. Le principal, parmi eux, est constitué par le mode de représentation des travailleurs dans les deux champs juridiques nationaux. L'édification des règles relatives à la représentativité des travailleurs ne procèdent pas tout à fait de la même manière dans l'ordre interne béninois et français. L'étude des dispositions juridiques de ces deux pays, dans le prolongement de nos précédentes analyses, s'efforce de montrer que, le pouvoir public béninois, à l'inverse de son homologue français, a conféré une préférence et un rôle prépondérant aux représentants élus pour défendre les intérêts des travailleurs et négocier des actes en leur nom. Mais les organisations syndicales représentatives béninoises ne sont pas pour autant dépourvues de toute capacité d'intervention. Bien plus, elles jouissent également d'une responsabilité non négligeable dans le domaine de la négociation collective. A telle enseigne qu'on pourrait se demander si, finalement, de spécificité aux limites afférentes, le droit de la négociation collective béninois et français ne postulerait pas de similitudes standard.

---

[1] A. MAZEAUD, « La négociation des accords d'entreprise en l'absence de délégué syndical », *Dr. soc.*, 2009, p. 669.
[2] Ibid.
[3] Pour une vue d'ensemble on renvoie à : B. BOSSU, F. DUMONT, P.-H. VERKINDT, *Droit du travail. Tome 2, relations collectives de travail, réglementation du travail*, Paris, Montchrestien, 2007, p 67 s.

A. LE RÔLE PRÉPONDÉRANT DES REPRÉSENTANTS ÉLUS

304. La culture juridique béninoise n'est pas fondée sur le principe de compétence exclusive des organisations syndicales dans l'exercice de la mission de défense des droits et des intérêts des travailleurs et même, dans une certaine mesure, dans l'office de la négociation des actes collectifs au niveau de l'entreprise. Les représentants élus jouent un rôle de premier plan dans le cadre de la représentation des travailleurs et de la négociation collective sur la scène béninoise, ce qui contraste avec la tradition française du droit de la représentation collective de travail. Cela ressort explicitement des dispositions du Code du travail de 1998. Cette pratique, nullement exclusive au Bénin, se retrouve dans les autres pays africains et en particulier dans ceux de l'Afrique francophone.

1. Sur la scène nationale béninoise

305. Au terme de l'article 93 du Code du travail béninois, *« la représentation des salariés dans les établissements ou entreprises est assurée par des délégués du personnel élus par les salariés de ces établissements ou entreprises »*. Autrement dit, ce sont les élus du personnel qui ont vocation naturelle à représenter et à défendre les travailleurs béninois. On est donc loin, ainsi que l'affirma un célèbre auteur[1], de la vocation première dont disposent les syndicats français pour protéger les intérêts des travailleurs.

Dans le prolongement de cette première distinction entre le droit des relations collectives du travail béninois et français, on pourrait aussi souligner une seconde à propos des différentes échelles de négociations. La précision de l'article 93 de la loi du 27 janvier 1998 qui, invoque, les seuls cadres de l'entreprise ou de l'établissement pour exercer la mission de défense des droits des travailleurs, n'était pas sans intérêt. « La coexistence de plusieurs *niveaux* (Ph. LANGLOIS, *Dialogue sociale. Approche critique des principales dispositions du projet de loi (I)*, SSL n°1152, 19 janvier 2004 et surtout (II) *SSL* n°1153, 26 janvier 2004) de négociation est un trait caractéristique du système français de relations

[1] G. BORENFREUND, « Propos sur la représentativité syndicale », *Dr. soc.*, Juin 1988, p. 478.

professionnelles (M. Despax, *La place de la convention collective dans le système conventionnel*, Dr. soc., 1988, p 8) »[1].

Mais pour autant y aurait-il, dans ces ordres internes, une différence si fondamentale entre les modalités d'élection et les champs de compétence des délégués élus ? Tout d'abord, il faut remarquer que l'article 109 du Code du travail attribue notamment comme mission aux délégués du personnel : « - de présenter à l'employeur toutes les réclamations individuelles ou collectives concernant les conditions de travail, les rémunérations ou l'emploi ; - de saisir l'inspecteur du travail des réclamations concernant l'application des prescriptions légales, réglementaires ou conventionnelles ».

Et au terme de l'article L 2313-1 du Code du travail, « les délégués du personnel ont pour mission :1° De présenter aux employeurs toutes les réclamations individuelles ou collectives relatives aux salaires, à l'application du code du travail et des autres dispositions légales concernant la protection sociale, la santé et la sécurité, ainsi que des conventions et accords applicables dans l'entreprise ; 2°De saisir l'inspecteur du travail de toutes les plaintes et observations relatives à l'application des dispositions légales dont elle est chargée d'assurer le contrôle ».

Précisons ensuite que, selon l'énoncé de l'article 94 du Code du travail, les délégués du personnel doivent être mis en place dans les entreprises occupant au moins onze salariés ou dans les établissements distincts sous la même condition d'effectif. On se souvient des prescriptions de l'article L 2312-1 du Code du travail : le personnel élit des délégués dans tous les établissements de onze salariés et plus.

Dès lors, entre le mode de représentation français et le système de représentativité béninois, la frontière devient mince. On ne peut affirmer le contraire même si, pertinemment, l'on sait le pouvoir conféré aux élus du personnel dans le cadre béninois pour représenter les travailleurs et négocier des conventions et accords d'entreprise alors que, plutôt, ce sont les syndicats représentatifs qui jouissent de cette faculté dans la sphère du droit français. Mais encore faudrait-il connaître l'ampleur du phénomène.

[1] M.-A. SOURIAC, « L'articulation des niveaux de négociation », *op. cit.*, p. 579.

2. Sur la scène régionale africaine

306. Lorsque la négociation prend la forme, entre l'employeur et le travailleur, d'un face à face, elle ne pose aucune difficulté relative au pouvoir de négocier[1]. En pareil cas, c'est le salarié lui-même qui s'exprime en son propre nom[2]. Au besoin, il peut se faire assister par un représentant du personnel, élu ou désigné, sans que ce dernier ne puisse transformer la mission d'assistance en une fonction de substitution[3]. Lorsqu'en revanche la négociation se poursuit entre l'employeur et davantage de personnes, en l'occurrence, celles liées à un donneur d'ordre par un contrat de travail, des difficultés peuvent s'élever. Les travailleurs ne pouvant tous parler en même temps, il a fallu mettre en place des organes spécifiques, encore nommés les institutions représentatives du personnel, pour assurer à tout le corps professionnel la défense de ces avantages et la possibilité de prendre une part entière dans l'administration de la vie de l'entreprise[4]. La difficulté s'accroit lorsqu'il s'agit de déterminer lequel des organes et des représentants des travailleurs doit être habilitée, en premier lieu, à parler au nom du corps professionnel représenté. Et c'est là un principal facteur de distinction entre le système français de représentation collective des travailleurs et le droit béninois des relations collectives du travail et, plus globalement, entre le droit français et le droit des rapports collectifs du travail des pays de l'Afrique francophone, sous réserve de certains traits communs déjà précisés.

La plupart des parties contractantes du Traité de Port-Louis ont préféré confier la mission de défense des intérêts des salariés aux représentants élus. La dimension du constat est générale : seule le choix de la Guinée équatoriale diffère parmi les pays membres de l'OHADA, n'ayant pas confié aux membres élus la mission de représenter et de

---

[1] A. ARSEGUEL, *La notion d'organisations syndicales les plus représentatives*, Thèse, Toulouse I, 1976, p. 698. ; S. DION-LOYE, B. MATHIEU, « Le syndicat, le travailleur et l'individu : trois personnages en attente d'un rôle constitutionnellement défini », *Dr. soc.*, 1990, p. 525.
[2] Ibid.
[3] Ibid.
[4] Ibid.

défendre les intérêts des salariés auprès de l'employeur[1]. « Au-delà de quelques variantes d'un pays à un autre, cette mission présente des traits communs. Elle consiste toujours dans la présentation à l'employeur des réclamations individuelles et collectives des salariés relatives aux conditions de travail, aux rémunérations et à l'emploi. Elle se traduit par le droit de saisir l'inspecteur du travail de plaintes concernant l'application des prescriptions légales et règlementaires, voire conventionnelles, dont il est chargé de surveiller le respect ; par le pouvoir de faire des suggestions à l'employeur sur l'organisation du travail ; par une présence dans les procédures de licenciement économique. Elle peut aussi emporter des prérogatives plus précises en matière d'hygiène et de sécurité, notamment celle de surveiller le respect de ces prescriptions et de proposer toutes mesures utiles en ce domaine »[2].

Ce sont les élus du personnel qui exercent en Guinée la mission des délégués syndicaux, ils sont d'ailleurs désignés sous cette dénomination[3]. Dans le droit positif camerounais, au terme de l'article 40 alinéa 3 du Code du travail du 14 aout 1992[4], c'est aux délégués du personnel et à défaut aux représentants *ad hoc* que le législateur a conféré le pouvoir de négocier en matière d'édification des mesures alternatives au licenciement pour motif économique[5]. « Il faut remarquer que la loi n'a pas pensé aux syndicats, même pour pallier l'absence des délégués du personnel. C'est une différence profonde avec la loi française où le pouvoir de négocier n'est conféré aux élus et aux mandataires qu'en cas d'absence des délégués syndicaux »[6].

On pourrait rapprocher ce particularisme de l'économie des accords dérogatoires dans le droit français du temps de travail[7], ou encore aux accords de méthode tels que conçus par la loi Fillon du 3 janvier 2003, à

---

[1] J.-M. BÉRAUD, *Étude préalable à l'adoption d'un Acte uniforme en Droit du Travail dans le cadre de l'Organisation pour l'Harmonisation en Afrique du Droit des Affaires (OHADA), op. cit.*, p. 79.

[2] Ibid.

[3] Ibid.

[4] P.G. POUGOUÉ, « Le petit séisme du 14 aout 1992 », *RJA,* 1994, p 9.

[5] P.G. POUGOUÉ, J.-M. TCHAKOUA, « Le difficile enracinement de la négociation collective en droit du travail camerounais », *Afrilex* 2000, p. 10.

[6] Ibid., p. 17.

[7] Y. CHALARON, « L'accord dérogatoire en matière du temps du travail », *Dr. soc.,* 1998, p. 355 ; *Négociations et accords collectifs d'entreprise,* Paris, Litec, 1990, 429 p.

propos de la procédure d'information et de consultation du comité d'entreprise – ou à défaut les délégué du personnel – dans les entreprises visées par le licenciement économique d'au moins dix salariés sur une même période de trente jours[1]. De la sorte, ce constat ne peut nullement conduire à minimiser la responsabilité non négligeable conférée aux organisations syndicales au Bénin comme dans la majorité des pays africains, à l'instar de choix opéré par le législateur français.

B. LA RESPONSABILITÉ NON NÉGLIGEABLE DES DÉLÉGUÉS SYNDICAUX

307. Tout en se démarquant de la législation française des relations collectives du travail, le pouvoir législatif camerounais n'a pas moins prévu à l'article 52 du Code du travail du 14 aout 1992 qu'une convention collective se définit comme *« un accord ayant pour objet de régler les rapports professionnels entre les employeurs et les travailleurs, soit d'une entreprise, ou d'un groupe d'entreprises, soit d'une ou plusieurs branches d'activité. Cet accord est conclu entre : - d'une part, les représentants d'un ou plusieurs syndicats ou d'une union de syndicats des travailleurs ; - d'autre part, les représentants d'une ou de plusieurs organisations syndicales d'employeurs ou de tout autre groupement d'employeurs ou un ou plusieurs employeurs pris individuellement »*[2].

Partant, il va de soi que le rôle prépondérant attribué aux représentants élus du personnel dans la plupart des pays d'Afrique francophone n'est pas exclusif de toute responsabilité syndicale en matière de négociation collective. Ainsi en est-il dans le champ juridique béninois, tant il est possible de se demander si, en fin de compte, la situation ne postulerait pas davantage des fondements solides de similitudes que la dissemblance annoncée.

---

[1] F. PETIT, *Droit de l'emploi, op. cit.*, ibid.

[2] Pour une analyse relative à la situation de chaque pays, cf. J.-M. BÉRAUD, *Étude préalable à l'adoption d'un Acte uniforme en Droit du Travail dans le cadre de l'Organisation pour l'Harmonisation en Afrique du Droit des Affaires (OHADA), op. cit.*, p. 66 s.

1. Dans le champ juridique béninois

308. L'analyse des différentes dispositions du droit du travail africain et, en particulier, du Code du travail de janvier 1998, ne peut que conduire à une modération des propos. En marge de la prérogative dont jouissent en Afrique les représentants élus pour la protection des avantages acquis (ou en passe de l'être), on ne peut nullement entretenir un doute sur la compétence prioritaire conférée aux représentants désignés pour engager des négociations dans certains domaines nommément définis du droit du travail dans la plupart des pays africains d'expression française.

Bien sûr, l'existence d'une distinction essentielle a été constatée entre les cultures juridiques africaines (qui privilégient les élus du personnel) et la tradition française du droit (qui marque la primauté des syndicats professionnels) dans le droit conventionnel des relations professionnelles. Une place à part semble être faite, plus globalement, aux représentants élus dans les dispositions africaines pour défendre les intérêts des travailleurs et négocier des conventions et accords collectifs en leur nom. En même temps, la tendance promue par la loi du 11 février 1950 serait plutôt de donner préférence aux représentants désignés pour l'accomplissement de cet office[1]. On a pu le constater avec l'exemple des dispositions du Code du travail du 14 aout 1992.

309. Cependant, d'un point de vue général, le constat procède de la convergence voire, pour reprendre une expression largement répandue sur ce sujet, du mimétisme. Il existe, assurément, entre le droit positif français de la négociation collective et les systèmes juridiques africains de confection des conventions et accords collectifs de travail, des points de rencontre[2]. Les délégués syndicaux ne sont pas moins tributaires d'une compétence de principe pour conclure des contrats collectifs au nom des travailleurs, dans la sphère du droit béninois et plus globalement dans celle des relations collectives africaines du travail[3]. À l'instar des

---

[1] J.-M. VERDIER, « Sur les rapports entre la représentativité syndicale et la représentation élue du personnel dans l'entreprise », *Études offertes à G. H. CAMERLYNCK*, Dalloz, 1978, p. 263.

[2] J.-M. BÉRAUD, *Étude préalable à l'adoption d'un Acte uniforme en Droit du Travail dans le cadre de l'Organisation pour l'Harmonisation en Afrique du Droit des Affaires (OHADA), op. cit.*, ibid.

[3] Ibid.

observations qui ressortent de nos précédents développements, relatifs au droit conventionnel français des relations professionnelles, les organisations syndicales africaines jouissent aussi d'une capacité d'action prioritaire dans le domaine de production normative[1].

Pour se borner au périmètre de l'analyse, les termes de l'article 122 du Code du travail du 27 janvier 1998 sont particulièrement illustratifs. Selon cette disposition, *« la convention collective du travail est un accord ayant pour objet de régler les rapports professionnels entre les employeurs et les travailleurs soit d'une entreprise ou d'un groupe d'entreprises, soit d'une ou plusieurs branches d'activités. Cet accord est conclu entre : - d'une part, des représentants d'un ou de plusieurs syndicats ou d'une union de syndicats de travailleurs ; -d'autre part, les représentants d'une ou de plusieurs organisations syndicales d'employeurs ou de tout autre groupement d'employeurs, ou un ou plusieurs employeurs pris individuellement »*.

Les points de convergence ne peuvent donc faire l'ombre de doute. Ils sont d'ailleurs si frappants qu'en bout de course il est possible de se demander si le droit français des relations collectives du travail et de la représentation collective des travailleurs ne serait pas le référent du droit positif béninois et plus globalement celui des pays africains à expression française.

2. Une proximité certaine ?

310. Les deux systèmes juridiques se distinguent pourtant à bien des égards sur l'objet du droit de la négociation collective. Par exemple, en ce qui concerne les délégués syndicaux, leur mise en place n'est absolument pas obligatoire dans les entreprises béninoises. Le législateur du 27 janvier 1998 a choisi d'emblée de considérer les représentants élus comme des interlocuteurs privilégiés, vers lesquels les chefs d'entreprise ou d'établissement doivent se tourner pour prendre une décision. Il est patent de constater la manière dont les dispositions législatives béninoises n'ont reconnu aucune faculté aux syndicats professionnels pour désigner des délégués syndicaux, dans les entreprises ou les

[1] Ibid.

établissements. Or, dans le même temps, l'article L 2143-3 du Code du travail établi le fameux seuil de 50 salariés – non de travailleurs[1] – à partir duquel toute organisation syndicale représentative qui constitue une section syndicale peut désigner dans une entreprise ou un établissement un ou plusieurs délégués syndicaux pour la représenter auprès de l'employeur.

Cette omission volontaire se justifie par le fait que le législateur béninois a voulu conférer une priorité aux représentants élus, pour exercer l'office de la défense des droits et intérêts des travailleurs et pour engager des négociations dans leur compte au niveau (surtout) de l'entreprise ou de l'établissement. C'est assurément dans le même dessein que le pouvoir public béninois a explicitement imposé une condition de représentativité aux organisations syndicales pour négocier des actes collectifs dans l'enceinte de l'entreprise[2], alors qu'il a préféré les dispenser de la nécessité de respecter cette exigence lors des négociations pouvant s'engager au niveau de la branche[3]. Au Bénin, aucune condition de représentativité n'est imposée aux organisations syndicales pour engager des négociations collectives au sein de branche d'activité[4]. Il en va autrement au niveau de l'entreprise ou de l'établissement, où cette exigence est affirmée[5]. Seul un critère d'audience permet de déterminer la représentativité d'une organisation syndicale dans l'ordre juridique national[6]. Pour être considérés comme représentatifs, les syndicats doivent recueillir au moins 25% des voix

---

[1] Et pour s'apercevoir de l'intérêt (relatif) de la précision, encore faudrait-il connaître la portée de la règle posée par le Conseil constitutionnel dans sa décision du 28 décembre 2006 : A. LYON-CAEN, « Le droit constitutionnel de participation et délimitation des collectivités de travail », *RDT* ; Février 2007, p 85.

[2] J.-M. BÉRAUD, *Étude préalable à l'adoption d'un Acte uniforme en Droit du Travail dans le cadre de l'Organisation pour l'Harmonisation en Afrique du Droit des Affaires (OHADA), op. cit.*, p. 72.

[3] Ibid., p. 67.

[4] Ibid., p. 72. Il n'est toutefois pas nécessaire de reprendre les critiques de l'auteur sur ce point, celui-ci estimant que « l'effet *erga omnes* traditionnellement attaché aux conventions collectives ...postule nécessairement cette condition de représentativité, sans compter la nécessité d'une limitation du nombre des interlocuteurs si l'on veut assurer les conditions de dialogue réel et efficace ».

[5] Ibid.

[6] C'est le décret n°97-617 du 18 décembre 1997 – dans le prolongement de celui du 13 décembre 1999 portant *définition des différentes formes d'organisation syndicales et critères de représentativité* – qui avait défini en priorité les différentes formes d'organisations syndicales et les critères de représentativité.

exprimées lors des élections professionnelles qui se tiennent dans les entreprises au niveau national tous les quatre ans[1].

Et l'on comprend cette volonté du pouvoir public béninois d'arrimer légitimité et représentativité des organisations syndicales, choisissant les représentants élus comme interlocuteurs privilégiés pour faire face à l'employeur dans l'entreprise. Les membres élus sont, on le sait, les représentants directs des travailleurs. Ils disposent donc d'une plus forte légitimité par rapport aux délégués syndicaux, en raison de leur mode d'élection et du suffrage universel direct dont ils sont l'émanation. Ainsi que le précisa un célèbre auteur[2] dans nos développements précédents, les réflexions s'étant engagées en France et ayant conduit à l'adoption des lois du 04 mai 2004 et du 20 aout 2008 participent entièrement à la même logique de consolidation du pouvoir normatif des représentants élus, dans le prolongement des réformes du 12 novembre 1982 qui, depuis lors, avaient posé la pierre angulaire.

311. Un autre spécialiste, non moins célèbre du droit des relations collectives du travail, affirmait : « les délégués syndicaux sont d'abord les représentants des syndicats qui les ont nommés. Du personnel de l'entreprise, ils n'assurent qu'une représentation indirecte »[3]. On pourrait ajouter que les organisations syndicales ont pour mission de défendre les droits et les intérêts des personnes et des professions visées par leur statut, non ceux exclusifs de leurs membres. C'est donc logique que l'autorité législative française cherche de mieux en mieux à accroitre la force de normativité spéciale des représentants élus. Ceci va dans le sens souhaitable de l'évolution du droit de la négociation collective[4], en tout cas, dans celle souhaitée par la doctrine majoritaire, particulièrement autorisée en la matière[5].

312.Dès lors, qu'il soit permis de s'interroger sur la portée exacte de la thèse du particularisme du droit des relations collectives du travail

---

[1] J.-M. BÉRAUD, *Étude préalable à l'adoption d'un Acte uniforme en Droit du Travail dans le cadre de l'Organisation pour l'Harmonisation en Afrique du Droit des Affaires (OHADA), op. cit.*, p. 67.
[2] G. BORENFREUND, « Le nouveau régime de la représentativité syndicale », *op. cit.*, ibid.
[3] B. TEYSSIÉ, *Droit du travail, Relations collectives, op. cit.*, p. 63.
[4] Ibid.
[5] Ibid.

béninois et français, en dépit des différences de vue certaines qui apparaissent entre eux. N'y aurait-il pas à ce sujet une proximité évidence, même si la culture juridique béninoise et, plus globalement, africaine, a toujours privilégié les représentants élus et que la tradition des relations professionnelles françaises a préféré de longue date les représentants désignés lorsqu'il s'est agi de signer des actes négociés ? En vérité, c'est davantage sur un autre objet d'étude que se trouve le particularisme du droit des relations collectives du travail béninois et français. Celui-ci se concentre moins sur le droit (générique) de la négociation collective qu'autour du droit (spécifique) à la négociation collective des travailleurs.

SECTION II : LE DROIT À LA NÉGOCIATION COLLECTIVE

313. Il est nécessaire d'affiner la réflexion pour trouver les points de comparaison autour desquels se concentre davantage le particularisme du droit de la représentation collective du travail béninois et français. Malgré les traits communs indéniables qui, sans conteste, les caractérisent, ils postulent bien de particularités. Les modalités d'exercice du droit de la représentation collective des travailleurs ne sont nullement les mêmes selon que l'on soit sur le plan du droit positif français ou dans le périmètre du système juridique béninois. Il est important de le préciser. Mais cette précision, pour avoir un sens, exige d'être complétée par l'étude du régime spécifique du droit à la négociation collective. Son objet ne peut que faire suite à celle des règles liées au droit de la négociation collective du travail. Les libertés collectives des travailleurs de l'ex Dahomey et de l'Hexagone se distinguent par le fait que le droit à la négociation collective des travailleurs, par le biais du principe de participation, n'a point été établi de façon explicite dans les textes juridiques béninois. Pourtant les pouvoirs publics locaux n'ont pas manqué, depuis toujours, de le prendre en considération et de lui faire produire des effets concrets.

§ 1 : La non affirmation explicite du principe de participation dans l'ordre interne béninois

314. Après les travaux des deux Commissions de 1946, c'est précisément la loi du 13 juillet 1971 qui affirmait le droit des salariés à la négociation collective sur l'ensemble des conditions de travail, d'emploi et de garanties sociales[1]. Force est de constater que « ce droit [qui] est l'une des formes de participation qui résultent de l'alinéa 8 du préambule de la constitution »,[2] ne figure pas dans le texte constitutionnel du 11 décembre 1990. C'est davantage à ce niveau d'analyse que se situe la spécificité du droit de la représentation collective des travailleurs béninois et français, en plus des préférences observées dans chaque ordre, soit aux élus du personnel, soit aux délégués syndicaux pour signer des contrats collectifs d'entreprise. Celle-ci ressort clairement de la distinction emblématique du principe de participation, en tant que droit ou liberté.

I. LE PRINCIPE DE PARTICIPATION ET LES DROITS

315. Ainsi l'écrivit-on : il règne autour des droits fondamentaux des personnes et en particulier des libertés collectives des travailleurs une politique cacophonique de dénomination[3]. Autrement dit, le vocabulaire des libertés collectives des travailleurs est riche et varié. Et c'est à partir de cette richesse et variété expressive que se saisit la spécificité des libertés collectives des travailleurs béninois et français, par l'intermédiaire du principe de participation. Si la liberté syndicale, le droit de grève et le principe de participation sont tous des droits de l'homme (A) et des droits constitutionnels dans le champ juridique français, les choses sont loin d'être identiques dans l'ordre interne béninois. L'observation de la vie juridique nationale montre que le mérite des travaux des constituants du 11 décembre 1990 s'est arrêté à la porte

---

[1] M.-L. MORIN, *Le droit des salariés à la négociation collective, principe général du droit, op. cit.*, p. 1.
[2] Ibid.
[3] A. VIALA, « Droit fondamentaux (garanties procédurales) », *in Dictionnaire des droits fondamentaux*, D. CHAGNOLAUT, G. DRAGO (dir.), Dalloz, 2006, p. 288.

de la consécration explicite du principe de participation (B). Mais surtout conviendra-t-il de préciser la relativité de ces propos.

A. LE PRINCIPE DE PARTICIPATION ET LES DROITS DE L'HOMME

316. C'est le principal facteur de divergence des libertés collectives des travailleurs dans le cadre de notre analyse. Le principe de participation, dont on sait que le droit à la négociation collective est l'une des variétés[1], n'est pas à proprement parler un droit constitutionnel sur la scène locale béninoise, celui-ci étant réduit à la considération d'un droit de l'homme. Partant, il devient indispensable de s'enquérir des implications de la notion de droit de l'homme, pour mesurer la valeur exacte découlant de cette qualification sur le principe de participation.

a. De la notion des droits de l'homme

317. La première dénomination conférée aux prérogatives d'ordre individuel ou collectif dont disposent les personnes est celle de droit de l'homme. Pour autant peut-on la confondre avec une autre expression, par exemple celle du droit constitutionnel ou des libertés publiques ? Le vocable des droits de l'homme n'aurait-il pas une signification et une genèse bien précise, qui se démarquent de celles des concepts de droit constitutionnel, de liberté publique, de liberté fondamentale ou encore du droit fondamental ? En réalité il est indispensable d'insister sur un élément : « les notions de droits de l'homme et de libertés publiques ne

---

[1] « Le droit des salariés à la négociation se définit constitutionnellement comme une variété de participation. Son objet est la recherche d'un accord (partage de décision) sur les conditions de travail, d'emploi et sur les garanties sociales. Le droit à la négociation collective n'est pas seulement une procédure d'expression de l'intérêt collectif des salariés. Il permet la conclusion d'un accord qui réalise le compromis entre cet intérêt et l'intérêt de l'entreprise ou du groupement d'entreprises. De ce compromis résultent les règles qui régissent les relations individuelles et collectives dans le champ de l'accord. C'est ce qui distingue la négociation des autres formes de participations qui entourent le pouvoir patronal » M.-L. MORIN, *Le droit des salariés à la négociation collective, principe général du droit, op. cit.*, p. 16.

se recouvrent pas totalement. La première est plus ancienne, plus large, plus ambitieuse, mais mois précise, car plus philosophique ou politique (elle est aujourd'hui à la mode, constituant pour beaucoup un sacerdoce et pour quelques-uns un fromage).... »[1]. La notion des droits de l'homme renvoient aux sources du droit naturel et aux premiers textes à les avoir proclamés. Il s'agit du *Bill of Rights* du 13 février 1689, de la Déclaration d'indépendance du 4 juillet 1776 mais aussi de la Déclaration des droits de l'homme et du citoyen du 26 aout 1789. Elle invoque les origines tant philosophiques que religieuses des droits reconnus aux personnes.

Les droits de l'homme, qui proviennent du siècle des Lumières, ont avant tout des origines philosophiques. Ainsi que le précise M. le professeur H. OBERDORFF, « ces fondements philosophiques ont permis l'adoption de nombreux textes reconnaissant des droits de l'homme et des libertés. Certains sont plus emblématiques que d'autres, c'est le cas de la Déclaration des droits de l'homme et des citoyens de 1789 »[2]. Il est donné de voir comment les thèses développées par les philosophes de l'époque des Lumières ont, en substance, participé à l'émergence des prérogatives humaines. On sait l'influence prépondérante de la théorie du *Contrat social* de J.-J. Rousseau sur la construction du régime juridique des droits l'homme. Ainsi garde-t-on en mémoire la célèbre phrase qui inaugura le développement de la pensée de l'auteur dans cet ouvrage : « l'homme est né libre et partout il est dans les fers »[3].

Nul ne peut ignorer l'apport du concept de la séparation des pouvoirs élaboré par Montesquieu en 1748 dans l'instauration de la démocratie et de l'État de droit[4]. C'est notamment lui qui, après la Révolution, permit de reconnaître les droits inhérents à tout être humain par le fait même qu'il est un homme. C'est aussi lui qui conduisit à opposer ces droits aussi bien aux personnes privées qu'aux pouvoirs publics, la règle étant

[1] D. TURPIN, *Libertés publiques et droit fondamentaux*, Seuil, 2004, p. 7.
[2] H. OBERDORFF, *Droits de l'homme et libertés fondamentales*, LGDJ, 2008, p. 22.
[3] C'est l'auteur qui développa le principe général de la *démocratie directe* et de la *souveraineté populaire* dont le but fut de permettre au peuple de s'autogouverner et de participer à la prise des décisions politiques par le biais du vote. On retrouve quelques substrats de ce principe dans la rédaction de l'article 3 de la Déclaration du 26 aout.
[4] Et pour cause l'article 16 de la Déclaration de 1789 prévoyait que « Toute société dans laquelle la garantie des droits n'est pas assurée, ni la séparation des pouvoirs respectée, n'a point de Constitution ».

alors nouvellement établie de ne plus leur porter atteinte, avec l'indispensable corollaire constituée par l'obligation de s'abstenir à intervenir dans la sphère d'autonomie des individus pour assurer son épanouissement et sa pleine émancipation[1]. Et que dire de la pensée des physiocrates grâce auxquels, on le sait, le droit de propriété fut consacré au rang des droits naturels et imprescriptibles mais aussi inviolables et sacrés dont nul ne peut en être privé si ce n'est lorsque la nécessité publique légalement constatée l'exige évidemment sous la condition d'une juste et préalable indemnité ? Certes, la notion des droits de l'homme a une origine philosophique qui, en outre, se double d'une empreinte religieuse, l'incidence est majeure sur le processus de formation et d'évolution des droits[2].

Ainsi qu'il fut rappelé pendant longtemps : « la morale chrétienne, bien que logiquement indépendante du droit, va imprégner son contenu dans un sens plus favorable à la protection de la personne humaine (mais pas toujours favorable à la liberté des comportements) »[3]. Ces deux composantes philosophique et religieuse de la notion des droits de l'homme, permettent d'inférer les conséquences concrètes sur le principe de participation.

b. Des droits de l'homme au principe de participation

318. Le principe de participation constitue assurément un droit de l'homme dans les champs juridiques béninois et français. L'étude des dispositions mises en place par les pouvoirs publics permettent de conclure par ces termes. D'une manière ou d'une autre, et l'on entend par là de façon exégétique ou littérale, à tous les niveaux, le principe de participation postule la qualification des droits de l'homme. Il en est ainsi sur le plan national du droit du travail français. Surtout si l'on prend en considération les concepts même de la démocratie directe et de la souveraineté populaire qui ont nourri la réalisation des travaux des constituants de 1789 dont, il faut le préciser, ceux de l'après Seconde

[1] L'écriture de l'article 16 de la Déclaration de 1789 a d'ailleurs été fortement influencée par les idées *De l'esprit des lois.*
[2] D. TURPIN, *Liberté publique et droits de l'homme, op. cit.*, p. 10.
[3] A. POUILLE, *Libertés publiques et droits de l'homme,* Dalloz, 16e éd., p. 14.

Guerre mondiale sont venus compléter les effets. C'est aussi le cas dans l'ordre interne béninois. En témoigne l'œuvre majeure des acteurs du 11 décembre 1990 relative au processus d'incorporation et d'acculturation des valeurs fondatrices de l'État de droit et de la démocratie, dans les modes de gestion du pouvoir. L'exigence du respect des droits inhérents à la personne humaine se trouve placée au centre des priorités.

On se souvient des termes du préambule du texte constitutionnel dans lesquels le peuple béninois, par le biais de son pouvoir constituant, à réaffirmer solennellement sa détermination à saisir l'occasion historique qui lui était offerte pour créer un Etat de droit et de démocratie pluraliste dans lequel les droits fondamentaux de l'homme, les libertés publiques, la dignité de la personne humaine et la justice seront garantis, protégés et promus comme condition nécessaire au développement véritable et harmonieux de chaque être humain tant, dans sa dimension temporelle, culturelle que spirituelle[1]. Dès lors il va de soi que le principe par lequel tous travailleurs participent par l'intermédiaire de ses délégués à la détermination collective des conditions de travail ainsi qu'à la gestion de l'entreprise est acquis en tant qu'un droit de l'homme dans le cadre du droit positif béninois et français. Mais est-ce à dire que le principe de participation, par sa qualification de droit dit de l'homme, s'adresserait au bénéfice des seuls travailleurs de sexe masculin ? La jouissance des droits de l'homme ne serait-elle pas ouvrable aux femmes placées dans une relation de subordination par rapport à un employeur ?

À ce propos il convient de préciser que le vocable des droits de l'homme ne vise pas uniquement les hommes, au sens masculin et singulier du terme. Il vise tous les Hommes, dans la totalité plurielle de la notion qui intègre (naturellement) toutes catégories de personnes liées à un employeur par un rapport contractuel. Les droits de l'homme ne sont pas la propriété privée des hommes. Ils s'adressent à tous les membres de la famille humaine. Et donc aussi bien aux hommes qu'aux femmes. En raison de la nature de la problématique susceptible de naître à ce niveau de l'analyse, « le terme de *droits de l'homme* est récusé par certains comme ayant une connotation sexiste. Aussi en Amérique du Nord – plus particulièrement au Canada et au Québec – où le mouvement féministe

[1] Cf. le texte intégral.

est particulièrement actif, on préfère désormais employer les termes de *droit de la personne*. L'expression commence à se répandre en France »[1].

Il reste que les origines philosophiques et religieuses de cette notion ont, si tôt, fait apparaître les limites qui, sur le plan du droit, lui sont afférentes. Si les libertés collectives des travailleurs sont bien des droits de l'homme – tant dans nos deux ordres internes que d'un point de vue universel dans tous les champs juridiques nationaux – les restrictions liées à cette qualification obligent à étudier les hypothèses des autres appréciations juridiques possibles – découlant de la politique cacophonique de dénomination.

B. LE PRINCIPE DE PARTICIPATION ET LES DROITS CONSTITUTIONNELS

319. La formule des droits de l'homme dispose d'un impact d'ordre purement intellectuel. Il en va autrement du concept du droit constitutionnel dont, les fonctions afférentes à la Loi fondamentale se déploient, assurément, dans l'orbite même du droit. Bien qu'ayant été intégré initialement par les deux Assemblées constituantes dans l'ordre constitutionnel, le principe de participation des travailleurs manqua d'être incorporé explicitement, au même titre que la liberté syndicale et le droit de grève, dans le corpus de la norme constitutionnelle consécutive aux travaux de l'hôtel PLM-Alédjo.

a. L'apparition des droits constitutionnels

320. Il faut compter une quinzaine d'année avant la Révolution pour voir apparaître en France l'expression droit constitutionnel, lorsque s'est aggravée la crise politique entre la Grande-Bretagne et ses colonies d'Amérique du Nord devenues les États-Unis[2] ; autant dire qu'elle fait suite à la notion des droits de l'homme. Mais elles ne sont pas imprégnées d'une signification identique. De façon générale on entend

[1] A. POUILLE, *Libertés publiques et droits de l'homme, op.cit.*, p. 7.
[2] L. FAVOREU, *Droit constitutionnel,* Dalloz, 10ème Édition, 2007, p. 1.

par droit constitutionnel une faculté appartenant à une personne ou à une collectivité, en vertu de la constitution. Les droits constitutionnels sont globalement désignés comme étant les permissions placées sous la protection de la Loi fondamentale, que le droit objectif confère aux individus ou aux groupements qui le représentent.

Ils sont tantôt considérés comme l'ensemble des règles de droit – des normes juridiques se rattachant à la constitution d'un pays – ou comme la science ayant pour objet l'étude des règles constitutionnelles. Bref, ce sont des droits jouissant d'une valeur supra-législative auxquels les juges constitutionnels veillent au respect à l'égard des pouvoirs publics et des personnes privées[1]. On comprend dès lors, la distinction entre droits de l'homme et droits constitutionnels. Alors que les premiers disposent d'une simple valeur intellectuelle, les seconds sont placés au plus haut niveau de la hiérarchie des normes, dans l'ordonnancement juridique national[2]. C'est pourquoi les constituants des Assemblées de 1946 avaient jugé utile d'élever la liberté syndicale, le droit de grève et le principe de participation de même que bien d'autres droits sociaux au niveau suprême du droit.

321. Ils auraient pu se contenter de la valeur législative dont jouissaient auparavant ces prérogatives, c'est-à-dire la préférence à l'option de renoncer à l'opération de constitutionnalisation. Il était à vrai dire possible de la part des acteurs normatifs de la fin de la guerre de penser que la qualité législative, dont se prévalaient les droits sociaux, était largement suffisante aux fins de leur reconnaissance formelle (pour que le pouvoir constituant ne soit pas tenu d'intervenir sur leur objet). Cette hypothèse était d'autant plus plausible que, bien avant le 26 octobre 1947, le législateur avait aboli le délit de coalition – par la loi du 25 mai 1864[3] – et que, vingt ans plus tard – le 21 mars 1864[4] – la même autorité juridique consacra la liberté de fonder un syndicat et de s'y affilier. Il n'est pas possible d'occulter la loi du 25 mars 1919 qui, pour la première fois[5], reconnue la liberté de conclure des conventions collectives.

---

[1] Ibid.
[2] D. TURPIN, *Libertés publiques et droit fondamentaux, op. cit.,* p. 7.
[3] F. DUQUESNE, *Le nouveau droit du travail,* Gualino, 2008, p. 643.
[4] Ibid., p. 379.
[5] Ibid., p. 607.

322. Mais sachant et prenant en considération l'efficacité particulière de la valeur constitutionnelle des prérogatives – quant à l'affirmation et à la consolidation des libertés collectives des travailleurs –, les constituants de 1946 décidèrent de transcender le niveau législatif d'établissement des droits sociaux des personnes, se les appropriant en quelque sorte, par une élévation de ces derniers au sommet de la hiérarchie des normes – dans l'ordonnancement juridique des dispositions nationales. Ayant su l'apport de la norme fondamentale dans la réalisation effective des droits des personnes, ceux-ci ont franchi le cap de la reconnaissance législative pour intégrer les mœurs du respect des droits des travailleurs dans les usages normatifs de l'entreprise.

Comment ne pas regretter, au vu de cette constatation, que leurs homologues du début des années 1990 n'aient pas su faire autant pour le principe de participation alors que le procédé fut observé pour la liberté syndicale et le droit de grève ? Il est en réalité possible de s'interroger sur ce point de l'analyse, en dépit de la relativité que l'on sait inhérente à la question.

b. La non invocation du principe de participation dans le texte constitutionnel du 11 décembre 1990

323.C'est le seul point d'amertume de l'apport des travaux de la Conférence nationale des Forces Vives, en ce qui concerne les libertés collectives des travailleurs. La liberté syndicale, le droit de grève et le principe de participation n'ont pas été logés à la même enseigne dans la réalisation de l'œuvre constitutionnelle de consécration normative entreprise par le constituant de la nouvelle ère du renouveau démocratique ; le principe par lequel tout travailleur participe par l'intermédiaire de ces délégués à la détermination collective des conditions de travail et à la gestion de l'entreprise n'a pas acquis explicitement doit de cité dans le texte du 11 décembre 1990. Or tel n'est pas le cas pour la liberté syndicale et le droit de grève. On l'a vu, à travers l'étude de l'article 31 de la constitution de 1990. Par son biais, l'autorité constitutionnelle béninoise manifesta sa déférence absolue vis-à-vis de la liberté de revendication professionnelle et de la faculté reconnue à tout travailleur de défendre ses droits et ses intérêts, soit de façon individuelle (en adhérant ou en choisissant de ne pas adhérer à un syndicat), soit de façon collective (avec la permission de mettre en place une organisation syndicale)[1].

Ce faisant, le constituant du début des années 1990 avait intégré le droit de grève dans le plus prestigieux ordre des dispositions juridiques, celui à valeur constitutionnelle, sous réserve, cependant, qu'elle soit exercée « dans les conditions définies par la loi »[2]. De même, il avait fait le choix de la constitutionnalisation de la liberté syndicale dans tous ses aspects, aussi bien positif et négatif, qu'individuel et collectif[3]. Les acquis de la Conférence nationale de février 1990 ont, sans conteste, permis d'élever les droits syndicaux des travailleurs béninois au rang des prérogatives humaines opposables aux agissements des pouvoirs publics et en particulier du pouvoir exécutif.

324. Il faut alors souligner la coïncidence de la portée de l'article 31 de la constitution de 1990 avec ceux des alinéas 6 et 7 du préambule de 1946, en regard de leur impact formel sur la défense et la protection des droits et des intérêts des travailleurs. On ne peut donc que regretter le sort du principe de participation dans la constitution de 1990. L'intégration au sein de la Loi fondamentale béninoise d'une disposition équivalant aux prescriptions de l'alinéa 8 du préambule de la constitution du 26 octobre 1947 serait, dès lors, assurément le bienvenu pour une reconnaissance effective et explicite mais, surtout, constitutionnelle du droit des travailleurs de participer à la vie de leur entreprise.

Une telle intervention est, en effet, souhaitable dans la mesure où elle permettra, définitivement, aux autorités nationales de lever les ambigüités susceptibles de greffer la possibilité de tirer des conséquences concrètes d'ordre juridique essentiellement constitutionnel de la situation de fait où est figée le principe de participation des travailleurs ; subséquemment, cet agissement permettra aussi de sortir le droit à la négociation collective de la situation d'interprétation équivoque dans laquelle, actuellement, elle se trouve. Il faut cependant tenir compte d'un autre élément : le principe de participation peut aussi prendre la forme d'une liberté.

[1] Cf. le texte intégral.
[2] Cf. le texte intégral.
[3] Cf. le texte intégral.

II. LE PRINCIPE DE PARTICIPATION ET LES LIBERTÉS

325. La comparaison des libertés collectives des travailleurs ne se limite pas à la catégorie des droits de l'homme et des droits constitutionnels que peuvent recouvrir ces prérogatives. Elle se prolonge, en ce qui concerne l'objet particulier du droit à la négociation collective, sur un nouveau terrain, celui des libertés publiques et des libertés fondamentales constituant les dernières variantes de la politique cacophonique de dénomination.

A. L'IMPLICATION DU PRINCIPE DE PARTICIPATION DANS LE DOMAINE DES LILBERTÉS PUBLIQUES

326. La question relative à l'hypothèse de la considération des libertés collectives des travailleurs et, précisément, du principe de participation en tant qu'une liberté publique requiert une certaine facilité. Surtout quand l'on sait la définition des libertés publiques (a) et que l'on la confronte au principe de participation (b).

a. La définition des libertés publiques

327. Pour désigner les droits dont disposent les personnes, la notion des libertés publiques a souvent souffert d'une concurrence bien rude dans le concert de la politique cacophonique de dénomination. Les concepts de droits de l'homme, de libertés constitutionnelles ou de droits fondamentaux lui ont régulièrement été préférés. D'autres locutions sont également employées, avec, cependant, un succès mitigé. On l'a vu avec la notion des libertés essentielles, à laquelle fait référence la loi du 3 juin 1958, même si elle n'a jamais été reprise par les auteurs du droit positif[1]. En France le terme libertés publiques, considéré comme une notion juridique incertaine[2], est devenue une expression courante dans le

---

[1] C. -A. COLLIARD, R. LETTERON, *Libertés publiques,* Dalloz, 8ème Édition, p. 1.

[2] A. POUILLE, *Libertés publiques et droits de l'homme, op. cit.*, p. 8. Étant nécessaire d'ajouter que « la notion de *libertés publiques* n'est apparue, paradoxalement, qu'avec la Constitution du 14 janvier 1852 (dont l'article 25 en confiant la garde au Sénat ;

langage politique et en doctrine dès la moitié du XIXe siècle (création d'un enseignement obligatoire dans les Facultés de droits à partir de 1954). Il incarne une nouvelle forme de consécration juridique des droits de l'homme[1].

328. « On peut qualifier de *libertés publiques* les permissions de rang législatif attribuées à des catégories générales de bénéficiaires et liées à la possibilité d'un contrôle juridictionnel de normes infralégislatives fautives »[2]. En d'autres termes, les libertés publiques sont « des libertés ou droits – reconnus et protégés par la loi. Ainsi en est-il par exemple de l'article 34 de la constitution de 1958 donnant compétence au législateur pour fixer les règles des garanties fondamentales accordées aux citoyens pour l'exercice des libertés publiques »[3]. En clair « l'expression de libertés publiques désigne des libertés protégées contre l'exécutif, en vertu de la loi, et par le juge ordinaire administratif ou judiciaire »[4].

Doit-on cependant s'arrêter à la signification étymologique de la notion pour saisir les éléments essentiels qui la composent ? Autrement dit, les libertés publiques se distingueraient-elles des libertés privées ainsi qu'il est possible de le penser *a priori*, tant il ne s'agit point là d'une hypothèse d'école ? Il faut en effet préciser que si les libertés sont qualifiées de publiques, cela ne signifie guère qu'elles s'opposent aux libertés privées. L'adjectif introduit une précision quant à l'origine de la contrainte sociale dont il vient d'être question : les libertés sont envisagées en tant qu'objet de réglementation juridique. L'ambition qui se dissimule sous cette appellation consiste à se demander la manière dont l'épanouissement et l'émancipation de la personne humaine sont garantis au travers de la protection des attributs de la personnalité préservés principalement contre la puissance publique[5]. Tout malentendu

---

avant la Constitution montagnarde du 26 juin 1793 ou la Charte du 04 juin 1814 n'avaient évoqué que *la* liberté publique) ; D. TURPIN, *Libertés publiques et droits fondamentaux, op. cit.*, p. 7 ».

[1] L. FAVOREU (dir.), *Droit des libertés fondamentales*, Dalloz, 4ème Édition, p. 59.

[2] L. FAVOREU (dir.), Droit des libertés fondamentales, Dalloz, 4ème Édition, p 86.

[3] *Ibidem*

[4] J.-J. ISRAËL, *Droits et libertés fondamentales*, LGDJ, 1998, p 35.

[5] P. WASCHMANN, *Les droits de l'homme*, Dalloz, 5e éd., p 2. Ainsi l'auteur ajoute que « Cette manière d'envisager les choses renvoie à un cadre déterminé : celui de l'État, auteur (ou, plus ou moins directement, coauteur dans le cas des règles du droit international) des règles juridiques essentielles.

qui laisserait à penser que les libertés publiques s'opposent aux libertés privées doit être dissipé. Dans cette topique les premières se rapporteraient aux relations avec l'État, les seconds aux rapports des particuliers entre eux : toutes les libertés, publiques comme privées, intéressent à vrai dire l'État et doivent de ce chef être protégées par lui de toutes initiatives – de particulier ou de l'administration – destinées à empêcher leur rayonnement ; ainsi le domicile personnel, la correspondance, la vie familiale et tout autre élément de l'intimité de la vie privée doivent être protégés par l'État, au même titre que le droit de grève, la liberté syndicale ou le principe de participation.[1].

L'épithète public rend compte seulement de la dimension verticale des libertés concernées. Elles sont ainsi dénommées parce qu'elles sont opposables à la puissance publique, à l'administration et à ses représentants. Mais la question nous intéressant au principal est de savoir si le principe de participation est ou non une liberté publique. Il est possible d'étendre le champ de l'interrogation. Les libertés collectives des travailleurs s'opposent-elles à la puissance publique béninoise et française ?

b. Portée des libertés publiques

329. Deux avis du Conseil d'État et l'énoncé du texte du 11 décembre 1990 permettent de répondre à cette question. Le premier remonte au 13 aout 1947. A cette occasion, le juge administratif avait rappelé que le terme libertés publiques comprend, indépendamment de la liberté individuelle, les grandes libertés, qui n'étant pas limitées à l'individu seul, se manifeste au dehors et comportent l'action de coparticipants ou l'appel au public : en conséquence, doivent notamment être rangées dans cette catégorie des libertés publiques la liberté de réunion, la liberté d'association et avec elle la liberté syndicale, la liberté de la presse et d'une manière générale, de diffusion de la pensée... [2]

---

[1] J.-J. ISRAËL, *Droits et libertés fondamentales,* op. cit. spéc. p 26

[2] P. WASCHMANN, *Les droits de l'homme*, Dalloz, 5e éd., p 2. Ainsi l'auteur ajoute que « Cette manière d'envisager les choses renvoie à un cadre déterminé : celui de l'État, auteur (ou, plus ou moins directement, coauteur dans le cas des règles du droit international) des règles juridiques essentielles.

330. Le second avis date du 6 février 1953. Il portait sur la question de la délégation du pouvoir législatif sur l'objet des libertés publiques. Le Conseil d'État devait préciser l'étendue de ces prérogatives en interdisant, d'abord, au pouvoir exécutif d'y porter atteinte et, ensuite, au pouvoir législatif de se défausser sur une autorité normative inférieure pour les règlementer[1]. Après avoir identifié les différentes catégories de prérogatives humaines qui composent les libertés publiques, en précisant au sein du groupe la présence des libertés collectives des travailleurs, le législateur français s'est attaché à déterminer les conséquences juridiques découlant de cette constatation[2] : les libertés dites publiques ne peuvent pas être réglementées par une autorité normative infralégislative si bien qu'elles s'opposent à la puissance publique devant se garder de les dépouiller de leur substance : les libertés publiques désignent « les pouvoirs d'autodétermination qui visent à assurer l'autonomie de la personne humaine, [elles] sont reconnus par des normes à valeur au moins législative et bénéficient d'un régime juridique de protection renforcée même à l'égard des pouvoirs publics »[3]. On voit mal comment le triptyque des droits à exercice collectif des travailleurs pourrait leur être étranger, dans nos ordres internes respectifs.

Le principe de participation et certainement la liberté syndicale, le droit de grève font partie intégrante des libertés publiques des personnes dans la sphère du droit positif béninois. Ils constituent des droits prépondérants à l'intervention des membres du gouvernement. La signification en est qu'aucun dépositaire d'autorité étatique ne dispose de capacité de restreindre leur champ d'action. C'est assurément pour ce faire que, l'article 98, du texte du 11 décembre 1990, intègre dans le

---

[1] « Dans son avis n° 60.497 du 6 février 1953 sollicité sur la validité des délégations massives de compétence législative pratiquées à nouveau sous la IVè République (et entérinées de manière générale et permanente par la loi Marie d'aout 1948) comme à la fin de la IIIè alors que l'article 13 les prohibait expressément, le Conseil d'État s'était d'ailleurs appuyé sur la « tradition républicaine » pour préciser que de telles délégations de compétence demeurait après tout possible, sauf dans certains domaines dont celui des libertés publiques. En second lieu, la compétence réglementaire se trouve cantonnée, selon une formule répandue dans le droit public classique, à la « mise en œuvre » des règles et principes là où le législateur demeure seul compétent pour leur « mise en cause » ; ce schéma, de portée générale, concerne plus encore les libertés publiques » ; L. FAVOREU, *Droits des libertés fondamentales, op. cit.*, p. 61.

[2] Ibid.

[3] G. LEBRETON, *Libertés publiques et droits de l'homme,* Armand Collin, 7e éd., p. 15.

domaine de la loi les règles relatives aux droits civiques et aux garanties fondamentales accordées aux citoyens dans l'exercice des libertés publiques. Ceci englobe, comme on s'en est rendu compte, la détermination des principes fondamentaux du droit du travail, de la sécurité sociale, du droit syndical et du droit de grève[1].

Toutefois, l'enjeu du débat réside moins dans la volonté de savoir si les libertés collectives des travailleurs sont des libertés publiques que dans celle consistant à se demander si elles sont où non des libertés fondamentales au sens où l'on entend l'expression. Il est assez intéressant de se poser la question sur le principe de participation pour voir dans quelle mesure la qualification de la liberté fondamentale peut compenser sa non proclamation explicite par le constituant de 1990.

B. LA SITUATION DU PRINCIPE DE PARTICIPATION DANS LES LIBERTÉS FONDAMENTALES

331. Après avoir été considéré comme des droits de l'homme et intégré dans le champ des droits constitutionnels, en tout cas de façon explicite dans l'ordre interne français, le principe de participation a été finalement élevé au rang des libertés et droits fondamentaux des personnes. Cette théorie des droits fondamentaux permet, ainsi que l'on l'indiquait, de consolider l'assise normative du droit à la négociation collective dans l'ordre interne béninois.

a. La théorie des droits et libertés fondamentales

332.« Il ressort que la protection à un niveau normatif supralégislatif (notamment constitutionnel) des droits et libertés envisagés à la fois comme des garanties objectives et comme des droits subjectifs opposables à tous les pouvoirs (et même aux autres individus et groupes d'individus), bénéficiant des voies et mécanismes de garantie de la primauté des normes constitutionnelles et aussi de mécanismes, en résumé ce que l'on appelle *droits fondamentaux* comme catégorie s'avère

---

[1] Cf. le texte intégral.

la plus efficace. Héritière de toute une évolution historique et intellectuelle, aboutissement d'un processus où elle dépasse et complète les étapes et formes précédentes sans nécessairement les annuler, la notion de droits fondamentaux s'est progressivement formée et diffusée de manière progressive »[1].

333. Un premier usage de l'expression droits fondamentaux peut être trouvé dans la constitution allemande de mars 1849[2]. Ce n'est qu'ensuite, précisément dans le courant des années 1990, qu'elle sera importée en France[3], ayant en outre été qualifiée à cette époque, eu égard à la concurrence qu'elle entretenait avec le droit constitutionnel et les libertés publiques, de « fossoyeur du constitutionnalisme »[4]. Toujours est-il qu'« en France, la diffusion de l'expression droits fondamentaux a été très lente. Même chez les auteurs plus enclins à contester l'impérialisme de la loi et à reconnaître l'idée de droits publics individuels, le raisonnement demeure plus limité (cf. M. HAURIOU, *Précis de droit administratif,* 4e éd., Larose1901, p 54-60) »[5].

334. Concrètement, c'est d'abord le professeur Michel FROMONT, dans l'un de ces articles intitulé, *Les droits fondamentaux dans l'ordre juridique de la République fédérale allemande* (*Mélanges EISENNMANN,* 1975, p 49), qui a révélé le concept en France. Il fallut attendre la décision du Conseil constitutionnel du 22 janvier 1990 pour voir le juge constitutionnel utiliser, pour la première fois, l'expression de droits fondamentaux comme équivalent des droits et libertés constitutionnellement garantis[6]. Cependant, certains usages timides de l'expression des droits ou libertés fondamentales pouvaient être recensés dans le préambule de 1946 au sein duquel le constituant réaffirma, « au nom du Peuple », « les principes fondamentaux reconnus par les lois de

---

[1] L. FAVOREU (dir.), *Droit des libertés fondamentales, op. cit.,* p. 70 s.
[2] Ibid.
[3] P. WACHSMANN, « L'importation de la notion "droits fondamentaux" en France », *RUDH,* vol 16, n° 1-4, 2004, p. 40-49) ; E. PICARD, «L'émergence des droits fondamentaux en France », *AJDA* 1998, p. 6.
[4] A. TROIANIELLO, « Les droits fondamentaux, fossoyeurs du constitutionnalisme ? », *Le Débat,* n°124, mars –avril, 2003.
[5] L. FAVOREU (dir.), *Droit des libertés fondamentales, op. cit.,* ibid.
[6] Ibid.

la République »[1]. Ou encore dans le texte constitutionnel de 1958, au passage de l'article 34 où il est énoncé que le parlement fixe les règles concernant «les garanties fondamentales accordées aux citoyens dans l'exercice de leurs libertés publiques ». Il en est de même dans l'article 98 de la constitution de 1990.

La décision du 22 janvier 1990 laisse toutefois en suspend une question cruciale : les droits fondamentaux des personnes ne sont-ils pas l'équivalent des droits et libertés constitutionnellement garantis par les sages ? Dans l'hypothèse affirmative, qu'il convient d'aborder, c'est assurément la problématique de la non consécration du principe de participation des travailleurs par le constituant du 11 décembre qui se trouve relativisée.

b. La fondamentalité du principe de participation

335. Le postulat de la fondamentalité est indispensable à examiner. Il conditionne la relativité de la non consécration constitutionnelle du principe de participation par l'autorité constitutionnelle de décembre 1990. Nul ne doute, en effet, que le mécanisme d'intégration des dispositions internationales du travail dans l'ordre interne pourrait gommer cette limite s'il s'avère, ainsi que l'affirmaient les juges dans leur décision du 22 janvier 1990, que les droits fondamentaux équivalaient dans l'effectivité aux prérogatives à valeur constitutionnelle. Il reste à s'appesantir sur cette hypothèse et, dans la mesure du possible, à délimiter le périmètre de l'équivalence, dans le sillage de la désormais célèbre politique cacophonique de dénomination : « on peut ainsi distinguer les droits fondamentaux des droits de l'homme qui sont des exigences politiques et morales, plus ou moins inspirées par le libéralisme politique et ses extensions, considérées en dehors de tout

---

[1] Aussi peut-on ajouter que les « principes fondamentaux reconnus par les lois de la République » sont « des principes inscrits dans le préambule de la constitution du 27 octobre 1946, repris par le préambule de la constitution du 4 octobre 1958, et renvoyant à l'ensemble des lois républicaines antérieures à l'entrée en vigueur de la constitution de la IVème République et plus particulièrement à l'œuvre législative de la IIIème République ». J.- J. ISRAËL, *Droit des libertés fondamentales, op. cit.,* p. 29 ; V. aussi :V. CHAMPEIL-DESPLATS, *Les principes fondamentaux reconnus par les lois de la République,* Thèse, Paris X, 1997, 432 p.

contexte proprement juridique. Si, dans la perspective des droits de l'homme, les systèmes juridiques devaient respecter certains impératifs, ils ne se préoccupent pas des moyens juridiques qui permettent d'y parvenir. En revanche, la question de savoir si tel ou tel droit fondamental existe dans tel ou tel système selon telle ou telle modalité est entièrement indépendante de la question de savoir si, tel qu'il existe, ce droit fondamental correspond, ou non, à telle exigence de droits de l'homme »[1] : « on admettra que les droits fondamentaux coïncident avec les droits de l'homme. La preuve en est que la Convention européenne des Droits de l'homme de 1950 et la Charte de l'Union Européenne sur les droits fondamentaux signée à Nice en Décembre 2000 décline dans une large mesure les mêmes droits »[2].

En résumé, il est indispensable de différencier l'implication de chacune des qualifications des libertés collectives des travailleurs et en particulier du principe de participation. La littérature abondante des droits fondamentaux des personnes ne se prêtent pas toujours à une parfaite systématisation. Si ces formules peuvent parfois se confondre (comme c'est le cas d'une certaine manière pour les droits fondamentaux et les droits constitutionnels) il n'en va pas toujours ainsi (tel que le témoigne le régime respectif des droits de l'homme et des libertés publiques, à titre indicatif). Les droits fondamentaux coïncident avec les droits constitutionnels parce qu'au sens strict du terme ils sont des normes de permissions de degré supérieur, en tout cas pourvues d'une valeur supra-législative, donc situées au niveau constitutionnel sans cependant jouir de cette nature, intrinsèquement parlant. Selon la définition du doyen FAVOREU, « un système juridique comprendra par conséquent des droits fondamentaux si et seulement s'il existe des rapports normatifs satisfaisant aux quatre conditions suivants :

1) il existe des permissions (« DF » au sens étroit) au bénéfice de toutes les personnes (relevant du système) en règle générale, et au bénéfice des classes les plus générales de personnes à titre exceptionnel (les « bénéficiaires ») ;

---

[1] L. FAVOREU (dir.), *Droit des libertés fondamentales, op. cit.*, 5ème éd., p 90.
[2] J. PRADEL, Les droits fondamentaux à l'épreuve de la mondialisation, Colloque des 16 et 17 mars 2006 sur *Les droits fondamentaux à l'épreuve de la mondialisation*, p. 150.

2) les normes législatives et les normes infralégislatives, ainsi que les actes de même contenu qui ne sont pas encore des normes valides, abolissant ces permissions ou les limitant dans une mesure allant au-delà d'un certain minimum déterminé par la compréhension habituelle du concept du comportement en question, sont considérées comme fautives ;

3) il existe un organe juridictionnel de contrôle habilité à annuler les normes fautives au sens de la condition 2) ou d'empêcher que des actes ayant une telle signification puissent devenir des normes du système ;

4) il existe des organes habilités à saisir l'organe juridictionnel de contrôle en cas de violation (les « titulaires ») »[1].

Il convient d'étudier dès maintenant, dans le concert de la mondialisation des droits fondamentaux[2], comment les pouvoirs publics béninois ont pu prendre en considération et faire produire des effets significatifs au principe de participation malgré sa non consécration explicite au rang constitutionnel en 1990.

§ 2 : La prise en considération implicite du principe de participation dans l'ordre interne béninois

336. Les propos liés à la limite des travaux des constituants de 1990 doivent assurément être réfrénés. S'il est vrai qu'après la Conférence des Forces Vives le principe de participation n'avait nullement été consacré dans l'ordre interne béninois à l'instar de ce qu'avait fait les deux Assembles constituantes de 1946, il n'est pas possible d'affirmer que les éléments matériels permettant de conclure à la prise en considération de ce principe n'existent pas sur le plan local. Deux observations qui se conjuguent (précisément) avec le tempérament lié aux acceptions précédentes, permettent de procéder à cette conclusion ; le premier est constitué par la pratique même de la participation et les conditions,

---

[1] L. FAVOREU (dir.), *Droit des libertés fondamentales, op. cit.*, ibid.

[2] J. PRADEL, Les droits fondamentaux à l'épreuve de la mondialisation, Colloque des 16 et 17 mars 2006 sur *Les droits fondamentaux à l'épreuve de la mondialisation, op. cit.*, ibid.

largement répandues, d'exercice du droit à la négociation collective[1] – dans l'ordre juridique national ; le second se rattache à l'interpénétration du droit à la négociation collective et de la liberté syndicale[2]. Les membres particulièrement autorisés de la doctrine française du droit du travail n'avaient pas manqué de le rappeler : récemment encore, la Cour de Strasbourg l'a précisé, également.

A. L'EXERCICE LARGEMENT RÉPANDU DU DROIT À LA NÉGOCIATION COLLECTIVE SUR LA SCÈNE NATIONALE BÉNINOISE

337. Les droits à exercice collectif des travailleurs béninois et français se distinguent par le fait que le principe de participation n'avait pas été explicitement et distinctivement consacré en 1990, à rebours des travaux de constitutionnalisation qui suivirent les Projets constitutionnels de la résistance élaborés pendant l'Occupation : en dépit de cette réalité indiscutable, l'interprétation subséquente aurait été incomplète si, sur un plan restreint, le principal fait qui engage la compréhension de l'analyse avait été occulté. Celui-ci a rapport avec la pratique nationale béninoise, qui confine à l'affirmation et à la dynamique de la participation effective des travailleurs à la détermination collective de leurs conditions de travail et à la gestion de leur entreprise[3]. En atteste (notamment) les contrats collectifs signés en leur nom par leurs représentants élus et désignés.

Le principe de participation ne constitue pas certes, pour l'heure, un droit constitutionnel à proprement parler au niveau béninois ; mais les observations du terrain – auxquelles se conjugue l'avènement de la mondialisation et de la globalisation des droits de l'homme (et surtout

---

[1] C. A. KENOUKON (dir. J.-C. JAVILLIER), *Effectivité et efficacité des normes fondamentales et prioritaires de l'OIT : cas du Bénin et du Togo, Institut international d'études sociales, 2007, op. cit.*, p. 17 s.
[2] M.-L. MORIN, *Le Conseil constitutionnel et le droit à la négociation collective, op. cit.*, p. 26.
[3] C. A. KENOUKON (dir. J.-C. JAVILLIER), *Effectivité et efficacité des normes fondamentales et prioritaires de l'OIT : cas du Bénin et du Togo, Institut international d'études sociales, 2007, op. cit.*, ibid.

des droits fondamentaux[1]) – permettent de conclure que les travailleurs béninois jouissent, par le bais de leurs représentants, de la faculté de prendre part à la gestion de leur entreprise et à la négociation des accords collectifs de travail[2].

L'affirmation relève de l'ordre de l'évidence : le principe de libération des forces nationales de négociation collective et de démocratie sociale, sur le chemin desquels tout travailleur agit dans le processus d'organisation et de détermination du sort de son entreprise, n'est pas une nouveauté au Bénin[3] : la liberté de conclure des négociations collectives est une réalité locale nationale, malgré la non élévation explicite par le pouvoir constituant de 1990 du principe de participation au niveau constitutionnel[4].

338. Le temps n'est pas éloigné lorsque le Président de la République, confronté à une radicalisation des mouvements sociaux, mit en place une Commission nationale permanente de négociation collective, afin d'envisager une sortie de crise par voie du dialogue social et de concertation. Le vendredi 19 décembre 2009, à la salle du peuple de la Présidence de la République, avait été installée une Commission, composée des Ministres d'État, Pascal Tokpanou, François Abiola de l'enseignement supérieur et Christophe Kint Aguiar de la fonction publique, Pascal Todjinou, SG de la CGTB, Dieudonné Lokossou, SG de la CSA/Bénin et Paul Isè Eko, SGA de la CSTB. L'objectif alors affiché était de décrisper les tensions sociales qui minèrent les négociations engagées par les membres du gouvernement avec les représentants syndicaux des travailleurs. Ce procédé (parmi tant d'autres) permet de témoigner de la culture et de la vivacité de la démocratie sociale béninoise.

---

[1] J. PRADEL, Les droits fondamentaux à l'épreuve de la mondialisation, Colloque des 16 et 17 mars 2006 sur *Les droits fondamentaux à l'épreuve de la mondialisation, op. cit.*, ibid.

[2] C. A. KENOUKON (dir. J.-C. JAVILLIER), *Effectivité et efficacité des normes fondamentales et prioritaires de l'OIT : cas du Bénin et du Togo, Institut international d'études sociales, 2007, op. cit.*, ibid.
Il n'est toutefois plus nécessaire de préciser, en marge de cette affirmation, la réserve liée aux difficultés de réceptions des droits fondamentaux en Afrique…

[3] Ibid.

[4] Ibid.

Il est donc possible de soutenir que le principe de participation constitue sur le plan local une permission de degré supérieur, dont les membres de l'exécutif tirent les conséquences concrètes découlant de sa fondamentalité et de sa valeur juridique supralégislative : au vu des agissements des autorités nationales, le droit à la négociation collective serait un droit fondamental à part entière, qui réunit les quatre critères établis à cet effet dans les *Droits et libertés fondamentales.* Mais c'est surtout un récent arrêt de la Cour de Strasbourg qui permet d'inférer cette conclusion.

B. LA LIBERTÉ DE CONCLURE DES NÉGOCIATIONS COLLECTIVES ORGANIQUEMENT LIÉE À LA LIBERTÉ SYNDICALE

339. On se souvient que dans son arrêt *Gustafsson* du 25 avril 1996, le juge strasbourgeois avait intégré le droit à la négociation collective dans le champ d'attraction de l'article 11 de la Convention de Rome[1]. Dix ans plus tard, c'est à une nouvelle intégration que procède la Cour[2]. L'arrêt *Demir et Baykara*[3] lui a offert l'opportunité d'affirmer que « le droit de conclure une convention collective puisse constituer, dans les circonstances particulières d'une affaire, l'un des moyens principaux, voire le moyen principal, pour les membres d'un syndicat de protéger leurs intérêts ». Elle n'a pas manqué de souligner à cette occasion la relation d'interpénétration conceptuelle probante qui existe entre la liberté d'adhérer ou de ne pas adhérer à une organisation syndicale et la liberté de conclure des négociations collectives : déjà mentionnée avant elle par le comité d'expert indépendant de la Charte sociale, il ressort de l'avis de ce dernier que le non respect par un État contractant de la liberté de s'organiser des travailleurs – garantie par l'article 5 du texte de Turin – implique également et nécessairement la transgression du droit des travailleurs de conclure des négociations collectives – protégé par l'article 6 du même texte. Dans cette espèce, les requérants reprochaient à l'État turque d'avoir annulé une convention collective conclue et

---

[1] *JCP G* 1997 I, n°4000, spéc. n°40, obs. F. SUDRE.

[2] J-P. MARGUÉNAUD, J. MOULY, « Le droit à la négociation collective "partie inséparable" de la liberté syndicale », *JCP G*, 07/03/07, n°10, p. 35-39.

[3] CEDH 21 novembre 2006.

appliquée depuis plus de deux ans par une organisation syndicale dépourvue de pouvoir normatif, motif pris de l'interdiction faite aux fonctionnaires municipaux d'exercer des activités syndicales. Bien sûr, la Cour de Strasbourg n'est pas allée jusqu'à reconnaître explicitement l'existence du droit à la négociation collective au nombre des droits garantis par l'article 11[1]. Mais elle n'a pas moins estimé qu'il existe « un lien organique entre la liberté syndicale et la liberté de conclure des négociations collectives »[2]. De surcroit, elle allait ajouter : « le maintien de la convention collective en cause constituait une partie inséparable de la liberté [...] des [syndicalistes] requérants »[3]. C'est justement cette dernière précision qui retient notre attention[4].

340. En effet le problème auquel se trouve confronté le pouvoir public béninois, quant au non établissement du principe de participation, on le rencontre également dans l'ordre européen avec la Convention de sauvegarde des droits de l'homme et son article 11 sur lequel, selon l'expression de M. professeur SUDRE, la Cour de Strasbourg poursuit son « aggiornamento »[5] ; et l'on sait comment les juges européens ont procédé pour pallier cette insuffisance ; notamment à travers l'arrimage des droits d'exercice collectif des travailleurs et le rattachement – de prime abord inavoué mais de plus en plus assumé – du droit de grève et du droit à la négociation collective à la liberté syndicale. Même si elle a choisi une trajectoire louvoyante, la Cour européenne a (presque !) réussi à amener le droit à la négociation collective au port de l'article 11. La fin importe davantage que les moyens.

341. Il sied en outre de remarquer la coïncidence de la position actuelle de la jurisprudence européenne des droits de l'homme-salariés avec la pensée des juges Türmen, Fura-Sandaström et Popovic qui, dans leur

---

[1] V. BERGER, *Jurisprudence de la Cour européenne des droits de l'homme,* 11e éd., *op. cit.*, p. 656.

[2] J-P. MARGUÉNAUD, J. MOULY, « Le droit à la négociation collective "partie inséparable" de la liberté syndicale », *op. cit.,* ibid.

[3] Ibid.

[4] Ce qui est d'autant plus remarquable que, comme on s'en était aperçu, dans son affaire *Wilson, National Union of Journalists* du 02 juillet 2002, la même Cour européenne des droits de l'homme avait fait savoir que « la négociation collective n'est pas indispensable à une jouissance effective de la liberté syndicale » ; V. BERGER, *Jurisprudence de la Cour européenne des droits de l'homme,* Sirey, 11ème éd., p. 667.

[5] *JCP* G 2007, I, 106 n°14.

opinion concordante écrivirent : « la protection des intérêts des salariés ne saurait être pleine et effective sans le droit de négociation collective et le droit de grève ». La situation où le constituant de 1990 a maintenu le principe de participation est comparable à celle-ci et peut, par conséquent, recevoir la même solution. Dans la mesure où la liberté syndicale est admise comme étant partie inséparable de la liberté de conclure des négociations collectives, on voir mal pourquoi il en irait autrement dans le champ juridique béninois. Il existe une véritable relation d'interdépendance normative entre ces différentes prérogatives, qui ne se prêtent pas toujours à une quelconque césure ; le droit à la négociation collective se trouve placé certes, dans le prolongement de la liberté syndicale. Sur le chemin de la défense des droits des collectivités de travail par l'exercice de la liberté syndicale, il y a le droit à la négociation collective, qui permet aux représentants des travailleurs de remplir pleinement leur office. Cette articulation plaide en faveur de la relativité des propos liés à la limite des travaux des constituants de 1990. Étant donné la proximité qui découle de la liberté syndicale et du principe de participation, les implications de celle-ci font que celui-là peut parfaitement se développer et se réaliser dans l'ombre de son exercice, la consécration de la liberté syndicale suffisant pour faire produire des effets au principe de participation.

Conclusion du Titre 2

342. Les travailleurs béninois et français ne disposent pas tout à fait de la même condition d'exercice du droit de grève ; en témoigne la mise en relation des termes de la loi du 21 juin 2002 avec la règle du trentième indivisible et, aussi, avec les dispositions législatives du 11 février 1950 ; dans chacun des ordres internes, le régime juridique du droit de grève ne se recouvre pas totalement. Le législateur du 21 juin 2002 a décidé – au terme de son article 25 – que le travailleur qui exerce son droit de grève pour riposter contre une violation par la personne privée (l'employeur en particulier) ou la puissance publique (l'État en général) de son droit syndical, de sa liberté fondamentale ou contre le non paiement de son droit acquis ne peut nullement subir un abattement de salaire.

Il est un principe classique en droit (*frangenti fidem non est fides servanda)* selon lequel seul un travail accompli mérite salaire[1]. Or il se trouve que le travailleur-débrayeur, en se mettant en grève, interrompt – non ne rompt – son travail et cesse de fournir la prestation dont la rémunération constitue la contrepartie légitime[2]. Le salarié n'ayant pas exécuté l'obligation contractuelle lui incombant, il est normal que l'employeur, son cocontractant, soit à son tour dispenser de la sienne par l'effet synallagmatique du contrat de travail[3]. La règle de l'austérité pécuniaire de la grève procède de ce fondement ; elle souffre cependant d'une exception dans le cadre béninois : l'employeur ne peut plus continuer à priver le salarié gréviste de sa rémunération lorsque le fait de grève est déclenché par une violation d'un droit syndical, d'une liberté fondamentale ou par le non paiement d'un droit acquis. Toutefois, on a constaté l'existence d'une jurisprudence[4] équivalente dans l'ordre interne français[5].

---

[1] H. SINAY, J.-C. JAVILLIER, *La grève, op. cit.*, p. 317.
[2] Ibid.
[3] Ibid.
[4]Soc. 21 mai 1997: *Bull. Civ. V*, n°183: *Dr. soc.* 1997.783 ou encore plus récemment dans son arrêt de la Chambre sociale du 3 mai 2007 : *D.* 2007 AJ. 1423.
[5]On y précise: lorsque « les salariés se sont trouvés dans une situation contraignante telle qu'ils ont été obligés de cesser le travail pour faire respecter leurs droits essentiels, directement lésés par suite d'un manquement grave et délibéré de l'employeur à ses obligations, celui-ci peut être condamné à payer aux grévistes une indemnité compensant la perte de leur salaire » ; Soc. 29 févr. 1991 : *Bull. civ. V*, n°80.

Deux remarques apparaissent ici. La première est relative à la simple possibilité (et non à l'affirmation certaine) de la non application de la règle de l'austérité pécuniaire pour fait de grève qui repose sur un manquement grave et délibéré de l'employeur à ses obligations. De l'évidence, cela peut découler de la transgression d'un droit syndical, d'une liberté fondamentale ou d'un droit acquis. La Cour de cassation a, dans de tel cas, seulement laissé entendre que l'employeur peut être condamné à payer une compensation salariale et non pas qu'il doit être condamné à payer le salaire. La seconde observation est liée à l'emploi du vocable particulièrement flou et alambiqué de droit essentiel en lieu de celui du droit fondamental pour désigner la catégorie des prérogatives dont, à l'origine, on pourrait trouver le comportement de l'employeur conduisant le salarié à se mettre en grève.

Le droit de grève n'est cependant pas le seul droit autour duquel se cristallise la spécificité des libertés collectives des travailleurs béninois et français. La liberté de conclure des négociations collectives, garantie par l'alinéa 8 du préambule de 1946, nourrit également bien de traits de spécificité. Ce sont les délégués syndicaux qui, en France, disposent d'une vocation naturelle pour engager des négociations collectives et signer des accords et conventions pour le compte des collectivités de travail[1]. Or la préférence est conférée aux représentants élus au niveau du droit béninois des relations collectives du travail. Elle se manifeste par l'exigence de la condition de représentativité aux organisations syndicales pour engager des négociations dans les entreprises et les établissements[2] alors que, d'ordinaire, aux autres niveaux d'articulation, elles en sont affranchies. Ainsi en est-il dans la branche ou la profession[3] où elles retrouvent, au final, les mêmes capacités d'actions que les syndicats français[4]. La non proclamation explicite du principe de participation par le constituant de 1990 ne pouvait aussi échapper à l'attention, même si la décision de la Cour de Strasbourg du 21 novembre 2006 permet de réfréner les propos. Qui plus est, une conclusion peut être inférée de cette décision. Elle est relative à la finalité et aux conditions effectives qui permettent aux libertés collectives des travailleurs de se

---

[1] *JurisClasseur Travail Traité*, Fasc. 1-32, n°114 (Cote : 05, 2009).
[2] J.-M. BÉRAUD, *Étude préalable à l'adoption d'un Acte uniforme en Droit du Travail dans le cadre de l'Organisation pour l'Harmonisation en Afrique du Droit des Affaires (OHADA), op. cit.*, p. 66 s.
[3] Ibid.
[4] Article 122 du Code du travail.

réaliser, dans le champ de la transcendance de leur affirmation pure et simple : l'analyse comparative des droits d'exercice collectifs des travailleurs béninois et français ne peut se borner au seul cadre formel des modalités d'élaboration des normes de reconnaissance des libertés fondamentales.

Deuxième partie

LA PROTECTION DES LIBERTÉS COLLECTIVES DES TRAVAILLEURS

343. L'étude des libertés collectives des travailleurs béninois et français ne peut se limiter à la seule analyse des instruments de reconnaissance et des systèmes de consécration des droits fondamentaux des personnes. Il est indispensable, après avoir rappelé et rapproché les différentes manières par lesquelles naissent les droits d'expression collective des travailleurs, de comparer les outils et mécanismes de garantie mis en place par les pouvoirs publics et les acteurs internationaux pour œuvrer à leur effectivité. Autrement dit, sur l'objet des droits sociaux des travailleurs, les réflexions déjà menées doivent, pour être complètes, faire suite aux observations relatives aux modalités de garanties établies par les diverses autorités normatives.

344. La distinction entre le vocable des droits de l'homme ou des droits constitutionnels et la formule des libertés publiques et des libertés fondamentales permet de saisir la nécessité de cette articulation ; chacune des notions évoquées ne sont nullement susceptibles d'engager des conséquences identiques sur la réalisation des droits des travailleurs : la liberté syndicale, le droit de grève et le principe de participation, ne recouvrent pas les mêmes enjeux de protection selon qu'ils soient considérés, par exemple, comme un droit de l'homme ou un droit fondamental. Il est assurément indispensable d'entériner l'objet de l'analyse par l'observation de la protection dont jouissent ces droits. Les raisons sont évidences : ce n'est pas seulement par la valeur qui leurs sont conférées dans la hiérarchie des normes ou par les gesticulations dont elles peuvent faire l'objet que se caractérise le régime juridique des libertés publiques des personnes et encore moins des droits fondamentaux des personnes. La prépondérance des prérogatives des êtres humains s'évalue par la protection dont elles peuvent jouir[1]. Pour reprendre les mots de certains auteurs, les droits et libertés qui font corps avec la personne humaine, les garanties dont ils sont – sinon doivent être

[1] G. LEBRETON, *Libertés publiques et droits de l'homme, op. cit.*, p. 200.

– entourées, la prééminence du droit forment, dans une société démocratique, quelle qu'elle soit, traditionnelle ou nouvelle, une triade[1].

On aura compris : il s'agit de voir si les libertés collectives des travailleurs et, plus globalement, les droits fondamentaux des personnes au travail bénéficient d'un système de protection effectif de nature à donner effets aux droits reconnus par les constituants de 1946 et de 1990. Ou si, finalement, pour reprendre des formules doctrinales bien connues[2], la catégorie particulière des droits sociaux – fondamentaux ? – est restée à la phase théorique technocratiquement programmatique et incantatoire voire futile et poussiéreuse de proclamation[3] ? Cette question a, en effet, toujours été placée au cœur des travaux scientifiques[4], tant les prérogatives humaines s'exerçant dans l'entreprise collectivement postulent la particularité.

Il faut en réalité admettre que l'entreprise de protection des libertés collectives des travailleurs soulève des difficultés communes dont l'objet constituerait leur principale caractéristique. Là réside un facteur déterminant de l'analyse des droits à expression collective des travailleurs béninois et français. La démarche de protection de ces droits a trop souvent été difficile à envisager. Pourtant, de façon assez rapide, mais à travers le seul examen des différentes formes de difficultés ayant apparu, on ne peut manquer de s'apercevoir de la nécessité de protéger cette catégorie particulière des droits des travailleurs. Aussi bien dans le champ juridique béninois et dans l'ordre interne français qu'au-delà, ce sont les limites inhérentes aux difficultés de protection des libertés collectives des travailleurs qui permettent d'apprécier l'enjeu de la nécessité d'assurer leur effectivité.

---

[1] P. WACHSMANN, *Libertés publiques, op.cit.*, p. 6.
[2] M. COLLET, Le droit déclaratoire, in *Le Préambule de la Constitution de 1946*, Y. GAUDEMET (dir.), Éd. Panthéon – Assas, p. 19 s.
[3] Ibid.
[4] Cela ressort des conclusions tirées lors de la *Conférence mondiale sur les droits de l'homme* tenue à Vienne en juin 2003 et du Colloque international de l'Île Maurice portant sur le thème de *L'effectivité des droits fondamentaux dans les pays de la communauté francophone* et s'étant déroulé les 29, 30 septembre et 1er octobre 1993.

Titre 1

LA PROTECTION DIFFICILE DES LIBERTÉS COLLECTIVES DES TRAVAILLEURS.

345. « Trop souvent, les droits sociaux sont présentés de manière négative, comme des obstacles à la bonne marche de l'économie de marché...À force d'être répétées, ces notions et distinctions paraissent évidentes, hors de toutes contestation. Elles mériteraient bien pourtant une analyse plus approfondie et dépourvue d'*a priori* »[1]. Les difficultés de garanties, loin d'être exclusives aux champs juridiques béninois et français, couvrent un domaine plus large. Elles s'observent dans d'autres pays, dans des espaces régionals différents. Il en est ainsi en Amérique et plus précisément dans les États-Unis, dont la constitution ne renferme pas explicitement l'affirmation de la liberté syndicale ni de la liberté d'association[2]. Tel est également le cas en Asie, notamment avec le régime chinois, officiellement communiste, dont on sait l'hostilité pour l'adoption des législations respectueuses des droits des personnes et des libertés collectives des travailleurs[3].

Alors, maintenant, au vu de ces constatations, peut-on estimer que l'affirmation selon laquelle la Charte sociale européenne « fait figure de parent pauvre voire de tigre de papier »[4] ne serait pas relativement fondée même si, au final, le caractère excessif de tels propos ne peut passer inaperçu ?[5] La Charte de Turin ne porte-t-elle pas, ainsi qu'un spécialiste

---

[1] P. H. IMBERT, *La Charte sociale européenne, op. cit.*, p. XI.

[2] E. ZOLLER, *Grands arrêts de la Cour suprême des Etats-Unis,* Paris, PUF, 2000, Coll. Droit fondamental, p. 231.

[3] Z. AIQING, *Libertés et droits fondamentaux des travailleurs en Chine*, Paris, L'Harmattan, 2007, p. 467.

[4] Cf. C. LALUMIÈRE, Rencontre interrégionale organisée par le Conseil de l'Europe en vue de la conférence mondiale sur le *droit de l'homme,* Strasbourg, 28-30 janvier 1993. Également cité par J. DHOMMEAUX, « La contribution du comité des droits économiques, sociaux et culturels des Nations Unies à la protection des droits économiques, sociaux et culturels », *Annuaire français de droit international,* 1994, p. 635.

[5] De la sorte qu'on n'a pu manquer de le souligner du reste, dans nos précédentes réflexions.

l'affirma, « plus d'une trace des stigmates »[1] desdites difficultés ? Ne pourrait-on pas procéder à la même conclusion sur son pendant africain, la Charte de Banjul ?[2] Et qu'en est-il du projet d'Acte uniforme de l'OHADA sur le droit du travail ? On se souvient des observations émises à l'égard du texte de 1961 : « Les droits sociaux – et quels droits sociaux ? – sont-ils pour de bon, des droits fondamentaux ? Et peuvent-ils à ce titre bénéficier de la même protection, des mêmes garanties d'exercice que les droits « classiques », les droits civils et politiques ? Par-delà une mise au point assurément nécessaire et qui vient au bon moment, de la portée de la Charte sociale européenne, des vertus et des limites du système de contrôle de son application, de la part qu'elle a prise, et est susceptible de prendre, à l'évolution du droit et des pratiques nationales et communautaires, telle est bien la question centrale que soulève cet ouvrage »[3].

346. On se souvient également des propos d'un autre auteur dont il ressort que, depuis toujours, « l'efficacité des normes fondamentales de l'OIT relatives aux libertés collectives »[4] a été un but à atteindre et, surtout, que ce « but est atteint au Bénin »[5]. Ce constat doit, pourtant, être confronté aux conclusions de L. DÉNAKPO dans son *Rapport sur les principes et Droits fondamentaux au travail et son suivi :* « Au Bénin, les syndicats œuvrent et veillent pour le respect de ces valeurs chères qui leur ont été confisquées et qu'ils ont retrouvées chèrement aux prix de lourds sacrifices. La personne humaine étant sacrée, les syndicats s'évertuent pour l'épanouissement et la prospérité de ses membres. Comme partout dans le monde, les droits de l'homme sont violés au Bénin. L'on ne saurait parler des droits humains sans se référer aux droits syndicaux et aux normes internationales du travail car tous œuvrent pour

---

[1] J.-M. LARRALDE, Charte sociale européenne et Convention européenne des droits de l'homme, in *La Charte sociale européenne, op. cit.*, p. 123 s.
[2] M.-H. SINKONDO, « La Charte africaine des droits de l'homme et des peuples ou les apories juridiques d'une convention encombrante », *op. cit.*, p. 288 et s.
[3] J.-M. BERLOGEY, in *La Charte sociale européenne, op. cit.*, p. XIII.
[4] C. A. KÉNOUKON (dir. J.-C. JAVILLIER), *Effectivité et efficacité des normes fondamentales et prioritaires de l'OIT : cas du Bénin et du Togo, op. cit.*, p. 47.
[5] Ibid.

le plein épanouissement de la personne humaine sans distinctions aucunes de religion, opinions politiques, race, sexe etc »[1].

347. Autant l'admettre d'emblée : le constat général de difficultés communes de protection des droits d'exercice collectifs des travailleurs béninois et français ne peut être passé sous silence. Son étude procure un intérêt majeur, elle permet de comprendre la portée exacte de ces prérogatives. Cependant, l'analyse n'est pas sans connaître une certaine limite ; en aucun cas, elle ne peut être occultée. Il s'agit bien sûr, dans chacun des systèmes juridiques, de la variation de l'intensité et du degré de manifestation des difficultés de protection des droits des travailleurs. Entre les travailleurs béninois et français, la problématique liée à la protection des libertés collectives n'est, ni de la même profondeur, ni de la même nature.

---

[1] L. DÉNAKPO, *Rapport du Bénin, Formation syndicale sur les NTICS et la Déclaration de l'OIT sur les principes et Droits Fondamentaux au Travail et son suivi*, 16 mai – 10 juin 2005.

- CHAPITRE I -

LE CONSTAT GÉNÉRAL D'UNE DIFFICULTÉ COMMUNE

348.M. le professeur IMBERT affirmait que la question relative aux difficultés de protection des libertés collectives des travailleurs « doit être aussi pensée en terme de Droit et de droits. D'où la responsabilité particulière des Universités et des nombreux Centres de recherches qui œuvrent dans le domaine des droits de l'Homme »[1]. L'objet – évidemment modeste – du présent travail, est d'apporter une pierre à l'édifice du vœu émis en 2001 par l'éminent auteur. Ce dernier invitait à examiner la nature juridique de ces difficultés et à faire ressortir les limites des théories sur lesquelles elles se fondent. En écho à ces propos il est assurément indispensable de mettre en balance les difficultés qui se sont élevées au niveau béninois et français et, plus globalement, à l'échelle africaine et européenne d'édification des normes de protection des libertés collectives des travailleurs. Les difficultés d'instauration des systèmes efficients de garantie des droits des travailleurs doivent être confrontées, cela relève de l'évidence.

L'adoption d'une telle ligne de conduite est, au demeurant, si évidente, la catégorie si essentielle qu'elle permet de découvrir d'autres points de ressemblance et de divergence entre les travailleurs béninois et français dans l'apparition de telles difficultés liées à la protection de leurs droits. On pourrait penser, de prime abord, que ces difficultés de protection sont limitativement béninoises. Pourtant, le constat est général et avait d'abord pris corps dans l'ordre interne français : les difficultés de protection des libertés collectives des travailleurs sont communes aux deux champs juridiques et, en particulier, s'établissent sur deux ordres. Elles sont d'abord d'ordre formel, découlant de la hiérarchie formelle instaurée entre les différents éléments du *bloc de constitutionnalité*[2],

---

[1] *La Charte sociale européenne*, *op. cit.*, p. XII.

[2] La notion de *bloc de constitutionnalité* a été proposée par M. Le doyen FAVOREU (« Le principe de constitutionnalité – Essai de définition d'après la jurisprudence du

laquelle conduisit à ordonnancer les différents textes constitutionnels et à soutenir la supériorité de la déclaration de 1789 par rapport au préambule de 1946. Elles sont ensuite d'ordre matériel, constituant la résultante d'une autre hiérarchie, non plus formelle comme ce fut initialement le cas, mais matérielle, à partir des éléments concrets sur lesquels reposent l'activité jurisprudentielle et la fonction doctrinale liées aux droits sociaux des travailleurs.

Ainsi que l'y invite M. le professeur IMBERT, il est primordial de procéder à l'examen de ces difficultés qui, en particulier, ont émergé de l'analyse de la jurisprudence du Conseil constitutionnel concernant les droits fondamentaux des personnes. Il est d'autant plus indispensable de procéder de la sorte que nombre d'auteurs se sont fondés sur l'établissement de telles hiérarchies formelle ou matérielle pour dénoncer la fragilité des droits des travailleurs ; en somme, la prééminence de la finalité du constat sur la donnée casuistique de la technique. En effet l'objectif de ce travail de recherche est de souligner la vulnérabilité des fondements théoriques dont ressort la considération des libertés collectives des travailleurs, en tant que de l'infra-droits. Nombre d'auteurs (et pas des moindres) ont aussi procédé de la sorte, dans le décor des théories d'hiérarchisation des droits fondamentaux. Mais il faut automatiquement ajouter la catégorie de ceux qui, en quête d'une quelconque assise pour sceller les droits à caractère social dans les marbres du mirage ou du fantasme, sinon portés par un remue-ménage regrettable dans les ordres juridiques, se sont appuyés, au travers de la hiérarchie formelle ou de la hiérarchie matérielle, sur la jurisprudence constitutionnelle pour atteindre le but recherché. Autant dire l'impossibilité de confondre les deux composants de l'analyse. La chose étant plus importante que le mot, c'est assurément du résultat final dont il faut tenir compte et non se diluer dans le culte de la complexité et de la prolixité juridique.

Il convient d'étudier, respectivement, les difficultés formelle puis matérielle de protection des libertés collectives des travailleurs.

Conseil constitutionnel », *in, Recueil d'études en hommage à Ch. EISENMANN,* Paris, Cujas, 1975, p. 33). Elle désigne « ...l'ensemble des principes et règles à valeur constitutionnelle dont le respect s'impose au pouvoir législatif comme au pouvoir exécutif, et d'une manière générale à toutes les autorités administrations et juridictionnelles, ainsi, bien sûr, qu'aux particuliers » (L. FAVOREU, « Bloc de constitutionnalité », *in Dictionnaire constitutionnel,* Paris, PUF, 1992, p. 87).

SECTION I : LA DIFFICULTÉ FORMELLE DE PROTECTION DES LIBERTÉS COLLECTIVES DES TRAVAILLEURS

349. De longue date, et davantage à partir de la décision *Nationalisation I* du Conseil constitutionnel du 16 janvier 1982[1], certains auteurs[2] ont cru devoir établir une hiérarchie entre les différents droits fondamentaux des personnes. Et ajoutaient-ils que celle-ci aurait un caractère formel et conférerait une primauté aux droits proclamés par la déclaration des droits de l'homme et des citoyens de 1789 sur ceux énoncés dans le préambule de 1946. Pour autant discutable et contestable qu'elle soit, cette théorie de la hiérarchie formelle n'a pas moins nourri et ce, pendant longtemps, les difficultés de protection des libertés collectives des travailleurs, qu'ils soient béninois ou français[3]. Bien qu'ayant d'abord apparu dans l'ordre interne français, celles-ci seront finalement reçues dans d'autres champs juridiques nationaux et, surtout, dans ceux des pays de l'Afrique francophone. Ceci explique, une fois encore, la raison pour laquelle il était nécessaire de partir des éléments de la doctrine française du droit du travail pour connaître les problèmes de droit et des droits des travailleurs béninois.

La question est simple : comment peut-on légitimement instruire une hiérarchie interne aux droits fondamentaux des personnes sur fond de critère d'ordre purement formel, c'est-à-dire selon la nature des textes les consacrant alors que, comme chacun sait, ceux-ci sont juridiquement pourvus d'une valeur normative identique, ne permettant pas d'entretenir une telle distinction ? Faut-il comparer les droits fondamentaux issus de la déclaration de 1789 à un noyau central et ceux émanant du préambule

---

[1] DC 81-132, RJC-I, p. 104.

[2] F. GOGUEL, « Objet et portée de la protection des droits fondamentaux », in *Cours constitutionnelles et droits fondamentaux,* Économica, 1982, p. 236 ; P. PACTET, « Quelques réflexions sur les principes relatifs aux libertés et aux droits sous la cinquième République », in *Droit et libertés à la fin du XX*[e]*, Étude offerte à C.-A. COLLIARD,* Pédone, 1984, p.575 et s. ; M. CLAPIÉ, *De la consécration des principes politiques, économiques et sociaux particulièrement nécessaire à notre temps,* Thèse, Montpellier, 1992, p. 206 ;

[3] Ainsi que l'on le mit en évidence lors du Colloque international de l'Île Maurice portant sur le thème de *L'effectivité des droits fondamentaux dans les pays de la communauté francophone* et s'étant déroulé les 29, 30 septembre et 1er octobre 1993.

de 1946 à une nébuleuse, pour ensuite affirmer que « les principes politiques, économiques et sociaux particulièrement nécessaire à notre temps énoncés par le préambule de 1946 ne possèdent pas exactement la même valeur constitutionnelle que les droits proclamés par la déclaration des droits de l'homme et du citoyen de 1789 »[1] ? Ainsi que l'y invitent les partisans de la théorie de la hiérarchie formelle, doit-on tenir compte des intentions des constituants pour justifier une sorte de différence intrinsèque aux droits fondamentaux en fonction de la norme fondamentale dont ils proviennent ? Or, aux dires d'un célèbre auteur, « nous conviendront que (...) *les intentions des constituants* (...) sont de peu de poids si l'on considère que dans une constitution adoptée par voie de référendum, les seuls constituants sont les citoyens eux-mêmes et non les rédacteurs des textes ? »[2]

Les questions soulevées par la problématique de la hiérarchie formelle entre les libertés collectives des travailleurs et les libertés individuelles des personnes sont d'une importance capitale. Elles sont relatives, d'une part, à l'objet d'étude de la déclaration de 1789 et des difficultés engendrées par les conceptions libérales de la période révolutionnaire sur la typologie sociale des droits. Elles se rapportent, d'autre part, à l'énumération des limites afférentes à une telle théorie d'hiérarchie formelle lesquelles, *a priori*, aurait dû mettre en garde et permettre d'éviter la survenance de la seconde catégorie d'hiérarchie.

§ 1 : De la genèse des difficultés de protection des libertés collectives avec la déclaration de 1789

350. Selon l'analyse des auteurs à l'origine de la hiérarchie formelle, il serait normal que les droits civils et politiques aient primauté sur les libertés collectives des travailleurs et plus généralement sur les droits sociaux des personnes puisque ces derniers n'auraient pas exactement la même valeur que les premiers. Finalement – à suivre cette logique – il serait aussi normal que l'affirmation des libertés fondamentales des

---

[1] F. GOGUEL, « Objet portée de la protection des droits fondamentaux », *op. cit.*, p. 235.

[2] G. VEDEL, Note, Conseil d'État, sec. 12 fév. 1960, Société Eky, *JCP* éd. G 1960, II, 11629 bis.

personnes humaines par la déclaration de 1789 se soit conciliée pendant longtemps avec la soumission des travailleurs et la négation des libertés collectives. En tout cas, l'objet de la hiérarchie formelle mène à cette conclusion. Or, à l'aube des années 1990, M. le professeur SAVATIER avait pu exprimer une stupéfaction qui illustre parfaitement et répond à merveille à de telles implications – auxquelles conduit la théorie de la hiérarchie formelle : « en cette année du bicentenaire de la Révolution, aborder le thème de la liberté du salarié dans son travail, c'est s'interroger sur une singulière antinomie : comment la proclamation des droits de l'homme, c'est-à-dire l'affirmation des libertés fondamentales de la personne humaine, a-t- elle pu se concilier, dans la première moitié du 19ème siècle, avec la soumission des travailleurs à un employeur qui les maintenait dans un état misérable, c'est-à-dire une exploitation de l'homme par l'homme ? C'est la contradiction entre la liberté reconnue au citoyen dans la société politique et la subordination du travail dans la vie économique»[1].

À ce niveau se situe le point d'ancrage de notre analyse comparative. Il est légitime de s'interroger sur cette contradiction, tant elle n'est pas relative aux seuls travailleurs français. Faut-il encore le rappeler ? À cette époque, l'état de droit – sans même déjà pouvoir parler de protection – des libertés collectives des travailleurs béninois confinait à l'histoire de l'esclavage, une histoire dont on sait qu'elle constitue, par sa simple manifestation, la négation même des droits des travailleurs ; une histoire alors érigée dans le prisme d'un seul et unique principe : la rationalité économique et la recherche de la main-d'œuvre à bon marché, corvéable à merci[2]. À l'instar de l'auteur[1], on ne peut que s'étonner de ces

---

[1] J. SAVATIER, « La liberté dans le travail », *DS* 01/01/1990, p. 49. Encore que, dans ce sillage, l'on pourrait risquer la formulation d'une acception que le professeur lui-même n'aurait pu contredire : l'on pourrait en effet être tenté d'affirmer que l'objet principal des dispositions de garantie des libertés collectives des travailleurs et plus généralement de tous les droits sociaux consiste en le rétrécissement du fossé existant entre le travailleur et l'employeur dans les relations individuelles du travail au moyen des arsenaux procurés par les dispositifs des relations collectives du travail.

[2] Cette quête obsessionnelle de la rationalité économique et de la main d'œuvre à bon marché, le professeur espagnol Antonio MARZAL avait estimé qu'elle emporte le monde à son précipice. Disait-il à ce sujet qu'aujourd'hui la globalisation a pris la place de la colonisation comme elle aussi avait pu, jadis, suppléer l'esclavage, une autre forme de travail dans laquelle se prolonge la servitude absolue des libertés collectives des travailleurs notamment, béninois. Pour Antonio MARZAL, la même « ambition civilisatrice » demeurerait d'un bout à l'autre. L'acception de l'auteur a en sus été

difficultés historiques notoires quant à la protection des libertés collectives des travailleurs. Or c'est ce que semble tolérer la sémantique même d'hiérarchie formelle. Du moins c'est un objet envers lequel elle témoigne d'une posture réceptive[2], soutenant la suprématie des droits civils et politiques sur les libertés collectives des travailleurs pour permettre la validation de la négation constatée sur les droits sociaux des travailleurs.

Ce faisant, on saisit l'une des limites inhérentes à la théorie de la hiérarchie formelle, au demeurant, non exclusive d'autres. Force est de remarquer que, dans le prolongement de ces premières contradictions, la déclaration du 26 aout 1789 s'est conjuguée avec l'affirmation de conceptions libérales essentiellement oppressives et étrangères à la fonction de garantie des libertés collectives des travailleurs. Ce texte s'était contenté de les ignorer voire, pour d'autres auteurs, de les mépriser. Cette contradiction interne à la déclaration de 1789, et dont se conforte la théorie de la hiérarchie formelle, mérite d'être mise en évidence (I). Cela ne nous a guère échappé que, de façon particulièrement convaincante, dans le dessein d'infirmer la théorie de la hiérarchie formelle dont l'objet consiste en la césure des droits civils et politiques et des libertés collectives des travailleurs, certains auteurs ont émis, soutenu, et même défendu la thèse de la dimension relationnelle de la déclaration de 1789 (II) ; ils ont estimé que les droits sociaux ont commencé dans les conceptions libérales de la période révolutionnaire, ils y ont pris racine. Toute la logique de la dimension relationnelle étant

---

corroborée par l'affirmation du président de la Chambre de commerce de Lyon qui estima que « civiliser au sens moderne du terme, signifie apprendre aux gens à travailler pour pouvoir acheter, échanger et dépenser » (cité par H. WESSELING, « Le partage de l'Afrique », Paris, Denoël 1986, rééd. Folio – Gallimard, 2002, p. 169) ; cf. A. MARZAL « Analisis politico de la empresa. Razon dominante y modelos de empresa », Barcelona, Ariel, 1983, p. 11.

[1] Et également de bien d'autres, tel que MM. J.- J. DUPEYROUX, A. SUPIOT, …

[2] En témoigne les propos de l'ancien membre du Conseil constitutionnel, F. GOGUEL, estimant que les libertés collectives des travailleurs ont pu ne pas être nécessaires avant qu'elles ne soient adoptées en 1946, en dépit de la violation patente – incompréhensible devra-t-on dire pour reprendre l'expression de M. le professeur Savatier – dont elles ont fait l'objet avant leur proclamation par le texte constitutionnel de l'après Seconde Guerre mondiale. Notamment en ce qui concerne les travailleurs béninois visés par notre analyse, mais pas exclusivement, tant s'en faut ; cf. « Objet et portée de la protection des droits fondamentaux », *in Cours constitutionnelles et droits fondamentaux, op. cit.*, p. 236.

évidemment extérieure à la méconnaissance réelle des libertés collectives des travailleurs pendant cette période. Selon les intéressés, l'esprit même de la déclaration aurait été dévoyé.

I. LA CONTRADICTION INHÉRENTE A LA DÉCLARATION DE 1789

351. En effet, en raison de la contradiction qui lui est interne, il est possible de situer – du moins d'un point de vue référentiel – le début des difficultés historiques de protection des libertés collectives des travailleurs par rapport à la proclamation du texte de 1789[1]. Il est en réalité indispensable de remonter l'analyse jusqu'à la consécration de la déclaration révolutionnaire. Deux raisons permettent de comprendre l'utilité de la prise en considération de cette date : c'est sur ce texte que s'appuient les auteurs concernés pour considérer les libertés collectives des travailleurs comme des droits inférieurs, ne devant être aussi bien protégés que les droits civils et politiques ; cette théorie de la hiérarchie formelle puise aussi un certain nombre d'éléments d'argumentation dans la pratique de la méconnaissance voire de la négation des droits sociaux constatée à l'époque révolutionnaire.

Mais encore et surtout il convient de remonter à la source parce que, trop souvent, la période révolutionnaire est négligée par les spécialistes du droit du travail et des droits des travailleurs[2] alors qu'elle mériterait d'être réhabilitée[3], non seulement pour son intérêt historique, mais aussi pour son utilité spécifique (quant à la réfutation de la théorie de la hiérarchie formelle des droits fondamentaux). Enfin, il convient de procéder de la sorte pour les besoins de la comparaison des libertés

---

[1] Sans pour autant qu'il soit nécessaire de remonter le champ temporel de notre analyse jusqu'à l'Ancien Régime, le caractère négationniste des pratiques et traditions de ce Régime par rapport à la protection des libertés collectives des travailleurs ne peut souffrir d'équivoque ; cf. D. ANSOM, *La protection des libertés économiques et sociales, Paris, Montchrestien, 1999*, Préparation au C.R.F.P.A., p. 198.

[2] Ce qui a d'ailleurs valu les critiques de MM. G. AUBIN et J. BOUVERESSE, *Introduction historique au droit du travail,* Paris, Coll. Droit fondamental, 1995, p. 44 ; et de OLSZACK, *Histoire du droit du travail,* Paris PUF, QSJ ?, 1999, p. 5.

[3] Car, ainsi que l'estime Mme OGIER-BERNAUD, c'est avec « les legs du passé » que se reconstruira le futur de la protection *in milius* des libertés collectives des travailleurs, *op. cit.,* p. 30.

collectives des travailleurs béninois et français pendant la période révolutionnaire.

Que nous apprend cet exercice de réhabilitation ? On y découvre d'abord que de l'antiquité à la période révolutionnaire nombre de principes politiques et de concepts philosophiques ont exercé leur influence sur les hommes de 1789 si bien qu'il est difficile d'en délimiter la teneur exacte. La fonction du juriste est d'autant plus ardue que la Révolution a fait naître des réflexions idéologiques essentiellement spéculatives tantôt motivées par des considérations subjectives en grande partie : doit-on opposer – de bloc d'éléments à bloc d'éléments – la révolution bourgeoise à la révolution populaire ? Faut-il la lire dans le miroir de la pensée des Lumières ou dans le reliquat d'un accident de parcours ? S'inscrit-elle dans le prolongement des pratiques de l'Ancien Régime ou accouche-elle d'un nouveau monde, d'une nouvelle ambition génératrice d'une révolution émiettée ?[1]

La réponse à ses questions est à chercher dans le résultat actuel de la protection minorée et marginalisée des libertés collectives des travailleurs[2]. Elle puise ses racines dans les difficultés liminaires ayant caractérisées l'entreprise de protection, et qui s'étaient déployées et se déploient encore – mais à une proportion variable – dans le champ juridique béninois et dans l'ordre interne français. Précisément, on trouve ces éléments de réponses dans les affirmations de M. le professeur LEBRETON et de Mme V. OGIER-BERNAUD. Elles sont relatives aux caractéristiques et aux signes de l'individualisme ayant marqué les conceptions libérales de la période révolution. Leurs incidences sur les libertés collectives des travailleurs sont flagrantes.

Pour M. le professeur LEBRETON, l'individualisme imprégné d'une variante bourgeoise des droits de la déclaration de 1789 procède de signes majeurs : toutes les libertés proclamées en 1789 ont la particularité d'avoir été considérées comme des libertés-résistances, et la majorité d'entre elles procèdent d'une expression solitaire ; les occasions de proclamées des droits à caractère social et des libertés d'exercice collectif

---

[1] J. IMBERT, « L'origine idéologique des "principes de 1789" », in *Les principes de 1789*, PUAM, p. 11.

[2] Selon les propos de J.-M. BERLOGEY, ainsi que le mette en évidence notre première partie de développement.

ne manquaient pas pourtant. Les libertés de 1789 se distinguent de catégories de droits dits de créance parce qu'elles supposent l'absence (ou l'abstraction) de l'État pour les besoins de son exercice – les libertés-résistances encore appelées des libertés-abstentions portent en elles la marque d'une affirmation prépondérante de l'individualisme – dans la sphère du droit. L'individualisme de 1789 se manifeste également par le fait que, au sein des libertés proclamées, seule une – la liberté de la presse – constitue une liberté collective. L'attachement particulièrement prononcé des constituants de 1789 au positivisme juridique mérite également être souligné. Chez Hobbes et Rousseau, le contrat social devait conduire à la disparition totale du droit naturel au profit du droit positif. C'est tout le contraire dans la déclaration[1]. Pour Mme OGIER-BERNAUD, pendant la période révolutionnaire, l'émergence des libertés collectives des travailleurs, c'est-à-dire des droits constitutionnels des travailleurs, fut « freinée par le triomphe de l'individualisme », caractéristique principale des droits proclamés ; on retrouve leur manifestation dans *« deux mouvements symétriques » : « le travail libéré » (1) et « le travailleur opprimé (2) »* [2]

1. Le travail libéré

352. Mme OGIER-BERNAUD explique que l'œuvre essentielle des Lumières sur les libertés collectives des travailleurs a été de *libérer le travail* et d'*opprimer les travailleurs.* La déclaration procède évidemment d'un caractère précieux : c'est le premier texte à reconnaître les droits des personnes[3]. Et de ce point de vue l'affirmation pourrait paraître excessive, surtout si l'on sait les précieux apports des idées et concepts des Lumières quant à l'élaboration de ce texte (à la fois pionnier et solennel). Sur le plan du jeu de l'évolution des mentalités, on ne peut

---

[1] *Libertés publiques et droits de l'homme, op. cit.*, p. 78.

[2] V. OGIER-BERNAUD, *Les droits constitutionnels des travailleurs, op. cit.*, cf. « Une émergence freinée par le triomphe de l'individualisme », p. 31.

[3] « Mystérieuse, la Déclaration le sera peut-être un peu moins après ce volume. Nul doute en tout cas qu'elle soit une forme de miracle et d'équilibre dans son double appel à la discipline du citoyen et à la vigilance de l'homme – quelle que soit l'économie ultime, dont on disputera toujours, de cet équilibre auquel elle invite. Mystérieuse peut-être mais à coup sûr précieuse et vivante Déclaration », S. RIALS, *La Déclaration de 1789,* Droit, 1988, p. 21.

contester son rôle principal – lié à l'acceptation des droits inhérents à tout être humain – en tant que marqueur essentiel ; l'individualisme du temps de la révolution a déclenché le compteur du début d'une ère nouvelle : la consécration de la primauté de l'individu et la nécessité de respecter les droits et les libertés inhérents à sa dignité. Ainsi en est-il pour ceux expressément consacrés par le constituant de 1789.

Il est vrai que, de ce point de vue, l'affirmation de l'auteur pourrait paraître excessive. Tel n'est pourtant pas le cas. Non seulement parce que celle-ci correspond à la réalité du changement révolutionnaire. Mais encore et surtout parce que, cette réalité, ô combien néfaste au regard de son influence sur l'émergence des difficultés de protection des libertés collectives des travailleurs, finira par être reçue par la théorie de la hiérarchie formelle. D'où l'admission de la supériorité des droits de la période révolutionnaire sur ceux qui, à cette époque, ont été, en substance, bafoués.

353. Il est indispensable de voir la manière dont s'étaient manifestées les *« deux mouvements symétriques ».* Les limites de la théorie de la hiérarchie formelle ressortent, pour l'essentiel, de cet exercice. Ainsi que l'auteur le précise, l'individualisme de la période libérale a conduit à libérer le travail et à opprimer le travailleur. Cette articulation se manifeste, souligne-t-elle, d'une part, par la consécration de la liberté du travail, du commerce et de l'industrie, d'autre part, par l'interdiction des associations et des coalitions ouvrières. En clair, par deux lois : la loi d'Allarde et la loi Le Chapelier.

a. La loi d'Allarde

354. Tout est parti de la volonté irréductible de consacrer la liberté du travail, du commerce et de l'industrie. Encore nommé par le professeur REVET « principe de base du droit du travail »[1]. Elle était déjà omniprésente dans nombre de théories et projets de déclarations[2]. On la

[1] « Le droit du travail dans la jurisprudence du conseil constitutionnel », in *La légitimité de la jurisprudence du Conseil constitutionnel*, Paris, Economica, 1999, p. 62.

[2]À ce propos, elle était même considérée par les savants des « Lumières » comme étant un *droit de l'homme essentiels*. Un auteur le souligne : J.-J. SUEUR, « Conceptions économiques des membres de la Constituante », *Rev. dr. pub.* 1989, p. 806.

retrouve par exemple chez Condorcet[1] ou chez Sièyès, pour qui « tout citoyen est pareillement libre d'employer ses bras, son industrie et ses capitaux, ainsi qu'il le juge bon et utile à lui-même. Nul genre de travail ne lui est interdit. Il peut fabriquer et produire ce qui lui plaît, et comme il lui plaît ; il peut garder ou transporter à son gré toute espèce de marchandise, et les vendre en gros et en détail »[2]. L'énumération n'est pas exhaustive[3].

Pour comprendre le contexte institutionnel de la loi d'Allarde, il semble nécessaire de retracer très brièvement les étapes de la lutte contre les corporations dans le dernier quart du XVIIIe siècle. L'Ancien Régime était caractérisé par un double système : celui des manufactures, développé grâce à des privilèges accordés directement par le Roi, et celui des jurandes et maîtrises[4]. Le 9 février 1776, le contrôleur général des Finances de Louis XVI, du nom de Jacques TURGOT (baron de l'Aulne), déposa au Parlement le fameux Edit en vue d'abolir les jurandes et maîtrises. Ce document, tout à fait conforme aux idées du physiocrate BIGOT de SAINTE-CROIX[5], proclama la liberté du travail et, concomitamment, interdit toute forme d'association ouvrière ou patronale. L'article XVI de l'Edit disposa que nous... : « Défendons pareillement à tous maîtres, compagnons, ouvriers et apprentis desdits corps et communautés, de former aucune association ni assemblée entre eux sous quelque prétexte que ce puisse être »[6]

---

[1] Cf. Déclaration des droits par M. le marquis de CONDORCET, date de la publication inconnue : article III : « Le droit d'exercer tous les métiers, et de n'être exclu d'aucune profession » et article IV : « Aucun homme ne pourra être soumis à aucun service personnel ni particulier, ni public, ni civil, ni militaire, sinon volontairement ou après engagement contracté librement et pour un temps limité »,

[2] Article VI du Préliminaire de la Constitution, les 20 et 21 juillet 1789 au Comité de Constitution, in Ch. FAURÉ, *La déclaration des droits de l'homme de 1789, op. cit.*, ibid., p. 103.

[3] V. notamment les projets de Déclarations de MOUNIER, TARGET, DUPORT, BOUCHE, et bien d'autres : Ch. FAURÉ, *La déclaration des droits de l'homme de 1789, op. cit.*, p. 39.

[4] Les jurandes étaient des charges électives pour la surveillance et l'administration d'un métier, tandis que les maîtrises constituaient un grade dans la hiérarchie corporative.

[5] Celui-ci étant notamment l'auteur de l'*Essai sur la liberté du commerce et de l'industrie*, Amsterdam et Paris, Lacombe, 1775.

[6] Cf., "Edit de suppression des jurandes (février 1776)", in G. SCHELLE, *Œuvre de Turgot et document le concernant*, Paris : Félix Alcan, tome 5, 1923, p. 252.

355. Pourtant, dès mai 1776, le roi remercia chaleureusement TURGOT de son service. Mais la puissance et l'influence charismatique des défenseurs des corporations n'en démordent guère. Les successeurs de TURGOT aux Finances, CLUGNY et NECKER, revient sur cette prohibition, mettant en place entre aout 1776 et juillet 1780, un système corporatif réformé[1]. S'ensuivra la déclaration du 26 aout 1789 qui, curieusement, de l'avis des experts en la matière, ne fit aucune mention de la liberté du travail, du commerce et de l'industrie, ni de la suppression et de la corporation. L'invocation de la liberté d'association et de réunion y était également absente. Comment peut-on (ou plutôt doit-on) analyser cette omission ? Les avis divergent : pour certains auteurs, cette omission serait due à l'absence de temps ayant pris de court les membres de l'Assemblée constituante empressés d'établir la déclaration face à la montée irrémédiable de la grogne et du mécontentement populaire[2]. Pour d'autres, elle caractériserait la prudence et le pragmatisme des constituants de 1789, qui, techniquement, ne pouvaient consacrer la liberté du travail, du commerce et de l'industrie avant que ne soit abolie la corporation[3].

---

[1] Cf. J. BENNET, « La fin des corporations », *Revue de la Mutualité,* 19ème année, nouvelle série, n°45, mars 1967, p. 45 – 48 (1er article), n°47, octobre 1967, p. 51 – 54 (2ème article).

[2] « Il est d'ailleurs assez remarquable de constater que les interdictions mentionnées dans l'article 4 de la loi sont justifiées par une possible atteinte à la Constitution et aux libertés. Deux remarques viennent alors à l'esprit : la liberté du travail et la liberté de commerce et de l'industrie, bien que non formellement inscrites dans le corps même de la Déclaration des droits de l'homme, sont bien pour les membres de l'Assemblée la base de l'ordre économique et social. Cela corrobore donc la thèse en vertu de laquelle les constituants n'ont pas eu le temps de les insérer dans la Déclaration », V. OGIER-BERNAUD, *Les droits constitutionnels des travailleurs, op. cit.,* p. 36.

[3] « Le 26 aout, la Déclaration des droits de l'homme ne fait pas référence à la liberté du commerce et de l'industrie ; la mention de cette liberté proposée par DUPORT, a été rejetée et les députés ont écarté les projets de Sieyès et de Legrand de Boislandry qui reconnaissaient aux citoyens la liberté d'employer leurs bras, leurs talents, leur industrie, leurs capitaux ainsi qu'ils le jugeront bon. L'attitude des constituants peut paraître étrange et illogique ; elle n'est que prudente, pragmatique. La consécration de la liberté du commerce et de l'industrie est impossible tant que survivent les corporations ; or leur suppression exige des précautions, un débat particulier, elle est au fond subordonnée à une nouvelle poussée de la Révolution », G. AUBIN., J. BOUVERESSE, *Introduction historique au droit du travail, op. cit.,* p. 82.
Cette opinion est aussi celle que partage le professeur J. GODECHOT, *Les institutions de la France sous la Révolution et l'Empire,* 2ème éd., Paris, PUF, 1968, p. 213.

C'est pour combler ce vide que le baron d'Allarde pris le 16 février un décret qui devint les 2-17 mars 1791, la "loi d'Allarde" instaurant la liberté du travail, du commerce et de l'industrie[1]. Celui-ci proclamait ostensiblement : « la faculté de travailler est un des premiers droits de l'homme »[2] ; il condamne les corporations qui, selon les dires, lèsent ce droit. En son article 2 on supprima « tous les privilèges de profession sous quelque dénomination que ce soit »[3], avant d'ajouter au 7ème article qu' « il sera libre à toute personne de faire tel négoce, ou d'exercer telle profession, art ou métier qu'elle trouvera bon »[4].

Il convient d'apprécier le décret d'Allarde comme une « simple loi de circonstance, dont le but premier est l'édition d'un régime fiscal, elle procède à la suppression des corporations »[5]. De surcroit, les observations des professeurs AUBIN et BOUVERESSE sur ce décret disent davantage que n'importe quel autre commentaire : le décret d'Allarde des 2-17 mars 1791 qui supprime les corporations participe d'une vaste entreprise de liquidation des corps intermédiaires, ces impacts ne sont pas inconnus sur la fragilité des libertés collectives des travailleurs[6].

Le chemin vers la liberté d'association, gémellaire de la liberté syndicale, noyau dur des libertés collectives des travailleurs, était ainsi barré aux travailleurs, par l'interdiction des groupements intermédiaires. Il reste que, selon les observations de l'auteur des *Droits constitutionnels des travailleurs*, l'objectif poursuivi ne pouvait être atteint qu'à la condition que le décret des 2-17 mars 1791 soit prolongé par un nouvel acte législatif lequel devra condamner par son objet la catégorie plus large des groupements libres[7].

---

[1] Ibid.
[2] Archives Parlementaires, 1ère série, t. 27, p 219.
[3] Ibid.
[4] Ibid.
[5] *Les droits constitutionnels des travailleurs, op. cit.*, p. 33.
[6] *Introduction historique au droit du travail, op. cit.*, p. 92.
[7] Sur le décret d'Allarde et la loi Le Chapelier, v. M. POTIER, « L'Assemblée Constituante et la question de la liberté du travail : texte méconnu, la loi Le Chapelier », in *Idées économiques sous la Révolution 1789 – 1794,* Lyon, Presses universitaires de Lyon, 1989, p. 235.

b. La loi Le Chapelier

356. Il sied de reconnaître la pertinence des propos de l'intéressé : « Symbole de l'individualisme triomphant, la loi Le Chapelier réaffirme l'abolition du système corporatif et interdit toute coalition, toute association ou action collective des travailleurs. Ainsi leur défend-elle d'établir des règlements sur des prétendus intérêts communs, de nommer des responsables, de tenir des registres de délibérations. Son article 4 prévoit que si, contre les principes de la liberté et de la constitution, des citoyens attachés aux mêmes professions, arts et métiers, prenaient des délibérations, ou faisaient entre eux des conventions tendant à refuser de concert ou à n'accorder qu'à un prix déterminé le secours de leur industrie ou de leurs travaux, lesdites délibérations et conventions (...) sont déclarés inconstitutionnelles et attentatoires à la liberté des droits de l'homme et nulles d'effet »[1].

Selon d'autres membres de la doctrine[2], la loi Le Chapelier[3] ne serait pas aussi nocive qu'on la présente sur les libertés collectives des travailleurs : cette disposition nie dans une moindre mesure l'existence de l'intérêt intermédiaire, mais elle ne remet pas totalement en cause le simple et élémentaire droit de réunion dont dispose tout travailleur. Doit-on encore préciser que ce droit a été reconnu par la loi du 21 aout 1790[4] ? Mais les mêmes auteurs ne manquaient pas aussitôt d'ajouter : « elle interdit toute association, coalition ou action collective des travailleurs comme la pétition ou la grève ; elle condamne en principe, de la même manière, les associations, ou coalitions patronales. Elle assimile volontairement la multiplication des assemblées ouvrières à la résurgence des anciennes corporations de métiers. Complément de la loi d'Allarde,

[1] *Les droits constitutionnels des travailleurs, op. cit.*, p. 35.

[2] J. M. POTIER, La loi Le Chapelier, in *Idées économiques sous la révolution*, PUL, p. 245

[3] Dont il faut rappeler qu'elle concernait aussi bien les associations professionnelles des travailleurs que d'employeurs ; F. SOUBIRAN-PAILLET, « De nouvelles règles du jeu ? Les décrets d'Allarde (2-17 mars 1791 et la loi Le Chapelier (14-17 juin 1791 », in *Deux siècles de droit du travail : l'histoire par les lois,* Paris, Éd. de l'Atelier, Éd. ouvrières, 1998, p. 20 s.

[4] C'est-à-dire presque qu'un an avant la loi Le chapelier, puisque celle-ci datant des 14-17 juin 1791.

elle rejoint dans son esprit les conceptions de Turgot et des Physiocrates sur la question du marché »[1].

Cette affirmation témoigne assurément des impacts de la contradiction interne de la Déclaration révolutionnaire sur les libertés collectives des travailleurs. Il convient de voir, dans cette presque dissidence, la volonté de ne pas céder à la ritournelle de l'échec du texte fondateur de1789. Une telle volonté est d'ailleurs louable, dans son ensemble. Mais il n'en reste pas moins sa précarité dans la concession finale.

357. La reconnaissance de l'interdiction et de la condamnation de l'exercice du droit de grève par la loi Le Chapelier[2] ne corrobore-t-elle pas la thèse du cycle constitutionnel du doyen HAURIOU, selon laquelle la révolution de 1789 serait (mais toute proportion gardée) une révolution bourgeoise[3] ? Ne donne-t-elle pas raison aux professeurs DOLLÉANS et DEHOVE la percevant comme « une pierre à l'édifice du capitalisme »[4] parce que, affirment-ils, « grâce à ce texte, le capitalisme individualiste et libéral allait pouvoir se développer jusqu'à ces plus extrêmes conséquences. Il avait besoin d'une main d'œuvre abondante et bon marché. Seule, une législation de ce genre pouvait la lui assurer, en faisant, du salaire, le poste le plus compressible de tous les éléments du prix de revient »[5] ?

Ne nourrit-elle pas l'hypothèse de MARX considérant la révolution libérale comme « un coup d'État bourgeois »[6], nonobstant la virulence que l'on sait d'ordinaire inhérente à la plume de l'auteur ? Celui-ci expliquait la manière dont la classe bourgeoise française osa reprendre aux ouvriers, dès le début de la tempête révolutionnaire, le droit d'association qu'ils venaient à peine de conquérir. La loi Le Chapelier, dont l'objectif était de tracer les meilleures voies possibles au

---

[1]. J. M. POTIER, La loi Le Chapelier, in *Idées économiques sous la révolution, op. cit.,* ibid.

[2] Tout en sachant que « votée presque sans discussion, la loi Le Chapelier s'inscrit dans le droit fil de la loi d'Allarde qu'elle complète et précise » ; cf. G. AUBIN, J. BOUVERESSE, *Introduction historique au droit du travail, op. cit.,* p. 92.

[3] V. M. HAURIOU, *Précis de droit constitutionnel,* 2ème éd., Paris, Sirey, 1929 ; A. HAURIOU, *Droit constitutionnel et institutions politiques,* 4ème éd., Paris, Montchrestien, 1970, p. 682.

[4] *Histoire du droit du travail en France, t. 1 : Des origines à 1919, op. cit.,* p. 232

[5]Ibid.

[6] Karl MARX, *Le capital,* livre 1er, traduit de la 4ème éd. allemande, Paris, Éd. sociales, 1983, p. 833.

développement du libéralisme, força la concurrence entre le capital et le travail. Pour y parvenir elle s'amusa de l'État et de la police, résistant à la vague révolutionnaire et au souffle naissant de liberté et de démocratie ; un seul dessein dans ce nouvel air : la quête majeure d'émanciper le travailleur du joug effroyable susceptible d'être constitué par son travail. Le droit d'association, fil conducteur de la manifestation des libertés collectives des travailleurs, allait ainsi leur être retiré. Même la terreur n'y a pas touché, ajoute MARX.[1] Le couple liberté du travail oppression des travailleurs allait ainsi connaître ses plus beaux jours dans le décor des conceptions individualistes de la période révolutionnaire.

2. Le travailleur opprimé

358. Alors que les différents concepts de la déclaration révolutionnaire tant philosophiques qu'économiques de TURGOT, des physiocrates et d'Adam SMITH trouvaient leur prolongement dans l'émancipation du travail, les droits des travailleurs en étaient les principales victimes. Cette situation est aisée à appréhender. Elle constitue, non seulement celle dont l'objet de la théorie de la hiérarchie formelle s'accommode des fantômes, mais également celle qui permet d'inscrire dans leur historicité le respect – concret ou abstrait ? – des libertés collectives des travailleurs béninois, et plus largement de l'Afrique francophone. La situation des droits à empreinte sociale des personnes dans les autres pays africains à expression française est indissociable de celle des travailleurs béninois, davantage dans les conceptions libérales de la période révolutionnaire.

Il est particulièrement donné de voir la manière dont l'initiative de protection des libertés collectives des travailleurs se heurtait à des difficultés notoires, eu égard aux contradictions inhérentes à la déclaration révolutionnaire. Celles-ci s'observent précisément, à travers les restrictions relatives au suffrage[2] censitaire et à la police du travail qui, par le biais de la loi d'avril 1803, généralisa le livret ouvrier.

---

[1] Ibid.

[2] Pour une définition liminaire, v. B. CHANTEBOUT, « Suffrage » *in* J. TULARD et al., *Dictionnaire Napoléon,* 1987, Paris, Fayard, p. 1604 s.

a. Le suffrage censitaire

359. M. J. IMBERT avait estimé que, pendant la période révolutionnaire – qui marque le triomphe des préceptes libéraux – l'égalité proclamée par le constituant était inégalitaire, la liberté conférée par le texte fondateur aux citoyens – mais non point aux travailleurs et encore moins à toutes personnes[1] – était oppressive, la fraternité, quant à elle, individualiste. Au demeurant, la manière par laquelle se manifestait le suffrage censitaire constitue l'illustration la plus aboutie de ce constat.

A l'époque libérale des Lumières, la distinction entre égalité civile et égalité politique était constitutionnellement mise en évidence au détriment du rayonnement des droits des travailleurs. Tandis que tout le monde pouvait se prévaloir d'un droit à l'égalité civile sans aucune condition, l'égalité politique qui, du reste, se manifestait par la faculté délaissée à toute personne de participer à l'organisation de la vie politique, était rigoureusement restreinte. Seulement une frange de personnes pouvait en jouir. C'est ce que l'on désigna sous l'appellation de citoyenneté active. Cette distinction politique émanant des théories développées par Sieyès[2] dans son projet de déclaration, consistait à accorder le droit de vote aux seuls citoyens considérés comme actifs, c'est-à-dire à ceux s'acquittant d'un impôt, du cens.

Dans la "Constitution"[3] de 1789, il correspondait à la valeur de trois journées de travail variant entre 1,50 franc et 3 franc selon les départements, ce qui conférait la qualité de citoyens actifs à 4.300.000 habitants et écartait des urnes 2.200.000 citoyens passifs[4]. Cependant, les conditions de participation au scrutin seront allégées – sans être

---

[1] Puisqu'il n'est plus besoin de préciser la distinction voire la restriction existant entre le champ d'application personnel des prérogatives attribuées à toutes « personnes » et celui des droits accordés à la seule catégorie des « citoyens », tant la même nature de problématique avait été soulevée pendant les travaux des deux Assemblées constituantes de 1946.

[2] C. CLAVREUL, *L'influence de la théorie d'E. Sieyès sur les origines de la représentation*, Paris II, 1982.

[3] On nomme ainsi le texte révolutionnaire puisque, de toute façon, il n'est plus de doute qu'il fait partie du *bloc de constitutionnalité*, d'où il lui est conféré cette valeur normative supérieure dans la hiérarchie des normes.

[4] Ceux-ci étant principalement des ouvriers et des domestiques aussi bien que nombre d'autres *« petits gens »*, au rang desquels figuraient également les femmes, elles aussi principales victimes de ce suffrage, et en même temps ardentes défenseures des droits civils et politiques et des libertés collectives.

totalement supprimées, si ce n'est bien plus tard – dans la constitution de l'an III. Il n'est plus dorénavant exigé de payer un montant fixe pour être citoyen actif, mais une somme quelconque, la condition toujours posée de ne pas être un domestique, c'est-à-dire attaché à une personne. Cet allègement eut pour conséquence de porter le nombre de citoyens actifs à 5.000.000[1].

360. Il serait possible de penser que l'inégalité ainsi dénoncée par J. IMBERT dans les constitutions de l'époque libérale se limitait à la notion de citoyen actif : la réalité épouse davantage de complexités. Le scrutin, en effet, était indirect à deux degrés : les citoyens actifs se bornaient à désigner les électeurs du second degré (seulement un pour cent d'entre eux) qui eux choisissaient les députés ; or pour être désigné comme électeur du second degré, il fallait disposer d'une réelle fortune : les conditions posées par les constitutions variaient selon les localités mais, dans tous les cas, supposaient que l'électeur pouvait vivre des revenus de son capital pendant le quart au moins de l'année[2].

361. Il va sans dire que comparativement aux droits et libertés collectives des travailleurs métropolitains et ceux des territoires d'Outre-mer, hélas, la virulence des opinions développées par les auteurs, en regard de ce que l'on vient d'exposer, ne souffrait nullement d'un écart de langage, encore moins d'une véhémence particulière. Il est difficile, au vu de cette réalité, de contester l'affirmation du professeur J. IMBERT se rattachant aux travailleurs d'Outre-mer selon laquelle « l'égalité, préconisée par Rousseau et adoptée par les constituants, était donc en définitive inégalitaire...Malgré les troubles et les révoltes dans les colonies, il ne fut question de supprimer l'esclavage : l'égalité restait encore inégalitaire en 1789 »[3].

362. Dans son ouvrage portant *Droits constitutionnels des travailleurs* – qui traite en vérité des libertés collectives des personnes-salariées –, Mme OGIER-BERNAUD n'a pas moins mise en évidence cette réalité : « la liberté et l'égalité proclamés par la déclaration des droits de l'homme

---

[1] Cf. St. CAPORAL, « L'inégalité politique maintenue : l'accès refusé à la pleine citoyenneté », in *L'affirmation du principe d'égalité dans le droit public de la révolution française de (1789-1799)*, Économica, PUAM, p. 54 s.
[2] Cf. Titre III, chap 1er, section II, art. 7 de la Constitution de 1791, et art. 35 de la Constitution de l'an III.
[3] *Les principes de 1789*, *op. cit.*, p. 24.

qui, déjà ne s'applique pas aux esclaves, vont être largement remises en cause pour les travailleurs »[1]. Malgré une affirmation solennelle du principe de l'égalité dans la première ère de la République, l'absence de droit de suffrage n'a pas moins permis de maintenir les travailleurs – par rapport à leurs employeurs – dans une situation professionnelle d'infériorité[2] ; à cette époque, il était particulièrement difficile de déterminer qui était citoyen et qui ne l'était pas ; la qualité de citoyen actif a été au bout du compte attribuée à l'ensemble des non-catholiques, protestants et juifs, directement pour les premiers et indirectement pour les autres qui seront pendant longtemps considérés comme des étrangers ; il faut ajouter à cela la situation de non abolition de l'esclavage pour les gens de couleurs, seuls les affranchis ou descendants d'affranchis pouvant disposer d'une égalité politique, d'ailleurs remise en cause dans les derniers jours de la Constituante[3].

La doctrine majoritaire, dans son ensemble, partage le constat de méconnaissance patente des libertés collectives des travailleurs par les constitutions de la période libérale[4]. Ce constat est d'autant plus partagé que la démarche est épaulée par la police du travail ; principalement, la généralisation du livret ouvrier en 1803.

b. Le livret ouvrier

363. À ce niveau de l'analyse, on choisit volontairement et arbitrairement de circonscrire le débat sur le livret ouvrier. Cet objet seul se rattache directement aux travailleurs et donc à leurs libertés collectives. Il est surtout plus fructueux de se concentrer sur cette seule notion, plutôt que de se noyer dans le fleuve des différentes variantes de « *l'oppression* » des travailleurs au travers de la négation de leurs droits à identité collective – mais l'expression ne vient pas de nous[5]. Le livret ouvrier représente le symbole de cette législation oppressive. Il est donné

---

[1] *Les droits constitutionnels des travailleurs, op. cit.*, p. 36.

[2] *Les droits constitutionnels des travailleurs, op. cit.*, p. 37.

[3] St. CAPORAL, *Op. cit.*, p. 48.

[4] Quand bien même il subsisterait en son sein des voix dissidentes comme il est donné de les constater à travers l'impact de méconnaissance pendant la période libérale des droits constitutionnels des travailleurs sur la formation de la théorie de la hiérarchie formelle.

[5] *Les droits constitutionnels des travailleurs, op. cit.*, p 30 s.

de le voir à travers l'article 1781 du Code civil, alors en vigueur. Force est de constater la manière dont cette disposition législative était ostensiblement en contradiction avec le principe constitutionnel d'égalité de traitement, pourtant proclamé par les constituants 1789. L'autorité normative supérieure dont jouit le pouvoir constituant par rapport au pouvoir législatif, selon le principe normatif de la hiérarchie[1], n'est plus nécessaire à rappeler. En effet, cet article prescrit que *« Le maître est cru sur son affirmation sur les quotités des gages, pour le paiement du salaire de l'année échue, pour les acomptes donnés pour l'année courante »* [2].

Dans sa portée, cette disposition frappait de plein fouet les droits de la défense et surtout le droit fondamental à la présomption d'innocence dont le travailleur était censé avoir le bénéfice. Au terme de l'article 9 de la déclaration de 1789, on pouvait lire : *« Tout homme étant présumé innocent jusqu'à ce qu'il ait été déclaré coupable, s'il est jugé indispensable de l'arrêté, toutes les rigueurs qui ne seraient pas nécessaire pour s'assurer de sa personne doivent être sévèrement réprimées par la loi »*. Comment comprendre que l'article 1781 du Code civil de 1804 puisse exclure le travailleur du bénéfice du droit énoncé par les constituants de la fin du XVIIIe siècle ?

L'article 1781 avait pour but de limiter le champ d'application personnel de l'article 9 de la déclaration révolutionnaire, celui-ci se chargeant d'instaurer une sorte de présomption d'innocence à double vitesse ; *« le maitre est cru sur son affirmation... »* et bénéficie de la sorte d'une véritable présomption d'innocence, ce qui n'était pas le cas de l'ouvrier qui ne jouissait de fait que d'une forme de *« présomption d'innocence au rabais »*, s'apparentant davantage à une *présomption de culpabilité*. Cette antinomie établit par l'article 1781, et qui se réalise au

---

[1] « Cette structure rigoureusement hiérarchisée de l'ordre juridique, généralement confortée et doublée par une hiérarchie de type organique [...] contribue puissamment à maintenir la cohésion de l'ordre juridique : *elle s'oppose à l'intégration de normes incompatibles avec la logique qui préside à la construction de l'ordre juridique et rayonne du sommet jusqu'en bas de la pyramide ;* elle garantit le respect du principe de non-contradiction par le retrait de la norme hiérarchiquement inférieure. Véritable police interne de l'ordre juridique, le principe hiérarchique préserve ainsi son unité et règle l'agencement de ces éléments constitutifs » ; J. CHEVALLIER, « L'ordre juridique », in *Le droit en procès,* Paris, PUF, 1983, p.17.

[2] Article qui sera ultérieurement abrogé par la loi du 2 aout 1868

détriment des libertés collectives des travailleurs, n'est-elle pas, à coup sûr, d'une part, une contradiction inhérente à la déclaration de 1789, d'autre part, une libération du travail conjuguée à une oppression du travailleur ? N'y a-t-il pas là un élément permettant de réfuter systématiquement la logique doctrinale de la hiérarchie formelle, établie au détriment des libertés collectives des travailleurs ?

L'élément le plus oppressif pour les travailleurs fut certes, la généralisation du livret ouvrier ; on l'a déjà indiqué. Il faut définir en quoi son objet consiste : « le livret est un petit cahier sur lequel devaient être inscrits les divers certificats d'acquit des patrons chez lesquels l'ouvrier avait travaillé. Il était coté et paraphé à chaque pages … ; le premier feuillet devait porter le sceau de la municipalité et contenir le nom et le prénom de l'ouvrier, son âge et le lieu de sa naissance, son signalement, la désignation de la profession et le nom du maître chez lequel il travaillait »[1]. Issu initialement des pratiques royales de l'Ancien Régime, il réapparu à travers l'œuvre législative du Premier Consul de 1803, précisément au sein des articles 12 et 13 de la loi du 22 Germinal an XI (soit le 12 avril 1803), portant manufactures, fabriques et ateliers[2]. Son principal objet consistait en l'impossibilité pour les ouvriers qui en sont démunis d'obtenir un ouvrage. Il était assorti d'une sanction prévue sous forme de dommages et intérêts à la charge de tout contrevenant qui, en marge de la règle, emploierait un ouvrier non porteur du livret.

A proprement parler, le livret ouvrier n'était pas, ainsi qu'il était présenté, « une législation destinée à assurer le respect des engagements mutuels » mais, plutôt, « une véritable mesure de police » visant à contrôler l'activité des ouvriers[3] ; c'est-à-dire une disposition effective « *d'oppression des travailleurs* » qui, au final, disparaitra avec la loi du 2 juillet 1890[4].

Partant, peut-on contredire les précédents auteurs qui ont estimé que la déclaration de 1789 de même que les différents textes constitutionnels à conceptions libérales comportent des contradictions internes lesquelles,

---

[1] CORNIL, *Du louage de services au contrat de travail,* Paris, 1865, p. 174.
[2] H. BERNARD, *Le livret ouvrier,* Paris, A. Rousseau, 1903, p. 10.
[3] *Les droits constitutionnels des travailleurs, op. cit.,* p. 41 s.
[4] Sur la loi du 2 juillet 1890, v. particulièrement H. BERNARD, *Le livret ouvrier, op. cit.*, p. 43 s.

dans une large mesure, rendaient difficile la réalisation des libertés collectives des travailleurs ? N'y a-t-il pas eu méconnaissance des droits fondamentaux des travailleurs à cette époque ? À la vérité, il est difficile d'opposer une contradiction aux propos émis, en regard de la nature des faits. Or l'objet même de la théorie de la hiérarchie formelle consiste en l'opposition de cette contradiction et, en l'admission subséquente des différentes violations des droits des travailleurs. De la sorte, les auteurs soutiennent sur son fondement que les droits à caractère social n'ont pas été nécessaires à cette époque.

Une telle analyse peine à convaincre. Une partie de la doctrine n'a d'ailleurs pas manqué de procéder à la remarque, par la critique de la thèse de la hiérarchie formelle ; ainsi a-t-on estimé que les libertés collectives des travailleurs ne peuvent être considérées, sur un strict plan juridique et non politique ou subjectif, comme étant inférieures aux droits civils et politiques. La dimension relationnelle de la déclaration de 1789 a particulièrement été mise en évidence par les auteurs de cette critique.

II. LA DIMENSION RELATIONNELLE DE LA DÉCLARATION DE 1789

364. Selon L. DUMOT, il faut lire la déclaration des droits de l'homme et du citoyen adoptée par l'Assemblée constituante dans l'été 1789 dans le sens du triomphe de l'individu[1]. Pour l'auteur, l'individualisme de la période révolutionnaire a conduit à valoriser l'individu et à négliger et subordonner la totalité sociale ; en somme, la considération supérieure du Droit dans son composant de droits subjectifs – qui confèrent des prérogatives aux êtres humains – au détriment du droit objectif – où s'affirme la vocation élémentaire du droit à rendre meilleure la vie des membres de la société[2]. « Le citoyen est maintenant libre, la société est atomisée en une poussière d'individu libre »[3]. Les fondements de ces observations sont assurément, corroborés par nos précédents développements. Mais c'est l'objet de leur relativité qui fait débat. La question consiste à savoir si, en dépit des conceptions

[1] *Essai sur l'individualisme,* Seuil, 1988, p. 102 s.
[2] Ibid.
[3] G. ANTONETTI, *Histoire contemporaine politique et sociale, op. cit.,* p. 54.

individualistes ayant marqué la déclaration de 1789, il n'était pas possible d'inférer à partir d'elles les droits des travailleurs ? N'y a-t-il pas un lien étroit entre la protection des droits civils et politiques et la garantie des droits sociaux des personnes ? Bref, on se demande si le texte révolutionnaire n'était pas pourvu d'une dimension relationnelle qui aurait pu permettre le respect des libertés collectives des travailleurs.

Pour nombre auteurs[1], Cl. LEFORT, par exemple[2], la déclaration de 1789 ne serait pas aussi individualiste qu'on ne le pense ou qu'on veuille le laisser penser ; elle serait également relationnelle. Deux conclusions peuvent découler de cette acception, malgré la méconnaissance constatée des droits des travailleurs dans les conceptions libérales : il aurait été probable (et non pas simplement possible) de fonder le respect des libertés collectives des travailleurs sur le berceau des droits civils et politiques, de la même manière qu'il serait peu pertinent de subordonner les droits des personnes dits de la première génération à ceux de la deuxième génération. La thèse de la hiérarchie formelle s'en trouve, dès lors, obérée. La manière dont la dimension relationnelle s'affirme est indispensable à envisager. Il en est de même pour les tempéraments qui lui ont été apportés. À partir de l'analyse, ressortent les motifs de fragilité de la thèse de la hiérarchie formelle.

---

[1] On pense ici aux professeurs G. AUBIN et J. BOUVERESSE lesquels ont estimé sur ce sujet qu'il est possible de formuler « une autre hypothèse plus féconde : celle d'un projet collectif, défini dans ses lignes directrices dès 1789, et qui, loin de négliger le travail pour l'abandonner au jeu sans pitié du marché, le conçoit dans les catégories de la responsabilité et de la liberté ». Dans ce prolongement, ils concluent : « en ce sens, le droit révolutionnaire ne s'abstient pas, il s'engage » ; *Introduction historique au droit du travail, op. cit.*, p. 10.

[2] Mais l'on pourrait également citer les juges de Strasbourg lesquelles, dans leur arrêt *Airey c/ Irlande*, ont soutenu le postulat d'une telle dimension relationnelle. Ceux-ci ont précisé clairement que, nulle cloison étanche ne sépare les droits à caractère social des droits civils et politiques. Partant, si les textes constitutionnels à conceptions libérales ont en réalité proclamé que des droits civils et politiques, nombre d'entre eux ont un prolongement d'ordre économique et politique, de sorte que les libertés collectives énoncées par le constituant de 1946 s'inscrivent dans la continuité des libertés individuelles expressément consacrées après la révolution de 1789.

A. L'AFFIRMATION DE LA DIMENSION RELATIONNELLE DE LA DÉCLARATION DE 1789

Pour Cl. LEFORT, il convient de lire la déclaration de 1789, de même que les autres textes à inspiration individualiste, dans une vision globale et non restrictive d'édification des droits des personnes. L'auteur fait savoir que, au-delà des présupposés idéologiques, il n'était nullement possible d'inférer une dimension exclusive – individualiste donc – à partir de la lecture des différents textes fondamentaux hérités des conceptions individualistes. Ainsi s'explique-t-il : « si l'on examinait à présent les droits qui semblent n'avoir d'autres références que l'individu, on s'aperçoit qu'ils ont, de même, une portée politique. Mais il est vrai que pour la discerner, nous ne pouvons nous arrêter à la lettre des énoncés des grandes déclarations, sans nous demander quelles sont les conséquences de l'exercice de nouveaux droits dans la vie sociale »[1].

Aux dires de l'intéressé la lecture réductrice des textes de reconnaissance, élaborés pendant la période libérale, a pour conséquence de transformer les droits de l'homme en un voile. « Or les droits de l'homme ne sont pas un voile. Loin d'avoir pour fonction de masquer la dissolution des liens sociaux qui feraient de chacun une monade, ils attestent et suscitent à la fois un nouveau réseau de rapport entre les hommes »[2]. À l'appui de son affirmation, l'auteur fait trois remarques particulières qu'il convient de reprendre dans l'ordre de présentation.

a. Sur la première remarque

365. En raison de l'indivisibilité de son contenu, celle-ci doit être reproduite en intégralité :

« *Premier* remarque *: la déclaration que la liberté consiste à pouvoir faire tout ce qui ne nuit pas à autrui n'implique pas le repli de l'individu dans sa sphère propre d'activités. La tournure négative : « ce qui ne nuit pas... » à laquelle s'arrête Marx, est indissociable de la tournure positive : « faire tout ce qui... ». Ce qui est pleinement reconnu par cet*

---

[1] Cl. LEFORT, *Essai sur le politique,* Esprit Seuil 1986, p. 46.
[2] Ibid.

article, c'est la liberté de mouvement ; ce qu'il consacre c'est la levée des interdits qui pesaient sur celle-ci dans l'Ancien Régime ; ce qu'il rend possible du même coup, c'est la multiplication des relations *entre les hommes, le décloisonnement du système social – chacun se voyant désormais le droit de s'établir où il le souhaite, de se mouvoir comme il l'entend sur le territoire de la nation, de pénétrer dans les lieux réservés auparavant à des catégories privilégiées, d'accéder aux carrières auxquelles ils croient pouvoir prétendre »*[1].

L'auteur souligne que la liberté conférée par la déclaration de 1789 de faire tout ce qui ne nuit pas à autrui doit être comprise dans sa double dimension, positive et négative. La première, en forme de permission d'agir, octroie à l'individu nombre de droits dont il ne pouvait jouir auparavant : par exemple celui de pouvoir s'autodéterminer et de s'accomplir sur le plan de son travail, avec la possibilité de s'engager pleinement dans la vie de son entreprise[2]. La seconde, délimite dans le sens d'une autorisation de faire, le champ d'intervention de l'individu sur le plan de la jouissance de ces facultés nouvelles ; elle sert à établir de façon concomitante des limites souveraines – constituées par *tout ce qui ne nuit pas à autrui* – à partir desquelles toutes personnes peuvent exercées les droits proclamés.

366. Ce faisant l'auteur explique une vérité qui pourrait, à certains égards, paraître comme une évidence. Il explique que la déclaration de 1789 à énoncer un champ plus vaste de libertés de mouvement, dont toutes ne sont pas consignées dans la norme révolutionnaire. La démonstration consiste à témoigner que les textes des conceptions libérales, adoptés pendant la période révolutionnaire ne doivent pas être compris comme reconnaissant les seuls droits explicitement proclamés

---

[1] Cl. LEFORT, *op. cit.*, p. 48.

[2] La question mérite d'être posée : « peut-on affirmer que l'égale dignité des hommes est assurée dans la Nation si l'on admet qu'un licenciement soit fondé sur la race ou sur la religion ? » - B. BOSSU, « Droits de l'homme et pouvoirs du chef d'entreprise : vers un nouvel équilibre », *op. cit.*, p 747. -
Est-il possible de procéder à la même affirmation lorsque, dans l'entreprise, un travailleur ne peut jouir de ces droits sociaux ? Il faut assurément le préciser : « Les droits de l'homme doivent être vécus comme une réalité quotidienne et c'est dans l'entreprise qu'il peuvent acquérir cette nouvelle dimension. » - B. BOSSU, « Droits de l'homme et pouvoirs du chef d'entreprise : vers un nouvel équilibre », *Dr. soc., op. cit.*, p. 748.

par les constituants de l'époque ; ces textes n'ont qu'une valeur déclarative, indicative (nécessairement relative) et non pas absolue, elles n'établissent que des prérogatives liminaires – dont la réalisation présuppose le respect de bien d'autres – non explicitement mentionnées, la liste des droits reconnus dans l'été 1789 ne pouvant avoir une prétention à l'exhaustivité. C'est dire que pour l'intéressé ces différents textes qui n'ont d'autres références que l'individu dont, la déclaration de 1789, est la figure emblématique, auraient pu permettre de protéger les droits des travailleurs même pendant la période révolutionnaire. L'objectif de la déclaration de 1789 étant de lever les interdits qui pesaient sur l'individu, il était possible d'inscrire la nécessité du respect des droits des travailleurs dans son prolongement.

Il devient dès lors discutable d'envisager la situation des libertés collectives des travailleurs dans un lien de subordination par rapport aux droits civils et politiques, à l'inverse de ce qui ressort de la théorie de la hiérarchie formelle. Au vu de ces éléments, on ne peut souscrire à l'analyse faisant des droits à caractère social de 1946 des infra-droits fondamentaux, par rapport aux droits civils et politiques énoncés dans la déclaration de 1789. On voit le dessein de Cl. LEFORT, dans le prisme de cette démonstration : montrer l'impossibilité de se fonder sur les difficultés – réelles – de protection des libertés collectives des travailleurs pendant la période révolutionnaire pour justifier une subordination – virtuelle – de la catégorie des droits sociaux des personnes proclamés par le préambule de 1946. Mais pour ce faire, il ne s'arrête pas à une seule remarque.

b. Sur la deuxième et la troisième remarque

367. Il est ajouté que, d'une part :

« La liberté de l'opinion ne fait pas de l'opinion une propriété privée, conçue sur le modèle de la propriété des biens matériels, elle est une liberté de rapport. Selon le texte même de la déclaration de 1791, la libre communication des pensées et des opinions est un des droits les plus précieux de l'homme : tout citoyen peut donc parler, écrire imprimer librement, sauf à répondre à l'abus de cette liberté dans les cas déterminés par la loi. *Ainsi, tandis qu'à chacun se voit offerte la*

possibilité de s'adresser aux autres et de les entendre, un espace symbolique s'institue, sans frontières définies, soustrait à toutes autorités qui prétendraient le régir et décider de ce qui est pensable ou non. La parole comme telle, la pensée comme telle s'avère, indépendamment de tout individu particulier, n'être la propriété de personne »[1] ;

D'autre part :

« Les garanties de la sureté – dans lesquelles Marx ne trouve que l'expression la plus sordide de la société civile, la transcription d'un *concept de la police* au service de la protection du bourgeois – enseignent que la justice est déliée au pouvoir, qu'elle n'a d'autres ressort qu'elle-même, qu'en mettant l'individu à l'abri de l'arbitraire, elle en fait un symbole de la liberté qui fonde l'existence de la nation. Ainsi verra-t-on, de Constant à Péguy, réaffirmée l'idée que l'injustice faite à l'individu dépasse sa cause, qu'elle dégrade la nation elle-même et cela, non pas parce que chacun peu craindre, une fois violé les droits d'un voisin, d'être à son tour victime de l'arbitraire, mais parce que la trame même des rapports sociaux dans une communauté politique se soutient de la confiance en une justice indépendante d'un maître, de chacun et de tous »[2].

Ces différentes remarques sont moins liées aux libertés collectives des travailleurs qu'à la recherche liminaire des éléments constitutifs de la protection des libertés collectives des travailleurs dans la déclaration de 1789. En tout état de cause, ce lien est moins pertinent par rapport au corpus même des droits à dimension collective des travailleurs. Cependant il permet une fois encore, de soulever la faiblesse de la théorie de la hiérarchie formelle et la difficulté de donner quitus à la violation des libertés collectives dont les travailleurs ont été victimes à l'époque révolutionnaire.

Pour l'auteur, l'injustice faite à l'individu dépasse sa cause, elle dégrade la nation toute entière. Partant, qu'il soit permis de se demander comment, à l'époque des Lumières, il a été possible d'accommoder la proclamation des droits des personnes, c'est-à-dire la reconnaissance de la nécessité d'affranchir l'être humain de toutes les contraintes qui

---

[1] Cl. LEFORT, *op. cit.*, ibid.
[2] Ibid.

pesaient sur lui, avec le maintien des travailleurs dans un état misérable d'exploitation de l'homme par l'homme et de soumission à l'employeur, au travers du dénigrement des libertés collectives des travailleurs et plus globalement des droits sociaux des personnes vite qualifiés de droits-créances ou de droits contraignants ?[1] Comment une telle contradiction a-t-elle pu se produire ? La question est d'autant plus plausible que, dans le texte fondamental belge, la manière dont les libertés collectives des travailleurs sont consacrées conforte l'intrigue. Dans l'article 23 de la constitution du 7 février 1831[2], les droits sociaux des personnes ont été affirmés sur le socle de la dignité humaine. Et que dire de l'exemple de la Cour suprême des *États-Unis*, qui parvint à se prononcer sur la liberté syndicale sur la base de la liberté d'expression ?[3] Les tempéraments à la théorie de la hiérarchie formelle en ressortent explicitement, surtout si l'on se rapporte au sort des travailleurs béninois et des autres pays de l'Afrique coloniale.

B. LES TEMPÉRAMENTS À LA THÉORIE DE LA HIÉRARCHIE FORMELLE

368. Il est possible de prolonger la question de M. le professeur SAVATIER et, de se demander comment la proclamation des libertés fondamentales des personnes pendant la période révolutionnaire a pu se concilier avec le renouvellement de l'esclavage qui constitue – comme chacun sait – la négation même des prérogatives humaines à dimension sociale ? Comment l'affirmation de la primauté de l'individu, sous le vent nouveau de liberté et d'émancipation qui commença à souffler, n'a pu permettre de rompre définitivement avec ce commerce odieux dans la déclaration de la fin du XVIIIe siècle ? C'est assurément dans les débats ayant opposé les abolitionnistes et les non-abolitionnistes qu'il faut se plonger, pour trouver des éléments de réponse. Les libertés à expression

[1] J. SAVATIER, « La liberté dans le travail », *op. cit.,* ibid.
[2] « Chacun a le droit de mener une vie conforme à la dignité humaine. À cette fin la loi, le décret ou la règle fixée à l'article 134 garantissent (...) les droits économiques, sociaux et culturels, et déterminent les conditions de leur exercice. Ces droits comprennent notamment : 1° (...) le droit d'information, de consultation et de négociation collective (...) ».
[3] L. HENKIN, « Les droits économiques dans la Constitution américaine », *Rev. int. dr. comp.,* 1993, p. 440 s.

collective en ont pâti, non seulement celles des travailleurs béninois, mais aussi celles de tous les travailleurs de l'Afrique coloniale d'antan, qui recouvre un champ d'application personnel plus large. Le constat fut longuement réalisé. Force est de constater que la portée pourtant glorieuse – et non pas seulement gloriole – de la révolution française s'est arrêtée à la porte de l'abolition de l'esclavage, de la rationalité économique[1].

1. Le débat abolitionniste entre les Lumières

369. La révolution bourgeoise de 1789 a conduit en l'intensification d'une question principale qui heurtait dans son composé deux morales : la morale sociale – emprunte d'un fondement humanitaire au service de la défense de la dignité des travailleurs, même esclaves – et la morale libérale – caractérisée par un optimum économique tourné vers la recherche du gain facile et abondant, peu importants les moyens d'exploitation de l'homme par l'homme pouvant être employés pour ce faire. Cette question principale – qui soulevait déjà une problématique juridique non encore résolue d'indivisibilité des droits fondamentaux, si bien que l'on argue que c'est en partie à cause (ou du fait) de l'héritage révolutionnaire qu'elle émergea – se posait en des termes quelque peu différents. Elle consistait à s'interroger sur les vertus (ou plutôt les vestiges ?) de l'égalité susceptibles de se rattacher à la déclaration de 1789.

a. Vertus ou vestiges du principe d'égalité ?

370. Les évènements de la Révolution des Lumières ont accouché d'un joyau prestigieux qu'est le principe d'égalité, encore consacré principe républicain de droit constitutionnel[2]. Son implication dans l'ordre juridique est simple : « les hommes naissent et demeurent libres et égaux en droits. Les distinctions sociales ne peuvent être fondées que sur

---

[1] *Cf. infra.* n° 350 s.

[2] M.-H. FARBRE, *Principes républicains de droit constitutionnel*, 4e éd., Paris, L.D.G.J., 1984.

l'utilité commune »[1]. Au terme de cet article, il ressort que les droits nouvellement consacrés (ce qui ne veut pas dire qu'ils sont à proprement parler des droits nouveaux) profitent *a priori* à tous les hommes. Dès lors, leur jouissance était censée se rattacher à la seule qualité de la personne humaine, ce critère devant prévaloir sur tous les autres. En tout état de cause, les prescriptions de cet article devaient conduire à cette conclusion. Mais c'est sans compter sur la proclamation d'un autre principe, lui aussi supposé républicain de droit constitutionnel, sinon présenté comme tel, celui de la citoyenneté, lequel, au demeurant, viendra atténuer les effets substantiels du précédent. De fait on remarqua que, le constituant de 1789, sans leurs attacher les effets consécutifs, reconnaissait l'universalité formelle des droits de la personnalité à caractère civil et politique[2].

L'objectif visé par ce développement est clair. Il consiste à s'interroger sur la portée réelle de ce principe d'égalité, par delà les affirmations prophétiques. En effet, on l'a vu : la théorie de la hiérarchie formelle repose sur l'idée que les libertés collectives des travailleurs (provenant du préambule de 1946) sont des droits relatifs par opposition aux libertés individuelles (énoncées par le constituant de 1789) plutôt considérées comme étant des droits absolus. Affirme-t-on à l'appui de cette distinction que la protection des libertés à dimension collective des travailleurs n'aurait pas été nécessaire dans le passé. Du moins, cela ressort des propos d'un auteur influant de cette théorie[3].

Pourquoi ne pas dès lors s'interroger sur les vertus ou les vestiges de la déclaration de 1789 sur laquelle se fonde la théorie de la hiérarchie formelle, dans la mesure où la réponse pouvant en découler permet de valider ou de relativiser les concepts forgés par cette théorie ? Comment peut-on s'abstenir de procéder à une telle vérification ? Surtout quand on sait que, d'une part, s'agissant des travailleurs français, pendant la période révolutionnaire, la proclamation des droits civils et politiques s'était conciliée avec le déni des libertés collectives des travailleurs ?[4]

---

[1] La primordialité conjuguée à la prépondérance de ce principe justifie en grande partie les raisons pour lesquelles les constituants de 1789 les avaient proclamés en prélude aux 17 articles de la déclaration de 1789.
[2] Le point ayant déjà été abordé dans nos précédents développements.
[3] Mais il n'est plus nécessaire de revenir sur des points de développements déjà acquis.
[4] V. OGIER-BERNAUD, *Les droits constitutionnels des travailleurs, op. cit.*, p. 31.

D'autre part, en ce qui concerne les travailleurs béninois, à la même époque, l'œuvre majeure des constituants du siècle des Lumières n'a nullement permis de mettre fin à la pratique en tout point indéfendable de l'esclavage dont, le Port de Ouidah (et sa célèbre et fatale "porte de non retour"), porte plus d'une trace des stigmates ?[1]

Il est en réalité indispensable de se pencher sur la question. L'adoption du texte de 1789 aurait pu permettre de se rendre compte de l'équivoque magistrale qui caractérisait l'affirmation solennelle des valeurs du respect de la dignité humaine et le prolongement de la traite négrière qui constitue, sans conteste, la forme la plus aboutie de l'asservissement et de l'assujettissement de la dignité ainsi pieusement proclamée. Il en va ainsi en regard des incidences de cette précarité sur la théorie de la hiérarchie formelle, soutenant la subordination des droits fondamentaux des travailleurs par rapport aux libertés individuelles alors expressément proclamées. Ce travail rend compte des vertus du principe d'égalité dans le combat des abolitionnistes, moins des vertus du principe d'égalité dans la déclaration de 1789. En bout de course, il fait ressortir les limites patentes inhérentes à la théorie de la hiérarchie formelle, ces partisans laissant penser que l'affirmation et la protection des libertés collectives des travailleurs n'auraient pas été nécessaires pendant cette période de l'histoire.

b. Vertus du principe d'égalité dans le combat des abolitionnistes

371. Un auteur, E. QUINET, avait souligné que la Révolution française n'a pas besoin d'apologies : vraies ou fausses, tout le siècle en est rempli. Une parole de plus serait superflue. Que reste-t-il donc à dire ? Sans doute à découvrir pourquoi tant et de si immenses efforts, tant de sacrifices accomplis, une si prodigieuse dépense d'hommes, ont laissé après eux des résultats encore si incomplets et informes.

Sur le point de savoir si le principe républicain de droit constitutionnel d'égalité renfermait des vertus ou des vestiges quant à son application, la

---

[1] J. IMBERT, *Les principes de 1789, op. cit.*, p. 24.

citation d'un second auteur est plus explicite : « il est plus facile de proclamer l'égalité que de la réaliser »[1].

Dans son *Empire renaissant*, J. MARTIN conclut, à propos de l'application du principe d'égalité à destination des ouvriers africains en 1789, que celui-ci recèle notoirement une somme de contradictions idéologiques, d'oppositions d'intérêts, de vestiges hérités de l'Ancien Régime[2] : c'était au lendemain de la Révolution bourgeoise de 1789, la classe intellectuelle française devait être composée des partisans de l'abolition de l'esclavage et des non abolitionnistes[3].

Les propos de ROBESPIERRE témoignaient de la ligne de crête entre ces deux classes ; « périssent vos colonies, si vous les conserviez à ce prix...Oui, s'il fallait ou perdre vos colonies ou leur sacrifier votre bonheur, votre gloire, votre liberté, je le répète, périssent vos colonies »[4].

Les non abolitionnistes limitèrent le champ d'application matériel du principe républicain d'égalité de traitement ; ils estimaient que les esclaves ne devaient pas accéder au bénéfice des droits proclamés, en sus des travailleurs (entre autres métropolitains), également lésés dans l'abyme même de leur dignité humaine, en regard à l'état de décrépitude qui caractérisait leurs libertés à manifestation collective. Par la même occasion, on trahira l'esprit d'émancipation et de primauté de l'individu ; en résumé, les acquis du siècle des Lumières. Dans ce paradigme, il sied de rendre un hommage particulier – et appuyé – au nombre d'auteurs ayant fait du combat de l'abolition de l'esclavage leur cause personnelle, soulignant les contradictions manifestes liées à la déclaration de 1789 par la poursuite du commerce triangulaire après la

[1] E. HERRIOT, *Aux sources de la liberté*, Paris, Gallimard, 1939.

[2] J. MARTIN, *L'empire renaissant*, Denoel, p. 330.

[3] Mais est-ce à dire que les travailleurs coloniaux avaient délaissé leur propre combat d'égalité au profit de celui de la liberté ? Les propos de l'auteur *De la Démocratie en Amérique* permettent d'en savoir davantage : « les peuples ont pour l'égalité une passion ardente, insatiable, éternelle, invincible ; ils veulent l'égalité dans la liberté, et s'ils ne peuvent l'obtenir, ils la veulent encore dans l'esclavage. Ils souffriront la pauvreté, l'asservissement, la barbarie, mais ils ne souffriront pas l'aristocratie » ; Cité par J.-J. CHEVALIER, *Les grandes œuvres politiques*, Paris, Armand Colin, 1950, p. 233.

[4] *In id.*, p 60, col.2 *(Idées économiques sous la révolution)*, p 85. ; *Archives Parlementaires*, t. 26, p. 70.

Au demeurant, c'est dans le même sens qu'il faudra comprendre les très connus et désormais célèbres mots de Babeuf : « Vous êtes tous égaux, canailles, que vous faut-il de plus ? », Cité par J.-J. DUPEYROUX, « Quelques questions », *Dr. Soc.*, 1990, p 9.

Révolution des Lumières[1]. Ces derniers, opposés à une application restrictive du principe d'égalité (qui a permis le prolongement de l'esclavage), formaient le camp des abolitionnistes tenu par un *intellectuel dans la politique*, Condorcet[2] : entouré de Brissot, Mirabeau, Loménie de Brienne et l'abbé Grégoire, c'est principalement grâce à son combat énergique que sera formé la Société des Amis des Noirs ; tout ce beau monde – défendant ardemment l'abolition de l'esclavage – avaient réussi à exercer une influence sur la rédaction du cahier de doléances, même si le résultat restera maigre puisque leur point de vue sera au final délaissé par la Constituante, s'étant heurtée à l'opposition farouche de la puissante coalition des planteurs des îles et à ses représentants les plus éminents dont Malouet et Barnave[3].

372. Il faudra attendre, sous la Convention, le décret du 3 février 1794 (15 pluviôse an II) pour que soit voté l'affranchissement immédiat, en ces termes :

« La Convention nationale déclare aboli l'esclavage des nègres dans toutes les colonies. En conséquence, elle décrète que tous les hommes, sans distinction de couleur, domiciliés dans les colonies, sont citoyens français et jouiront de tous les droits assurés par la Constitution... »

373. Mais dix ans plus tard, après son coup d'état réussi, N. BONAPARTE renoue avec les viles contradictions antinomiques aux valeurs prônées par la déclaration de 1789. Le principe républicain

---

[1] On ne peut assurément manquer ici de faire le rapprochement avec les héros de la résistante, ayant conduit à la Libération et à la proclamation notamment des libertés collectives des travailleurs. La démocratie civile et économique (de 1789) devait être mâtinée de la démocratie économique et sociale (de 1946)...

[2] R. BADINTER, *Condorcet un intellectuel en politique*, Paris, Fayard, 1988. Il faut ajouter qu'« en avril 1788, des milieux philanthropiques proches des philosophes s'étaient émus de la condition des esclaves aux colonies. Ils avaient fondé, sous le nom de Société des Amis des Noirs, une association de propagande et de défense de leurs intérêts. Au nombre de ces fondateurs, nous trouvons Condorcet, Brissot et Siéyès. Mais Condorcet en fut de loin la personnalité la plus marquante, tant par l'influence du salon de son épouse que par sa propre autorité de philosophe et de savant. Des notabilités du monde politique avaient bientôt rejoint ce cénacle : La Fayette, Lepelletier de Saint-Fargeau, Mirabeau, Necker, Pétion, Robespierre et surtout l'abbé Grégoire » ;*L'empire renaissant, op. cit.*, p 18.

[3] St. CAPORAL, *L'affirmation du principe de l'égalité dans le droit public de la révolution française (1789 – 1799), op. cit.*, p. 53.

d'égalité proclamé par les Lumières et défendu par les abolitionnistes (en partie philanthropes), retomba dans ses vestiges les plus sordides hérités du passé de l'Ancien Régime. Cette situation eut beaucoup de conséquences sur les libertés collectives des travailleurs en Afrique.

2. L'impact de la relativité de l'application du principe d'égalité sur les libertés collectives en Afrique

374. L'implication en Afrique de la fonction de relativité se mesure par le truchement de l'objet classe (s) ouvrière (s) africaine (s), qui n'est pas toujours aisé à appréhender en raison de ses caractéristiques multidimensionnelles et techniques[1]. Or, il faut bien le reconnaître, la connaissance de cet objet est fondamentale pour saisir le degré – la profondeur – de la relativité davantage historique caractérisant l'entreprise de protection des libertés collectives des travailleurs africains. Le facteur travail en Afrique est caractérisé par « l'hétérogénéité des origines et des conditions ouvrières, l'instabilité des trajectoires professionnelles et la complexité des mécanismes de reproduction sociale qui, ont rejailli sur les aléas et les hésitations de la découverte intellectuelle du monde du travail africain »[2].

En effet, en Afrique, les circonstances de l'emploi postulent une certaine austérité, vite considérée comme un obstacle à la réception des droits fondamentaux en clair, des libertés collectives des travailleurs. Mais est-ce toujours possible de s'efforcer à justifier la relativité des libertés collectives des travailleurs africains par ces circonstances de l'emploi et ces caractéristiques endogènes, en occultant du reste les autres paradigmes tout autant principaux dans son apparition ? Et l'on fait ici allusion à ceux relatifs aux difficultés historiques héritées des contradictions afférentes à la déclaration de 1789, qui marquèrent la

---

[1] « La découverte intellectuelle des travailleurs de l'économie coloniale et capitaliste d'Afrique noire n'a pas été sans mal. On peut estimer, sans exagération, que la construction de l'objet « classe (s) ouvrière (s) africaine (s) a pris plus d'un demi-siècle. Cette préhistoire de la connaissance vient de s'achever et ce phénomène nous en dit long sur les préjugés et les fantasmes des sciences sociales africanistes. Mais cet état de fait nous en dit tout autant, bien qu'indirectement, sur la nature incertaine et ambiguë de cette réalité sociale » ; J. COPANS, « À la recherche d'une classe ouvrière », *in Classes ouvrières d'Afrique noire*, Paris, Karthala, 1987, p. 23.

[2] Ibid. p 21.

logique de prévalence de l'économique sur le social, du capital sur le travail, dans la continuité de la hiérarchisation des droits fondamentaux et de la primauté des libertés individuelles des personnes sur les droits constitutionnels d'exercice collectif des travailleurs ? Cela semble peu probable, en regard des vestiges se rapportant au texte constitutionnel de 1789.

Il n'est assurément pas possible de contester l'affirmation de R. PINON selon laquelle « le travail régulier, organisé, constitue, pour la population noire d'Afrique, la condition même et le moyen de tout progrès »[1]. Mais il est possible de discuter de deux phénomènes ; il est en effet possible de discuter de la conditionnalité libérale imposée – et non pas négociée – de ce travail régulier à la société africaine et de la logique implacable de cette conditionnalité qui, de l'aveu des éminents scientifiques, consacre l'hégémonie absolue de l'économique au détriment du social et de la protection des libertés collectives des travailleurs. Le maintien du commerce de l'esclavage, après l'adoption de la déclaration de 1789, visait évidemment à préserver les intérêts économiques des investisseurs de la métropole.

Les conceptions libérales de la période révolutionnaire eurent pour conséquence de créer un nouveau couple, celui de la liberté du travail et de l'oppression des travailleurs. Ceci représente une observation principale sur l'objet de l'apparition des difficultés de protection des droits constitutionnels des travailleurs. Les travailleurs béninois, comme du reste ceux des autres pays de l'Afrique francophone, en ont pâties, au travers de la législation du *travail forcé* qui sera par la suite renommé le *travail public obligatoire,* comme si finalement un changement superflu des mots avec des pratiques demeurant terriblement stables suffirait à faire évoluer l'état des droits des personnes et en particulier des travailleurs.

À croire que le droit est moins ce qu'en font les hommes que ce qu'en disent les textes (sic) ! « Ce qu'il y a de pire au fond dans le travail forcé, disait très justement à la Tribune de la Chambre des Députés M. Piétri, alors ministre des colonies, c'est le mot lui-même et on a déjà fait un pas dans la vérité en l'appelant, comme il convient, le travail public

---

[1] Cité en prélude par R. MERCIER, *Le travail obligatoire dans les Colonies françaises*, Thèse, Université de Nancy, 1933.

obligatoire qui correspond à une réalité beaucoup plus précise »[1]. Que le chef de qualification soit *travail forcé* ou *travail public obligatoire*[2] n'enlève rien aux préjudices engendrés sur les libertés collectives des travailleurs coloniaux ; le principe républicain d'égalité proclamé par les constituants des Lumières allait ainsi rester lettre morte à destination d'un pan entier de travailleurs, bafoués dans la sphère même de leur dignité humaine, non pas seulement dans l'espace de leurs libertés collectives à tort considérées dans la différence[3]. Les législations de la S.T.O, mises en place sous le gouvernement de Vichy, ne peuvent manquer de venir à l'esprit tant elles postulent la même négation de l'être humain et de ses valeurs fondatrices. Dès lors, à partir de la connaissance de ces contradictions inhérentes à la déclaration de 1789, il est possible de se demander comment on a pu envisager le postulat de la hiérarchie formelle ? Il convient certainement de s'interroger sur les possibilités d'apparition d'une telle théorie mais surtout sur la réfutation de l'idée de la hiérarchisation des droits fondamentaux qui la fondent.

§ 2 : De la réfutation de la hiérarchie formelle à partir des contradictions inhérentes à la déclaration de 1789

375. En réalité, il faut noter que M. le professeur SAVATIER n'était pas le seul à s'être offusqué contre de telles contradictions découlant de la déclaration révolutionnaire. La contribution où l'émérite manifesta son opinion était en réalité, issue d'un ouvrage collectif, au demeurant, consécutif à l'organisation d'un Colloque sur le Bicentenaire de la fameuse Révolution de 1789 et sur ses implications en droit du travail. Les travaux de ce colloque organisé au début des années 1990 prirent pour thème « Liberté, égalité, fraternité et droit du travail ».

[1] Chambre des Députés, séance du 30-1-1930. *J Off., Débats,* 1930, p. 292.

[2] Ou encore autrement par d'autres mots qui ne peuvent cacher les maux, à part les camoufler. Entre autres : la corvée, la réquisition, le travail d'intérêt public, ou S.M.O.T.I.G signifiant Service de la Main d'œuvre Obligatoire des Travaux d'Intérêt Général ; R. MERCIER, *Le travail obligatoire dans les Colonies africaines, op. cit.,* p 7 s.

[3] Il n'est plus opportun de revenir sur la chronologie existant entre le respect des libertés collectives des travailleurs et la préservation de la dignité humaine de l'homme au travail.

Les *Quelques questions* soulevées par le président de la Table ronde, M. le professeur J.-J. DUPEYROUX, étaient également pertinentes sur la problématique concernée : « le Bicentenaire était l'occasion privilégiée d'une réflexion sur les conditions, très surprenantes quand on y regarde de près, dans lesquelles cet apartheid a été mis en place ; question qui n'a guère intéressé les grands historiens de la Révolution. Hélas, hélas : en fait, la question reste tabou. On observera sans réelle surprise qu'escamotant l'exclusion des femmes, regrettant simplement celle des plus misérables, F. FURET et D. RICHET estiment « largement démocratique » le système électoral institué en 1789 (La Révolution française, coll. Pluriel, p. 118). Ce qui laisse pantois... Lacunes hautement révélatrice ! »[1].

Par ses observations, l'auteur touche l'abyme insondable des soubresauts de notre analyse. En effet, parlant des difficultés de protection des libertés collectives des travailleurs, ce dernier souligne que les libertés de 1789 sont une « mystification calamiteuse, ahurissante, qui au nom d'une égalité et d'une liberté fantasmagorique, porte en elle la négation de toute égalité et de toute liberté réelles »[2]. Il ne fait guère de doute que les libertés collectives des travailleurs francophones ont été substantiellement malmenées par les conceptions libérales de la déclaration de 1789. Mais la problématique ne réside nullement dans cet élément d'étude. Elle est plutôt relative à la tentative de compréhension de la théorie de la hiérarchie formelle. Par cette dernière, les difficultés de protection des droits des travailleurs se trouvent prolongées à travers l'instauration d'un rang entre les différents textes constitutionnels les consacrant. Les contradictions inhérentes à la déclaration de 1789 invalident le postulat de la hiérarchie formelle. Il en est de même avec les réformes de 1946.

I. LA RÉFUTATION DE LA HIÉRARCHIE FORMELLE PAR LES CONTRADICTIONS DE LA DÉCLARATION RÉVOLUTIONNAIRE

376. Une première difficulté apparaît dans la démonstration de la véracité de la théorie de la hiérarchie formelle, il suffit de songer à la manière dont les libertés collectives des travailleurs ont été enserrées

---

[1] *Dr. soc.*, 1990, p. 9.
[2] Ibid.

pendant la période révolutionnaire. Les raisons sur lesquelles repose ce traitement sont à chercher, notamment, dans la nature des arguments invoqués (et repris depuis par les défenseurs de la hiérarchie formelle) pour encourager la fragilité de la protection des droits des travailleurs : avec de petits calculs lucratifs, les droits sociaux des personnes sont vite relégués au stade des aléas. Le rappel des propos d'un auteur particulièrement influant dans l'établissement de la théorie de la hiérarchie formelle est intéressant de prime abord (1). Ce n'est qu'ensuite qu'il conviendra de prendre connaissance de la nature de la réponse apportée par M. le professeur ROUSSEAU (2).

1. Selon les propos de M. GOGUEL

377. Pour l'auteur, les libertés individuelles des personnes, sorties toutes calibrées du texte révolutionnaire de 1789, seraient supérieures aux libertés collectives des travailleurs, objet de notre étude. Ainsi ajoute-t-il, en raison de la forme variable dans laquelle les constituants les auraient proclamées. De la sorte, et l'intéressé de conclure par la manifestation de son opinion : les droits issus de la déclaration de 1789 doivent tous prévaloir sur ceux découlant du préambule de la constitution de 1946[1]. Or au regard de la décision constitutionnelle du 16 juillet 1971 qui, souvenons-nous, était venue sonner le glas des hésitations jurisprudentielles et des doutes doctrinaux autour de la valeur constitutionnelles des dispositions du préambule de 1946, on ne peut s'empêcher de souligner une première contradiction patente découlant des propos de l'auteur. Nul n'ignore qu'avec sa décision du début des années 1970, le Conseil constitutionnel avait intégré aussi bien la déclaration des droits de l'homme de 1789 que le préambule de 1946 dans le *bloc de constitutionnalité*[2]. Ces deux textes ont reçu valeur constitutionnelle le même jour, de la part des gardiens de la Loi fondamentale. En dépit de cette confirmation constitutionnelle concomitante, pour le jurisconsulte, par ailleurs constitutionnaliste confirmé et également ancien membre du Conseil constitutionnel, il y

---

[1] F. GOGUEL, « Objet et portée de la protection des droits fondamentaux », in *Cours constitutionnelles et droits fondamentaux, op. cit.,* p. 236.

[2]L. FAVOREU, « Bloc de constitutionnalité », *in Dictionnaire constitutionnel,* Paris, PUF, 1992, p. 87.

aurait une différence formelle entre la déclaration de 1789 et le préambule de 1946[1].

378. L'intéressé estime en effet que cette différence se justifie fort bien par les termes mêmes de la déclaration de 1789. Selon ces écrits, le texte de 1789 ne prétend pas correspondre à un état donné du développement de l'histoire de l'humanité et de l'évolution des sociétés : « les droits qu'elle proclame appartiennent à l'homme en tant qu'il est sujet de droit. Ils sont absolus et imprescriptibles. Au contraire, les principes énoncés par le préambule de 1946 sont expressément déclarés *principes particulièrement nécessaires à notre temps*. Ils ont donc pu ne pas être nécessaire dans le passé, ils pourront ne plus l'être dans l'avenir. Par exemple, selon certains de ceux qui ont adopté le préambule avec l'ensemble de la constitution de 1946 (les membres du parti communiste), le droit de grève, nécessaire dans une société capitaliste, ne le serait plus dans une société socialiste. Les *principes particulièrement nécessaires à notre temps*, à la différence des droits proclamés en 1789, sont donc affectés d'un certain coefficient de contingence et de relativité »[2].

Suivant les analyses de l'auteur, il est possible de penser que les libertés collectives des travailleurs ne sont pas des droits pourvus d'un même degré de fondamentalité que les droits civils et politiques. Souscrivant à cette démonstration, on pourrait se dire, ainsi qu'il l'affirme du reste, que les droits d'expression collective des travailleurs ont donc pu ne pas être nécessaires dans le passé et qu'ils pourront ne plus l'être dans l'avenir.

Cela conduirait à laisser penser que, finalement, pendant la période révolutionnaire, il était après tout plausible que l'on n'ait pas proclamé les libertés collectives des travailleurs. Et même mieux – sinon pire à vrai dire – cela amènerait à inscrire les maltraitances dont ont été victimes les droits constitutionnels des travailleurs pendant cette période dans une forme de normalité juridique. D'où la légitimation des pratiques de l'époque, infligées aux travailleurs métropolitains, et également à ceux d'Outre-mer. Pour l'intéressé, en tout cas, ces droits doivent être

---

[1] F. GOGUEL, « Objet et portée de la protection des droits fondamentaux », in *Cours constitutionnelles et droits fondamentaux*, *op. cit.*, ibid.
[2] Ibid.

considérés comme n'ayant pas été nécessaires à cette époque. Or cette lecture permet, ni plus ni moins, de servir de relai à la violation absolue dont ils ont pu faire l'objet sous les pénombres des Lumières.

Pour le dire autrement, à vraiment souscrire aux affirmations de l'intéressé, dont l'autorité n'est pas contestée du reste et encore moins contestable, la conclusion serait manifeste : l'objet de la présente étude relative aux difficultés de protection des libertés collectives des travailleurs perdrait son sens et son essence, tant dans le cadre béninois et français qu'au-delà ; l'intérêt des différentes contradictions de la déclaration de 1789, mises en exergue à l'occasion de la célébration du Bicentenaire de la révolution de 1789, deviendrait vil et vétille. Il nous reste une seule solution, elle consiste à recourir aux propos émis en guise de réponse par M. le professeur ROUSSEAU quant aux limites et aux caractères tant philosophiques que personnels des opinions émanant de ce cortège de développements doctrinaux.

2. Selon les réponses de M. le professeur. ROUSSEAU

379. « Malgré la qualité de ses auteurs, la thèse de la hiérarchie formelle, quel que soit le texte en faveur duquel elle peut jouer[1], n'est pas recevable. Il est possible d'avoir, sur le plan de sa philosophie personnelle, une préférence pour la déclaration de 1789. Mais sur le plan du droit positif, rien ne permet de fonder une différence de valeur entre la déclaration et le préambule de 1946. Aucune hiérarchie ne peut prendre appui sur le défaut du mode d'élaboration de l'un ou de l'autre : les deux textes ont été proclamés dans les mêmes formes, par des Assemblées également constituantes et selon une procédure également régulière. Aucune inégalité de valeur ne peut être tirée de la contrariété de leur contenu : sauf à introduire sa subjectivité, son opinion personnelle, les deux textes se présentent également comme des énoncés de droits. Et s'il

[1] Parce que convenant de préciser que la démonstration a été réalisée également dans le sens inverse. Selon M. LUCHAIRE, par exemple, le texte le plus récent doit l'emporter, ce qui conduit à asseoir la supériorité du préambule de 1946 sur la précarité de la déclaration de 1789 : F. LUCHAIRE, « Procédures et techniques de protection des droits fondamentaux », Rapport au Colloque d'Aix-en-Provence sur *La protection des droits fondamentaux par les juridictions constitutionnelles en Europe,* février 1981, in L. FAVOREU, dir., *Cours constitutionnelles et droits fondamentaux,* Paris, Economica, PUAM, p.55 s.

est vrai que les droits de 1946 sont dits « compléter » ceux de 1789, compléter signifie, selon le dictionnaire, rendre complet en ajoutant, en améliorant ce qui existe, impliquant ainsi, contrairement à la thèse de François GOGUEL, que les deux textes soient pensés solidairement, l'un par rapport à l'autre, sur un strict plan d'égalité »[1].

380. Comment aurait-il pu en être autrement, eu égard à l'avilissement des libertés collectives des travailleurs rendu possible par la pensée libérale triomphante de la période révolutionnaire, dans une inspiration identique au ressort de la hiérarchie formelle ? Comment peut-on, sincèrement, objectivement (sur un pur plan de droit donc), soutenir le contraire de ce que souligne M. le professeur ROUSSEAU, quand on sait l'état misérable de dénigrement dans lequel était abandonnée l'entreprise de protection des droits sociaux des travailleurs après l'adoption du texte pionnier de 1789 ? En définitive, la question se pose évidemment de savoir s'il est possible de conforter cet état initial de dénigrement des libertés collectives des travailleurs, à l'instar de ce que permet la théorie de la hiérarchie formelle dont l'objet consiste à justifier le prolongement de la violation des droits sociaux des travailleurs par une supposée absence de nécessité quant à leur respect pendant la période révolutionnaire.

En intégrant dans cette interrogation le champ juridique béninois et plus globalement celui de l'Outre-mer, est-il possible de soutenir que la non-application du principe d'égalité pendant la période des conceptions libérales trouverait sa justification dans l'absence de sa nécessité dans le passé (et pourquoi pas bientôt dans le futur !), pour permettre de renouer avec les vestiges hérités d'antan ? Est-il possible de le prétendre, tout en sachant pertinemment que cette non-application du principe d'égalité a, entre autres, permis la poursuite du commerce triangulaire avec son corollaire constitué par l'aliénation de la dignité de la personne humaine ?

381. La réponse relève de l'évidence. Il est parfois des contributions doctrinales dont les caractères subjectifs et personnels des opinions exprimées en leur sein se rattachent davantage au domaine de la réflexion

---

[1] D. ROUSSEAU, « Les libertés individuelles et la dignité de la personne humaine », *in* S. GUINCHARD, M. HAURICHAUX, *Le grand oral : Protection des libertés et droits fondamentaux,* Paris, Montchrestien, 4e éd., p. 568.

constructive (à n'en point douter stimulante) qu'aux principales matières de droit positif (devant nécessairement rester dans les rets de l'objectivité et de l'impartialité expressive). Il est des thèses doctrinales, soutenues par des auteurs pourvus d'une autorité juridique véritablement abyssale, qui donnent primauté à la conception personnelle et individuelle au détriment de la position exigée de neutralité du Droit et des droits. Mais les impacts découlant de la théorie de la hiérarchie formelle ne sont pas seulement contestés et réfutés par les contradictions inhérentes à la déclaration de 1789. Ils le sont également avec les réformes de 1946 qui firent suite, il faut le rappeler, à l'élévation de la catégorie des droits sociaux des personnes au niveau constitutionnel.

II. LA RÉFUTATION DE LA « HIÉRARCHIE FORMELLE » PAR LES RÉFORMES DE 1946

382. Selon l'analyse de F. GOGUEL la dénomination des libertés collectives des travailleurs entend que des *principes politiques, économiques et sociaux particulièrement nécessaires à notre temps* appelle à une remarque essentielle : la protection des droits concernés n'a pas été nécessaire dans le passé et pourra ne plus l'être dans le futur. En tout cas, c'est ce qu'il estime et fait savoir dans sa contribution précédemment citée. Ce faisant, l'auteur propose une tournure négative et exclusive des *principes politiques, économiques et sociaux particulièrement nécessaires à notre temps.* Or à y regarder de plus près (avec imprégnation des propos de Cl. LEFORT[1]), on constate qu'il existe une autre tournure possible, positive dans son objet, disposant de caractères davantage plausibles et féconds que la précédente.

Il est possible de comprendre inversement l'affirmation des principes particulièrement nécessaires à notre temps, non pas comme s'ils n'avaient pas été nécessaires dans le passé et ne le seraient dans le futur probablement plus, mais qu'ils avaient à tous les temps, quels qu'ils soient, été nécessaires, justement, la nécessité manifestée par le caractère intolérable de leur violation pendant la période révolutionnaire se trouvant sur le chemin de mener au renouvellement solennel de cette affirmation *a priori* banale et atemporelle. Si, en 1946, la protection des

---

[1] *Cf. infra.* n° 364 s.

libertés collectives des travailleurs et plus globalement des droits sociaux des personnes avait été jugée particulièrement nécessaire à notre temps, c'est sans doute parce qu'elle l'était déjà avant cette date. Cette nécessité n'ayant pas été bien comprise dans le passé, en regard de la violation constatée sur l'objet desdites prérogatives, les constituants ont dû rappeler cette évidence plutôt élémentaire et confondante.

L'étude préalable de la déclaration de 1789[1] a permis de s'enquérir d'un premier postulat : les supports de la théorie de la hiérarchie formelle sont réfrénés par nombre d'incohérences, dans la mesure où il serait difficile de prétendre que les libertés collectives des travailleurs n'ont pas été nécessaires dans le passé, à la connaissance de l'état des faits de l'histoire évoquée. Il est maintenant nécessaire de rendre compte d'un autre postulat qui, définitivement, permet de réfuter la thèse de la hiérarchie formelle ; elle est constituée par le cancer de la protection des libertés collectives des travailleurs, dont le diagnostic relève de l'observation de l'étiolement des conceptions libérales des Lumières dans les conceptions sociales du lendemain des évènements des années 1940 ; il est nécessaire de saisir la portée sociale des réformes de 1946 à partir de la connaissance du contexte institutionnel dans lequel elles furent menées. Son objet, à terme, nourrit la fragilité de la théorie de la hiérarchie formelle.

A. LE CONTEXTE INSTITUTIONNEL DES RÉFORMES

383. Dans une large mesure, la distinction entre les conceptions libérales de 1789 et les conceptions sociales de 1946 a déjà été réalisée ; la prise en considération des droits sociaux des travailleurs a beaucoup varié en fonction du choix de l'une ou l'autre de ces conceptions[2] ; en France comme dans beaucoup d'autres pays, la fin de la Grande guerre a coïncidé avec l'abandon des conceptions individualistes de l'État libéral et par l'intégration dans les textes fondamentaux d'une certaine approche de l'homme, du travail, de la place de l'État dans la sauvegarde de la

[1] Pour une vue d'ensemble : P.-H. PRELOT, *Droits des libertés fondamentales, op. cit.*, p. 55 s.
[2] *Les droits constitutionnels des travailleurs, op. cit.*, p 30.

dignité de tous individus[1]. La Société des Nations, née en 1919[2], corrobore cette acception. Les travailleurs sont désormais pris en compte non plus comme une force brute de travail, taillable et corvéable à merci, mais en tant qu'engagé dans la vie sociale[3]. L'être humain est désormais remis au centre du droit, le rôle de l'État – qui ne peut plus se contenter de reconnaître l'indépendance juridique de ce dernier et de laisser la société civile s'auto-organiser – se trouve agrandi, il est désormais contraint d'agir positivement, afin de répondre aux préoccupations des citoyens et donc notamment à celles des travailleurs[4].

Au lendemain des évènements douloureux que venait de traverser le monde, l'idée de repenser les règles du droit du travail et les normes de protection des droits des travailleurs avait commencé par s'imposer. Dorénavant, dans l'établissement des règles de droit, il fallait privilégier une nouvelle conception, d'obédience substantielle[5], permettant de faire « dériver les pratiques concrètes de principes généraux et abstraits »[6], pour obtenir la réalisation des droits à étendue sociale. La synergie de la démocratie sociale et de la démocratie civile et politique, observée dans les travaux des deux Assemblées, en donne l'illustration. Il en ressort une unité et une spécificité contextuelle, davantage illustrative.

1. L'unité du contexte

384. Lé contexte d'adoption du texte fondateur des droits des travailleurs est caractérisé par une instabilité politique chronique des

---

[1] Ibid., p. 36.

[2] Principale source internationale de réglementation du droit du travail et de protection des droits des travailleurs dont font partie les libertés collectives. *Cf. infra.* n° 20 s.

[3] G. BURDEAU, *Manuel de droit public, Les libertés publiques, les droits sociaux,* Paris, LGDJ, 1948, p. 287.

[4] *Les droits constitutionnels des travailleurs, op. cit.,* p. 287.

[5] En ce sens, v. I MEYRAT, *Droits fondamentaux et droit du travail,* Thèse, Paris X-Nanterre, 1998, p. 169. L'auteur fait remarquer que « la règle n'a plus seule vocation à fournir un cadre à l'intérieur duquel l'action des individus peut librement se mouvoir (...). Cette conception substantielle en vertu de laquelle la règle de droit se voit assigner une fonction de transformation des pratiques sociales, des comportements, est évidemment caractéristique des énoncés du Code du travail ».

[6] M. BORGETTO, R. LAFORE, *La République sociale, Contribution à l'étude de la question démocratique en France,* Paris, PUF, La politique éclatée, 2000, p. 143 s.

gouvernements béninois et français et par la mise en place du Code du travail Moutet.

a. L'instabilité politique chronique

385. En commun, l'ex Dahomey et l'Hexagone ont davantage que la langue[1]. L'espace institutionnel, dans lequel ont été entreprises les réformes sociales de 1946, est là pour le rappeler. Celui-ci est caractérisé par un signe particulier d'instabilité politique ; « le vice le plus latent de la IVe République fut à l'évidence l'instabilité politique institutionnelle ; celle-ci n'était d'ailleurs pas la conséquence directe de la constitution mais beaucoup plus de la loi électorale et de l'absence de majorité au sein de l'Assemblée nationale ; or il n'y avait pas dans la constitution les mécanismes compensatoires nécessaires pour prévenir et pallier cette instabilité »[2].

Ce fameux vice latent ne devait nullement tarder à produire ses effets dans le contexte socio-politique béninois, davantage fragile et exposé à ses risques. Une précision liminaire s'avère indispensable. À cette époque, le Bénin était à proprement parler un territoire français d'Outre-mer. Dès les débuts de son indépendance, en aout 1960, le Dahomey d'alors connut une vie politique très mouvementée. Les douze premières années d'indépendance furent marquées par des flux et reflux administratifs, l'on chercha désespérément à stabiliser les institutions du pays. En 1963, après des premières années au pouvoir des représentants politiques austraux, le Nord du pays voulut prendre sa revanche, au moment où les élites sudistes et la bourgeoisie naissante se montraient peu préoccupées par le défi de changement. Remettre l'appareil étatique sur les rails était l'ambition principale des protagonistes. Pour y parvenir, nombre de résolutions furent prises. Principalement, le processus de démocratisation et de constitutionnalisation de l'appareil politique prend une place importante parmi les voies d'accès au développement économique. Preuve de cette instabilité politique, le colonel Christophe

[1]Il n'est d'ailleurs pas nécessaire de rappeler à ce propos la convention de jumelage récemment signée par la Cour de cassation et la Cour suprême…

[2] F. DECAUMONT (dir.), *Le discours d'Épinal, « rebâtir la République »,* PUAM, 1991, p. 218.

SOGLO, cette année-là, prit le pouvoir, forçant le premier président de la République dahoméenne nouvellement indépendant, Hubert MAGA, à la démission.

Après ce premier essai transformé, s'ensuivront quatre autres coups d'états enregistrés en six ans. En 1970, un Conseil présidentiel constitué de trois membres, MAGA, APITHY et AHOMADÉGBÉ (en présidence tournante à trois), s'installa au pouvoir et suspendit la constitution. Mais la ronde présidentielle programmée ne put se poursuivre jusqu'au terme convenu. Seul le premier, H. MAGA, passa ses deux années au pouvoir. Pour reprendre une expression souvent employée à cette occasion, *« l'armée reprit le pouvoir à l'armée »*. Le coup d'état de 1972 vint interrompre le règne de AHOMADÉGBÉ[1].

Dans ce contexte d'instabilité politique chronique ayant caractérisé les gouvernements béninois et français de l'après Seconde Guerre mondiale, les dirigeants politiques métropolitains décidèrent, dès 1947, de mettre en place un Code du travail, du nom du Ministre l'ayant porté, Marius Moutet. Il en ressort un témoignage éloquent au regard de la manifestation des conceptions sociales dans la précarité des facteurs structurels de la théorie formelle de la hiérarchie.

b. Le Code du travail Moutet

386. Restituons d'abord le contexte. C'était à l'orée de la libération, le 8 février 1944, en présence du Général De Gaulle, sous la présidence de René Pleven, commissaire aux Colonies du Comité français de la Libération nationale. Se terminait au Congo la conférence de Brazzaville – qui avait débuté le 30 janvier – réunissant les dix-huit gouverneurs généraux de l'Afrique occidentale française, de l'Afrique équatoriale française, de la Côte française des Somalies, de Madagascar et de la Réunion. L'objet de cette conférence était *d'émettre des*

[1] « La période post-coloniale, celle des indépendances, au Bénin, se caractérise par l'affairisme, la corruption et la démission nationale. Neuf textes constitutionnels (28 Février 1959, 26 Novembre 1960, 11 Février 1964, 1er Septembre 1966, 28 avril 1968, 26 Décembre 1969, 7 Mai 1970, 7 septembre 1977 et enfin celui du 11 décembre 1990), signe d'une instabilité socio – politique », B. -G. GAGBO, *Le Bénin et les droits de l'homme, op. cit.*, spéc. intro.

recommandations et des propositions pour la future législation coloniale du travail.

387. Plusieurs mesures s'ensuivront au niveau local, dont entre autres :

-l'observation régulière du repos hebdomadaire ;

-la fixation à huit heures de la journée de travail ;

-l'interdiction d'une retenue de salaire sans consentement de l'administration (notamment en cas de grève licite) ;

-le droit pour le mari d'être accompagné de sa femme sur le lieu du travail ;

-la création d'un corps spécialisé d'Inspecteur du Travail dépendant du Ministère des Colonies[1]...

388. Une première remarque peut déjà paraître, à partir des recommandations et propositions enregistrées le 8 février 1944 à la Conférence de Brazzaville : malgré la volonté ethnocentrique de nier les réalités et spécificités africaines, celles-ci n'étaient pas moins connues de l'entreprise coloniale. La création d'un droit pour le mari d'être accompagné de sa femme sur le lieu du travail en offre l'illustration. En soi, ce droit constituait la marque d'une véritable particularité, une forme d'acceptation d'originalité, d'authenticité du continent. Il faudra réellement et totalement la prendre en compte dans l'élaboration des règles de droit du travail plus africaines.

Deux mesures emblématiques furent prises à l'occasion de la Conférence de Brazzaville. Il s'agit du décret du 7 aout 1944, généralisant le syndicalisme professionnel en AOF par la limitation de la production des diplômes aux seuls membres chargés de la direction ou de l'administration des syndicats, et du Code du travail Moutet de 1947[2],

---

[1] Ainsi que le rappel le professeur A. BERTIN, *Le droit béninois du travail,* Cours, Cotonou, 2003, spéc. intro.

[2] G. FONTENEAU, N. MADOUNGA, A. LINARD, *Histoire du syndicalisme en Afrique,* Karthala, 2004, p 43

faisant suite à nombre de tentatives ayant préalablement échoué[1]. Dès 1947, Marius Moutet, ministre de la France d'Outre-mer, avait en charge de préparer un projet de Code du travail général, lequel sera promulgué par décret du 17 octobre. Ce texte avait la particularité d'assurer une large couverture aux relations de travail de l'ensemble des territoires français de l'Afrique ; toute sorte de situation juridique pouvait s'y retrouver, notamment celle caractérisée par la subordination d'une personne à une autre ayant le pouvoir de lui donner des ordres, de contrôler l'exécution et de sanctionner le manquement du subordonné, même en l'absence de tout contrat de travail manifeste. Mais, après un remaniement ministériel, ce Code Moutet sera abrogé, un mois plus tard, par M. Coste-Floret, nouveau locataire du ministère des Colonies[2].

Sur ce point précis, en ce qui concerne les vicissitudes traversées par le Code de 1947, il est également possible de faire une autre remarque : s'agissant du débat qui opposèrent les abolitionnistes et les non abolitionnistes, on se souvient que les droits proclamés à cette époque furent considérés comme étant fantasmagoriques,[3] voire comme une mystification calamiteuse ahurissante[4], motifs pris de la fiction du principe d'égalité à l'égard des travailleurs esclaves (notamment)[5]. Au demeurant, cette fiction avait pu être entretenue grâce à la forte et perspicace pression exercée par la puissante coalition des planteurs. Un auteur, St. CAPORAL, l'avait mentionné[6]. Il est intéressant de voir la manière dont la même pression énergique de la puissante coalition des investisseurs parvenait également à empêcher l'entrée en vigueur du Code du travail Moutet[7]. Les propos de M. le professeur A. MARZAL ne

---

[1] L'allusion est relative au Code du travail du 18 juin 1945 qui ne fut jamais appliqué pour des raisons dont la clarté ne se déduit pas des écrits traitant de l'objet : P. N'GAKA, Le droit du travail au Congo Brazzaville, Paris, L'Harmattan, 2006, p. 12 s.

[2] G. FONTENEAU, N. MADOUNGA, A. LINARD, *Histoire du syndicalisme en Afrique, op. cit.* ibid.

[3] J.- J. DUPEYROUX, *Dr. soc.*, 1990, p. 9.

[4] Ibid.

[5] Pour la différence entre par exemple un esclave et un serf, on renvoie aux précisions de M. le Doyen P. H. PRÉLOT, *Droits des libertés fondamentales*, Hachette, 2007, p. 136.

[6] *L'affirmation du principe d'égalité dans le droit public de la révolution française (1789-1799), op. cit.*, p. 53.

[7] G. FONTENEAU, N. MADOUNGA, A. LINARD, *Histoire du syndicalisme en Afrique, op. cit.*, p. 44 s. À l'appui de ces éléments de connaissance, il faut aussitôt se demander si cette non adoption du Code du travail Moutet provoquée par la pression

peuvent à ce propos manquer de revenir à la mémoire. Selon ce dernier, la rationalité économique et la recherche du profit facile avaient pu, à maintes reprises, ramener l'homme aux frontières de son humanité. Le contexte spécifique où ces réformes furent réalisées ne peut également passer inaperçu.

2. La spécificité du contexte

389. Il s'agit de voir – dans le cadre particulier aux pays africains – comment les réformes de 1946 ont permis – par la sève du principe d'indivisibilité des droits fondamentaux des personnes –, de mettre en place de nouveaux systèmes de garanties des libertés collectives des travailleurs. Le contraste est saisissant avec l'idée selon laquelle les droits constitutionnels des travailleurs n'auraient pas été nécessaires dans le passé et ne le seront dans le futur probablement plus, tant les travaux des deux Constituantes de 1946 visèrent absolument chacun d'eux.

a. Sur la liberté syndicale

390. L'émergence des conceptions sociales a permis une lente maturation des idées relatives à l'attribution des droits d'exercice collectif à tous les travailleurs. Tel fut le cas, aussi bien pour les personnes fournissant leur prestation dans la métropole, que pour leurs collègues exerçant dans les territoires d'Outre-mer[1]. Ne pouvant dorénavant considérer l'individu comme un simple citoyen de la vie active mais, en tant qu'engagé dans la vie sociale, les représentants de l'exécutif se devaient d'agir. Plus clairement, il fallait reconnaître aux travailleurs coloniaux, leur liberté syndicale, sous toutes ses formes, individuelle comme collective, négative comme positive.

---

des coalitions des investisseurs sera ou non définitive ? Le Code du travail de 1947 pourra-t-il, à un moment ou un autre, voir le jour ?

[1] Cf. sur ce point les particulièrement enrichissantes et toujours stimulantes études de G. MARTENS, « Le syndicalisme en Afrique occidentale d'expression française : de 1945 à 1960 », in *Le mois en Afrique*, n° 178-179, Octobre-Novembre 1980, p. 74 s.

391.S'agissant de la liberté syndicale, le syndicalisme africain a été, pendant longtemps, une simple imitation du syndicalisme occidental : dès l'origine, à partir de l'année 1937 où le mouvement syndical acquiert en Afrique une force de légitimité et de légalité, surtout en 1944, il se présente sous forme d'un syndicalisme d'importation ; des inclinaisons historiques, poussées par des raisons de dépendance politique des colonies françaises à la métropole, ont conduit les acteurs locaux à ignorer les réalités sociologiques et culturelles africaines au profit d'un modèle standard occidental de défense des intérêts des travailleurs. C'est donc pour cette raison qu'au Bénin, comme dans d'autres colonies d'A.O.F ou A.E.F[1], le mouvement syndical épouse le modèle français dans un conformisme presque déconcertant. La CGT d'abord, la CFTC et la CGT/FO ensuite (cette dernière étant elle-même créée à la métropole dans l'après Seconde Guerre), allaient ainsi s'exporter en Afrique sur les territoires français d'Outre-mer[2].

« Il y a d'abord la CGT (Confédération Général du Travail) qui a commencé l'organisation des travailleurs africains dès 1937 et a été le premier groupement syndical français à rechercher activement des membres en 1944. Jusque là, seul maître à bord, la CGT va organiser son implantation dans plusieurs grandes villes d'Afrique d'expression française en plaçant ses représentants permanents, qui devaient servir comme instructeurs non seulement sur le plan syndical mais aussi politique. C'est l'avènement des Groupes d'Études Communistes (GEC) en Afrique dans la période de 1943 à 1948 »[3].

Sans plus tarder, les nouvelles réformes sociales obligeant, le seul maître à bord devait accepter d'être secondé par de nouveaux concurrents : avec l'appuie marqué des organes missionnaires d'évangélisation, entre 1946 et 1948, la CFTC (Confédération française des travailleurs chrétiens), fera son entrée sur la scène syndicale africaine[4].

---

[1] V. MAVOUNGOU, « Le syndicalisme dans les pays d'Afrique à idéologie marxiste-léniniste (à propos du Bénin et du Congo) », *op. cit.*, p. 272.
[2] P.-F. GODINEC, « L'évolution du syndicalisme en Afrique noire », *in* Penant, 72e année, n°691, avril – mai 1962, p. 172.
[3] V. MAVOUNGOU, « Le syndicalisme dans les pays d'Afrique à idéologie marxiste-léniniste (à propos du Bénin et du Congo) », *op. cit.*, p. 274.
[4] Ibid.

Que dire du dernier né ! « Quant à la CGT/FO (Confédération générale des travailleurs : Force ouvrière), elle n'intervient qu'en 1949 de façon effective dans la recherche des membres parmi les africains. On peut dire toutefois que son expansion en Afrique a été bien difficile, du fait d'un début tardif et surtout par l'absence d'un appui politique ou religieux fort, le manque chronique des fonds. Car, arborant un style apolitique de syndicalisme, la CGT/FO n'a pas attiré la plupart des travailleurs africains qui avaient une préférence pour les organisations syndicales que soutenaient leurs dirigeants politiques. Mais il n'en demeure pas moins qu'elle a imprimé sa marque dans ce mouvement d'affiliation syndicale »[1].

b. Sur le droit de grève

392. La moitié des années 1940 a coïncidé, dans la plupart des pays africains d'expression française, avec une multiplication des structures locales des trois principales centrales syndicales. En 1945, le S.E.C.I.D (Syndicat des Employés indigènes du Commerce, des Entreprises privées et de l'Industrie du Dahomey) rattaché à la CGT fut mis en place[2]. L'avènement de la prolifération des organisations syndicales joua un rôle déterminant dans la maturation de la liberté de revendication professionnelle dans les territoires d'Outre-mer. « On pourrait retenir de cette expérience syndicale, la grève des cheminots du réseau Bénin-Niger, grève d'une durée de six mois (du 10 octobre 1947 au 19 mars 1948), déclenchée pour obtenir des meilleurs conditions de vie et de travail. Cette épreuve aura fait d'innombrables victimes dans les rangs des travailleurs. Toujours est-il que ces derniers ont eu gain de cause dans leurs revendications malgré la pression forte et les tentatives effrénées des briseurs de grève »[3].

393. Les mouvements sociaux de la fin des années 1940 s'étaient montrés d'autant plus majeurs qu'ils avaient pu, d'une certaine manière, dépasser leurs espérances. Tel un baromètre, ils permirent de savoir si les travailleurs noirs étaient ou non pourvus des mêmes droits que leurs

---

[1] Ibid.
[2] Ibid.
[3] Ibid.

collègues blancs. L'expérience d'importation syndicale conjuguée à celle de la grève des cheminots notamment béninois et nigériens de 1947 et 1948, s'était révélée particulièrement intéressante à ce sujet. Elle conduisit à s'interroger, dans un premier temps, sur l'hypothèse du prolongement de la fiction des valeurs de liberté et d'égalité proclamées par les constituants des Lumières (l'orbe de la conception libérale de la période révolutionnaire). Dans un second temps, elle servit à s'appuyer sur une nouvelle hypothèse, plus féconde, où s'épanouissent les principes fondateurs de la dignité de l'homme au travail (dans le sillage des conceptions sociales du lendemain de la Seconde Guerre). Bref, il fallait voir si en 1947 les travailleurs béninois et français jouissaient des mêmes droits fondamentaux, à l'opposé des observations consécutives à la révolution de 1789.

394. Or s'agissant de la liberté de revendication professionnelle « Ibrahima Bakayoko, Konaté, Doudou, Alioune…héros du roman Les bouts de bois de Dieu, ne se doutaient pas qu'en menant la grande grève des cheminots de la ligne Dakar-Niger, en 1947, ils écrivaient les premières pages d'un livre non-achevé. Pas plus que leurs mères, sœurs, épouses et filles qui, pour les soutenir, ont marché 80 km, de Thiès à Dakar. C'était encore au temps de la colonisation et, comme le racontent les témoins interrogés pour ce livre, les travailleurs noirs n'avaient pas les mêmes droits que leurs collègues blancs, loin de là »[1].

395.C'est dire qu'en dépit de la liberté de revendication professionnelle ayant pu être mise en œuvre, le plan était loin d'être égalitaire. En tout état de cause, la situation postulait une amélioration certaine par rapport à celle de la période révolutionnaire. Les effets de cette grande grève des cheminots ne devaient d'ailleurs plus tarder à se manifester. Mesure emblématique de cette épopée, le Code du travail Moutet allait finalement être adopté après les mouvements sociaux de 1947 et 1952[2]. Partant, il devient possible de suivre certains auteurs[1],

---

[1] G. FONTENEAU (dir.), *Histoire du syndicalisme en Afrique, op. cit.*, p. 7.

[2] « Il a donc fallu attendre le déclenchement d'une grève générale en AOF, le 3 novembre 1952, pour que l'Assemblée nationale se décida enfin à adopter le projet du code constitué depuis 1948. Les grèves de 1953, 1954 et 1955 firent suite à l'application loyale et sincère du code du travail » : V. MAVOUNGOU, *Le syndicalisme dans les pays d'Afrique à idéologie marxiste-léniniste (à propos du Bénin et du Congo), op. cit.*, p. 273.

soutenant le rôle moteur joué par l'action syndicale et l'avènement des droits syndicaux dans la modernisation des institutions économiques et politiques et le progrès des pays africains. Il reste à intégrer dans l'analyse, la dernière catégorie de ces droits.

c. Sur le principe de participation

396. Les droits alors consacrés au huitième alinéa du préambule en 1946 ne peuvent être moins concernés par la fonction d'amélioration des institutions politiques et de développement des structures économiques des pays africains, à travers l'activité syndicale. Bien plus, ils y jouent, autant que la liberté syndicale et le droit de grève, le même rôle de premier plan. Comment ne pas dès lors s'étonner de l'absence (*a priori*) d'une réglementation spécifique de reconnaissance, venant le consacrer en 1947 dans les anciennes colonies françaises de l'Afrique ? L'interrogation est assurément légitime. Mais encore faudrait-il connaître ces modalités spécifiques de manifestation, lesquelles intègrent les éléments de la réponse.

Les réflexions liées aux contradictions de la déclaration de 1789 l'ont démontré. D'une manière générale l'exercice de dissociation des libertés collectives des travailleurs et, plus globalement, des droits fondamentaux des personnes, relève de l'ordre d'une manœuvre davantage artificielle que pertinente. Il est possible, assurément, dans une certaine mesure, d'envisager séparément la nomination des droits d'exercice collectif des travailleurs, dans une approche d'étude théorique, relative à la définition des principes et concepts qui les englobent. Mais il en va autrement, toutes proportions gardées, dans le cadre de l'invocation des enseignements liés à la protection de chacun de ces droits constitutionnels des travailleurs.

397. À l'évidence, des mesures de protection prises pour une liberté collective peuvent permettent d'assurer l'effectivité d'une autre liberté d'exercice collectif. On l'a remarqué sur le droit de grève, dont

---

[1] V. MAVOUNGOU, *Le syndicalisme dans les pays d'Afrique à idéologie marxiste-léniniste (à propos du Bénin et du Congo), op. cit.*, p. 271 s. ; G. FONTENEAU, *Histoire du syndicalisme en Afrique, op. cit.* p. 3 s.

l'effectivité a été rendue possible par la création de nouvelles organisations syndicales après 1945, notamment avec la formation du S.E.C.I.D qui, entre autres organisations syndicales, permit aux ouvriers de faire aboutir leur revendication en rapport avec l'amélioration de leurs conditions de travail. Il en est ainsi pour le principe de participation, dont le droit de la négociation collective constitue l'une des formes voire, à certains égards, l'un des composants : « le droit de la négociation collective est un droit constitutionnel consacré à l'alinéa 8 du préambule de la constitution de 1946. Il se définit comme le droit pour tous salariés de participer par l'intermédiaire de ses délégués à la détermination des conditions collectives de travail ainsi qu'à la gestion de l'entreprise. Le droit de la négociation collective n'est que l'un des droits qui constitue le droit de participation car le droit de participation est aussi composé dans la constitution portugaise par exemple du droit à l'information des salariés, du droit au contrôle de la gestion de l'entreprise, du droit de gestion des œuvres sociales de l'entreprise,... »[1].

398. La liberté de conclure des négociations collectives a pu ainsi s'exercer dans les champs juridiques de l'A.O.F., dans la continuité de la liberté de fonder un syndicat et d'y adhérer. Cela ne peut d'ailleurs guère étonner. Dans leur ouvrage de référence, MM. le professeur P.-F. GODINEC et le conseiller M. KIRSH[2], soulignaient l'enjeu du décret du 7 aout 1944[3] sur les droits garantis par le principe de participation. Par son objet, le pouvoir des groupements intermédiaires de négocier des conventions et accords collectifs au nom des travailleurs a pris un sens. Mais il n'est pas anodin d'ajouter que, à cette époque, en majorité, les normes de réglementation du droit du travail et des conditions de travail étaient édictées par le pouvoir public.

399. Selon le rapport annuel de l'inspecteur du travail Pelisson, dans l'ex Dahomey, en 1947, on comptait seulement 6200 syndiqués parmi les travailleurs, soit 9% de la population active, répartis en 13 syndicats CGT, 12 syndicats CFTC et 16 syndicats indépendants[4]. Il convient aussi de mentionner le décret du 17 aout 1944 qui, sur de nouvelles bases,

---

[1] L. FAVOREU, droit des libertés fondamentales, Dalloz, 4ème Edition, p 273.
[2] *Le droit du travail des Territoires d'Outre-mer,* LGDJ, Paris, 1958, p 401 s.
[3] Juriscl. De la F.O.M. Aout 1944, p 10.
[4] Rapport annuel 1947 ; Inspecteur du travail P. Pelisson, Dakar 24 avril 1949.

organisait l'Inspection du Travail en AOF[1], conférant aux acteurs sociaux plus d'influence et d'indépendance dans l'exercice de leur mission. Il n'est donc pas vraisemblable d'estimer que les réformes d'après Seconde Guerre dans les territoires d'Outre-mer, auraient mis en marge le huitième alinéa du préambule[2]. Son implication, dans la portée sociale de la réforme, en apporte la confirmation.

B. LA PORTÉE SOCIALE DE LA RÉFORME

400. À l'appui de sa théorie d'hiérarchie formelle, F. GOGUEL affirme que les libertés collectives des travailleurs sont affectées d'un certain coefficient de contingence et de relativité, à la différence des droits proclamés en 1789. Pour l'auteur, celles-ci sont des droits relatifs, à rebours des droits civils et politiques, considérés comme revêtant le caractère de droits absolus. Ces observations sont pourtant discutables. Les raisons en sont connues. Le 27 octobre 1946, la proclamation des libertés collectives des travailleurs aux alinéas 6, 7 et 8 du préambule s'était réalisée dans la complémentarité et non dans la dichotomie avec les droits civils et politiques. L'implication subséquente est toute simple : les droits fondamentaux, dans leur ensemble, doivent être pensés solidairement, l'un par rapport à l'autre, sur un strict plan d'égalité, c'est-à-dire dans la continuité et non dans la discontinuité, pour reprendre des mots célèbres.

a. De la complémentarité et non de la dichotomie entre les droits fondamentaux de 1789 et de 1946

401. Bien entendu, c'est après les évènements de la Seconde Guerre mondiale que les droits des travailleurs sont devenus, à proprement parler, des droits constitutionnels. Les réformes entreprises à l'époque sur les droits sociaux, doivent être appréciées cependant à leur juste valeur,

[1] À noter qu'au Dahomey, la première Inspection du Travail avait été instauré en Octobre 1947 : A. BERTIN, *Le droit béninois du travail*, *op. cit.*, ibid.

[2] Tant la dimension universelle des droits élevés par les travaux des deux Commissions au rang constitutionnel serait également redondante à préciser.

dans le sillage de celles les ayant précédées, depuis la fin du XVIIIe siècle : « la nouveauté constituée par l'affirmation de la liberté syndicale, du droit de grève et du principe de participation dans le préambule de 1946 ne doit surtout pas être sous-évaluée. À partir de 1946, les droits des relations collectives du travail possèdent de véritables bases constitutionnelles. Antérieurement, l'impact du droit constitutionnel sur le droit des travailleurs n'était qu'indirect, soit qu'il ait joué négativement en les excluant, soit qu'il ait joué positivement en permettant certains progrès du droit du travail en garantissant le bon fonctionnement des institutions et des libertés démocratiques. Cette consécration, comme le montre ce survol de l'histoire constitutionnelle, est le fruit d'une lente évolution depuis la Révolution, témoignant de la difficile conciliation entre les nécessités politiques et économiques et les réalités sociales »[1].

Faut-il surtout préciser que, la nouvelle constitution de la Cinquième République, adoptée le 04 octobre 1958, ne la remettra pas en cause, s'étant attachée, en se proclamant sociale, à renvoyer clairement et précisément au préambule de la constitution de 1946[2]. S'agissant des territoires d'Outre-mer français, l'apport du syndicalisme dans le domaine politique et économique n'est plus à rappeler : « le syndicalisme, qui a contribué à la lutte pour les indépendances et a constitué une pépinière de cadres formés, a aussi été et est encore, sur le continent africain, un acteur de développement »[3].

Par leurs interventions respectives, les réformateurs de 1946 ont surtout témoigné de la nécessité atemporelle de préserver les libertés collectives des travailleurs. Certes, les droits sociaux proclamés à la fin des années 1940 étaient qualifiés de « *principes politiques, économiques et sociaux particulièrement nécessaires à notre temps* » ; mais de cette formulation, il ne peut résulter aucune conclusion systématique, qui confine à la non nécessité des libertés collectives des travailleurs dans le passé et dans le futur.

402. « S'il est vrai que les deux textes ont été élaborés à des dates évidemment différentes, ils ont été repris ensemble dans le préambule de la constitution de 1958, approuvés ensemble par un vote du Peuple

---

[1] *Les droits constitutionnels des travailleurs, op. cit.*, p. 70.
[2] Ibid.
[3] *Histoire du syndicalisme en Afrique, op. cit.*, spéc. concl.

français lors du référendum du 28 septembre 1958 et ils ont reçu, à la même date, le 16 juillet 1971, valeur constitutionnelle ; ils doivent en conséquence être considérés comme deux textes contemporains, dans tout le sens du terme. Et si les principes de 1946 sont nécessaires à notre temps, ils complètent et non détruisent ou invalident ceux de 1789 ; pour que 1946 s'ajoute à 1789, il faut bien que 1789 continue d'exister comme énoncé constitutionnel »[1]. La remarque de la fragilité de la théorie de la hiérarchie formelle n'est pas moins patente, en se fondant également sur les réformes de 1946. Pour reprendre les formules du doyen HAURIOU, entre la révolution bourgeoise de 1789 et la révolution prolétaire de 1946, il y a bien une *continuité dans la discontinuité,* non le contraire.

b. De la continuité dans la discontinuité

403. Le principal effet découlant de la théorie de la hiérarchie formelle est la mise en concurrence des droits fondamentaux des personnes. En fonction des règles qui l'ordonnent, la fondamentalité des droits de la personnalité à caractère social serait altérée par une certaine contingence et relativité ; les droits sociaux devaient être des droits relatifs et les droits civils et politiques des droits absolus. Empruntant cette logique, il serait possible de procéder à une affirmation pour le moins catégorique : la déclaration de 1789 et le préambule de 1946 postule la discontinuité et surtout, dans ce prolongement, la transgression d'un droit social (le droit de grève par exemple) ne peut fonder l'inobservation d'un droit civil ou politique (le droit au respect de la dignité humaine par exemple).

« Issu des travaux du Conseil national de la Résistance, le préambule de la constitution de 1946 définit un véritable contrat de société, fondé sur la solidarité et la dignité humaine, dont l'État est le moteur et le gérant, ajoutant aux droits politiques les droits économiques et sociaux dans nos textes fondateurs. Il trace en trente lignes, un profil de la société à venir singulièrement précis, qu'il s'agisse de l'égalité de la femme et de l'homme dans tous les domaines ; du droit d'asile ; du devoir de travailler et du droit d'obtenir un emploi ; de la non-discrimination au travail en raison des origines, des opinions ou des croyances ; de la liberté

[1] D. ROUSSEAU, *op. cit.*, p. 56 s.

syndicale ; du droit de grève ; de l'intervention des travailleurs dans les conditions de travail et la gestion de l'entreprise… »[1].

Initialement, les constituants belges avaient apporté la démonstration, les textes relatifs à la dignité humaine ont été mobilisés pour donner assise normative et constitutionnelle aux droits sociaux des personnes. Il n'est plus nécessaire de préciser l'exemple de la Cour suprême des Etats-Unis. Cette interdépendance normative pertinente, un auteur, B. GENEVOIS, l'avait également mise en lumière. L'intéressé insistait sur la nécessité d'intégrer les libertés collectives des travailleurs et, plus globalement, les droits sociaux des personnes de 1946 dans le prolongement des droits dits classiques, les droits civils et politiques de 1789. Il n'en reste pas moins que toutes les conséquences concrètes ne furent pas tirées de cette réfutation de la thèse de la hiérarchie formelle.

SECTION II : LA DIFFICULTÉ MATÉRIELLE DE PROTECTION DES LIBERTÉS COLLECTIVES DES TRAVAILLEURS

404. En effet, selon l'ancien président du Conseil d'État : « de prime abord, une telle affirmation surprendra ceux qui fondent la hiérarchie des actes juridiques sur les critères d'ordre formel. Dans une telle perspective en effet, la Déclaration des droits à valeur constitutionnelle à l'égal des autres principes ou règles de valeur constitutionnelle. La réalité nous paraît quelque peu différente »[2]. Indirectement, l'auteur fait savoir que le texte-monument de 1789 n'emporte pas suprématie, contrairement aux affirmations de F. GOGUEL. Cependant, il n'estime pas moins que la subordination des libertés collectives des travailleurs se fonde sur un autre critère, matériel. Il est indispensable d'insister sur les impacts de la construction de cette nouvelle théorie, dans l'apparition de la dimension matérielle des difficultés de protection des droits sociaux des travailleurs.

---

[1] V. Colloque de Droit et Démocratie sur *Le préambule de la Constitution de 1946 : un contrat de société,* spéc. concl.

[2] B. GENEVOIS., « La marque des idées et principes de 1789 dans la jurisprudence du Conseil d'État et du Conseil constitutionnel », *EDCE,* 1988, n°40, p. 181

En définitive[1], les libertés collectives de 1946 demeureraient inférieures à nombre d'autres droits fondamentaux de 1789, sauf que, dans son analyse, cette infériorité ne résulterait pas d'une hiérarchie formelle mais d'une hiérarchie matérielle.

Loin de disparaître, tant pour le travailleur béninois que français, les difficultés de protection des libertés collectives restent présentes, voire persistantes, à certains égards. Il est vrai, l'écume des propos a changé, mais le fond du problème demeure stable avec ses péripéties, quant à la délicate ambition d'optimiser et de rendre effectifs des droits sociaux des travailleurs. Par association de critères distincts et d'éléments variables, l'objet de la théorie de la hiérarchie matérielle n'a pas moins conduit à instaurer une classification entre les différents droits fondamentaux. Les éléments sur lesquels se fonde la relativité de cette nouvelle hiérarchie sont également patents.

§ 1 : Construction doctrinale d'une difficulté de protection par voie de classification

405. Pour M. le professeur ROUSSEAU, le principal problème soulevé par les difficultés de protection des libertés collectives des travailleurs est essentiellement lié à un mélange de genre[2]. Il est relatif à une confusion permanente, couramment observée. Elle concerne, d'un côté, l'expression du droit positif, devant nécessairement se réaliser dans un cadre objectif, sur un pur plan du droit ; de l'autre, la manifestation

---

[1] Pour une bibliographie générale des auteurs s'étant prononcés diversement dans le sens – souvent critique – de l'existence de la hiérarchie matérielle dans la jurisprudence du Conseil constitutionnel : D. TURPIN, « Le traitement des antinomies des droits de l'homme par le Conseil constitutionnel », *Droits,* n°2, 1985, p. 85, spéc. p. 96 s. ; H. ROUSSILLON, *Le Conseil constitutionnel,* Dalloz, coll. »connaissance du droit », 1991, spéc. p. 62 ; L. PHILIP, « Le développement du contrôle de constitutionnalité et l'accroissement des pouvoirs du juge constitutionnel », *R.D.P.,*1983. 401, spéc. p 414 : le Conseil constitutionnel « est amené à élaborer une hiérarchie de règles de valeur constitutionnelle pour faire prévaloir un principe sur l'autre » ; C.-A. COLLIARD, *Libertés publiques,* Précis Dalloz, 7e éd., 1989, n°169, p. 184 : « Selon le Conseil constitutionnel, les diverses libertés n'ont pas la même valeur » ; St. RIALS, « Les incertitudes de la notion de Constitution sous la Ve République », *R.D.P.,* 1984. 584, spéc. p.601.

[2] D. ROUSSEAU, *op. cit.,* ibid.

doctrinale d'une opinion personnelle et philosophique, dont on pourrait comprendre l'objet, en l'assurance de son cantonnement dans le domaine de la subjectivité du droit auquel il appartient[1].

Affinant ces propos, l'auteur ajoute que les idées et développements produits dans les théories de la hiérarchie formelle et de la hiérarchie matérielle, pour soutenir une subordination des droits des travailleurs, sont au cœur de ce mélange de genre[2] : les auteurs s'étant fondés sur la thèse de la hiérarchie matérielle n'ont pas su tirer toutes les conséquences de leur propre constatation, en regard de la relativité et des limites consubstantielles à la théorie de la hiérarchie formelle. L'explication est évidente. Malgré la réfutation du concept même consistant à vouloir subordonner un texte constitutionnel à un autre en raison de la variation de leur date ou de leur mode d'adoption, nombre de membres de la doctrine partisans de la théorie de la hiérarchie matérielle n'ont pas moins intégré dans leurs analyses, certains critères et éléments d'appréciation lesquelles, au final, produisent les mêmes effets que les analyses préalablement réfutées par eux. Ainsi s'aperçoit-on que les propos d'autres auteurs, s'étant appuyés sur les décisions du Conseil constitutionnel pour critiquer l'existence d'une telle hiérarchisation matérielle des droits fondamentaux, n'ont pas reçu un écho favorable. Empruntant aux notions élémentaires qui permettent d'établir une théorie juridique en droit, les critères et éléments d'appréciation de la théorie de la hiérarchie matérielle proviennent des différentes classifications relatives aux droits fondamentaux.

Elles sont nombreuses, mais toutes ne sont pas partisanes et subjectives[3] ; il existe bien de classifications, davantage pédagogiques que philosophiques ou personnelles. Dans ce premier registre, il convient de rappeler les classifications usuelles de MM. les professeurs J. MORANGE, Y. MADIOT, ou encore L. RICHER., lesquelles s'opèrent entre les libertés individuelles de 1789 et les libertés collectives de 1946. Leur catégorie est fondée sur un simple critère du mode d'exercice qui peut être solitaire ou conjoint, selon que les bénéficiaires des droits concernés ont ou non besoin d'autres individus pour les mettre en

[1] Ibid.
[2] Ibid.
[3] Et il est assez digne d'intérêt de la préciser d'ores et déjà.

œuvre[1]. Cette première distinction interne aux droits fondamentaux des personnes[2] diffère des autres placées au cœur de la problématique, en raison de leurs caractères discutables et relatifs, se rapportant à la question des droits-créances (I) et aux autres classifications doctrinales (II). Se fondant sur les classifications relatives notamment aux droits-créances, nombre d'auteurs de la théorie de la hiérarchie matérielle ont soutenu la précarité des droits sociaux par rapport aux droits civils et politiques.

I. LA QUESTION DES DROITS-CRÉANCES

406. « Dans la structuration du champ politique, la liberté individuelle a longtemps été et est encore aujourd'hui une révélation du clivage entre la tradition libérale et la tradition socialiste. Pour les libéraux, en effet, les seules libertés qui méritent d'être qualifiées de droits sont celles qui donnent à un titulaire précis facilement identifiable, l'individu, des pouvoirs d'agir »[3]. En somme, dans le registre des conceptions individualistes des droits fondamentaux des personnes (lesquels prévalurent pendant la période révolutionnaire), seules les libertés individuelles essentiellement issues de la déclaration de 1789 doivent être considérées comme des droits, à proprement parler. Ce clivage, fondé sur des présupposées et des idéologies doctrinales essentiellement philosophiques, ou en tout cas personnelles, est, en partie, à l'origine de la création et de la définition des notions de droits-libertés et de droits-créances (1). Elles sont également connues sous le vocable de droits de la première génération ou de la deuxième génération. Les éléments de formation de la théorie de la hiérarchie matérielle proviennent essentiellement d'eux (2).

---

[1] J. MORANGE, *Libertés publiques*, PUF, 1989 ; Y. MADIOT, *Droits de l'homme et Libertés publiques*, Masson, 1991 ; L. RICHER, *Les droits de l'homme et du citoyen*, Economica, 1982.

[2] Même s'il est nécessaire de préciser que bien de droits ou de libertés considérés comme étant collectifs peuvent se mettre en place par la volonté d'une seule personne, tant l'on a vu qu'un arrêt de travail ne perd pas systématiquement le caractère de grève licite du fait qu'il a été déclenché par la volonté d'un seul salarié constituant l'effectif d'une entreprise (Soc. 29 mars 1995 : Bull. civ. V, n°111 ; *RJS* 1995. 369, n°553).

[3] D. ROUSSEAU, *op. cit.*, p. 561.

1. Définition

407. De manière générale, on emploie le terme de droits-libertés par opposition à l'expression de droits-créances pour désigner les différentes prérogatives individuelles proclamées après la révolution. On y trouve, notamment, la liberté d'aller et de venir, la liberté de la presse, la liberté d'expression, la liberté d'opinion, la liberté religieuse...Y figurent également d'autres droits, dont la proclamation fut postérieure à ce mouvement révolutionnaire, mais énoncés sous l'empire des mêmes conceptions individualistes d'édification des droits fondamentaux des personnes. Ainsi en est-il, à titre illustratif, de la liberté de culte[1], la liberté de l'enseignement[2]...Ceci explique la raison pour laquelle la doctrine les classe dans la catégorie de droits de la première génération, par opposition aux prérogatives de 1946 qualifiées de droits de deuxième génération parce que composée, soi-disant, de droits-créances.

Les libertés collectives des travailleurs devraient être rangées dans la catégorie des droits-créances. Comme si, finalement (puisque c'est en tout cas l'idée sous-tendant la dénomination), seuls les droits des travailleurs, et plus globalement les droits à caractère social, constitueraient des créances à la charge de l'État. D'où résulterait la dénomination de droits relatifs, censés comporter un certain degré de flexibilité, supposant faire peser sur les pouvoirs publics une sorte de fardeau, de dette. Une telle interprétation ne relève pas, ni des origines de la notion de droits-créances, ni de sa structuration.

---

[1] Proclamé par la loi du 9 décembre 1905 disposant en son article premier que : « La République assure la liberté de conscience. Elle garantit le libre exercice des cultes sous les seules restrictions édictées ci-après dans l'intérêt de l'ordre public... »

[2] Qui « a été consacrée par de nombreuses lois républicaines : lois du 15 mars 1850 pour l'enseignement secondaire, du 12 juillet 1875 pour l'enseignement supérieur, du 18 juin 1881 et 28 mars 1882 pour l'enseignement primaire, du 28 juin 1919 pour l'enseignement technique, du 2 aout 1918 et du 19 aout 1921 pour l'enseignement agricole et, d'une façon très générale par l'article 91 de la loi de finances du 31 mars 1931 », F. LUCHAIRE, *La protection constitutionnelle des droits et des libertés*, Economica, 1987, p. 116-117.

a. Aux Origines des droits-créances.

408. C'est en pleine révolution, avec le dos tourné aux procédés de l'Ancien Régime, qu'apparaît en France la notion des *droits-créances.* Son émergence, en somme, ne date pas d'aujourd'hui. Mais c'est davantage une autre préoccupation qui nous importe ici ; il est en effet indispensable de savoir les raisons pour lesquelles ont a voulu ainsi désigner une catégorie de droits et non d'autres. Il faut d'abord préciser que les droits-créances renvoient à la construction d'un régime juridique propre, *sui generis ;* cela ressort des principaux développements[1] consacrés à son objet. Le terme même de créance, visant à constituer un critère juridique de classification – ce qui constitue la raison déterminante pour la retenir comme fondement de cette analyse – doit également être mentionné. De plus, mais c'est l'auteur des *droits-créances constitutionnels* qui affine ces propos, si le mot n'est pas partout employé, à l'étranger, l'idée à laquelle il renvoie est largement répandue et partagée.

Deux observations peuvent être faites sur ces origines doctrinales rappelées par Mme GAY. Il faut constater en vérité la volonté de classification – en vue d'hiérarchisation – animant les auteurs de la doctrine ayant conçu cette catégorisation ; l'auteur le rappelle explicitement, l'objectif exclusif visé par cette manœuvre consistait à introduire une hiérarchie – artificielle... – entre les droits fondamentaux des personnes ; un dessein à peine voilé. La deuxième observation est relative au périmètre élargi dans lequel s'observent les difficultés de protection des libertés collectives des travailleurs, se rattachant au dessein d'une telle industrie de fabrication de classifications et de théories d'assujettissement des droits. Car même si ce mot n'est pas employé à l'étranger, l'idée à laquelle il renvoie est largement connue et partagée ; tout le monde s'accorde en général à considérer les droits-libertés comme des droits défensifs et les droits-créances comme des droits de nature positifs.

« L'opposition entre des droits défensifs, faisant peser sur l'État une obligation d'abstention, et des droits de nature positifs, le liant par une obligation d'action ou de prestation, représente en effet une sorte de fond

[1] L. GAY, *Les droits-créances constitutionnels,* Bruylant, 2007, p. 7.

commun de la doctrine juridique occidentale. En France, l'emploi du vocable plus spécifique de créance pour désigner les seconds date de la Révolution. La problématique d'une dette de la société et d'un droit-créance corrélatif de l'indigent est alors débattue, en particulier au sein des Comités de mendicité des Assemblées révolutionnaires »[1].

b. Structuration des droits-créances

409.Mme GAY considère les droits-créances comme un simple *critère repris par la doctrine contemporaine, comme un pouvoir d'exiger quelques choses ; il correspond à des dettes étatiques de nature positive, à une obligation d'action ou de prestation positive*[2]. Reprenant à son compte la définition générale élaborée par M. le doyen CARBONNIER, l'intéressée estime que la notion recouvre « le droit qu'a une personne (le créancier) d'exiger d'une autre personne (le débiteur) une prestation, un service consistant à donner, à faire ou à ne pas faire quelque chose »[3]. Mais en réalité, la paternité de la terminologie de « droits-créances » revient à M. le doyen H. CAPITANT. C'est lui qui, pour la première fois, estima que « depuis longtemps, le droit civil enseigne qu'à l'obligation d'une des parties au profit de l'autre correspond une créance de celle-ci »[4].

Toutefois, « il semble qu'en définitive l'on doive à Jean RIVERO et au doyen VEDEL d'avoir perpétué l'usage de ces termes après la seconde Guerre Mondiale. Commentant le préambule de la constitution de 1946, ils en rappellent les précédents historiques, notant que *les premiers droits impliquant de la part de l'État, une action positive et non une simple abstention, apparaissent* dès la Révolution et sont repris en 1848. Le nouveau texte parachève selon eux l'évolution, en la généralisant. Désormais, *la société garantit à l'individu les conditions*

---

[1] Ibid.
[2] Ibid.
[3] J. CARBONNIER, *Droit civil. Introduction,* PUF, Thémis, 1996, p. 280. Par analogie à l'article 1101 du Code civil disposant les trois catégories d'obligation dans un contrat : « Le Contrat est une convention par laquelle une ou plusieurs personnes s'obligent, envers une ou plusieurs autres, à donner, à faire, ou à ne pas faire quelque chose ».
[4] H. CAPITANT, « La démocratie sociale », in *Ecrits constitutionnels,* 1952-1953, éditions du C.N.R.S., 1982, p. 167.

matérielles de son développement, dans les circonstances ordinaires de la vie d'une part et dans les cas de risques exceptionnels d'autre part ; elle garantit en outre sa formation intellectuelle. Ainsi, *l'homme de 1789 avait reçu [de la nation] tout son dû lorsqu'elle n'intervenait pas dans le jeu de sa liberté ; l'homme de 1946 est nanti de plus substantielles créances.* Dans un autre commentaire du même texte, Robert PELLOUX évoque l'idée d'un statut positif, c'est-à-dire *le droit d'exiger une certaine prestation de la collectivité.* On sait que cette notion de prestation n'est qu'une autre façon de désigner *l'objet de l'obligation en général* ou, *plus particulièrement l'objet de l'obligation de faire.* Le terme, à l'instar de celui de créance, renvoie donc à une dette de nature positive »[1].

410. Dans ce registre, les droits-créances, c'est-à-dire les dettes supposées constituées au profit du travailleur à la charge de l'État, se mueraient en un préjudice que devrait supporter la personne publique, celle-ci étant considérée comme le débiteur des libertés collectives des travailleurs. Or en réalité l'exercice des libertés collectives des travailleurs ou, plus généralement de toutes les prérogatives que l'on présente comme un droit-créance, ne se manifeste pas dans ce schéma conceptuel trop rigide.

2. Manifestation

411. Selon le critère formel de la classification, l'homme de 1789, individu atomisé dont on aurait négligé la totalité sociale aux dires de L. DUMOT[2], serait primordial et prééminent en ce que la personne publique avait reçu ordre de ne pas intervenir dans le jeu de sa liberté. En revanche, en vertu du critère matériel de classification, l'homme de 1946, personne à laquelle est attachée un certain nombre de *principes particulièrement nécessaires à notre temps,* aurait des prérogatives affectées d'une certaine flexibilité, sinon de tempéraments[3], constitués notamment par la qualification de droits-créances.

---

[1] L. GAY, *op. cit.,* ibid.
[2] *Essai sur l'individualisme,* Seuil, 1988, p 102 s.
[3] B. GENEVOIS, « Le Conseil d'État et l'interprétation de la loi », *op. cit.,* p. 181.

À travers l'usage de ces deux critères, certains membres de la doctrine s'accordent à considérer les libertés collectives des travailleurs comme étant des droits fondamentaux au rabais. D'autres auteurs, dont fait partie M. le professeur ROUSSEAU, n'ont cependant pas moins fait remarquer la nature hâtive de la conclusion provenant du résultat desdites considérations de classifications. Elles conduisent, en clair, à passer aussi bien de la logique de classification à la topique d'hiérarchisation que du postulat du droit-créance à la conclusion du "droit de nuire".

a. De la classification à la hiérarchisation des droits des personnes

412. En dépit du fait qu'il ne serait pas opportun de discuter de la relativité ostensiblement inhérente à toute classification doctrinale et des tempéraments touchant à la tentative de ranger une ou plusieurs libertés dans une case et non dans une autre, il est possible d'observer une telle relativité, à partir de la distinction, prétendument axiologique observée par les auteurs, explicitement ou implicitement, entre libertés individuelles/libertés collectives. « La valeur suprême qui anime les régimes libéraux étant l'individu, il est jugé naturel que les libertés qui dépendent de sa seule action soient premières. À la primauté de l'individu sur la société doit correspondre la primauté des libertés individuelles sur les libertés collectives ; les premières sont vite qualifiées de fondamentales, les autres de secondaires. Se révèle ainsi la dimension politique ou philosophique d'une classification présentée trop avantageusement sous les couleurs de l'objectivité et de la neutralité »[1].

Les critères de flexibilité et d'indétermination que retient l'ancien président du Conseil d'État, B. GENEVOIS, pour fonder la théorie de la hiérarchie matérielle entre les droits fondamentaux sont scrupuleusement ceux que l'on retrouve dans la tradition libérale, sur fond de sécularisation entre droits-libertés et droits-créances : « regroupés essentiellement dans la déclaration de 1789, ces droits-libertés constituent la véritable garantie de l'individu en ce que, opposables à l'État, ils définissent une sphère à l'intérieure de laquelle il ne peut pénétrer. Dans cette logique, les libéraux dénoncent comme des

---

[1] D. ROUSSEAU, *op.cit.*, p. 558.

prétendus droits, les droits économiques et sociaux, les droits-créances au motif, notamment, que leur contenu est toujours indéterminable... »[1].

La théorie de la hiérarchie formelle ou de la hiérarchie matérielle postule la subordination des libertés collectives des travailleurs aux droits civils et politiques, même si une différence s'observe dans la manière. Que la hiérarchie soit élaborée à partir d'un critère formel ou matériel, il est toujours question de reléguer les droits constitutionnels des travailleurs à un rang inférieur, eu égard aux défauts constatés dans le mode d'élaboration ou d'adoption du texte constitutionnel de 1946. S'appuyant sur ce fondement non exempt de discussion, certains auteurs de la hiérarchie matérielle ont instauré un ordre de grandeur entre les droits fondamentaux.

Or, comme chacun sait, ainsi qu'il est nécessaire de rappeler cette banalité tant sa connaissance semble faire défaut ou en tout cas n'est pas prise en considération, aucune hiérarchie ne peut prendre appui sur de supposés défauts constatés dans le mode d'élaboration ou d'adoption d'une norme fondamentale, ni sur le préambule de 1946, ni sur la déclaration de 1789. Ces deux textes, également intégrés dans le préambule de la constitution de 1958, ont reçu une valeur constitutionnelle simultanée, à travers la décision du 16 juillet 1971, rendue par le Conseil constitutionnel, garant du bon fonctionnement des institutions de la République et du respect scrupuleux mais aussi identique de toutes prérogatives de personnes humaines. C'en est un truisme ; toute liberté, quelle qu'elle soit, sur le plan de l'enjeu d'une intervention des pouvoirs publics pour la rendre effective, constitue, d'une manière ou d'une autre, un droit-créance en puissance et une source potentielle de nuisance[2].

---

[1] D. ROUSSEAU. *op. cit.*, p. 561.
[2] « La liberté a toujours été une créance même au XVIIIe siècle. L'évolution a consisté à surajouter pour sa protection une créance de prestation à la créance d'abstention qui semblait autrefois suffisante », R. CAPITANT, *Cours de principes de droit public,* 1957.

b. Du passage des droits-créances aux "droits de nuire".

413. Il est difficile de contredire l'affirmation selon laquelle, hélas, qu'on le veuille ou non, *les droits à caractère social gênent.* Les libertés d'exercice collectives des personnes liées à un employeur par un contrat de travail provoquent de malaise. Situons-le dans son degré d'apparition. Il faudrait dire qu'en dépit de la souche générale du constat, elles gênent variablement au Bénin et en France ; à tel point que l'instauration partout ailleurs des mécanismes juridiques permettant d'assurer leur effectivité puisse relever d'une gageure. Mais la remarque ne vient pas de nous[1].

Elles gênent de sorte que, dans le dessein de guérir les maux par les mots, l'on fut amené à trouver une qualification à la hauteur de la gêne occasionnée : elles seraient des *droits-créances,* c'est-à-dire des droits dont découle une relation contractuelle, où l'autorité publique serait la partie débitrice, le travailleur, le créancier, en l'occurrence d'un *« intérêt juridiquement protégé ».* De la sorte, ces fameux droits-créances seraient davantage contraignants que d'autres droits, ainsi se découvre dans la foulée un argument permettant de les bafouer, à l'instar de ce que nous vîmes suivant la pratique de l'esclavage et le décret des 2-17 mars 1791. En tout cas cette qualification de droits-créances conduisit à ne pas considérer les libertés individuelles des personnes sur un strict plan d'égalité avec les droits à validité sociale.

Les premières seraient des droits absolus, la conséquence (sur les droits-libertés) en fut immédiate : la puissance publique doit, comme une peste, se garder de leur portée atteinte par son intervention sur leur objet ; « comment ses représentants sauraient-ils, mieux que les intéressés, ce qui leur convient ? »[2]. Les seconds constitueraient des droits relatifs, on fit ainsi savoir, s'agissant des droits-créances, qu'elles « correspondent à des dettes étatiques de nature positive »[3], nécessitant une intervention positive de la part de la personne publique, dans le but de permettre leur réalisation.

---

[1] M. BONNECHÈRE, « Quelle garantie des droits sociaux fondamentaux en droit européen ? », *op. cit.,* p. 5.
[2] Cité par J.-J. DUPEYROUX, *Dr. soc.,* 1990, p. 9.
[3] Tels que le rappel un auteur : L. GAY, *Les droits-créances constitutionnels, op. cit.,* p. 6 s.

Mais comme cette qualification ne suffisait pas[1], l'on décida de la suppléer avec une autre appréciation. Les droits-créances ne seraient plus sobrement des libertés qui gênent mais, davantage, des droits de nuire. On se souvient des propos afférents à une liberté collective des travailleurs : « après le droit de grève – suspension licite de l'exécution du contrat – viendrait le droit d'empêcher les autres salariés de travailler... Tout se passe comme si, désormais, certains droits incluaient la liberté de nuire. Aucune règle n'est à l'abri de la dénaturation par les droits. Le droit de nuire devenu droit positif : est-ce là l'héritage que le XXe siècle entend laisser à son successeur ? »[2]. Ce passage de droits-créances aux "droits de nuire", qui oscille entre la manifestation d'une opinion personnelle et l'expression pure du droit positif, n'est pas exclusif des limites inhérentes aux autres classifications.

II. LES AUTRES CLASSIFICATIONS DES DROITS FONDAMENTAUX

414. Hormis la distinction relative aux droits-libertés et aux droits-créances, on peut aussi rencontrer d'autres types de divisions scientifiques fondant la hiérarchie d'ordre matériel dont se prévalent nombre d'observateurs pour séculariser les droits fondamentaux. Bien souvent, la distinction s'opère par la dénomination, laquelle renvoie à la même finalité de fragilisation de la fondamentalité des droits sociaux, au grand dam de M. BELORGEY.

Dans ce contexte, il n'est pas rare que les prérogatives de 1946 soient qualifiées de « droits de second rang »[3], en marge parfois[4] des hiérarchies formelle ou matérielle. On aura compris ; ici, la fragilité de la fondamentalité des droits sociaux des travailleurs tire directement sa source d'un hypothétique rang supposé second, non nécessairement d'une classification établie à proprement parler à partir de critère d'ordre

---

[1] Pour définitivement conjurer la « gêne », curieusement constituées par les chères libertés collectives des travailleurs, entre autres « droits-créances »...

[2] C. ATIAS, *D.* 04/12/1997, p. 386.

[3] M. LEVINET, *Théorie générale des droits et libertés,* Bruylant, 2006, p. 82.

[4] Mais pas toujours cependant dans une appréciation globale de vue des différentes considérations attachées à chacune de ces prérogatives dans l'activité de production stimulante des auteurs...

formel ou matériel en fonction des décisions constitutionnelles. Le constat est sans appel cependant : le fond des difficultés de protection des libertés collectives des travailleurs absorbe la forme des différentes manières par lesquelles elles naissent ; la problématique persiste, que ce soit par un prétendu critère d'hiérarchie formelle voire matérielle ou par un supposé indice de rang qualifié de second (à l'opposé d'un autre qui serait par exégèse premier). La volonté de rattacher les droits constitutionnels de 1946 à des droits-créances ou à des droits de second rang produit les mêmes effets. Il s'agit, sans conteste, d'un déni manifeste de fondamentalité des libertés collectives des travailleurs au profit des prérogatives issues de la déclaration de 1789, qui s'observe par la primauté des intérêts économiques sur la dignité de l'être humain.

Toujours dans la catégorie d'autres classifications, de manière trop rapide, presqu'aussi hâtive que précédemment, les droits constitutionnels des travailleurs sont qualifiés de droits *à*, ce qui marque la permanence d'une prérogative de l'individu à avoir quelque chose, de la part de l'État, encore présenté comme débiteur. De façon usuelle, cette première dénomination est opposée aux droits *de*, ces dernières prérogatives étant présentées en tant que permissions extérieures aux agissements de la personne publique attribuées aux individus[1]. S'appuyant sur les règles découlant de ces différentes classifications de droits fondamentaux, certains auteurs de la théorie de la hiérarchie matérielle ont estimé, au même titre que ceux soutenant la thèse de la hiérarchie formelle, mais différemment, que les libertés collectives des travailleurs seraient des droits fondamentaux en relativité. Il n'est pourtant pas possible de souscrire à cette analyse.

§ 2 : Relativité de la théorie de la hiérarchie matérielle

415. Il est nécessaire de préciser la distinction existant entre les deux thèses d'hiérarchisation des droits fondamentaux. Malgré les conclusions identiques auxquelles elles mènent sur les libertés collectives des travailleurs, la théorie de la hiérarchie matérielle diffère de celle de la hiérarchie formelle. En vertu de l'analyse des auteurs de la hiérarchie

---

[1] *Droits des libertés fondamentales, op. cit.*, p. 287.

matérielle, un certain nombre de prérogatives proclamées par la déclaration de 1789 peuvent être considérées, au même titre que les libertés collectives des travailleurs, comme faisant partie des droits fondamentaux de seconde zone. En leur rang, on trouve la liberté du commerce et de l'industrie. C'est principalement sur ce point que se distinguent les principes qui sous-tendent ces deux théories : alors que dans la logique de la hiérarchie formelle ce sont les droits civils et politiques émanant de la norme de 1789 qui s'opposent aux droits des personnes à facture sociale de 1946, la thèse de la hiérarchie matérielle fonde son opposition sur des critères nuancés. Mais il n'en demeure pas moins la sous-estimation des droits des travailleurs sur les deux plans.

La première hiérarchie repose sur un critère formel, qui n'est autre que textuel. La seconde prend appui sur des éléments variés, relatifs au degré de précision que renferme le principe considéré, la mesure de la garantie qui lui est accordée devant les juges, les tempéraments qu'elle connait, ou est susceptible de connaître voire, et ce de façon beaucoup plus indécise, au degré d'attachement de l'opinion dominante à son égard[1].

Récemment encore, un auteur avait affirmé, parlant des libertés constitutionnelles des travailleurs que « ce ne sont pas des droits absolus (certains disent *naturels*) mais des droits relatifs liés à certaine structure sociale et économique et qui évoluent avec elle comme le montre le progrès des idées et des législations depuis deux siècles en Europe. Ce sont en outre souvent des droits collectifs. Enfin ce sont des droits dont

---

[1] « Les droits énoncés par la *Déclaration* ne sont pas tous garantis au même degré, comme cela se vérifie d'ailleurs à propos des libertés publiques. L'établissement de la hiérarchie fait intervenir une pluralité d'éléments, qu'il s'agisse du degré de précision du principe considéré, du point de savoir s'il comporte des exceptions ou des tempéraments, du degré d'attachement de l'opinion dominante à son égard, de l'étendue du contrôle que le juge exerce sur les actes ou les décisions qui le mettent en cause ou en œuvre. Ainsi parmi les différentes libertés qui trouvent leur source dans la *Déclaration des droits*, celles qui apparaissent sont la liberté individuelle, la liberté d'opinion et de conscience ainsi que la liberté de la presse. S'agissant de la liberté individuelle, un surcroit de protection sur le plan constitutionnel est assuré par les dispositions spécifiques de l'article 66 de la Constitution de 1958 qui affirme le rôle dévolu en la matière à l'autorité judiciaire… A l'inverse, les garanties sont moindres pour d'autres libertés…Des remarques analogues peuvent être formulées pour la liberté du commerce et de l'industrie qui, certes, demeure *le droit commun de l'activité industrielle en France*, mais un droit commun qui souffre de nombreuses exceptions » ; B. GENEVOIS, « La marque des idées et principes de 1789 dans la jurisprudence du Conseil d'État et du Conseil constitutionnel », *op. cit.,* p. 181.

l'*exercice effectif* exige une intervention des États soit protectrice (droit du travail), soit constructive (création d'un système de sécurité sociale, d'assistance, ou sanitaire etc.) autrement dit une politique sociale »[1].

Cette analyse doctrinale, qui n'est autre qu'une reproduction sous-jacente des préceptes du régime juridique des droits-créances ou des droits à, pourrait laisser accroire que les libertés collectives des travailleurs doivent nécessairement appartenir à cette catégorie. En se fiant à cette observation, on serait amené à circonscrire la liberté syndicale, le droit de grève, le principe de participation, dans le champ des droits-créances.

Les libertés collectives des travailleurs ne sont, en réalité, pas des droits-créances ou des droits à au sens doctrinal du terme mais, à proprement parler, dans le prolongement de réflexions convaincantes[2], des droits-libertés, des droits devant bénéficier d'une protection identique à celles réservées aux libertés proclamées pendant la première génération des droits. Il ressort clairement de ces propos le caractère insoutenable de toute thèse d'hiérarchisation des droits (I) de même que l'incompatibilité des différentes théories de classification avec le continuum des droits fondamentaux des personnes (II).

I. L'INSOUTENABLE CLASSIFICATION DES DROITS

416. Il est normal que pour des raisons pédagogiques les jurisconsultes soient amenés à opérer une distinction entre différents droits

---

[1] S. GREVISSE, « Rapporteur général du Comité européen des droits sociaux », in *Charte sociale européenne*, (dir.) J.-F., AKANDJI-KOMBEÉ et S. LECLERC., *op. cit.*, ibid.

[2] « Précisons à ce propos que les droits constitutionnels des travailleurs dont traite l'ouvrage sont ceux dont ceux-ci sont les seuls bénéficiaires au titre des alinéas 6, 7 et 8 du Préambule de la Constitution, à savoir la liberté syndicale, le droit de grève et le principe de participation… Ensemble cohérent, les droits constitutionnels des travailleurs ainsi définis, se rangent parmi les droits-libertés, comme le montre l'auteur, de manière convaincante et pour la première fois, dans sa deuxième partie. On pouvait hésiter, en effet, à les caractériser ainsi dans la mesure où ils ne font pas partie comme les autres droits-libertés de la première génération des droits, celle de 1789, mais de la seconde, celle de 1946. Victime en quelques sortes de préjugés, ils sont souvent considérés comme des droits subordonnés, moins bien protégés que d'autres droits fondamentaux et notamment que les droits-libertés classiques », *Les droits constitutionnels des travailleurs, op. cit.*, p. 6.

fondamentaux. Mieux, cette distinction est fondamentale dans la mesure où le principe de sécurité juridique, de lisibilité des règles de droit constituent des objectifs à valeur constitutionnelle[1], et que l'opération de classification participe à leur réalisation ; elle œuvre à la connaissance, la compréhension de l'outil juridique par le plus grand nombre de personnes. Par conséquent, l'activité de classification postule assurément la nécessité.

Mais encore faudrait-il ajouter dans l'immédiat que cette nécessité commence par perdre de sa coercition, au fur et à mesure que l'opération s'écarte du champ du droit positif, pour occuper l'espace personnel de la manifestation des opinions philosophiques et subjectives[2]. Sur ce second terrain, il n'est d'ailleurs pas rare que les libertés collectives des travailleurs, et plus globalement le droit du travail, soient victimes d'une stigmatisation, certains diront d'un procès, car « le droit du travail est en procès, et avec lui toute une philosophie des relations sociales qui fait du droit – présentée aujourd'hui comme une pesanteur excessive – un outil de libération et d'émancipation »[3].

Ce procès, instrumentalisé par la hiérarchie instaurée entre les différents droits fondamentaux, oblige à rappeler la vulnérabilité et la précarité de batterie de classifications existantes. Surtout, comme on sait, « il n'est pas un auteur qui ne reconnaisse le caractère arbitraire, limité, toujours insatisfaisant de toute classification, la sienne comprise. La discussion sur le bien-fondé des typologies précédentes ne peut donc se comprendre comme la volonté de dire ou de révéler à la doctrine les faiblesses de son travail puisqu'elle le sait. Il s'agit seulement de répondre à l'invitation en allant plus avant dans la compréhension de ces insatisfactions »[4]. Précisément, il s'agit de souligner les insatisfactions à la fois juridique (1) et technique (2) de nébuleuses classifications qui

---

[1] Selon la jurisprudence du Conseil constitutionnel.

[2] Tant la tentation est grande. Ainsi qu'il a été affirmé : « tout historien est un faussaire. Son excuse est d'être faussaire par nécessité. Comment rendre compte de l'histoire sans faire des choix ? Comment faire des choix qui ne soient pas dictés par les jugements et les préoccupations des personnes qui les faits ? Ce qui est vrai pour l'histoire en général, l'est encore plus… » ; M. ALLIOT, « Récits de quelques passages (1940-1963) », in *Un passeur entre les mondes*, Publication de la Sorbonne, 2000, p. 31.

[3] R. CHARVIN, J.-J. SUEUR, *Droit de l'homme et liberté de la personne*, Litec, 5ème éd., p. 143.

[4] D. ROUSSEAU, *op. cit.*, p. 565.

constituent le foyer des difficultés de garantie des libertés collectives des travailleurs.

1. L'insatisfaction juridique

417. Le premier plan sur lequel la méthode doctrinale de la classification ne satisfait pas est celui juridique. En plus de la connaissance préalable des limites liminaires de ces classifications, non discutées du reste, la relativité principale qui caractérise l'instrumentalisation et la hiérarchisation des droits fondamentaux est marquée par une nette impossibilité de ranger définitivement une ou plusieurs libertés dans une catégorie plutôt qu'une autre[1]. Les prérogatives humaines sont souvent appelées à changer de registre, dans le foisonnement des formes sous lesquelles elles se manifestent. Par conséquent, il va sans dire que toute classification doctrinale devient nécessairement précaire devant le caractère multidimensionnel des prérogatives humaines et la dimension solidaire les liant, ainsi qu'il ressort des termes de la jurisprudence *Airey*.

[1] « Les droits de l'homme ne peuvent d'ailleurs être définis une fois pour toutes car ils varient avec l'état de civilisation. Il a été fréquemment souligné que l'évolution des consciences et des idées s'est traduite après les deux guerres mondiales par l'apparition de « nouveaux droits de l'homme » dont l'orientation sociale est manifeste (v. J. ROBERT, « Libertés publiques et droit de l'homme », Domat, Montchrestien, 1988, p. 54, l'auteur insiste sur l'apparition d'un « véritable statut du travailleur »). On comprend dès lors que toute classification des droits de l'homme n'est qu'une valeur relative, celle-ci se trouvant encore accentuée par le fait que de tel droit fondamental peut déborder la catégorie à laquelle on a coutume de le rattacher (J. RIVÉRO, Les libertés publiques, tome 1, Les droits de l'homme, Thémis, PUF, éd. 1992, p. 35). L'établissement d'une liste des droits de l'homme demeure pourtant essentielle dans la mesure où elle permet de donner une vue concrète de la notion et de mieux en mesurer l'ampleur. » ; « Droit de l'homme et pouvoirs du chef d'entreprise : vers un nouvel équilibre », *Dr. soc.,* sept/oct. 1994. 747.

a. L'insatisfaction selon la multidimensionnalité des droits fondamentaux

418. « La critique la plus nette, ce qui ne veut pas dire la plus faible, est, évidemment, de montrer l'impossibilité ou la difficulté de faire entrer les différentes libertés retenues dans la grille adoptée. La liberté d'opinion est-elle une liberté individuelle ou collective ? Individuelle parce qu'elle fait du choix d'une opinion, religieuse par exemple, l'affaire personnelle de chacun, mais aussi collective dans la mesure où elle se réalise nécessairement par les institutions : les églises, les groupes religieux, les sociétés de pensée…La liberté de la presse est-elle une liberté de l'esprit ou une liberté économique ? De l'esprit si elle est considérée par les informations et les idées qu'elle offre à la réflexion du lecteur, mais aussi économique si, par les entreprises qui la portent, elle est vue comme une manifestation particulière de la liberté d'entreprendre. Ainsi pourrait se décliner à l'infini, pour chaque liberté, leur multidimensionnalité qui rend artificiel tout classement dans une catégorie déterminée »[1].

Les prérogatives étudiées sont *a priori* des libertés d'exercice collectives des travailleurs. Mais est-ce à dire qu'un seul travailleur ne peut faire grève ? Ou qu'il n'y aurait pas de possibilité d'exercer par voie individuelle une liberté syndicale, qui permettra à une personne-salariée d'adhérer (ou non) à une organisation syndicale ? Ou encore qu'un seul travailleur ne pourrait pas négocier un accord avec son employeur, dans le cadre de la jouissance du droit de la négociation collective consubstantiel au principe de participation[2] ? Ces situations, qui du reste correspondent moins à une hypothèse d'école qu'à des réalités courantes, souvent rencontrées à l'occasion de la mise en œuvre des alinéas 6, 7 et 8 du préambule de 1946 ou de l'article 31 de la constitution de 1990, apportent la preuve de la relativité. Elles prouvent que les droits d'ordinaire désignés comme étant des libertés collectives des travailleurs, peuvent également recevoir application dans un registre individuel[3]. D'où la précarité de toute qualification, y compris de celle des libertés collectives des travailleurs, ici reprise par nous.

---

[1] Ibid.
[2] Et l'on l'a préalablement indiqué.
[3] Ph. WAQUET, « Les libertés dans l'entreprise », *RJS* 05/2000, p. 335.

419. Il reste maintenant à franchir le palier de ces trois prérogatives, pour s'intéresser à tous les droits fondamentaux en général, surtout ceux à caractère social visés par les différentes classifications. Selon la distinction droits-libertés et droits-créances, il fallait s'attendre à ce que la réalisation de ces derniers nécessite forcément une action positive de la part de l'État présenté comme étant leur débiteur, l'affirmation laissant penser qu'il ne le serait pas pour la première catégorie des droits fondamentaux. En conséquence, la non-ingérence de la personne publique ne suffirait pas à la réalisation de plus d'un droit social. En même temps, l'exigence d'une action positive des autorités publiques ne serait pas nécessaire pour que se réalisent nombre de droits classiques. Procédons à la vérification de ces idées reçues sur les deux catégories de droits fondamentaux.

D'abord, sur les droits-créances. Il convient de rappeler la banalité d'un auteur : « nul doute pourtant que pour consolider la démocratie sociale, doit progressivement s'imposer l'idée d'un continuum entre droits civils et politiques et droits sociaux, d'une indivisibilité de ces droits, à laquelle ne fait pas réellement obstacle l'exigence, pour que se réalisent la plupart des droits sociaux, d'une action positive des autorités publiques. Car ainsi en va t-il de nombre de droits classiques. De même que la non-ingérence des autorités publiques suffit à la réalisation de plus d'un droit social »[1].

L'auteur explique une vérité qui pourrait à certains égards relever de l'ordre de l'évidence. Il est acquis que les droits sociaux, contrairement aux termes de certaines présentations doctrinales, ne sont pas toujours (et encore moins dans tous les cas) des droits-créances. Ils peuvent s'accomplir en dehors de toute intervention de la puissance publique. Il en est ainsi, par exemple, du droit au travail dont peut se prévaloir chacun, selon l'énoncé de l'alinéa 5 du préambule de 1946, constituant le pendant de l'article 30 du texte du 11 décembre 1990, et dont la réalisation ne nécessite point en toute circonstance l'intervention de la personne publique, les entreprises privées représentant les premiers fournisseurs d'emploi devant l'État[2].

---

[1] J.-M. BELORGEY, *La Charte sociale européenne, op. cit.*, spéc. Préface.

[2] Et il n'est pas nécessaire de préciser à ce sujet l'impact des législations relatives à la politique de l'emploi, à l'aide au retour à l'emploi et à l'amélioration de l'employabilité

420. Ensuite, sur les droits-libertés. L'illustration est du reste faite par M. le professeur ROUSSEAU sur la liberté religieuse qui constitue, par définition, un droit-liberté. Selon les éléments issus de la classification doctrinale, cette prérogative s'accomplirait hors de tout contexte interventionniste de l'État. Or en réalité on sait qu'elle est pourvue, si l'on peut dire, de plusieurs casquettes. Il n'est plus nécessaire de revenir sur la multidimensionnalité individuelle et collective déjà étayée par l'auteur ; mais il convient de s'attacher à une autre multidimensionnalité, quant à elle liée aux droits-libertés et aux droits-créances.

À rebours des développements doctrinaux, d'où il ressort que la liberté religieuse serait un droit-liberté ne requérant absolument aucune intervention de l'autorité publique, plusieurs actions positives ont été accomplies par les représentants de l'État dans leur sphère d'autonomie pour garantir sa jouissance à tout le monde[1]. Il devient dès lors indispensable de rappeler les propos de M. le professeur R. CAPITANT[2] : tous les droits fondamentaux sont, d'une manière ou d'une autre, des droits-créances, quels qu'ils soient, de la première ou de la deuxième génération, classiques ou nouveaux, civils ou sociaux. En fonction des cas dans lesquels elle s'exerce, n'importe quelle liberté – même celle civile ou politique – peut nécessiter une intervention de la personne publique permettant d'assurer son effectivité. De la même manière, l'exercice de plus d'un droit fondamental – y compris celui social – peut s'accommoder d'une abstention totale des membres du gouvernement.

Cela se vérifie sur la liberté religieuse par sa double nature, liberté abstention d'un côté parce qu'elle émane de la première génération des droits proclamés par les Constituantes, liberté-intervention de l'autre si l'on se réfère à son régime propre, les pouvoirs publics étant constamment tenus d'intervenir pour la règlementer et préciser ses contours, en vertu du principe fondamental de la laïcité constituant, ainsi qu'on le souligna à plusieurs occasions, l'espace républicain du vivre ensemble. En résulte la nécessité de reconnaître le caractère hypothétique

des personnes en situation de non inactivité, mises en place par les membres de l'exécutifs et les parlementaires.

[1] J. SAVATIER, « Liberté religieuse et relation de travail », *Mélange en l'honneur de J.-M. VERDIER,* Dalloz, 2001, p. 455.

[2] *Cf. infra.* n° 412.

– insatisfaisant – de toute théorie de classification et thèse d'hiérarchisation formelle ou matérielle des droits fondamentaux des personnes. L'activité jurisprudentielle de la Cour de Strasbourg invite également à réfuter une telle classification ou hiérarchisation entre les libertés civiles et politiques et les droits sociaux des travailleurs.

b. L'insatisfaction selon la jurisprudence Airey

421. Il est donné de voir la manière et le ton par lesquels les juges ont affirmé cette insatisfaction dans leur célèbre décision *Airey*. Au terme de cet arrêt, il a été précisé que les droits civils et politiques s'inscrivent dans la continuité de ceux à caractère social des travailleurs, nulle cloison étanche ne pouvant séparer les libertés collectives des travailleurs du domaine de la Convention européenne de sauvegarde[1], la preuve ayant été – implicitement – apportée par la Cour de Strasbourg à travers le rattachement inavoué des droits sociaux propres aux travailleurs à l'article 11 de la Convention du 04 novembre 1950, ne consacrant explicitement que la seule liberté syndicale.

422. La manière, particulièrement pédagogique – qui ne fait pas toujours l'apanage des juges européens, mais la critique ne vient pas de nous[2] – et explicite, par laquelle les juges se sont prononcés sur cette insatisfaction dans leur décision, ne doit pas passer inaperçue. Ceux-ci ont pris le soin de souligner la nature variable des difficultés rencontrées selon les différents pays considérés quant à la réalisation des libertés collectives des travailleurs, entre autres droits sociaux[3]. Ont-ils admis, par là même, le rapport indéniable existant entre le niveau de développement du pays où travaille le bénéficiaire de ces droits et leur jouissance effective par celui-ci.

Toutefois il convient de préciser que l'intérêt de cette décision réside davantage dans le degré d'exigence avec laquelle les juges strasbourgeois

---

[1] CEDH, 9 octobre 1979, Airey c/ Irlande, Série A 32, par. 26.

[2] F. SUDRE (et autres), *Les grands arrêts de la Cour européenne des droits de l'homme, op. cit.,* p. 670.

[3] « Inscrite dans la devise de la République, l'idéal de fraternité se réalise par la consécration des droits sociaux en tant qu'authentiques droits fondamentaux de la personne » ; P. - H. PRELOT, *Droits des libertés fondamentales, op. cit.,* p 36.

ont tranché le litige leur étant soumis. Sans l'ombre d'un doute possible, ceux-ci ont souligné que nombre de droits civils et politiques énoncés pour l'essentiel dans la Convention de Rome de 1950, ont des prolongements d'ordre économique et social. Sans conteste, ceci rend davantage précaire toute classification doctrinale cherchant à se fonder sur des critères de flexibilité et de tempéraments pour décréter la subordination des libertés collectives des travailleurs aux droits de l'homme de la première génération.

Ce faisant, la Cour européenne a confirmé le caractère hybride des droits fondamentaux des personnes par l'affirmation de la possibilité de violation d'un droit civil ou politique sur le chemin de la méconnaissance d'une liberté collective des travailleurs. Le non respect du droit de grève ou de la liberté syndicale d'un travailleur peut directement intégrer des éléments d'inobservation de la dignité de la personne humaine. C'est pourquoi la Convention de Rome doit se lire à la lumière des conditions d'aujourd'hui, et non dans un rapport de supériorité des droits civils et politiques aux droits sociaux des travailleurs. À défaut, elle pourrait produire une insatisfaction de nature nouvelle.

2. Les insatisfactions techniques

423. Les insatisfactions ressortant des différentes catégories doctrinales de classification des droits et libertés fondamentaux ne confinent pas au seul ordre juridique se rattachant au critère de la multidimensionnalité des droits fondamentaux et à l'apport de la jurisprudence de la Cour de Strasbourg du 9 octobre 1979. Elles ont également un second ordre, technique, qui s'illustre aussi bien dans le champ juridique béninois que dans l'ordre interne français. Elles ont trait, au cœur de cette étude comparative, aux difficultés rencontrées au sein de l'OHADA dans le cadre de l'adoption de l'Acte uniforme du droit du travail, puis à la problématique du statut minoré de la Charte sociale européenne.

a. Les effets de la hiérarchisation sur les difficultés d'adoption de l'Acte Uniforme sur le droit du travail

424. La réalité est aujourd'hui indéniable. M. le professeur ATIAS employait l'expression : les libertés collectives des travailleurs et, au premier rang desquelles le droit de grève, seraient des "libertés de nuisance". Sans pour autant emprunter la même véhémence, mais tout en restant dans une logique identique d'hiérarchisation des droits fondamentaux, d'autres auteurs avaient démontré pourquoi (mais aussi comment) il fallait moins protéger les droits à facture sociale que d'autres prérogatives humaines[1]. Ainsi fallait-il s'attendre aux impacts des différentes thèses d'hiérarchisation sur les droits collectifs des travailleurs. Il était *a priori* possible de les penser cantonnées dans un champ juridique et non dans un autre. Mais c'est sans compter sur un autre phénomène, connu mais surtout craint par les spécialistes et observateurs expérimentés du droit du travail, il est relatif au procédé du mimétisme juridique, à ne pas confondre avec un autre évènement, pour sa part relatif à la standardisation politique et institutionnelle.

Par ce biais, le champ juridique africain reçut les difficultés de protection des libertés collectives des travailleurs. Les présupposés et idées reçues, s'établissant hors de toute contestation possible, finirent par irriguer le domaine africain d'édiction des normes régionales de protection des droits sociaux des travailleurs. Feignant de penser par la tête des autres et de regarder avec les yeux d'autrui[2], dans l'orbe de l'évènement du mimétisme juridique, l'analyse selon laquelle le droit de grève et plus globalement les droits constitutionnels des travailleurs seraient des "droits de nuire" est parvenue à gagner l'esprit des chercheurs, observateurs et juristes africains en charge de l'adoption de l'Acte uniforme de l'OHADA portant droit du travail.

425. Depuis deux décennies, le processus d'adoption de l'Acte uniforme de l'OHADA relatif au droit du travail est cantonné dans un pourparler en phase de gestation primaire en perpétuelle recommencement alors que, jamais dans l'histoire de l'organisation, l'adoption d'un Acte uniforme n'aurait été aussi ardue et discutaillée,

---

[1] Mais il n'est plus nécessaire de revenir sur ce point déjà acquis.

[2] Étant nécessaire de préciser, une fois encore, la paternité des propos, qui nous est extérieure : B. GBAGO, *Le Bénin et les droits de l'homme*, *op. cit.*, spéc. intro.

pour nécessiter autant de reports autant de fois à n'en plus finir. Or au niveau régional africain ce texte avait été particulièrement pressenti comme devant constituer une avancée juridique majeure pour la protection des droits fondamentaux de l'homme au travail, particulièrement pour les libertés collectives des personnes placées dans un lien de subordination par rapport à un employeur. Non sans raison apparente et évidente. Cet acte représentait la seule norme devant finalement venir consacrer les droits des travailleurs dans le cadre régional africain. Ainsi se légitimait l'espoir alors (mais toujours) émis.

La réception mécanique de la problématique doctrinale d'hiérarchisation des droits fondamentaux dans la sphère du droit africain se justifie assez facilement par les propos des législateurs communautaires. Ceux-ci avaient d'abord estimé que « l'adoption d'un Acte uniforme sur le droit du travail peut constituer une opportunité, non seulement parce que celui-ci permet de connaître clairement les obligations et les droits de chacun, employeurs, employés, inspecteurs du travail, juridictions, réalise un bon équilibre entre les intérêts des différents partenaires sociaux, incite les entreprises et les employés à se tourner vers le secteur formel, crée une dynamique qui accorde à ces derniers des mérites davantage liés à leurs performances et enfin, limite les conflits et le recours aux tribunaux par le dialogue et la conciliation[1]... »

Ce n'est qu'ensuite qu'ils ajoutèrent « qu'il n'en demeure pas moins qu'en se plaçant du côté des employeurs, ce nouveau texte contient aussi de nombreuses dispositions au sujet desquelles des réserves peuvent être émises »[2] et que, « si une bonne protection sociale est nécessaire pour les travailleurs, une réglementation trop protectrice freine ou empêche la venue de nouveaux investisseurs. De même, elle pèse sur la gestion sociale des entreprises déjà installées. En clair, une protection sociale excessive est de nature à pénaliser l'emploi, et par voie de conséquence, constitue un frein au développement économique »[3]. La Charte de Turin, ainsi qu'il fut souligné, porte également plus d'une trace des stigmates des théories de la hiérarchie formelle ou matérielle.

---

[1] *Cf. infra.* n° 144 s.
[2] Ibid.
[3] Ibid.

b. Les effets de la hiérarchisation sur la Charte sociale européenne

426. Il s'agit ici de mesurer les différents impacts des théories de la hiérarchisation des droits fondamentaux sur leur adoption, de voir comment les insuffisances dont sont assorties les différentes classifications doctrinales eurent une influence redoutable sur ces mécanismes.

Certes, les droits constitutionnels des travailleurs ont trop souvent été victimes de préjugés doctrinaux. En témoignent les principes directeurs de la théorie de la hiérarchie formelle et de la hiérarchie matérielle, les auteurs estimant que les droits des travailleurs doivent être, dans un cas comme dans l'autre, placés en dessous des libertés individuelles proclamées en 1789. Des fonctions de ces thèses, les réformateurs de l'OHADA s'en sont inspirés. Dans un tel registre, les libertés collectives des travailleurs allaient être appréhendées comme un obstacle, sinon un frein économique pour le développement de l'entreprise.

Cet argument, pourtant discutable, oppose la protection des libertés collectives des travailleurs à la sauvegarde des intérêts de l'entreprise. La Charte sociale européenne, à l'instar de l'Acte uniforme de l'OHADA sur le droit du travail, a également subi les conséquences. La méconnaissance à son égard du principe d'égalité de traitement par rapport à l'instrument de protection des droits civils et politique (la Convention de Rome) en est l'illustration.

Comment peut-on comprendre qu'il y ait une protection européenne à double vitesse entre les droits civils et politiques et les droits sociaux des travailleurs et que, selon les normes dont ils émanent, la Convention de Rome pour les premiers, la Charte de Turin pour les seconds, le bénéfice des prérogatives humaines ne soit pas assuré de la même manière ? Est-il normal qu'il y ait autant d'ambigüité entre les deux normes ? « Une ambiguïté dont la charte sociale porte elle-même, dans son libellé, ainsi que le rappelle Jean Manuel LARRALDE, plus d'une trace ; et que n'ont pas fait vraiment reculer les touches ultérieurement apportées à la Charte elle-même, ni les références faites à celles-ci par d'autres textes, Traité d'Amsterdam compris, ni les décisions juridictionnelles en faisant très diversement mentions (Michèle BONNECHÉRE, Jean François AKAMDJI-KOMBÉ et Jean Manuel LARRALDE analyse à ce propos sans complaisance la jurisprudence des juridictions suprêmes françaises, et celles des cours européennes) »[1].

427. Certainement, le fameux statut minoré attribué aux libertés collectives des travailleurs (et dénoncé par J.-M. BELORGEY[2]), est la conséquence directe des procédés de classification et d'hiérarchisation des droits et libertés fondamentaux. Les arguments invoqués à l'appui de ces thèses de la hiérarchie formelle ou de la hiérarchie matérielle qui, pour l'essentiel, figurent dans les théories de classifications des prérogatives humaines, eurent pour objet de briser le continuum juridique des droits fondamentaux des personnes.

II. L'INCOMPATIBILITE DE LA CLASSIFICATION AVEC LE CONTINUUM JURIDIQUE

428. Le régime juridique des libertés fondamentales se caractérise par la valeur prépondérante qu'on leur assigne dans la hiérarchie des normes et par la réglementation spécifique dont elles font l'objet mais, surtout, par la diversité des systèmes de garanties établies par les autorités juridiques. Le propre d'une liberté, de surcroit celle fondamentale – non simplement ordinaire – philosophique ou publique, est d'être entourée de cette considération, lui conférant une sorte de souveraineté face aux limites arbitraires susceptibles d'être apportées à son exercice par la puissance publique ou la personne privée.

C'est certainement dans le même dessein, ne s'embarrassant pas des considérations économiques de profitabilité, que les constituants de 1946 et de 1990 se sentirent obligés d'affirmer solennellement les droits à dimension collective des travailleurs au rang des prérogatives à valeur constitutionnelle, afin de procéder à l'intégration de leur objet dans le corpus même du principe cardinal de la dignité humaine. Dès lors, il parait difficile de souscrire aux arguments des dirigeants africains estimant que la protection établie par l'Acte uniforme de l'OHADA sur le droit du travail, laquelle n'est nullement excessive, serait pénalisante pour l'investissement et l'emploi. Doit-on continuer à opposer l'économique au social, ainsi que le font les législateurs communautaires

---

[1] J.-M. BELORGEY, *La Charte sociale européenne*, *op. cit.*, spéc. Préface.
[2] Ibid.

africains pour nourrir d'autres incompatibilités d'ordre théorique (1) et pratique (2) et conforter les présupposés dont sont victimes les libertés collectives des travailleurs ? Il semble biaisé de poursuivre sur cette lancée où, les droits collectifs des travailleurs, sont, à tort, pensés dans l'obstacle ou le frein économique au développement de l'entreprise.

1. Les incompatibilités théoriques générées par la classification

429. Le débat est classique[1] et renvoie aux réticences caractérisant le processus d'adoption des instruments de protection des libertés collectives des travailleurs, dès lors qu'il s'agit de cette seule catégorie de droits et libertés fondamentaux, puisqu'on estime qu'ils pourraient "nuire" ou "gêner" le développement de l'activité économique. Couramment, les termes de la discussion opposent la tradition libérale et la tradition sociale de la pensée économique du droit ; le discours de Tocqueville de septembre 1848 et les développements du prix Nobel HAYEK caractérisent cette opposition classique entre l'économique et le social. Se réalisant au détriment de la reconnaissance de la fondamentalité des libertés collectives des travailleurs, la fonction de cette opposition consiste en l'altération de la nécessité de restaurer le continuum juridique entre, d'une part, la protection des droits des travailleurs et, d'autre part, la défense des intérêts de l'employeur.

a. L'opposition classique entre l'économique et le social

430. Dans la foulée des journées révolutionnaires de février, on se souvient du virulent discours prononcé par le célèbre auteur *De la démocratie en Amérique.* En l'espèce, dans la nouvelle constitution, il était question de consacrer officiellement, par le biais de l'*Amendement Mathieu,* le droit au travail :

---

[1] Pour une vue d'ensemble : P.-H. PRELOT, *Droits des libertés fondamentales, op. cit.,* p. 25 s.

« L'Amendement Mathieu[1] *qui accorde à chaque homme en particulier le droit général, absolu, irrésistible au travail, cet amendement mène nécessairement à l'une de ses conséquences : l'État entreprendra de donner, à tous les travailleurs qui se présenteront à lui, l'emploi qui leur manque, et alors il est entrainé peu à peu à se faire industriel... Il devient le premier entrepreneur et bientôt unique de l'industrie.*

Une fois arrivé là, l'impôt n'est plus le moyen de faire fonctionner la machine du gouvernement, mais le grand moyen d'alimenter l'industrie. L'État devient enfin le propriétaire unique de toute chose. Or cela c'est le communisme.

Oui, messieurs, il faut que tôt ou tard, cette question du socialisme, que tout le monde redoute, et que personne, jusqu'à présent, n'ose traiter, arrive enfin à cette tribune ; il faut que l'Assemblée la tranche, il faut que nous déchargions le pays du poids que cette pensée du socialisme fait peser...il faut qu'on sache, que l'Assemblée nationale sache, que la France tout entière sache si la Révolution de février est ou non une révolution socialiste... »

431. Il est vrai que cet Amendement Mathieu était relatif à la consécration du droit au travail et, de fait, ne rentre pas directement dans le champ de recherche des libertés collectives des travailleurs. Mais, d'une part, il convient de faire remarquer qu'il partage un rapport d'extranéité pertinent avec son objet ; cette prérogative, le droit au travail, représente un droit social encore qualifié de droit-créance. D'autre part, il faut souligner la manière particulière par laquelle il illustre la dimension historique de cette opposition ébauchée par les auteurs des Lumières, que la doctrine contemporaine a cru bon devoir s'approprier. Et que dire de son acculturation par le politique et l'acteur du monde scientifique ? On a cherché – en vain – une autre matière que les écrits de F. HAYEK pour procéder à l'illustration.

432.L'auteur commence par préciser que les droits sociaux (comprenons entre autres les libertés collectives des travailleurs), sont le

[1] Dont l'énoncé était ainsi rédigé : « La République doit protéger le citoyen dans sa famille, sa religion, sa propriété ; elle reconnaît le droit à tous les citoyens à l'instruction, au travail et à l'assistance » ; cf. D. ROUSSEAU, *op. cit.*, ibid.

« principal exutoire de l'émotion morale », à rebours des droits civils et politiques énoncés par la déclaration de 1789, lesquels seraient les véritables droits fondamentaux devant jouir d'une protection effective à ce titre. Pour le récipiendaire du prix d'Alfred Nobel de l'économie en 1974[1], la justice sociale constituée par la reconnaissance de la valeur constitutionnelle des droits des travailleurs, ne serait que « mirage » et « fantasme »[2], en d'autre termes, « une idée atavique de justice distributive ».

Celui-ci estime que les inégalités sociales auxquelles ces droits sont censés répondre ne sont imputables à personne, et, par conséquent, qu'il n'est personne à qui demander justice : ces inégalités sont seulement le résultat de l'ordre spontané du marché. Selon ses dires, l'intervention de l'État pour remédier aux inégalités par la redistribution des droits sociaux et la restauration des libertés collectives des travailleurs non seulement réduirait les libertés individuelles des personnes, mais aussi ne serait pas en mesure de réaliser son objectif de justice sociale. Car, toujours selon l'auteur, les inégalités sociales sont la condition d'exercice des droits de l'homme en ce qu'elles incitent l'individu à user de ses pouvoirs de faire pour modifier sa condition matérielle[3].

b. La nécessité de restaurer le continuum juridique

433. C'est un truisme de dire que la protection de la liberté syndicale, du droit de grève et du principe de participation, est soluble dans la défense de la dignité humaine et des autres libertés individuelles des personnes au rang desquelles figure le droit de propriété qui octroie à

[1] Mais il faut aussitôt préciser que cette catégorie de science n'est nullement étanche au droit, davantage à propos des discussions relatives à la protection des libertés collectives des travailleurs se rapportant en substance, justement, à l'économie, puisque c'est à travers elle que se trouvent opposées d'ordinaire la recherche de la rentabilité de l'entreprise (optimum économique) et la garantie de droits des travailleurs (primauté juridique). Cela ne peut d'ailleurs guère échapper que l'auteur était juriste de formation : V. F. HAYEK, *Droit, législation et liberté. Une nouvelle formulation des principes de justice et d'économie politique,* vol. 2 : *Le Mirage de la justice sociale* (1976), trad. De l'anglais par R. Audouin, PUF, 1981, p. 123 *sq.*

[2] F. HAYEK, *La présomption fatale : les erreurs du socialisme,* PUF, 1997, p. 237.

[3] F. HAYEK, *Droit, Législation et Liberté,* PUF, 1980, La constitution de la liberté, Litec, 1994.

l'employeur, à l'actionnaire ou à tout autre investisseur, la faculté légitime de rentabiliser ses finances. L'une n'empêche pas l'autre, dès lors que l'équilibre est respecté. On en veut pour preuve l'œuvre majeure de la *Conférence nationale des Forces Vives,* et avant elle le texte constitutionnel du 27 octobre 1946 qui proclama dans le dessein de justice sociale les alinéas 6, 7 et 8 du préambule, même s'il est aujourd'hui acquis que « la tentative opérée après la Seconde Guerre mondiale de refonder les échanges internationaux sur le principe de la justice sociale a échoué »[1].

Ainsi que le rappela M. le professeur ROUSSEAU, il est loisible d'avoir, sur un plan purement personnel et philosophique, une préférence pour la pensée libérale ou sociale dans la structuration des droits fondamentaux des personnes. Mais il en va autrement lorsque celle-ci envahit l'espace du droit objectif et conduit à opposer les droits de la déclaration libérale de 1789 à ceux à caractère social issus du préambule de la constitution de 1946. Les libertés collectives des travailleurs transcendent – ou plutôt devraient transcender puisque tel n'est pas encore le cas – les clivages doctrinaux par la prise en considération de leur fondamentalité à égale valeur de celle dont jouissent les droits des personnes dits classiques.

À l'opposé des préceptes de la théorie de la hiérarchie matérielle (et il n'est plus nécessaire d'insister sur les tares argumentaires de la catégorie d'hiérarchie reposant sur un critère formel), on ne peut considérer une liberté fondamentale comme étant subordonnée à une autre en se fondant sur les défauts de son élaboration ou sur le degré d'attachement de l'opinion dominante à son égard, si ce n'est davantage sur d'autres critères, jugés farfelus. Il est proprement inadmissible de considérer les libertés collectives des travailleurs comme étant le principal exutoire de l'émotion morale. Sauf à automatiquement ajouter que la reconnaissance de ces droits fondamentaux aux travailleurs coloniaux et aux ouvriers métropolitains, dans le prisme du respect de la dignité humaine, qui avait antérieurement permis de mettre fin au commerce triangulaire, constitue un principal exutoire de l'émotion morale.

A l'inverse des lectures souvent rencontrées dans les écrits doctrinaux, il faut signaler que les libertés collectives des travailleurs ne sont pas en

---

[1] A. SUPIOT, « Justice sociale et libéralisation du commerce international », *Dr. soc.*, n°2 févr. 2008, p. 132 s.

réalité opposables (et encore moins opposées) à la défense des intérêts de l'entreprise. M. le professeur SUPIOT[1] le faisait remarquer : il convient de sortir du clivage libéral et social et d'admettre la continuité de la sauvegarde du bénéfice économique dans la continuité de la protection des libertés collectives des travailleurs. D'où la nécessité de mettre la libéralisation du commerce international – instrument moderne de mondialisation – au service de la justice sociale – outil privilégié de garantie des droits constitutionnels des travailleurs – dans le continuum de la collectivité des libertés fondamentales des personnes[2]. Cela ne consiste en rien en une volonté de décréter la monarchie doctrinale des droits sociaux sur les préceptes libéraux de l'économie de marché. Mais, symétriquement, ainsi qu'il le rappelle lui-même[3], à faire en sorte que la protection renforcée des libertés collectives des travailleurs produise tous ses effets sur la compétitivité économique de l'entreprise, plutôt que d'être vue comme pouvant l'entraver ou lui créer une entorse.

2. L'incompatibilité pratique

434. La situation d'opposition entre le libéral et le social peut également générer une autre catégorie d'incompatibilité, différente des précédentes. Alors qu'elle s'est longtemps manifestée par la présence d'un ordre juridique schizophrène entre la faiblesse des règles de protection sociale et la prépondérance des dispositions internationales du commerce, elle est aujourd'hui remise en cause par la nécessité d'accroitre la protection des libertés collectives des travailleurs à travers le Léviathan de l'ordre juridique schizophrène.

a. L'ordre juridique schizophrène

435. Le problème fondamental qui a amené à considérer l'adoption de l'Acte Uniforme sur le droit du travail comme un obstacle ou un frein économique n'est pas propre aux négociateurs de l'OHADA. Il est

---

[1] Ibid.
[2] Ibid.
[3] Ibid.

inhérent aux droits sociaux des personnes, en regard de l'opposition d'ordinaire forgée par les théories de classifications des prérogatives humaines. Les préjugés doctrinaux ont magistralement rejailli sur l'opération de définition des droits constitutionnels des travailleurs ; ce rapport a été mis en évidence tant au niveau international que régional d'édification des normes de reconnaissances des droits fondamentaux des personnes. En atteste la situation actuelle d'existence de normes économiques et sociales de portée radicalement différente quant au sujet de garantie des droits fondamentaux des travailleurs.

436.« D'un côté des normes internationales du travail, les conventions de l'OIT ont acquis une indéniable légitimité et sont partout invoquées. Mais elles souffrent de deux faiblesses. La première est leur caractère peu contraignant. Les conventions de l'OIT sont nombreuses, mais leur force obligatoire est doublement limitée par le *self-service* normatif qu'elles autorisent (les États membres de cette organisation étant libres de choisir celles qu'ils ratifient) et par l'absence d'un véritable recours juridictionnel qui permettrait de sanctionner leur violation... La seconde faiblesse des normes internationales du travail est d'être parfois déconnectées de la réalité sociale... »[1].

« À l'inverse des normes de travail, les normes internationales du commerce, sont très contraignantes. Il n'est plus ici question de *soft law*, mais de *dura lex*. Les accords commerciaux multilatéraux annexés à l'accord de Marrakech sont considérés comme faisant partie de cet accord et sont contraignants pour tous les membres de l'organisation mondiale du commerce. Non seulement l'adhésion à l'OMC oblige les États à ouvrir leurs frontières commerciales et financières, mais elle les soumet à la juridiction d'un organe de règlement des litiges qui peut les condamner, en cas de violation de cette obligation, à de couteuses mesures de rétorsion »[2].

437. La schizophrénie juridique internationale se manifeste, ainsi que le souligne l'auteur[3], par la faible protection des libertés des travailleurs au service des intérêts des employeurs parcimonieusement préservés par le législateur international du travail. L'éminent enseignant du droit du

---

[1] « Justice sociale et libéralisation du commerce international », *op. cit.*, p. 134.
[2] Ibid., p 135.
[3] Ibid.

travail finit son observation en martelant que cette schizophrénie doit cesser. Elle doit cesser de mener à ces conséquences potentiellement néfastes en Afrique, et on le voit encore, avec l'enlisement curieux et sans précédent de l'adoption de l'Acte uniforme du droit du travail de l'OHADA, tant aucun Acte uniforme de l'Organisation n'avait dans le passé connu une telle vicissitude. Elle doit cesser parce que du bon fonctionnement de l'économie de marché dépend l'efficacité des droits fondamentaux des travailleurs constituant dans une entreprise un contre-pouvoir indiscutable[1], certains diront des « libertés-ripostes », permettant d'assurer le respect de la dignité de l'homme au travail.

b. Léviathan de l'ordre juridique schizophrène

438. La sonnette d'alarme tirée par M. le professeur SUPIOT doit être entendue. Pour l'auteur, le prolongement de l'opposition entre le libéral et le social s'étant manifesté par l'adoption d'une Charte sociale européenne minorée et le report incessant de la signature de l'Acte de l'OHADA sur le droit du travail, conduit à jouer, de gré ou de force, le jeu du communisme. Car, mais c'est l'auteur qui affine son analyse, cela mène inévitablement à la situation d'une *économie communiste de marché*. L'argument convaincant souvent opposé aux communistes par les libéraux et les partisans du gouvernement de l'État de droit et de la démocratie est, assurément, la violation arbitraire par les premiers des libertés fondamentales des individus au nom du bien-être commun de la société. Le privilège est vite donné au développement de l'État au détriment de celui des individus en ce domaine[2]. Cette situation d'obscurantisme idéologique, le Bénin d'hier l'avait connu, sous le régime politique marxiste-léniniste d'avant la *Conférence nationale* de 1990[3]. Et, en connaissance de cause ou par inadvertance, tant au Bénin comme en Afrique ou plus globalement partout ailleurs où l'injustice sociale serait légion, ce sont potentiellement ces vieux démons que pourrait réveiller la problématique de l'ordre juridique schizophrène,

---

[1] A. COEURET, B. GAURIAU, M. MINÉ, *Droit du travail*, Sirey, 2ème éd., p. 101.
[2] M. le professeur ISRAËL l'explique davantage, par la reprise des thèses de Marx dans lesquelles, dit-il, se trouvent quelques démonstrations probantes.
[3] T. HOLO, *L'étude d'un régime militaire. Le cas du Dahomey (Bénin)*, 1972-1977, Thèse de droit, Paris 1 Panthéon-Sorbonne, Paris, 1979.

dont la logique n'est autre que de défendre les intérêts de l'entreprise au détriment (non à l'instar) de la protection des libertés collectives des producteurs de la richesse.

M. le professeur SUPIOT souligne en effet que l'ordre juridique international schizophrène actuel, qui mène à moins protéger les libertés collectives des travailleurs, est assimilable à un ordre juridique communiste, un ordre juridique de l'économie communiste de marché[1], ayant pu incroyablement s'accommoder des dogmes du marché pour atteindre son but de subordination du bien-être de l'individu sur celui de l'accroissement des richesses de l'État, de la même manière dont certains libéraux relèguent aux seconds rangs les libertés collectives des travailleurs pour le dessein de la rationalité économique : curieuse coïncidence que de voir s'épanouir le régime de l'économie de marché et celui des systèmes communistes dans un contexte semblable de fadeur des droits d'expression collective des travailleurs. N'est-il pas vrai, dans une certaine mesure, qu'en persistant à instaurer une hiérarchie formelle ou matérielle entre les droits civils et politiques et les droits sociaux et économiques, l'économie libérale – par voie de classification – produit les mêmes effets que le régime communiste d'antan : le déni des droits et libertés fondamentaux des personnes et plus particulièrement ceux à caractère social ?

439. Qu'on se souvienne des propos de J.-J. ROUSSEAU : « il n'y a point d'assujettissement si parfait que celui qui garde l'apparence de la liberté ». L'efficacité de la démocratie et le rayonnement de l'État de droit doivent-ils continuer à se satisfaire de la méconnaissance patente des libertés collectives des travailleurs, de même que des autres droits fondamentaux à caractère social, aussi bien au Bénin et en France comme dans d'autres espaces juridiques ? En continuant sur cette lancée, sans provenir de la même cause, la méthode doctrinale libérale de classification des prérogatives humaines ne produirait-elle pas les mêmes conséquences ? Les inquiétudes de l'auteur sont en effet loin d'être anodines.

Il n'y a qu'à voir la situation actuelle du Bénin pour se convaincre des effets néfastes du clivage ; sur le plan local du droit positif du travail, aucune règle régionale probante n'existait pour défendre efficacement les

---

[1] A. SUPIOT, « L'Europe gagnée par l'économie communiste de marché », Revue du MAUSS permanente, 30 janvier 2008.

droits des travailleurs. Il n'est plus besoin de rappeler les faiblesses coercitives, le manque de sanctions véritables des dispositions *self-services* normatifs de l'OIT ; on connaît le caractère programmatique et indicatif de la Déclaration universelle du 10 décembre 1948 ; il est acquis que la Charte de Banjul n'est pas – techniquement – réservée à la protection des libertés collectives des travailleurs. Dans ce *vacuum juris*, l'Acte Uniforme de l'OHADA sur le droit du travail était le seul véritable instrument pouvant venir à bout des manœuvres de négation des droits des travailleurs souvent évoquées sur la scène nationale[1]. Il est au congélateur depuis plus d'une décennie. On connaît les arguments, au demeurant, peu convaincants, invoqués pour justifier le refroidissement.

De telles difficultés communes à la France et au Bénin – du point de vue de l'instauration des instruments efficaces de protection des libertés collectives des travailleurs – ne peuvent pas être passées sous silence dans le cadre de cette analyse ; mais il convient de préciser automatiquement, dans le champ de la recherche, la géométrie variable desdites difficultés, bien que classiques.

[1] Ainsi qu'il ressort des rapports des B. AMOUSSOU et de L. DÉNAKPON précédemment cités et seules pièces à conviction existant en la matière à notre connaissance.

-CHAPITRE II -

UNE DIFFICULTÉ CLASSIQUE A GÉOMÉTRIE VARIABLE

440. La protection des libertés collectives des travailleurs relèverait d'une véritable entreprise de gageure. En attestent les difficultés d'ordre formel et matériel souvent rencontrées lors de l'instauration des mécanismes qui, en effet, sont censés permettre d'accéder à leur efficacité, pour permettre aux personnes placées dans un lien de subordination par rapport à un employeur de voir restaurer leur dignité au travail. Ainsi en est-il, dans le champ juridique béninois et français : la problématique de garantie des droits d'exercice collectifs des travailleurs s'inscrit dans un régime de droit commun ; qu'il soit béninois ou français (notamment), dans l'enceinte de l'entreprise, l'homme au travail a souvent rencontré des difficultés pour réaliser les droits fondamentaux dont il est nanti. L'accent doit être mis sur cette dimension commune. Mais, pour autant, est-ce possible d'occulter le facteur de variabilité de l'analyse ? Peut-on s'abstenir de souligner la diversité du degré des difficultés dans les dispositions juridiques béninoises et françaises ? Ne doit-on pas aussi rendre compte des spécificités qui leur sont liées ? La réponse s'impose d'elle-même. Dans le cas contraire, la rétention de l'information aurait excessivement altéré l'intérêt des développements produits.

Un auteur avait pu estimer que le niveau d'émancipation d'un pays s'apprécie (et doit toujours continuer à s'apprécier) par rapport au degré de protection que celui-ci accorde aux libertés collectives des travailleurs installés sur son territoire[1]. À cela, il convient d'ajouter que, dans tout pays, quel qu'il soit, la qualité effective de protection des libertés collectives des travailleurs se mesure en fonction de la portée réelle du statut et des garanties dont jouissent les représentants des travailleurs,

---

[1] Indépendamment de la qualité de citoyen dont ces travailleurs peuvent ou non disposer ; K. MICHELET, *Les droits sociaux des étrangers,* L'Harmattan, 2002, p. 494.

chargés d'assurer la réalisation de ces droits au sein de l'entreprise. Or, sur ce point, force est de constater que, à titre particulier, les représentants du personnel français jouissent d'une protection avancée par rapport à leurs homologues béninois lesquels, nonobstant leur effort, doivent se contenter d'une protection inférieure qu'on pourrait dire figée à un stade embryonnaire.

SECTION I : LE NIVEAU AVANCÉ DE PROTECTION DES REPRÉSENTANTS DU PERSONNEL FRANÇAIS

441. Beaucoup de réflexions ont jalonné le début de ce travail de recherche et, surtout, le choix de son objet. Initialement parti pour se cantonner à l'étude exclusive des libertés collectives des travailleurs français, c'est à notre Directeur de thèse qu'on doit cette heureuse conversion qui, du reste, nous a permis de délaisser le terrain de la réflexion unilatérale et monolithique pour lui préférer un espace d'analyse davantage stimulant et dynamique, dans le droit fil de la comparaison des droits sociaux des travailleurs béninois et français, des catégories de travailleurs qui dépendent de deux systèmes juridiques que tous unis[1] et que, parfois, des réflexions intellectuelles cherchent à opposer. Qu'il nous soit permis, maintenant qu'il convient de faire ressortir les spécificités inhérentes aux difficultés de protection des droits constitutionnels des travailleurs, de manifester notre gratitude à notre superviseur, tant l'analyse aurait pu être amputée de ce principal intérêt, n'était la qualité reçue de l'encadrement.

L'utilité du travail comparatif se mesure à son propre relief : il permet de dynamiser le Droit par la prise en compte d'éléments d'extranéité. Le

---

[1] Dernier exemple en date de cette union est la Convention de jumelage du 25 septembre 2003. Par elle, la Cour de cassation de la République française et son équivalent la Cour suprême de la République du Bénin, par le biais de leurs représentants respectifs, ont procédé au renforcement de leur coopération, afin de mieux assurer l'accomplissement des missions de justice dont elles sont investies, avec les mêmes exigences d'impartialité, d'indépendance, mais surtout d'efficacité par rapport aux règlements des différends pouvant leurs être soumis et devant être tranché dans les délais.

dialogue des systèmes juridiques constitue l'un des plus efficients moyens d'amélioration des règles de droit. Il a pour office, en dehors de la fonction de sécurité juridique susceptible d'en découler sur le plan international, de consolider l'outil de droit par la réception des pratiques juridiques étrangères, affectées d'un certain coefficient de pertinence et d'utilité.

C'est, bien sûr, de cette utilité dont il convient à présent de restituer la teneur. Elle s'accomplit dans l'affirmation de la relativité des difficultés de protection des droits des travailleurs. On le sait : protéger les libertés collectives des travailleurs signifie, avant tout, préserver le statut de leurs représentants. Ceci passe par l'instauration de divers mécanismes de garanties, destinés à les mettre à l'abri des abus du pouvoir et des mesures de rétorsion dont ils pourraient être victimes de la part de ceux dont la présence dans l'entreprise de leur fonction ou l'exercice de leur activité pourrait être de nature à déplaire. Dans ce rang, on trouve assurément l'employeur, susceptible de se montrer sceptique à l'exercice de la fonction de représentation du personnel dans son environnement économique. Les termes des dispositions des Conventions n° 87 et 98 de l'OIT, traitant de l'objet, ne sont plus nécessaires à invoquer.

L'efficacité des libertés collectives de la communauté des travailleurs est, assurément, fonction de la qualité du statut dévolu à leurs représentants. Mais il serait particulièrement ingénu de sous-estimer le temps ayant été nécessaire à la mise en place de ce régime dérogatoire et exorbitant de protection des représentants des travailleurs français. La maturation du processus s'est accomplie, au fur et à mesure, par apport successifs, de revirement en confirmation de jurisprudence, lentement mais sûrement, serait-on tenté de dire, selon l'analyse des auteurs. Concrètement, la construction du statut exceptionnel de protection des représentants des travailleurs français a nécessité un glissement sémantique du contrat des représentants aux libertés collectives des travailleurs. Il s'agit, sans conteste, d'une topique en soi puisqu'il existe un rapport évident entre les garanties spéciales accordées aux représentants élus ou désignés et l'exercice des libertés collectives des travailleurs dans l'entreprise. Surtout, cela ne signifie guère, tant s'en faut, que la protection des droits constitutionnels des travailleurs et la défense de l'intérêt de l'entreprise soit antinomique.

§ 1 : Du contrat des représentants aux libertés collectives des représentés

442. Se débarrasser des préjugés et des *a priori* qui pèsent sur les droits des travailleurs est assurément nécessaire à ce niveau du développement, afin de ne pas biaiser leur appréciation. Loin d'être anodin, ce conseil s'avère indispensable pour extirper l'entreprise de protection des libertés collectives des travailleurs de certaines hantises et dédales[1] du droit du travail. La manœuvre de glissement mène assurément à cette destination. En effet, celle-ci offre une véritable appréciation – et une nette traçabilité – des différentes étapes devant être engagées pour atteindre le but d'effectivité des libertés collectives du groupement des travailleurs[2]. Sans pouvoir affirmer par angélisme que ce but final est atteint, puisque des efforts restent encore à fournir dans ce domaine[3], mais la précision ne vient pas de nous[4], force est de reconnaître que l'on est plus proche de l'optimum dans le cadre français que béninois.

Il est donné de voir comment se manifeste le glissement sémantique, à partir de l'appréciation du contrat de travail du représentant des travailleurs, qui n'est nullement un contrat comme les autres, mais une configuration institutionnelle à travers laquelle s'accomplissent les libertés collectives des travailleurs dont il assure la représentation (A). Les garanties des libertés collectives des travailleurs dépendent du statut de leur représentant et de la protection qui leur est conférée à ce titre (B).

---

[1] P. CAM, A. SUPIOT, *Les dédales du droit social,* Fondation nationale des sciences politiques, 1986, p. 198.

[2] Cf. sur ce point les articles enrichissants du doyen Verdier, ayant longuement et substantiellement traité de l'objet : J.-M. VERDIER, « Du contrat au statut et du droit individuel aux libertés publiques », *JCP* 1971. I 2422. ; « Sur les relations entre représentation et représentativité syndicale », *Dr. soc.,* 1991, p. 5. L'énumération ne peut être exhaustive.

[3] Ainsi que nombre d'auteurs l'on précédemment souligné notamment à propos de la *Charte sociale européenne*.

[4] J.-M. VERDIER, « Une inégalité paradoxale de la protection : délégué désigné ou élu et conseiller du salarié », *Dr. soc.,* 2010, n°2, p. 174 s. ; plus récemment : « Vulnérabilité des représentants des salariés : des protections spéciales évincées en jurisprudence », *Dr. soc.,* n°7/8, p. 832 s.

A. DU CONTRAT AU STATUT

443. Au cœur des libertés collectives des travailleurs, il y a le droit de la représentation des collectivités du travail, par le truchement duquel tout travailleur jouit des prérogatives fondamentales qui lui sont attribuées. Le droit de la représentation, régi par des règles essentiellement dérogatoires au régime de droit commun, constitue, dans l'entreprise, le vecteur principal de la réalisation des libertés collectives des travailleurs ; il l'est pour l'une comme pour l'autre des libertés, distinctivement mais cumulativement. Il l'est d'abord pour le principe de participation, en ce qu'il permet aux travailleurs, par le biais de son représentant, choisi avec sa voix (parmi tant d'autres), de prendre part *à la détermination collective des conditions de travail ainsi qu'à la gestion de l'entreprise.* Il l'est ensuite pour la liberté syndicale puisque, par définition, cette prérogative consiste en la faculté conférée à tout travailleur d'adhérer à une organisation syndicale représentative pour la défense de ces droits et intérêts ; il n'est plus nécessaire de préciser que ladite faculté incluse la possibilité de ne pas adhérer[1]. Il l'est enfin pour le droit de grève car, et on l'a aussi indiqué, la liberté de revendication professionnelle est un des moyens essentiels dont disposent les travailleurs et leurs organisations pour promouvoir et pour défendre leurs intérêts économiques et sociaux[2].

À l'appui de cette démonstration, on comprend l'interconnexion qui s'établit entre la protection des représentants des travailleurs et les garanties des libertés collectives de leurs mandants. Le contrat de travail de ces derniers doit être isolé, leurs particularités prises en compte, au service de la mise en place d'un régime spécial de protection qui, en dépit des apparences, dans l'espace de l'entreprise, détermine la réalisation des libertés collectives des travailleurs (en particulier) et des libertés fondamentales des personnes (en général). Partant, on comprend les raisons qui ont conduit à l'instauration dans le droit positif français de ce régime dérogatoire et exceptionnel de droit commun, eu égard à la

---

[1] « En droit français, la participation à la vie du syndicat est facultative, même si celui-ci négocie avec l'employeur des avantages substantiels, ceux-ci ne sont pas réservés au seul bénéfice des adhérents » ; A. COEURET, B. GAURIAU, M. MINÉ, *Droit du travail,* 2ème éd., *op. cit.*, p. 632.

[2] V. *Recueil de l'OIT 1996*, paragr. 475

prise en compte de cette particularité, ce qui également devra être pensé et mis en place dans le champ juridique béninois.

1. Particularité du contrat des représentants des travailleurs

444. L'originalité statutaire des défenseurs des droits et des intérêts des travailleurs, n'a pas toujours été des plus simples à remarquer, bien au contraire ; il a fallu du temps pour s'en apercevoir. Mais il y a une explication à cela, puisqu'il arrive des moments où « la technique, on le sait, peut faire perdre de vue les finalités, mais c'est particulièrement grave quant il s'agit de la liberté. Or les multiples péripéties de la protection des représentants du personnel dans l'entreprise se trouvent trop souvent situées par excès – ou une erreur – de technique, sur la scène contractuelle alors que leur vrai décor est celui de l'exercice de libertés fondamentales »[1]. L'observation est certes incontestable, si l'on sait la nature des fonctions incorporées dans ces contrats (a) de même que les différentes catégories de représentants des travailleurs concernées quant à la finalité de la réalisation des droits fondamentaux (b).

a. Nature de la particularité

La particularité des contrats des représentants des travailleurs s'identifie par le rôle qui leurs est conféré ; qu'il soit élu ou désigné par une organisation syndicale professionnelle, le représentant des travailleurs remplit une mission spécifique, laquelle varie selon la fonction dévolue[2]. On s'était aperçu de la coïncidence de l'énoncé des articles 109 et L 2313-1 des Codes du travail, lesquels confient aux représentants élus le soin de présenter aux employeurs toutes les réclamations individuelles ou collectives des salariés concernant leur

---

[1] J.-M. VERDIER, « Du contrat au statut et du droit individuel aux libertés publiques », *JCP* 1971. I 2422.

[2] Étant précisé que les travailleurs exerçant des fonctions électives et syndicales ne sont pas les seules catégories de représentants des travailleurs jouissant d'une protection spécifique et exceptionnelle ; cf. J.-Y. KERBOURC'H, *Le statut protecteur des représentants du personnel,* Litec, 2003, p. 25 s.

condition de travail et leur garantie sociale. Le parallèle entre les prescriptions des articles 80 et L 2142-1 des Codes du travail doit être souligné : « les syndicats professionnels ont exclusivement pour objet l'étude et la défense des droits ainsi que des intérêts matériels et moraux, tant collectifs qu'individuels, des personnes mentionnées par leur statut ».

Depuis les ordonnances de 1945 et de 1946 se rapportant aux membres des comités d'entreprise et aux délégués du personnel, les pouvoirs publics français ont été amenés, progressivement[1], à préciser les contours et limites de la mission spécifique de défense des droits et des intérêts des travailleurs qu'exercent au principal – et non à titre exclusif – les membres élus du personnel. Ils sont, pour reprendre une formule devenue célèbre, en charge de la représentation directe du personnel[2]. Mais il serait erroné de conférer le monopole de la promotion et de la défense des droits et des intérêts des travailleurs aux seuls membres élus et représentants syndicaux[3]. Il en résulte la particularité de la fonction de représentation et de protection de la communauté des salariés. Au sein de l'entreprise, l'exercice efficient de cet office conditionne la réalisation des libertés collectives des travailleurs. Le mandat dont sont investis les représentants des travailleurs constitue, assurément, une particularité qui doit conduire à isoler leur contrat de travail de celui des salariés

[1] Notamment avec la loi Auroux du 28 octobre 1982 et les lois Aubry I du 13 juin 1998 et Aubry II du 19 janvier 2000.

[2] B. TEYSSIÉ, *Droit du travail, relations collectives, op. cit.*, p. 63 s.

[3] « Du statut d'abord bâti au profit des membres du comité d'entreprise et des délégués du personnel puis appliqué, pour l'essentiel, aux délégués syndicaux, le bénéfice a été peu à peu étendu, parfois avec quelques adaptations près, aux titulaires d'autres fonctions porteuses d'activités de nature à déplaire… », B. TEYSSIÉ, *Droit du travail, relations collectives, op. cit.*, p. 387.

Parlant de ces adaptations, il est possible de remonter la première vague de réformes structurelles de la protection des représentants du personnel aux lois Auroux dont on sait l'impact majeur sur la question de la prise en compte de la particularité de la fonction représentative, notamment en ce que le législateur avait consacré le bénéfice du statut protecteur aux salariés dont la candidature à une fonction représentative est imminente, quand bien même, et il est important de le souligner, la protection des candidats aux élections de délégué du personnel et de membre du comité d'entreprise avait été admise depuis l'ordonnance du 7 janvier 1959. *Les syndicats dans l'entreprise après les lois Auroux* : *Dr. soc.* 1984, n°spéc. 1.

ordinaires. C'est pourquoi, très tôt[1], celle-ci a été soulignée par M. le professeur VERDIER, afin qu'elle soit prise en compte.

Ne convient-il pas d'ajouter, ainsi qu'on le fit remarquer, que l'une des spécificités des missions dévolues aux représentants des travailleurs réside dans leur rôle de pacification du dialogue social, susceptible de naître entre l'État ou l'employeur et la communauté des travailleurs[2] ? Il existe assurément un facteur de paix sociale inhérent à l'activité de défense des droits et des intérêts des travailleurs. Son objet invite à une précision catégorielle.

b. Catégorie de la particularité

445. Il s'agit ici de délimiter le champ d'application professionnel des représentants des travailleurs, dont il est directement question dans l'établissement du lien avec la réalisation des libertés collectives des travailleurs. D'ordinaire, les catégories de salariés protégés sont importantes, tant les composants sont loin d'êtres homogènes et univoques sur l'objet de la fonction représentative[3].

---

[1] « Sécurité sociale, intérêt collectif de la profession et action syndicale », *Dr. soc.*, 1963, p. 235.

[2] « Syndicat, *élu* constituent des modes classiques d'organisation de groupements en quête de reconnaissance et de moyens juridiques d'expression et d'action. Facteurs d'équilibre dans la cité en ce qu'ils donnent traduction précise à des revendications diffuses et offrent aux entreprises, voire à l'État, l'interlocuteur nécessaire à la conclusion d'accords, instruments d'éviction ou de résolution des conflits, les *représentants du personnel* constituent des organes de représentation collective déployant une large part de leur activité dans l'entreprise », B. TYESSIÉ, *Droit du travail : relation collective, op. cit.*, p. 3.

[3] Mais il convient également de souligner que, y compris au sein de la catégorie de représentants des travailleurs pris en compte par nous, c'est-à-dire les représentants du personnel, l'étendue de la protection accordée par le mandat est loin d'être homogène. Ainsi par exemple, constate-t-on que la durée de protection pendant lesquelles les représentants élus et syndicaux bénéficient d'une protection est hétéroclite. « On peut comprendre qu'il faille définir une durée de protection différente selon que le salarié est titulaire (ou suppléant) d'un mandat, qu'il se soit contenté de demander des élections, qu'il s'y soit porté candidat ou qu'il soit un ancien représentant. Le législateur postule t-il que la mauvaise humeur de l'employeur et l'animosité qu'il entretient à l'égard de l'intéressé s'estompe différemment dans le temps selon la nature des fonctions occupées par l'intéressé ? Cela pourrait justifier dans une certaine mesure les écarts constatés. En

446. De façon classique, seules deux représentants des travailleurs peuvent être distingués : les premiers, pourvus d'une légitimité directe, sont investis de la mission de représentation par voie élective, ce qui explique qu'ils soient composés des membres élus, de délégués du personnel ; les seconds, nommé par une structure, disposent d'un pouvoir désignatif ; pour ce faire, ils sont considérés comme étant pourvus d'une légitimité indirecte, devant être choisis parmi tant d'autres postulants par des syndicats professionnels représentatifs ou non, mais il n'est plus nécessaire de revenir sur les conditions à réunir lorsqu'il s'agit de signer des contrats collectifs d'entreprise au nom des travailleurs.

Seules ces deux catégories classiques de représentants des travailleurs seront prises en compte dans notre analyse, forcément de façon arbitraire, certes, mais eu égard à un arbitrage nécessaire ; il n'est point envisageable de se diluer dans la littérature fleuve des différentes variétés de salariés protégés existant. Ainsi doit-on, parmi la pléiade des représentants des travailleurs, se circonscrire aux seules catégories de représentants du personnel, surtout, pour le besoin de la comparaison, car les catégories de représentants des travailleurs ne sont pas également réparties dans les systèmes juridiques béninois et français.

Intégrer ce facteur comparatif revient à s'appesantir sur les représentants du personnel classiques. Toutefois, nul n'ignore que, dans les relations collectives du travail français, on distingue pas moins de 13 catégories de représentants des travailleurs, susceptibles de bénéficier d'une protection spéciale au titre des fonctions qu'ils occupent. Leur mise en place – par le législateur – a été progressive en fonction des besoins du moment.[1]

Aujourd'hui, les salariés demandant des élections sont couverts par le statut protecteur afin que l'employeur – rétif à l'instauration d'institution représentative du personnel dans son entreprise – ne soit pas tenté de

---

revanche, il est difficilement compréhensible que la durée de la protection attachée à une même catégorie de salariés soit différente d'une institution à une l'autre. C'est ainsi que les demandeurs d'élections ainsi que les candidats à une élection bénéficient d'une protection spéciale pendant 6 mois pour les délégués du personnel, mais pendant 3 mois seulement pour le comité d'entreprise » ; J.-Y. KERBOURC'H, *Le statut protecteur des représentants du personnel, op. cit.*, p. 69.

[1] J.-Y. KERBOURC'H, *Le statut protecteur des représentants du personnel, op. cit.*, p. 25.

prendre contre eux d'éventuelles mesures de rétorsions. Le champ de la protection a été étendue à d'autres catégories de personnes, précisément, aux candidats à des élections des membres représentatifs des travailleurs, dans le but de combler le vide constitué par la non protection des candidats malheureux aux élections professionnelles qui n'étaient pas couverts par le statut protecteur et qui, de ce fait, après la perte des élections, pouvaient faire l'objet de mesures de représailles de la part de l'employeur. Historiquement, ce sont les membres élus et les membres désignés qui ont été les premiers à bénéficier de la couverture du statut protecteur. Un nombre considérable de représentants des travailleurs a ensuite été appelé à rejoindre le rang, à raison des fonctions spéciales qu'ils exercent : les représentants conventionnels, les représentants *ad hoc* (salariés mandatés pour participer à une négociation collective), les membres du comité d'hygiène, de sécurité et des conditions de travail, les conseillers prud'hommes, le conseiller du salarié, les représentants des salariés dans les procédures de redressement et de liquidation judiciaire, les médiateurs, administrateurs salariés et autres catégories statistiquement marginales ou investis de fonctions spécifiques qui ont été couvertes par le législateur par la prise en compte de l'indépendance nécessaire et inhérente à l'exercice de leur mission[1].

Il est important de distinguer la particularité des différentes catégories de salariés protégés concernées et l'étendue de la protection accordée, laquelle demeure tout autant hétérogène que la première composante. Celle-ci est notamment définie en fonction de la durée de la protection, de la nature de la fonction représentative, de la période de la protection, *ante* ou *post* mandat[2]. La situation est loin d'être constante en la matière. En guise d'explication, souvent, la différence de fonction entre délégués élus et délégués syndicaux est invoquée par rapport à la mission des autres représentants des travailleurs. Ces derniers aussi, de leur côté, défendent les droits et les intérêts des travailleurs, bien que par voie différente. On ne peut le nier ; qui plus est, l'élargissement progressif – par le législateur – du régime exceptionnel de protection des représentants des travailleurs à leur profit se justifie par la prise en compte de cette réalité. La solution ne surprend guère même si, il faut le

---

[1] Ibid.

[2] J. BLAISE, « La protection des candidats aux fonctions de représentants du personnel », *JCP* G 1961, I 1639.

remarquer, l'enjeu des missions dont ils sont investis est d'une moindre portée que celle des représentants historiques.

2. La prise en compte de la particularité

447. L'intégration de la particularité des contrats des représentants des travailleurs dans l'établissement du statut protecteur emprunte, pour beaucoup, à l'activité jurisprudentielle[1]. Ce sont les juges qui ont, en priorité, dans l'exercice de leur mission de concrétiser le droit par voie de règlement des litiges leurs étant soumis, été amenés à établir la connexion logique pertinente entre ces deux éléments. Précisément, les hauts magistrats avaient estimé qu'il existe assurément une relation d'interdépendance entre la réalisation des libertés collectives des travailleurs et la protection des représentants du personnel. Est-il nécessaire de compléter que cette interconnexion qui, au demeurant, a permis d'établir un statut protecteur aux représentants du personnel français, s'est réalisée devant les juges de façon progressive. Deux temps peuvent être distingués : le premier, caractérisé par la socialisation de la jurisprudence de la Chambre criminelle de la Cour de cassation, contraste avec la position de l'époque de son homologue de la Chambre sociale ; le second, constitué par la pénalisation du droit du travail – à l'effet d'accroitre la protection des représentants du personnel et d'œuvrer à l'accomplissement effectif des droits constitutionnels des travailleurs – a ensuite pris le relais.

[1] Nonobstant, il est vrai, l'intervention initiale du législateur pour offrir de telle protection, notamment avec les ordonnances de 1945 et de 1946 que l'on a préalablement mentionnées... La volonté du législateur aurait été moins réelle que virtuelle si la détermination des juges ne l'avait pas relayée voire entérinée, pour faire en sorte que ce qui a été donné aux représentants du personnel par une main ne soit pas repris par une autre, ou en tout cas ne se montre pas insignifiant ; J. BORRICAND, « Donner et reprendre ne vaut, réflexions sur quelques décisions « sociales » récentes de la Chambre criminelle », *D.*, 1980, chron., 323.

a. La « socialisation » de la jurisprudence de la Chambre criminelle

448. En matière de protection du droit des représentants des travailleurs et de la construction de leur régime spécial, « ce qui fait la singularité de la chambre criminelle, et surtout la distingue de la chambre sociale, c'est la mission qu'elle remplit, mieux encore, la manière dont elle l'accomplit »[1]. Car, mais l'aveu ne vient pas de nous : les aptitudes de la Chambre criminelle à promouvoir et à préserver la performance du droit du travail paraît être plus prononcées que celles de la Chambre sociale[2] ; « depuis plus de vingt ans, une même leçon est répétée : la chambre criminelle de la Cour de cassation serait plus sociale que sa chambre sociale, au point qu'elle aurait mérité l'appellation qu'a reçue la chambre à laquelle on l'oppose »[3].

« Ce disant, on prétend que la chambre criminelle est plus soucieuse que la chambre sociale de donner un effet utile aux textes, de leur conférer tous les sens que autorise leur formulation et ainsi de protéger les prérogatives reconnues par la loi aux salariés et institutions représentatives. Si tel est le cas, la chambre criminelle remplit une fonction essentielle, une fonction normative que la chambre sociale, de son côté, n'exercerait pas ou, au moins, pas aussi pleinement. Surtout si tel est le cas, le droit pénal occupe une place originale, car il rend possible le jeu de cette fonction normative ; l'importance pratique du droit pénal provient, pour une part, de l'interprétation qu'il permet de donner aux règles du droit du travail »[4].

La véracité de ces propos à caractère historique (dont l'intérêt fut réactivé lors des récents arrêts *Page jaune*[5]), peut être sujette à caution. Surtout si l'on prend en compte le temps conditionnel employé dans l'expression des idées. Mais le doute est sitôt balayé quand l'on sait que, en France, c'est le juge criminel qui a élargi la protection pénale à des droits reconnus par la loi mais dont l'exercice était règlementé par les normes conventionnelles ; c'est la chambre criminelle qui, pour la première fois, a jugé que le délit d'entrave était constitué en cas de

[1] A. LYON-CAEN, « Sur les fonctions du droit pénal dans les relations du travail », *Dr. soc.*, 1984, p. 439.
[2] Ibid.
[3] Ibid.
[4] Ibid.
[5] Soc. 11 janvier 2006.

méconnaissance des prérogatives des représentants du personnel ; les marques d'une volonté subversive pouvaient, au demeurant, s'observer dans cette jurisprudence[1].

Plusieurs décisions de la Chambre criminelle témoignent de cette subversion et audace dont les juges ont fait preuve pour lesquelles, longtemps durant, on leurs rendra hommage. Ainsi en est-il de la décision du 25 octobre 1968 qui fit pénétrer la notion de *voie de fait* dans la branche du droit du travail, dans l'unique but d'accroitre la protection des représentants du personnel[2] : on sait qu'à l'origine la notion de *voie de fait* est propre au droit administratif et se définit comme *une violation grossière de la loi ou des principes juridiques existants, qui porte atteinte à une liberté publique fondamentale ou à un droit de propriété*[3] ; on sait aussi qu'il y a en droit pénal une règle cardinale selon laquelle *« aucune infraction ne peut être créée par une règle de droit non écrite »*[4], elle-même tirant sa source des dispositions de la déclaration de 1789, précisément, de son article 8 qui proclame que *nul ne peut être puni qu'en vertu d'une loi établie et promulguée antérieurement au délit, et légalement appliquée.*[5] Les juges criminels, dans le dessein de promouvoir efficacement la protection des libertés collectives des travailleurs – par l'élaboration du statut protecteur de leur représentant –, prirent à contre courant ces deux règles de base. Ils décidèrent d'irriguer, pour la première fois, le droit du travail de la notion de *voie de fait* mais aussi, d'y déduire les éléments qui permettent de conclure à la commission de l'infraction par l'employeur en cas d'entrave à la mission représentative[6].

En ce sens, ils dégagèrent le caractère continu de l'infraction commise par l'employeur, refusant de réintégrer le salarié protégé dont

---

[1] Il semble en outre qu'on puisse remonter l'origine de cette jurisprudence novatrice de la chambre criminelle à l'arrêt du 14 févr. 1978 ; *D.* 1978 *IR* 384 obs. J. PÉLISSIER ; *Dr. soc.* 1979. 172 note J PRADEL : *Dr. ouvr.*, 1979.344.

[2] *D* 1968, 706. Décision rendue en chambre mixte par une formation juridictionnelle dont ne peut ignorer la particularité, ce qui illustre davantage l'évolution contrastée – le doyen VERDIER emploie l'expression de « jurisprudence déchirée » – de la Chambre sociale et de la Chambre criminelle.

[3] Cf. J.-M. VERDIER, Syndicats, in *Traité de droit du travail,* dirigé par G.H. CAMERLYNCK, T.V., n°212.

[4] A. DECOCQ, *Droit pénal général,* p. 67.

[5] Cf. texte.

[6] A. SUPIOT , *Le juge et le droit du travail,* Thèse Bordeaux I, 1979, p. 488.

l'autorisation de licenciement avait été refusée par l'inspecteur du travail. Ils le firent, d'abord, dans l'affaire *Rada,* par le recours au délit d'entrave[1] et ensuite, dans l'arrêt *Meyer,* à travers la nécessité d'établir le lien entre le travail effectif du représentant et son mandat, de sorte que l'employeur qui lui verse le salaire tout en lui refusant le travail effectif commet malgré tout l'infraction[2].

449. Quant à la chambre sociale, même si elle s'aligna sur la position protectrice érigée – *a priori* en solitude – par la chambre criminelle, il n'est cependant pas possible de soutenir que sa démarche était totalement extérieure à la protection des représentants du personnel[3]. Son implication fut également indispensable au moment où la première fit la démonstration d'un exercice autonome et subversif du pouvoir juridictionnel qui lui est dévolu pour contrer les procédés de délinquance patronale[4]. Ces propos doivent toutefois être rapprochés de l'affirmation selon laquelle « *les délits d'atteinte ou d'entrave aux fonctions des représentants du personnel interprétés par la chambre criminelle continue d'affirmer leur autonomie par rapport aux principes généraux du droit pénal et de caractériser une nouvelle tendance relative à la pénalisation croissante du droit du travail* »[5].

---

[1] Rada, Cass. Crim. 28 mai 1968 : *D* 1969, 471, note J.-M. VERDIER ; *JCP* 1968, 84669.

[2] Meyer, Cass. Crim. 3 juillet 1968 : *D.* 1969, 597, note J.-M. VERDIER ; *JCP* 1968, éd. G II 15605 ; éd.CI, 84748.

[3] On en veut pour preuve l'entêtement de sa position dans l'affaire *Abisse* dans laquelle elle estima que le contrat d'un représentant du personnel irrégulièrement licencié est malgré tout effectivement rompu alors que, ce faisant, elle s'obstinait à ne pas à tirer les conséquences concrètes découlant de sa propre constatation, ainsi que le nota M. le professeur VERDIER ; les juges de la chambre sociale considère que le contrat est rompu à tort de l'employeur mais n'octroie que des dommages et intérêts au salarié protégé et non pas la réintégration demandée par lui laquelle correspondait à la constatation relative à la violation du mandat. Or il faut souligner qu'au même moment la Chambre criminelle tirait déjà une telle conséquence et conférait une telle protection aux représentants du personnel.

[4] J.-C. JAVILLIER, rapport au 2ème colloque organisé par la commission de droit social du S.A.F. *La délinquance patronale,* 10 décembre 1977, doc. ronéo, p 31.

[5] Y. REINHARD, obs. *D* 1983 *IR* 167. Dans le même sens : J.-C. JAVILLIER, *Dr. soc.,* 1975, 375 ; M. COHEN, *Rev. prat. dr. soc.,* 1977, 13 ; . J. PÉLISSIER, obs. *D.* 1979 *IR* 427.

b. La pénalisation du droit du travail

450. Les arrêts *Fleurence*[1] et *Robert*[2], le premier rendu par la chambre criminelle, le second par la chambre sociale, marquent le tournant majeur à partir duquel s'est harmonisée quelque peu la jurisprudence de ces deux chambres, permettant à la seconde de s'aligner sur la position de la première[3]. Mieux que de consacrer cette avancée, ces décisions résonnent dans le champ des spécificités du juge pénal : à cette époque, au travers de la politique de la chambre criminelle, l'une des fonctions majeures dévolues au droit pénal dans les relations de travail ressortait de l'activité des magistrats ; la vocation pédagogique des outils juridiques de la branche du droit répressive (sur le chemin de la réalisation des droits des travailleurs) fut davantage comprise et intégrée[4].

451. En vérité, la politique est simple. Elle se caractérise par la mise à disposition du droit pénal au service de l'établissement du statut protecteur des représentants du personnel. Elle est constituée, à travers la prise en compte effective de la particularité des contrats des délégués syndicaux et des membres élus, par le recours à un mécanisme nouveau de *pénalisation du droit du travail.* Son objet se manifeste par le redéploiement de la sanction pénale, aux fins de protéger le statut des représentants des travailleurs. Un tel redéploiement se justifiait, pour trois raisons.

D'abord parce que la *sanction pénale est une nécessité,* caractérisée par l'élément de coercition par le biais duquel s'obtient le respect de la règle de droit, ce qui est davantage indispensable lorsqu'une telle règle est directement en rapport avec des libertés fondamentales[5]. Signe d'un

---

[1] Du 10 décembre 1970, *JCP* 1971 II 16862, 1ère espèce.

[2] Du 25 novembre 1970, *JCP* 1971 II 16882, 2ème espèce ; *Dr. soc.* 1971, 277.

[3] « Les arrêts Fleurence et Robert paraissent tous les deux se situer au niveau de la défense des libertés, bien que par des voies différentes. La chambre sociale, dans le second, semble sortir du domaine purement contractuel et cesse de se borner à ajuster le régime spécial de la protection du représentant à la relation employeur-salarié, pour considérer avant tout l'institution représentative, comme le fait la chambre criminelle. », J.-M. VERDIER, « Du contrat au statut et du droit individuel aux libertés publiques », *op. cit.* p. 43.

[4] A. LYON-CAEN, « Sur les fonctions du droit pénal dans les relations de travail », *op. cit.,* p. 441.

[5] P. DURAND, R. JAUSSAUD, *Traité du droit du travail,* t. 1., Dalloz 1947, n°194.

aboutissement heureux, le pouvoir de coercition joue un rôle essentiellement dissuasif et incitatif au respect des textes juridiques. C'est pourquoi il est opportun de tempérer certaines critiques, voyant dans la sanction pénale une *punition* ou une prescription principalement répressive et non préventive[1].

Ensuite parce que *la sanction pénale est un mal,* au demeurant facilement saisissable par la mesure de réparation infligée ou susceptible de l'être à l'employeur ou à toute autre personne qui contreviendrait à la règle établie. Il n'est pas nécessaire d'insister sur le fait qu'une telle peine, pécuniaire ou physique, matérielle ou morale, peut freiner sinon décourager la formation voire la maturation des relations de travail. Son encadrement était dès lors indispensable.[2]

Enfin parce que *la sanction pénale est un mal nécessaire* qui oblige à établir une articulation entre deux composants : la *nécessité* et le *mal.* L'un ne doit pas être altéré par l'autre au risque de voir soit la nécessité devenir mal, soit le mal se déployer en nécessité. Le besoin louable de prendre en compte la particularité des contrats de travail des représentants du personnel (ce qui est une nécessité) ne doit pas constituer un frein ou un obstacle à la création de l'emploi ou au développement de l'entreprise (ce qui est un mal). De la même manière, la volonté tout autant louable de ne pas créer de tel frein ou de tel obstacle qui pourrait décimer les relations contractuelles (il s'agit de la nécessité), ne peut conduire à hiérarchiser les droits fondamentaux et à subordonner les libertés collectives des travailleurs aux droits dits

---

[1] « La sanction pénale est une *nécessité.* C'est la force des dispositions du droit du travail, jointe à l'attitude de leurs destinataires patronaux, qui fonde une nécessité. La sanction pénale s'impose pour éviter que la résistance ou la subtilité des employeurs ne ruine l'efficacité des règles d'ordres publics », A. LYON-CAEN, « Sur les fonctions du droit pénal dans les relations de travail », *op. cit.,* p. 438.

[2] « La sanction pénale est un *mal.* Les considérations présentées à ce titre sont toutes stimulantes, mêmes si elles semblent difficilement vérifiables. La sanction pénale, soutient-on, nuit au développement même des relations professionnelles : au lieu de faire du chef d'entreprise, un interlocuteur, un contradicteur sur lequel des pressions doivent être exercées, elle le désigne comme un délinquant. L'employeur a besoin d'être contraint non pas d'être disqualifié », ibid.

A juste titre ainsi que le formule subtilement le professeur LYON-CAEN, il est vrai que la personne qui offre le travail constitué par l'employeur n'a pas besoin ni d'ailleurs d'être « disqualifié » ou d'être « contraint ». Mais est-ce à dire qu'il faudra abandonner la fonction de protection des droits des travailleurs pour ce faire. Devra-t-on donner quitus en ce fondement aux différentes théories d'hiérarchisation des droits des travailleurs ?

classiques (il s'agit du mal)[1]. C'est donc à un sérieux dosage qu'il convient de s'adonner[2].

Les représentants des travailleurs exercent une mission recouvrant la nécessité de leur accorder une protection minimale afin qu'elle soit menée à bien, une mission dont l'objet est, d'une certaine façon et à certains égards, en conflit avec l'exercice du pouvoir patronal, « traditionnellement présenté comme fondé sur la propriété et le contrat (subordination juridique) »[3]. « L'entreprise étant, comme on l'a vu, le siège d'un pouvoir reconnu et encadré par le droit du travail, il est logique, dans une société régie par le principe démocratique, qu'elle accueille également une représentation des salariés qui la composent permettant à ceux-ci d'exercer le droit, constitutionnellement affirmer, de participer à la gestion (préambule constitutionnel de 1946 auquel renvoie la constitution de 1958 actuellement en vigueur) »[4].

Aux fins de permettre la réalisation de ce droit fondamental et plus globalement de tous les autres dont bénéficie le travailleur, M. le professeur VERDIER fut, de longue date, amené à faire comprendre la nécessité d'établir un régime dérogatoire de protection des représentants du personnel. Des garanties devaient être mises en place, non pas vraiment à leur profit, mais surtout et réellement dans l'intérêt de tous les membres de la communauté des travailleurs quant à l'effectivité des droits consacrés par les constituants.

B. DU STATUT AUX LIBERTÉS COLLECTIVES

452. Il était à vrai dire indispensable pour la compréhension de l'analyse subséquente, de faire ressortir l'intérêt de la dimension historique de la question de l'établissement du statut protecteur des représentants du personnel. Le rappel chronologique de l'évolution

---

[1] Ce qui est loin d'être une hypothèse d'école ainsi que nous le vîmes dans nos développements précédents.

[2] « La sanction pénale est un *mal nécessaire*. On devine sans peine où cette thèse s'enracine : l'abandon de la sanction pénale est souhaitable mais il est prématuré. *Il serait dangereux de vouloir trop tôt se dépouiller du seul moyen de rendre effectives les mesures de protection que le législateur a instituées au profit des travailleurs » ; ibid.*

[3] A. COEURET, B. GAURIAU, M. MINÉ, *Droit du travail*, Sirey, *op. cit.*, p. 69.

[4] Ibid., p. 101.

contrastée – sinon déchirée[1] – de la jurisprudence de la chambre sociale et de la chambre criminelle quant aux garanties accordées aux représentants des travailleurs dans l'exercice de leur mission allait de soi. Car aussi regrettable[2] que cela puisse paraître, somme toute, il y avait une explication : « la chambre sociale se *situait* effectivement sur le terrain du contrat de travail et sur le terrain de la protection de l'autorité patronale découlant du lien de subordination du salarié, alors que pour la chambre criminelle il *s'agissait* de protéger des libertés collectives …qui seraient dans l'entreprise le prolongement *des grandes libertés publiques* »[3].

Mais il serait erroné de penser que l'intervention de la Chambre mixte dans l'arrêt *Detoeuf* était venue clore le débat – de sourds – engagé entre les Chambres criminelle et sociale. Ni cette décision, ni les arrêts *Fleurence* et *Robert* dans leur portée, quand bien même notoire et empreinte d'une « avancée majeure », n'avaient réussi à harmoniser la jurisprudence de la Cour de cassation sur le statut protecteur des représentants du personnel. Il fallut atteindre un tournant majeur pour que soit définitivement établi le lien entre d'une part, la protection du statut des représentants du personnel par la prise en compte de la particularité de leur contrat de travail et d'autre part, la réalisation des droits constitutionnels des travailleurs représentés (2). Ce tournant majeur fut constitué par les arrêts Perrier qui, une fois de plus, obligèrent la formation mixte à se réunir pour départager la chambre criminelle et la chambre sociale en apportant une nouvelle pierre à l'édifice du statut protecteur des représentants des travailleurs (1).

1. Le « tournant majeur » du statut protecteur

453. Pour Mme la professeure SINAY, experte sous la plume de laquelle a été rédigée une chronique se rapportant à l'objet de ces décisions, les arrêts Perrier marquent un « tournant majeur du droit du travail » et non limitativement un « tournant majeur » du statut

---

[1] Pour reprendre le mot de M. le professeur VERDIER.

[2] Selon une autre expression consacrée par le même auteur

[3] Travaux du colloque : rev. prat. dr. soc. mai – juin 1970, n°301-302, intervention de M. Murier, p 119-120.

protecteur, en dépit de la nature des faits relatifs au statut protecteur[1]. De ces propos, il ressort le poids des libertés collectives des travailleurs dans le champ du droit du travail, tant celles-ci constituent la raison d'être de celui-là. Il est acquis que le droit du travail a été créé dans le dessein de réduire le déséquilibre existant entre le travailleur et l'employeur[2]. Ce but, l'effectivité des libertés collectives des travailleurs – qui s'obtient par le biais de la couverture des salariés exerçant un office représentatif – permet de s'y rapprocher. C'est pourquoi les libertés collectives des travailleurs doivent être effectivement protégées, ainsi que la Haute juridiction judiciaire s'y est employée dans les arrêts Perrier, dont la portée et la postérité méritent d'être saisies dans toutes ses dimensions.

a. Les arrêts Perrier

454. Les faits sont relativement simples, comparés à d'autres. Dans certaines usines Perrier situées à Vergèze, une grève avait éclaté avec occupation des locaux. Par la suite, l'employeur décida d'engager devant le tribunal d'instance de Nîmes des actions en résiliation judiciaire des contrats de travail de dix représentants du personnel impliqués dans le mouvement social. À leur tour, ceux-ci ripostèrent en invoquant, devant le tribunal correctionnel, un délit d'entrave commis par l'employeur, sur le fait d'avoir mis en jeu l'action en résiliation judiciaire. Pendant que le juge correctionnel relaxait l'employeur – en qualifiant la plainte portée contre lui d'extravagance judiciaire – la juridiction d'instance sursoyait à statuer sur l'action prud'homale, au demeurant en toute logique procédurale. En des propos plus mesurés, la Cour d'appel de Nîmes confirma le jugement correctionnel. Un pourvoi fut formé en cassation contre la décision de relaxe. Au même moment, dans la procédure prud'homale, le tribunal d'instance de Nîmes prononça effectivement la résiliation du contrat de travail de certains représentants du personnel. Ceux-ci firent appel des jugements devant la Cour de Nîmes qui, également, à son tour, décida de sursoir à statuer tant que les procédures d'ordre public prévues pour le licenciement des représentants du personnel ne seraient pas observées. Mais cette dernière assortit sa décision d'un délai d'un mois octroyé à l'employeur pour saisir les

[1] H. SINAY, « Un tournant du droit du travail, les arrêts Perrier », *D* chron. P 235.
[2] A. SUPIOT, « Pourquoi un droit du travail ? », *Dr. soc.*, 1990, p. 229.

organismes compétents, ce qui augurait de la poursuite certaine de la procédure indépendamment de la décision du comité d'entreprise ou de l'inspecteur du travail d'autoriser ou non les licenciements concernés. Bref, la *contradiction des motifs* était patente.

La question était relative au périmètre du pouvoir patronal en matière de rupture du contrat de travail du représentant du personnel : pouvait-il demander la résiliation judiciaire du contrat des salariés protégés devant le juge en contournant les dispositifs législatifs de consultation préalable du comité d'entreprise ou d'autorisation de l'inspecteur du travail ? L'article 1184 du Code civil devait-il s'appliquer aux salariés protégés ou en étaient-ils extirpés ?

Les hauts fonctionnaires décidaient de répondre en formation mixte parce que, ainsi que le souligna le Procureur chargé de l'affaire, Adolphe TOUFFAIT, « cette question de principe est en effet très importante car elle fait l'objet de conflits relativement nombreux ; c'est ainsi que, de 1960 à 1973, votre chambre sociale a rendu dans ces affaires de licenciement de personnel protégé 146 arrêts et votre Chambre criminelle 39 arrêts publiés. Or l'analyse de ces arrêts montre qu'entre eux ont existé d'abord une opposition fondamentale qui s'est ensuite atténuée en divergence mais qui constitue toujours, pour reprendre l'expression d'un auteur, une jurisprudence déchirée... »[1]. Selon le Procureur général, cette formation était indispensable pour que, dorénavant, « un acte réprimé pénalement ne soit pas, dans le même temps, considéré comme valable, selon la chambre de la Cour de cassation où le litige aboutit »[2].

Saisissant l'occasion avec les arrêts Perrier, les juges consacrent, de manière ferme, l'autonomie du droit du travail – à l'égard des représentants du personnel[3] ; ils ont affirmé l'illicéité du recours à l'article 1184 jointe à l'irrecevabilité de l'action en résiliation judiciaire[4], pour définitivement entériner – sur ce terrain au moins –[5] le divorce entre les règles de droit commun de rupture du contrat de travail et celles applicables aux salariés exerçant une mission représentative.

---

[1] Concl. TOUFFAIT, *D* 1974, p. 593.
[2] Ibid.
[3] H. SINAY, « Un tournant majeur du droit du travail : les arrêts Perrier », *op, cit.,* p. 236
[4] Ibid.
[5] Ibid.

On se souvient de *l'attendu de principe*, rapidement devenu style : « les dispositions législatives soumettant à l'assentiment préalable du comité d'entreprise ou à la décision conforme de l'inspecteur du travail le licenciement des salariés légalement investis de fonctions représentatives, ont institué, au profit de tels salariés et dans l'intérêt de l'ensemble des travailleurs qu'ils représentent, une protection exceptionnelle et exorbitante du droit commun qui interdit, par la suite, à l'employeur de poursuivre par d'autres moyens la résiliations du contrat du travail »[1].

b. Portée des arrêts Perrier

455. Sans les inscrire dans leur historicité (qu'il convient de situer dans le prolongement de l'arrêt *Detoeuf),* les enseignements pratiques des arrêts *Perrier* seront difficiles à saisir. En effet, tous concernent la possibilité de résiliation du contrat de travail des représentants du personnel. En même temps, ils traitent des obligations incombant à l'employeur en cas de rupture de leur contrat de travail. L'idée sous-jacente à la motivation de ces décisions ne fait guère de doute[2] : faire passer la défense des droits des travailleurs devant la logique contractuelle de protection de l'autorité patronale découlant du lien de subordination du contrat de travail des représentants du personnel[3]. Dans ces arrêts, la Cour régulatrice avait été animée par une préoccupation essentielle de défense du statut protecteur des représentants du personnel au bénéfice de la réalisation des libertés collectives des travailleurs. Pour ce faire, il fallut passer par le chemin de l'établissement d'un régime spécial de protection dérogatoire de droit commun, également qualifié d'exceptionnel et d'exorbitant par les hauts magistrats[4].

Sauf que, et c'est là l'intérêt de la précision quant à la portée des arrêts *Perrier,* la défense des représentants du personnel n'était nullement assurée de la même manière, selon qu'elle se rapportait à l'une ou l'autre

---

[1] *Les grands arrêts du droit du travail, op. cit.*, p. 689.

[2] J. L.COSTA, « La jurisprudence de la Chambre criminelle et l'élaboration d'un ordre public et économique et social », in *Mélanges Patin,* Cujas, 1964, p. 65.

[3] J.-M. VERDIER, « Du contrat au statut et du droit individuel aux libertés publiques », *op. cit.,* p. 43.

[4] Cf. Arrêts Perrier.

des décisions de la chambre mixte de la Cour de cassation. Par le biais des arrêts *Perrier,* la Cour de cassation avait définitivement sonné le glas de l'action en résiliation judiciaire du contrat de travail des salariés protégés[1]. À partir d'eux, l'employeur était tenu de passer par l'unique voie de l'assentiment préalable du comité d'entreprise ou de la décision conforme de l'inspecteur du travail pour mettre fin au contrat de travail d'un salarié investi de fonction représentative.

Or il n'en était nullement ainsi auparavant ; il est par exemple donné de le voir avec l'arrêt *Detoeuf* qui, en aucun cas, ne déniait à l'employeur la possibilité d'emprunter la voie de résiliation judiciaire pour rompre le contrat de travail des représentants du personnel mais se contentait simplement, tel l'assurance d'un service minimum, d'exiger de lui une soumission à la décision de l'inspecteur du travail. Bien sûr, et nous l'avons précédemment souligné, c'est l'arrêt *Detoeuf* qui, pour la première fois, utilisait la notion de *voie de fait* pour sanctionner les délits d'entraves commis par les employeurs qui refusent de s'incliner devant les décisions de l'inspecteur du travail[2]. Par ailleurs on se souvient que l'arrêt du 25 octobre 1968 fut si retentissant qu'un colloque portant sur l'objet du problème qu'il soulevait lui fut consacré : ambigüités et équivoques autour de la résiliation judiciaire du contrat de travail des représentants du personnel irrégulièrement licenciés[3]. Sur ce point, à n'en point douter, la contribution substantielle apportée par cette décision sur le chantier de la construction du statut protecteur des représentants du personnel était notoire. L'employeur qui, cependant, se trouvait *a priori* privé de la faculté unilatérale de résiliation du contrat de travail[4] des représentants du personnel, était nanti, depuis 1952, d'une technique de remplacement lui permettant de parvenir aux mêmes fins[5], ce qui

---

[1] H. SINAY, « Un tournant du droit du travail : les arrêts Perrier », *op. cit.,* p. 236.
[2] Décision dont la teneur de la solution se présentait en ces termes : « Le délégué du personnel d'une entreprise dont le licenciement n'a pas reçu l'accord de l'inspecteur du travail, et qui s'est trouvé empêché de travailler uniquement par une voie de fait de son employeur, lequel lui a interdit l'entrée de l'usine, rempli les conditions légales de travail dans l'entreprise pour être inscrire sur la liste électorale et pour être éligible aux élections des délégués du personnel ». ; *D* 1968, p. 706.
[3] Un colloque qui se tint en avril 1970 sur *La réintégration des délégués irrégulièrement licenciés, op. cit.,* n°301-302.
[4] H. SINAY, « Un tournant du droit du travail : les arrêts Perrier », *op. cit.,* p. 236.
[5] Ibid.

aboutissait précisément au résultat inverse[1] et laissait subsister des dérives[2].

456. C'est donc de bon ton – et aussi de bon augure – que la chambre mixte a définitivement fixé les règles en 1974, extrayant la résiliation du contrat de travail des représentants du personnel des prescriptions de droit commun de cessation du travail. Par cette occasion, le recours fait par l'employeur sur le fondement de l'article 1184 devenait proscrite, peu important que celui-ci ait au préalable sollicité une autorisation que l'inspecteur du travail lui aurait refusé. Ce faisant, les hauts magistrats ont fait un pas de plus (mais sans doute le plus déterminant) dans la reconnaissance du lien existant entre le régime de protection exceptionnelle et dérogatoire des représentants du personnel et l'exercice effectif des libertés collectives des travailleurs.

2. Le lien entre le statut protecteur et la protection des libertés collectives des travailleurs

457. Ainsi que le rappelle la Cour de cassation dans les arrêts *Detoeuf* et *Perrier* – et dans bien d'autres ayant précédé ou suivi[3] – l'instauration du statut protecteur profite, sans conteste, à la fonction représentative

---

[1] Ibid.

[2] En atteste : Soc. 13 oct. 1971, *JCP* 1972 II 17080 note G. POULAIN. Soc. 14 juil. 1972, *JCP* 1972, II 17275 note G. LYON-CAEN. Ainsi avait-on constater que le jeu de l'article 1184 – par lequel l'employeur pouvait rompre le contrat du représentant en demandant l'autorisation préalable de l'inspecteur ou, en dépit de l'autorisation négative de ce dernier, de recourir à la justice même si cette deuxième voie ne lui évitait pas une condamnation pénale pour entrave – permettait à l'employeur de contourner les règles du statut protecteur. Puisque, « la jurisprudence n'exigeait même plus la preuve de la faute du délégué pour prononcer la résiliation judiciaire. Celles-ci était prononcée pour motifs économiques lorsque la résiliation du contrat de travail est *empêchée par force majeure*, permettant d'englober dans les licenciements collectifs les délégués dont le service était supprimé, bien que l'inspecteur du travail ait refusé l'autorisation préalable », H. SINAY, « Un tournant du droit du travail : les arrêts Perrier », *op. cit.*, p. 236

[3] Notamment dans les arrêts *Fleurence*, *Robert* et *Revet-Sol* à propos desquels M. le professeur VERDIER affirme qu'ils « ne se bornent pas à maintenir ou à prolonger la jurisprudence antérieure de la Cour de cassation, au demeurant peu homogène » ; « Du contrat au statut et du droit individuel aux libertés publiques », *op. cit.*, ibid.

élective ou syndicale, en premier ; autrement dit, ce sont les représentants du personnel qui en bénéficient d'abord ; mais la technique ne doit pas faire perdre de vue la finalité. En bout de course, elle vise à protéger les collectivités de travail et à concrétiser leurs libertés fondamentales, lesquelles se trouveraient notoirement fragilisées et précarisées face à des représentants du personnel ne bénéficiant d'aucune garantie dans l'exercice de leur mission. Il est maintenant banal de rappeler qu'une telle mission recouvre, en vue de son efficacité, une moindre liberté et sécurité par rapport à l'employeur[1]. L'instauration du statut protecteur constitue le moyen qui permet aux représentants du personnel de jouir de cette liberté et sécurité, dans le prolongement desquelles s'obtient la protection des libertés collectives des travailleurs.

a. La liberté et la sécurité apportées par le statut protecteur

458. La proximité est évidente. C'est un truisme de dire qu'il faut sortir de l'ornière contractuelle et offrir une indépendance effective aux membres élus et aux membres désignés pour le rayonnement des droits fondamentaux de tous les travailleurs. Ce n'est pas en tant qu'individu que le représentant du personnel doit être protégé, en qualité de salarié particulièrement menacé, mais en tant que porte-voix des travailleurs. C'est aux droits de ceux-ci que portent atteinte toutes violations de son statut. La prépondérance du mandat sur le contrat de travail devient dès lors de l'évidence[2]. Cette logique, les juges de la Chambre sociale allaient finir par la suivre, cessant de se borner à ajuster le régime de protection spécial des représentants du personnel à la relation employeur-

[1] « Pour comprendre la progression des droits de l'homme en droit du travail, il faut aussi souligner que le salarié ordinaire qui exerce un droit fondamental doit bénéficier d'une protection exceptionnelle car il représente les autres. Il importe de bien noter qu'au-delà du statut particulier attaché à telle ou telle personne, l'enjeu est avant tout le respect d'un droit fondamental, le respect des droits de l'homme qui dépasse l'intérêt d'un salarié particulier. La violation d'un droit de l'homme concerne l'ensemble des travailleurs car la victime potentielle symbolise les libertés fondamentales reconnues à chacun » ; B. BOSSU, « Droits de l'homme et pouvoirs du chef d'entreprise : vers un nouvel équilibre », *op. cit.*, p. 749.

[2] « Du contrat au statut et du droit individuel aux libertés publiques », *op. cit.* ibid.

travailleur, pour considérer avant tout la fonction représentative et les exigences de liberté et de sécurité qui lui sont afférentes[1].

« La protection et les garanties sont destinées à assurer au détenteur d'une fonction représentative la *liberté* indispensable à son exercice. L'objectif recherché est de le *libérer* de certaines entraves que rencontrent, dans les faits ou même dans le droit, les autres citoyens ou les autres salariés ; ...il s'agit de donner aux représentants élus ou syndicaux, comme aux représentants du peuple, une certaine *liberté de manœuvre* sans laquelle ils ne peuvent remplir leur mission »[2]. Qu'on le veuille ou non, un membre élu ou désigné, pour exercer son mandat, a nécessairement besoin, d'une certaine liberté et sécurité non seulement pécuniaire et matérielle mais, aussi, psychologique et morale[3].

Les délégués du personnel et les délégués syndicaux peuvent être conduits dans l'exercice de leur mission à s'opposer à l'employeur. Il s'agit là même d'une condition de bon exercice de leur mandat. Un représentant des travailleurs qui ne ferait que relayer les désirs et les intérêts de l'employeur, aux dépens de ceux de ses salariés, contreviendrait aux exigences de sa mission et serait à ce titre juridiquement fautif. Dans le but de garantir aux mandataires élus et désignés une sécurité et une liberté nécessaires à l'exercice de leur mission et dans le but de ne pas permettre à l'employeur de tenir compte des fonctions représentatives qu'ils exercent pour prendre à leur égard des mesures possibles de rétorsions, le législateur a été amené à mettre en place une procédure spéciale de licenciement constitutive d'*un régime spécial de protection exceptionnelle et exorbitante de droit commun*[4].

Les évolutions, jusque là réalisées par la jurisprudence – surtout –, ont eu pour seul et unique but de garantir aux délégués du personnel et aux délégués syndicaux cette liberté et sécurité, qui constituent des composantes essentielles et irréductibles attachées à l'accomplissement de leur fonction : il s'agit là d'une condition *sine qua none* permettant

---

[1] V. dans ce sens *: Dr. soc.* 1974, p. 454.
[2] « Du contrat au statut et du droit individuel aux libertés publiques », *op. cit.* ibid.
[3] « Du contrat au statut et du droit individuel aux libertés publiques », *op. cit.* ibid.
[4] *Les grands arrêts de la jurisprudence, op. cit.*, p. 691.

aux libertés collectives des travailleurs de ne pas injustement s'arrêter à la porte de l'entreprise[1].

b. De la protection du représentant à celle de tous les travailleurs

459. Il est parfois de méthode qui s'avère plus efficace que d'autre. Encore faudrait-il préciser celle concernée. C'est celle qui consiste à rendre compte de la nécessité de souscrire à un jeu à travers la connaissance initiale de ses enjeux. Les enjeux qui ressortent de la protection spéciale des représentants du personnel sur l'accomplissement des libertés collectives des travailleurs doivent être soulignés. Il s'agit en réalité, dans ce glissement sémantique des concepts et des évidences, d'un scénario de cercle vertueux : un statut protecteur des représentants du personnel doit être préalablement établi, ensuite, par son biais, les libertés collectives des travailleurs pourront s'exercer dans l'espace de l'entreprise.

460. Le mandat dont le représentant élu ou désigné est investi doit prédominer sur le contrat qui le lie avec son employeur[2] ; en somme, la qualité de délégué doit prévaloir sur celle de salarié[3] ; la raison est simple : la première nécessite une indépendance dans la fonction tandis que la deuxième place le délégué dans une position de subordination par rapport à l'employeur. Il est patent de voir comment les juges abondaient dans un sens similaire, à la recherche de la réalisation des libertés collectives des travailleurs par voie d'instauration du régime spécial de protection des représentants du personnel.

« Il est vrai qu'on a à juste titre posé la question de savoir si l'évocation de la *voie de fait* par la Cour de cassation contenait ou non un renvoi à la notion devenue classique en droit administratif. Mais il est difficile d'admettre que les magistrats l'aient faite sans se référer aux éléments essentiels d'une théorie aussi importante et connue. Dès lors, puisque le licenciement irrégulier du représentant élu ou syndical ne

---

[1] B. TEYSSIÉ, *Droit des relations collectives du travail, op. cit.*, p. 397.
[2] « Du contrat au statut et du droit individuel aux libertés publiques », *op. cit.*, ibid.
[3] J. PÉLISSER, *D.* 1970, p. 238.

porte évidemment pas tort à un droit de propriété privée, c'est bien à l'atteinte à une liberté publique fondamentale qu'ils ont pensé »[1].

Dans cette décision, s'il y avait *voie de fait*, c'est parce que les atteintes portées par l'employeur aux droits des délégués ont été considérées par les juges comme étant des atteintes à la liberté du personnel de s'exprimer collectivement dans l'entreprise, atteinte à une liberté fondamentale du travailleur et, plus globalement, atteinte aux libertés fondamentales de la collectivité de travail représentée[2]. Mais une ultime question se pose alors : s'il y a bien une connexion logique pertinente entre la protection spéciale accordée aux représentants du personnel et la réalisation des libertés collectives des travailleurs, peut-on en dire autant des rapports entre la protection des droits des travailleurs et la défense des intérêts de l'entreprise ? La protection des libertés collectives des travailleurs est en vérité loin de pouvoir constituer (lorsqu'elle est bien intégrée) un obstacle ou un frein au bien-être de l'entreprise ; bien au contraire, elle donne une impulsion pour son développement.

§ 2 : Du statut protecteur à l'intérêt de l'entreprise

461. On l'a vu : la construction du régime spécial de protection des représentants du personnel français ne s'est pas faite sans labeur. Les différents acteurs du droit, les juges d'abord, les législateurs ensuite (mais non les seuls), ont été obligés de mobiliser un certain nombre de moyens dont fait partie la pénalisation du droit du travail pour arriver à cette fin. Ceci conduisit à recourir à la sanction pénale qui constitue, et nous l'avons également vu, un mal nécessaire. Là est le point essentiel. Il s'agit de voir comment la sanction pénale peut rester une nécessité (pour la sécurité des représentants des travailleurs) sans devenir un mal (pour la sauvegarde des intérêts de l'entreprise).

La protection des libertés collectives des travailleurs peut, de l'évidence, s'arrimer à la préservation des avantages de l'employeur. Pour le dire simplement, à rebours des propos qui considèrent la démarche protectrice des libertés collectives des travailleurs comme un

---

[1] « Du contrat au statut et du droit individuel aux libertés publiques », *op. cit.*, ibid.
[2] Cité par le professeur J.-M. VERDIER, ibid. : *D.* 1969, 239.

frein ou un obstacle au développement de l'entreprise, on veut émettre une nouvelle hypothèse, un nouveau postulat, moins partisan ou séculaire, mais objectif et copulatif, davantage fécond quant à la combinaison des intérêts des différents acteurs présents dans l'entreprise. On formule une hypothèse qui, dans le respect du continuum juridique des droits fondamentaux, met en évidence le prolongement de la protection des libertés collectives des travailleurs dans la sauvegarde des intérêts de l'employeur (A) ce qui, une fois de plus, précarise les différentes thèses de classification des droits fondamentaux (B).

A. DU DROIT DE LA REPRÉSENTATION À L'INTÉRÊT DE L'ENTREPRISE

462. Dans le recueil des Mélanges récemment offert en l'honneur de M. le professeur VERDIER[1], un auteur, P.-G. POUGOUÉ, également expert sur l'objet des droits des travailleurs, a su mettre en évidence – avec un certain succès – la complémentarité dissimulée mais réelle de la dynamique syndicale dans les relations collectives et les enjeux du droit du travail[2]. Prenant le contrepied du postulat du frein ou de l'obstacle, il a souligné que l'un de ces enjeux réside en ce que l'existence d'une protection renforcée des représentants du personnel n'est pas sans incidence positive sur l'intérêt de l'entreprise. À la vérité, celle-ci est à la fois « protecteur du salarié, régulateur du conflit social, facteur de la performance de l'entreprise et moteur du progrès économique »[3].

Tout se passe comme si on était dans un enchaînement constant, l'intérêt de l'entreprise se consolidant par l'intermédiaire de la protection de la liberté syndicale, du droit de grève et du principe de participation, elle-même se rattachant à la solidité du statut protecteur des représentants du personnel. De manière particulièrement pertinente, ce phénomène

---

[1] En guise d'un retour plausible à l'œuvre de l'auteur aujourd'hui émérite qui du reste a été « presque tout entière construite autour de l'homme social, l'homme humilité, l'homme au travail, l'homme défenseurs de ces semblables » ; Cf. le résumé des Mélanges.

[2] P.-G. POUGOUÉ, « Nouveaux enjeux du droit du travail en Afrique noire francophone et dynamique syndicale », *in Droit syndical et droit de l'homme à l'aube du XXe siècle, Mélanges en hommage à J.-M. VERDIER, op. cit.*, p. 128.

[3] Ibid.

s'observerait et se justifierait assez facilement dans l'entreprise avec, notamment, l'essor des techniques de la responsabilité sociale de l'entreprise, susceptibles d'offrir dans l'entreprise un asile aux droits à facture collective des travailleurs.

1. L'observation de l'arrimage

463. Avec l'avènement pléthorique presque aujourd'hui devenu à la mode des études[1] portant sur les droits des travailleurs dans l'entreprise[2], rares sont celles dans lesquelles ne sont pas mises en exergue le lien – l'interdépendance pour reprendre l'expression d'un auteur – qui existe entre la garantie des intérêts de l'employeur et la consolidation des libertés collectives des travailleurs. Toutes s'accordent à procéder à une telle démonstration, à tel point que le rappel, à certains égards, pourrait s'apparenter à un pléonasme. Et pourtant[3], la démarche n'est pas itérative. Il est nécessaire de procéder à la démonstration, car ce lien – cette interpénétration – est parfois oublié(e) sinon ouvertement et vertement récusé(e). Un simple rappel suffit ; les droits à expression collective des travailleurs devraient être des "droits de nuire" (sic).

464. De quelque bord possible où on pourrait se placer, peu important les considérations personnelles manifestées, si tant est que l'on reste dans l'orbite du pur droit positif et, davantage, que l'on maîtrise les modes de fonctionnement de l'entreprise, il est difficile de ne pas souscrire à l'idée des spécialistes du droit du travail. Selon elle, la mise en œuvre des droits

---

[1] Ce qui constitue déjà en soi une forme de justification de la nécessité de rompre avec les pratiques doctrinales classiques, ayant considéré pendant longtemps les libertés collectives des travailleurs comme étant des droits de « seconde zone », des droits « subordonnés », par rapport aux droits classiques. Le caractère soudain de ce nouvel engouement s'apparente en une forme d'aveu fébrile quant à la désormais souveraine et capitale exigence de restaurer le continuum juridique des droits fondamentaux précédemment évoquée par nombre d'auteurs.

[2] Sans aucune prétention à l'exhaustivité on peut renvoyer à : I. DAUGAREILH (dir.), « Mondialisation, travail et droits fondamentaux », Bruxelles-Paris, Bruylant-LGDJ, 2005 ; M.-A. MOREAU, « Normes sociales, droit du travail et mondialisation », Paris, Dalloz, 2006, p 461 ; J.-Y. CHÉROT, T. VAN REENEN (dir.), « Les droits sociaux à l'âge de la mondialisation », *op. cit.*, ibid.

[3] L'oubli de certains principes antiques pouvant conduire à leur méconnaissance voire à leur négation.

fondamentaux dans les relations de travail ne doit pas être regardée comme une opération de réception contraignante au détriment du bénéfice de l'entreprise[1]. Conférés par les constituants, mis en place par les autorités législatives, empruntant la voie du statut protecteur, ces droits, censés profiter aux seuls travailleurs, postulent en vérité une finalité plurielle. Ils permettent également – mais, il est vrai dans le long terme – de préserver et garantir les intérêts de l'employeur qui ne témoignerait pas une hostilité particulière quant à leur prévalence dans son précarré entrepreneurial[2].

La défense par l'employeur des libertés collectives des travailleurs lui offre un intérêt, un bénéfice propre. Il n'est désormais plus question de profit exclusif, solitairement tiré par le travailleur dans la jouissance de ces droits, mais également d'avantage de l'employeur, qui voit l'image de son entreprise s'améliorer par le respect des prérogatives des personnes qu'il a sous son autorité ; il en ressort un avantage compétitif particulièrement prisé sur le marché de la concurrence. Sous un angle particulier se rapportant au droit à la sécurité sociale du travailleur, M. le professeur GAUDU se demandait dans l'une de ces contributions si ce droit-créance ne constituait pas *un seul lit pour deux rêves ?*[3]

Il est possible de mutualiser les observations en se demandant si – dans une certaine mesure – la réalisation de tous les droits sociaux n'aurait pas une finalité plurielle, d'un point de vue immédiat pour le travailleur, prospectif pour l'employeur ? On peut vraiment poursuivre la réflexion sur le point particulier des droits des travailleurs, en examinant la portée absolue de leur effectivité par delà celle relative que l'on sait bornée aux implications d'amélioration des conditions matérielles de travail dans le respect des valeurs de dignité et d'intégrité inhérentes à tous travailleurs en tant qu'être humain et non pas seulement comme une force de travail marchande. Au final on peut se demander si l'entreprise ne tire pas aussi un intérêt quelconque, quand bien même différé, du

---

[1] Pour un regard d'ensemble historique mais toujours stimulante sur la question : J. BERTRAND et B. TEYSSIÉ (dir.) *Les droits fondamentaux des salariés face aux intérêts de l'entreprise,* Aix-en-Provence, PUAM, 1994, 120 p. ; plus récemment : Ph. WAQUET, « Le pouvoir de direction et les libertés des salariés », *Dr. soc.,* 2000, p. 1052.

[2] I. MEYRAT, *Droits fondamentaux et droit du travail, op. cit.,* 373 p.

[3] F. GAUDU, « La sécurité sociale professionnelle : un seul lit pour deux rêves ? », *Dr. soc.* 2007, 393.

concours qu'elle pourrait – et devrait – apporter à la réalisation des libertés collectives des travailleurs qu'elle abrite ?

Bref, on cherche à savoir si les libertés collectives des travailleurs, parfois qualifiées des droits-créances ne peuvent pas constituer un seul lit pour deux rêves. D'abord pour le travailleur, à qui ces droits sont en principe conférés, et dont le souhait est de ne pas voir le rêve s'évanouir dans la lie des difficultés de protection des droits à caractère social. Ensuite pour l'employeur, dont l'entreprise pourrait, à son tour, tirer profit de l'adoption dans son espace d'une politique de compromis entre la rentabilité économique et le respect de la dignité humaine de l'homme au travail.

Ce postulat, autrefois, vite qualifié d'angélique, sinon crédule, est davantage pris au sérieux de nos jours. En attestent les conclusions, précédemment citées, des récentes études portant sur son objet. Sans doute, il existe un rapport entre le statut protecteur des représentants du personnel (dont la réalisation des libertés collectives des travailleurs constitue la fonction) et la défense des intérêts de l'employeur (pour qui le respect de ces prérogatives ne peut constituer *in fine* ni un frein ni un obstacle). En définitive, ces questions conduisent à étudier les conditions où le respect par l'employeur des libertés collectives des travailleurs pourrait constituer une stratégie de développement pour l'entreprise. Aussi est-il possible, en poursuivant la métaphore de M. le professeur GAUDU, d'émettre l'espoir de voir qu'un jour ce postulat d'un seul lit pour deux rêves puissent devenir un seul rêve pour deux réalités.

465. Le temps n'est pas éloigné lorsque nombre d'auteurs se réunissaient autour d'une Table ronde (sous l'égide de l'ONU) pour lever le voile sur une corrélation trop souvent ignorée – ou déniée – mais non moins effective et réelle, relative aux différentes stratégies de développement de l'entreprise et à la réactualisation des droits à expression collective des travailleurs. En effet, les travaux de ce colloque ont offert aux participants l'occasion de préciser, une bonne fois pour toutes, la finalité plurielle de la réalisation des droits sociaux au rang desquels figurent, faut-il encore le préciser, les libertés collectives des travailleurs. En s'appuyant sur la nécessité de restaurer le statut protecteur des représentants élus et désignés, lequel constitue le moyen d'exercice non seulement des libertés collectives mais aussi des autres droits fondamentaux des travailleurs dans l'entreprise, les auteurs ont démontré avec une particulière minutie comment l'adhésion de l'employeur aux valeurs respectueuses de l'intégrité humaine des personnes-salariées se transforme en stratégie de prospérité, d'expansion et de développement efficace et durable. Ainsi expliqua-t-on de Constant à Péguy, les jours suivants inclus, récemment encore[1], que l'injustice sociale infligée aux travailleurs – dans le dénigrement de leurs droits fondamentaux – dépasse sa cause, non pas parce les fonctions essentielles de l'État de droit et de démocratie liées à la sauvegarde de la dignité humaine seront réfrénées, mais parce que ces deux acteurs (l'employeur et l'employé) sont, en réalité, dans le même bateau : il est désormais acquis (l'exemple français le témoigne) que les travailleurs sont plus productifs et rentables dans l'exercice de leur activité lorsqu'ils se trouvent placés dans de meilleures conditions de travail matériel.

2. La responsabilité sociale de l'entreprise

466. Malgré le caractère polysémique de la notion de responsabilité sociale de l'entreprise (RSE), la définition la plus claire qu'on lui ait consacrée parait être celle du livre vert de la Commission européenne de 2001 : « la responsabilité sociale des entreprises est l'intégration volontaire des préoccupations sociales et environnementales à leurs activités commerciales et leurs relations avec leurs partenaires sociaux »[2]. Les préoccupations sociales impliquent autant les droits individuels des personnes que la liberté d'association[3], gémellaire de la liberté syndicale[4], partie inséparable du droit de la négociation collective[5], corollaire du droit de grève[6]. Deux remarques apparaissent ici.

---

[1] I. DAUGAREILH, E. POIRIER, « Stratégie de développement et réactualisation des droits économiques et sociaux », Conseil économique et social, Comité des droits économiques, sociaux et culturels, 25e session N.U., Génève, mai 2001, EC/12/2001/5 GE.01-409556 (F).

[2] « Promouvoir un cadre européen pour la responsabilité sociale des entreprises ».

[3] Cf. *Responsabilité sociale de l'entreprise*, Résolution adoptée par le Comité exécutif de la CES lors de sa réunion des 9 – 10 juin 2004 à Bruxelles.

[4] R. TOURNIER, Cour d'appel de Montpellier, 9 juillet 1997, *Syndicat Front national pénitentiaire c. État français et autres, D.*, 1997, J., p. 469.

[5] J-P. MARGUÉNAUD, J. MOULY, « Le droit à la négociation collective "partie inséparable" de la liberté syndicale », *op. cit.*, ibid.

[6] V. 311e rapport de l'OIT, cas no 1954, paragr. 405.

La première est relative à la nature de ce nouvel instrument de promotion, venu compléter dans l'entreprise les outils classiques de protection des droits des travailleurs. Force est de constater que ces documents dans lesquels les employeurs s'engagent à respecter ou, en tout cas, à œuvrer pour le respect des droits des travailleurs, dispose d'un caractère volontaire. Au demeurant, celui-ci illustre davantage la fameuse interdépendance entre les intérêts de l'entreprise et les droits des travailleurs, tant il serait simplet de rattacher la RSE à une démarche désintéressée de l'employeur. Saisissant les enjeux inhérents à ce compromis, les entreprises ont décidé de suppléer la carence des normes sociales internationales relatives aux droits des travailleurs lesquelles constituent, on le sait, des engagements à la carte. Dans ce dessein elles recoururent à une attitude d'auto-responsabilisation, sinon de corégulation[1] se présentant sous la bannière du procédé de *contractualisation du droit social*[2].

Le mode volontariste auquel obéît la mise place de cet outil, ne pouvait passer inaperçu[3]. Nombres d'auteurs se sont demandés si la RSE profitait seulement aux travailleurs, dont elle vise à protéger les droits fondamentaux, ou si, par truchement, l'entreprise pouvait aussi en tirer un profit d'arrière plan[4]. La réponse est sans appel : la réalisation des droits fondamentaux dans l'entreprise génère autant un intérêt pour le travailleur qu'une opportunité de développement durable pour l'entreprise voulant – si tant est qu'on soit aujourd'hui arrivé à lui laisser une option en la matière ! – se montrer respectueuse des droits des travailleurs dans le périmètre de son entreprise[5].

La seconde, quant à elle, est relative à la valeur juridique susceptible de se rattacher aux engagements naissant dans un tel cadre volontaire. Il

---

[1] T. BERNS, « Responsabilités des entreprises et corégulation », Bruxelles, Bruylant, 2007, p. 230.

[2] Ph. AUVERGNON (dir.), *La contractualisation du droit social,* Acte du séminaire international de droit comparé du travail, des relations professionnelles et de la sécurité sociale, Comptrasec, Bordeaux, 2003.

[3] Quant à la double finalité du respect des libertés collectives des travailleurs dans l'entreprise à travers les concours de l'employeur.

[4] G. BESSE, « A qui profite la RSE ? La responsabilité sociétale des entreprises peut-elle réguler les effets sociaux de la mondialisation ?, *Dr. soc.,* 2005, p. 991.

[5] I. DAUGAREILH, « La responsabilité sociale des entreprises transnationales et les droits fondamentaux de l'homme au travail : un contre exemple des accords internationaux », in. *Mondialisation, travail et droits fondamentaux, op. cit.,* 2005, p. 349-389.

est vrai, ce procédé de contractualisation des droits constitutionnels des travailleurs relève aujourd'hui davantage du marketing que du droit, les entreprises soulignant le caractère volontaire et non contraignant des engagements qu'elles prennent. Mais on peut douter qu'aucune obligation ne puisse naître en juridiction à partir de tels engagements, les tribunaux se montrant davantage bienveillants à appliquer à ces actes la règle *Tu patere legem quam ipse fecisti*, qui permet aux juges de conférer une valeur juridique coercitive aux engagements unilatéraux. En d'autres mots, la responsabilité sociale, même si elle reste aujourd'hui un symptôme du vertige institutionnel (qui saisit les entreprises fraichement émancipées du cadre des États nations), pourrait devenir un outil déterminant dans la compréhension et l'acceptation de la connexion logique pertinente entre les intérêts des différents acteurs de l'entreprise[1], ce que nient les différents travaux de classification des droits fondamentaux de la personnalité.

B. L'INCOMPATIBILITÉ ENTRE LES INTÉRÊTS DE L'ENTREPRISE ET LA CLASSIFICATION DES DROITS

467. L'aveu vient des propos du professeur A. SUPIOT : la justice sociale et la protection des libertés collectives des travailleurs ne peuvent se satisfaire d'une distribution complaisante de droits collectifs à caractère social et d'une reconnaissance oraculaire des libertés individuelles, civiles, politiques[2]. Cette situation, par essence proscrite à travers le caractère fondamental lié à toute liberté constitutionnellement protégée, se trouve installée dans le confort des insuffisances consécutives aux théories de classifications des prérogatives humaines, qui d'ordinaire considèrent la protection des libertés collectives des travailleurs dans un rapport d'hostilité avec la défense des intérêts de l'entreprise, en déni total des mécanismes essentiels de fonctionnement des entreprises. Entre la théorie de classification des droits fondamentaux et les pratiques de RSE, l'incompatibilité apparaît de façon particulièrement ostensible. Il en est de même dans les analyses de F. HAYEK.

---

[1] A. SUPIOT, « Justice sociale et libération du commerce international », *op. cit.*, p. 141.

[2] Ibid., p. 132.

1. L'incompatibilité de la théorie de la classification avec les intérêts de l'entreprise

468. Le degré des difficultés de protection des libertés collectives des travailleurs varie d'un système juridique à un autre. Il est moindre dans le champ juridique du droit positif français, davantage à l'échelle béninoise d'édiction des règles de garanties des droits fondamentaux, en regard de la différence entourant le statut protecteur des représentants du personnel ; l'intérêt majeur de la dimension comparative de cette analyse ne peut se satisfaire de la dissimulation d'un tel constat, encore moins de la démonstration qui permet d'y aboutir. Dès lors une exigence apparaît : le régime exceptionnel et exorbitant de protection, mis en place au profit des représentants du personnel français – mais en réalité dans l'intérêt du groupement des travailleurs – aux fins d'exercice de leurs libertés fondamentales aussi bien collectives qu'individuelles, doit être rappelé.

Encore faut-il ne pas oublier d'intégrer les avantages de l'employeur dans la démonstration : il s'agit de voir dans quelle mesure le régime spécial de protection des représentants du personnel n'est pas incompatible avec la défense des intérêts de l'entreprise. En clair, il convient d'examiner les conditions dans lesquelles les intérêts des deux acteurs en présence, le travailleur et l'employeur, ne peuvent ni s'opposer ni se desservir même s'ils sont par essence différents.

469. La pratique de la RSE, largement répandue dans les grandes entreprises aujourd'hui, participe à l'infirmation de la thèse de l'obstacle ou du frein auréolée par les théories de classification des droits des personnes. Ce procédé, qui du reste est fondé sur un engagement strictement volontaire de l'employeur, n'est-il pas, si ce n'est une preuve irréfutable de la complémentarité existant entre la protection des droits des travailleurs et la défense des intérêts de l'entreprise, du moins la démonstration incontestable de ce que la préservation des droits des travailleurs ne constituerait pas un frein ou un obstacle à la sauvegarde des profits de l'employeur ? Sur cette question, ne doit-on pas aujourd'hui sortir des sentiers battus et apprécier la nécessité de protéger les libertés collectives des travailleurs dans le champ global de leur portée et non plus dans celui restrictif souvent borné à la lorgnette des intérêts exclusifs du travailleur alors que l'employeur, également, y trouverait son compte, mieux, son profit ?

Aujourd'hui, pour assurer la survie du système économique global, le contre-pouvoir syndical (matrice de la réalisation des droits à expression collective des travailleurs) est de mieux en mieux compris, puis intégré. Le rôle des syndicats, destinés à éviter les excès de système par voie de garantie de la pérennité des structures prédominantes, est davantage pris au sérieux. En témoigne la nouvelle quête d'un meilleur équilibre des pouvoirs – de direction et syndical – présents dans l'entreprise et d'un perfectionnement des mécanismes de redistribution des richesses – suivant une manifestation renouvelé du principe de participation – entre les différents acteurs qui l'ont créées. Dans ce contexte, peut-on encore douter du profit tiré par l'entreprise dans son engagement relatif à la promotion des droits sociaux des employés ? Les plus hauts dirigeants de ce monde n'ont-ils pas, après les amères expériences d'antan, précisé qu'une paix durable ne peut être fondée sur la base que d'une justice sociale et que la trame même des rapports sociaux est sous-tendue par la confiance que chacun fait dans la préservation des idées de justice, d'équité, d'égalité et de dignité. Comme par le passé, faut-il attendre que la tragédie soit née pour entendre raison et faire entendre raison, ainsi que nous le vîmes avec la création de la Société Des Nations Unies en 1919 qui, si elle avait été suivie d'effets, aurait permis de conjurer les terribles pages d'histoire d'occupation ayant conduit à l'adoption des conceptions sociales des droits des personnes dans la plupart des pays occidentaux et, en particulier, à l'instauration du préambule du 27 octobre 1946 ? Doit-on continuer par croire que la défense des intérêts de l'entreprise ne pourrait pas se combiner avec la garantie des droits constitutionnels des travailleurs ? À vrai dire, on aurait pu faire économie de la réflexion qui conduit à une telle synergie, si l'on s'en était tenu non seulement au caractère spontané de l'engagement de l'employeur sur la protection des prérogatives conférées aux personnes qu'il a sous son autorité[1] mais aussi à la faiblesse des normes internationales et régionales de protection des droits des travailleurs[2]. Le mécanisme lucratif de fonctionnement de

---

[1] F.-G. TRÉBULLE, « La responsabilité sociale de l'entreprise : un impératif ? », *Rev. de droit des affaires de l'université Panthéon-Assas*, 01/10/08, n°5, p. 29-39.

[2] « En affirmant leur responsabilité sociale et en contractant de leur propre initiative des engagements qui vont au-delà des exigences règlementaires et conventionnelles auxquelles elles doivent de toute façon se conformer, les entreprises s'efforcent d'élever les norme liées au développement social ... et au respect des droits fondamentaux, et adoptent un mode de gouvernance conciliant les intérêts des divers parties prenantes au sein d'une approche globale de la qualité et du développement durable », « Promouvoir dans le cadre européen la responsabilité sociale de l'entreprise », *op. cit.*, p. 4.

l'entreprise ne pouvait s'accommoder d'une démarche débonnaire de l'employeur sur le respect des droits des travailleurs – par le biais de la RSE – si celui-ci, comme le salarié, n'y trouvait pas son propre intérêt[1].

2. L'incompatibilité avec l'analyse de Friedrich Hayek

470. Les développements de l'auteur représentent la forme la plus aboutie de l'inadéquation caractérisant la méthode de classification des droits qui vise à défendre les intérêts de l'entreprise. L'auteur avait nettement dissocié les droits civils et politiques de ceux sociaux qu'il qualifiait du reste, souvenons-nous, de manifestation du principal exutoire de l'émotion morale, n'était une idée atavique de justice distributive[2]. Dans ce prolongement, il estimait que les inégalités sociales – dont la méconnaissance des libertés collectives des travailleurs est la conséquence – dans l'entreprise, était une chose plausible et surtout que l'on ne pouvait les imputer à personne[3]. Mieux (ou pire à vrai dire), ces inégalités sociales – dont la création de la dimension collective du droit du travail vise à conjurer les effets – constituent dans l'entreprise, la condition d'exercice même des droits des personnes. Hors des rituels de leur Église point de salut !

« Il est également de plus en plus reconnu que l'impact des activités d'une entreprise sur les droits de la personne de ses salariés et ses communautés locales dépasse le cadre du droit du travail »[4] : « les principales préoccupations des consommateurs européens sont la protection de la santé et la sécurité des travailleurs, le respect des droits de l'homme dans le fonctionnement de l'entreprise et tout au long de la chaîne de production »[5]. « Il est aussi démontré que le respect de certaines normes sociales au travail a plutôt des effets favorables sur les échanges internationaux, et notamment, quand ils les respectent, sur la part des pays en développement dans les échanges commerciaux

---

[1] G. BESSE, « A qui profite la RSE ? La responsabilité sociétale des entreprises peut-elle réguler les effets sociaux de la mondialisation ? », *op. cit.*, p. 991 s.
[2] F. HAYEK, *La présomption fatale : les erreurs du socialisme, op. cit.*, ibid.
[3] F. Hayek, *Droit, Législation et Liberté, op. cit.*, ibid.
[4] « Promouvoir un cadre européen de la responsabilité sociale de l'entreprise », *op. cit.*, p. 16.
[5] Ibid. p 22.

mondiaux. Il y a donc place, en même temps qu'une politique de libéralisation des échanges, pour une politique de promotion de certains droits fondamentaux au travail à la fois parce qu'ils sont nécessaires pour contrebalancer à terme les effets négatifs que peut ou pourrait avoir l'ouverture des économies nationales sur l'équité sociale et parce que leur respect contribue en même temps à renforcer l'économie nationale dans le commerce mondial »[1].

Même dans la visée de l'employeur, la protection des libertés collectives des travailleurs ne peut constituer un frein ou un obstacle à la sauvegarde des intérêts de l'entreprise. Établissant un régime spécial pour protéger les représentants du personnel, les juges et législateurs français témoignent de la prise en compte des premiers éléments de cette corrélation. En regard de la situation des représentants du personnel béninois qui ne disposent pas d'un régime de protection du même niveau, ceci constitue un contraste.

SECTION II : LE FAIBLE NIVEAU DE PROTECTION DES REPRÉSENTANTS DU PERSONNEL BÉNINOIS

471. Le statut protecteur des représentants du personnel constitue, dans l'entreprise, le principal moyen permettant la réalisation des libertés collectives des travailleurs. La raison est simple : c'est par le reflet des garanties accordées aux membres élus, aux délégués syndicaux, que les droits consacrés par les Assemblées constituantes de 1946 aux alinéas 6, 7 et 8 du préambule et par les constituants de 1990 à l'article 31 s'accomplissent dans l'entreprise ; le régime spécial de protection exceptionnelle et exorbitante de droit commun devient dès lors, la condition d'effectivité des droits constitutionnels des travailleurs.

Sur ce point précis de l'analyse, on observe une distinction entre les libertés à caractère collectif dont disposent les travailleurs béninois et

[1] J.-Y. CHÉROT, « Les droits fondamentaux au travail et la globalisation. Un nouveau modèle dans le droit global ? », *in Mélanges en hommage à Louis FAVOREU*, Dalloz, p. 1508.

français. Précisément, elle se noue autour de la disparité du statut protecteur des représentants du personnel. Les précédents développements ont montré comment la Cour de cassation a pu mettre en place de solides garanties à destination des représentants du personnel, en vue de l'exercice efficient de la mission de représentation et de défense des droits et des intérêts des travailleurs : les jurisprudences *Doeteuf et Perrier* sont passées par là. Les analyses à venir permettront de faire ressortir la différence qui existe entre l'œuvre de la Cour de cassation française et celle de la Cour suprême béninoise quant à la protection des libertés collectives des travailleurs. La règle est désormais acquise ; l'accomplissement des droits des travailleurs passe par le chemin de l'édification d'un régime spécial de protection exceptionnelle et exorbitante de droit commun au bénéfice des représentants des travailleurs. Aussi s'aperçoit-on des faiblesses du statut protecteur des membres élus et des délégués syndicaux béninois mais, surtout, de l'intérêt qui découlera de son amélioration.

I. LES FAIBLESSES DU STATUT PROTECTEUR BÉNINOIS

472. Les mécanismes de protection des représentants du personnel béninois et français se distinguent à plus d'un titre. Deux observations illustrent ces propos : l'absence dans le Code de 1998 de formation de référé pour faire cesser les délits d'entrave aux fonctions de représentants du personnel et la non pénalisation du droit du travail, leur intérêt ressort pourtant de nos précédents développements sur la consolidation du statut protecteur[1]. Le constat est saisissant : d'un côté, le représentant du personnel, français, élu ou désigné, peut saisir le juge par voie de référé pour faire cesser tout trouble manifestement illicite ou pour prévenir un dommage imminent fondé sur une contestation sérieuse[2], en cas d'entrave de l'employeur à l'exercice des fonctions représentatifs[3], ce qui représente un moyen efficace de préservation du statut protecteur et de garantie des libertés collectives des travailleurs[4] ; de l'autre, le délégué

[1] A. LYON-CAEN, « Sur les fonctions du droit pénal dans les relations du travail », *op. cit.,* p. 438.
[2] R 1455-6 du Code du travail.
[3] Soc. 25 janvier 2006.
[4] J. -M. VERDIER, « Du contrat au statut et du droit individuel aux libertés publique », *op. cit.,* ibid.

du personnel ou le délégué syndical béninois est dépourvu du moyen similaire de la saisine du juge de l'urgence et de l'évidence[1] – pour reprendre une formule restée célèbre – en dépit de l'intérêt majeur que procure une telle procédure sur le chemin de la protection des droits fondamentaux des travailleurs[2]. Cette faiblesse, qui différencie nettement le régime de protection des libertés collectives des travailleurs béninois et français, mérite d'être soulignée, eu égard à l'enjeu considérable lui étant attaché dans l'entreprise de protection.

De la même manière, l'avènement de la pénalisation du droit du travail n'a pas encore acquis doit de cité dans la sphère du droit béninois. En tout cas pas totalement, bien que certaines initiatives timides soient entreprises ici et là. Or chacun sait la nécessité de mobiliser le mal constitué par la sanction pénale pour obtenir – y compris de l'employeur – le respect du statut protecteur des représentants du personnel, condition dans l'entreprise d'affirmation des droits fondamentaux des personnes[3]. La sanction pénale, dont peuvent être assorties les dispositions du droit du travail, constitue le principal outil qui permet d'obtenir, voire – dans certains cas – d'arracher leur application aux employeurs réticents ou délinquants[4]. Elle n'est pas encore suffisamment présente dans les entreprises béninoises. À cela s'ajoute un manque général de jurisprudence (A) que l'apport particulier de l'arrêt Trans-Bénin (B), est venu partiellement combler.

---

[1] Sous réserve toutefois du mécanisme procédural prévu à l'article 97 du Code du travail.

[2] Sur le référé prud'homal, nous renvoyons à : A. COEURET, B. GAURIAU, M. MINÉ, *Droit du travail, op. cit.*, p. 20.

[3] Alors que, à l'heure actuelle, la réflexion est plutôt engagée sur la scène du droit positif français pour faire le chemin inverse vers l'horizon d'une dépénalisation du droit du travail ; Cf., A. COEURET, E. FORTIS, *Droit pénal du travail, op. cit.*, p. 295. ; A. COEURET, « La responsabilité pénale en droit du travail : vers un nouvel équilibre entre personnes physiques et personnes morales », in *Dépénalisation de la vie des affaires et responsabilité pénale des personnes morales,* M. DAURY-FAUVEAU, M. BENILLOUCHE, Paris, PUF, p. 101 s.

[4] J.-C. JAVILLIER, rapport au 2ème colloque organisé par la commission de droit social du S.A.F. *La délinquance patronale*, 10 décembre 1977, doc. ronéo, p 31.

A. DES MANQUES DE JURISPRUDENCE

473. Il convient de tempérer les propos de l'auteur de l'*Effectivité et efficacité des normes fondamentales et prioritaires de l'OIT : cas du Bénin et du Togo* en soulignant que, au Bénin, le but de la réalisation des libertés collectives des travailleurs n'est pas encore totalement atteint. Ainsi l'intéressé lui-même avait-il été amené à exprimer ces idées avec prudence. Les constats des experts en droit du travail, qui travaillent au quotidien sur la question, offrent une illustration de la nécessité du tempérament[1]. Le sort réservé aussi bien à leur représentant syndical qu'à leur délégué du personnel le démontre. D'une part parce que ceux-ci ne jouissent nullement – du moins pas encore ainsi qu'on le souhaite dans les jours à venir – en cas d'entrave à leur mission, du nécessaire rapprochement entre le droit criminel et les droits collectifs des travailleurs[2] ; d'autre part parce que les éléments précis, c'est-à-dire la jurisprudence sur laquelle on pourrait se fonder pour procéder à une quelconque conclusion, au demeurant infirmative ou affirmative, fait également défaut.

474. Mais il y a une explication. En effet, tant au niveau béninois qu'à celui plus général des pays de l'Afrique francophone ou encore plus globalement du continent noir, la concurrence initiée entre les droits fondamentaux au travail et la globalisation de l'économie[3] a conduit à une réalité imparable que les faits du terrain ne permettent pas de nier. D'un côté on assiste à une abondance de normes juridiques (1), consacrant les prérogatives humaines des salariés (lorsqu'elles ne se contentent pas seulement de montrer leur « *attachement* » à leur égard) ; de l'autre, grande est – souvent – la stupéfaction de découvrir la vulnérabilité et la précarité de ces droits, ce qui contraste avec le discours

---

[1] L. DÉNAKPO, *Rapport du Bénin, Formation syndicale sur les NTICS et la Déclaration de l'OIT sur les principes et Droits Fondamentaux au Travail et son suivi, op. cit.*, ibid.

[2] Alors que « l'observation de la réalité nous enseigne l'existence d'un profond rapport de collaboration entre les deux branches » ; A. COEURET, « Droit syndical et droit pénal ; regard sur une collaboration fructueuse », in *Droit syndical et droits de l'homme, Mélanges en hommage à Jean-Maurice VERDIER,* Dalloz, p 3.

[3] J. -Y. CHÉROT, « Les droits fondamentaux au travail et la globalisation. Un nouveau modèle dans le droit global », *in Mélanges en l'honneur de Louis FAVOREU, op. cit.*, p. 1505.

académique n'hésitant pas d'ordinaire à les claironner. Le manque béninois de jurisprudence en témoigne (2).

1. De l'abondance normative…

475.L'observation des dispositions juridiques internationales et l'étude des différents systèmes nationaux montrent que les idées auxquelles renvoient les théories de classification des droits des personnes sont largement connues et partagées à bien d'endroits, même si le mot n'est pas employé à l'identique[1]. La réception des différentes théories d'hiérarchisation, dont il n'est plus nécessaire de rappeler les limites, et qui du reste précarisent et fragilisent les libertés collectives des travailleurs, s'illustre sur la scène béninoise par l'abondance internationale et nationale des outils tolérants de protection des droits sociaux des personnes. Sans doute a-t-on hâte de voir leurs effets *erga omnes* se produire, leur portée *dura lex* se manifester.

a. Abondance internationale

476. Il n'est plus utile d'invoquer ces textes en détail : la déclaration universelle de 1948, les Pactes des Nations-Unies, les normes de l'OIT, la Charte de Banjul, … tous ont affirmé – voire pour d'autres confirmé – la nécessité de protéger des libertés collectives des travailleurs. Mais avec quelle force ? Pourrait-on aussitôt ajouter[2]. La Déclaration universelle, adoptée à Paris, au Palais de Chaillot, le 10 décembre 1948, par l'Assemblée nationale des Nations-Unies – avec la résolution 213 A – proclame en son article 23 que :

« 1. Toute personne a droit au travail, au libre choix de son travail, à des conditions équitables et satisfaisantes de travail et à la protection contre le chômage.
2. Tous ont droit, sans aucune discrimination, à un salaire égal pour un

---

[1] *Les droits-créances constitutionnels, op. cit.*, p. 7.
[2] Dans le même sens : A. SUPIOT, « Justice sociale et libéralisation du commerce international », *op. cit.*, ibid.

travail égal.
3. Quiconque travaille a droit à une rémunération équitable et satisfaisante lui assurant ainsi qu'à sa famille une existence conforme à la dignité humaine et complétée, s'il y a lieu, par tous autres moyens de protection sociale.
4. Toute personne a le droit de fonder avec d'autres des syndicats et de s'affilier à des syndicats pour la défense de ses intérêts ».

Quelques années passés, le Pacte international sur les droits économiques, sociaux et culturels du 16 décembre 1966 venait confirmer les droits déjà énoncés par le premier texte, déclarant au terme de son article 9 que :

« Les Etats parties au présent Pacte s'engagent à assurer :

1. a) Le droit qu'a toute personne de former avec d'autres des syndicats et de s'affilier au syndicat de son choix, sous la seule réserve des règles fixées par l'organisation intéressée, en vue de favoriser et de protéger ses intérêts économiques et sociaux. L'exercice de ce droit ne peut faire l'objet que des seules restrictions prévues par la loi et qui constituent des mesures nécessaires, dans une société démocratique, dans l'intérêt de la sécurité nationale ou de l'ordre public, ou pour protéger les droits et les libertés d'autrui.

b) Le droit qu'ont les syndicats de former des fédérations ou des confédérations nationales et le droit qu'ont celles-ci de former des organisations syndicales internationales ou de s'y affilier.

c) Le droit qu'ont les syndicats d'exercer librement leur activité, sans limitations autres que celles qui sont prévues par la loi et qui constituent des mesures nécessaires, dans une société démocratique, dans l'intérêt de la sécurité nationale ou de l'ordre public, ou pour protéger les droits et les libertés d'autrui.

d) Le droit de grève, exercé conformément aux lois de chaque pays.

... »

« Mais il s'agit de déclarations et de Pactes dénuées à ce jour de force impérative »[1]. Le choix de la forme déclarative est symptomatique du dénuement. « Les Conventions ont une force juridique obligatoire reconnue, les déclarations et Pacte proclament un engagement moral sans effet juridique obligatoire »[2]. À ceci près que la déclaration de 1789 fait exception à la règle, pour appartenir à la catégorie des normes à valeur constitutionnelle[3]. L'abondance normative au niveau international des dispositions de protection des droits sociaux des travailleurs est donc patente. Mais les acteurs juridiques béninois ne sont pas en reste au niveau interne.

b. Abondance interne

477. Les normes qui nous intéressent à ce niveau de l'analyse sont davantage les lois et règlements béninois reprenant dans leur économie les dispositions internationales de protection des libertés collectives des travailleurs. Dans sa teneur, le Code du travail béninois de 1998 est pour l'essentiel irrigué de législations et de règlementations destinées à la protection des représentants du personnel. Ainsi, au terme de l'article 5 : « aucun employeur ne peut, pour arrêter les décisions prévues à l'article précédent, prendre en considération l'origine sociale, l'appartenance ou la non appartenance à un syndicat, l'activité syndicale, l'origine ou les opinions, notamment religieuses et politiques du travailleur »

478.L'article 4 auquel renvoie ce dernier fait obligation à l'employeur de respecter le principe de non discrimination et d'égalité de traitement *« pour arrêter ses décisions en ce qui concerne notamment l'embauchage, la conduite et la répartition du travail, la formation professionnelle, l'avancement, la promotion, la rémunération et autres conditions de travail, l'octroi d'avantages sociaux, la discipline ou la rupture du contrat de travail ».*

---

[1] A. SUPIOT, « Justice sociale et libéralisation du commerce international », *op. cit.,* p. 140.

[2] V. L. AZOUX BACRIE, « Déclaration universelle des droits de l'homme, la Déclaration universelle sur le génome humain et les droits de l'homme à l'aube du XXIe siècle-Ombres et lumières », *La Gazette du Palais*, mai- juin 2000, p. 879

[3] Il s'agit d'un élément du *bloc de constitutionnalité.*

479. La même volonté législative se manifeste à l'article 85 : « *Les syndicats jouissent de la personnalité civile. Ils peuvent ester en justice et acquérir, à titre gratuit ou onéreux, des biens meubles ou immeubles ; les syndicats peuvent, en se conformant aux dispositions des lois en vigueur, constituer entre leurs membres des caisses spéciales de secours mutuels et de retraites. Les fonds de ces caisses spéciales sont insaisissables dans les limites déterminées par la loi. Toute personne qui se retire d'un syndicat conserve le droit d'être membre des sociétés de secours mutuels et de retraites pour la vieillesse à l'actif desquelles elle a contribué par des cotisations ou versements de fonds. Les syndicats peuvent, devant toutes les juridictions, exercer tous les droits réservés à la partie civile, relativement aux faits portant préjudice à l'intérêt collectif de la profession qu'ils représentent* »[1].

Pour aussi efficace que puisse paraître la méthode, l'essentiel ne peut être dissimulé : l'écume de la pléthore des dispositions normatives de protection des représentants du personnel ne peut cacher l'abyme de la faiblesse réelle afférente aux difficultés de construction du statut protecteur des délégués élus et syndicaux.

2. ... Au manque jurisprudentiel

480. Il y a loin de la coupe aux lèvres, s'empresse-t-on parfois à dire. Par analogie on pourrait affirmer sur les libertés collectives des travailleurs, qu'il y a loin des lois à leur application ; il y a en effet loin des normes internationales et locales de protection des libertés collectives des travailleurs à leur effectivité dans la vie sociale de l'entreprise, où sont censées être trouvés des membres élus et des représentants désignés disposant d'un minimum de sécurité et de liberté pour exercer efficacement leur mission. Il est difficile de nier le décalage patent observé entre le discours officiel et la réalité quotidienne des libertés collectives des travailleurs dans la grande majorité des pays africains – puisque le champ du constat dépasse largement celui béninois –, sauf à nier la fondamentalité qui les caractérise et qui exige de prendre acte de cette situation de fait pour influer sur le réel et espérer l'amélioration.

[1] L'économie des dispositions relatives à la protection des délégués du personnel étant à la Section III du Chapitre II du titre troisième du Code du travail.

L'incurie prétorienne du statut protecteur béninois se rapporte davantage à l'activité des juges judiciaires qu'à celle de la juridiction administrative du droit, non cependant sans raison.

a. Manque de la jurisprudence judiciaire

481. L'analyse a été réalisée à partir des outils de recherche accessibles à distance, davantage fournis en matière juridique. On a pu accomplir l'étude par le biais des catalogues de données électroniques et informatiques, auxquels le recours aux moyens classiques de publication des arrêts a pu succéder. Toutefois, aucune voie de recherche ne pouvant être présentée comme absolue ou infaillible, quand bien même d'un plus grand intérêt d'un point de vue pratique et technique, il est apparu nécessaire de compléter, voire de compenser, les données électroniques avec des informations juridiques recueillies sur le terrain selon la voie classique de recherche.

À cet effet on s'est servi d'un site internet local recensant les décisions de justice des deux premiers degrés de juridiction judiciaire à partir de 1985[1]. Les résultats fournis par ce catalogue sont illustratifs à plus d'un titre. Si l'on recherche les décisions de justice rendues sur le thème du "statut protecteur", en tapant ce mot-clé, l'on obtient un résultat négatif. En revanche, lorsqu'on affine la thématique avec l'usage du mot-clé "syndicat", le résultat n'est plus négatif, mais unique. Procédant par juridiction dans la rubrique "Toutes les collections", on s'aperçoit que le tribunal de première instance de Cotonou a rendu 22 jugements en *matière sociale,* et que la Cour d'appel du même ressort ne s'est prononcée que sur 11 arrêts se rapportant à cet objet[2]. À ce niveau précis, un souffle se libère, on pense – enfin ! – avoir découvert une matière permettant de peaufiner l'analyse. Force est de remarquer, après avoir

---

[1] Cf. www.jurisprudencebénin.org

[2] Au passage, qu'il soit permis de regretter la restriction du champ de recherche géographique de cette banque de donnée circonscrite aux seuls jugements émanant du tribunal de première instance de Cotonou et aux arrêts provenant de la juridiction judiciaire du deuxième degré de juridiction de la capitale économique, ce qui feint d'ignorer les décisions de justice rendues par les juridictions judiciaires des autres capitales, celle politique, historique, de même que des autres grandes villes et localités nationales…

pris connaissance de ses arrêts et jugements, respectivement du tribunal de première instance et de la Cour d'appel de Cotonou, que tous sont concernés par la problématique du licenciement des salariés, non par celle du statut protecteur dont la solution permet la réalisation des libertés collectives des travailleurs. Au demeurant, il s'agissait de divers types de licenciements, collectif ou individuel, disciplinaire ou économique, n'était une rupture fondée sur une pluralité de motifs[1].

L'unique résultat obtenu en affinant la recherche est un jugement du 9 mars 2007 dans lequel le Tribunal de Première instance de Cotonou statuait *en matière sociale des demandes en paiement des dommages et intérêts, contre l'entreprise dénommée « L'AFRICAINE DES ASSURANCES » pour cause de licenciement économique abusif.* La raison pour laquelle la recherche renvoie à ce résultat s'explique à travers les allégations de l'employeur. Pour s'essayer à la justification perplexe de la cause réelle et sérieuse de licenciements économiques prononcés en l'absence avérée de tous motifs, celui-ci avança que « la direction générale a tenu des réunions de travail et d'information avec le bureau du syndicat des travailleurs de l'entreprise dont le compte rendu indique que les employés étaient informés de la situation de l'entreprise ». On comprend donc aisément le pourquoi.

[1] Au quel cas, l'on a constaté que, à l'instar du juge français, les magistrats béninois prenaient en compte et, ceci, de façon arbitraire, la première cause se trouvant à l'origine et ayant été déterminante dans la décision de congédiement prise par l'employeur. Toutefois, à défaut, comme le font leur homologue français, les juges béninois se replient sur la seconde cause dans le cas où la première ne réunirait pas les conditions nécessaires ainsi posées pour jouer un rôle déterminant dans le contrôle opéré sur la décision unilatérale de l'employeur ; autant dire qu'il s'agit ici également d'un nouvel élément de convergence dans notre analyse comparative, mais seulement sur un champ juridique ne se rattachant pas directement à l'objet des libertés collectives des travailleurs.
En effet, « La pluralité des motifs peut susciter quelques difficultés. Il peut s'agir d'une combinaison entre le motif personnel et le motif économique : il faut sans doute rechercher qu'elle a été la cause première... Si le premier motif, (disciplinaire en l'occurrence) n'est pas vérifié, le juge se doit d'examiner le second motif, (non disciplinaire ici) pour rechercher l'existence d'une cause réelle et sérieuse », A. COEURET, B. GAURIAU, M. MINÉ, *Droit du travail, op. cit.*, p. 302.

b. L'œuvre du juge administratif

482. Indirectement, une base de données différente est consacrée aux décisions de justice administrative. Créée en 2001, elle réunit 48 pays francophones. Elle est constituée par l'*Association des Hautes Juridictions de Cassation des pays ayant en partage l'usage du Français*[1]. En priorité, il est indispensable de préciser que l'ordre juridictionnel béninois ne connaît pas la structuration dichotomique des juridictions françaises, héritée des Lumières, en vertu du principe de séparation des pouvoirs. Au Bénin, il n'existe pas, dans l'ordre judiciaire, de juridiction du droit différente de celle de l'ordre administratif. La capacité d'intervention de la Cour suprême béninoise couvre celle de la Cour de cassation et du Conseil d'État français. Par delà cette différentiation, il convient de rechercher si, auprès de la juridiction du droit béninoise, la problématique du statut protecteur a été connue.

483. Comme pour les juges judiciaires, le questionnement de la base de données sur les décisions de la juridiction administrative portant statut protecteur donne une réponse vile. Sur le second objet relatif aux syndicats, dix-huit décisions sont trouvées. Leur lecture offre un témoignage éloquent de l'activité du juge administratif quant à la protection des représentants du personnel. En effet, mise à part l'une d'entre elles, toutes ont été rendues par la chambre administrative de la Cour suprême béninoise, pendant du Conseil d'État dans l'ordre national français. L'incurie jurisprudentielle parait donc moindre dans l'ordre administratif sur l'objet de la protection des représentants du personnel béninois, tant les dix sept décisions de justice qui s'y rapportent l'attestent[2].

484. Après la constatation de l'insuffisance jurisprudentielle, une question vient aussitôt à l'esprit : la justification de son objet est-elle fondée sur une cause unilatérale, constituée par la seule réception des classifications doctrinales présentant les libertés collectives des travailleurs comme des droits subordonnés, ou plutôt sur une cause

---

[1]Cf. site AHJUCAF.

[2] Il ne faudrait cependant pas oublier la précision d'un fait expliquant ce résultat : le contentieux de rupture du contrat de travail des représentants du personnel ne pouvant être connu que par les juges administratifs, la chambre administrative avait pu produire davantage de décisions, pour ne pas dire les seules.

plurielle incluant la combinaison de plusieurs facteurs, aussi bien exogènes (c'est-à-dire celui relatif au discours académique qui reste pour l'heure sans effets) qu'endogènes (qui au demeurant sont liés à des référentiels internes) ?

Il faut admettre que le manque de jurisprudence dont nous venons de rendre compte n'est en aucun cas lié à un seul motif étranger, hérité des théories de classification et d'hiérarchisation des droits fondamentaux. Il se justifie également par un autre facteur, de nature interne, non pas exclusif au système juridique béninois, mais particulièrement subi sur la scène nationale. Il est relatif aux concurrences de pouvoir établies entre juridiction constitutionnelle et Cour suprême. Celles-ci ont été mises en évidence lors du Colloque organisé en juillet 2004 à Bamako, par l'Association ouest africaine des hautes juridictions francophones. Avait-on démontré à cette occasion comment les relations entre les hautes juridictions constitutionnelles, administratives et judiciaires peuvent révéler des possibilités de tensions, des chevauchements de compétences ou des concours de jurisprudences préjudiciables à l'objectif constitutionnel de sécurité juridique et au principe démocratique et constitutionnel de séparation des pouvoirs.

Ainsi qu'il a été souligné lors de ces travaux, dans la plupart des pays francophones ouest africains dont fait partie le Bénin, les modalités de répartition des compétences entre les différentes juridictions conduisent à dépouiller les juges ordinaires, en particulier celui administratif, de leur pouvoir. Il est donné de le voir dans le cadre béninois, avec la facilité du mode de saisine de la juridiction constitutionnelle et avec le bref délai pendant lequel celle-ci se prononce sur les faits qui lui sont soumis[1]. En effet, on doit aussi souligner que le manque de jurisprudence relatif au statut protecteur dans l'ordre interne béninois a rapport avec le fait que, de nos jours, les juges ordinaires – les magistrats de l'ordre judiciaire et de l'ordre administratif – sont en concurrence avec la juridiction constitutionnelle : « aujourd'hui, il semble s'effacer devant un juge constitutionnel omniprésent qui est en train de le supplanter dans l'image de pourfendeur valeureux des abus de l'administration. Plus nettement encore que dans le passé, il éprouve un sentiment de dépossession et de concurrence qui n'est pas infondé et qui amène à se demander si le juge

[1] F. J. AÏVO, *Le juge constitutionnel et l'état de droit en Afrique, l'exemple du modèle béninois*, *op. cit.*, p. 132 s.

constitutionnel n'est pas en train de devenir en même temps juge administratif »[1]. Ces éléments d'acculturation qui affèrent aux modalités de fonctionnement des juridictions béninoises – et plus globalement africaines – expliquent, en tout cas, dans la sphère juridique de l'ex Dahomey, une partie des raisons pour lesquelles la jurisprudence administrative et judiciaire est aussi pauvre en décisions de justice relatives au statut protecteur des représentants du personnel, nonobstant l'existence d'un arrêt du 15 juin 2000 soulevant sous un angle particulier le problème du régime spécial de protection des délégués syndicaux.

B. L'AFFAIRE TRANS-BENIN

485. Il convient de rappeler brièvement les faits de cette affaire, au regard de l'importance qui lui est attachée. Ils sont relatifs, du moins en arrière plan, à un problème de protection des représentants du personnel mêlé à des accusations de malversations financières. Le requérant, M. L. CHODATON, exerçait la profession de commerçant-transporteur depuis 49 ans et combinait celle-ci avec des fonctions et responsabilités syndicales, notamment de Secrétaire général du syndicat des transporteurs du Bénin, ayant été investi de ce mandat de représentation depuis 20 ans. En reconnaissance des mérites et de la loyauté professionnelle jalonnant la longévité de sa carrière, il fut nommé successivement Administrateur de l'OCBN[2], Administrateur du Fond Routier, Expert au Comité Supérieur des Transports Terrestres des pays du Conseil de l'Entente, Promoteur et Président du Conseil d'Administration de TRANS-BENIN.

Alors qu'aucun reproche ne lui était fait sur son travail, le président du Conseil exécutif national, garant de l'autorité nationale, décide par Décision du 04 juillet 1979 de le destituer de ses fonctions de Président du Conseil d'Administration de TRANS-BÉNIN et de Secrétaire Général du syndicat des Transporteurs du Bénin ; on invoqua comme motif « qu'il n'était transporteur que de nom et qu'il avait obtenu d'un

---

[1] C. K. TCHAPNGA, « Le juge constitutionnel, juge administratif au Bénin et au Gabon ? », *Rev. fr. dr. const.*, n°75, 03/2008, p. 553.
[2] OCBN signifiant l'Organisation Commune Bénin Niger des chemins de fer.

représentant commercial d'une société étrangère, ...une commission de 2% du marché sur un fournisseur qui n'a rien vendu à la dite société ».

Le commerçant-transporteur, également délégué syndical, contestait la véracité de ces allégations ne reposant, selon lui, sur la matérialité d'aucun fait : c'est alors qu'il décida de saisir le juge administratif béninois pour faire respecter ses droits, et surtout pour faire prévaloir son mandat de représentation. En outre, il prétendait que celui-ci devait lui permettre de jouir d'une protection spéciale contre toutes sortes de mesures arbitraires de rétorsion que son employeur ou toute autre personne dépositaire d'une parcelle d'autorité de la puissance publique serait susceptible de prendre à son égard, ainsi que s'apparente celle concernée.

À n'en point douter, cette requête ne pouvait être connue que par la chambre administrative de la Cour suprême béninoise, en regard de la qualité de la partie défenderesse ayant pris la décision contestée. Le problème ainsi posé était relatif à la légalité de la décision du 04 juillet 1979 et, subséquemment, à la définition du régime spécial de protection des représentants du personnel, dans la prise en compte de leur statut de représentant – et non pas seulement de leur contrat de salarié les soumettant à la subordination de l'employeur : le requérant pouvait-il être démis de ses fonctions représentatives sur de simples et pures accusations verbales fondées sur l'équivoque ? Le juge ordinaire béninois, à l'instar de son homologue français, ne devait-il pas accorder une protection spéciale à M. CHODATON qui semblait être victime ni plus ni moins d'une mesure de représailles dont il faudra chercher les motifs réels – non déguisés – dans l'exercice de sa mission de défense des intérêts et des droits des travailleurs, pouvant l'amener à s'opposer aux décisions prises par son employeur (personne publique) ? Les hauts magistrats de la Cour suprême pouvaient-ils conclure à la régularité de la décision du président du Conseil exécutif national alors que celle-ci repose, selon les termes mêmes de l'arrêt, sur des faits équivoques, matériellement inexacts et non prouvés ?

À vrai dire, l'occasion était trop belle, tant la juridiction du droit n'avait eu moult opportunités pour consolider le régime spécial du statut protecteur ; sans qu'elle ait employé expressément la locution du statut protecteur ou de régime spécial de protection des représentants du personnel[1], la finalité de sa décision ne convergeait pas moins avec la réalisation d'un tel objectif consacré dans l'ordre national français par la jurisprudence Perrier. Dans son attendu de principe, celle-ci avait affirmé que : *« l'administration à la possibilité de fournir, au cours de l'instruction, les preuves établissant sans équivoque la matérialité des faits reprochés au requérant. En conséquence, doit être annulée la décision administrative fondée sur des faits matériellement inexacts ou dont l'exactitude n'a pu être prouvé par l'administration »*.

Il est vrai, la décision des juges ne fait pas expressément mention du régime dérogatoire de droit commun dont bénéficient les représentants du personnel : elle est motivée par le caractère non avéré des griefs reprochés par l'autorité publique[2]. Mais, de manière certaine, dans l'intime conviction des juges suprêmes béninois, la volonté particulière de protéger le représentant syndical a dû peser dans la prise de la décision finale, même si celle-ci n'est pas explicitement précisée. Il se dégage de l'analyse de cet arrêt une certaine attitude de prudence observée par les juges administratifs béninois, dont on ne peut comprendre la motivation sans passer par un rapprochement avec le régime spécial de protection des représentants du personnel français, ce qui permet de saisir l'intérêt

[1] Et il convient de rapprocher ces propos de sa décision du 29 novembre 1996 où elle déclara « que l'autorisation de l'inspecteur du travail est une protection spéciale, uniquement attachée à la qualité du délégué du personnel d'un agent qui bénéficie de toute garantie de défense offerte par la procédure ». Autrement dit, pour les juges suprêmes béninois, « cette autorisation a pour effet principal de purger la procédure antérieure de tous vices, de telle sorte que la régularité en la forme de celle-ci ne peut plus être mise en cause », ce qui n'entraine pas *ipso facto* la légitimité du licenciement subséquent quant au fond. Ainsi que l'écrira M. le Conseiller KIRSCH sur cet arrêt, « en effet, lorsque l'inspecteur du travail a accordé son autorisation, le différend se déplace : il n'a plus lieu entre employeur et inspecteur du travail, mais entre le délégué, en tant que travailleur, et son employeur, tout comme un licenciement ordinaire et un licenciement même autorisé peut-être déclaré abusif par le juge car l'autorisation est principalement une question de forme et que sur le fond les juges peuvent être amenés à considérer qu'il y a eu abus de droit » ; *Droit Africain du Travail,* n°885, janvier 2000, p 12-13.

[2] L'annulation de la décision du président du Conseil exécutif national étant justifiée par le fait que : *« faute de preuve établissant sans équivoque la matérialité des faits qui sont reprochés au requérant, le juge de l'excès de pouvoir se trouve dans l'impossibilité de déterminer la consistance et la nature des griefs allégés et par suite, d'exercer son contrôle sur la légalité des motifs qui ont servi de fondement à la décision attaquée, que dans ces conditions, ladite décision doit être regardée comme entachée d'excès de pouvoir, qu'en conséquence, elle encourt l'annulation »*.

pouvant découler de l'élévation du niveau de protection des représentants du personnel béninois.

II. L'INTÉRÊT D'AMÉLIORER LE STATUT PROTECTEUR DES REPRÉSENTANTS DU PERSONNEL BÉNINOIS

486. Il ne fait de doute que cet arrêt, en dépit de son caractère implicite, conduit à relativiser le constat du faible niveau de protection des représentants du personnel béninois. La logique de protection du délégué syndical, sous-tendant ses motifs, plaide en faveur de la constatation. La décision du 29 novembre 1996 dans le prolongement de laquelle celle-ci fut rendue, ne peut également passer inaperçue. Après analyse, le caractère implicite de l'arrêt du 15 juin 2000 s'explique aisément, il est lié à la spécificité du droit de la négociation collective béninois ; il faut, en effet, remarquer la fonction de représentant syndical occupée par le requérant. Or, ainsi que les observations antérieures ont permis de le montrer, le droit conventionnel des relations professionnelles béninoises repose sur l'idée de vocation première des élus du personnel pour représenter les travailleurs et négocier des actes collectifs en leur nom tandis que, dans le droit des relations collectives du travail français, ce sont les représentants désignés qui disposent d'une vocation naturelle pour signer des textes conventionnels.

Il n'est plus nécessaire de revenir sur les limites de l'observation dans le prolongement des lois du 4 mai 2004 et du 20 aout 2008, surtout avec les dispositions de l'article 122 du Code du travail du 27 janvier 1998. Plutôt, il convient de faire ressortir les conséquences de la spécificité sur le statut protecteur des représentants du personnel. Dans la sphère du droit béninois du travail, les représentants syndicaux ne bénéficient pas d'une protection législative autonome explicitement consacrée, à l'instar de celle conférée aux délégués du personnel, ainsi qu'il découle des dispositions de la Section III du Chapitre 1 du Titre III du Code du travail. Les pouvoirs publics, ayant accordé une plus grande légitimité aux élus du personnel pour représenter les travailleurs, ont jugé utile de protéger prioritairement ceux-ci par rapport aux acteurs syndicaux. C'est donc le statut de représentants directs des travailleurs dont jouissent les membres élus[1] qui a conduit le législateur béninois à les traiter différemment des délégués syndicaux. Même sur le plan du droit positif français, bien avant les réformes du 04 mai 2004 et du 20 aout 2008, traditionnellement, les membres élus au poste de délégué du personnel sont les premiers à avoir bénéficié de l'application d'une procédure spéciale en cas de licenciement en cours de mandat[2].

On comprend donc pourquoi la Cour suprême s'était prononcée de la sorte dans son arrêt du 15 juin 2000. Mais il n'en reste pas moins indispensable aux pouvoirs publics béninois de devoir s'inspirer de la jurisprudence *Perrier* et du régime spécial de protection exceptionnelle et exorbitante dont jouit le représentant du personnel français, pour améliorer le statut protecteur des élus du personnel, surtout, des représentants syndicaux locaux. L'intérêt d'une telle amélioration est particulièrement conséquent, aussi bien pour les travailleurs béninois que pour leurs employeurs.

1. La connaissance de l'intérêt

487. L'amélioration du statut protecteur des représentants du personnel béninois postule un intérêt pluriel, tant pour la vitalité des droits fondamentaux du groupement des travailleurs qu'en ce qui concerne les stratégies économiques de développement de l'entreprise. Cela ressort des pratiques des employeurs, des propos des observateurs, chercheurs de tout horizon, s'étant prononcés sur la question de l'opportunité des droits de personnes au travail. Ainsi s'en aperçoit-on, à partir de la présentation du statut protecteur des représentants du personnel béninois et français (a), étant nécessaire de préciser que, dans le champ juridique français, la protection spéciale est en réalité bien encadrée par le législateur et les juges pour éviter des cas d'usage abusif plutôt isolés (b).

---

[1] B. TYESSIÉ, *Droit du travail : relation collective*, *op. cit.*, p. 63.

[2] J. -Y., KERBOURC'H, *Le statut protecteur des représentants du personnel*, *op. cit.*, p. 40.

a. La présentation du statut protecteur

488. Il a déjà été donné de préciser la nature hétéroclite de la protection dont jouissent les seuls représentants du personnel circonscrits par analyse, non pas toutes les catégories des représentants des travailleurs. Il convient maintenant de voir, dans ce périmètre, la proximité entourant le régime spécial de protection des délégués du personnel béninois et français. Il ne sera pas nécessaire de s'appesantir sur l'étendue du champ d'application professionnel des délégués syndicaux, pour des raisons maintenant évidentes. En effet, il y a une similitude presque troublante entre la protection accordée par le Code du travail béninois aux représentants élus et celle que leurs confèrent les dispositions législatives françaises relatives au droit de la représentation et de la protection des membres élus ; cette similitude se rattache aussi bien au domaine de protection qu'à la durée et à la modalité de protection.

Au terme de l'alinéa premier de l'article 115 du Code du travail, il est prévu en premier lieu que le congédiement d'un salarié exerçant des fonctions électives ne peut intervenir que sous réserve du respect de la procédure renforcée établie à cet effet par le législateur. À cette fin, et ce sans aucune possibilité d'aménagement ni alternative quelconque, l'employeur doit nécessairement passer par la voie classique de l'autorisation préalable de licenciement qu'il devra solliciter auprès de l'inspecteur du travail, à l'instar de l'autorité administrative française compétente auprès de laquelle doit également être accomplie une telle formalité procédurale. En second lieu, le deuxième alinéa du même article dispose que le représentant du personnel élu est protégé pendant toute la durée de son mandat, contre cette catégorie de mesure de rétorsion que l'employeur peut être injustement tenté de prendre à son égard, en raison des missions de protection des intérêts et des droits des travailleurs qu'il exerce. Mais il faut automatiquement ajouter que, il est vrai, le licenciement est la plus brutale[1] des mesures de représailles souvent prises par l'employeur, mais non la seule[2]. C'est pourquoi, après avoir établi la durée de protection des membres élus, ce même alinéa délimite, en troisième lieu, le domaine devant être concerné par le régime

[1] Ainsi que le fait remarquer M. le professeur TEYSSIÉ, *Droit du travail, relations collectives, op. cit.*, p. 385.
[2] Toujours selon le même auteur ; ibid., p. 386.

dérogatoire du statut protecteur de cette catégorie de représentant des travailleurs. Il précise les différentes périodes pendant lesquelles la fonction élective devra donner lieu à une protection spéciale au bénéfice du travailleur l'ayant exercé. Celles-ci conduisirent à établir une protection avant, pendant et après l'exercice de la fonction élective.

Il est ainsi prévu que le membre élu pourra jouir d'une protection, de toute évidence pendant toute la durée du mandat, mais aussi pendant les douze mois suivant l'expiration de son mandat, mais encore pendant une période située en amont du moment où celui-ci a été investi de la fonction élective, c'est-à-dire pendant une durée couvrant la période où l'employeur a eu connaissance de leur candidature. Ajoutons cependant que les salariés candidats non élus jouissent également de cette dernière protection[1] jusqu'à trois mois après le scrutin, « parce que le ressentiment qu'a pu nourrir l'employeur à l'égard d'un représentant du personnel ne disparaît pas nécessairement le jour même où prend fin le mandat de l'intéressé »[2].

L'énoncé des articles L 2411-5, L 2411-6 et L 2422-7 confère des mécanismes de protection fortement identiques à destination des délégués du personnel. À ceci près que, d'une part, contrairement au Code du travail de 1998, le Code du travail de 1910 protège non seulement les salariés candidats non élus mais aussi ceux ayant demandé l'organisation d'une élection[3]. D'autre part, dans le cadre du droit positif

---

[1] Qui du reste est fortement inspirée de la loi Auroux du 28 octobre 1982, tel qu'il ressort de l'économie de cette disposition juridique.

[2] *Droit du travail, Relations collectives, op. cit.*, p. 391.

[3] Mais il est nécessaire de souligner que, sur le plan du droit positif français, la loi de 1982, dans le dessein de faciliter la mise en place des instances élues de représentations du personnel, a élargi le bénéfice de cette protection *ante* mandat aux salariés qui ont demandé à l'employeur d'organiser ou d'accepter d'organiser une élection, mais sous deux conditions : la première étant que l'entreprise ait l'obligation, eu égard notamment à ses effectifs, d'organiser les élections demandées ou, du moins, soit sur un point, de devoir les organiser (Cass. Soc., 25 janv. 2006 : *RJS* 04/06, n°470, *JCP S* 2006, 1181, note J. -Y. KERBOURC'H), la deuxième étant qu'une organisation syndicale, apporte son appui à l'initiative du salarié en adressant à l'employeur une lettre recommandée par laquelle elle demande à son tour, ou accepte, qu'il soit procédé à une élection (C. trav. Art. L 2411-6 et L 2411-9 ; Cass. Soc., 10 janv. 2006 : *RJS* 3/06, n°364) ; la chronologie des faits imposant que la demande du salarié précède (et non point suive) celle présentée, aux mêmes fins, par le syndicat, (Cass. Soc., 28 oct. 1996, *RJS* 12/96, n°1285).

du travail français, en contraste avec les dispositions béninoises du droit des relations collectives du travail, la durée de protection *post* mandat dont jouit le représentant du personnel élu est de 6 mois, et non point d'un an, ce qui représente d'une certaine manière une protection *in mitius* conférée au délégué du personnel béninois.

Or une telle protection, aussi nécessaire soit-elle, ne pouvait être accordée aux représentants du personnel français et béninois sans un moindre encadrement, peu important la disparité de son degré de manifestation dans les deux champs juridiques étudiés, seul important la prise en compte du caractère exorbitant et exceptionnel assorti au privilège. Il fallait, à n'en point douter, apporter un encadrement tout aussi nécessaire que capital aux statuts protecteurs des représentants du personnel.

b. L'encadrement du statut protecteur

489. Il est un principe classique selon lequel l'appréhension n'est pas la meilleure approche pour aborder un objet ; quel qu'il soit, y compris de recherche, pouvant porter sur les libertés collectives des travailleurs, la crainte d'un objet– parfois ressentie sur une notion ou une catégorie d'intérêts juridiquement protégés – peut fausser son appréciation objective. Or les droits sociaux des travailleurs ont souvent été victimes, ainsi qu'on le précisa pendant longtemps[1], de préjugés et *a priori* qui conduisent à les considérer comme des prérogatives pouvant faire obstacle au développement de l'entreprise[2].

Pour obvier le risque d'obstacle en vue de ne pas relayer les préjugés, un encadrement rigoureux fut apporté au statut protecteur des représentants du personnel. En vérité, nul ne doute que la possibilité de détourner la protection institutionnelle par les intéressés à des fins

---

[1] L'on songe ici aux propos de madame V. OGIER-BERNAUD et du Directeur du centre de recherche des droits de l'homme du Conseil de l'Europe, dont il nous a déjà été donné de restituer le contenu.

[2] En dépit des démonstrations convaincantes de certains auteurs prouvant l'existence d'une relation contraire entre la protection des droits fondamentaux des travailleurs et la sauvegarde de l'intérêt de l'entreprise, ainsi qu'on a dû rendre compte de la portée dans nos développements précédents.

personnelles peut se présenter. D'une certaine manière, cet encadrement permet (ou en tout cas doit permettre) de réduire le champ des appréhensions et l'obstination des *a priori*, dans le prisme duquel les droits sociaux des travailleurs sont couramment présentés en conflit avec les intérêts de l'entreprise. Plus particulièrement, sur le terrain du droit positif béninois, il doit conduire à se débarrasser des idées reçues, et à rendre possible l'accroissement de la protection des représentants du personnel. L'exemple français, nourri de l'actualité de la jurisprudence *Perrier,* montre comment il est possible de concilier la protection des représentants du personnel avec la défense des intérêts de l'entreprise. La nécessité de cette articulation obligeait, par le recours à un tel encadrement, à éviter les abus et les éventuels cas de fraude pouvant être constatés sur la jouissance de cette protection d'ordre exceptionnel.

Il est souhaitable de se servir de la manière dont les pouvoirs publics de l'Hexagone ont pris conscience de la nécessité d'encadrement : les autorités législatives l'avaient fait, en premier, plus précisément lorsqu'elles exigeaient du salarié demandant l'organisation d'une élection de remplir deux conditions, avant de se prévaloir du bénéfice de la protection spéciale prévue par la loi, dans l'intérêt de l'ensemble des travailleurs[1]. Il en est également ainsi du pouvoir judiciaire lorsque, dans sa mission de concrétiser le droit, il affirmait que le représentant des travailleurs, quel qu'il soit, élu, nommé, occasionnel, ou autre, pour bénéficier de la protection que lui accorde le législateur, devait répondre au souci d'exercer une tâche dans l'intérêt des travailleurs de l'entreprise, non dans le but de tirer un profit personnel[2].

C'est dans la même logique d'idée que les autorités publiques n'ont pas voulu qu'un passage éclair dans les fonctions, à durée indéterminée, de membre élus ou de membre désigné au comité d'entreprise, ou de délégué syndical, puisse permettre d'obtenir le bénéfice du régime spécial de protection de la loi[3]. Les premiers ne pourront se prévaloir de

---

[1] Et il nous a été donné précédemment de citer chacune de ces conditions.

[2] Cf. Cass. Soc., 25 avril 1974 : *JCP* G 1974, II, 17896 ; CI, II, 11662. – Cass. Soc., 15 juin 1978 : *JCP* CI 1978, I, 7287, p 259, n°18, obs. B. TEYSSIÉ et R. Descotte. – Cass. Soc., 10 juil., 26 sept. Et 3 oct. 1984 :*D.* 1985, inf. rap. 458, obs. J. -M. VERDIER. – Rappr. Cass. Soc., 3 avril 2001 : *RJS* 06/01, n°763.

[3] *Droit du travail, relations collectives, op. cit.,* p. 391.

ce droit qu'après deux ans de mandat (C. trav., art. L 2411-8, al. 2), et au second après un an (C. trav. art. L 2411-3, al. 2.)[1].

Loin d'être arbitraire ou incompatible avec la protection de la fonction des représentants des travailleurs, lesdits encadrements apportés par les autorités publiques françaises permettent d'éviter les abus, de renforcer l'efficacité de la mission des différents acteurs des institutions représentatives du personnel. Ils concourent à la recherche d'un équilibre entre, d'une part, le statut protecteur et, d'autre part, les autres intérêts en présence avec lesquels il peut rentrer en conflit dans l'entreprise. Ceux-ci sont d'autant moins arbitraires et incompatibles avec la protection de la fonction représentative, qu'il convient de les apprécier, dans le vrai décor de la réalisation des libertés collectives des travailleurs, dans un champ extérieur aux idées reçues.

2. L'appréciation de l'intérêt

490. Quant à la portée des idées reçues on se souvient de leur teneur, ainsi que le soulignèrent une partie de la doctrine notamment MM. les professeurs SUEUR et CHARVIN[2] : il existe un discours académique trop largement répandu sur les *droits de l'homme et les libertés de la personne* qui reste encore englué dans le monde de la métaphysique[3] et de l'expectative du droit, et qui n'insiste pas davantage sur la vulnérabilité et la précarité souvent constatées à propos de ces prérogatives humaines[4]. L'étude des libertés collectives des travailleurs lesquelles sont, pour reprendre une expression des auteurs, les « fantômes » des droits fondamentaux, en offre une démonstration particulière. Cette affirmation s'illustre de façon concomitante en droit de représentation collective des travailleurs béninois et français. Il est patent de voir la manière dont on pose des conditions de nationalité pour

---

[1] Cf. Cass. soc., 25 oct. 2005 : *RJS* 1/06, n°62. – Cass. soc., 25 janv. 2006 : *RJS* 4/06, n°471 ; *JCP S* 2006, 1253, ann. II, obs. B. GAURIAU, *où la cessation des fonctions était consécutive à la décision du directeur départemental du travail de mettre fin au mandat d'un délégué syndical en raison d'une baisse importante et durable de l'effectif en dessous de cinquante salariés)*

[2] *Droits de l'homme et libertés de la personne, op. cit.*, p. 4 s.

[3] Ibid., p 284.

[4] Ibid.

pourvoir à une fonction représentative dans les deux ordres juridiques nationaux, en contradiction patente avec les dispositions internationales[1] interdisant *a priori* une telle discrimination[2] fondée sur un critère de nationalité pour exercer la mission de représentation des travailleurs[3]. Ainsi en est-il de l'article L 1441-16 disposant d'une telle condition dans un champ bien déterminé[4], ou encore de l'article 82, relatif au même critère de nationalité[5]. N'est-ce pas là l'une des failles flagrantes des systèmes de garantie des droits des travailleurs ?

À n'en point douter, ces dispositions combinées, qui proviennent de l'activité concomitante des législateurs béninois et français, illustrent la précarité et la vulnérabilité des libertés collectives par le truchement des restrictions dont sont affectés les droits de la représentation des travailleurs. Mais leur objet est moins concerné par la question du statut protecteur ; il est davantage en corrélation avec les considérations politiques lesquelles, pour paraphraser Hart, conduisent les représentants du peuple à trop souvent se servir des droits sociaux comme un épouvantail pour gérer les questions difficiles dont dépendent leur mandat électoral[6].

---

[1] Au regard, notamment, de la Déclaration universelle des droits de l'homme, la Convention des Nations unies sur l'élimination de toutes les formes de discriminations à l'égard des femmes, la Convention internationale sur l'élimination de toutes les formes de discrimination raciale, les Pactes des Nations unies…

[2] On pourrait aussi ajouter les prescriptions des articles 5 et L 1131-1 des Code du travail béninois et français.

[3] « Le législateur communautaire s'est engagé à mettre en œuvre une politique générale de lutte contre les discriminations dans l'Union européenne, dans tous les domaines des politiques communautaires » : d'une part, « le champ de la relation de travail reste, bien évidemment le domaine premier de la lutte contre les discriminations », d'autre part, l'objet des libertés collectives des travailleurs demeure la substance essentielle vers laquelle doit se diriger cette politique générale de lutte contre la discrimination fondée sur le critère de la nationalité ; M.- A. MOREAU, « Les justifications des discriminations », *Dr. soc.*,, n°12/12/2002, p. 1112 ; S. ROBIN-OLIVIER, « Le principe d'égalité de traitement en droit communautaire. Étude à partir des libertés économiques », PUAM, 1999, p 550.

[4] En ce qui concerne les conditions d'éligibilité des conseillers prud'hommes dont l'office est de trancher les litiges de nature individuelle nés à l'occasion de la formation, de l'exécution et de la rupture du contrat de travail.

[5] Quand bien même cet article 82 ajoute à la condition de la nationalité béninoise, une alternative relative à la situation de « travailleur migrant régulièrement établi sur le territoire national et jouissant de leurs droits civiques », pour pouvoir exercer des fonctions de direction ou d'organisation au sein d'une formation syndicale.

[6] La corrélation entre la représentation syndicale et la représentation politique a déjà fait l'objet d'un si ample traitement qu'un simple renvoi bibliographique suffit : F. PETIT,

L'actualité de la jurisprudence *Perrier* permet en ce domaine de délimiter le périmètre d'encadrement de la protection des représentants du personnel dans le champ juridique français (a). L'opération est particulièrement intéressante puisqu'elle démontre, en marge des vulnérabilités et précarités qui freinent les initiatives de protection, la possibilité de concilier les droits des travailleurs et les intérêts de l'employeur. Au demeurant, la Cour de cassation n'a pas manqué d'en apporter les preuves. C'est ainsi qu'elle témoigna d'une vigilance particulière pour distinguer les cas de fraudes et de détournement de la protection statutaire des situations, de ceux dans lesquels un représentant du personnel a vraiment besoin d'être protégé dans l'exercice de ses fonctions, dans l'intérêt de la communauté des travailleurs. Il sera digne d'intérêt de s'en inspirer dans la sphère béninoise du droit du travail afin d'accroitre le niveau de protection des représentants du personnel (b).

a. L'actualité de la jurisprudence Perrier

491.« Le salarié protégé est l'incarnation de l'institution qu'il représente ou de la fonction qu'il occupe. Il doit la servir et non s'en servir »[1]. Cette modalité d'encadrement du statut protecteur, qui oblige le représentant des travailleurs à servir l'institution plutôt que de se servir d'elle, la Cour de cassation n'a eu de cesse de la rappeler. C'est dire si l'attendu souvent formulé à cet effet depuis les arrêts *Perrier* n'est pas rapidement devenu style : « la protection exceptionnelle et exorbitante du droit commun des salariés investis de fonction représentative a été instituée non dans leur seul intérêt mais dans celui de l'ensemble des salariés »[2].

492. Sur ce fondement, la question s'était posée à plusieurs occasions de savoir si l'interdiction faite à l'employeur de n'emprunter que la seule voie d'autorisation préalable de l'inspecteur du travail pour rompre le contrat de travail du salarié protégé, devait également s'appliquer aux

---

La notion de représentation dans les relations collectives du travail, op. cit., p. 21 ; D. ROMAN, « Les droits sociaux, entre "*injusticiabilité*" et "*conditionnalité*" : élément pour une comparaison », *R. I. D. C.,* 02/2009, p. 1.

[1] *Le statut protecteur des représentants du personnel, op. cit.,* p. 77.

[2] Également réitéré dans l'arrêt *Home Location Services* du 16 mars 2005.

intéressés. Prenant conscience du fait que le salarié protégé ne doit pouvoir tirer profit financier du mandat représentatif dont il est titulaire, la Cour de cassation a élargi le champ de la prohibition unilatérale, condamnant la résiliation judiciaire[1] et la prise d'acte de la rupture du contrat de travail[2] à l'initiative du salarié protégé. De la sorte, la règle posée par les arrêts *Perrier* – et précisée par l'Assemblée plénière du 28 janvier 1983 – s'appliquait aussi bien aux employeurs qu'aux représentants des travailleurs ; mais c'est sans compter sur l'évolution de la jurisprudence.

493. En effet, dans deux arrêts, *Sogeposte* et *Carcoop,* rendus par la Chambre sociale de la Cour de cassation, le 21 janvier 2003 et le 16 mars 2005, les hauts magistrats ont opéré un revirement de jurisprudence spectaculaire sur la prise d'acte et la résiliation judiciaire : d'une part, ils ont admis la validité d'une prise d'acte par un salarié protégé de la rupture de son contrat[3] ; d'autre part, ils ont proclamé que le salarié protégé ne peut être privé de la possibilité de poursuivre la résiliation judiciaire de son contrat de travail aux torts de l'employeur en cas de manquement, par ce dernier, à ses obligations[4]. Il est donné de voir les différentes lectures à travers lesquelles cette évolution de la jurisprudence sera appréciée par la doctrine.

Pour le doyen WAQUET, ces arrêts font souffler un « coup de vent » sur la jurisprudence *Perrier*. Aux dires de l'auteur – par ailleurs ancien président de la chambre sociale de la Cour de cassation – tout se passe comme si les juges avaient décidé de « sacrifier l'intérêt collectif de l'ensemble des salariés à l'intérêt général et égoïste des salariés protégés »[5], ce qui, dans le prisme de ce raisonnement, va à rebours de la logique du statut protecteur au sein duquel s'exercent les libertés collectives des travailleurs : le doyen estime en effet que l'objectif final des arrêts *Sogeposte* et *Carcoop France* a été de permettre aux salariés protégés de tirer profit de la protection exceptionnelle que leur offre leur

[1] Cas. soc., 18 juin 1996 n°2837 PF : RJS 8-9/96 n°944, *Bull. civ.* V n°248.
[2] Cass. soc., 31 janvier 2001 n0374 FS-D ; Cass. soc. 4 avril 2002 n°1562 E-D.
[3] N°152 FS-PBR : RJS 03/03 n°367, *Bull. Civ.* V n°13.
[4] N° 689 FS-PBRI : *RJS* 05/05 n°534.
[5] Ainsi que M. le professeur J. MOULY le formula à propos des critiques du doyen WAQUET sur ces revirements ; J. MOULY, « Coup de vent sur le statut des salariés protégés », *Dr. soc.,* sept-oct. 2005, p. 861 s.

mandat, et ce au détriment des travailleurs au bénéfice réel desquels cette protection est normalement établie[1].

Pour M. le professeur VERDIER, en revanche, plutôt que de constituer un « coup de vent » sur la protection des représentants du personnel, les arrêts *Sogeposte* et *Carcoop*, donnent « un coup de pouce à la logique du statut protecteur » ; l'admission de la résiliation judiciaire et de la prise d'acte du salarié protégé, avec les conséquences pécuniaires qu'elles peuvent engendrer à l'égard de l'employeur, aussi lourdes soient-elles, doivent s'analyser comme « le signe de l'atteinte à une liberté fondamentale »[2] ; elles ne constituent que « les sanctions normales de la violation d'une liberté collective fondamentale des travailleurs »[3] par le biais desquelles les salariés protégés obtiennent de l'employeur le respect de leur statut. Par conséquent, pour le grand artisan du statut protecteur, les arrêts *Sogeposte* et *Carcoop*[4] n'offriraient pas aux salariés protégés la possibilité de monnayer leur mandat, surtout qu'« un monnayage ne peut concerner que des cas particuliers, dont la jurisprudence à montrer qu'elle savait faire justice en appliquant la théorie de la fraude (Soc. 29 mars 2005, RJS 06/05, n°597 et aussi Soc. 21 janvier 2003, Sogeposte, préc.)[5] ».

Une idée principale sous-tend la position des juges : il est nécessaire de protéger les libertés collectives des travailleurs à travers le renforcement du statut protecteur des représentants. Toutefois, ladite protection ne peut être accordée que sous une réserve, celle de ne pas permettre aux représentants véreux d'abuser des avantages institués par le législateur, lesquels l'étaient, non pas à des fins d'enrichissement personnel, mais dans l'objectif de réalisation des libertés collectives des travailleurs. En fin de compte, l'encadrement vise à dissocier les vrais cas d'exercice de la fonction représentative[6] – justifiant l'octroi de la protection institutionnelle – des situations de détournement du mandat à des fins extérieures à la défense des droits et des intérêts des travailleurs,

---

[1] Ph. WAQUET, « Coup de vent sur la jurisprudence Perrier », *RJS* 6/05, p. 1.

[2] J.-M. VERDIER, « Le coup de vent sur la jurisprudence Perrier : le coup de pouce à la logique du statut protecteur », *op. cit.*, p. 113.

[3] Ibid., p 114.

[4] Dont la position adoptée par les juges en leur sein a d'ailleurs été confirmée récemment dans d'autres décisions de justice, notamment dans les arrêts de la chambre sociale du 28 février 2007 et du 25 juin 2007 ; *RJS* 11/2007, n°1168.

[5] Ibid., p 115.

[6] B. BOSSU, « Salarié protégé : l'indemnisation du salarié protégé en cas d'annulation de l'autorisation administrative de licencier », *JCP S*, n°18/12/2007, n°51, p. 43-45 ;

ce qui constitue un délit de fraude, sévèrement réprimé par la loi. Il s'agit là, dans le concert d'un équilibre établi avec parcimonie entre plusieurs intérêts en présence, d'une matière précieuse à réflexion qui doit permettre d'accroître la protection des représentants du personnel béninois.

b. Les ressources de la jurisprudence *Perrier*

494. Les libertés collectives des travailleurs béninois et français se distinguent sur la catégorie de protection variable conférée aux représentants des travailleurs par les autorités publiques, mais davantage sur celles dont bénéficient les seuls représentants du personnel. L'objet du statut protecteur constitue assurément une sorte de thermomètre, par le biais duquel se saisit la température des droits sociaux des travailleurs, dans l'appréciation des différentes variantes de difficultés pouvant être rencontrées sur le chemin de leur mise en œuvre. D'un point de vue général, la protection spéciale des représentants des travailleurs résonne, dans l'enceinte de l'entreprise, dans le champ de la préservation des droits des personnes, toute catégorie confondue[1].

495. Le défi imposé par ce travail comparatif consistait à partir de l'état des lieux du statut protecteur des représentants du personnel français, pour voir comment il est possible de s'en inspirer afin d'améliorer le niveau de protection des membres élus et des délégués syndicaux béninois. En la matière, l'actualité de la jurisprudence *Perrier* fut spécialement éloquente : les juges français y ont affirmé la volonté nette de protéger les libertés collectives des travailleurs ; et ceci à tous les

---

[1] « En définitive, les représentants élus et syndicaux constituent les moyens privés pour le personnel de s'exprimer collectivement dans l'entreprise ; c'est à travers eux que les salariés exercent à l'intérieur de l'entreprise les grandes libertés fondamentales de tout homme : de penser, de s'exprimer, de s'associer, de s'informer. L'entreprise a la particularité d'être le siège d'un *pouvoir privé*, qui demeure très fort ; les libertés individuelles y seraient en pratique lettre morte sans les droits collectifs que la loi a reconnu aux travailleurs, en particulier ceux de représentation collective. Le mandat, électif ou syndical, en constitue le moyen d'exercice collectif. Le droit de la représentation récapitule dans l'entreprise les libertés et droits fondamentaux reconnus en général à tout citoyen. Sans ce complément collectif, ceux-ci seraient tenus en lisière de l'entreprise. » ; J. -M. VERDIER, « Du contrat au statut et du droit individuel aux libertés publique », *op. cit.,* ibid.

prix, y compris à celui – onéreux – que pourrait supporter un employeur peu véreux se brûlant au jeu de violation du mandat représentatif d'un salarié protégé : la commission d'une entrave au bon fonctionnement des institutions représentatives du personnel figurent parmi les griefs potentiels. Mais, dans le même temps, les mêmes juges ont su encadrer les conditions d'ouverture du bénéfice de cette protection exceptionnelle, afin qu'elle ne débouche pas sur des cas d'abus ou de détournement du mandat de la part des salariés protégés. Sans conteste, l'opération témoigne d'un bon compromis entre la protection des libertés collectives des travailleurs et la sauvegarde des intérêts de l'entreprise.

496. Il va sans dire que le succès incontestable de ce compromis réussi par les juges français, doit libérer les pouvoirs publics béninois de leur appréhension sur l'instauration d'un statut protecteur efficace, tant à l'égard des délégués syndicaux – qui ne disposent pour l'instant d'aucune protection législative autonome – qu'à destination des délégués du personnel – jouissant déjà de la consécration normative d'une telle protection législative. Aussi, a-t-on constaté un décalage magistral, entre les discours académiques et les réalités du terrain, entre l'abondance notoire des normes de protection des représentants du personnel et le manque jurisprudentiel dans le champ juridique béninois. D'où émergeaient des difficultés à confronter l'œuvre des magistrats aux constats des professionnels du terrain, dans l'optique d'y dégager une vision complète suffisamment objective par rapport aux observations rencontrées puisque les uns estimant que les droits syndicaux sont constamment violés au Bénin et, ajoutent-ils, « comme partout ailleurs »[1], les autres soutenant que le but de la réalisation des libertés collectives des travailleurs « est atteint au Bénin »[2], en dépit des difficultés de procéder concrètement à la vérification de ces informations.

497. Il est possible et, plus encore, il est nécessaire d'élever le niveau de protection des représentants du personnel béninois, qui ne sont ni plus ni moins que les acteurs pivots des instances de représentation des salariés par le biais desquelles s'exercent les libertés collectives des travailleurs au sein de l'entreprise. Surtout, devra-t-on prendre en compte

---

[1] Cf. *Rapport Léontine Dénakpo, op. cit.,* ibid.

[2] C. A. KENOUKON (Dir. J.-C. JAVILLIER), *Effectivité et efficacité des normes fondamentales et prioritaires de l'OIT : cas du Bénin et du Togo, Institut international d'études sociales, 2007, op. cit.,* ibid.

ces observations si l'on veut continuer par affirmer l'exemple mieux, le modèle béninois, constitué par l'effort fourni quant au progrès de l'État de droit et à l'essor de la vitalité de la démocratie dans le prolongement des travaux de la *Conférence nationale* de février 1990. Sans le moindre doute possible, il est plus que jamais nécessaire de se ressourcer de la jurisprudence *Perrier* pour accroître la protection des représentants du personnel béninois.

Conclusion du Titre 1

Le temps n'est pas éloigné où MM. les professeurs G. LYON-CAEN, A. JEAMMEAUD (mais non les seuls), faisait remarquer le lien qui existe entre la consolidation des droits sociaux des travailleurs et l'extension de la démocratie[1]. Les mêmes auteurs, démontrant que le droit du travail s'est construit dans la constitution des rapports capitalistes et dans la sauvegarde de la domination capitaliste [2], ont également souligné combien les droits des travailleurs étaient précaires eu égard, selon leurs dires, à l'ineffectivité des dispositions de protections mises en places par les acteurs internationaux et les représentants des exécutifs nationaux[3]. Ce constat se trouve placé au cœur de l'analyse des mécanismes de garantie des libertés collectives des travailleurs béninois et français. C'en est pourtant une évidence : la réalisation des libertés collectives des travailleurs postule une finalité plurielle : elle permet d'atteindre une kyrielle d'objectifs relatifs à la protection du salarié, la régulation des conflits sociaux, la performance de même que le progrès économique de l'entreprise[4]. A ce sujet, il est dorénavant de peu d'intérêt de recourir excessivement aux procédés volontaires de responsabilité sociale de l'entreprise qui témoignent d'une telle interdépendance – entre la protection – des droits des travailleurs – et la défense – des intérêts de l'employeur. Récemment encore, dans l'une de ses contributions, la démonstration des effets favorables du

---

[1] F. COLLIN, R. DHOQUOIS, P.U. GOUTIERRE, A. JEAMMAUD, G. LYON-CAEN, A. ROUDIL, *Le droit capitaliste du travail*, P.U. Grenoble, 1980, p. 7 s.

[2] Ibid.,p. 157.

[3] Ibid., p. 63.

[4] P.-G. POUGOUÉ, « Nouveaux enjeux du droit du travail en Afrique noire francophone et dynamique syndicale », *in Droit syndical et droit de l'homme à l'aube du XXe siècle, Mélanges en hommage à J.-M. VERDIER, op. cit.,* p. 128. À rappr. I. DAUGAREILH, E. POIRIER, « Stratégie de développement et réactualisation des droits économiques et sociaux », Conseil économique et social, Comité des droits économiques, sociaux et culturels, 25e session N.U., Génève, mai 2001, EC/12/2001/5 GE.01-409556 (F).

respect des droits des travailleurs sur le développement de l'entreprise a été réalisée par M. le professeur CHÉROT[1].

Alors, maintenant, que reste-t-il des difficultés de protéger les libertés collectives des travailleurs ? Y aurait-il une véritable différence entre les hiérarchies s'établissant selon des critères formels ou matériels ? Qu'en est-il des critères matériels du « degré de précision du principe considéré »[2], du « point de savoir s'il comporte des exceptions ou des tempéraments »[3], du « degré d'attachement de l'opinion dominante à son égard »[4], de « l'étendue du contrôle que le juge exerce sur les actes ou les décisions qui le mettent en cause ou en œuvre »[5]. Comment ne pas admettre, en pareil cas, que des causes variables produisent les mêmes effets ? Prenons par exemple le critère de « l'attachement de l'opinion dominante à son égard », n'est-il pas à tout point de vue discutable ? La fondamentalité d'un droit peut-elle être soluble dans le ressentiment de chacun, auquel cas les droits fondamentaux des personnes seraient abandonnés à l'arbitrage et au bon vouloir des particuliers, et donc devraient cesser d'être, à proprement parler, des droits fondamentaux ? La précarité de ces théories était en réalité patente et particulièrement indispensable à faire ressortir.

Ces difficultés n'étant pas communes aux libertés collectives des seuls travailleurs béninois et français, ont permis de prendre conscience d'un facteur nouveau de l'analyse. Elles ont conduit à saisir la nécessité d'intégrer réellement – et non plus seulement de façon théorique – la protection des droits d'expression collectifs ayant été inventés pour rendre aux travailleurs leur qualité de sujet libre et leur permettre de sortir du dilemme de la subordination volontaire dans l'espace de l'entreprise[6]. Il est, certes, nécessaire de garantir l'effectivité des libertés collectives des travailleurs, en dépit des péripéties rencontrées sur le chemin de l'entreprise de protection.

---

[1] J.-Y. CHÉROT, « Les droits fondamentaux au travail et la globalisation. Un nouveau modèle dans le droit global ? », *in Mélanges en hommage à Louis FAVOREU,* Dalloz, p. 1508.

[2] « La marque des idées et principes de 1789 dans la jurisprudence du Conseil d'État et du Conseil constitutionnel », *op. cit.*, p. 181.

[3] Ibid.

[4] Ibid.

[5] Ibid.

[6] *Critique du droit du travail*, op. cit., p 140.

Titre 2

LA PROTECTION NÉCESSAIRE DES LIBERTÉS COLLECTIVES DES TRAVAILLEURS

498. La technique ne doit pas faire perdre de vue la réalité. Les difficultés formelles et matérielles dont l'économie vient d'être restituée proviennent d'un champ juridique bien déterminé. Il s'agit du domaine prioritaire des décisions constitutionnelles ; précisément, ces difficultés émanent de la décision du Conseil constitutionnel français du 16 janvier 1982[1], précédant son apparition dans l'œuvre de la Cour constitutionnelle béninoise[2].

Sans conteste, l'interrogation de M. BELORGEY, s'inscrit dans le prolongement de ces observations. Il est légitime au vu des constatations de questionner la fondamentalité des libertés collectives des travailleurs, dans les limites manifestes des différentes théories d'hiérarchisation des droits. La légitimité de la question est d'autant plus importante que, dans l'ordre juridique béninois, mais également au-delà, elle fut reçue. La finalité plurielle de protection des libertés collectives des travailleurs ne permet pas (ou plus) de souscrire à la logique conflictuelle dans l'opposition entre la protection des droits des travailleurs et la sauvegarde des intérêts de l'entreprise. L'étude des difficultés de protection des droits sociaux des travailleurs a permis de rendre compte d'une hypothèse inverse, particulièrement hostile, aussi bien à la classification des droits fondamentaux – en droit absolu et en droit relatif – qu'à l'opposition des objectifs de protection des libertés collectives des travailleurs et de sauvegarde des avantages de l'entreprise. L'analyse des difficultés observées sur le chemin de l'effectivité des droits constitutionnels des travailleurs conduit à saisir la nécessité de mieux les protéger, à l'aide d'un accroissement des instruments de garanties mis en place à leur égard. Cette nécessité relève de deux ordres.

---

[1] Décision 81-132 DC, *RJC-I,* p. 104.

[2] F. J. AÏVO, *Le juge constitutionnel et l'état de droit en Afrique, l'exemple du modèle béninois, op. cit.,* p. 183.

Elle est d'abord d'ordre constitutionnel. Sur le plan national, la protection constitutionnelle se situe au plus haut niveau de la hiérarchie des garanties susceptibles d'être conférées aux prérogatives humaines. Ce n'est d'ailleurs pas un hasard si, en 1946 et 1990, les constituants ne s'étaient pas contentés de la consécration législative des libertés collectives des travailleurs, optant pour leur élévation au rang des droits à valeur constitutionnelle. Il est indispensable de s'imprégner de l'outil constitutionnel de protection des droits des travailleurs, dans la mesure où c'est par son biais que s'obtient la réalisation des droits des personnes-salariées. Mais, surtout, parce que les difficultés formelles et matérielles de protection des droits des travailleurs s'étaient fondées et continuent d'ailleurs de se fonder (dans une moindre proportion cependant) sur les décisions constitutionnelles.

Elle est ensuite d'ordre méthodologique. Si une protection constitutionnelle optimale est suffisante pour accéder à l'effectivité des libertés collectives des travailleurs français, tel n'est véritablement pas le cas pour les travailleurs béninois et, globalement, pour les droits fondamentaux des personnes en Afrique. Une nouvelle exigence qui confine à l'adoption d'une méthode optimale de construction du Droit dans le rapprochement des droits s'impose à ce niveau de démonstration.

- CHAPITRE I -

LA NÉCESSITE CONSTITUTIONNELLE DE PROTECTION

499. C'est un truisme d'affirmer que l'outil constitutionnel représente le plus efficace des moyens de protection permettant d'obtenir l'effectivité des droits fondamentaux, quels qu'ils soient, social ou économique, civil ou politique, individuel ou collectif : qu'on l'admette ou non, il relève de l'évidence de dire que la réalisation de l'ensemble des droits de la personnalité passe nécessairement par la voie de mobilisation de la Loi fondamentale, de l'activité des juges constitutionnels dont l'office est de veiller à leur respect et observation. La protection assurée par l'ordre constitutionnel aux différentes prérogatives humaines constitue la « condition d'existence *même* des droits fondamentaux »[1] ; cette protection constitutionnelle ne postule pas une simple nécessité, elle recouvre la garantie la plus importante dont jouissent les prérogatives humaines dans le cadre national favorable à leur exercice[2].

Dès lors, sans besoin de recourir à une démonstration exhaustive, on comprend la nécessité impérieuse qu'intègre la protection constitutionnelle des droits sociaux des travailleurs. Les droits des travailleurs – certes constitutionnels – sont davantage qu'une simple formulation philosophique ou intellectuelle : la vulnérabilité – parfois patente – dont ils peuvent faire l'objet conduit les auteurs à la critique et à inviter à les prendre en compte, dans l'intégration effective de la fondamentalité leur étant inhérente. Mais encore faudrait-il ne pas se tromper de cible ni détourner la manœuvre ! Or une partie de la doctrine a estimé, de longue date, que les juges constitutionnels n'ont nullement accordé cette garantie suprême aux libertés collectives des travailleurs,

---

[1] L. FAVOREU, P. GAIA et alii, *Droit des libertés fondamentales, op. cit.,* p. 149

[2] *Les droits constitutionnels des travailleurs, op. cit.,* p. 171.

en regard des difficultés de protection formelle et matérielle mises en exergue.

Ainsi l'ancien Président de la Fondation nationale des sciences politiques affirmait que les droits fondamentaux – dont la protection est conférée aux juges constitutionnels – ne sont pas tous de même nature ; les *principes politiques, économiques et sociaux particulièrement nécessaires à notre temps,* énoncés par les constituants de 1946, devaient être subordonnés aux prérogatives issues de la déclaration de 1789[1] ; les derniers allaient être des droits des personnes véritablement fondamentaux, devant être mieux protégés par le Conseil constitutionnel, en somme des droits dits absolus, les premiers censés constituer des droits relatifs, affectés d'un certain coefficient de relativité, ne pouvant et ne devant pas être aussi bien protégés que les précédents, mis en œuvre selon la volonté du législateur, à la seule condition – mais c'est l'auteur qui précise sa pensée – que cette mise en œuvre n'ait pas pour effet de les dénaturer[2].

500. Le problème auquel renvoient ces difficultés aurait pu être d'une moindre ampleur, si elles s'étaient bornées au champ juridique français sans autres ramifications externes. Mais elles ont été rencontrées dans l'ordre juridique béninois, pour conduire à ce que les mêmes reproches soient adressés à la juridiction constitutionnelle de l'ex Dahomey. Il est primordial d'examiner le bien fondé de ces contestations car, cet examen, seul, permettra de savoir s'il faut ou non relativiser les critiques doctrinales de faible protection constitutionnelle des droits des travailleurs (dont l'objet vise la plupart du temps à fonder les classifications philosophiques et insoutenables[3] des droits fondamentaux des personnes). Mais est-ce à dire que la protection constitutionnelle des droits des travailleurs ne souffrirait d'aucune nécessité de renforcement,

---

[1] F. GOGUEL, « Objet et portée de la protection des droits fondamentaux », in *Cours constitutionnelles et droits fondamentaux, op. cit.*, p. 235.

[2] Ibid., p 236. On voit la limite à laquelle fait référence l'auteur quand il précise que la détermination par le législateur des conditions de mise en œuvre des droits relatifs ne peut nullement conduire à leur dénaturation. Celle-ci ne signifie-t-elle pas que les libertés collectives des travailleurs ne sont pas moins protégées que les autres droits fondamentaux par le juge constitutionnel ce qui, en d'autres termes, infirme la qualification de droits relatifs consubstantielle à la théorie de la hiérarchie formelle ?

[3] D. ROUSSEAU, « Les libertés individuelles et la dignité de la personne humaine », *op. cit.,* ibid.

tant dans le champ juridique français que béninois ? Faudrait-il croire que les droits sociaux des travailleurs sont respectés avec parcimonie, sans l'ombre de souhait d'une amélioration possible ? Il faut le remarquer : si la protection constitutionnelle contestée des droits des travailleurs par certains membres de la doctrine mérite d'être relativisée, aucun doute ne peut être entretenu sur le besoin de renforcer les instruments constitutionnels de protection des droits fondamentaux.

SECTION I : UNE PROTECTION CONSTITUTIONNELLE CONTESTÉE

501. L'activité constitutionnelle n'est pas moins déterminante dans l'appréciation des garanties dévolues aux travailleurs en tant que titulaires de droit. Ainsi qu'on le souligna longuement, le degré d'effectivité des droits fondamentaux des personnes se mesure par rapport à la protection constitutionnelle dont ils jouissent. Le juge constitutionnel est le principal acteur dont l'office permet d'inférer la conclusion de la réalisation des prérogatives humaines, certains diront le dernier verrou des mécanismes de consolidation, de promotion et de protection des droits des personnes. Il n'en demeure pas moins que certains membres de la doctrine ont parfois prétendu le contraire sur les libertés collectives des travailleurs, tant dans la sphère béninoise que dans le cadre français, sur lequel on dispose davantage d'éléments de réflexion.

Ainsi ont-ils procédé à une interprétation pour le moins originale de la jurisprudence constitutionnelle : « en accordant une importance particulière à certains d'entre eux, avec la conséquence que, s'ils doivent être conciliés avec des principes, des droits et des libertés moins importants, c'est à leur exercice que l'on demandera le moins de sacrifices sur l'autel de la conciliation, le juge constitutionnel les plaçait de ce seul fait au-dessus des autres et donc au sommet de la hiérarchie. En ce sens, une partie de la doctrine, arguant des prétendus sacrifices systématiquement imposés aux droits des travailleurs par le Conseil constitutionnel, en a automatiquement conclu qu'ils ne bénéficiaient pas d'une protection constitutionnelle effective et donc, qu'ils ne constituaient pas des droits de premier rang mais des *droits subordonnés* »[1] : « la Cour s'est souvent appesantie sur la formulation vague et tolérante des droits économiques et sociaux qui doivent désormais être appréciés en rapport avec le niveau de développement de chaque pays. Le juge constitutionnel béninois va davantage développer cette notion de niveau de développement de chaque pays pour comprendre et tolérer que l'État ne puisse pas s'acquitter de ses obligations à l'égard des citoyens. En résumé, le niveau de développement va, plus que jamais, justifier et sous-tendre les restrictions que les pouvoirs publics seront amenés à porter à ces droits »[2].

502. Tel que le constate M. le professeur du BOIS de GAUDUSSON[3], il y a dans ces propos aux qualificatifs trop forts pour emporter conviction, une appréciation qui prend à contre-pied une opinion généralement admise sur le rôle des juges constitutionnels dans la protection des libertés collectives des travailleurs et de tous les droits fondamentaux en général[4]. Ces observations – constitutives d'un contre-pied doctrinal – qui remet en cause la fonction de la norme fondamentale et du juge constitutionnel – dans la protection des droits sociaux des personnes – est, pour le moins, discutable. La connaissance des modalités concrètes de manifestation de la protection constitutionnelle (§ 1) est, indispensable, pour saisir le caractère discutable des critiques formulées quant à la reconnaissance de la nécessité de protection constitutionnelle (§ 2).

§ 1 : Connaître la protection constitutionnelle

503.« À notre avis, la plupart de ces études réalisées sur les droits des travailleurs ne sont pas assez nuancées »[5] : certes, la protection des

---

[1] *Les droits constitutionnels des travailleurs, op. cit.*, p. 168.
[2] Le juge constitutionnel et l'état de droit en Afrique, l'exemple du modèle béninois, *op cit.*, p 183.
[3] Mais il faut d'abord remarquer que les propos de l'auteur concernent *a priori* les seules remarques relatives à la juridiction constitutionnelle béninoise, en dépit de la portée de ceux-ci qui pourrait bien s'étendre aux critiques de cette frange de la doctrine française se rapportant à la contestation de la protection constitutionnelle nécessaire quant à l'effectivité des libertés collectives des travailleurs.
[4] Ibid. p. 13.
[5] *Les droits constitutionnels des travailleurs, op. cit.*, p. 168.

libertés collectives des travailleurs souffre d'une difficulté effective, tant béninoise que française (notamment) ; il est vrai, on l'a vu, et le nier conduirait à y participer. En revanche, on ne peut en dire autant sur le rôle prétendument actif conféré par une partie de la doctrine à l'œuvre constitutionnelle dans l'apparition de ces difficultés.

On ne peut affirmer de façon précoce, parlant des droits constitutionnels des travailleurs, que le Conseil constitutionnel en a automatiquement conclu qu'ils ne bénéficiaient pas d'une protection constitutionnelle effective et donc, qu'ils ne constituaient pas des droits de premier rang mais au contraire des droits de second rang alors qu'une telle conclusion, jusqu'à ce jour, ne relève expressément d'aucune décision de justice émanant des gardiens de la Loi fondamentale. De même, on ne peut soutenir, au risque de réaliser une conclusion hâtive, que le juge constitutionnel béninois a toléré que l'État ne s'acquitte pas de ses obligations à l'égard des citoyens en ce qui concerne les droits sociaux des personnes, feignant d'occulter le fait que « la Cour constitutionnelle béninoise s'est révélée un efficace juge de constitutionnalité des normes, un bon garant du respect des droits et des libertés et le grand artisan de la stabilité institutionnelle du régime post-marxiste »[1].

L'étude des éléments qui composent la protection constitutionnelle permettra de savoir si, effectivement, les juges constitutionnels se sont désintéressés de la fonction de protection des libertés collectives des travailleurs. C'est principalement par le jeu de la réserve de compétence législative et des limites dont elle est assortie que se manifeste l'objet de la protection constitutionnelle.

I. LA RÉSERVE DE COMPÉTENCE LÉGISLATIVE

504. Encore appelé la réserve de loi, la réserve de compétence législative constitue la « garantie fondamentale »[2] dont bénéficient les

---

[1] Ainsi que le souligne M. le professeur P. CHAIGNEAU dans la préface de l'ouvrage : *Le juge constitutionnel et l'état de droit en Afrique, l'exemple du modèle béninois, op. cit.*, p. 10.

[2] « …La reconnaissance d'une réserve de compétence législative pour aménager l'exercice des droits fondamentaux et, plus largement, règlementer les matières les plus importantes, [constitue] une garantie absolument fondamentale et consubstantielle à

libertés collectives au niveau constitutionnel. Au Bénin comme en France, elle consiste en l'attribution par la constitution d'un domaine de compétence irréductible (B) au seul législateur pour produire des permissions ou des interdictions sur l'objet de chaque droit social des travailleurs. Corrélativement, elle interdit à celui-ci d'abandonner l'exercice de cette compétence aux mains des autorités normatives inférieures, ainsi qu'à celles-ci d'intervenir en lieu et place du Parlement, lorsque l'objet de compétence relève de son office (A).

A. LA MANIFESTATION DE LA COMPÉTENCE

505. La règle de réserve de compétence législative postule l'universalité ; elle absorbe les spécificités locales des pays fondés sur un régime d'État de droit et de démocratie ; en sortent étiolées, les contestations doctrinales, préfigurant la faiblesse de la protection qu'apporteraient, aux libertés collectives des travailleurs, la Cour constitutionnelle béninoise et le Conseil constitutionnel français. Cette dimension universelle de la règle conduit à voir comment se manifeste la compétence réservée du pouvoir législatif. Une fois cette étape franchie, il sera possible de disposer d'éléments objectifs et suffisants pour apprécier de telles contestations. Il est important de rappeler que comme la notion de droits fondamentaux, la règle de la réserve de loi procède d'une origine germanique : « la notion de droits fondamentaux s'est progressivement formée et diffusée de manière progressive. Un premier emploi de l'expression droits fondamentaux peut être trouvé dans la constitution allemande de mars 1849 »[1] ; « la réserve de loi a pris corps dans l'Allemagne du début du siècle, sous l'influence des juristes libéraux, tel qu'Otto Mayer. Elle s'inscrit dans un contexte politique particulier qui correspond à l'évolution des rapports sociaux sous la monarchie germanique. C'est l'ensemble de ces données qui explique la

l'État de droit. De façon très cohérente, la Conseil constitutionnel a rappelé que les droits des travailleurs en bénéficient à l'instar des autres droits fondamentaux... », *Les droits constitutionnels des travailleurs, op. cit.*, p. 203.

[1] *Droit des libertés fondamentales, op. cit.*, p. 70.

genèse de cette institution, tandis qu'elle demeure totalement inconnue, à la même époque, dans d'autres pays, comme la France »[1].

Cette règle signifie que le législateur dispose dans un certain nombre de domaines, d'une compétence exclusive (c'est-à-dire indisponible) pour mettre en œuvre les droits fondamentaux au rang desquels les libertés collectives des travailleurs prennent place. Il en est ainsi dans le cadre français et béninois : ce sont les articles 34 de la constitution de 1958 et 98 du texte fondamental de 1990 qui fondent le caractère exclusif et indisponible de la compétence du législateur, en vue de la règlementation des libertés collectives des travailleurs. Au terme de l'article 34 : *la loi détermine les principes fondamentaux du droit du travail, du droit syndical...* L'article 98, pour sa part, énonce : *sont du domaine de la loi les règles concernant du droit du travail, du droit syndical et du droit de grève…* ». Mais à l'opposé de la liberté syndicale et du principe de participation, les dispositions constitutionnelles béninoise et française proclamant le droit de grève, ont annoncé expressément une réglementation législative destinée à définir les conditions de son exercice. Ainsi, l'alinéa 7 du préambule de la constitution de 1946 prévoit : *« le droit de grève s'exerce dans le cadre des lois qui le règlemente »*. Selon les termes de l'article 31 de la constitution de 1990 : *« le droit de grève s'exerce dans les conditions définies par la loi »*. Pour des raisons d'associations et de connivence, l'exercice de la réserve de loi allait être général pour la liberté syndicale et le droit de grève et spécifique pour le principe de participation.

1. L'exercice général de la réserve de loi

506. Le mécanisme de réserve de compétence législative s'est fait remarquer davantage dans la pratique constitutionnelle française. En effet, lorsqu'il s'agit de la liberté syndicale ou du droit de grève, l'action réglementaire du législateur prend une forme extensive, celle d'une intervention normative élargie à tous les domaines de comportement dévolus par le constituant. En revanche, en ce qui concerne le principe de participation, l'autorité parlementaire n'intervient que de façon

[1] J. TRÉMEAU, *La réserve de loi, compétence législative et constitution,* Economica, PUAM, 1997, p. 22.

spécifique. Le Conseil constitutionnel, dans ces premières décisions, avait pour habitude de mentionner conjointement le droit de grève et le droit syndical, sans autre précision ni référence textuelle, dont il ressortirait qu'il appartient aux législateurs de déterminer les principes fondamentaux régissant chacun des droits. L'intégration de la liberté syndicale dans le champ réglementaire établi par l'alinéa 7 du préambule eut pour conséquence de consolider la protection de l'ensemble des droits constitutionnels des travailleurs[1]. Dans le champ juridique béninois, une décision de la Cour constitutionnelle[2] permet de présumer de l'exercice général de la réserve de compétence législative sur la liberté syndicale et le droit de grève. L'expression "droits syndicaux" employée à plusieurs reprises par les juges béninois dans cette décision nourrit la présomption.

L'exercice de la réserve de loi diffère toutefois, selon que soit concernée la liberté syndicale ou le droit de grève, en dépit de l'élargissement conjoint du champ d'intervention législative.

a. Sur la liberté syndicale

507. Le principe par lequel le juge constitutionnel veille à ce que les libertés collectives des travailleurs et en particulier la liberté syndicale soit seulement règlementée par le législateur est, à vrai dire, l'un des plus constants de la jurisprudence constitutionnelle béninoise et française. Il est particulièrement donné de le constater dans les décisions de la Cour constitutionnelle, les juges s'efforçant d'assurer le respect de ce principe, fournissant tous les efforts possibles pour ce faire. Cela ressort de la décision du 30 mai 2002. Les faits mettaient en cause le fameux décret n°99-436 du 13 septembre 1999, portant *définition des différentes formes d'organisations syndicales et critères de représentativité*. Les requérants reprochaient au législateur de ne pas avoir exercé sa compétence première et indisponible, le contraignant à règlementer prioritairement la

---

[1] *Les droits constitutionnels des travailleurs, op. cit.*, p 185.

[2] Notamment celle du 3 aout 2004 (DCC 04-072) dans laquelle sont invoqués « les droits syndicaux » des travailleurs, surtout quand on sait que la facilité du langage conjuguée à la proximité des conditions d'application et de garanties des libertés collectives des travailleurs ont vite fait de conduire les juges, notamment constitutionnels, béninois, à regrouper les trois prérogatives dans la formulation simple et pratique de « droits syndicaux ». Il en résulte le confort de l'hypothèse d'assimilation émise par Mme OGIER-BERNAUD sur les alinéas 6 et 7.

liberté syndicale des travailleurs ; corrélativement, la défense de se décharger de façon implicite sur une autorité normative inférieure.

La question concernait la portée de l'obligation constitutionnelle de réserve de loi pesant sur le législateur, dans le cadre de la réglementation de la liberté syndicale. En effet, on s'était demandé si, au terme de l'article 98 de la constitution, le législateur avait exercé effectivement les attributs qu'il détient du pouvoir constituant de 1990, et s'il n'avait pas commis de déni de compétence, abandonnant celle-ci au profit d'un autre mandataire ? L'autorité législative béninoise était-elle intervenue pour définir les principes fondamentaux permettant la mise en œuvre de la liberté syndicale ou, au contraire, avait-t-elle délégué implicitement l'exercice de ce pouvoir au ministre du travail ainsi que le soutenaient les requérants ? Cette question, posée aux juges, était à ce point primordiale qu'elle allait les conduire à exiger une instruction en vue de lui apporter une réponse précise.

La conclusion est sans appel : « qu'en réponse aux mesures d'instruction de la Haute Juridiction, le ministre de la Fonction publique, du Travail, et de la Réforme administrative affirme qu'il *est... inexact de dire qu'il n'existe au Bénin aucune législation sur les principes fondamentaux du droit syndical* ... qu'il cite à cet effet un ensemble de texte comme normes nationales, dont notamment la Loi n°86-013 du 26 février 1986 portant statut général des Agents permanents de l'État en République du Bénin et la Loi n°98-004 du 27 janvier 1998 portant Code du travail »[1].

Cette décision permit à la Cour constitutionnelle de surmonter le doute relatif à l'exercice réel par le législateur béninois de la compétence discrétionnaire attribuée *« à lui seul et seulement à lui »* pour concrétiser la protection constitutionnelle de la liberté syndicale, au terme de l'article 98 de la constitution de 1990 ; la précision ressort de sa décision[2]. Certes, on pourrait toujours souhaiter que le législateur béninois exerce davantage cette compétence, celui-ci pouvant mieux faire que de produire seulement deux lois sur la liberté syndicale, qui représente la matrice des libertés collectives des travailleurs et des droits fondamentaux des personnes dans l'entreprise. Le reproche ne

[1] DCC02-050, précité, considérant n°8.
[2] Considérant, n°7.

manquerait pas de pertinence. Mais encore, faudrait-il connaître les caractéristiques particulières de l'oralité du droit africain, entre autres béninois, aux termes desquelles l'effectivité des droits se mesure moins par la kyrielle des lois qui les règlementent que par la réalité des faits qui les établissent sous réserve, toutefois, de la souscription au niveau élémentaire de règlementation.

508. Respectivement, dans les décisions *Travail à temps partiel* du 21 janvier 1981[1], *Préventions des licenciements économiques* du 25 juillet 1989[2] et *Négociation collective* du 6 novembre 1996[3], le juge constitutionnel français est également parvenu à la même conclusion sur l'exercice de la compétence réservée du législateur quant à la définition des principes fondamentaux du droit syndical. La première consacrait qu'il relève de la compétence du Parlement, de fixer les seuils d'effectifs conditionnant l'application des dispositions de la représentation du personnel et l'exercice des droits syndicaux, « eu égard à ces conséquences sur la logique du statut protecteur »[4]. La deuxième précisait la portée du principe du plus favorable, encore nommé ordre public social. Celui-ci, appelé à s'appliquer dans le cadre de la liberté syndicale, précisément, lors de la détermination de la convention collective applicable, se décline sous une règle selon laquelle les conventions et accords collectifs peuvent mentionner des dispositions plus favorables que celles des lois et des règlements en vigueur[5]. Dans sa décision, le Conseil avait déclaré qu'il constitue un *principe fondamental du droit du travail et du droit syndical* (et non pas un *principe fondamental reconnu par les lois de la République* ainsi que l'y invitaient les requérants), placé rigoureusement sous l'autorité normative législative. La dernière, elle, venait confirmer la première décision, qui proclame *in extenso* : « la fixation des seuils d'effectifs, eu égard à ses conséquences sur le champ d'application des procédures de conclusion d'accords collectifs de travail, relève en principe de la compétence que le législateur tient de l'article 34 de la constitution en matière de principes fondamentaux du droit du travail »[6].

---

[1] Décision 80-128 DC *Travail à temps partiel* du 21 janvier 1981, RJC-I, p99.
[2] Préc.
[3] Préc.
[4] Considérant 3.
[5] Considérant 11.
[6] Considérant 12.

509. Il est patent de voir comment, en ce qui concerne la réglementation de la liberté syndicale, les juges constitutionnels béninois et français ont pu inférer une compétence normative législative générale, de surcroit, à partir des seuls articles 34 et 98 des constitutions de 1958 et de 1990. Or un tel exercice général de la réserve de loi n'est pas prévu par les dispositions constitutionnelles relatives à la liberté syndicale, contrairement à celles régissant le droit de grève, tant au Bénin qu'en France, explicitement assortie de la possibilité d'intervention du pouvoir parlementaire.

b. Sur le droit de grève

510. La nécessité – imposée aux législateurs – de règlementer la liberté constitutionnelle de revendication professionnelle s'enrichit d'une nouvelle exigence. C'est pourquoi il serait important de voir si le législateur français et béninois les respectent. Se conforment-ils à l'obligation générale que leurs impose la Loi fondamentale de fixer *les principes fondamentaux du droit du travail et du droit syndical,* lesquels intègrent le droit de grève ? Que peut-on dire de l'obligation spécifique de réglementation, dont ils sont investis à travers l'énoncé même de la disposition constitutionnelle relative au droit de grève ? On l'a vu, selon l'alinéa 7 du préambule de 1946, *le droit de grève s'exerce dans le cadre des lois qui le règlement* et, au terme de l'article 31 de la constitution béninoise, *le droit de grève s'exerce dans les conditions définies par la loi.*

Comment sont respectées ces deux exigences constitutionnelles de réserve de loi sur le droit de grève au niveau béninois et français ? Peut-on parler de complaisance du législateur dans le cadre de leur exercice, équivalant *ipso facto* à un aval implicite donné aux autorités administratives pour la règlementer donc, à une méconnaissance des dispositions constitutionnelles qui le régissent ? Si aucune réponse décisive ne peut se dégager objectivement de ces questions, il est indispensable de rappeler les réalisations parlementaires béninoises et françaises.

511. Les prémices de la réponse, s'agissant du législateur béninois, se trouvent dans la décision du 30 mai 2002 : les libertés collectives des travailleurs étant parfois indissociables dans le cadre de leur protection, pourquoi ne le seraient-elles pas dans celui de leur réglementation ? À cet effet, il fallait souligner la dimension polysémique des reproches adressés à l'autorité parlementaire par les requérants, impliquant aussi le droit de grève. À la question de savoir si le législateur béninois a fixé les principes fondamentaux des droits syndicaux afin de ne pas transgresser la compétence exclusive lui étant conférée par la norme fondamentale, on se souvient de la réponse générale offerte par l'autorité compétente, qui plus est, ne se rapportait pas à la seule liberté syndicale. Le ministre de tutelle avait répondu par deux lois : la loi n°86-013 du 26 février 1986 portant *statut général des Agents permanents de l'État en République du Bénin* et la loi n°98-004 du 27 janvier 1998 relative au *Code du travail*[1].

Il convient de compléter cette réponse par une seconde décision, datant du 09 janvier 2002, portant exclusivement sur l'objet de la liberté collective concernée : la loi du 14 mai 2001, relative à l'exercice du droit de grève en République du Bénin. Alors que la Cour constitutionnelle était saisie d'une requête tendant à lui faire contrôler la constitutionnalité de ce texte législatif, elle affirmait avec circonspection que *« l'examen de la loi n°2001-09 portant exercice du droit de grève en République du Bénin fait apparaître que les dispositions de la dite loi sont conformes à la constitution sous réserves d'observations et que d'autres y sont conformes »*[2]. Jusqu'à ce jour, le droit constitutionnel béninois de grève est règlementé par la loi du 21 juin 2002 venue améliorer ce dispositif. On peut donc affirmer, dans une certaine mesure, que l'obligation qui pèse sur le législateur béninois quant à la réglementation et à la définition des conditions d'exercice du droit de grève est parfaitement respectée, eu égard à ces décisions, nonobstant les nécessités d'améliorer les systèmes de garanties. Il n'est point possible de l'occulter, ainsi que le constat fut réalisé sur l'objet du statut protecteur.

512.S'agissant des remarques relatives à l'exercice par le législateur français de la compétence réservée qu'il détient du constituant sur le droit de grève, il faut partir d'un rappel historique et d'un constat scientifique pour apprécier la variabilité de la situation actuelle de l'état de droit de la

---

[1] Lesquelles sont relatives au principal à la liberté syndicale autant qu'accessoirement au droit de grève.
[2] DCC 02-004, Considérant n°3.

liberté de revendication professionnelle dans les systèmes juridiques béninois et français.

D'abord, un rappel historique. En 1950, après la consécration explicite du droit de grève – par le pouvoir constituant – dans l'alinéa 7 du préambule de 1946, au moment où le droit des travailleurs de la métropole et des territoires d'Outre-mer postulait le régime de la communauté des normes, seules deux lois (et encore offrant quel type de protection infra-constitutionnelle ?) existaient pour règlementer le droit de grève ; la première, du 27 octobre 1947 concernait les CRS et mentionnait qu'« ils ne jouissent pas du droit de grève... », la seconde, du 28 septembre 1948, relative à la police, précisait que « toute cessation concertée du service, tout acte collectif d'indiscipline caractérisée pourra être sanctionné en dehors des garanties disciplinaires ». Il n'est plus nécessaire de rappeler la jurisprudence *Winkell* et son accueil par certains membres de la doctrine[1]. Ensuite, un constat. « En effet, en l'absence de la réglementation législative d'ensemble du droit de grève, le Conseil d'État continue à reconnaître aux autorités administratives compétence pour limiter son exercice dans les services publics, au mépris de la lettre même du septième alinéa du préambule qui énonce que *le droit de grève s'exerce dans le cadre des lois qui le règlementent* »[2]. Mais, enfin, une remarque déterminante : lorsque le Conseil constitutionnel fut saisi – pour la première fois – en 1979 d'une loi destinée à juguler l'exercice du droit de grève dans la service public de la radiodiffusion télévision (tant il est nécessaire de le souligner en raison des appréhensions de l'époque sur le droit de grève), celui-ci avait réaffirmé l'autorité première et prioritaire que l'article 34 et l'alinéa 7 confèrent au législateur dans ce domaine ; concrètement, il s'est fondé sur le considérant de principe de l'arrêt *Dehaene* sans pour autant aller dans le même sens d'une règlementaire infra-législative du droit de grève[3].

Le Conseil a infirmé deux points de la loi soumise à son appréciation, aux motifs que selon les articles 1er et 10 des dispositions incriminées « le législateur permet aux présidents des sociétés, lorsqu'une cessation concertée du travail empêche l'exécution du service normal et afin de

---

[1] D. LOSCHAK, « La dégradation du droit de grève dans le secteur public », *Dr. soc.*, 1976, p. 56.

[2] *Les droit constitutionnels des travailleurs, op. cit.*, p. 172.

[3] Décision 79-105, *Droit de grève à la radio et à la télévision,* du 25 juillet 1979, RJC-I, p 71.

garantir que soit cependant assurée la généralité des missions dont il assigne l'accomplissement à ces sociétés, de faire obstacle à l'exercice du droit de grève,...que dès lors, les dispositions contenues dans ces phrases doivent être regardées comme non-conforme à ces principes... »[1]. Mieux que d'affirmer une simple reconnaissance du rôle initial de la loi sur la réglementation du droit de grève, le Conseil constitutionnel appelait le législateur au respect de ses obligations, lui interdisant de confier l'aménagement du droit de grève à un président de chaine de radiodiffusion télévision du service public[2].

En procédant de la sorte, les juges constitutionnels béninois et français allaient finalement consacrer une large capacité d'intervention aux législateurs, pour fixer les principes fondamentaux relatifs au droit de grève et à la liberté syndicale. Il en va différemment pour le principe de participation.

2. L'exercice spécifique de la réserve de loi

513. Le contrôle exercé par le Conseil constitutionnel français et la Cour constitutionnelle béninoise – sur le respect de la règle de réserve de loi relative au principe de participation – est un peu particulier. Les limites du pouvoir législatif[3] changent selon que l'objet du contrôle porte

---

[1] Considérant 5.

[2] D'autant plus que, trois ans après, dans la décision *Irresponsabilité pour fait de grève*, celui-ci confirme la solution précédente, invitant expressément le législateur à respecter la compétence qu'il détient de l'alinéa 7 et de l'article 34 de la constitution, Décision 82-144 DC 22 octobre 1982, RJC-I, p. 133.

[3] Autorité normative possédant une plus forte légitimité pour définir le régime juridique des droits fondamentaux puisqu'étant élue au suffrage universel direct, contrairement aux membres du gouvernement qui tire leur légitimité, moins importante, d'une nomination, en quelque sorte, du *facto principis*. Le choix du législateur et non des représentants de l'exécutif pour fixer les termes des droits fondamentaux se justifie, également, par le fait qu'il offre un véritable cadre démocratique dans l'organisation du débat. En effet, il implique dans la discussion les minorités politiques, les contres pouvoirs, leur offrant « des capacités d'expression qu'elle[s] ne retrouve[ent] pas en cas d'usage du pouvoir règlementaire. Celui-ci se caractérise au contraire par une certaine opacité dans la prise de décision », J. TRÉMEAU, *La réserve de loi, compétence législative et Constitution*, Paris, Aix-en-Provence, Economica, PUAM, Coll. Droit public positif, 1997, p. 40.

sur les conditions d'exercice du droit de grève ou de la liberté syndicale ou sur les modalités d'accomplissement du principe de participation. Cette différence de traitement se justifie par un élément bien précis, relatif à la spécificité du droit du travail et à sa prise en compte par les pouvoirs publics. On la retrouve dans la mise en contact des dispositions législatives et règlementaires des Codes du travail du 28 décembre 1910 et du 27 janvier 1998 relatives au principe de participation. Il en résulte, dans le cadre français, l'observation d'une intervention législative raréfiée laquelle permet de comprendre l'exégèse du principe de participation dans le cadre béninois.

a. L'exercice spécifique de la réserve de loi par le législateur français sur le principe de participation

514. Il convient dans un premier temps de rappeler le postulat : la stabilité de la règle demeure : la valeur constitutionnelle des libertés collectives des travailleurs oblige le législateur *seul* à prendre des dispositions normatives pour organiser leur régime juridique ; en d'autres termes la réglementation juridique des droits constitutionnels des personnes-situées – y compris le principe de participation – relève toujours de la compétence première et réservée du pouvoir législatif, le texte fondamental obligeant le pouvoir parlementaire à intervenir *ab initio* pour produire l'acte initial de régulation[1].

Cela ressort des solutions retenues par le Conseil constitutionnel à propos de l'alinéa 8 du préambule de la constitution, dans l'un de ses *considérants* pour le moins péremptoire et récurrent : « si le préambule de la constitution du 27 octobre 1946 (…) dispose en son huitième alinéa que "tout travailleur participe par l'intermédiaire de ses délégués à la détermination collective des conditions de travail ainsi qu'à la gestion des entreprises", l'article 34 de la constitution de 1958 range dans le domaine de la loi la détermination des principes fondamentaux du droit du travail et du droit syndical ; qu'ainsi, c'est au législateur qu'il revient

[1] L. FAVOREU, P. GAÏA et alii, *Droit constitutionnel*, 2ème éd., Paris, Dalloz, Précis, 1999, p. 172.

de déterminer, dans le respect des principes qui sont énoncés au huitième alinéa du préambule, les conditions de leur mise en œuvre »[1].

515. La réserve de compétence législative pour règlementer le principe de participation ne fait donc l'objet d'aucun doute. Toutefois, un nouvel élément conduit à atténuer ce principe. Il est rappelé par M. le professeur SUPIOT : « le droit du travail prend à revers tous les grands principes sur lesquels repose le droit des contrats : principe d'égalité des parties et principes de libertés contractuelles. Là où le droit des contrats postule l'autonomie de la volonté individuelle, le droit du travail organise la soumission de la volonté »[2]. Le droit du travail est une matière particulièrement technique et complexe qui, de fait, oblige le juge constitutionnel et le législateur à intégrer ces caractéristiques pour assouplir voire, adapter, sa position[3].

516. En ce qui concerne la liberté de conclure des négociations collectives, sous le contrôle du Conseil constitutionnel, le législateur français s'est résolu à limiter son intervention pour laisser les partenaires professionnels déterminer les conditions de travail, d'emploi, de même, les garanties sociales des travailleurs[4]. Au regard de la connaissance particulière que détiennent les syndicats ouvriers et patronaux des problèmes du droit du travail, il parut plus opportun aux législateurs de les laisser intervenir dans certains domaines des relations de travail, en contraste avec la règle de réserve de loi, mais selon l'accord des gardiens

---

[1] Décision 77-79 DC *Emploi des jeunes* du 5 juillet 1977, précitée, considérant 3 ; 77-92 DC *Contre-visite médicale* du 18 janvier 1978, RJC-I, p. 57, considérant 5 ; 83-162 *Démocratisation du secteur public*, précitée, considérant 35 ; 89 – 257 DC *Préventions des licenciements économiques*, précitée, considérants 10 et 11 ; 93 – 328 DC *Loi quinquennale* du 16 décembre 1993, RJC-I, p. 557, considérants 3 et 9 ; 94 – 348 DC *Transposition de directives communautaires* du 3 aout 1994, RJC-I, p. 602, considérant 10 ; 96-383 DC *Négociation collective*, précitée, considérants 16 et 20 ; 97 – 388 DC *Fonds de pension* du 20 mars 1997, RJC-I, p. 701, considérants 6 et 12 ; 99 – 423 DC *Loi sur les trente-cinq heures II*, JO, 20 janvier 2000, p 992, considérant 27 ; 2001 – 455 DC du 12 janvier 2002 *Loi de la modernisation sociale*, JO, 18 janvier 2002, p 1053, considérants 53 et 110.

[2] A. SUPIOT, *Critique du droit du travail, op. cit.*, p. 110.

[3] Ibid.

[4] Notamment par l'emploi de la technique de *renvoi législatif* : *Cf. supra.* n° 545 s.

de la Loi fondamentale[1]. Quelques exemples juridictionnels peuvent être cités[2].

517. Le droit à la négociation collective, variante du principe de participation, offre à certains égards une plus grande légitimité aux représentants des travailleurs par rapport à l'autorité parlementaire pour élaborer les règles qui doivent fonder l'exercice de leur activité économique, sociale ou professionnelle. Il est aussi acquis que les règles de droit sont mieux acceptées lorsqu'elles sont élaborées par les personnes auxquelles elles s'appliquent[3]. C'est pourquoi l'alinéa 8 du préambule fait l'objet d'une réglementation particulière, par rapport au droit de grève et à la liberté syndicale[4]. Dans sa décision *Négociation collective*[5], le Conseil constitutionnel permit aux législateurs de renvoyer aux partenaires sociaux, non plus simplement la définition des modalités concrètes de mise en œuvre des dispositions législatives relatives au principe de participation, mais la fixation directe des principes fondamentaux liés à l'exercice même du principe de participation. Ce faisant, la juridiction constitutionnelle autorise qu'une loi renvoie à des accords de branche la détermination des seuils en deçà desquels des accords collectifs d'entreprises négociés par les représentants élus du personnel ou par des salariés mandatés pourraient être conclus[6].

---

[1] J.-E. RAY, « A propos de la subsidiarité horizontale », *Dr. soc.*, 1999, p. 461.

[2] DC *Fonds de pensions*, 97 – 388 DC *Fonds de pension* du 20 mars 1997, précités, considérants 12 et 15.

[3] L'un des plus fervents défenseurs de cette nouvelle tendance est sans doute M. le professeur J.-E. RAY, « À propos de la subsidiarité horizontale », *Dr. soc.* 1999, p. 461, v. aussi, B. TEYSSIÉ, « Sur la norme sociale, libre propos en forme de glossaire », *in Clé pour le siècle*, Paris, Dalloz, 2000, p. 1748.

[4] Dans ce sens, M. le professeur N. ALIPRANTIS a pu estimer que : « la disposition discutée du préambule impose des obligations aux pouvoirs publics et reconnaît aux syndicats de salariés des droits qui associent ces derniers à l'élaboration des *lois et règlements* ». Dès lors, « lorsque les "conditions de travail" et en général les matières intéressant le travail salariés sont réglées par les pouvoirs publics, la participation exige, à notre avis, la consultation des "délégués des travailleurs" par les autorités publiques » ; *La place de la convention collective dans la hiérarchie des normes*, Paris, LGDJ, 1980, p. 110-112.

[5] Décision 96-383 DC du 6 novembre 1996, RJC-I, p. 686.

[6] Lettre de saisine.

518. Cette loi validée en l'état par le Conseil constitutionnel, provoqua la critique d'une partie la doctrine[1] : « en l'espèce, le Parlement ne s'est pas borné à leur [les partenaires sociaux] renvoyer la mise en œuvre des modalités concrètes de la disposition législative, [qu']il a renoncé à exercer sa propre compétence en leur faveur. [Qu']en entérinant cette démarche le Conseil constitutionnel est allé à l'encontre de sa jurisprudence habituelle, créant un précédant inutile et encourageant plus généralement le législateur à se décharger de ses responsabilités sur les partenaires sociaux sans risquer une quelconque censure »[2].

Et l'auteur de conclure : « la jurisprudence constitutionnelle semble donc empreinte de quelques paradoxes. Celle-ci prend la peine de rappeler la compétence première du législateur et d'appréhender généralement les accords collectifs comme des règlements d'exécution. Pourtant, loin d'en tirer toujours les conclusions attendues, il lui arrive de composer en fonction de la politique législative et d'admettre des atteintes circonstancielles à la hiérarchie des normes »[3]. L'intervention exceptionnelle du législateur français sur le principe de participation s'explique, pour l'essentiel, par la particularité du droit du travail[4].

b. Le caractère exégétique de la réglementation du principe de participation par le législateur béninois

519. L'utilisation du huitième alinéa par le pouvoir législatif a suscité quelques interrogations doctrinales. Constatant la rareté des normes parlementaires relatives à l'organisation des conditions d'exercice du principe de participation, la doctrine s'était demandée si la particularité

---

[1] X. PRÉTOT, « Les sources du droit du travail au regard du droit public », *op. cit.*, p. 188 ; B. MATHIEU, « Précisions relatives au droit constitutionnel de la négociation collective. A propos, de la décision du Conseil constitutionnel 98-383 DC du 6 novembre 1996 », *D.* 1997, chr. p. 153.

[2] *« Les droits constitutionnels des travailleurs, op. cit.*, p. 202.

[3] Ibid.

[4] Toutefois, il convient de préciser d'ores et déjà qu'une opinion contraire a pu être émise par des auteurs sur ce caractère limité de la réglementation du principe de participation par le législateur. Qu'on rassure tout de suite, on reviendra davantage sur cette « opinion inverse peu sensibilisée aux réflexions conduites en France et dans les États européens sur les droits fondamentaux » (V. OGIER-BERNAUD, *Les droits constitutionnels des travailleurs, op. cit.*, p. 270) : *Cf. supra* n° 568.

du principe de participation ne serait pas allé jusqu'à conférer aux partenaires sociaux un domaine réservé de production normative ?[1] Et *a contrario* des modalités d'exercice de la réserve de compétence législative pour déterminer les principes fondamentaux des droits syndicaux, si les représentants des travailleurs et les employeurs ne disposeraient pas d'une compétence prioritaire sur le fondement du principe de participation ?[2]

Ce débat trouve échos dans le cadre constitutionnel béninois de protection des libertés collectives des travailleurs. Il existe une différence entre la situation de fait et celle de droit du principe de participation tel que conçu en France et au Bénin. Une décision du 27 juin 2001 montre comment la Cour constitutionnelle prend soin de ce principe. Le requérant, arguant d'un vice de procédure, avait demandé aux juges de déclarer inconstitutionnels les articles 11 et 13 de la convention collective de travail du 17 mai 1974. Incidemment, la Cour se trouvait confrontée à la question de la capacité de négocier des actes collectifs d'entreprise des représentants des travailleurs béninois. Il s'agissait de savoir si les délégués béninois, à l'instar de leur homologue français, bénéficiaient ou non de garanties équivalentes à celles établies au huitième alinéa du préambule de 1946 ? La question n'a certes pas été abordée en ces termes par les juges, mais la compréhension des motifs de la décision laissent à penser qu'à cette occasion les sages béninois lui ont apporté une réponse positive.

520. Cette décision, conjuguée aux différentes conventions et accords collectifs[3] signés par les représentants des travailleurs béninois, n'offre-t-elle pas la preuve des effets que font produire les juges constitutionnels au principe de participation, en dépit de son absence de consécration

---

[1] J.-Y CHÉROT, « Point de vue français sur le droit constitutionnel économique », in *Étude de droit constitutionnel franco-portugais : à propos de la révision de la constitution portugaise,* Paris, Economica, Coll. Droit public positif, p. 95.

[2] M.-L. MORIN, « La loi et la négociation collective : concurrence ou complémentarité », *Dr. soc.,* 1998, p. 424.

[3] Puisque celle du 27 juin 2001 n'étant pas la seule par laquelle les travailleurs participent à la détermination collective des conditions de travail et à la gestion de l'entreprise par l'intermédiaire de leurs représentants du personnel élus ou syndicaux. On peut également citer les décisions du 03 avril 2002 (DCC 02-022) ou encore celle du 30 mai 2002 (DCC02-050) qui attestent de l'exercice du droit à la négociation collective par les travailleurs béninois.

expresse ? À l'évidence, l'omission par le constituant de 1990 de donner assise constitutionnelle explicite au principe de participation n'est pas synonyme de négation par l'autorité constitutionnelle de la liberté de conclure des négociations collectives[1]. La Cour reconnaît aux partenaires professionnels le pouvoir de signer des actes collectifs d'entreprise, à l'instar du juge constitutionnel français, autorisant le législateur à opérer des *renvois législatifs* par diminution du champ d'exercice de la réserve de loi sur fond du principe de participation.

Le rappel est essentiel, nonobstant certaines disparités relatives à la question de la réserve de loi ; les modalités de manifestation de la réserve de compétence législative diffèrent selon qu'il s'agisse du principe de participation, du droit de grève ou de la liberté syndicale. Sur l'objet du huitième alinéa du préambule, la prise en compte par le législateur et le pouvoir constituant des spécificités du droit du travail constitue le facteur déterminant de la compréhension. En outre, la protection constitutionnelle dont est assortie cette règle impose aux législateurs béninois comme français une compétence réservée, mais surtout, un pouvoir de portée irréductible.

B. *IRRÉDUCTIBILITÉ* DE LA COMPÉTENCE

521. La réserve de loi se manifeste, avant tout, par l'établissement d'un domaine de compétence prioritaire et initiale du législateur pour définir le régime juridique des libertés, quand bien même son exercice varierait selon qu'il s'agisse du principe de participation, de la liberté syndicale ou du droit de grève. Le doyen FAVOREU, après avoir rappelé que la protection constitutionnelle constitue un élément inhérent à l'existence même des droits fondamentaux[2], avait également précisé que c'est « l'existence d'une protection constitutionnelle du domaine assigné à l'exercice de la fonction législative et surtout, l'irréductibilité de ce

---

[1] Car, même si on souhaite la correction d'une telle insuffisance, elle s'apparente davantage à un défaut surmontable d'inscription formelle plutôt qu'à une négation inquiétante de la troisième liberté collective des travailleurs dans les normes juridiques béninoises.

[2] Préc.

domaine lui-même qui devient ainsi opposable et donc, contraignant pour le législateur »[1].

Il se dégage de la réserve de compétence législative une certitude fondée sur deux éléments. Premièrement, elle confère de véritable capacité normative aux autorités législatives pour aménager les libertés collectives des travailleurs. Deuxièmement, elle leurs impose d'authentiques obligations relatives au caractère irréductible de la compétence ainsi délimitée. Cela signifie que la réserve de compétence normative établit un périmètre de compétence qui s'oppose tant aux législateurs lui-même qu'aux autres autorités normatives inférieures.

1. Opposition de la réserve de loi au législateur

522. Irréductible signifie littéralement *impossible à réduire* ou, à faire *disparaître*. On perçoit aussitôt la question subséquente : le domaine de compétence réservée par le pouvoir constituant au législateur dans le but de protéger les libertés collectives des travailleurs peut-il se réduire voire disparaître au gré de ce dernier, c'est-à-dire au bénéfice d'un acteur normatif de faible légitimité ? Plus clairement, les législateurs béninois et français sont-ils tenus d'exercer les compétences attribuées par la norme suprême aux fins de garantir l'exercice des droits constitutionnels des travailleurs appelées à se réaliser dans l'entreprise ?

a. Opposition au législateur béninois

523. Dans la décision du 30 mai 2002[2], il était notamment reproché à l'autorité législative béninoise sa supposée méconnaissance du caractère opposable et irréductible de l'article 98 de la constitution de 1990, ne confiant qu'à lui seul la possibilité de définir les principes fondamentaux des libertés collectives des travailleurs : « les requérants exposent à l'appui de leurs requêtes que la constitution en son article 98 alinéa 2 dispose : "la loi détermine les principes fondamentaux du droit du travail,

---

[1] L. FAVOREU, P GAÏA et alii, *Droit constitutionnel, op. cit.*, p. 173.
[2] Préc.

de la sécurité sociale, du droit syndical et du droit de grève" ; que "les formes d'organisations syndicales, la liberté syndicale, la représentativité syndicale, la protection des responsables syndicaux constituent des principes fondamentaux du droit syndical qu'il faille faire déterminer par une loi" ; que le Décret n°99-436 du 13 septembre 1999 a été pris pour définir les différentes formes d'organisations syndicales alors qu'il n'existe aucune législation nationale en la matière ; qu'il demande en conséquence de déclarer ledit décret contraire à la constitution »[1].

En clair, le juge constitutionnel béninois était invité à répondre à la question de l'irréductibilité et de l'opposabilité de la réserve de loi de l'article 98 de la constitution au législateur. Devait-il affirmer l'étendue de la portée coercitive du pouvoir d'intervention attribuée – à vrai dire imposée – par la norme fondamentale aux législateurs béninois, concernant la fixation des modalités d'exercice des droits sociaux des travailleurs ?

La réponse des juges constitutionnels béninois est implacable, au regard de l'indisponibilité de la réserve de loi : « le Décret n°99-436 du 13 septembre 1999 a été pris en vertu de la loi n°98-004 du 27 janvier 1998 portant Code du travail en République du Bénin relative à la définition des différentes formes d'organisations syndicales et des critères de représentativité ; que ladite loi a pris en compte les questions de la définition des différentes formes d'organisation syndicales et des critères de représentativité ; qu'il s'ensuit qu'en prenant le Décret querellé, le Gouvernement n'a pas méconnu les dispositions de l'article 98 de la constitution »[2].

À la lecture du *considérant*, la réponse relève de l'évidence. Certes, les termes de l'article 98 offrent une permission normative de rang nécessairement « *supra*-décrétal » à l'autorité parlementaire, tenue de s'y conformer, ne pouvant abandonner son exercice aux mains d'autres acteurs non compétents. Par cette décision, la Cour constitutionnelle béninoise a affirmé le caractère absolu et irréductible de la réserve de compétence législative, tant à l'égard de l'autorité parlementaire que contre lui.

---

[1] Considérant 2.
[2] Considérant 9.

b. Opposition aux législateurs français

524. Dans le champ juridique français, l'irréductibilité de la réserve de loi est particulièrement respectée. Les libertés collectives des travailleurs possèdent une valeur constitutionnelle et s'imposent, sous le contrôle des juges de la rue Montpensiers, au législateur. Les droits d'expression collective des travailleurs sont aussi bien protégés par que contre le pouvoir législatif[1]. Le Conseil constitutionnel a constamment rappelé l'obligation faite aux législateurs de respecter le domaine de compétence prioritaire que lui reconnaît la norme suprême, quant à la réglementation des libertés collectives des travailleurs, à la définition de leurs principes fondamentaux. C'est pourquoi toutes hypothèses dans lesquelles le Parlement se déchargerait de l'exercice de sa compétence sur une autre autorité normative subordonnée ou, celles dans lesquelles il n'épuiserait pas toute sa compétence, seraient probablement considérées comme inconstitutionnelles[2].

Ainsi, dans son affirmation du principe de la responsabilité opposable et indisponible contenu dans la règle de réserve de loi, le Conseil constitutionnel est allé jusqu'à imposer, à la charge du législateur, une nouvelle exigence constitutionnelle de sécurité juridique, tirée de celle de

---

[1] *Les droits constitutionnels des travailleurs, op. cit.*, p. 27.

[2] On retrouve dans la jurisprudence constitutionnelle, les exemples d'une telle systématisation. Tel a été le cas avec la formulation de la réserve d'interprétation dans la décision *Loi sur les trente-cinq heures I* (précitée, note B. MATHIEU et M. VERPEAUX, *Petites Affiches*, 2 décembre 1998, n°144, p. 18) ou avec les invalidations partielles prononcées dans les décisions *Démocratisation du secteur public* (Décision 83-162 DC, précitée) et *Loi sur les trente-cinq heures II* (Décision 99-423 DC, précitée).
En effet, dans celles-ci, les requérants faisaient grief aux dispositions législatives attaquées de méconnaitre le domaine de compétence réservée de la loi et son opposabilité au législateur qui ne devait pas – sous couvert de formulation vague et tolérante ou d'une action minorée – s'en départir, abandonnant son exercice aux autorités normatives subordonnées. Ainsi, dans la décision *Démocratisation du secteur public* par exemple, il était reproché au législateur de renvoyer aux décrets, le soin de fixer le nombre de représentants des salariés dans les conseils d'administration ou de surveillance des entreprises publiques. Le Conseil constitutionnel fit droit à cet argument et censure partiellement la loi qui méconnaissait l'opposition de la réserve de loi au législateur lequel doit exercer sa compétence et ne peut s'en décharger sur une autorité subalterne, contrairement à ce qu'il s'apprêtait à faire.

l'irréductibilité de sa compétence, dans la décision *Loi de la modernisation sociale* du 12 janvier 2001[1].

Le considérant de principe mérite d'être cité : « il appartient au législateur d'exercer pleinement la compétence que lui confie l'article 34 de la constitution ; qu'il doit, dans l'exercice de cette compétence, respecter les principes et règles de valeur constitutionnelle et veiller à ce que le respect en soit assuré par les autorités administratives et juridictionnelles chargées d'appliquer la loi ; qu'à cet égard, le principe de la clarté de la loi, qui découle de l'article 34 de la constitution, et l'objectif de valeur constitutionnelle d'intelligibilité de la loi, qui découle des articles 4, 5, 6 et 16 de la déclaration des droits de l'homme et du citoyen de 1789, lui imposent, afin de prémunir les sujets de droit contre une intervention contraire à la constitution, ou contre le risque d'arbitraire, d'adopter des dispositions suffisamment précises et des formules non-équivoques ; qu'il revient au Conseil constitutionnel de procéder à l'interprétation des dispositions d'une loi qui lui est déférée dans la mesure ou cette interprétation est nécessaire à l'appréciation de sa constitutionnalité ; qu'il appartient aux autorités administratives et juridictionnelles compétentes d'appliquer la loi, le cas échéant sous les réserves que le Conseil constitutionnel a pu être conduit à formuler pour en admettre la conformité à la constitution »[2].

Ce faisant, le juge constitutionnel rappelle non seulement l'obligation faite au législateur de respecter la réserve de compétence législative tel que prévue par le pouvoir constituant, mais aussi l'étendue de celle-ci ; il est ainsi précisé, de façon ostensible, les exigences opposables et opposées à l'autorité parlementaire. L'exigence de clarté et d'intelligibilité de la loi astreint le Parlement à adopter des dispositions claires et précises, non équivoques, comme le précise la décision *Loi de la modernisation sociale.*

Toutefois, l'opposition faite aux législateurs (tant béninois que français nonobstant l'affinement des termes par le Conseil qui la double de nouvelles obligations de sécurité juridique, d'intelligibilité du texte législatif) de ne pas méconnaitre sa compétence quant à la détermination

---

[1] Décision 2001-455 DC.
[2] Considérant 9.

des principes fondamentaux des libertés collectives des travailleurs aurait été illusoire si elle n'avait pas été assortie d'un corollaire.

2. Opposition de la réserve de loi aux autorités normatives inférieures

525. Il aurait été inconséquent que les pouvoirs constituants béninois et français obligent les législateurs à respecter la réserve de la loi relative aux droits sociaux des travailleurs, sans exiger le même respect des différents acteurs règlementaires de niveau inférieur[1]. L'irréductibilité de la compétence du législateur, par ailleurs opposable à sa propre personne, n'a de sens que si elle est accompagnée de la même opposition à l'égard du pouvoir règlementaire et des partenaires sociaux.

a. À l'égard du pouvoir règlementaire

526. Dans les décisions *Démocratisation du secteur public* et *Loi sur les trente-cinq heures I et II,* le Conseil constitutionnel, on l'a vu, a été amené à contraindre le pouvoir parlementaire à respecter sa compétence réservée ; force est de remarquer que les mêmes exigences sont imposées au pouvoir règlementaire dans son activité normative. Certes, on s'est également aperçu du caractère opposable de la réserve de loi issue de l'article 98 de la constitution de 1990 aux législateurs béninois, notamment, dans la décision du 30 mai 2002 qui fait en ce domaine une illustration particulière de sa force obligatoire par la non application de la fameuse règle *princeps legibus solutus*. Dans nombre de ces décisions, la Cour constitutionnelle béninoise veille également à ce que les membres du gouvernement ne composent pas impunément avec le respect de la réserve de loi.

La décision du 30 mai 2002 avait soulevé la question : ne s'agissait-il pas en l'espèce de contestation du contenu d'un décret que les requérants estimaient inconstitutionnel ? La demanderesse n'avait-elle pas soutenu d'une part, que l'acte litigieux méconnaissait la règle de la réserve de loi

---

[1] En ce sens, v. J. TRÉMEAU, *La réserve de loi, op. cit.,* p. 245.

imposée au législateur pour définir les principes fondamentaux des droits syndicaux d'autre part, qu'il contrevenait au corollaire de cette règle exigeant que le pouvoir règlementaire s'abstienne d'intervenir dans des domaines relevant de la *seule* compétence législative ?

527. Assurément les juges constitutionnels béninois et français protègent avec une particulière minutie la réserve de loi contre le pouvoir règlementaire et surtout contre les partenaires professionnels, dont les actions contreviennent davantage à ce principe. Il s'agit ici d'un type particulier de contentieux, dans lequel le juge constitutionnel est souvent amené à circonscrire les pouvoirs publics dans leurs domaines d'intervention respectifs, selon le partage de compétence définie par le constituant ; ce type de conflits est également connu sous la forme du *contentieux de l'incompétence négative*[1].

528. Deux récentes décisions de la Cour témoignent de la manière dont la réserve de loi s'oppose aux représentants de l'exécutif. En premier, celle du 18 février 2003, dans laquelle il s'agissait d'un grief de violation du droit de grève par le ministre de la fonction publique qui, avait menacé les grévistes d'être tenus pour moralement responsable d'actes de vandalisme. La Cour constitutionnelle, tout en se déclarant incompétente, (en raison des irrégularités de procédure sur lesquelles il n'est pas nécessaire de s'attarder)[2], a pris soin de confirmer le caractère irréductible de la réserve de loi s'agissant des libertés collectives des travailleurs, en particulier du droit de grève. Les juges ont rappelé que le droit constitutionnel de grève s'exerce dans les conditions définies par la loi[3] « *par elle et seulement par elle* » et qu'un ministre n'est pas habilité à prendre des mesures entravant son exercice[4]. En second[5], il s'agit de la décision du 07 juillet 2005 où, il était demandé au juge constitutionnel béninois d'annuler un acte ministériel du 13 avril 2004 se fondant sur des prétendues... atteintes à l'ordre public pour interdire aux agents de la police nationale de tenir un congrès destiné à leur permettre de constituer une formation syndicale. En effet, au terme de l'article 8 de la loi n°93-

---

[1] F. PRIET, « L'incompétence négative du législateur », *Rev. fr. dr. const.*, 1994, p. 59 ; G. SCHMITTER, « L'incompétence négative du législateur et des autorités administratives », *Ann. int. just. const.*, 1989, p. 137.

[2] Pour plus de détails on renvoie à la décision , DCC 03-003.

[3] B. MATHIEU, *« Le droit constitutionnel de grève », op. cit.*, ibid.

[4] Considérant 2 et 3.

[5] DCC 05-059

010 du 4 aout 1993, portant statut spécial des agents de la Police nationale, les personnels de la Police nationale ne peuvent pas exercer le droit de grève[1], ils ne peuvent que faire partie des groupements constitués pour soutenir des revendications d'ordre professionnels. De même, conformément aux dispositions de l'article 9 de la loi de 1993, c'est seulement à travers les délégués élus du personnel que la représentation et la défense des intérêts professionnels des agents concernés doivent être assurées[2]. L'acte administratif du 13 avril 2004 fut annulé par la Cour constitutionnelle, motif pris de l'incapacité des pouvoirs règlementaires à définir le régime juridique de la liberté syndicale et encore moins à la restreindre[3].

529. Aussi, il est patent de constater que le Conseil constitutionnel français veille à ce que le législateur exerce pleinement sa compétence et ne l'abandonne pas au pouvoir règlementaire soit de façon implicite, en règlementant partiellement les libertés collectives des travailleurs, soit par voie expresse, au moyen d'une invitation ouvertement adressée à cet effet[4]. Les termes de la décision *Irresponsabilité pour fait de grève* illustre ces propos. Alors que le législateur voulait renvoyer aux diverses autorités administratives le soin de définir les modalités d'exercice du droit de grève dans chaque secteur, le Conseil constitutionnel a rappelé l'incapacité du pouvoir règlementaire en ce domaine. Il jugea qu'il appartenait au Parlement « de définir les conditions d'exercice du droit de grève et du droit syndical et, ainsi, de tracer avec précision la limite

---

[1] Par son objet, la proximité de cette disposition est patente avec l'article 2 de la loi n° 48-1504 du 28 septembre 1948. De façon générale, on pourrait poursuivre le rapprochement sur le plan du droit positif français avec l'article 6 de l'ordonnance du 28 décembre 1958 portant statut de la magistrature, la loi du 27 décembre 1947 en ce qui concerne les CRS, l'article 11 de la loi du 13 juillet 1972 portant statut général des militaires, l'article 14 de la loi du 31 juillet 1968 relative aux agents des services de transmission du Ministère de l'Intérieur.
Mais la loi n°46-2294 du 19 octobre 1946 étant abrogé, cf. l'article 10 de la loi n°83-634 du 13 juillet 1983.

[2] Mais il n'est plus nécessaire de revenir sur des points de discussions initialement acquis.

[3] Considérant 5. Signalons au passage les termes de l'article 49 de la loi n°86-013 du 26 février 1986 portant statut général des agents permanents de l'État imposant au membre de l'exécutif béninois le devoir « d'assurer les conditions matérielles d'exercice du droit d'association et de manifestation » reconnu aux agents publics. Une fois encore, la proximité avec la loi n°83-634 du 13 juillet 1983 est patente.

[4] J. TRÉMEAU, *La réserve de loi, op. cit.*, p. 266.

séparant les actes et les comportements licites des actes et des comportements fautifs, de telle sorte que l'exercice de ces droits ne puisse être entravé par des actions en justice abusives »[1].

Mais, certainement, et il faut le remarquer, dans la catégorie des autorités normatives inférieures ne devant pas suppléer le pouvoir législatif pour règlementer les libertés collectives des travailleurs, le pouvoir règlementaire n'est, tant s'en faut, sûrement pas exclusif.

b. À l'égard des partenaires sociaux

530. Ainsi observé, l'irréductibilité de la protection constitutionnelle établie au bénéfice des droits des travailleurs – notamment sociaux – par la règle de réserve de loi perdrait beaucoup en efficacité si, elle s'imposait seulement aux législateurs – et non pas aux acteurs normatifs inférieurs – notamment aux partenaires professionnels. L'opposabilité de la règle à l'égard des partenaires sociaux s'observe à partir du rappel d'un principe assez récurrent : les pouvoirs constituants en vertu des articles 34 de la constitution de 1958 et 98 de la constitution de 1990, ont établi une compétence incompressible et irréductible à la charge du législateur pour réglementer les libertés collectives des travailleurs. Quand bien même les juges constitutionnels béninois et français auraient pris en compte les spécificités du droit du travail pour assouplir et limiter l'intervention du législateur sur le fondement du principe de participation, cela ne contreviendrait nullement à la règle. La définition du régime juridique des libertés collectives des travailleurs, quelles qu'elles soient, relève du domaine de compétence privilégiée du pouvoir législatif, ce qui exclut toutes interventions des partenaires sociaux.

531. Cette interdiction a été rappelée récemment dans la décision du 27 juin 2001[2] relative à l'exercice de la liberté syndicale et du principe de participation des travailleurs béninois. La Cour constitutionnelle béninoise, saisie d'une demande tendant à l'annulation d'un acte négocié, profitait de l'opportunité pour renouveler le principe de l'indisponibilité de la capacité d'intervention première et prioritaire de l'autorité

[1] Décision 82-144 DC du 22 octobre 1982, RJC-I, p 133, considérant 9.
[2] Préc., DCC 01-053.

normative législative qui, en conséquence, interdit aux organisations syndicales professionnelles des travailleurs et des employeurs d'y porter atteinte. Dans cette affaire, à vrai dire, l'occasion était trop belle pour le juge constitutionnel béninois, ainsi qu'il le démontra, de repréciser les termes de l'impossibilité faite aux représentants des travailleurs et employeurs de ne pas empiéter sur le domaine de compétence du législateur, au nom de la réserve de loi, principale règle de protection constitutionnelle des libertés collectives des travailleurs.

532. Il a également été donné au Conseil constitutionnel de rappeler cette règle, dans sa décision *Contre-visite médicale* du 18 janvier 1978[1]. La disposition de loi incriminée était relative à l'article L 133-12 de l'ancien Code du travail, subordonnant l'extension d'une convention collective non-signée par la totalité des organisations syndicales représentatives à une absence d'opposition d'un ou plusieurs syndicats. L'article déféré, mettait en cause cette règle, qui permettait désormais « d'imposer aux salariés des accords qui ont été signés par les syndicats catégoriels ou minoritaires dans le ressort territorial ou professionnel de la Convention alors que les syndicats qui représentent majoritairement ces salariés ont refusé de signer ces accords »[2]. Les requérants contestaient la nouvelle marge de manœuvre donnée par le législateur à une minorité syndicale, invoquant une violation du principe de participation.

Le Conseil constitutionnel déclara l'article de loi conforme à la constitution, motif pris que, quand bien même celui-ci donnait « au ministre du Travail la faculté de passer outre à une ou plusieurs oppositions formulées en application du 1er alinéa dudit article L 133-12, ce même article 5 subordonne cette faculté, notamment, à un vote favorable à l'extension émis à la majorité des deux tiers par les membres présents de la section spécialisée de la commission supérieure des conventions collectives ; qu'ainsi, la loi ne méconnait en aucune façon le principe de participation dont elle assure la mise en œuvre dans le cadre des compétences que lui réserve l'article 34 de la constitution »[3].

---

[1] Décision 77-92 DC, RJC-I, p 57.
[2] Lettre de saisine.
[3] Considérant 6.

Enfin, si la réserve de loi s'oppose au législateur et aux autorités normatives inférieures, une question subsiste : l'opposition de la réserve de loi aux autorités administratives et aux partenaires professionnels empêche-t-elle ces derniers de jouir de la moindre parcelle de compétence, en dehors de celle première et prioritaire du législateur ? Le pouvoir constituant a-t-il consacré une quelconque capacité de prise de décision du pouvoir règlementaire et des partenaires sociaux, à côté du domaine d'intervention législative initiale et irréductible ?

II. LES LIMITES DE LA RÉSERVE DE LOI

533. On le sait, la constitution protège de façon particulière les libertés collectives des travailleurs, par le biais de la règle de la réserve de loi qui, aux législateurs béninois et français, impose le respect d'un fond commun de valeurs constitutionnelles essentielles. Cette garantie possède un champ de coercition bien vaste, il s'étend jusqu'aux autorités administratives et professionnelles. Dès lors, la question devenait légitime : quelle est la conséquence du caractère irréductible de la réserve de loi sur la possibilité ménagée aux autorités normatives inférieures d'intervenir et ce, de façon subsidiaire, dans la définition des modalités d'exercice des libertés collectives des travailleurs et, plus généralement, de tous les droits fondamentaux ?

S'agissant de l'organe exécutif, il convient de le remarquer : le constituant a séparé la loi et le règlement et, à ce titre, a défini le domaine d'intervention du pouvoir règlementaire. Celui-ci, parce que disposant d'une existence constitutionnelle explicitement consacrée, ne repose pas sur la marge de liberté attribuée au législateur ; il existe en tant que pouvoir autonome, conféré par la Loi fondamentale à titre principal au Premier ministre, en dehors de toutes actions législatives ; dès lors, il va de soi que la possibilité de limitation du champ d'intervention du pouvoir règlementaire échappe au législateur. Il ne peut pas empiéter sur la sphère de compétence des membres du gouvernement[1]. Concernant l'organe syndical, à la question de savoir si sa marge de manœuvre dans la précision du régime juridique des libertés collectives des travailleurs est à la discrétion du pouvoir parlementaire, M. ALIPRANTIS répond

[1] J. TRÉMEAU, *La réserve de loi, op. cit.*, p. 283.

que les partenaires professionnels disposent d'un noyau dur de compétence, ayant valeur constitutionnelle, ne pouvant être méconnu en tant que tel par le Parlement ; « par conséquent, un texte de loi qui tendrait à priver les antagonistes sociaux de l'essentiel de leur pouvoir normateur collectif devrait être censuré par le Conseil constitutionnel saisi par cette hypothèse »[1].

Il est donc certain que la réserve de compétence législative établie pour la réglementation de l'exercice des libertés collectives des travailleurs est, constitutionnellement, assortie de limites.

A. LES LIMITES À PROPREMENT PARLER

534. Conférer à l'organe législatif un domaine de compétence catégorique empêchant toutes interventions possibles de la part des autres acteurs normatifs, y compris de rang inférieur, aurait été – il est vrai – trop absolu et rigide voire contraire au principe de la souplesse constitutionnelle et de la Loi fondamentale[2] ; sans conteste, la décision contraire aurait été surprenante[3]. C'est pourquoi la constitution a cantonné chaque pouvoir dans un champ d'intervention légitime. Il a été ménagé aux autorités gouvernementales et aux représentants du personnel, pour paraphraser le doyen FAVOREU, un pouvoir subordonné et second, par rapport au pouvoir Parlementaire national,...

---

[1] *La place de la convention collective dans la hiérarchie des normes*, *op. cit.*, p. 109-110.

[2] On se souvient par exemple que dans la décision *Irresponsabilité pour fait de grève*, une telle absolutisation a été sanctionnée par le juge quand le législateur a voulu méconnaître le principe d'égalité en établissant « une discrimination manifeste au détriment des personnes à qui il interdit, hors le cas d'infraction pénale, toute action en réparation », Considérant 6.

Cela a été souligné par le professeur HAMON dans son commentaire se rapportant à cette décision. Il relevait que : « c'est l'"absolutisation" du droit de grève qui a été condamné par le Conseil constitutionnel (...) comme l'aurait été celle de tout autre droit ou intérêt, car, en définitive, c'est "l'absolutisation" qui est, par nature, contraire aux grands principes de la constitution » ; « Le droit du travail dans la jurisprudence du Conseil constitutionnel », *Dr. soc.*, 1983, p. 162.

[3] Sur la question v. L. FAVOREU, (sous la direction de), *Le domaine de la loi et du règlement*, 2ème éd., Paris, Aix-en-Provence, Economica, PUAM, 1982, p. 283.

même dans un domaine délimité et restreint[1]. Il convient donc de déterminer la compétence subordonnée du pouvoir règlementaire et celle secondaire des partenaires sociaux.

1. La compétence subordonnée du pouvoir règlementaire

535. Les membres de l'exécutif disposent d'une compétence certaine, pour agir sur le terrain des droits fondamentaux des personnes. Elle est affirmée par divers auteurs, s'employant à considérer l'organe exécutif comme une autorité normative – certes inférieure – mais disposant d'une permission à part entière pour intervenir dans le cadre de la définition du régime juridique des libertés collectives des travailleurs[2]. Ceci se manifeste de façon presque similaire dans les normes fondamentales béninoise (a) et française (b) de protection des droits des travailleurs.

a. Compétence subordonnée du pouvoir règlementaire béninois

536. Pour deux raisons évidentes, on pourrait penser *a priori* que le pouvoir règlementaire béninois ne bénéficie pas d'une compétence subordonnée effective pour intervenir sur le terrain normatif de réglementation des libertés collectives des travailleurs : l'article 100 de la constitution du 11 décembre 1990 se borne en effet à disposer de façon minimaliste en son premier alinéa que *« les matières autres que celles qui sont du domaine de la loi ont un caractère règlementaire »*[3] et, surtout, au terme de l'article 98 de la constitution, comme il a été donné de le rappeler, sont du domaine de la loi… la détermination des principes

---

[1] L. FAVOREU et L. PHILIPP, *Les grandes décisions du Conseil constitutionnel, op.cit.,* p. 748.

[2] Dans ce sens, cf. L. FAVOREU, (sous la direction de), *Le domaine de la loi et du règlement, op.cit.,* ibid. ; B. MATHIEU, *La loi*, Paris, Dalloz, Connaissance du droit, 1996, p. 137 ; N. POULET-GIBOT LECLERC, *La place de la loi dans l'ordre juridique interne,* Paris, PUF, 1990, p. 239 ; J. TRÉMEAU, *La réserve de loi, op. cit.,* ibid.

[3] Sans expressément prévoir que celui-ci détient une compétence opposable aux législateurs pour mettre en œuvre les « principes fondamentaux » fixés par ce dernier.

fondamentaux du droit de travail, du droit syndical et du droit de grève, le régime du transport et de la télécommunication.

La réalité postule la souplesse et le partage de compétence. Une récente décision de la Cour, en date du 21 aout 2008, apporte l'illustration[1], peu important que l'affaire concerne une proposition de loi organique relative à la gestion des fréquences et au régime du transport et de la télécommunication, seul important le problème de droit soulevé par elle lié à la délimitation du domaine de compétence de la loi et du règlement (articles 98 et 100 de la constitution de 1990).

Alors que le juge constitutionnel était invité à examiner si le législateur n'avait pas outrepassé son domaine de compétence réservée lui permettant seulement de fixer les principes fondamentaux notamment des libertés collectives des travailleurs, celui-ci déclare la proposition de loi[2] qui lui est déférée, irrecevable. Or, dans le cadre béninois, ainsi qu'il prend soin du reste de le préciser, « l'irrecevabilité de l'article 104 de la constitution a pour seul objet de protéger la compétence réglementaire telle qu'elle résulte des articles 98 et 100 de la constitution »[3]. Pour appuyer sa décision et préciser que le législateur doit rester bornée dans son domaine de compétence, elle conclut : « la proposition de la modification de l'article 35 de la loi organique, en fixant les modalités de gestion des fréquences, va au-delà de la détermination des principes fondamentaux et viole par conséquent les dispositions de l'article 98 précité et l'article 100, alinéa 1er de la constitution »[4].

Par cette décision le juge constitutionnel fait obligation au Parlement de rester borné à son niveau général de compétence[5] et, de ne pas empiéter sur celui de l'exécutif, à qui il revient la capacité de rentrer dans les détails en précisant les points subordonnés dont dépende l'application de la loi[6]. Par conséquent, force est de constater au niveau béninois le

---

[1] DCC 08-095.

[2] Précisément les articles 16, 18 et 35 de la proposition de loi organique modifiant celle n°92-021 du 21 aout 1992 relative à la Haute autorité de l'audiovisuelle et de la communication (HAAC).

[3] Considérant 5.

[4] Considérant 6.

[5] Qui est limitativement de déterminer les « principes fondamentaux » ...

[6] « Le juge constitutionnel béninois a statué sur les deux dimensions que recouvre la question du domaine de la loi. S'il admet implicitement que l'Assemblée nationale peut légiférer en matière de gestion des fréquence en restant au niveau des généralités ou des

bénéfice réel par le pouvoir règlementaire d'un domaine de compétence opposable aux législateurs. Dans cette décision, la Cour constitutionnelle a surtout précisé que le pouvoir règlementaire détient une compétence discrétionnaire pour édicter des actes de réglementation de la loi. Le pouvoir exécutif est habilité à prolonger et à affiner les textes législatifs en vue de leur application, en contrepartie, le législateur doit se limiter à la fixation des points généraux et s'abstenir de rentrer dans des détails qui auront pour conséquence de dépouiller les membres du gouvernement de leur domaine d'intervention.

537. Le raisonnement juridique est transposable à la matière des droits des travailleurs ; puisque la compétence subordonnée de l'exécutif a été affirmée sur une des matières de l'article 98 (celle de la télécommunication relative à la gestion des fréquences[1]), on voit mal pourquoi il n'en serait pas autant sur la liberté syndicale, le droit de grève et le principe de participation : les libertés collectives des travailleurs font également partie des matières de l'article 98[2]. Prenons gage que, dans les jours à venir, la Cour confirmera cette solution sur l'objet des droits sociaux des travailleurs, dans l'hypothèse où la boulimie de l'activité normative du législateur devra les concerner.

b. Compétence réservée du pouvoir règlementaire français

538. La règle est claire[3], souvent affirmée par le Conseil constitutionnel dans un *considérant* de principe plusieurs fois réitéré[4] : « si l'article 34 de la constitution réserve au législateur le soin de déterminer les "principes fondamentaux... du droit du travail...", il

---

principes fondamentaux (dimension horizontale), elle exclut que le Parlement puisse atteindre un niveau de précision telle qu'il fixe les modalités de cette gestion (dimension verticale), Émile TOZO, *Réflexion : la loi organique de la HAAC*, La Nouvelle Tribune, 02/09/2008.

[1]Considérant 1 et 2.

[2] Alinéa 23.

[3] Autant que son fondement textuel qui se rapporte à l'article 37 de la constitution du 4 octobre 1958, et qui constitue le pendant de l'article 100 de la constitution du 11 décembre 1990.

[4] Pour la dernière fois en date, dans la décision n°2009-578 DC du mars 2009, Considérant 5

appartient au pouvoir règlementaire d'édicter les mesures d'application qui sont nécessaires à la mise en œuvre de ces principes »[1]. Cette règle, également rappelée dans les décisions *Loi quinquennale*[2] et *Fonds de pensions*[3], réaffirme clairement l'exigence faite à l'organe législatif de respecter le champ de compétence de l'autorité normative règlementaire.

539. Les membres du gouvernement ne peuvent pas intervenir *ab initio* pour règlementer l'exercice des libertés collectives des travailleurs, en fixant les principes fondamentaux qui organisent leur régime juridique[4]. Mais ils ne sont pas pour autant dépourvus de toute capacité d'intervention normative dans le cadre de l'application des principes fondamentaux fixés par la loi.

540. Le partage constitutionnel de compétence entre le Parlement et le Gouvernement permet au doyen FAVOREU de souligner qu'il revient à l'autorité législative de poser les règles essentielles et à l'organe exécutif de fixer les points accessoires, chacun devant rester figé dans les périmètres de ses aptitudes[5]. Cette règle trouve sa source dans une jurisprudence plus ancienne, d'une certaine manière vacillante, remontant des décisions du 08 juillet 1966[6] et du 30 juillet 1982[7].

---

[1] Décision 67-46 L du 12 juillet 1967, considérant 1.
[2] Décision 93-328 DC du 1- décembre 1993, RJC-I, p 557.
[3] Décision 96-388 DC, précitée.
[4] Du moins sur le fondement constitutionnel de l'article 34 de la constitution de 1958 qui prohibe une telle intervention, puisque la réalité normative « infra-constitutionnelle » conduit à relativiser le respect de cette contrainte quant au droit de grève... En contradiction patente avec la lettre même de l'alinéa 7 et de l'article 34 de la constitution, on devait affirmer : « en l'absence de la réglementation annoncée par la constitution et que la loi de 31 juillet 1963 relative à certaines modalités de la grève dans les services publics, reprises aux articles L.521-2 à L 521-5 du Code du travail, ne saurait constituer à elle seule, il appartient au Gouvernement, responsable du bon fonctionnement des services publics, de fixer lui-même, sous le contrôle du juge de l'excès de pouvoir, en ce qui concerne ces services, la nature de l'étendue des limitations qui doivent être apportées au droit de grève en vue d'en éviter un usage abusif ou contraire aux nécessités de l'ordre public » ; R. VATINET, « Réglementation du droit de grève dans un service public », *JCP S*, n°37, 12 septembre 2006, 1699.
[5] L. FAVOREU, « Rapport introductif », in *Le domaine de la loi et du règlement, op.cit.*, p.33.
[6] Décision 66-39 L du 08 juillet 1966, RJC-I, p 24.
[7] Décision 82-143 du 30 juillet 1982, RJC-I, p 130.

Dans la première décision, la compétence discrétionnaire de l'autorité règlementaire fut éprouvée dans la mesure où le juge, saisi par le Premier ministre, devait se prononcer sur la question du franchissement par le législateur de son domaine de compétence dans l'Ordonnance n°59-129 du 07 janvier 1959. Le juge a estimé que le législateur n'avait pas outrepassé ses pouvoirs lors même qu'il détaillait l'application de la norme en empiétant sur le domaine de compétence discrétionnaire du pouvoir règlementaire. Plus particulièrement, les dispositions de l'ordonnance incriminée étaient l'alinéa 1er de l'article 1er et le 2e alinéa du 3e article[1].

Dans la deuxième décision, le doute s'accentua davantage sur l'effectivité de la compétence du pouvoir règlementaire, le Conseil ayant affirmé « pour la première fois que la loi peut statuer dans le domaine du règlement sans être entaché d'inconstitutionnalité »[2], remettant par là même en cause la thèse de la définition matérielle de la loi, largement évoquée au cours du Colloque d'Aix-en-Provence de 1977[3]. La nature de la question qui la sous-tend n'est pas nouvelle : le manquement à la règle de la répartition des compétences – établies entre le pouvoir législatif et le pouvoir exécutif – peut-elle s'analyser, dans tous les cas, comme une inconstitutionnalité et un moyen d'ordre public pouvant justifier la saisine du Conseil constitutionnel sur le fondement de l'article 61 de la constitution ?[4] Si le Conseil constitutionnel répond par la négative en estimant que par les articles 34 et 37, alinéa 1, la constitution n'a pas entendu frapper d'inconstitutionnalité une disposition de nature règlementaire contenue dans une loi[5], elle n'a pas moins ajouté et ce, de façon péremptoire, qu'il est une exigence constitutionnelle « de reconnaître à l'autorité règlementaire un domaine propre et conférer au Gouvernement,…, le pouvoir d'en assurer la protection contre d'éventuels empiètements de la loi »[6].

Par conséquent, il faut le reconnaître, aussi bien dans le droit positif béninois que français de la réserve de loi, la négation de la possibilité d'intervention *praeter legem* des autorités normatives infra-législatives

---

[1] Considérant 2 et 6.

[2] L. FAVOREU, Ph. LOÏC, *Les grandes décisions du Conseil constitutionnel, op. cit.*, p. 502.

[3] L. FAVOREU, *Le domaine de la loi et du règlement, op. cit.*, ibid.

[4] *Les grandes décisions du Conseil constitutionnel, op. cit.*, p. 503.

[5] Décision *Blocage des prix*, préc., considérant 11.

[6] Ibid.

pour fixer les principes fondamentaux de la liberté syndicale, du droit de grève et du principe de participation, ne conduit pas à une incapacité normative absolue de ces dernières, ni du pouvoir règlementaire, ni des partenaires sociaux.

2. Compétence secondaire des partenaires sociaux

541. Une interrogation préliminaire pourrait porter sur l'ordre des compétences entre les autorités normatives inférieures : le pouvoir règlementaire dispose-t-il de moins de compétence que les partenaires sociaux pour agir sur le terrain de la définition du régime juridique des libertés collectives des travailleurs ? Le gouvernement béninois est-il promu par rapport aux organisations syndicales nationales, pour mettre en œuvre les dispositions législatives permettant l'exercice et la protection des libertés collectives des travailleurs ? En droit positif français, est-il possible de fonder une primauté d'intervention des syndicats professionnels au détriment des attributs de l'organe exécutif, lorsqu'il s'agit de prévoir les détails dont dépend l'application des lois relatives aux droits sociaux des travailleurs ?

La jurisprudence n'a pas encore statué sur ces questions[1], mais on peut déjà reconnaître que les partenaires sociaux disposent d'une compétence secondaire qui peut venir faire concurrence avec la loi et avec le pouvoir règlementaire[2]. C'est pourquoi il convient d'examiner le domaine de compétence secondaire dévolu aux représentants des travailleurs pour intervenir dans l'élaboration des actes d'exécution de la loi.

[1] Pour la simple et bonne raison de son absence de consécration à l'heure actuelle dans les dispositions constitutionnelles béninoises et française, sauf à nourrir des supputations doctrinales...Cf. A. NIKITAS *La place de la convention collective dans la hiérarchie des normes, op. cit.*, spéc. p 107 ; à comparer à : J. TRÉMEAU, *La réserve de loi, op. cit.*, p. 313 ; ou F.-J. AÏVO, *Le juge constitutionnel et l'état de droit en Afrique : l'exemple du modèle béninois, op.cit.*, p. 112.

[2] M.-L. MORIN, *« La loi et la négociation collective : concurrence ou complémentarité ? », op. cit.*, p. 426.

a. Portée de la compétence secondaire des partenaires sociaux béninois

542. Le domaine d'intervention secondaire des partenaires professionnels s'exerce par l'utilisation de la technique ordinaire du *renvoi législatif.* Celui-ci consiste pour l'autorité législative à renvoyer aux partenaires sociaux le soin de préciser les modalités concrètes de mise en œuvre de la loi[1]. En effet, dans l'exercice de sa compétence, il arrive que le législateur laisse une marge d'intervention non négligeable – mais strictement encadrée – aux partenaires sociaux pour prendre les actes d'exécution législatifs. À ce titre, les organisations syndicales patronales et les groupements professionnels des travailleurs peuvent prévoir, que l'application d'une disposition juridique relative à la négociation collective et à la liberté syndicale soit subordonnée au respect d'une procédure préalable de consultation des représentants du personnel.

543. La loi n°86-013 du 26 février 1986, portant Statut Général des Agents Permanents de l'État, illustre bien ce phénomène ; elle permet aux partenaires sociaux de définir les modalités concrètes de son application. Les partenaires sociaux ont prévu que toutes dispositions normatives intervenant dans le cadre de la négociation collective, et généralement du droit syndical, devra au préalable faire l'objet d'une consultation réunissant *toutes*[2] les organisations syndicales représentatives des employeurs et des travailleurs. Dans ce contexte, un Décret n° 2006-132 du 29 mars 2006 a été pris en méconnaissance des exigences posées, tant par le *renvoi législatif* que par le domaine de compétence secondaire des partenaires sociaux lequel, par sa valeur

---

[1] Tout en sachant que, d'un point de vue classique, cette technique a été considérée non seulement comme une « expression des potentialités délimitatrices du législateur » ou « comme le référant principal du contrôle de la légalité de l'acte administratif », mais aussi comme un procédé « d'extension matérielle du pouvoir règlementaire, au-delà de la simple mise en application de la loi » ; cf. Carré de MALBERG, *La loi : expression de la volonté générale,* Sirey, Paris, 1931, p. 87.

[2] La mise en italique de l'adjectif prend ici toute son importance dès lors qu'on s'aperçoit des différentes catégories de problèmes de droit soulevés par cette loi le 20 novembre 2007 devant le juge constitutionnel béninois, au sein desquelles figure celui dont la solution fut consacrée par la jurisprudence *Basirico* ; Cass. soc. ass. plén. 20 mars 1992 : *RJS* 5/92 n°45, *Dr. soc.* 1992 p. 370, Rapp. TRICOT ; J.-Y. FROUIN, « L'envers du problème Basirico », *Dr. soc.*, 01/06/1996, n°6, p. 608.

législative[1], s'oppose au pouvoir règlementaire. C'est ainsi que la Cour constitutionnelle sera saisie pour connaître du problème au sujet duquel fut rendue la décision du 20 novembre 2007[2].

Les juges devaient déterminer si dans le cadre de la loi de février 2006, le gouvernement était tenu de respecter le domaine de compétence syndicale en s'interdisant de prendre un Décret sans se conformer à l'obligation de consultation préalable ? Y avait-il, en définitive, une autonomie de compétence dont pouvait jouir les syndicats professionnels dans le cadre de l'élaboration des mesures d'application d'une loi et de la force obligatoire du *renvoi législatif* ? Certes, et il est important de le faire remarquer, cette question n'a pas été tranchée dans la décision de novembre 2007, les juges s'étant contentés de conclure, au demeurant à juste titre, « que l'appréciation de telles allégations au regard des textes invoqués relève du contrôle de légalité ; que la Cour, juge de la constitutionnalité, ne saurait en connaître ; qu'il échet dès lors pour la Cour de se déclarer incompétente »[3].

L'intérêt majeur de la décision sur l'affirmation de la compétence de second rang des partenaires sociaux ne peut, cependant, être perdu de vue. Il ne fait aucun doute que les juges constitutionnels béninois auraient certainement procédé à sa consolidation dans l'espèce considérée, n'était l'irrégularité de forme tenant au partage de compétence entre la juridiction judiciaire et l'organe constitutionnel ; en l'absence du vice, ceux-ci l'auraient explicitement précisé, à l'instar de la pratique maintenant bien assise du Conseil constitutionnel.

b. Portée française de la compétence secondaire des partenaires sociaux

544. Dès 1986, réalisant une délimitation du périmètre de compétence d'ordre public dévolue aux organisations syndicales représentatives, au sein de laquelle *le législateur peut opérer des renvois aux conventions*

---

[1] Puisque précisément c'est cette autorité qui « subdélègue » aux partenaires sociaux la compétence « secondaire » ; cf. sur ce point : D. TURPIN, évoquant le problème de la « subdélégation de compétence » par l'autorité normative législative dans « Le droit de grève face à un nouveau principe de valeur constitutionnelle », *Dr. soc.,* 1980, p. 448.

[2] DCC 07-144.

[3] Considérant 9.

collectives pour mettre en œuvre la loi, le Conseil constitutionnel s'était explicitement prononcé sur le sujet. Il avait estimé que, la compétence réservée du législateur, la capacité d'intervention subordonnée des autorités exécutives, « ne font cependant pas obstacle à ce que le législateur confie à une autorité de l'État autre que le Premier ministre, le soin de fixer, dans un domaine déterminé et dans le cadre défini par les lois et règlements, des normes permettant de mettre en œuvre une loi »[1].

Cette règle, constamment réitérée depuis[2], appuyant la thèse du professeur ALIPRANTIS[3], établie, à notre avis[4], une réciprocité des oppositions. Elle établit que la compétence des partenaires sociaux est opposable au gouvernement[5] et au parlement[6], autant que celle du législateur l'est à l'égard des membres de l'exécutif[7] et des syndicats professionnels[8]. De la même manière, les attributs constitutionnels du pouvoir règlementaire s'imposent à la compétence respective des partenaires sociaux[9] et à l'autorité normative législative[10]. Le juge

---

[1] Décision 86-217 DC du 18 septembre 1986, RJC-I, p 283, considérant 58.

[2] Pour la dernière fois en date, cf. Décision n° 2009-580 du 10 juin 2009.

[3] *La place de la convention collective dans la hiérarchie des normes, op. cit.*, p. 110-112.

[4] Comp. : *Les droits constitutionnels des travailleurs, op. cit.*, 126 s.

[5] À ce propos, le Conseil d'État a rappelé dans un avis du 30 mai 1969 qu'il résulte des « dispositions de lois renvoyant, sur divers points, à des accords et conventions conclus entre l'employeurs et les représentants des salariés », « l'exclusion du recours aux mêmes fins au pouvoir règlementaire, lequel ne saurait ainsi se substituer aux partenaires sociaux dans les matières que le législateur a entendu leur réserver » ; Conseil d'État, section sociale et section de travaux publics, *EDCE*, 1990, p. 243, Note D. CHELLE et X. PRÉTOT, *D.*, 1992, som. Com., p. 156.

[6] Dans ce sens, cf. N. ALIPRANTRIS, *op. cit.*, p. 107. ; ou encore : M.-L. MORIN, *Le droit des salariés à la négociation collective principe général du droit, op. cit.*, p. 609 : « L'effet normatif attaché à l'accord collectif n'est pas une simple exception au principe de l'effet relatif des contrats. Il ne prend pas seulement sa source dans la délégation du législateur ; il la prend directement dans le principe de participation ».

[7] Ce qui est évidemment logique, donnant son sens et son essence à la principale règle de la réserve de loi qui gouverne la protection constitutionnelle des libertés collectives des travailleurs que semble contestée une partie de la doctrine béninoise et française ; G. CAHEN, *La loi et le règlement*, éd. Arthur Rousseau, Paris, 1903.

[8] L. FAVOREU, « Rapport introductif », in *Le domaine de la loi et du règlement, op. cit.*, p. 33.

[9] Surtout qu'en temps normal, au terme de l'article 37 de la constitution de 1958 et de l'article 100 de la constitution de 1990, c'est à celui-ci qu'est confié le soin de « mettre en œuvre » la loi, les partenaires sociaux n'intervenant qu'incidemment.

[10] V. particulièrement sur ce point, « l'impact du renvoie législatif sur la définition de l'espace règlementaire », J. TRÉMEAU, *op. cit.*, p. 307.

constitutionnel pose une cloison entre les attributs respectifs des trois acteurs[1] ; il réaffirme d'une certaine manière la nécessité[2] de démocratiser le processus décisionnel en impliquant les partenaires sociaux dans l'accomplissement des tâches d'élaboration des normes[3], plus aux faits des connaissances techniques de la matière[4], de la spécificité des sources propres au droit du travail et des libertés collectives des travailleurs[5].

Toutefois, l'autonomie normative des organisations syndicales représentatives connaît deux limites. La première, ébauchée par la jurisprudence *Enseignement professionnel agricole*[6], est relative à la profondeur de la compétence des autorités syndicales dans l'élaboration des actes d'exécution des lois. Le Conseil constitutionnel y rappelle que, si le Parlement est autorisé à associer les partenaires sociaux à la mise en œuvre des textes législatifs en soumettant par exemple, la régularité des actes qu'ils édictent à la nécessité de recueillir un *avis,* il ne peut pour autant subordonner leur adoption à la conclusion obligatoire d'un accord passé entre le Premier ministre et les organisations syndicales[7]. Pour le Conseil constitutionnel, la place secondaire ménagée aux acteurs professionnels ne permet pas aux législateurs de les ériger en co-auteurs de l'acte règlementaire.

La deuxième relève d'une décision du 17 janvier 1989[8]. Le juge constitutionnel y fait savoir que la faculté dont dispose le législateur pour renvoyer la mise en œuvre des lois aux conventions et accords collectifs, est strictement restreinte par « la condition que cette habilitation ne

---

[1] Quand bien même l'interférence serait toujours susceptible.
[2] J. TRÉMEAU, *La réserve de loi, op. cit.*, p. 308.
[3] Précisément dans celles de l'adoption des « modalités concrètes » de « mise en œuvre » des dispositions législatives.
[4] Ou sont présumés détenir.
[5] Mais le point est déjà acquis.
[6] Décision 78 – 95 DC du 27 juillet 1978, RJC-I, p. 60.
[7] Par conséquent, « l'article 1er de la loi soumise à l'examen du Conseil constitutionnel, a pour effet de subordonner l'application de la loi nouvelle à la conclusion obligatoire de conventions passées entre le ministre de l'Agriculture et les organisations représentatives de l'enseignement agricole privé ; qu'en adoptant ce texte le législateur a méconnu les dispositions de l'article 21 de la constitution relative à l'exécution des lois et à l'exercice du pouvoir règlementaire », considérant 9.
[8] Décision 88 – 248 DC Conseil supérieur de l'audiovisuel du 17 janvier 1989, RJC-I, p. 339.

concerne que des mesures de portée limitée tant par leur champ d'application que par leur contenu »[1]. L'encadrement ainsi réalisé par le Conseil constitutionnel, confirmé dans la décision *Égalité entre français et étrangers*[2], montre combien les compétences dévolues aux autorités normatives inférieures ne constituent nullement un obstacle à la protection constitutionnelle des libertés collectives des travailleurs, aujourd'hui devenue enjeu majeur devant tout ordre de juridiction.

B. *LES LIMITES A LA LIMITE* : L'AFFIRMATION DE LA RÈGLE DE LA RÉSERVE DE LOI

545. La fondamentalité incontestable (sur le plan international) et/ou le degré de constitutionnalité non-négociable (au niveau des règles de droit interne) des droits sociaux fait de la protection particulière des libertés collectives des travailleurs un enjeu majeur devant toutes les juridictions. Déjà, en 1946 puis en 1990, prenant conscience de cet enjeu lié à la protection, les constituants ont instauré la règle de réserve de loi, aux fins de réglementer l'exercice de ces droits : une autorité première est confiée au Parlement pour fixer les principes fondamentaux des droits des personnes parallèlement, l'autorité législative ne peut se défausser et abandonner l'exercice de cette permission aux autorités normatives administratives et professionnelles.

Mais en raison du principe de la non absolutisation, ces dernières disposent d'attributs certains, furent-ils subordonnés ou secondaires, en vue d'intervenir sur la scène normative de définition du régime juridique des droits des travailleurs. À ce niveau de l'analyse, il est possible de faire deux remarques : on pourrait penser, en premier lieu, que les capacités d'action ménagées aux représentants des exécutifs nationaux et groupements professionnels des travailleurs et employeurs viennent mettre à mal la réserve de compétence législative et, de ce fait, diminuent l'efficacité de la protection constitutionnelle ; ainsi, l'action des membres du gouvernement et des partenaires professionnels constituerait des obstacles à la protection des droits des travailleurs. Il serait en effet possible de procéder à cette conclusion, au regard des contestations

---

[1] Considérant 15.
[2] Décision 89 – 269 DC du 22 janvier 1990, RJC-I, p. 392, considérant 22.

doctrinales qui arguent un prétendu motif de sacrifice disproportionné que les juges constitutionnels imposeraient systématiquement aux droits des travailleurs sur l'autel de la conciliation. En second lieu, on pourrait penser que la réserve de compétence ainsi conférée aux législateurs n'est assortie d'aucune limite à leurs égards, pouvant leurs imposer le respect des droits sociaux des travailleurs ; par suite, un champ laissé libre aux parlementaires pour enfreindre la catégorie de droits des travailleurs.

Il existe à l'évidence une première limite à la protection des libertés collectives des travailleurs : les partenaires professionnels et les membres du gouvernement peuvent également intervenir sur le terrain de la réglementation des droits des travailleurs. Mais il y a « une limite ultime tracée aux limites légitimes qui peuvent être apportées à une liberté »[1], tantôt nommée la *« limite à la limite »*[2]. En résumé, la limite à la réserve de loi, constituée par la capacité d'intervention ménagée aux membres du gouvernement et aux organisations syndicales, est également assortie d'une autre limite, qui permet de réaffirmer *in fine* la primauté de la protection constitutionnelle des libertés collectives des travailleurs contre la menace d'une infra-réglementation législative. À ceci près, les limites à la limite prennent un relief particulier, elles s'imposent non seulement aux autorités normatives inférieures mais également et directement au législateur. C'est ce que met en évidence l'utilisation par les juges constitutionnels béninois et français des techniques de réserves d'interprétations dans la jurisprudence[3] lesquelles peuvent encore prendre la forme, soit d'un procédé de *conformité sous réserve*, soit de *l'exigence de non dénaturation.*

a. La technique de la conformité sous réserve

546. L'autorité constitutionnelle – française comme béninoise – s'est souvent montrée particulièrement attentive à toutes sortes de risques

---

[1] C.-A. MORAND, « Le noyau intangible des droits constitutionnels », *in Le noyau intangible des droits de l'homme*, Fribourg, édition universitaire de Fribourg, 1991, p. 54.

[2] Ibid.

[3] Pour une étude d'ensemble sur le régime juridique des « réserves d'interprétations », on renvoie à : A. VIALA, *Les réserves d'interprétations dans la jurisprudence du Conseil constitutionnel*, LGDJ, 1999, p. 318.

touchant ou susceptible de toucher la protection des libertés collectives des travailleurs. C'est pourquoi elle est régulièrement amenée à prononcer différents types de sanctions destinées à éviter la diminution des garanties offertes aux droits fondamentaux des personnes. Elle utilise en pareille circonstance les motifs *d'incompétences négatives* pouvant être commises par le législateur. Les faits concernent en général la méconnaissance par le Parlement de sa capacité d'intervention primaire sur la réglementation des libertés collectives des travailleurs ; le plus souvent, il s'agit d'un abandon voulu (ou contraint) de l'exercice de cette compétence à la faculté des autorités normatives inférieures, sous forme de subdélégation implicite[1].

Dans le même souci de protection, il arrive que le juge constitutionnel punisse, non plus directement l'inaction totale du législateur, mais son action incomplète voire son inaction partielle, en ce qui concerne l'organisation du régime des droits des travailleurs. C'est notamment le cas lorsqu'il est accordé une capacité d'intervention trop importante – et donc inconstitutionnelle – au pouvoir normatif inférieur qu'il soit, syndical ou gouvernemental. Au final, lorsqu'une loi semble recelée des lacunes et n'encadre pas de façon suffisamment précise la marge minime d'intervention revenant au pouvoir règlementaire ou aux partenaires professionnels, le juge constitutionnel la censure par la technique de la conformité sous réserve[2].

Les modalités concrètes de manifestation de la règle sont assez connues ; le scénario reste le même : un acte législatif attribue au membre du gouvernement le pouvoir de mettre en œuvre des principes qu'il a établis au préalable ; les requérants contestent cette habilitation en tirant motif de sa contradiction aux prescriptions de l'articles 34 de la constitution lesquelles interdissent aux autorités législatives de se vider de leur compétence ; le Conseil exclut le grief tiré de l'incompétence négative et, décide de sauver le texte incriminé d'inconstitutionnalité par le biais d'une réserve qui vise à imposer des contraintes aux autorités normatives[3].

---

[1] La paternité de l'expression revient à M. le professeur TURPIN, dans une contribution ayant déjà été cité au préalable.

[2] Cf. sur ce point : « Les déclarations de conformités sous réserve destinées à éviter l'inconstitutionnalité d'une loi pour incompétence », *in* A. VIALA, *Les réserves d'interprétation de la jurisprudence du Conseil constitutionnel, op. cit.*, p. 101.

[3] A. VIALA, *Les réserves d'interprétation de la jurisprudence du Conseil constitutionnel, op. cit.*, p. 101.

La technique s'impose aussi bien au législateur qu'à l'exécutif : les décisions revêtant la mention d'une conformité sous réserve sont des décisions de rejet dont la constitutionnalité des lois qu'elles visent est subordonnée à la condition d'observation des réserves émises[1] ; la règle de conformité sous réserve recouvrent l'ensemble des interdictions imposées au législateur et au pouvoir règlementaire de produire des interdictions ou des obligations dans le domaine des prérogatives fondamentales[2] ; la technique de protection sous réserve constitue, dès lors, une technique de protection des droits fondamentaux des personnes[3].

547. Les exemples de son utilisation par les juges constitutionnels béninois et français sont nombreux. Ainsi, par exemple, la Cour avait dû y recourir dans la décision du 09 janvier 2002[4]. Lorsqu'il lui avait été demandé de contrôler la constitutionnalité de la loi du 14 mai 2001, règlementant l'exercice du droit de grève en République du Bénin, elle avait estimé que « l'examen de la loi n°2001-09 portant exercice du droit de grève en République du Bénin fait apparaître que les dispositions de la dite loi sont conformes à la constitution sous réserves d'observations et que d'autres y sont conformes »[5]. Dans une autre décision du 12 juin 2002, elle allait considérer que la loi du 14 mai était entrée en conformité à la constitution à tout point de vue, sans aucune autre réserve possible[6] ; bien sûr, la postérité de la validation constitutionnelle du projet aux ajustements législatifs qui avaient été apportés conformément aux exigences de la réserve de 09 janvier.

548. Il en est de même pour le Conseil constitutionnel, plus familier des techniques contentieuses du contrôle de constitutionnalité des lois relatives aux droits des travailleurs, mais plus particulièrement au droit de grève. En effet, certaines dispositions législatives sont parfois rédigées dans des termes ambigus ou équivoques et peuvent porter atteintes à l'exercice de ce droit. Lorsqu'elles sont déférées devant lui, le juge constitutionnel français rappelle l'exigence de lisibilité et d'intelligibilité

---

[1] L. FAVOREU, « La décision de constitutionnalité », *Rev. int. dr. comp.*, 1986, p. 622.
[2] L. FAVOREU, P. GAÏA et alii, *Droit des libertés fondamentales, op. cit.*, p. 116.
[3] Th. Di MANNO, *Le juge constitutionnel et les techniques de réserves d'interprétation en France et en Italie*, Paris, Aix-en-Provence, Economica, PUAM, 1997, p. 390.
[4] Préc.
[5] Considérant n°3.
[6] DCC 02-068.

de la loi, en vue de discerner de telles ambigüités. Dans ce cas, il soumet la validité de la norme incriminée à la condition de conformité à ses observations.

Ainsi par exemple une loi[1] qui prévoirait que « quiconque ..., aura placé sur la voie un objet faisant obstacle à leur passage (...) sera puni d'un emprisonnement (...) et d'une amende (...) ou de l'une de ces deux peines seulement »[2], pourrait se trouver conforme à la constitution. Mais sous la seule réserve que « si les peines précitées sont, en outre, applicables à "quiconque ..., aura placé sur la voie publique un objet faisant obstacle à leur passage ... pour gêner leur circulation...", ces dispositions (...) ne sauraient viser les personnes exerçant légalement le droit de grève reconnu par la constitution, même si la cessation de leur travail a pour effet de perturber ou de supprimer la circulation des véhicules »[3].

549. La simple réserve – parfois neutralisante –, peut ne pas suffire pour faire respecter la constitution et assurer la primauté des droits de l'homme-situé. Le recours est alors réalisé à une technique différente de réserve d'interprétation.

b. L'exigence de non - dénaturation

550.C'est également dans le souci de protéger les libertés collectives des travailleurs que le juge constitutionnel est parfois contraint d'employer cette seconde technique. Chaque acteur (législatif, règlementaire et syndical) est invité à rester cantonné dans le domaine de sa compétence. L'emploi de cette technique permet au juge constitutionnel, dans le champ des droits fondamentaux, de tracer les limites ultimes du pouvoir des autorités normatives. En effet, si le législateur peut règlementer les libertés afin de les concilier avec d'autres droits, principes ou intérêts de même valeur, l'habilitation qui lui est ainsi conférée par la constitution ne peut être comprise comme illimitée. De la

---

[1] Présumée devoir renforcer la sécurité et protéger les libertés des personnes que l'on nommerait Loi *Sécurité et liberté*

[2] Décision 80-127 DC des 19 et 20 janvier 1981, RJC-I, p. 91, considérant 17 à 22.

[3] Considérant 21.

même manière, s'agissant des autorités normatives inférieures, bien que les partenaires sociaux ou les membres du gouvernement puissent intervenir dans la sphère normative des droits fondamentaux, ils ne peuvent pas dépasser les limites imposées par la Loi fondamentale en rentrant abusivement dans un champ de compétence de premier rang.

Ainsi, la permission donnée – par les constitutions béninoise et française – aux législateurs et aux représentants des exécutifs et des travailleurs et employeurs est encadrée par une exigence variable selon la qualité de l'acteur. Pour les autorités normatives inférieures, celle-ci est plus restrictive, au point de leurs interdire de dénaturer les dispositions législatives dont elles ont pour mission de mettre en œuvre ; en revanche, s'agissant des législateurs, l'exigence de non dénaturation des droits fondamentaux se manifeste par l'interdiction de porter atteintes à leur contenu essentiel.

551. Au demeurant, sa catégorie était parfaitement connue des auteurs, ayant estimé, au travers de la hiérarchie formelle et de la hiérarchie matérielle que, les libertés collectives des travailleurs seraient des droits fondamentaux de seconde zone, motifs pris de la présupposée faiblesse de protection constitutionnelle leur étant accordée par rapport aux droits civils et politiques[1]. Mais, désespérément, toutes les conclusions ne furent pas tirées de cet élément de connaissance.

552. De cette limite à la limite, une illustration peut être apportée dans le cadre béninois par la décision du 13 septembre 2005[2]. En l'espèce, les requérants reprochaient aux législateurs d'avoir méconnu, dans une loi du 25 février 1998, l'exigence de non-dénaturation, sur fondement de violation, notamment, du principe d'égalité de traitement, du principe de participation des travailleurs à la gestion de l'entreprise[3]. Mais, l'affaire n'ayant pas été examinée par les sages, en regard d'un vice de force qui les aurait amenés à pratiquer un contrôle de légalité alors qu'ils sont juges de constitutionalité, la Cour n'a pu se prononcer sur la question.

---

[1] Ainsi, F. GOGUEL, avait soigneusement précisé, et l'on l'a vu, que les libertés collectives des travailleurs qu'il qualifie de droits relatifs, n'offrent aucune latitude absolue aux législateurs dans le cadre de leur mise en œuvre. Puisque, étaye-t-il : il appartient au législateur de déterminer les modalités de ladite mise en œuvre « sous la seule condition que cette mise en œuvre n'ait pas pour effet de les dénaturer ».

[2] DCC 05-109.

[3] Considérant 3.

553. Dans deux décisions de 1963 et de 1997, le Conseil avait également eu à connaître d'une affaire relative à l'exigence de non-dénaturation. Dans la première, il rappelle « qu'il appartient au pouvoir règlementaire de fixer dans le cadre de la loi, et sauf à ne pas en dénaturer l'esprit, le taux ou le montant des rémunérations ou des accessoires de salaires qu'elle institue… »[1]. Dans la deuxième, *Fonds de pension,* relative au principe de participation, le juge affirme « qu'il appartient au pouvoir règlementaire de définir sans dénaturer l'objet et la portée de la loi, les montants et les taux de ces exonérations… »[2]. Ce faisant, le Conseil constitutionnel français donnait un sens à la disposition constitutionnelle confiant au seul pouvoir parlementaire la possibilité de définir les normes de développement des droits des travailleurs.

554. Le législateur était également concerné dans la décision *Fonds de pension :* les juges avaient opposé les garanties constitutionnelles du principe de participation aussi bien au pouvoir règlementaire qu'à l'organe législatif. On se souvient que les requérants dénonçaient une violation du huitième alinéa du préambule au motif que la loi qui, prétendait vouloir favoriser la mise en place du plan d'épargne retraite, écartait la voie d'accord collectif, dans le cas où la conclusion d'un tel accord n'interviendrait pas dans un délai de huit jours[3] : il était ainsi reproché à la disposition législative incriminée de dénaturer la substance du droit de la négociation collective[4]. C'est surtout la réponse du Conseil constitutionnel à ce grief qui nous intéresse.

En effet, après une analyse de la disposition litigieuse, le Conseil constitutionnel souligne qu'il appartient au législateur « de déterminer, dans le respect de cette disposition à valeur constitutionnelle, les conditions et garanties de sa mise en œuvre », lui ayant paru nécessaire de préciser que « la limitation à six mois du délai laissé par la loi à la mise en place exclusive par voie d'accords collectifs des plans d'épargne retraite, constitue une des conditions dans lesquelles le législateur pouvait, en l'espèce, *sans en dénaturer la portée*, mettre en œuvre les

---

[1] Considérant 1.

[2] Considérant 12 et 15.

[3] Lettre de saisine.

[4] Considérant 5.

dispositions du huitième alinéa du préambule de la constitution de 1946 »[1].

555. On comprend dès lors que la protection des libertés collectives des travailleurs s'oppose aussi bien aux autorités normatives inférieures, qui ne peuvent outrepasser les limites de leur pouvoir, qu'au législateur, qui ne doive pas dénaturer la portée de ces prérogatives.

§ 2 : Reconnaître la nécessité de la protection constitutionnelle

556. Parmi les garanties dont bénéficient les libertés collectives des travailleurs, la protection constitutionnelle est sans doute l'une des plus importantes. La question devient dès lors incontournable : que reste-t-il de la pertinence des propos de certains auteurs ? Au gré des considérations ci-dessus invoquées, est-il possible de souscrire à l'affirmation selon laquelle « le principe de participation a force positive. La latitude ouverte au législateur est cependant évidente. Il en va du principe de participation comme du droit de grève. L'un et l'autre s'exerce dans le cadre des lois qui le règlementent. Un principe est affirmé par la constitution (...), mais ses conditions de mise en œuvre sont déterminées par le législateur (...). Le Conseil constitutionnel, en interprétant largement la règle de compétence de l'article 34, vide d'une partie de son sens la règle contenue dans le préambule et n'accorde au principe de participation, et aux droits sociaux en général, qu'une protection limitée, voire illusoire »[2] ? Est-il possible de continuer par affirmer que la Cour constitutionnelle béninoise se retrancherait derrière la formulation vague et tolérante – notamment – des libertés collectives des travailleurs pour justifier et sous-tendre les restrictions que les pouvoirs publics vont apporter à ces droits, limitant ainsi arbitrairement leur rayonnement et confirmant par la même occasion leur supposé caractère de droits de second rang ?[3]

---

[1] Considérant 8.

[2] J. DANIEL, « Alinéa 8 », in *Le Préambule de la Constitution de 1946, Histoire, analyse et commentaire*, Paris, dalloz, Thèmes et commentaires, 2001, p. 212.

[3] F. J. AÏVO, *Le juge constitutionnel et l'état de droit en Afrique, l'exemple du modèle béninois, op. cit.*, p. 183.

557. Une partie de la doctrine a contesté avec fermeté la nécessité et la véracité de la protection constitutionnelle des libertés collectives des travailleurs, dénonçant une certaine complaisance des juges ; le caractère discutable de ces propos de contestations ne fait pourtant aucun doute. Les prérogatives concernées par la contestation doctrinale étant le droit de grève et le principe de participation, la mise en exergue avec les jurisprudences constitutionnelles étrangères sera limitée à ces droits d'où, cependant, il ne peut ressortir que la liberté syndicale serait épargnée de cette sorte de diatribe.

I. LA CONTESTATION DISCUTABLE DE L'EFFECTIVITÉ DE LA PROTECTION CONSTITUTIONNELLE DU DROIT DE GRÈVE

558. Il n'est pas utile de revenir dans les détails sur les propos des auteurs se rapportant aux libertés collectives des travailleurs, ceux-ci estiment que le juge constitutionnel a trop souvent permis par le biais de l'utilisation d'une méthode de contrôle contestable[1] que la loi puisse leur porter atteinte, sans pour autant être déclarée contraire à la constitution. En effet, selon ces derniers[2], tout se passe comme si le contrôle était minimal. Le texte du préambule a valeur constitutionnelle, mais le législateur est libre de le mettre en œuvre à sa convenance.

Dans le même sens, il a également été reproché au Conseil constitutionnel d'outrepasser son rôle, ne se contentant plus de contrôler *a posteriori* les lois, mais de chercher délibérément à faire émerger des conflits entre les normes constitutionnelles pour affaiblir la protection des libertés collectives des travailleurs : le juge « profitant du fait que les antinomies lui permettent de moduler la protection des normes constitutionnelles,... en favorise l'émergence »[3] et use de cette méthode, pour tempérer « le rayonnement de certains principes en les confrontant à des principes dont l'assise formelle, la consécration du texte, fait défaut »[4].

---

[1] N. MOLFESSIS, *Le Conseil constitutionnel et le droit privé,* Paris, LGDJ, Bibliothèque de droit privé, 1997, p. 46.
[2] G. LYON-CAEN, « La constitution française et la négociation collective », *Dr. ouv.,* 1996, p. 480.
[3] *Le Conseil constitutionnel et le droit privé, op. cit.,* p. 34.
[4] Ibid.

Cette réflexion fait référence à la décision *Droit de grève à la radio et à la télévision*, dans laquelle le Conseil constitutionnel n'aurait élevé le principe de continuité des services publics au rang constitutionnel que pour contrebalancer la proclamation expresse du droit de grève dans le préambule de 1946[1]. Dans des termes différents, des reproches similaires ont été adressés aux juges constitutionnels béninois. Il convient de montrer comment les juges ne font que tenir compte du caractère limitable inhérent à tous droits fondamentaux dont fait partie le droit de grève, comme le font leurs homologues étrangers, sans qu'il soit possible d'y inférer une faiblesse de protection constitutionnelle des libertés collectives des travailleurs[2].

1. L'intégration du caractère limitable du droit de grève

559. Peut-on reprocher au Conseil d'avoir jugé dans la décision *Droit de grève à la radio et à la télévision* qu'en édictant le septième alinéa du préambule, « les constituants ont entendu marquer que le droit de grève est un principe de valeur constitutionnelle, mais qu'il a des limites et ont habilité le législateur à tracer celles-ci en opérant la conciliation nécessaire entre la défense des intérêts professionnels, dont la grève est un moyen, et la sauvegarde de l'intérêt général auquel la grève peut être de nature à porter atteinte »[3] ? Prenons par exemple la loi n°93-010 du 20 aout 1997 interdisant aux personnels de police d'exercer le droit de grève mais leur permettant – dans le prolongement de celle du 26 février 1986 – de constituer des groupements intermédiaires pour soutenir leurs revendications professionnelles, est-il possible de procéder, sur son objet, à la même conclusion ? Sur cette base, peut-on soutenir que la Cour aurait laissé le législateur restreindre arbitrairement l'exercice du droit de grève et ainsi confirmé une hypothétique protection jugée médiocre réservée à la liberté de revendication professionnelle ?

---

[1] J. BÉGUIN, note, décision 79-105 DC du 25 juillet 1979, *JCP* G, 1981, II, 19547.

[2] Il ne faut cependant pas y déduire que la catégorie particulière des libertés collectives des travailleurs n'aurait jamais connu des difficultés formelles et matérielles aussi bien dans le cadre de leur définition que dans celui de la mise en place des instruments efficients permettant d'assurer leur effectivité, l'objectif sous-jacent à ces types de raisonnements étant plutôt de conforter que de dénoncer de telles difficultés de portée générale.

[3] Décision 79-105 DC du 25 juillet 1979, préc. Considérant 1.

Bien que nos précédents développements relatifs à la manifestation de la réserve de compétence législative dans les dispositions constitutionnelles béninoises et françaises nous offrent déjà une ébauche de réponse, il paraît intéressant d'approfondir la réflexion. Une relecture[1] du considérant de principe de la décision du 25 juillet 1979 sera nécessaire à opérer, pour comprendre qu'en agissant de la sorte le juge n'a fait que confirmer une caractéristique universelle et intrinsèque à tous les droits fondamentaux parmi lesquels figurent le droit de grève constitutionnellement proclamé aux travailleurs béninois et français.

a. Retour à un considérant ambigu

560. On remarquera que le Conseil d'État, avec l'arrêt *Dehaene,* avait considéré dès 1950 qu'en indiquant dans le préambule de la constitution que le droit de grève s'exerce dans le cadre des lois qui le règlementent, l'Assemblée constituante a entendu marquer que le droit de grève est un principe à valeur constitutionnelle mais qu'il a des limites. Le Conseil constitutionnel, dans sa décision de 1979, semble donc s'être inspiré de la jurisprudence de la Haute juridiction administrative, sans pour autant s'aligner sur sa conclusion. Dans l'arrêt du 7 juillet 1950, le juge administratif s'était contenté, au mieux de reconnaître la juridicité de l'alinéa 7 du préambule de la constitution de 1946, au pire de concevoir celui-ci comme un principe général du droit, le plaçant à un niveau de réglementation certes, *infra*-législatif, mais *supra*-décrétal.

C'est d'ailleurs cette deuxième analyse que retiendra la majorité de la doctrine publiciste[2], le Commissaire du gouvernement GAZIER ayant, dans sa conclusion, fait savoir – vertement – que les dispositions des préambules et des déclarations (il faut songer à la reproduction conceptuelle de la hiérarchie matérielle), c'est-à-dire entre autres les libertés collectives des travailleurs, ne constituent pas « des prescriptions de nature constitutionnelle ni même celle législative »[3], mais « des principes fondamentaux qui doivent inspirer tant l'action législative que

---

[1] Soulignée par Mme OGIER-BERNAUD.

[2] V. Par exemple note d'arrêts de WALINE, L'action de l'administration (police, service public, responsabilité et agents publics), Dalloz, 2005, vol. II, p. 659.

[3] *RD publ.*, 1950.691.

celle du gouvernement et de l'administration »[1]. Dès lors, les diverses interprétations approximatives voire biaisées qui ont suivi ne pouvaient en aucun cas surprendre[2].

Si l'on lit la décision de 1979, bien qu'elle se soit inspirée de cet arrêt, on constate qu'elle confère au droit de grève une considération différente de celle découlant de l'arrêt *Dehaene*. On pourrait même suspecter le Conseil constitutionnel d'y avoir fait référence pour lever le doute sur la valeur constitutionnelle du droit de grève. Avait-il pris le soin de préciser que « les constituants ont entendu marquer que le droit de grève est un principe à valeur constitutionnelle ». L'hypothèse est d'autant plus plausible que les juges, par la suite, précisait les limites de l'habilitation du législateur dans sa capacité de limiter l'exercice du droit constitutionnel de grève, celui-ci ne peut intervenir que dans le cadre d'une conciliation nécessaire. Sous une autre forme, on voit apparaître ici l'exigence de non dénaturation du droit constitutionnel imposée au législateur dans la décision *Fonds de pension*, notamment.

Dès lors c'est bien dans le sens d'une confirmation de la valeur constitutionnelle du droit de grève que s'inscrit la décision *Droit de grève à la radio et à la télévision*, non dans celui d'une protection médiocre du droit de grève et d'une utilisation de méthode de contrôle contestable par le juge constitutionnel pour cautionner les atteintes législatives contre le droit de grève : le Conseil constitutionnel en affirmant que *le droit de grève est un principe à valeur constitutionnelle mais qu'il a des limites*, ne fait que rappeler une évidence que connaît également les salariés béninois grévistes.

b. La limitation béninoise du droit de grève

561. Il est assurément discutable de soutenir que le Conseil constitutionnel n'utiliserait la technique de conciliation dans le cadre de la résolution des antinomies que dans le seul but d'affaiblir la protection effective du droit de grève pour faire triompher les atteintes législatives

[1] Ibid.
[2] Cf. dans ce sens, B. GENEVOIS, « Le Conseil d'État et l'interprétation de la loi », *RFDA* 2002. 882.

qui peuvent lui être portées. De la même manière, on ne peut souscrire à l'idée selon laquelle le Conseil constitutionnel favoriserait l'émergence antérieure des conflits de normes entre le droit de grève et d'autres principes ou intérêts, dans la perspective de fragiliser sa protection effective. Dans ses propos, M. AÏVO prétend l'existence d'une problématique similaire dans la jurisprudence de la Cour constitutionnelle, se rapportant aux droits à caractère social. De prime abord, il convient de remarquer que ceux-ci ne sont pas infondés : les libertés collectives des travailleurs font l'objet de limitation au Bénin, également. Mais, d'emblée, il faut préciser qu'il en est ainsi pour le droit de grève et plus globalement pour les droits sociaux des travailleurs que pour toutes les libertés fondamentales.

En vertu des dispositions des lois du 26 février 1986 et du 20 aout 1997, les agents de Police nationale ne peuvent pas jouir au Bénin du droit de grève. Quand bien même, il est important de le rappeler, ceux-ci ne sont pas privés de la possibilité de constituer des groupements institutionnels pour soutenir leurs revendications professionnelles. D'ailleurs, qu'on se souvienne, n'était-ce pas bien dans le but de garantir l'exercice des droits syndicaux aux forces de l'ordre que la Cour avait invalidé, le 07 juillet 2005[1], une décision ministérielle refusant de donner autorisation à ces derniers pour se réunir et discuter du processus de formation d'une organisation syndicale ? Il n'est pas opportun de revenir sur ce point déjà acquis.

Il convient de se demander si, au gré des considérations restrictives du droit de grève inhérentes aux dispositions législatives précitées, il est possible de conclure que la Cour constitutionnelle béninoise se retrancherait derrière la formulation vague et tolérante de la liberté de manifestation des travailleurs pour justifier les atteintes et restrictions que le législateur pourrait lui porter ? L'étude de la jurisprudence des Cours et Conseils constitutionnels étrangers permettent d'en savoir davantage.

---

[1] DCC 05-059, préc.

2. La limitation du droit de grève dans les Constitutions étrangères

562. Pour apprécier les mobiles de la critique des auteurs, il est indispensable de les mettre en exergue avec les jurisprudences constitutionnelles étrangères car, le droit constitutionnel français, dont sont inspirés la constitution béninoise et les textes constitutionnels de la plupart des pays de l'Afrique francophone, a une caractéristique particulière qui se distingue de la Loi fondamentale des autres pays européens.

a. La limitation du droit de grève dans les autres pays de l'Afrique francophone

563. Un simple examen des *constitutions des pays africains d'expression française*, démontre que le droit de grève, autant que tout autre droit fondamental, peut faire l'objet de limitation de la part du législateur destinée à permettre sa conciliation avec d'autres principes ou règles du même rang, en dehors de toutes considérations relatives à la volonté de provoquer la création de conflits de normes[1]. Sans prétendre à l'exhaustivité, l'analyse sera circonscrite à la constitution de deux pays de l'Afrique francophone, le Mali et le Sénégal, leur exemple suffira pour confirmer l'homogénéité de la réglementation du droit de grève et la restriction pouvant lui être apportée par l'organe législatif.

À l'instar de son homologue béninois, le législateur malien a restreint l'exercice du droit de grève de certaines catégories de travailleurs, notamment du personnel policier. Dans un conformisme presque récurrent, l'article 70 de la constitution du 25 février 1992 indique : « *La loi détermine les principes fondamentaux ...du droit du travail, du droit syndical, du droit de grève* ». Concrètement, dans l'ordre national malien, la restriction du champ des bénéficiaires de la liberté de manifestation ressort de l'activité du législateur, plus précisément, de l'article 36 de la loi n°02-056 du 16 décembre 2002 portant *statut des fonctionnaires de la Police Nationale*. Il est rédigé comme suit : « *Le droit de grève est garanti au fonctionnaire de police. Toutefois, pour les*

---

[1] « *Les Constitutions des États africains d'expression française* », LGDG, 1961, p. 198.

besoins de sûreté et de continuité de l'État, il ne peut s'exercer dans les services de police ci-après :

-les unités d'interventions chargées du maintien d'ordre, de la protection des hautes personnalités et la brigade anti- criminalité ;
-les unités de circulation routière ;
-les services de transmissions et de télécommunications ;
-les services spécialisés de renseignements généraux ;
-les unités de police des frontières.

L'exercice du droit de grève ne peut en aucun cas s'étendre aux élèves des centres de formation et aux stagiaires de la Police Nationale. »

564. Quant à l'article 25 de la constitution sénégalaise adoptée par référendum du 07 janvier 2001, il prévoit : *« le droit de grève est reconnu. Il s'exerce dans le cadre des lois qui le régissent. Il ne peut en aucun cas ni porter atteinte à la liberté de travail, ni mettre l'entreprise en péril »*. Également, dans l'exercice de sa mission de fixation des modalités d'exercice du droit de grève, le législateur sénégalais a disposé à l'article 8 de la loi n°78-04 du 29 janvier 1978 que *« les membres des forces de police de tout grade, en activité de service ou en position de détachement ou de disponibilité, sont soumis en permanence aux règles suivantes : ils ne jouissent ni du droit de grève ni du droit syndical »*.

Certes, à propos de telles limitations, il n'est plus d'utilité à revenir sur les termes de l'article 2 de la loi française du 28 septembre 1948, ce point étant déjà acquis dans les développements antérieurs. La nécessité actuelle est de prolonger le rapprochement avec la jurisprudence d'autres pays européens, afin de voir la manière dont se confirme la tendance de la relativité des propos doctrinaux.

b. La limitation du droit de grève dans les autres pays européens

565. Il est possible, *a priori,* d'admettre les critiques des auteurs, estimant que le Conseil constitutionnel n'accorde qu'une faible protection aux libertés collectives des travailleurs (en l'occurrence au droit de grève), dans la mesure où il ne ressort pas explicitement de l'énoncé même de la norme fondamentale que l'autorité législative pourrait le limiter, en dépit des agissements résultants de son intervention. Mais ce serait sans connaître les originalités de la constitution française, qui ne se prête pas toujours à une parfaite systématisation. Il faut admettre que sa « jurisprudence est beaucoup moins directive et explicite que celle de son homologue allemand »[1], et « européens »[2].

« Contrairement aux constitutions étrangères, le texte fondamental français ne contient pas d'article spécifiant les limites de l'habilitation accordée au législateur pour règlementer les droits et libertés de valeur constitutionnelle »[3]. Est-ce dire que ces droits ne peuvent faire l'objet d'aucune limitation législative ? La réponse est évidemment négative : certains textes fondamentaux mentionnent, il est vrai, explicitement, les limites susceptibles d'être apportées aux droits fondamentaux en vue de les concilier avec d'autres ; « [cette] clarification importante(...), ne permet pas pourtant de conclure (les jurisprudences ne s'y sont pas trompés) que les textes constitutionnels ne mentionnant pas une telle (...) "limites..." ne comporteraient pas pour autant une telle détermination »[4].

On comprend dès lors pourquoi les auteurs ont cru – notamment avec la décision *Droit de grève à la radio et à la télévision* – que l'absence de limitation du droit de grève expressément mentionnée dans la constitution, équivalait, en principe, à une impossibilité pour le législateur de procéder à son établissement. Auquel cas le juge constitutionnel ne censurant pas de telle loi restreignant l'exercice du droit de grève, utiliserait « des méthodes de contrôles contestables »[5] pour cautionner les atteintes législatives au droit de grève[6], confirmant par là même leur caractère de droit de second rang[7]. Ceci allait permettre à divers auteurs, soit dans le cadre de la théorie de la hiérarchie formelle, soit de la hiérarchie matérielle de soutenir le postulat de la fondamentalité délitée des libertés collectives des travailleurs.

Les fondements sur lesquels reposent ces accusations sont aisés à saisir. Les constitutions des pays africains d'expression française – dont

---

[1] *Les droits constitutionnels des travailleurs, op. cit.*, p. 246.

[2] Ibid.

[3] *Les droits constitutionnels des travailleurs, op. cit.*, p. 249.

[4] L. FAVOREU, P. GAÏA et alii, *Droits des libertés fondamentales, op. cit.*, p. 117

[5] N. MOLFESSIS, *Le Conseil constitutionnel et le droit privé, op. cit.*, p. 29

[6] Ibid., p. 46.

[7] Ibid.

fait partie le Bénin – étant inspirées de la constitution française très peu explicite et directive sur les limites des droits fondamentaux, on comprend qu'un auteur ait pu relayer de telle critique sur l'activité de la Cour. Mais, au final, cela ne convainc guère : l'absence de la mention du caractère limitable du droit de grève dans la constitution ne permet pas, *ipso facto* de conclure à l'étiolement de la constitutionnalité des lois pratiquant une telle restriction ; il s'agit là d'une règle qui s'applique, en réalité, à toutes les prérogatives fondamentales des personnes humaines. Le Tribunal Constitutionnel espagnol l'a expressément affirmé : il « n'existe pas de droit illimité, tout droit à ces limites »[1].

Cette possibilité de limite, généralement pratiquée, se trouve formulée de façon expresse dans certaines constitutions européennes[2] moins laconique. L'article 28 alinéa 1 du texte fondamental espagnol prévoit ainsi qu'en *« ce qui concerne les forces armées ou les institutions et autres corps soumis à la discipline militaire, la loi pourra limiter l'exercice de [la liberté syndicale] ou les exempter »*. De même, l'article 28 alinéa 2 prévoit que la loi règlementant l'exercice du droit de grève, « établira les garanties nécessaires pour assurer le maintien des services essentiels de la Communauté »[3].

En Grèce, l'article 24 de la constitution admet que *« le droit de recourir à la grève est susceptible de restriction concrète, prévue par la loi qui le règlemente, en ce qui concerne les fonctionnaires publiques... »*. Sans qu'il soit nécessaire de multiplier les exemples[4],

---

[1] Sentence 2/1982 du 29 janvier 1982, citée par P. BON, « Les droits et libertés en Espagne. Éléments pour une théorie générale », in *Dix ans de démocratie constitutionnelle en Espagne,* Paris, Éditions du CNRS, 1991, p. 44.

[2] Cf. C. GREWE, H. RUIZ-FABRI, *Droits constitutionnels européens, op. cit.,* p. 41.

[3] Le tribunal constitutionnel en donne l'illustration : « le droit de grève peut se voir imposer des limites ou des restrictions dans son exercice, dérivés de sa connexion avec d'autres droits ou biens constitutionnellement protégés (...). Une des limites expressément prévues par la constitution procède de la nécessité de garantir les services essentiels de la Communauté, entendus comme étant les services assurant la garantie ou l'exercice des droits fondamentaux, les libertés publiques, les biens constitutionnellement protégés », Sentence 27/1989, in *Rubio LLorente, Derechos fundamentales y principios constitucionales (doctrina constitutionnal),* Barcelona, Ariel Derecho, 1997, p. 496.

[4] Pour l'Allemagne, on renvoie à D. CAPITANT, *Les effets juridiques des droits fondamentaux en Allemagne,* Thèse, Paris 1, 1996, p. 161-171. L'auteur montre, de manière particulièrement convaincante, que la Cour constitutionnelle germanique

force est de remarquer que la limitation du droit de grève et de tous droits fondamentaux – dans l'exercice de la réserve de compétence législative – peut provenir soit des dispositions constitutionnelles expresses, soit de l'activité constitutionnelle d'interprétation des règles de droit.

Au vu de ces constatations, peut-on continuer par affirmer que la restriction apportée par le législateur au droit de grève avec le consentement du juge permet de conclure, d'une part que ce dernier n'accorderait qu'une faible protection au droit de grève, d'autre part que les garanties instaurées par lui ne seraient pas effectives sur les libertés collectives des travailleurs *lato sensu* ? Dans le même sens, faut-il souscrire à l'idée selon laquelle le principe de participation serait victime d'une protection constitutionnelle au rabais ?

II. LA DÉNONCIATION CRITIQUABLE DE LA FAIBLE PROTECTION CONSTITUTIONNELLE DU PRINCIPE DE PARTICIPATION

566. L'élévation des droits de l'homme au rang constitutionnel n'a pas eu pour effet de leur conférer un caractère illimité, malgré une certaine consolidation des instruments juridiques et des systèmes de garantie qui en a résulté. Il en est ainsi pour tous les droits constitutionnels en général dont font partie ceux des travailleurs. Si aucune absolutisation ne peut se déduire de la valeur constitutionnelle des libertés collectives des travailleurs (puisque toute façon cet esprit est contraire aux fonctionnements mêmes des principes constitutionnels) certes, le droit de

---

cantonne, dans le cadre du contrôle de proportionnalité, l'intervention restrictive du législateur sur le droit de grève à la solution de collisions susceptibles de surgir dans le domaine des droits fondamentaux, ce qui exige que le législateur s'appuie sur des dispositions constitutionnelles concrètes pour apporter des limites en ne se contentant pas d'invoquer de façon générale la protection constitutionnelle.
S'agissant de la protection constitutionnelle du droit de grève en Italie, les décisions 222/1976 et 125/1980, sont particulièrement illustratives. La Cour y juge que « l'exercice du droit de grève ne doit pas entraver l'activité ordinaire des services publics relevant de l'intérêt général ou préjuger les droits, traditionnels, ou de liberté, constitutionnellement garantis aux citoyens ». V. G. De VERGOTTINI, « La protection des droits sociaux fondamentaux dans l'ordre juridique italien », *in La protection des droits sociaux fondamentaux dans les États membres de l'Union européenne. Étude de droit comparé*, Bruxelles, Bruylant, 2000, p. 572.

grève, peut être règlementé par le législateur[1]. Tel est le cas tant dans le cadre de la compétence discrétionnaire qu'il tient de l'article 34 de la constitution de 1958 ou de l'article 99 de la constitution de 1990 que conformément aux pratiques constitutionnelles étrangères, africaines, européennes[2].

Le constat, aussi élémentaire soit-il, mérite d'être mutualisé. Lorsqu'une limitation législative est apportée à une liberté individuelle, généralement, les auteurs qui soutiennent la subordination des libertés collectives des travailleurs n'y voient guère d'absence d'effectivité de protection constitutionnelle sur les droits de la première génération[3] (il n'est plus nécessaire de rapprocher l'objet du constat à la précision des analyses de la hiérarchie matérielle). De la même manière, la limitation par les autorités législatives des droits constitutionnels des travailleurs et, en particulier, du droit de grève, ne doit nullement conduire à y voir de façon systématique le bénéfice d'une infra-protection constitutionnelle conférée aux droits sociaux des travailleurs sur fond de solutions de conciliations. Il est vrai, les constitutions béninoise et française ne prévoient pas expressément de telle possibilité de limites. Mais on ne peut affirmer que cette absence formelle de précision équivaut à une garantie d'exercice absolue du droit de grève et, subséquemment, à une interdiction d'adopter des règlementations législatives conciliantes, selon l'office de l'autorité parlementaire. Loin d'être relatif au seul droit de grève, le principe de participation est également concerné par le préjugé – discutable – de protection constitutionnelle médiocre entretenu par une partie de la doctrine.

Au sujet de cette dernière prérogative, les termes des reproches formulés par les auteurs varient sensiblement mais non le résultat, ceux-ci les conduisent toujours à considérer les droits sociaux des travailleurs comme des droits de second rang. L'objet de ces propos vise, en général, la catégorie des libertés collectives des travailleurs, non une spécialement[4]. C'est ainsi qu'au niveau béninois, un auteur a soutenu que

[1] Et surtout qu'en aucune manière on ne peut analyser cette réglementation comme une caution de légitimité constitutionnelle donnée au législateur pour méconnaitre ce droit fondamental puisque tout droit fondamental comporte, à n'en point douter, des limites…

[2] Ainsi que l'occasion a été offerte de le démontrer.

[3] Cons. const. n°93.325 DC 13 aout 1993, Rec. Cons. Const., p 224.

[4] Toutefois, une réserve doit être émise sur cette constatation. Car c'est davantage la juridicité et le caractère directement applicable du principe de participation qui a été

les droits sociaux – souvent invoqués par la Cour sous l'appellation de droits syndicaux – font l'objet d'une restriction excessive, dans le décor d'une marginalisation dans laquelle se trouve impliquée le principe de participation[1].

Certains auteurs français ont également fait écho à ces critiques sur l'alinéa 8. L'objectif dissimulé par la contestation doctrinale s'aperçoit avec facilité. En effet, un prétexte de faible protection constitutionnelle dont bénéficierait entre autres le principe de participation était nécessaire à la doctrine pour conforter sa théorie de classification des droits fondamentaux, lui permettant de reléguer les libertés collectives des travailleurs au rang de droits subalternes[2]. La solution de conciliations a pu servir contre le droit de grève. Pourquoi pas l'article 34 contre la juridicité et l'applicabilité directe du huitième alinéa du préambule ?

Dès la fin des années 1970, le professeur DEBÈNE avait soutenu que l'article 34 de la constitution de 1958, berceau de la réserve de compétence législative, est utilisé par les juges dans le seul but de tenir en échec les règles de fond du principe de participation[3]. Cette réflexion

---

sujet à caution dans les premières contestations doctrinales se rapportant aux libertés collectives des travailleurs. Au demeurant, c'est ce qui conduisit le doyen G. BURDEAU dans son *Traité de science politique* (Paris, LGDJ, 1950, t. 3 p. 128) à distinguer parmi les prérogatives énoncées par le préambule de 1946, d'un côté les « règles de droit positif » directement applicables et susceptibles d'être invoquées devant les juges ordinaires, de l'autre, les « dispositions programmes » nécessitant une *interposition legislatoris*. C'est dans ce registre que l'alinéa 8 était considéré comme un « principe programmatique », « une simple directive à l'usage du législateur » (Concl. BERTRAND sur CE, ASS., 28 juin 1974, Fédération nationale des syndicats de services de santé et service sociaux de la CFDT, RDSS1974. 699), ou encore comme un « objectif à atteindre auquel les constituants ont réaffirmé leur attachement »...
Par conséquent, à n'en point douter, cette problématique de contestation doctrinale de l'effectivité de la protection constitutionnelle des libertés collectives des travailleurs est particulièrement relative au principe de participation, même si l'on a vu précédemment qu'elle s'est également élevée autour du droit de grève et que dans nos développements précédents l'occasion nous a été offerte de préciser les difficultés relatives à la reconnaissance de la liberté syndicale négative.

[1] Pour des raisons déjà expliquées en détail.

[2] Du reste, dans nos développements antérieurs, Mme GAY avait pu souligner ce dessein (parfois masqué mais toujours certain) de cette partie de la doctrine, considérant les droits sociaux des personnes comme des droits-créances moins bien protégés par les juges constitutionnels que les autres libertés fondamentales de la première génération.

[3] « Le Conseil constitutionnel et les principes particulièrement nécessaire à notre temps », *AJDA*, 1978, p. 531.

de l'auteur, il faut le remarquer, fait référence à la Décision *Emploi des jeunes* dans laquelle figurait un *considérant* se rapportant à son analyse. Or il ressort à la relecture[1] de cette décision que les juges s'étaient contentés de dégager des effets positifs du principe de participation, comme ils le font pour tous les droits fondamentaux. La restriction du champ d'application de l'aliéna 8, rendue possible par la grande marge de manœuvre laissée au législateur, ne peut justifier en tant que telle une faiblesse de protection constitutionnelle.

1. Retour à un considérant ambigu

567. Il a été jugé dans la décision du 5 juillet 1977 que « si le préambule de la constitution du 27 octobre 1946 (...) dispose en son huitième alinéa que "tout travailleur participe par l'intermédiaire de ses délégués à la détermination collective des conditions de travail ainsi qu'à la gestion des entreprises", l'article 34 de la constitution de 1958 range dans le domaine de la loi la détermination des principes fondamentaux du droit du travail et du droit syndical ; qu'ainsi, c'est au législateur qu'il revient de déterminer, dans le respect des principes qui sont énoncés au huitième alinéa du préambule, les conditions de leur mise en œuvre »[2].

Cette décision, habilitant le législateur à organiser le régime juridique du principe de participation pouvait-elle s'analyser comme un aval, destiné à tolérer les atteintes législatives contre l'alinéa 8 du préambule ? Ne s'agissait-il pas pour le juge constitutionnel de reconnaître au législateur la possibilité d'intervenir en vue de rendre le principe de participation plus effectif ? Une hypothétique faiblesse de la protection constitutionnelle de ce principe peut-elle en résulter ? D'un bref rappel des notions essentielles des *obligations positives en matière des droits fondamentaux* à une comparaison entre les interventions des législateurs béninois et français de même que celle de leurs homologues étrangers sur l'objet du principe de participation, tous invitent à répondre par l'affirmative. Les enseignements (complexes) relatifs aux *obligations positives en matière des droits fondamentaux,* sont trop largement extérieurs au cadre de cette analyse pour que longuement on s'y attarde.

---

[1] Soulignée par Mme OGIER-BERNAUD.
[2] Décision 77-79 DC *Emploi des jeunes* du 5 juillet 1977, précitée, considérant 3

Il suffira de renvoyer à une étude d'ensemble[1]. Il est pourtant nécessaire de revenir sur quelques uns de ces enseignements, pour comprendre le considérant ambigu de 1977.

Comme il fut précisé, la Première et la Seconde Guerre mondiale ont constitué un tournant majeur à partir duquel les conceptions individualistes des États libéraux connurent, en substance, une certaine coloration[2]. La création – en 1919 – de la SDN coïncide avec la fin de la Grande Guerre ; aussi, la consécration normative des libertés collectives des travailleurs dans le préambule de 1946 fit suite aux nécessités impérieuses qui ont découlé de la fin des douloureux évènements du début des années 1940. Dès le milieu des années 1940, l'État s'est trouvé dans l'obligation d'intervenir positivement afin de répondre aux attentes des citoyens et des personnes. Dès lors, a fait son chemin, l'idée selon laquelle la jouissance effective d'un droit n'est plus seulement garantie par l'abstention totale des pouvoirs publics mais, surtout, par leur intervention positive, en partie, des autorités normatives législatives : partir de cet instant, l'intervention du législateur – pour règlementer un droit constitutionnel – cesse d'être perçue de façon systématique comme une entrave à son effectivité, mais en tant que condition prépondérante à son accomplissement. Dorénavant, « la reconnaissance d'une liberté implique que lui soient fournis les moyens de devenir effective »[3].

La nécessité de la mise en place des instruments législatifs (qui permettent l'accomplissement des droits) est valable pour toutes les prérogatives humaines : l'intervention positive du législateur pour rendre effectives les libertés constitutionnelles, s'applique tant aux droits civils et politiques qu'aux libertés sociales des travailleurs. M. le professeur BREILLAT l'explique avec minutie, quand il démontre que le législateur peut intervenir pour règlementer le principe de participation comme il le fait pour la liberté d'expression, rangée dans la catégorie des libertés de l'esprit[4]. Sans l'aide directe[5] et indirecte[1] des pouvoirs publics à

---

[1] L. SASSO, *Les obligations positives en matière des droits fondamentaux*, Thèse, Caen, 1999.

[2] *Cf. infra*. n° 382 s.

[3] Ph. BRAUD, *La notion de liberté publique en droit français*, Paris, LGDJ, Bibliothèque de droit public, 1968, p. 119.

[4] D. BREILLAT, « Les libertés de l'esprit », in *Le grand oral : Protection des libertés et droits fondamentaux*, *op. cit.*, p. 221.

[5] Ibid., p. 294

l'entreprise de la presse[2], sans la mise en place de différentes lois destinées à la règlementer et à l'aménager[3], la liberté d'expression autant que la liberté de la presse et le droit à l'information resteront, selon les analyses de l'auteur, une « incertitude »[4]. Mais ce rappel de la portée des *obligations positives en matière de droits fondamentaux* n'est pas le seul élément qui met en évidence le caractère discutable des reproches relatifs à la décision de 1977.

2. L'effectivité de la protection constitutionnelle du principe de participation

568. La problématique de l'intervention positive du législateur soulevée par la décision *Emplois des jeunes* a également été reçue par les juridictions constitutionnelles étrangères. On la trouve dans la jurisprudence de la Cour constitutionnelle allemande. Alors que celle-ci était saisie d'une requête tendant à préciser la teneur de l'obligation faite au législateur d'adopter des mesures nécessaires à l'exercice effectif de la liberté syndicale, elle affirme que l'obligation qu'elle fait peser sur le législateur est double : la Cour a jugé « que plus encore que la liberté d'association garantie à l'article 9 alinéa 1 de la Loi fondamentale, la liberté syndicale nécessite dès le départ un aménagement législatif. Celui-ci ne consiste pas seulement dans la création des institutions juridiques et des complexes de normes qui sont nécessaires pour que la liberté garantie puisse être exercée. L'importance et le nombre des questions concernées par l'activité des syndicats, notamment dans le domaine de l'ordre économique et social, rendent nécessaires des réglementations législatives variées qui puissent également fixer des limites à la liberté syndicale »[5].

La double obligation mise en exergue par cette décision constitutionnelle allemande à la charge du législateur se comprend aisément. La première est la possibilité constitutionnellement laissée au

---

[1] Ibid., p. 295.
[2] Ibid., p. 287.
[3] Ibid., p. 276.
[4] Ibid., p. 273.
[5] BverfGE 50, 290, Participation, 1er mars 1979, citée par D. CAPITANT, *op. cit.,* p. 235.

législateur de limiter le principe de participation ; précisément, elle consiste en la faculté de le concilier avec d'autres principes et prérogatives de même valeur constitutionnelle, sous la réserve de la limite se rapportant au noyau intangible ou au contenu essentiel du droit. La seconde consiste à intervenir pour aménager le principe de participation, comme il le peut pour tout autre droit constitutionnel, afin de le rendre plus effectif notamment, au travers de la mise en place des institutions juridiques et des complexes de normes qui faciliteront son exercice.

Aussi, dès la même époque et souvent dans les mêmes écrits, la frange doctrinale ayant prétendu la faiblesse constitutionnelle de la protection du principe de participation, a également soutenu que l'exercice de la réserve de compétence législative serait élargi en ce qui concerne le principe de participation et restreint lorsqu'il s'agit de la liberté syndicale et du droit de grève. De la sorte, il était reproché au législateur d'intervenir plus régulièrement pour règlementer – et restreindre – le principe de participation qu'il ne le faisait pour les autres droits fondamentaux des personnes. Or à travers l'évolution de sa jurisprudence, le juge constitutionnel a prouvé le contraire, permettant au législateur de s'appuyer sur le huitième alinéa du préambule pour renvoyer l'adoption de certains actes d'exécution de lois aux partenaires sociaux. La décision *Négociation collective* de 1996 en est l'illustration parfaite[1].

569. Que reste-t-il donc de la présupposée faiblesse constitutionnelle de protection des libertés collectives des travailleurs ? Que reste-t-il de la théorie de la classification des droits fondamentaux des personnes, des composants de la hiérarchie formelle, de la hiérarchie matérielle, qui subordonnent les libertés collectives des travailleurs aux droits dits de la première génération ? Si ce n'est ce que M. le professeur ROUSSEAU nomma une conception philosophique et personnelle ne devant pas, en principe, s'immiscer dans l'espace scrupuleux du droit objectif, encore moins dans le domaine des droits constitutionnels, épine dorsale du droit positif et plus généralement du Droit.

[1] Décision 96-383 DC, préc., considérant 9.

Certainement, au-delà des critiques doctrinales, au-delà des propos quelque peu véhéments de M. AÏVO, du professeur DEBÈNE et, de bien d'autres la protection effective des libertés collectives des travailleurs a été et reste encore une nécessité pour le juge constitutionnel béninois et français. Dans le prisme de l'analyse comparative, l'étude du régime de la réserve de compétence législative a permis, en priorité, de relativiser les contestations doctrinales qui naissent autour de la protection constitutionnelle. Mais il n'est assurément pas possible d'inscrire la critique de la contestation doctrinale dans une compétition de principe.

SECTION II : UNE PROTECTION CONSTITUTIONNELLE À RENFORCER

La manœuvre, on le sait, peut conduire à perdre de vue la finalité : hormis l'hypothèse du mélange de genres sur l'activité jurisprudentielle des sages, le procédé qui consiste (parfois seulement) à fantasmer une infra-protection constitutionnelle des droits à caractère sociaux – pour ensuite légitimer une subordination des libertés collectives des travailleurs à d'autres droits fondamentaux – ne peut être ni particulièrement admis, ni particulièrement satisfaisant. Certaines études doctrinales qui ont cherché – puis trouvé – caution dans les décisions constitutionnelles en vue d'un tel objectif ne pouvaient donc que provoquer le scepticisme. Mais il serait inexact de soutenir que les droits à facture sociale (en particulier les libertés collectives des travailleurs) ne souffriraient pas d'une différence de traitement par rapport aux libertés individuelles ; s'il est indispensable de ne pas céder à la ritournelle de l'échec ni de se laisser happer par un quelconque artifice, il est également nécessaire de ne pas faire preuve d'angélisme primaire. Loin d'être dans son état actuel convenable et rassurant, le blason de la protection constitutionnelle des libertés collectives des travailleurs mérite d'être redoré. Il importe de renforcer les outils constitutionnels de protection des libertés collectives des travailleurs, afin de se rapprocher davantage de l'effectivité qui demeure encore aujourd'hui, du point de vue des difficultés d'accès, un objectif, hélas, à atteindre[1]. Les défauts présentés

[1] Au grand dam de M. professeur SUPIOT, ainsi qu'il a déjà été donné d'en faire part, dans les analyses antérieures. Mais ce ressentiment ne provient nullement de lui seul, tant s'en faut.

par le système constitutionnel de garantie des droits sociaux des travailleurs diffèrent selon les dispositions constitutionnelles françaises ou béninoises. Il est indispensable de les envisager séparément. De fait, la nécessité de renforcer la protection constitutionnelle française des libertés collectives des travailleurs sera d'abord abordée, avant de traiter de celle béninoise.

I. NÉCESSITÉ DE RENFORCER LA PROTECTION CONSTITUTIONNELLE FRANÇAISE DES LIBERTÉS COLLECTIVES DES TRAVAILLEURS

570.À vrai dire, les reproches doctrinaux relatifs à la faible protection des libertés collectives des travailleurs n'étaient pas infondés : mis à part le dessein poursuivi et le fait que les tenants de la doctrine se soient trompés dans l'identification des acteurs il existait bien, dès la période de la libération[1], des éléments laissant penser que les libertés collectives des travailleurs jouissent d'une protection médiocre[2] ; la problématique du contrôle de constitutionnalité pratiqué sur le fondement des alinéas 6, 7 et 8 du préambule de 1946 devant les juridictions ordinaires l'atteste. Même si la loi constitutionnelle du 23 juillet 2008 et la loi organique du 10 décembre 2009 apportent à cette interrogation une réponse significative – en tant que traduction d'une réforme essentielle et d'une avancée démocratique notoire consubstantielle à un État de droit[3] – il n'en demeure pas moins que M. le professeur DRAGO (notamment et non exclusivement) lui trouve des défauts, lesquels renouent avec l'exigence

---

[1] Mais aussi en amont, ainsi que l'ont montré les différentes analyses des auteurs relatives aux vestiges des conceptions individualistes et plus précisément aux contradictions internes à la déclaration des droits de l'homme et des libertés fondamentales de 1789, faisant une entorse majeure à l'application du principe d'égalité pour extirper les travailleurs entre autres béninois du bénéfice de ces droits.

[2] Qu'on se souvienne des termes de l'article 92 de la constitution du 27 octobre 1946, surtout, des débats ayant été engagés devant les Assemblées constituantes de 1946 se rapportant au « pseudo- contrôle de constitutionnalité » pratiqué sur les droits à envergure sociale nouvellement consacrés : *Comptes rendus analytiques de la seconde commission,* p 279, p 368.

[3] J. -C. BOUCHARD, P. FUMENIER, « De la question préjudicielle de constitutionnalité : vers une société de confiance », *Rev. dr. fisc.,* n°36, 4 septembre 2008, p. 9

soulignée par nous de renforcer la protection constitutionnelle des droits fondamentaux.

A. LA DIFFICULTÉ À PEINE SURMONTÉE DU CONTRÔLE DE CONSTITUTIONNALITÉ *A POSTERIORI*

571. Le problème posé par la question du contrôle de constitutionnalité devant les juridictions administratives et judiciaires est simple. En effet, il arrive que le juge ordinaire soit saisi d'une demande le conduisant à nécessairement apprécier un moyen fondé sur la méconnaissance ou la violation d'une liberté collective des travailleurs par un acte administratif ou règlementaire pris conformément à une loi. Dans cette configuration, la principale norme incompatible à la constitution, aux libertés collectives des travailleurs n'est autre que la disposition législative. Sauf que suivant un raisonnement juridique, solidement ancré dans son droit positif national, le juge français a pour coutume de refuser en pareil cas de s'adonner à la pratique d'un contrôle qui l'amènerait à juger directement la conformité de la disposition législative par rapport à la constitution ; la raison principale souvent invoquée à l'appui du refus étant que, la loi – même lorsqu'elle est contraire à la constitution – constitue un écran entre l'acte administratif ou règlementaire litigieux et le texte fondamental.

Ainsi, pendant longtemps, sous couvert de la théorie de la loi-écran, les juges administratifs (1) et judiciaires (2) ont rigoureusement refusé de veiller au respect des libertés collectives des travailleurs par la maîtrise des lois et règlements. Devant ces juridictions, la critique des auteurs relative à la faible protection des libertés collectives des travailleurs aurait pu emporter adhésion, n'était la confusion entretenue entre la jurisprudence du Conseil constitutionnel (d'une part) et les arrêts de la Cour de cassation et du Conseil d'État (d'autre part)[1].

---

[1] Ceci est d'autant plus vrai que, dans les analyses précédentes, on a pu faire remarquer comment les juges, dans la décision *Droit de grève à la radio et à la télévision* du 25 juillet 1979, se sont inspirés de l'arrêt *Dehaene* sans pour autant aller dans le sens des conclusions du Commissaire du gouvernement GAZIER, estimant que les dispositions des préambules et des déclarations ne constituent pas « des prescriptions juridiques de nature constitutionnelle ni même législative » devant être considérées comme des droits fondamentaux à part entière. À travers la décision de la fin des années soixante-dix, le

1. La difficulté du contrôle de constitutionnalité devant le juge administratif

572.À ce niveau d'analyse, la comparaison entre les libertés collectives des travailleurs béninois et français s'enrichit d'un nouveau point de friction : devant les ordres juridictionnels administratif comme judiciaire, il faut souligner que, la question du contrôle de constitutionnalité – souvent secondée par un autre problème, relatif à *l'accès direct des citoyens au juge constitutionnel*[1] –, reçoit une réponse nettement différente selon qu'elle soit apportée par le droit positif béninois[2] ou français[3].

Dans le droit interne béninois, le contrôle de constitutionnalité des lois n'est pas seulement – ni exclusivement – concentré *a priori*, il peut également se pratiquer dans la phase législative postérieure, après promulgation de la loi[4] : les modalités du débat ayant entouré l'adoption de la constitution béninoise de 1990 n'exclut pas la possibilité de contrôler la constitutionnalité d'une disposition législative au stade de son application, à plus forte raison quand on sait que c'est à ce moment que s'observent davantage les limites voire les lacunes de la loi[5] ; la

---

Conseil constitutionnel avait saisi l'occasion pour affirmer la primauté du droit de grève et l'impossibilité pour le président d'une chaîne de radio et de télévision de déterminer les modalités de son exercice.

[1] G. VEDEL, « L'accès des citoyens au juge constitutionnel. La porte étroite » *Vie jud.* 11-17 mars 1991, p. 1, 13 et 14.

[2] F. J. AÏVO, *Le juge constitutionnel et l'état de droit en Afrique, l'exemple du modèle béninois, op. cit.*, p. 171 s.

[3] Ph. TERNEYRE, « Le Conseil d'État et la valeur juridique des droits sociaux proclamés par le préambule de la constitution du 27 octobre 1946 », *Rev. fr. dr. constit.*, 1991, p. 317.

[4] Cf. Les articles 120, 121 et 122 de la constitution de 1990.

[5] « Après la promulgation des lois, la Cour constitutionnelle béninoise peut être saisie par tous citoyens sur leur constitutionnalité, soit par voie d'action, soit par voie d'exception d'inconstitutionnalité (article 122 de la constitution et 24 de la Loi organique). Une particularité de la constitution béninoise révélatrice de l'étendue des pouvoirs de la Cour constitutionnelle, est la saisine d'office ou l'auto saisine. Selon les articles 121 alinéa 2 de la constitution, 22 et 23 de la Loi organique, la Cour constitutionnelle se prononce d'office sur la constitutionnalité des lois et de tout texte règlementaire sans porter atteinte aux droits fondamentaux de la personne humaine et aux libertés publiques », C. D. OUINSOU, *Le contrôle de constitutionnalité au Bénin,*

saisine d'office du juge constitutionnel par n'importe quel citoyen béninois, sur le fondement d'un texte législatif jugé inconstitutionnel (parce que violant par exemple une liberté collective des travailleurs), représente un acquis fondamental de longue date, que les différents acteurs du constitutionnalisme africain s'accordent à féliciter, à tel point qu'un auteur[1] a pu considérer ce mode de fonctionnement local comme une leçon donnée par la constitution béninoise au droit constitutionnel français. Ce dernier reste toujours septique quant à l'admission d'une telle pratique, non seulement d'accès direct des citoyens au juge constitutionnel mais, aussi, d'exercice d'un contrôle de constitutionnalité sans fard, c'est-à-dire non souterrain, masqué ou dissimulé, comme le font remarquer un certain nombre d'auteurs[2] ; l'observation de la vie juridique française montre que, le juge administratif, a souvent manifesté une réticence – n'était plus nettement une opposition – toutes les fois qu'il lui a été demandé de procéder à la vérification de la constitutionnalité d'une loi, particulièrement dans le domaine des libertés collectives des travailleurs[3]. Le cadre administratif étant le domaine essentiel et originel – mais aussi original – dans lequel se pratique la théorie de la loi-écran[4], il est indispensable d'y analyser sa manifestation sur le fondement de chacune des libertés collectives des travailleurs.

a. La théorie de la loi écran et le principe de participation

573. Quoi de plus évident que de reconnaître au principe de participation son statut de principale victime, dans l'apparition des difficultés de protection des libertés collectives des travailleurs où, la théorie de la loi-écran, mobile invoqué au principal, prend une part

---

Acte de la deuxième réunion préparatoire au symposium de Bamako : Les institutions de la démocratie et de l'État de droit, mars 2000.

[1]F. J. AÏVO, *Le juge constitutionnel et l'état de droit en Afrique, l'exemple du modèle béninois, op. cit.*, cf. spéc. « Leçons et mérites du système béninois », p. 172.

[2] D. de BÉCHILLON, « De quelques incidences du contrôle de la conventionnalité internationale des lois par le juge ordinaire, (Malaise dans la constitution) », *RFDA*, 1998. 226, B. MATHIEU, M. VERPEAUX, *Contentieux constitutionnel des droits fondamentaux*, Paris, LGDJ, 2002, p. 740.

[3] V. B. GENEVOIS, « Le Conseil d'État n'est pas le censeur de la loi au regard de la constitution », *RFDA*, 2000.715.

[4] R. ODENT, *Contentieux administratif, Les cours de droit*, 1977, Fascicule, 1, p. 232.

considérable. En effet, s'agissant de sa juridicité et de son caractère directement applicable, le huitième alinéa du préambule a toujours fait l'objet davantage de polémique que les autres droits sociaux des travailleurs.

La théorie de la loi-écran qui, d'ordinaire, permet au juge d'affirmer « qu'il n'a pas de compétence pour porter de jugement sur la régularité juridique d'une loi au regard de la constitution »[1], a servi à affaiblir la protection constitutionnelle du huitième alinéa du préambule de 1946. Non à partir de l'initiative du juge constitutionnel, et ceci constitue l'une des limites des contestations doctrinales quant à la faible protection constitutionnelle du principe, mais selon la pratique et le mode de fonctionnement des juges administratifs. Sur son fondement, et en méconnaissance patente du principe de la hiérarchie des normes[2], le juge administratif a toujours estimé que « censurer l'acte administratif serait, en effet, implicitement mais certainement censurer la loi dont il procède ou tout au moins dénoncer l'inconstitutionnalité de cette loi »[3].

Cette théorie qui s'applique aux libertés collectives des travailleurs en général, reçoit application lorsqu'il s'agit du principe de participation des travailleurs. L'arrêt *Sieur Leseur et autres* de 1961, dans lequel les requérants demandaient au Conseil d'État d'examiner un moyen tiré directement de l'inconstitutionnalité d'un texte législatif, en offre l'illustration ; les requérants faisaient grief à l'autorité administrative de ne pas avoir consulté, en vertu du huitième alinéa du préambule, le personnel de la Sûreté Nationale dans le cadre de la prise d'une décision. Mais le juge administratif décida que le moyen tiré de la non consultation préalable des représentants du personnel est « inopérant à l'égard des décisions prises par le Gouvernement en application et (...) en conformité des dispositions de la loi du 28 septembre 1948 et de l'ordonnance du 4 février 1959, qui fixent la procédure d'élaboration des statuts particuliers sans imposer la consultation des représentants du personnel intéressés »[4]. Cette technique ô combien « discutable »[1], qui se

---

[1] R. CHAPUS, *Droit administratif général*, 13e éd., Paris, Montchrestien, Domat Droit public, t. 1, 1999, p. 31.

[2] J.-M. AUBRY, « Sur l'étude de la hiérarchie des normes en droits public. Éléments de problématique », in *Mélanges offerts à R. PELLOUX*, Paris, L'Hermès, 1980, p. 21 s.

[3] Ibid.

[4] Conseil d'État, sec., 15 février 1961, Rec., p. 115.

fonde sur une idée entièrement dominée par la règle de la séparation des pouvoirs selon laquelle, il n'est pas de l'office du juge administratif de juger de la constitutionnalité d'un texte législatif, recevait déjà application sur le droit de grève une décennie auparavant.

b. La théorie de la loi-écran et le droit de grève

574. Dans l'arrêt *Fédération nationale de l'éclairage et des forces motrices* du 10 novembre 1950[2], le Conseil d'État rejetait le recours formé contre un décret portant réquisitions des grévistes, en se fondant sur le fait que l'acte avait été pris en vertu de la loi du 11 juillet 1938 prorogée. Le raisonnement du commissaire du gouvernement AGID, sur lequel le Conseil d'État s'aligne dans cette affaire, est, symptomatique. Le juge administratif commence par affirmer que « le moyen tiré par la fédération requérante des termes du préambule de la constitution (le septième alinéa) est inopérant à l'égard d'un acte pris par le gouvernement en application des dispositions d'une loi en vigueur »[3] ; il allait conclure par la suite en ces termes : « le décret du 8 mars 1950 portant réquisition de l'ensemble du personnel des entreprises et exploitations électriques et gazières n'est donc pas entaché d'excès de pouvoir »[4].

En se prononçant de la sorte, le Conseil d'État allait se positionner – sans discernement – derrière le commissaire du gouvernement qui, dans ses conclusions, estimait « qu'entre le préambule de la constitution que l'on invoque devant vous et l'acte règlementaire s'interpose, *comme un écran*, la loi du 11 juillet 1938 »[5] ; d'où « la seule question de constitutionnalité qui pourrait se poser concerne non pas le décret mais la loi elle-même »[6] ; « or, il n'est pas besoin de vous rappeler une fois de plus que la recherche de la constitutionnalité des lois n'est pas de votre

---

[1] On emprunte cette expression aux MM. les professeurs VERPEAUX et MATHIEU pour qui la théorie de la loi écran ne convaincrait pas lorsqu'il s'agit de protéger les droits fondamentaux, les libertés collectives des travailleurs.
[2] *JCP* éd. G, 1951, J., 6075.
[3] Ibid.
[4] Ibid.
[5] Ibid.
[6] Ibid.

compétence »[1] ; même si, et c'est l'élément que l'on veut faire ressortir de l'analyse, « vous êtes en présence, avec la mesure attaquée, d'un acte qui, en lui-même, porte une atteinte grave et directe à l'une des plus fondamentales libertés publiques, celle qui consiste, pour l'individu, à pouvoir librement disposer de sa personne...le droit de grève »[2].

Les limites inhérentes à la théorie de la loi-écran atteignent son paroxysme dans l'arrêt *Fédération nationale de l'éclairage et des forces motrices*[3] surtout, lorsque le commissaire du gouvernement ajouta dans sa conclusion – telle une signature – pour parapher l'artifice, que : « certes, au regard de votre contrôle de la légalité, la constitution elle-même peut utilement être invoquée, au même titre qu'une loi. On pourrait donc imaginer des cas où il y aurait conflit entre deux dispositions contradictoires de tels textes : il faudrait alors faire un effort d'interprétation »[4].

Comment peut-on mieux saisir la nature même de l'incompatibilité consubstantielle à la théorie de la loi-écran à partir d'une démonstration différente de celle à laquelle s'était livré le commissaire du gouvernement AGID ? À la vérité, il est difficile de faire davantage, tant l'argumentation se suffit à elle-même pour s'empêtrer. Notons simplement qu'il est un principe matriciel[5] dans le cadre du respect de la hiérarchie des normes qui s'impose à tout juge : le conflit entre une disposition de valeur constitutionnelle et, un texte de nature législative doit se résoudre sur le terrain de la suprématie de la première par rapport à la seconde ; en aucun cas, le juge ne peut procéder autrement, il ne peut faire un quelconque effort d'interprétation pour prétendre le contraire[6],

---

[1] Ibid.
[2] Ibid.
[3] « Discutable » comme il n'est plus besoin de le préciser tant des auteurs différents des uns des autres comme F. GÉNY et M. DUVERGER l'on déjà magistralement fait. Cf. respectivement, « de l'inconstitutionnalité des lois ou des autres actes de l'autorité publique et des sanctions qu'elle comporte dans le droit nouveau de la Quatrième République française », *JCP* 1947. I. 613 ; *Institutions politiques et droit constitutionnel,* t. 2, éd. 1971. 329.
[4] *JCP* éd. G, 1951, J., 6075.
[5] Selon l'expression de M. le professeur MATHIEU, dans une contribution précédemment citée.
[6] Sauf à faire une application – contestable – de règle originale de résolution des conflits de normes héritées des conceptions désuètes d'un passé « légicentrique » (X. PRÉTOT,

peu important que la disposition constitutionnelle concernée soit relative au principe de participation, au droit de grève ou à la liberté syndicale.

c. La théorie de la loi-écran et la liberté syndicale

575. De prime abord, on pourrait penser la liberté syndicale des travailleurs moins concernée par le problème de la théorie de la loi-écran, tant il est vrai que le principe de participation et le droit de grève ont très tôt souffert de cette pratique devant les juges ordinaires[1]. Mais la réalité est plus nuancée. De façon constante, dans sa jurisprudence, ainsi que le montrent deux plus récents arrêts du Conseil d'État, au même titre que les précédentes libertés collectives, la liberté syndicale avait également pâti de la théorie de l'écran législatif dont l'effet principal est d'empêcher le juge d'opérer une confrontation directe du texte législatif à la constitution.

Le premier est *l'arrêt Syndicat national des contractuels de France Telecom SNC-CGC* du 12 octobre 2005. Le personnel syndical des agents contractuels de France Telecom avait demandé au juge administratif d'annuler, pour excès de pouvoir, un décret relatif aux délégués du personnel, au comité d'entreprise et aux délégués syndicaux de la société. Mais comme celui-ci était pris en application des dispositions [...] de la loi du 2 juillet 1990, le juge allait indirectement se trouver confronté à un contrôle de constitutionnalité de la loi celle-ci, en définitive faisant écran entre l'acte règlementaire et l'alinéa 6 du préambule. La réponse des hauts magistrats fut expéditive : le moyen tiré de ce que les articles 2 et 3 du décret attaqué seraient contraires au préambule de la constitution du 27 octobre 1946, tend nécessairement à faire apprécier par le juge administratif la constitutionnalité de l'article 29-I de la loi du 2 juillet 1990 ; or un tel moyen n'est pas au nombre de ceux qui peuvent être utilement invoqués devant le juge de l'excès de pouvoir.

« Les bases constitutionnelles de la négociation collective », TPS, 1997, p. 6.) que l'on estimait résolu *a priori*, même à cette époque du début des années cinquante.

[1] Les dates respectives des tous premiers arrêts relatifs à la théorie de l'écran législatif illustrant parfaitement le phénomène.

Le second est l'arrêt *Ministre des Affaires sociales, du travail et de la Solidarité c. Syndical national des huissiers de justice* du 16 décembre 2005[1]. Le reproche fait par les requérants concernait principalement une ordonnance du 2 novembre 2005, qui interdisait aux huissiers de justice de se constituer en syndicat et réservait à la chambre nationale des huissiers de justice l'exercice de ces droits syndicaux, dont la liberté de conclure des conventions collectives[2]. Plus exactement, il s'agissait d'une décision ministérielle du 5 juillet 2000 venant reconnaître le syndicat national des huissiers de justice comme représentatif pour participer à la négociation d'une convention collective nationale au nom du personnel, en méconnaissance *a priori* de l'ordonnance de 1945. Formant un recours pour excès de pouvoir contre la décision ministérielle, la chambre nationale des huissiers de justice obtint dans un premier temps gain de cause devant le tribunal administratif et la Cour administrative d'appel. Mais le ministre des affaires sociales et le syndicat national des huissiers de justice demandent au Conseil d'État d'annuler l'arrêt d'appel[3].

Si la Haute juridiction administrative a fait droit à la demande du ministre et de l'organisation syndicale (déclarant que l'ordonnance de 1945 est incompatible avec le principe constitutionnel de la liberté syndicale), elle n'a pas moins pris soin d'apporter certaines précisions notoires, ce sont elles qui nous intéressent en l'espèce. En effet, dans son arrêt du 16 décembre 2005, le Conseil d'État a jugé que l'ordonnance du 2 novembre 1945 qui interdit aux organisations constituées entre huissiers de justice d'exercer aucune attribution en matière de négociation collective est incompatible avec les dispositions du sixième alinéa du préambule de la constitution du 27 octobre 1946. Cependant, ajoute-t-il qu'il n'appartient pas au juge administratif d'apprécier la conformité d'un texte législatif aux dispositions constitutionnelles en vigueur à la date de sa promulgation.

---

[1] N°259584, *RFDA* 2006, 43.

[2] Le rapprochement entre les prescriptions de l'Ordonnance du 2 novembre 2005 et les dispositions des lois du 26 février 1986 et du 20 aout 1997 ne peut assurément manquer de venir à l'esprit.

[3] V. BERNAUD, « Les droits constitutionnels des travailleurs au cœur du contrôle de constitutionnalité du Conseil de l'État ; De l'arrêt *Dehanene* à l'arrêt *Syndicat National des Huissiers de Justice…* », in *Mélanges en l'honneur de Louis FAVOREU,* Dalloz, 2007, p. 1487 s.

Il était en effet particulièrement intéressant sur la liberté syndicale de recourir à des arrêts plus récents pour faire ressortir les nouvelles évolutions obtenues sur la question. Mais avant de les approfondir (pour la cohérence du développement), il convient d'invoquer également la pratique de l'écran législatif dans la jurisprudence judiciaire se rapportant aux libertés collectives des travailleurs.

2. La difficulté de la pratique du contrôle de constitutionnalité devant le juge judiciaire.

576.« L'impuissance des tribunaux ordinaires devant une loi que le Parlement adopterait en violation de la constitution ne devrait pas les désarmer à l'égard d'une loi antérieure à celle-ci, votée sous l'empire d'une constitution qui n'est plus en vigueur. Puisqu'il considère qu'une loi est implicitement abrogée par une loi postérieure dans ces dispositions inconciliables avec la nouvelle législation, le juge judiciaire doit admettre, même s'il place en fait la constitution au rang législatif dans la hiérarchie des normes, qu'elle abroge automatiquement les lois contraires promulguées avant son entrée en vigueur. Pourtant, le sens traditionnel de son obéissance à la volonté des représentants de la souveraineté nationale peut le conduire à refuser de tenir une loi pour abrogée par une constitution, en particulier lorsque l'origine parlementaire de cette dernière est aussi restreinte que celle de la constitution de 1958. Il s'efforce alors d'affirmer le maintien en vigueur de la loi malgré la disposition constitutionnelle »[1].

Il serait en effet possible de nous objecter que les propos de l'auteur auquel nous faisons allusions n'ont plus droit de cité dans la jurisprudence judiciaire, ceux-ci datant des années soixante-dix et étant probablement obsolètes : selon la Cour de cassation, les tribunaux doivent appliquer la loi sans pouvoir écarter certaines dispositions en raison de leur prétendue contrariété à des principes de caractère constitutionnel et en particulier aux dispositions de la déclaration des droits de l'homme et du citoyen du 26 aout 1789 ou à celles du

---

[1] G. DRUESNE, « La jurisprudence constitutionnelle des tribunaux judiciaires sous la Ve République », *Rev. dr. pub.*, 1974, p. 199.

préambule de la constitution de 1946 auxquelles le préambule de la constitution du 4 octobre 1958 s'est borné à renvoyer[1].

Plus récemment encore, on a fait remarquer que : « le principe, en France, est que le juge judiciaire, comme le juge administratif, n'est pas le juge de la constitutionnalité des lois » [2] ; au nom du principe de la *séparation des pouvoirs* – surtout des réflexes légicentriques laissés par les pratiques du régime Parlementaire de la IIIe République – le juge ordinaire se refuse de tenir la loi en échec pour ne pas être directement amené à prononcer sa censure, y compris dans le cas où son contenu serait contraire aux prescriptions et prérogatives de l'ordre constitutionnel. L'idée alors répandue serait que seul le Conseil est pourvu du pouvoir de contrôler la constitutionnalité des lois, la Cour de cassation, comme le Conseil d'État devant se conformer en ce domaine à la théorie de la loi-écran. Ce raisonnement juridique classique, solidement ancré dans le droit positif français, par nature hostile à la pratique du contrôle de constitutionnalité des lois (déjà promulguées, y compris celles inconciliables avec le respect des libertés collectives des travailleurs), subsiste encore de nos jours[3].

Au vu de tous ces éléments, il est évident que les reproches de faible protection des libertés collectives des travailleurs faits par une partie de la doctrine ne pouvaient que s'adresser à la jurisprudence de la Cour de cassation et du Conseil d'État, non à l'œuvre nettement distinguée et différentiée du Conseil, plutôt située dans une posture d'affinement et d'affermissement de ces droits. D'ailleurs, curieusement, en se démarquant par son audace de la pratique administrative et judiciaire de l'écran législatif, le Conseil n'avait-il pas accepté dès 1985, de façon purement prétorienne, de contrôler la conformité d'une loi déjà promulguée à la constitution à l'occasion de l'examen de dispositions

---

[1] Cass. 1ère civ., 1er oct. 1986, n°84-17.090. – respectivement, J.- L. MESTRE, *La Cour de cassation et le contrôle de constitutionnalité. Données historiques* : Presses universitaires d'Aix – Marseille, 1995, p. 69. – M. JÉOL, « Les techniques de substitution », in *La Cour de cassation et la Constitution de la République* : Presses universitaires d'Aix-Marseille, 1995, p. 35 et 69.

[2] R. de GOUTTES, « L'application de la constitution par la Cour de cassation : aspects généraux et perspectives de droit civil », *in L'application de la constitution par les Cours suprêmes,* Dalloz, p. 59.

[3] J. BONNET, *Le juge ordinaire français et le contrôle de constitutionnalité des lois : analyse critique d'un refus,* Dalloz, 2009, p. 716.

législatives qui la modifient, la complètent ou affectent son domaine[1] ? N'a-t-il pas procédé de la sorte alors que, comme chacun sait, à cette époque, et encore aujourd'hui, l'exercice d'un tel contrôle de constitutionnalité *a posteriori* des lois était théoriquement inadmissible dans l'ordre interne ? À l'appui des considérations invoquées on se demande si, l'hypothèse de la faible protection des libertés collectives des travailleurs ne se serait pas seulement trompée de destinataire, puisque l'on sait le postulat d'une frange de doctrine qui cherche dans l'œuvre du juge constitutionnel à forger un asile aux fins de fragiliser les droits sociaux. Toutefois, l'actualité juridique – riche aussi bien d'un point de vue quantitatif que qualitatif relative au problème de l'écran législatif – commande de revenir sur un certain nombre d'améliorations récemment apportées par les pouvoirs publics.

B. LA *RÉFORME ESSENTIELLE* DE LA LOI DU 23 JUILLET 2008

577. Le Parlement, par le biais de la loi constitutionnelle qui fait suite aux conclusions du Comité de réflexion sur la modernisation des institutions de la Ve République, a adopté une mesure qui permettra au citoyen, dans le cadre du litige qu'il initie devant les tribunaux, d'interroger le Conseil pour savoir si la loi qui va lui être appliquée est respectueuse de la constitution. Cette évolution, qualifiée de *réforme essentielle,* fait du citoyen un acteur pivot du fonctionnement des institutions par la possibilité qu'elle lui offre d'invoquer la garantie de la Loi fondamentale contre celle ordinaire qui viendra la violer. Il s'agit d'un nouveau droit conféré au citoyen qui, sans doute, révolutionnera l'histoire de la culture politique et juridique des contentieux législatifs d'inconstitutionnalité[2].

578. Si l'on l'observe de plus près, on remarque qu'au delà de sa portée nouvelle la loi du 23 juillet 2008 s'apparente davantage comme un écho aux propos évocateurs du professeur SEILLER, qui estimait, un an

[1] Cons. const., déc. n° 85-187 DC, 25 janv. 1985, État d'urgence en Nouvelle-Calédonie : Rec. Cons. const. 1985, p. 43.
[2] J. -C. BOUCHARD, P. FUMENIER, « De la question préjudicielle de constitutionnalité : vers une société de confiance », *Rev. dr. fisc.,* n°36, 4 septembre 2008, p. 9.

auparavant, que, sur le plan du droit positif français, le problème de la loi-écran faisait l'objet d'« *assez d'hypocrisie* »[1]. Était-ce vrai ? En tout cas, de l'observation des différentes méthodes de fonctionnement des juges judiciaires et administratifs au constat des techniques de substitutions employées par les intéressés pour masquer de véritables contrôles de constitutionnalité des lois pratiqués, tous invitent à répondre par l'affirmative. Dans ce domaine, l'aveu de l'un des principaux[2] acteurs internes au système judiciaire est plus explicite que n'importe quel discours : « il existe deux *contrôles de substitutions* possibles : l'un le contrôle de *caducité*, que nous n'utilisons pratiquement pas, malgré les exhortions de la doctrine ; l'autre, le contrôle de *conventionnalité*, que nous employons peut-être un peu trop »[3]. Avant la loi de 2008, malgré (ou à cause de) l'incompatibilité inhérente à la théorie de la loi-écran dans la hiérarchie des normes, les juges parvenaient donc à pratiquer le contrôle de constitutionnalité des lois mais, il faut le préciser, avec beaucoup d'hypocrisie. La réforme de 2008 réalisée, il reste que les importantes améliorations (1) apportées n'ont pu empêcher les auteurs de mettre l'accent sur un certain nombre de défauts qui méritent d'être corrigés (2).

1. L'innovation importante de la loi du 23 juillet 2008

579. La loi relative à la modernisation des institutions de la Ve République est – de loin – l'innovation la plus importante, en termes de relation entre les citoyens et l'administration, notamment à travers la création du Défenseur des droits[4]. Par son biais, le citoyen peut désormais s'approprier la constitution ; elle offre au justiciable le droit de contester devant le juge administratif ou judiciaire toute norme législative

---

[1] B. SEILLER, « Assez d'hypocrisie ! », in *L'application de la constitution par les Cours suprêmes* (dir. G. DRAGO) *op. cit.*, p. 185.

[2] V. aussi : Ph. WAQUET, « Le juge social et la Convention européennes de sauvegardes des droits de l'homme et des libertés fondamentales », in *Soixantième anniversaire de la Chambre sociale de la Cour de cassation 1938-1998,* Paris, La documentation française, 2000, p. 154 s.

[3] M. JÉOL, « Les techniques de substitutions », in *La Cour de cassation et le contrôle de constitutionnalité, op. cit.*, p. 69.

[4] M. VERPEAUX, B. PLESSIX, « L'adoption de la révision constitutionnelle », *JCP A* n°31, 28 juillet 2008, act. 696.

portant « atteinte aux droits et libertés que la constitution garantit »[1]. Du reste, cette nouvelle loi est aussi accueillie comme un immense progrès qui place le citoyen au centre des institutions, qui plus est, elle apporte à ce dernier une garantie consubstantielle dont il lui appartient désormais d'user pour davantage faire vivre la Loi fondamentale[2]. Ces propos sont à vrai dire parfaitement justifiés, en vertu de la portée de cette *réforme essentielle*[3].

Toutefois, avant de faire ressortir la portée en question et de dire concrètement en quoi consiste l'innovation importante de la loi de 2008 pour les libertés collectives des travailleurs (dans le prolongement évident de la loi organique du 10 décembre 2009), il convient d'apporter une précision. Elle a trait à la distinction entre le contrôle de constitutionnalité des lois et celui des actes administratifs, qui ne sont pas à confondre devant les juges. Si le législateur français a apporté en 2008 une réponse concrète au problème posé par l'interdiction faite aux juges ordinaires de vérifier la conformité à la constitution de la loi, force est de remarquer que les magistrats – en particulier ceux de l'ordre administratif – avait initialement pris les devants s'agissant des interrogations relatives aux contrôles de constitutionnalité des actes administratifs. En effet, dans un arrêt du 19 octobre 2005[4], « pour la première fois à notre connaissance »[5], le Conseil d'État a accepté de contrôler la constitutionnalité d'un acte administratif, examinant la demande en conformité au principe de participation de la très controversée ordonnance du 2 aout 2005 pris par le gouvernement Villepin en faveur de l'emploi et aménageant les règles de décompte des effectifs dans l'entreprise.

---

[1] G. DRAGO, « Exception d'inconstitutionnalité : prolégomènes d'une pratique contentieuse », *JCP G*, n°49, 3 décembre 2008, I, 217., p. 13.

[2] J.-C. BOUCHARD, P. FUMENIER, *« De la question préjudicielle de constitutionnalité : vers une société de confiance », op. cit.*, p. 433.

[3] Notons d'ailleurs au passage que toute la richesse de cette réforme ne pourra être reproduite dans nos développements, l'analyse étant circonscrite aux libertés collectives des travailleurs et donc nécessairement et de façon arbitraire à la seule dimension prépondérante de la loi du 23 juillet 2008 s'attachant aux droits constitutionnels à caractère collectif des travailleurs.

[4] N°283892. Lebon 430.

[5] V. BERNAUD, « Les droits constitutionnels des travailleurs au cœur du contrôle de constitutionnalité du Conseil de l'État ; De l'arrêt *Dehaene* à l'arrêt *Syndicat National des Huissiers de Justice…* », *op. cit.* ibid.

580. Même si le juge avait conclu par la négative (puisqu'au final il a estimé que l'article 1er de l'ordonnance du 2 aout 2005 n'est pas pris en méconnaissance du principe de participation), cet arrêt constitue à n'en point douter une étape importante dans l'évolution de la jurisprudence administrative. En effet, le Conseil d'État avait procédé – de façon inédite – à une confrontation directe de l'ordonnance litigieuse avec l'un des alinéas du préambule de la constitution du 27 octobre 1946. Cette évolution était d'autant plus remarquable que la même juridiction avait eu l'occasion de juger que « les droits reconnus par le principe de participation s'exercent dans le cadre des lois et des règlements qui les régissent »[1]. La pratique effective du contrôle de constitutionnalité des actes administratifs par le Conseil d'État a donc précédé la loi du 23 juillet 2008.

581. Il en est autrement s'agissant des contrôles exercés sur les textes législatifs ; au terme du nouvel article 61-1 de la constitution : « *lorsque, à l'occasion d'une instance en cours devant une juridiction, il est soutenu qu'une disposition législative porte atteinte aux droits et libertés que la constitution garantit, le Conseil constitutionnel peut être saisi de cette question sur renvoi du Conseil d'État ou de la Cour de cassation qui se prononce dans un délai déterminé* ». La nouvelle procédure de contrôle de constitutionnalité de la loi promulguée, à l'initiative du justiciable s'ajoute à la procédure de contrôle *a priori* de la loi, à l'initiative des seules autorités politiques. Il s'agit là d'une innovation majeure du système de contrôle de constitutionnalité[2]. Toutefois, selon M. le professeur DRAGO, la réforme du 23 juillet 2008 qui n'est que la troisième tentative – enfin aboutie – d'instaurer dans les arsenaux juridictionnels français la procédure de contrôle *a posteriori* des lois à la constitution, comporte un certain nombre de défauts qui doivent être mis en évidence en vue d'être corrigés.

2. Les défauts de la loi du 23 juillet 2008

582. Il est vrai que deux tentatives de réforme portant sur le même objet avaient déjà été ébauchées par l'ancien président du Conseil

---

[1] CE du 9 juillet 1986, n°67176.

[2] G. DRAGO, Exception d'inconstitutionnalité : prolégomènes d'une pratique contentieuse, op. cit., p 13.

constitutionnel, M. R. BADINTER, et M. le doyen G. VEDEL, respectivement en 1990 et en 1993. Elles étaient restées, on le sait, sans succès[1]. Sur ce point, l'œuvre du modernisateur des institutions de la Ve République ne pourra paraître que comme une avancée majeure, malgré les critiques faites par nombre d'auteurs et ici reprises par nous eu égard à ses limites. Ainsi a-t-elle déjà permis de soumettre les nouvelles règles de la représentativité syndicale, issues de la loi du 20 août 2008, à l'épreuve de la question prioritaire de constitutionnalité[2]. Cette réforme a en effet le mérite d'avoir réussi une transformation dynamique des règles, là où des démarches antérieures se sont soldées par un abandon ou un échec. *L'avancée majeure* ou *l'innovation importante de loin* demeurent donc incontestablement ses qualifications principales, comme les auteurs ne s'y sont pas trompés à le faire remarquer. Pour autant, la loi constitutionnelle de juillet 2008 et la loi organique de septembre 2009 – venant affiner ses termes – ont-t-elles résolu tous les problèmes relatifs au contrôle *a posteriori* des lois à la constitution ? Ou, au contraire, pour reprendre l'expression d'un auteur, peut-on parler d'une « réforme

---

[1] Projet loi const. 30 mars 1990, n° 1203, AN, IXe législature portant révision des articles 61, 62 et 63 de la constitution et instituant un contrôle de constitutionnalité des lois par voie d'exception.- Projet loi org. 30 mars 1990, n° 1204, AN, IXe législature modifiant l'ordonnance n° 58-1067 du 7 novembre 1958 portant loi organique sur le Conseil constitutionnel. Sur ces deux projets V. B. du GRANRUT, « Faut-il accorder aux citoyens le droit de saisir le Conseil constitutionnel ? » : *RD publ.* 1990, p. 309, en annexe le texte des deux projets.- Le projet de 1993 (Projet loi const. 10 mars 1993, n° 231, AN, IXe législature) reprend une proposition faite par le Comité placé sous la présidence du doyen G. VEDEL, *Propositions pour une révision de la constitution. Rapport au président de la République, 15 févr. 1993 :* La Doc. Fr., 1993.

[2] Récemment, « trois tribunaux d'instances ont fait droit à des demandes de transmission d'une question prioritaire de constitutionnalité portant sur les nouvelles conditions de représentativité prévue par la loi du 20 août 2008 ». Il était ainsi reproché aux législateurs d'avoir porté atteinte au principe de liberté syndicale, de participation et d'égalité devant la loi, par le biais du nouveau critère d'audience de 10%, dont les prescriptions des articles L 2324-2 et L 2122-1 (en partie) constituent le prolongement : Cf. P. BONNEAU, A. COEURET, « La représentativité syndicale à l'épreuve de la question prioritaire de constitutionnalité », *SSL,* 25 mai 2010, n°1447, p. 4.

À ce propos, la réponse des hauts magistrats fut, pour le moins, sans ambages : « Les articles L 2324-2 et L 2122-1 du code du travail ne portent atteinte ni au principe de liberté syndicale ni au principe de participation ni au principe d'égalité devant la loi » ; « La loi du 20 aout 2008 à l'épreuve de la question prioritaire de constitutionnalité », *D.*, AJ, 2010, obs. B. INES. (Soc. 18 juin 2010).

manquée »[1] ? Surtout que la chose important plus que le mot, avec le nouveau droit offert par l'article 61-1 au citoyen – pour contester une disposition législative portant atteinte aux droits et libertés garantis par la constitution – s'agit-il, en réalité, d'une véritable exception d'inconstitutionnalité ou d'une simple question préjudicielle voire d'une question prioritaire de constitutionnalité ?

« Une remarque préalable s'impose, qui n'est pas que terminologique. Si cette nouvelle procédure est parfois appelée *exception d'inconstitutionnalité*, il est clair que l'article 61-1 de la constitution crée un mécanisme de question préjudicielle : question soulevée devant le juge du fond à l'occasion d'un procès, nécessaire à la solution du litige, qu'il ne peut résoudre lui-même, en devant renvoyer cette question au juge suprême dont il dépend, puis éventuellement au Conseil constitutionnel dont le pouvoir est déclaratoire autant que décisoire. La réponse donnée par ces juges suprêmes, il revient au juge du fond de résoudre le litige ayant donné lieu à question préjudicielle »[2].

« L'expression *exception d'inconstitutionnalité* aurait été exacte si ce juge avait pu lui-même répondre à la question et trancher le contentieux de constitutionnalité et si la question de constitutionnalité était une question procédurale et non de fond. Mais ce n'est pas le sens de l'article 61-1 et on ne devrait parler que de *question préjudicielle* ou de *procédure incidente de contrôle de constitutionnalité de la loi*. Le langage courant s'impose parfois au juriste et on peut penser que cette procédure sera qualifiée le plus souvent d'exception d'inconstitutionnalité pour être comprise du plus grand nombre »[3].

583. Dès lors, s'agissant de la portée réelle de la réforme de 2008 et de 2009, « la déception tient au maintien du contrôle de conventionnalité entre les mains des juges ordinaires »[4]. L'utilisation des techniques de substitutions, qui ont depuis toujours permis aux juges ordinaires de

---

[1] A. MARAIS, « L'introduction du contrôle de constitutionnalité a posteriori : une réforme espérée mais une réforme manquée ? », *Rev. des contrats,* 01/01/2009, n°1, p. 233.
[2] G. DRAGO, « Exception d'inconstitutionnalité : prolégomènes d'une pratique contentieuse », *op. cit.,* p. 14.
[3] G. DRAGO, « Exception d'inconstitutionnalité : prolégomènes d'une pratique contentieuse », *op. cit.,* ibid.
[4] A. MARAIS, « L'introduction du contrôle de constitutionnalité a posteriori : une réforme espérée mais une réforme manquée ? », *op. cit.,* p. 236.

masquer leur réel contrôle de constitutionnalité des textes législatifs, n'est donc pas menacée de disparaître dans la jurisprudence administrative et judiciaire[1]. Incontestablement, cette insuffisance normative que M. le professeur DRAGO considère comme étant un « défaut intrinsèque » à la loi du 23 juillet 2008 sur la modernisation des institutions de la Ve République, mérite d'être corrigée.

584. Pour ce faire, il faudra tenir compte de la nécessité de renforcer les instruments constitutionnels de protection des libertés collectives des travailleurs afin que, sous réserve des avancées des lois de 2008 et 2009, *« la France...* cesse *de rester l'un des rares États dans lequel les particuliers victimes d'une violation de leurs droits constitutionnels ne peuvent saisir la juridiction constitutionnelle pour faire constater et cesser ce fait »*[2]. Il faudra introduire dans les normes constitutionnelles

---

[1] Il est d'ailleurs patent de voir la manière dont les pouvoirs publics en ont pris conscience. Puisque « la loi organique n°2009-1523 du 10 décembre 2009 précise les modalités d'applications du nouveau dispositif, qui vient d'entrer en vigueur le 1er mars 2010, en qualifiant la question de "prioritaire", là où la doctrine évoquait jusqu'alors la notion de "question préjudicielle de constitutionnalité". Cette terminologie signifie que lorsqu'une juridiction est saisie de moyens contestant la conformité des dispositions législatives aux droits et libertés garantis par la constitution française, d'une part, et aux droits et libertés garantis par le droit international et européen, d'autre part, le juge doit traiter prioritairement la question de constitutionnalité. Prenant acte des recommandations du rapport de la commission Balladur, le législateur organique fait ainsi primer le "rapport de constitutionnalité" sur le "rapport de conventionnalité". Désormais, les droits et libertés bénéficient d'un degré de protection supérieure aux normes d'origine externe » ; Ph. BLACHÈR, « La question prioritaire de constitutionnalité en question... », *LPA,* 18 mars 2008 2010, n°55, p. 3.
Alors serait-on tenté de se demander si, toute proportion gardée, la loi organique du 10 décembre 2009 ne lèse pas les principes directeurs de la hiérarchie des normes ? N'est-ce d'ailleurs pas pour ce faire que « la question de la conformité au droit de l'Union de la loi organique du 10 décembre 2009, en ce qu'elle impose aux juridictions de se prononcer par priorité sur la transmission, au Conseil constitutionnel, de la question prioritaire de la Constitutionnalité, [a été] posée, à titre préjudiciel, à la Cour de justice de l'Union européenne » ? : D. ROUSSEAU, « La QPC se cherche ! », *Gaz. du Pal.,* 18 mai 2010, n°138, p. 13 s.
Il n'en demeure pas moins que, s'agissant des *techniques de substitutions,* l'un des trois critères (pertinence nouveauté et sérieux) de recevabilité de la QPC permettra toujours aux juges de les employer. « Le critère du caractère sérieux de la question, plus subjectif et dangereux que le critère de la nouveauté dans la mesure où il ouvre la porte à un pré contrôle de constitutionnalité, laissera [à la Cour de cassation] une marge d'appréciation non négligeable » : V. BERNAUD, « Question prioritaire de constitutionnalité et contentieux du travail, mode d'emploi critique », *RJS,* 2010, p. 339.
[2] Ch. MONDOU, *Droits des libertés fondamentales,* Ellipses, 2005, p. 57.

françaises, un système de contrôle et de protection – aussi bien des libertés collectives des travailleurs que des autres droits fondamentaux – des personnes humaines, qui équivaut d'un point de vue matériel aux dispositions de l'article 120 de la constitution de 1990 voire, au mieux aux dispositions des articles 121 et 122 de la norme fondamentale adoptée au début des années 1990, elle-même méritant d'être renforcée mais surtout d'être préservée.

II. NÉCESSITÉ DE RENFORCER MAIS SURTOUT DE PRÉSERVER LA PROTECTION CONSTITUTIONNELLE BÉNINOISE DES LIBERTÉS COLLECTIVES DES TRAVAILLEURS

585. Dans son ouvrage paru en 2006, M. AÏVO met l'accent sur deux points pertinents en rapport direct avec l'amélioration des systèmes de protection des libertés collectives des travailleurs aussi bien français que béninois : « l'évolution pourtant remarquable de la juridictionnalisation du Conseil constitutionnel français s'est malheureusement arrêtée à la porte de l'ouverture du droit de saisine aux simples citoyens et aux personnes morales »[1]. Depuis le temps, les lois du 23 juillet 2008 et du 10 décembre 2009 ont été discutées et adoptées, même si leur réponse au double problème relatif à la saisine directe du juge constitutionnel par le citoyen français et au contrôle de constitutionnalité des lois déjà promulguées par les juges ordinaires reste partielle[2].

L'auteur s'est attelé aussi à deux observations sur le droit constitutionnel béninois. Suivant la nature de l'interrogation élevée autour de l'activité du Conseil constitutionnel[3], il s'est d'abord posé la question de savoir si « le juge constitutionnel béninois en fait trop ? » (1), avant d'émettre le souhait de voir l'autorité des décisions

---

[1] F. J. AÏVO, *Le juge constitutionnel et l'état de droit en Afrique, l'exemple du modèle béninois*, *op. cit.*, p. 172.

[2] Sur la question, il est inutile de détailler les arguments relatifs aux principes de la séparation des pouvoirs et à la tradition « légicentrique » du droit français lesquels, tout en demeurant des « formulations actuelles des raisonnements anciens », restent véritablement « discutables » ; Cf. B. MATHIEU, M. VERPEAUX, *Contentieux constitutionnel des droits fondamentaux*, Paris, LGDJ, 2002, p. 740.

[3] Ph. BLACHÈR, « Le Conseil constitutionnel en fait-il trop ? », *Pouvoirs*, n°105, avril 2003, p. 17-28.

constitutionnelles béninoises se renforcer (2). Les remarques de l'auteur, depuis lors, ont participé en substance à l'ouverture d'un débat national sur l'amélioration des mécanismes de promotion et de sauvegarde des libertés collectives des travailleurs béninois, notamment.

1. Le juge constitutionnel béninois en fait-il trop ?

586. Pour M. AÏVO, « oui, le juge constitutionnel béninois en fait trop. Il en fait trop sur le contrôle de constitutionnalité de la loi qui est à la fois juridictionnel et directif. Il en fait trop en tant que juge électoral lorsqu'il s'érige en organe politique et substitue le contrôle de nature politique au contrôle juridictionnel »[1]. L'auteur reproche ainsi au juge constitutionnel béninois, d'exercer ce qu'il nomme un contrôle de la littérature parlementaire et d'être également un juge électoral. Il convient de voir si chacun de ces reproches est ou non discutable tant, M. le professeur HOLO, spécialiste de renom sur le sujet, avait laissé penser le contraire[2].

a. La fonction constitutionnelle du « contrôle de la littérature parlementaire »

587. Peut-on se fonder sur le souci présupposé ostensiblement présent de la Cour constitutionnelle béninoise de vouloir appliquer et de faire appliquer la constitution, rien que la constitution mais, toute la

---

[1] F. J. AÏVO, *Le juge constitutionnel et l'état de droit en Afrique, l'exemple du modèle béninois, op. cit.*, p. 199.

[2] Par sa manière, M. le professeur a en effet fait savoir que le juge constitutionnel béninois n'en fait pas trop, eu égard aux grands doutes et aux inefficacités notoires qui sont relatifs à l'activité du juge administratif : « régulatrice de l'activité administrative, protectrice des droits des administrés, la chambre administrative est nécessaire à l'émergence de l'État de droit. Or, elle n'est pas connue des administrés. Même lorsque l'étape de la connaissance est franchie par certains administrés, peu d'entre eux croient en son efficacité », « contribution à l'étude des chambres administratives : cas de la chambre administrative de la Cour populaire centrale du Bénin », *in* G. CONAC et J. du BOIS de GAUDUSSON (dir.), *Les Cours suprêmes en Afrique,* tome III, La jurisprudence administrative, Paris, Economica, 1988, p. 30.

constitution[1] pour lui reprocher d'exercer un pouvoir prédateur, omniprésent et omnipotent ? Alors que, nous semble-t-il, l'inquiétude serait de voir la Cour se préoccuper d'autres soucis (par exemple celui de ne pas heurter surtout la sensibilité des politiques) différents de son office même, étant – à l'évidence – de veiller à l'application de la norme fondamentale avant toutes considérations particulières ? Doit-on refuser dans le Bénin actuel – au nom de la raison critique – l'évolution démocratique de l'activité constitutionnelle de la Cour, parce qu'elle (ou lorsqu'elle) fait preuve d'audace envers les pouvoirs politiques tout en sachant, par principe, que son rôle consiste moins à ménager les susceptibilités de ces derniers qu'à faire prévaloir le respect de la Loi fondamentale sur la volonté des représentants de l'exécutif national, quels qu'ils soient ?

Selon M. AÏVO, « sur la contribution de la Cour constitutionnelle béninoise à la pratique démocratique au Bénin, l'approche maximaliste de la posture de la Cour, peut paraître excessive. Tant son souci d'appliquer et de faire appliquer la constitution, rien que la constitution, mais toute la constitution reste ostensiblement présent »[2] ; « son rôle n'est pas non plus de dire, si la loi est bonne ou mauvaise, utile ou inutile, opportune ou non, morale ou immorale, juste ou maladroite, équitable ou inéquitable »[3]. Mais, surtout, il ajoute : « le risque d'autorité qu'on peut craindre dans le fonctionnement et la pratique de la Cour, porte d'abord sur le contrôle de constitutionnalité des lois. Car si l'on peut comprendre que le juge constitutionnel soit intransigeant sur le respect par le législateur de la constitution, on aurait du mal à admettre qu'il s'érige en co-législateur... Le juge constitutionnel béninois, en plus de déclarer contraire à la constitution l'œuvre du législateur, se permet de plus en plus de lui enjoindre formellement les modifications à faire. C'est ainsi qu'à plusieurs reprises, la Cour a procédé au contrôle de la littérature parlementaire et fait barrage à la liberté des députés de choisir la formulation des textes dont la discussion et l'adoption leur reviennent de droit. Sous prétexte de rechercher la lisibilité, la visibilité, et l'intelligibilité des normes législatives, la Cour béninoise a souvent fait

---

[1] Ibid., p. 194.
[2] Ibid.
[3] Ibid., p. 202.

irruption dans la procédure législative, en violation de la constitution dont elle est censée garantie le respect »[1] (sic).

588. On veut faire une remarque particulière sur ces propos autour desquels se cristallise un point de friction ; on veut en effet souligner que, heureusement, pour son efficacité et son efficience incontestable, il arrive au juge constitutionnel béninois de déclarer contraire à la constitution l'œuvre du législateur. Surtout, il convient d'ajouter l'intérêt pour la Cour constitutionnelle béninoise de continuer dans cette démarche que lui envies nombre d'homologues africains, louant – à raison – son audace à l'égard des hommes politiques : sans l'ombre d'un doute, celle-ci peut certainement la conduire à déclarer contraire à la constitution l'œuvre d'un législateur irrespectueux des dispositions de la norme fondamentale.

Ainsi, pour se borner aux libertés collectives des travailleurs, les décisions constitutionnelles dans lesquelles la Cour béninoise censure pour inconstitutionnalité une loi votée par le Parlement[2] et un acte règlementaire émanant de l'autorité exécutive[3], ne peuvent utilement être considérées comme une consommation immodérée du contentieux constitutionnel, à rebours des observations de M. AÏVO[4].

Pour finir sur ce point, on veut faire remarquer que le juge constitutionnel béninois en recherchant la lisibilité, la visibilité et l'intelligibilité des normes législatives, ne s'appuie pas sur un simple prétexte pour annuler les actes législatifs ou administratifs. Il ne s'agit là nullement d'un motif fallacieux d'argumentation, mais d'une véritable exigence constitutionnelle. Les développements précédents ayant longuement traité de l'objet, il n'est plus besoin de revenir sur la jurisprudence constante développée par le Conseil à propos de la lisibilité, de l'intelligibilité et de l'accessibilité des textes législatifs[5]. Une fois de plus, l'observation fait ressortir l'intérêt de la démarche comparative, qui permet de saisir tous les éléments composant la

---

[1] Ibid., p. 194.
[2] DCC 06-074 du 08 juillet 2006
[3] DCC 05-149 du 01er janvier 2005
[4] F. J. AÏVO, *Le juge constitutionnel et l'état de droit en Afrique, l'exemple du modèle béninois*, *op. cit.*, p. 201.
[5] Entre autres exemples, dans la décision *Loi de modernisation sociale* du 12 janvier 2001 dans laquelle le Conseil constitutionnel pose de telles exigences à l'égard du législateur.

problématique, pour ne pas à tort reprocher aux juges constitutionnels béninois de veiller à la sécurité juridique de la norme législative lorsqu'ils imposent aux autorités parlementaires de ne pas méconnaître sa lisibilité, visibilité et intelligibilité.

Aussi, il n'est plus besoin de rappeler que, lorsque le contexte l'exige ou s'y prête, il est de l'office du juge constitutionnel d'enjoindre formellement aux législateurs des modifications à faire, ce que critique M. AÏVO. Un simple examen des réserves d'interprétation dans la jurisprudence du Conseil constitutionnel, dont il nous a été donné préalablement de rendre compte, en offre maints exemples[1] : On devra s'inspirer de la solution apportée à ce problème, déjà soulevé dans l'ordre interne français[2]. Pour le moment, il est seulement besoin de vérifier si la vocation constitutionnelle de la Cour béninoise à être un juge électoral devait également prêter le flan à la critique.

b. La Cour constitutionnelle, juge électoral

589. Le deuxième reproche fait au juge constitutionnel béninois porte sur sa qualité de juge électoral. Car, selon les observations émises, « le juge électoral qu'est également la Cour se transforme en un arbitre du jeu relevant plus de la politique politicienne que du fonctionnement des institutions »[3]. À travers l'analyse de l'auteur, cet attribut électoral hautement sensible et politiquement exposé qu'exerce la Cour, produirait une conséquence principale : « le contrôle de constitutionnalité des normes, à la base essentiellement juridictionnelle, se mue de plus en plus

---

[1] A. VIALA, *Les réserves d'interprétation dans la jurisprudence du Conseil constitutionnel, op. cit.*, p. 219.

[2] Puisque, « en son principe, le contrôle juridictionnel des lois paraît définitivement admis dans les États démocratiques contemporains. Garantissant concrètement la supériorité de la constitution, il est fondé juridiquement. Obligeant par là le Parlement, non point souverain mais exprimant dans l'instant la volonté générale, à respecter la volonté initiale du constituant, du peuple, il assure le respect de la démocratie et s'impose politiquement. Conçu ainsi comme la condition nécessaire d'un véritable état de droit, ce contrôle est aujourd'hui fréquemment appliqué, particulièrement en Europe occidentale. En outre, il fait l'objet d'un large consensus, tant dans l'opinion publique et les partis politiques, qu'au sein de la doctrine. » ; V. BOUVIER, *Droits*, n°9, 1989, p. 119-129, spéc. p. 119.

[3] Ibid., p 194.

en contrôle politique »[1]. Pour étayer ses propos, M. AÏVO invoque, parmi d'autres, la décision du 07 décembre 2000[2] dans laquelle le juge constitutionnel s'est saisi de notion à caractère politique, examinant ce qu'il fallait entendre par configuration politique de l'Assemblée à propos de la composition de la CENA. Cette démarche, dans le raisonnement de l'intéressé, constituerait un élément caractéristique de « dérive totalitaire »[3], « d'abus d'influence »[4], de « surpuissance »[5] (sic).

590. Or, comme le fait remarquer – à juste titre – M. le professeur du BOIS de GAUDUSSON sur cette décision, il était nécessaire pour la Cour de procéder à la vérification de la condition de configuration politique puisque, de cet exercice, la régularité de la décision parlementaire incriminée, l'équilibre des institutions – tels qu'établis par les textes constitutifs – tiraient leur élément de dépendance[6]. Cet examen préalable constituait, ainsi que le rappelle l'éminent auteur, une procédure incontournable sans laquelle les juges constitutionnels béninois ne pouvaient en définitive rendre leur décision[7]. Partant, doit-on considérer l'exercice de la compétence électorale par le juge constitutionnel béninois comme caractérisant des dérives autoritaires peu conformes aux textes[8] voire comme de potentiels risques d'un retour au totalitarisme non plus politique mais celui des juges[9] ?

Dans la décision du 07 décembre, par exemple, est-il vrai que la Cour a fait preuve d'une boulimie et d'une volonté de puissance qui ne connaissent pas de limites en s'immisçant dans le fonctionnement même de l'Assemblée et en manipulant la volonté du législateur ? À suivre

---

[1] Ibid.
[2] DCC 00-078
[3] Ibid., p. 174 s.
[4] Ibid.
[5] Ibid.
[6] F. J. AÏVO, *Le juge constitutionnel et l'état de droit en Afrique, l'exemple du modèle béninois, op. cit.*, p. 15.
[7] En sus, qu'on se souvienne au demeurant des propos du professeur Théodore HOLO, ayant estimé que la Cour constitutionnelle béninoise joue un rôle moteur de « régulateur impartial et crédible du jeu électoral », ce qui contraste de toute évidence avec les observations de Frédéric Joël AÏVO ; cf. Th. HOLO, avant-propos à G. BADET, *Cour constitutionnelle et régularité des élections au Bénin*, Cotonou, Friedrich Ebert, 2000, p. 12.
[8] Ibid., p. 193.
[9] Ibid.

l'analyse de M. AÏVO, la réponse serait positive[1]. Pourtant, un examen global et une réflexion complète des décisions constitutionnelles de la Cour béninoise ne permettent pas d'aboutir à la même conclusion[2]. De surcroit, sur cette question, lorsqu'on se sert de l'éclairage comparatif, et que l'on rapproche le fonctionnement et la pratique de la Cour constitutionnelle béninoise de ceux de ses homologues de différents pays, par exemple de la France, la friction devient de moins en moins virtuelle.

Car, en réalité, ainsi que le souligne M. le professeur du BOIS de GAUDUSSON, cette évolution critiquée dans l'activité du juge constitutionnel béninois, constitue à proprement parler « une évolution que l'on observe chez la plupart des juges du contrôle de constitutionnalité des lois »[3], « une évolution saluée comme un progrès de l'État de droit »[4] qu'il convient de préserver et non de remettre en cause au nom de la raison critique. Dans le cadre français ayant été choisi – à titre liminaire et non exclusivement – pour réaliser les différents allers-retours comparatifs de cette étude, cela semble assez flagrant. Notamment avec les articles 58 et 59 de la constitution de 1958, les ordonnances n°58-1064 *relative à l'élection du président de la République* et celle n°58-1067 *portant loi organique sur le Conseil constitutionnel* du 7 novembre 1958, lesquels investissent le Conseil constitutionnel de la même fonction électorale[5].

Dans l'exercice de sa mission, contrairement à ce que M. AÏVO laisserait entendre, la Cour constitutionnelle béninoise ne constitue donc nullement une exception en Afrique, encore moins ailleurs. Il est vrai, *l'office du juge parce qu'il concerne* le *ou* la *politique n'est jamais chose aisée ;* mais cela ne doit pas conduire à considérer le juge électoral qu'est également la Cour comme détenant un pouvoir prédateur ou une surpuissance ; à plus forte raison, lorsque cette considération est davantage postulée que démontrée… Il reste que les interrogations soulevées par l'auteur ne sont pas d'un faible intérêt, pour l'autorité et la

[1] F. J. AÏVO, *Le juge constitutionnel et l'état de droit en Afrique, l'exemple du modèle béninois, op. cit.,* p. 195.

[2] En tout cas, il n'en est nullement question en ce qui concerne les décisions relatives libertés collectives des travailleurs dont l'examen et l'analyse ont précédé les développements actuels.

[3] Ibid., p 15.

[4] Ibid.

[5] Articles 179 et s. du Code électoral.

portée des décisions constitutionnelles. Leur exécution peut parfois être sujette à caution, ce qui est particulièrement inquiétant pour les libertés collectives des travailleurs, lorsqu'on sait la grande majorité des décisions rendues par la Cour portant sur les droits et libertés constitutionnellement protégés.

2. L'urgence de renforcer l'autorité des décisions constitutionnelles

591. Sur la question de la portée effective susceptible d'être attachée aux décisions constitutionnelles béninoises, il est possible d'élaborer une carte de déférence en fonction de la catégorie des différents acteurs politiques concernés. La réponse diffère selon qu'ils s'agissent de l'autorité législative, du pouvoir judiciaire ou des représentants de l'exécutif. D'abord, s'agissant du législateur béninois, sur l'objet de son rapport avec les décisions constitutionnelles, il est essentiel de remarquer le caractère exemplaire de sa conduite qui, par une démarche de prudence salutaire, a évité dans la totalité des cas la confrontation avec la Cour pour préférer se conformer de façon systématique et scrupuleuse à ses décisions[1]. Ensuite, en ce qui concerne le pouvoir judiciaire, administratif, civil et pénal, après une légère brume dès l'abord constatée, sans doute justifiable – et justifiée – par le temps nécessaire et indispensable à l'acclimatation des anciens préteurs au nouveau venu – institué après les travaux de l'hôtel PLM-Alédjo – la relation semble aujourd'hui au beau fixe entre nos différents protagonistes. Depuis le temps, la sagesse professionnelle et l'intérêt commun de servir les institutions du pays a fait son chemin. En somme, il n'y a plus de doute sur la soumission des juges judiciaires et administratifs aux décisions de la Cour[2]. Enfin, au sujet du pouvoir exécutif, la réalité est toute autre : l'observation de la vie juridique béninoise montre que les membres du gouvernement ont manqué de s'honorer par la manifestation d'une déférence particulière à l'égard des juges constitutionnels ; bien au contraire, vers la fin du premier quinquennat de l'ère béninoise du Renouveau démocratique, la communauté nationale a particulièrement craint le pire[3]. Deux décisions constitutionnelles permettent d'illustrer ce

[1] Ibid., p 192.
[2] Ibid.
[3] Ibid.

phénomène et de souligner la nécessité – face à l'appareil étatique – de renforcer l'autorité dont sont assorties les décisions de la Cour. On risquera, pour finir, quelques observations en guise d'esquisses de solutions.

a. La problématique du respect par le politique béninois de l'autorité de la chose jugée

592. La nature polysémique du contentieux constitutionnel béninois est particulièrement connue[1]. Dans le champ restreint de cette étude, toute la richesse de l'opération ne peut être restituée. Il convient de se limiter à l'analyse de la décision *Maurice Kouandété*[2] de février 1996 et de celle relative aux *litiges domaniaux* de décembre 2007, même si elles sont relatives aux droits individuels et non aux libertés collectives, l'élément prédominant étant la contestation par les membres du gouvernement des décisions émanant autant des juges constitutionnels que des juridictions de l'ordre judiciaire et administratif. Car en définitive, on le sait, c'est à ceux-ci qu'incombe le rôle de gardien des droits et libertés fondamentaux.

Dans la dernière année du mandat présidentiel du Renouveau Démocratique, vers la fin de l'année 1996, bien de dérapages ont été enregistrés au Bénin, relatifs au refus des hommes d'État d'accepter les décisions rendues par la Cour constitutionnelle et de se conformer à leurs prescriptions. Ces propos peuvent être éclairés par le sort connu par la décision DCC 96-015 des 20, 21 et 22 février 1996 traitant de la *détention arbitraire, abusive et contraire à la constitution de Maurice Kouandété.* Les membres du gouvernement, à qui cette décision fut pourtant clairement notifiée, manqueront de lui donner une suite favorable : le président Kouandété sera, en mépris complet de la décision rendue par la Cour, gardé à vue par l'exéutif et ce, bien des semaines plus tard. Ce comportement – observé au plus haut niveau de l'appareil étatique – rend compte de la faible considération et autorité attachées aux

---

[1] Cf. note N. MÉDÉ, DCC 02-058, Afrilex n°4, p 365.

[2] Dont le personnage n'est autre qu'un ancien président de la République du Bénin, arrêté et inculpé par le Gouvernement pour *« faits d'association de malfaiteurs, d'arrestation et de détention arbitraires commis sur la personne nommée Issiakou Amadou »*.

décisions de la Cour, qui mériteraient une restauration de leur force obligatoire[1].

Depuis ce temps, quelques évolutions timorées ont été observées – sur le comportement des membres de l'exécutif vis-à-vis du pouvoir judiciaire – dans l'ordre interne, la récente décision constitutionnelle du 27 décembre 2007[2] laisse, cependant, penser que le pire que craignait M. AÏVO n'est pas tout à fait derrière nous. Mais il faut ajouter que la décision DCC 07-175 était venue désamorcer une crise majeure – se profilant à l'horizon de la vivacité démocratique béninoise – entre les membres du gouvernement et le pouvoir judiciaire ; la décision du 27 décembre 2007 ne mettait nullement en cause l'autorité exécutive et la juridiction constitutionnelle, à l'instar de ce que nous observâmes dans l'affaire *Maurice Kouandété*.

En effet, la Cour s'était prononcée le 27 décembre 2007 suite à nombre de plaintes individuelles venant contester la décision du Conseil des Ministres en date du 10 octobre 2007, laquelle ordonnait la suspension de l'exécution des décisions de justice relatives aux litiges domaniaux en milieu urbain. Le droit de propriété et la possession constituent un objet principal de contentieux devant le juge ordinaire béninois. Dans ce domaine, il arrive que les tribunaux locaux décident du déguerpissement ou de la démolition des immeubles de certains propriétaires – *apparents* – ou, de nombre de possesseurs – de mauvaise foi. Davantage, ainsi en est-il lorsque les conditions de jouissance des biens ne sont pas remplies. Au cours de l'année 2007, plusieurs décisions de justice émanant des juges judiciaires (surtout) ont porté essentiellement sur ces litiges domaniaux en milieux urbains, principalement dans les villes de Cotonou et d'Abomey-Calavi. Confrontée à la recrudescence des contentieux et à la menace de trouble à l'ordre public et à la paix sociale dont ils sont porteurs, la réaction du gouvernement béninois fut d'intervenir pour surseoir à l'exécution des décisions de justice. La réponse eut pour conséquence de provoquer le tollé du corps judiciaire, face aux griefs qu'il qualifia d'ingérence du pouvoir exécutif dans le fonctionnement des institutions de la Justice doublée d'un mépris à l'égard du principe de la séparation des pouvoirs.

---

[1] F. J. AÏVO, *Le juge constitutionnel et l'état de droit en Afrique, l'exemple du modèle béninois, op. cit.*, p. 192.
[2] DCC 07-175.

En riposte, une grève générale était décidée par les représentants syndicaux des magistrats, larve de conflit majeur se profilant à l'horizon des institutions. Puis, dans l'accomplissement de son office, la Cour, saisie de maintes plaintes individuelles, joua un rôle de démineur : en somme, par sa décision du 27 décembre 2009, elle apaisa le clash politico-judiciaire en perspective, appelant au dialogue les protagonistes.

Ces deux décisions, l'une portant sur la dignité d'un ancien président de la République, l'autre concernant le droit de propriété – droits *inviolables* et *sacrés* dont nul ne peut en être privé... –, n'illustrent-elles pas le laxisme dont font preuve les membres du gouvernement béninois à l'égard des décisions de justice rendues aussi bien par la Cour que par les juridictions administratives et judiciaires ? Doit-on attendre que les libertés collectives des travailleurs soient plus directement, substantiellement concernées pour tirer la sonnette d'alarme et suggérer des solutions ?

b. Quelle solution pour pallier l'incurie du politique à l'égard de l'autorité de la chose jugée ?

593. Dans son étude portant sur le juge constitutionnel béninois, M. AÏVO met en évidence le problème du respect de l'autorité relative de la chose jugée, non exclusif d'autres interrogations également traitées dans la pratique et la production jurisprudentielle de la Cour. C'est particulièrement la solution proposée qui retient ici l'attention : pour remédier à l'incurie dont font preuve les hommes politiques refusant de se soumettre à la volonté des juges, selon l'auteur, il serait nécessaire de passer par « une réforme permettant d'une part, de conférer plus d'autorité aux décisions du juge constitutionnel béninois et d'autre part, de leur assurer une mise en œuvre effective »[1]. « D'où la nécessité d'aller au-delà des prescriptions de l'article 124 qui s'avèrent insuffisantes pour assurer la mise en œuvre des décisions rendues par la Cour »[2].

[1] F. J. AÏVO, *Le juge constitutionnel et l'état de droit en Afrique, l'exemple du modèle béninois, op. cit.*, p. 205.
[2] F. J. AÏVO, *Le juge constitutionnel et l'état de droit en Afrique, l'exemple du modèle béninois, op. cit.*, p. 193.

Cette proposition, qui converge avec les intentions diverses des acteurs politiques locaux conduisit à l'ouverture d'un vaste chantier de réforme de la constitution, aujourd'hui dans l'impasse. La question est simple : devait-on vraiment choisir l'option de la réforme constitutionnelle dans le seul dessein de garantir d'une part, l'exécution des décisions de justice – en particulier celles rendues par la Cour – d'autre part, l'adaptation des règles d'organisation et de fonctionnement du juge constitutionnel béninois aux nouvelles exigences se présentant à lui ? Était-il inévitable de s'engager dans cette voie – imprécise – de révision constitutionnelle, sans clairement définir au préalable l'ampleur des retouches et la nature concrète des modifications à apporter ? Sans qu'il soit nécessaire de le préciser, on remarque déjà la double finalité de la question de *l'autorité de la chose jugée*, laquelle amène à s'interroger sur le bien-fondé de la réforme constitutionnelle engagée au Bénin.

594.À ce propos, il faut remarquer que l'opinion alors émise par M. le professeur du BOIS de GAUDUSSON était pertinente et méritait d'être suivie, tant les premiers regrets[1] exprimés depuis peu par nombre de personnalités notoires lui donnent raison. Dans l'avant-propos qu'il rédigea à l'ouvrage relatif au juge constitutionnel béninois, le spécialiste du constitutionnalisme africain manifestait ses réticences quant à l'ouverture au Bénin d'un chantier de réforme constitutionnelle, pour trois raisons convaincantes qui méritent d'être revisitées.

La première tient à *« l'absence de motif incontestable valable pour ce faire »*. Cela est d'autant plus vrai que, à la lecture de l'article 124 de la constitution[2], on s'aperçoit de la non utilité de réformer les prescriptions de cet article, dans la démarche exclusive d'assurer la mise en œuvre des décisions constitutionnelles. Sans besoin d'encombrer de règles superfétatoires ou chamarrées[3] la constitution béninoise, cet article – formulé de façon suffisamment claire et succincte – remplit les

---

[1] Cf. J. DJOGBÉNOU, « L'idée de réforme de la constitution du 11 décembre 1990 : Entre progrès et regrets », La Croix.

[2] « Une disposition déclarée inconstitutionnelle ne peut être promulguée ni mise en place. Les décisions de la Cour ne sont susceptibles d'aucun recours. Elles s'imposent aux pouvoirs publics, et à toutes les autorités civiles, militaires et juridictionnelles ».

[3] On songe ici au problème de « l'inflation législative », pour reprendre des mots, de « bavardages législatifs » alors souligné par un auteur en regard des tares et des frustrations aux principes de sécurité juridique pouvant en provenir ; J. -E. SCHOETTL, *LPA*, 16 fév. 2006, n° 34, p. 3.

conditions d'une précision satisfaisante quant à l'application des décisions de la Cour. Bien plus qu'une réforme (presque décorative) des dispositions de la constitution de 1990, c'est plutôt d'une véritable volonté politique dont il faudra faire preuve, pour assurer l'exécution des décisions de justice de tous ordres, constitutionnel compris.

La deuxième porte sur les *« risques que l'ouverture d'une révision constitutionnelle comporterait pour l'institution, son autorité et à terme son avenir »*. Pour M. le professeur du BOIS de GAUDUSSON la révision de la constitution béninoise, peut coïncider avec une hypothèse catastrophique : le déclin de la vivacité démocratique du pays, de son rang de pionnier voire de modèle dans le cadre africain du droit constitutionnel et du progrès de l'État de droit. On voit bien pourquoi. Le changement institutionnel serait susceptible de constituer « un » précédent capable de conduire à une situation de chaos politique, que les travaux de la Conférence nationale de 1990 permirent d'éviter en diverses occasions jusqu'à ce jour. En raison de l'utilité mineure qu'il y aurait en la matière à recourir à l'entreprise de systématisation, on garde en mémoire bien d'exemples de pays africains dans lesquels la révision de la constitution inaugura les balbutiements de crises institutionnelles. La modification du texte fondamental s'est parfois muée – particulièrement en Afrique – en l'instauration de régime politique, d'instabilité gouvernementale, de conflits sociaux.

La précieuse constitution du 11 décembre 1990, texte sacré issu d'un patient travail de légitimation endogène, ne doit pas être saccagée dans le secret des allés et retours du pouvoir, par une volonté obstinée de changement institutionnel[1]. De même, la volonté de réformer l'œuvre fondatrice du constituant de 1990 ne doit servir de quelle que manière que ce soit de prétexte à assouvir les passions de « délinquance constitutionnelle » d'aucune personnalité politique locale, pour reprendre l'expression de M. St. BOLLE, grand spécialiste du droit constitutionnel béninois.

[1] Même si l'on a appris du professeur Jean WALINE que « l'un des pires péchés d'orgueil que puisse commettre le constituant est de considérer que son œuvre étant parfaite, et ayant de ce fait vocation à l'éternité, il faut interdire aux générations futures de la défigurer » ; « Les révisions de la constitution », *in*, Ph. ARDANT (mél), *Droit et politique à la croisée des cultures*, LGDJ, Paris, 1999, p. 236.

Mais c'est le troisième argument avancé par M. le professeur du BOIS de GAUDUSSON qui opère davantage quant à la non nécessité de réviser le texte constitutionnel de 1990. En effet, selon l'observateur, *« le pari démocratique consiste à faire confiance à la capacité d'autorégulation des Cours... L'histoire des juridictions constitutionnelles dans le monde en offre maints exemples »*. Pour se borner dans l'ordre interne[1] aux libertés collectives des travailleurs, en ce qui concerne le Conseil constitutionnel français, la décision du 16 juillet 1971 illustre parfaitement ces propos. Alors que, depuis 1946, la valeur constitutionnelle du préambule divisait les juges autant que les auteurs, sans qu'il y eut besoin d'élargir le champ de compétence de l'organe ou de le réformer, le Conseil constitutionnel est parvenu – de son propre chef – à définitivement confirmer la valeur constitutionnelle de la liberté syndicale, du droit de grève, du principe de participation, et d'autres droits sociaux énoncés par le constituant de l'après Seconde Guerre mondiale.

Cette confirmation jurisprudentielle, intervenue sans aucune nécessité préalable de réforme institutionnelle, n'est-elle pas, si ce n'est la preuve de la capacité d'adaptation systématique des Cours ou Conseils constitutionnels, du moins la justification du caractère non nécessaire voir futile de toute révision ? *A fortiori* dans une jeune démocratie comme celle du Bénin, dans laquelle les réflexes d'un passé autoritariste et despotique peuvent facilement refaire surface, pour peu qu'on souscrive au risque ? D'ailleurs, au demeurant, la Cour constitutionnelle béninoise n'a-t-elle pas déjà commencé par prouver cette capacité d'autorégulation, à travers l'usage de sa désormais célèbre et populaire formule selon laquelle *la Cour est juge de la constitutionnalité et non de la légalité ?* Celle-ci lui permettant, d'une part, de se déclarer incompétente pour connaître des contentieux de pleine juridiction

[1] Tant l'on dispose également sur la question d'un autre exemple relatif aux fonctions ayant été confiées par les juges strasbourgeois au fameux article 11 de la Convention européenne de sauvegarde des droits de l'homme et des libertés fondamentales, utilisé par ceux-ci pour servir d'antichambre à la protection de la collectivité des libertés collectives des travailleurs, et non de la seule liberté syndicale pourtant initialement et exclusivement visée pour ce bénéfice, ainsi que l'ont fait remarquer les professeurs M. BONNECHÈRE, « Quelle droit sociaux fondamentaux : vers un droit commun pour l'Europe I », *op. cit.,* p. 5 s. ; J.-P. MARGUÉNAUD, J. MOULY *D.*, 1997, p. 368 s. ; F. SUDRE, « À propos du dynamisme interprétatif de la cour européenne des droits de l'homme », *op. cit.,* p. 1365 s..

réservés à la Cour suprême et aux tribunaux de l'ordre judiciaire et administratif, d'autre part, de témoigner de la faible utilité quant à la supposé nécessité de réformer la constitution pour retirer de l'article 120 de la constitution la possibilité de plainte[1] ? La pléthore des décisions constitutionnelles relatives aux libertés collectives des travailleurs dans lesquelles cette formule fut utilisée (les précédents développements n'étant pas en marge de la précision), suffit amplement à étayer cette prise de conscience[2].

En réalité, de la même manière que la réécriture des articles 120 et 124 n'est pas nécessaire pour assurer la mise en œuvre des décisions émanant de la Cour, la relecture de la constitution de 1990 n'est pas indispensable, nous semble-t-il, pour continuer à garantir le progrès de l'État de droit et la vivacité de la démocratie béninoise. Gageons que la raison souveraine, qui a commencé par faire son chemin dans l'opinion – maintenant réticente voire dissidente – de certains auteurs sur ce projet, finira par prévaloir. Parions que, chez les dirigeants politiques actuels, la raison et l'intelligence du cœur finiront par prendre le pas sur l'instinct et les intérêts égoïstes afin de tout sauver à nouveau, comme ce fut le cas en 1990. Pour autant, bien que n'étant pas utile de réformer la constitution de 1990, son rapport doit-il, s'agissant des libertés collectives des travailleurs circonscrites par l'étude, rester le même au regard du droit français ? N'y a-t-il pas également à ce niveau de réflexion une nouvelle nécessité – méthodologique – se surajoutant à celle de protection constitutionnelle ?

---

[1] F. J. AÏVO, *Le juge constitutionnel et l'état de droit en Afrique, l'exemple du modèle béninois*, *op. cit.*, p. 200.
[2] *Cf. infra.* n° 501 s.

- CHAPITRE II -

LA NÉCESSITÉ MÉTHODOLOGIQUE DE PROTECTION

595. La protection des libertés collectives des travailleurs (qui n'est autre que le moyen permettant d'obtenir leur réalisation concrète), est conditionnée par la mise en œuvre des instruments efficients de garanties constitutionnelles. Ces dernières, après examen des contestations doctrinales, éprouvent la nécessité d'êtres renforcées tant dans le cadre béninois que français. Le débat qui se poursuit actuellement au Bénin, dont les modalités techniques et les « hypothèses catastrophiques »[1] nous furent signalées par d'éminents observateurs, s'inscrit dans cette logique de nécessité de renforcement. La nécessité relative à l'amélioration de la protection constitutionnelle (dont l'objet permet d'obtenir l'accomplissement des droits à dimension collective des travailleurs dans l'entreprise), n'est pas identique selon qu'on soit dans le champ juridique français ou béninois : l'ampleur de l'exigence de renforcement est, variable, d'un espace juridique à l'autre ; en somme, la relativité du degré des difficultés souvent observées – sur le chemin de l'effectivité des droits sociaux des travailleurs – dans les relations de travail béninoises et françaises.

Dans le premier cadre, ainsi que le soulignent nombre de spécialistes, entre autres MM. les professeurs DRAGO[2] et VERPEAUX[3], il s'agit de terminer la réforme du 23 juillet 2008, considérée par la doctrine influente comme ayant été réalisée à mi-chemin. Car selon les propos, cette réforme ne résout pas définitivement la question de l'utilisation de techniques de substitution par les juges ordinaires, qui servent à masquer

[1] Pour reprendre l'expression de M. St. BOLLE.

[2] G. DRAGO, « Exception d'inconstitutionnalité : prolégomènes d'une pratique contentieuse », *op.cit.*, p. 13.

[3] M. VERPEAUX, « Questions préjudicielles et renouveaux constitutionnels », *AJDA* , 2008, p. 1879.

d'éventuels contrôles de constitutionnalité des lois. De la même manière, elle ne les empêchera pas – en dépit du gigantesque chantier qu'ouvrira l'utilisation des questions prioritaires de constitutionnalité – de continuer à employer le mécanisme d'exception d'inconventionnalité, qui conduisait à faire prévaloir sur les actes législatifs ou règlementaires le respect des dispositions internationales « dont la teneur est pour l'essentiel identique à celle des règles comprises au sein du bloc de constitutionnalité »[1]. En tout cas, la précision ressort des différentes analyses doctrinales. Dans le second cadre, il est surtout question de préserver – plutôt que de renforcer – les acquis constitutionnels de la *Conférence nationale* de 1990. Précisément, le défi consiste à ne pas s'aventurer – par complaisance voire par légèreté – à ouvrir ce qui pourrait bien paraître comme une boîte de Pandore : le chantier aléatoire – aux effets potentiellement pernicieux – de la révision constitutionnelle. A l'heure actuelle, il n'existe aucun *« motif incontestable valable pour ce faire »* au Bénin.

596. Toutefois, l'analyse esquissée par les nombreux chercheurs[2] montre qu'il serait maladroit de s'obstiner sur la problématique de la révision constitutionnelle, aujourd'hui présente au Bénin. Car, si l'exercice des libertés collectives des travailleurs s'avère actuellement ineffectif dans l'ordre juridique national, si la protection des droits fondamentaux des personnes en Afrique (précisément francophone) demeure du domaine du virtuel que du réel, cela est moins dû à un risque à venir de réforme institutionnelle qu'à une problématique présente même récurrente[3]. À suivre les diverses observations, elle serait constituée par la difficulté du *mimétisme juridique post-colonial,* dont il conviendra de faire la distinction avec un phénomène voisin souhaitable (la standardisation politique et institutionnelle).

---

[1] D. de BÉCHILLON, « De quelques incidences du contrôle de la conventionnalité internationale des lois par le juge ordinaire, (Malaise dans la constitution) », *op. cit.*, p. 226.

[2] Au rang desquels l'on peut citer les professeurs É. Le ROY, M. ALLIOT, A. SUPIOT, Ph. AUVERGNON, G. CONAC, …

[3] Pour reprendre l'expression de M. le professeur du BOIS de GAUDUSSON, « Le mimétisme postcolonial, et après ? », *Pouvoirs*, n°129, Avril 2009, p. 45.
À ce propos, on reviendra sur l'actualité de même que l'intérêt des nuances apportées par l'auteur quant à l'appréciation et à l'analyse de cette problématique : *Cf. supra.* n° 598 s.

Il est indispensable de s'émanciper du domaine binaire initialement choisi pour la comparaison parce que, dans son objet, la difficulté invoquée dépasse largement le champ singulier franco-béninois de rapprochement des libertés collectives des travailleurs ; elle concerne, sur le plan de sa généralité, le rapport juridique des pays africains – principalement francophones – avec le droit moderne, en particulier, le modèle du droit positif français. Il convient de procéder de la sorte, et d'examiner le bien-fondé desdites difficultés. L'exercice permet de saisir la teneur de la nécessité méthodologique : en clair, l'exigence maintenant incontournable qui, consiste en l'audace du pluralisme juridique (pour accéder à l'effectivité des libertés collectives des travailleurs et des autres droits fondamentaux des personnes humaines en Afrique), doit être intégrée.

SECTION I. AUX ORIGINES DE L'INEFFECTIVITÉ DES LIBERTÉS COLLECTIVES DES TRAVAILLEURS : LA PROBLÉMATIQUE DU MIMÉTISME JURIDIQUE

597. Le postulat est naturellement intriguant. « Peut-on encore, au XXIe siècle, analyser les démocraties en Afrique en termes de mimétisme et en se situant par rapport à la période coloniale ? La question peut surprendre, non seulement parce que, si la réponse est négative, elle enlève une grande part d'intérêt au sujet, sauf peut-être à lui donner une dimension historique, mais encore et surtout parce qu'il existe une propension récurrente des observateurs, des chercheurs et des politiques de tous horizons à aborder systématiquement les institutions politiques et constitutionnelles de ce continent en utilisant cette double référence. L'un et l'autre se conforte pour perpétuer une configuration qui serait et ferait la spécificité des démocraties africaines… ? »[1].

En d'autres termes, s'agissant des libertés collectives des travailleurs, est-il toujours possible de parler de nos jours de *mimétisme juridique postcolonial* en raison du manque de vitalité de ces droits en rapport avec la méthode africaine de construction du droit ? Il n'y a pas longtemps de

[1] Ibid.

cela, posant la question dans un cadre général[1] s'agissant de la Justice en Afrique, M. le professeur Le ROY apportait une réponse : « l'Afrique est malade de ses institutions. La justice toujours engluées dans le modèle colonial, s'avère incapable de répondre aux exigences d'un État de Droit conforme aux aspirations de la très grande majorité des Africaines et Africains »[2]. Cette réponse, loin d'être isolée[3], se trouve placée au cœur de la présente réflexion. Principalement, le diagnostic de la précarité des droits fondamentaux des personnes en Afrique reste engagé par sa fonction. La question ne peut manquer de se poser. Faut-il souscrire au constat du mimétisme juridique, dont les jurisconsultes estiment qu'il constitue l'élément causal principal qui explique les difficultés de réception des droits fondamentaux, les problématiques de manque de vivacité des libertés collectives des travailleurs béninois et plus globalement africains ? Quoi qu'il en soit, au gré des analyses des intéressés, même aujourd'hui, ses impacts sont saisissables.

A. LE CONSTAT DU MIMÉTISME JURIDIQUE

598. Ainsi que le faisait remarquer (récemment encore) M. le professeur du BOIS de GAUDUSSON[4], cela peut sembler excessif de parler de *mimétisme juridique postcolonial* s'agissant du rapport – immanent ? – qu'entretienne le droit français avec celui des pays africains. Or personne n'est sans savoir que « en règle générale, une vie syndicale doit être libre, plurielle et autonome. Mais pour diverses raisons, les jeunes États de l'Afrique postcoloniale ont ignoré ce principe élémentaire et choisi des voies originales dont le résultat s'est trouvé

---

[1] Mais aussi dans un cadre particulier qui se rapporte au droit interne de la République démocratique du Congo, ancienne colonie belge, le temps n'est pas éloigné lorsqu'un auteur s'y était penché : D. POLLET-PANOUSSIS, « La constitution congolaise de 2006 : petite sœur africaine de la constitution française », *RFDC*, n°75, 2008, p. 451.

[2] E. Le ROY, *Les Africains et l'institution de la justice : entre mimétisme et métissage, op. cit.*, cf. résumé.

[3] B. G. GBAGO, *Le Bénin et les droits de l'homme, op. cit.*, p. 19.

[4] Car, selon l'auteur, « dans un autre sens, on ne saurait ignorer les limites d'une analyse faisant du mimétisme la pierre angulaire des démocraties africaines alors qu'il n'en est que le trompe-l'œil ». « Un autre sens » dont la précision est loin d'être anodine…, *« Le mimétisme postcolonial, et après », op. cit.*, p. 47.

partout le même : négation du syndicat, domestication des syndicats »[1]. Cette réalité syndicale peu enthousiasmée, s'observe tant au niveau béninois qu'à l'échelle des autres pays de l'Afrique francophone.

a. Dans le cadre béninois

599. En regard des droits à posture collective des travailleurs, une illustration manifeste ressort du corpus des développements précédents. Qu'on se souvienne de la proximité complaisante qui caractérisait les énoncés de l'alinéa 7 du préambule de 1946 (*le droit de grève s'exerce dans le cadre des lois qui le règlementent*) et de l'article 31 de la constitution de 1990 (*le droit de grève s'exerce dans les conditions définies par la loi*)[2]. Rappelons-nous de la similitude jugée paresseuse observée entre l'article 34 de la constitution de 1958 (selon lequel *la loi détermine les principes fondamentaux du droit du travail du droit syndical*), et l'article 98 de la constitution de 1990 (qui dispose que *sont du domaine de la loi les règles concernant du droit du travail, du droit syndical).* Cette greffe du droit, que le juge M. BEDJAOUI considère comme étant une « décalcomanie juridique et institutionnelle », mais dont il ne faut pas confondre l'objet avec un autre phénomène circonscrit à la standardisation politique et institutionnelle, laisse en suspens un certain nombre de questions. Assurément, il convient de les soulever voire, d'y répondre.

Les besoins spécifiques – constitués d'éléments endogènes – que ressentent intrinsèquement les travailleurs béninois et français sont-ils aussi identiques et scrupuleusement conformes pour permettre la faisabilité d'une telle opération de transplantation juridique ? Doit-on ignorer le champ juridique auquel s'applique le droit, les libertés collectives des travailleurs, alors que, assurément, on apprend rien à quiconque en rappelant que tout ensemble juridique doit reposer sur un

---

[1] P.-G. POUGOUÉ, J.-M. TCHAKOUA, « Le difficile enracinement de la négociation collective en droit du travail camerounais », *Afrilex*, 2000, p. 7.

[2] Sans qu'il soit nécessaire de rappeler les termes précis dans lesquels ces prérogatives ont été proclamées dans la plupart des pays africains, ainsi qu'on l'a vu sur le droit de grève dans les ordres internes malien et sénégalais…

système de représentation, un ordre de valeur, dans lequel devront être intégrées les réalités économique, sociologique, culturelle ?

600.A ce niveau de rapprochement, les difficultés générées par la méthode du copier-coller méritent d'être soulignées. Le problème relatif au manque d'effectivité des libertés collectives des travailleurs en apporte la confirmation. Ce schéma, souvent utilisé par les chercheurs pour expliquer les vestiges du droit africains, et qui est aujourd'hui fortement décrié voire, à certains égards, fustigé, prend principalement place dans le champ du problème de l'ineffectivité. C'est pourquoi, dans une certaine proportion, il est nécessaire de souscrire à l'opinion majoritaire des observateurs publicistes et travaillistes africains qui souhaitent, dans l'architecture du droit, un changement méthodologique significatif, en vue de la recherche de la réalisation des prérogatives humaines à valeur fondamentale.

601. Il convient de se demander si, dans le champ juridique béninois, le problème du mimétisme est ou non exclusif aux libertés collectives des travailleurs ? La problématique serait-elle circonspecte aux fameux droits sociaux à fondamentalité vacillante ? Dans son ouvrage, dont l'économie se rapporte au degré de vivacité des droits et libertés des personnes constitutionnellement protégés par l'État béninois, M. GBAGO répond par la négative. Pour l'auteur, « l'État béninois aujourd'hui monopolise le droit enseigné dans les facultés en présentant son uniformité comme un dogme. Pourquoi s'étonner de son échec ? La question fondamentale dans le Bénin actuel : comment partir du droit *reçu* pour réguler correctement notre société ? L'Occident observe M. ALLIOT, privilégie l'être et les rapports, l'Afrique les fonctions. Quelle place les codes réservent-ils aux fonctions familiales et sociales ? La famille et les lignages qui s'occupent toujours des cérémonies (naissances, mariages, décès, ...) n'ont encore aucune personnalité »[1].

À travers son analyse, jalonnée de propositions relatives à la lutte contre l'ineffectivité des droits fondamentaux[2] des personnes, M.

---

[1] *Le Bénin et les droits de l'homme, op. cit.*, p. 19.

[2] Puisque, toute façon, l'auteur a consacré l'objet de sa réflexion à la réalité des *droits de l'homme* au Bénin. Et il n'est plus besoin de revenir sur la portée et le régime juridique de chacune de ces qualifications de même que la distinction qui les opposent, celles-ci ayant été particulièrement mises en évidence à travers nos précédents développements.

GBAGO estime qu'il est indispensable aujourd'hui de donner une personnalité juridique aux groupes sociaux béninois et africains, lesquels jouent un rôle central dans l'organisation de la vie dans les sociétés africaines ; il faudra, pour ce faire, définir – ou redéfinir – les sources du droit formelles et sociologiques dans une perspective de pluralisme juridique[1] ; il faudra en effet procéder de la sorte, pour accéder à l'objectif de l'effectivité car « au Bénin aujourd'hui l'individu n'est plus lié comme par le passé aux familles et aux lignages »[2]. Ce constat général[3] (dont il n'est plus nécessaire d'insister sur le caractère multidimensionnel des utilités qu'elles véhiculent[4]), s'applique par essence aux libertés collectives des travailleurs d'une part, en raison du caractère mimétique par lequel s'énonce et se formule le contenu de chacun de ces droits[5] d'autre part, au regard des différentes variantes des difficultés souvent rencontrées sur le chemin de l'effectivité des droits constitutionnels de l'homme au travail[6]. Mais l'auteur ne restreint pas son étude au cadre exclusif béninois.

b. Dans le cadre des autres pays de l'Afrique francophone

602. Au début des années 1980, B. DAVIDSON écrivait : « les machines et la science moderne venaient bien de là (l'Europe), dans ce cas pourquoi pas les institutions politiques, les lois, les formes de démocraties et les genres de vie économique »[7]. Ces propos, qui ne constituent que la résultante singulière du procédé du mimétisme

---

[1] Ibid.

[2] Ibid.

[3] Qui repose essentiellement sur la part de responsabilité à supporter par le procédé du mimétisme juridique dans les dédales de la méthode du copier-coller.

[4] Ce qui est particulièrement intéressant sur l'objet de droit concerné.

[5] Mais il n'est plus nécessaire de revenir sur les limites de l'analyse, préalablement évoquées.

[6] On l'a vu – L. DÊNAKPO, *Rapport du Bénin, Formation syndicale sur les NTICS et la Déclaration de l'OIT sur les principes et Droits Fondamentaux au Travail et son suivi, op. cit.*, ibid. – dans le décor de l'applicabilité et de l'application des conventions internationales du travail au niveau national – C. A. KENOUKON (dir. J.-C. JAVILLIER), *Effectivité et efficacité des normes fondamentales et prioritaires de l'OIT : cas du Bénin et du Togo, Institut international d'études sociales, op. cit.*, ibid. – ainsi qu'il ressort des observations antérieures.

[7] B. DAVIDSON, *L'Afrique au XXème siècle, l'éveil et les combats du nationalisme africain,* E.D. J.A., 1980, p. 227.

juridique, mettent particulièrement en relief la réalité et les pratiques africaines du moment. La remarque ne vient pas de nous : « la réalité et les pratiques africaines du moment font cohabiter un droit d'essence occidentale dans un champ juridique totalement différent, constitué de divers groupes parentaux, territoriaux et religieux liés par des relations d'interdépendance et de solidarité. Des raisons historiques, circonstancielles et probablement pratiques ont poussé ce droit greffé à ignorer les vécus juridiques des populations concernées »[1].

Partant de son postulat du mimétisme, l'auteur montre, à travers l'état des lieux du droit africain et par un rappel des caractères et des méthodes par lesquelles il s'élabore, comment celui-ci est aujourd'hui « tantôt une réception des normes internationales »[2], « tantôt un succédané du droit français »[3]. Élargissant le champ de sa recherche à l'effectivité des droits fondamentaux dans les pays de l'Afrique francophone, il explique (preuve à l'appui apportée à partir de l'analyse de la situation juridique aussi bien béninoise qu'africaine) la manière dont les méthodes employées pour concevoir les différentes branches du droit africain ont ignoré, non seulement « les vécus juridiques des populations concernées »[4], mais aussi « les cultures humaines » et « juridiques » de l'Afrique c'est-à-dire, entre autres, « des coutumes qui sont plus présentes dans les cultures *africaines* pour expliquer les valeurs »[5].

Fort de ce constat, l'auteur ainsi que bien d'autres[6] retiennent cette ignorance comme principal fondement de l'inefficacité et de l'échec du Droit, mais encore, du droit du travail et en particulier des droits sociaux des travailleurs ; en bout de course, la résultante linéaire des difficultés méthodologiques d'adoption de règles de droit non conformes. Dans le cadre gabonais, le rappel d'une décision de justice datant des années 1960 qui peut aujourd'hui paraître obsolète (en dépit de son intérêt historique indéniable), permet d'illustrer le phénomène. La Cour de Libreville affirmait – en clair – que « l'indépendance du Gabon n'a pas eu pour conséquence de remettre en cause les textes promulgués lors de

---

[1] *Op. cit.*, p. 16.
[2] Ibid., p. 12.
[3] Ibid.
[4] *Op. cit.*, p. 17.
[5] Ibid., p. 12.
[6] Notamment, M. le professeur É. Le ROY, ainsi qu'il a été donné de le constater, ou encore O. O. Sidibé, ainsi qu'il sera donné de le faire remarquer…

la souveraineté française mais de les nationaliser au sens gabonais »[1]. Sans nécessité de recourir à des exemples disjoints aux fins d'illustration du phénomène dans chacun des pays de l'*A.O.F*[2], d'un point de vue général, l'Ancien Directeur de l'E.N.A. malien, M. O. O. SIDIBÉ, le met en évidence.

Dans sa contribution consacrée aux *réalités africaines et enjeux pour le droit du travail*, l'auteur montre comment « dans chacun des pays africains…, les codes du travail, presque toujours inspirés des anciennes législations coloniales, ne tiennent compte que du modèle classique des relations de travail, plus proches des réalités des pays du Nord, bien que la situation ait largement évoluée même dans ces pays avec la montée du chômage, de l'exclusion et de nouvelles formes de travail notamment à temps partiel et le travail à domicile »[3]. Le diagnostic ne manquait pas d'être confirmé par les analystes expérimentés des mécanismes de fonctionnement du système juridique africain. Ainsi ajoutaient-ils qu'il fallait s'attendre, certes, à nombre d'impacts sur les droits constitutionnels des travailleurs, plus généralement sur les libertés fondamentales des personnes humaines.

B. LES IMPACTS DU MIMÉTISME JURIDIQUE

603.À ce niveau de réflexion, pour obvier tout risque d'incompréhension, une précision s'avère importante : autant le dire dès maintenant, l'objet de la réalisation de cette étude ne démontre en rien l'existence d'une quelconque volonté (aussi nuisible qu'elle puisse d'ailleurs être) de faire « un procès en mimétisme, d'une manière ou

---

[1] C.A. Libreville, 8 janvier 1963, *Penant*, p. 548.

[2] Puisque, toute façon, nombre d'auteurs (et pas des moindres) l'ont déjà fait avant nous. Notamment : G. CONAC, *Les institutions administratives des États francophones d'Afrique noire-La vie du droit en Afrique*, Paris, Economica, 1979, p. VII s ; et plus spécifiquement sur le Cameroun : L. KAPTUÉ, « Droit et syndicalisme au Cameroun », *RJA*, 1994, p. 70 ; sur le Gabon : G. PAMBOU-TCHIVOUNDA, *Essai sur l'état Africain postcolonial*, L.G.D.J., 1982, p. 18 s. ; ou encore M. REMONDO, *Le droit administratif gabonais*, LGDJ, 1987, p. 23 s ; sur le Sénégal : A.I. NDIAYE et B. TIDJANI, *Mouvements ouvriers et crise économique : les syndicats sénégalais face à l'ajustement structurel, Séries de monographies*, Codestria, Dakar, 1995.

[3] *Op. cit.*, p 2.

d'une autre encore et toujours, jusqu'à y inclure des phénomènes qui … paraissent en échapper »[1]. M. le professeur du BOIS de GAUDUSSON fustige de telle pratique – presque ordinaire –, qui consiste à voir la faillite – et l'échec du droit africain – dans le seul prisme du mimétisme juridique. Et l'on comprend cette fustigation, à travers les conséquences (en vérité les inconvénients) générées par une telle conduite. D'ordinaire, elle consiste en un choix de lecture étriquée et corpusculaire (parcellaire aussi, à certains égards) de la problématique. Plutôt que de servir à faire avancer le débat, à rendre notamment les libertés collectives des travailleurs plus effectives et vivaces, le procès en mimétisme, auquel d'aucuns s'adonnent de façon systématique et tarabiscotée, se révèle davantage au détriment de la promotion des prérogatives humaines des africains. Tel un boomerang, il est porteur d'insuffisance analytique et peut aller jusqu'à nuire à l'intérêt de la réalisation des droits fondamentaux de cette catégorie de population.

Occultant les autres phénomènes et explications probantes, cette grille de lecture que l'auteur – particulièrement autorisé sur l'étude des systèmes juridiques africains – considère comme une « convocation systématique du mimétisme »[2], conduit à sombrer dans le pessimisme primaire et à observer – sinon à appréhender – l'avenir du droit africain sous des auspices quelque peu fatalistes et lugubres. C'est que la démarche, dans sa structure, rompt avec les exigences escomptées d'un travail de recherche, lequel doit porter l'espoir et la promesse d'une innovation juridique, en tout cas, d'une amélioration possible du sujet soumis au traitement.

L'objet de la réalisation de cette étude ne démontre en rien l'existence d'une telle volonté. Les conséquences exposées ci-dessus, ne peuvent qu'amener *nolens volens* à souscrire à la récusation. Du moins et dans la mesure du possible, cet objet essaie d'identifier puis d'expliquer, s'agissant de l'ineffectivité et de la difficile réception des droits fondamentaux en Afrique[3], les différents éléments causals parmi lesquels on trouve, sans doute, le mimétisme juridique ; il y occupe une place principale, mais non exclusive. Sans conteste, cette place est d'autant plus principale que la méthode du mimétisme juridique conduisit

---

[1] « Le mimétisme postcolonial, et après ? », *op. cit.*, p. 48.
[2] Ibid., p. 55.
[3] « Réformes et réception des droits fondamentaux du travail au Sénégal », *op. cit.*, p. 1.

également à un mimétisme économique et à une recrudescence des différentes formes de l'informel.

a. Du mimétisme juridique au mimétisme économique

604. Tout en fustigeant le mimétisme juridique systématique – avec son corollaire constitué par le recours exclusif au fait colonial – pour expliquer l'échec de la réception des droits fondamentaux en Afrique, M. le professeur du BOIS de GAUDUSSON attire l'attention sur deux points essentiels. Il attire l'attention, en premier, sur le fait « qu'on ne saurait ignorer les ressemblances textuelles, les recopies d'articles de constitution, la reprise de systèmes forgés ailleurs, les conditions d'élaborations de nombreux régimes aboutissant à de véritable *copier-coller* »[1]. En deuxième, il souligne « qu'on ne saurait sous-estimer les conséquences incontestées et incontestables du fait colonial »[2]. Et l'auteur d'ajouter pour conclure : « comme l'on abondamment démontré les historiens, les pratiques autoritaires, les difficultés de consolidations de la démocratie, dans la version libérale, en Afrique renvoient au moment colonial et à la reproduction de son héritage au lendemain de l'indépendance. Ils ont laissé des traces »[3].

En résumé, selon les observations de la sommité du droit africain, s'il est de toute évidence contestable de recourir de manière mécanique et biaisée à la pratique du mimétisme juridique pour expliquer l'échec du Droit en Afrique, il est tout autant (et sans nul) doute inadmissible d'occulter le facteur colonial secondé par le mimétisme juridique dans l'explication de ce constat de l'échec. L'un comme l'autre sont indispensables et doivent être pris en compte, à leur juste proportion, cependant. Il ne s'agit, ni de sombrer dans le pessimisme primaire, en circonscrivant l'analyse sous le seul angle du mimétisme juridique, ni de faire preuve d'angélisme excessif, par déni d'implication et de participation de la méthode du *copier-coller* dans l'obstruction des voies d'accès à la réalité des droits fondamentaux des personnes en Afrique. De fait, se gardant de ne reproduire aucune de ces deux carences dans la

---

[1] *Op. cit.*, p. 47.
[2] Ibid., p. 46.
[3] Ibid.

présente analyse, il est nécessaire de se rendre compte de l'évidence. Il va sans dire, à propos des libertés collectives des travailleurs, que, très tôt, l'intégration économique a secondé l'intégration juridique[1]. Pour le dire autrement, une idée s'est rapidement imposée : à un espace juridique mimétique et intégré par voie d'uniformisation et d'harmonisation, devrait correspondre un espace économique mimétique et intégré par choix – imposé et non pas négocié – des règles de fonctionnement de l'économie de marché dans les pays africains[2].

605. Il n'est pas nécessaire de s'appesantir sur la catégorie de l'objet, en regard de la pléthore des études consacrées à la chaine des mimétismes. Nombre de travaux scientifiques ont déjà démontré, en substance, les inconvénients sur le plan africain du mimétisme économique, des programmes d'ajustement structurel et des politiques d'aide internationales au regard de la faiblesse de la protection des droits constitutionnels des travailleurs[3]. Un bref rappel des points se rattachant au sujet des droits des travailleurs suffira dans le cadre de cette réflexion.

---

[1] J. ISSA-SAYEGH, « L'intégration juridique des États africains de la zone franc », *Penant*, n°823, p. 3 s. et n° 824, p. 125 s.

[2] Ibid.

[3] Cf. notamment, « L'impact des programmes d'ajustement structurel », *AISS*. Genève, Documentation de sécurité sociale, n° 15, 1994 ; « Les révisions des codes du travail en Afrique francophone », Document de travail, Atelier conjoint BIT/Banque mondiale. Washington DC octobre 1995, B*IT Genève,* p. 4. ; « Ajustement, emploi et développement au Sénégal, 5 études » par E. LEE et M. LOUFTI, L. GOREUX, B. FALL, M. SIDIBE, D. DIOP, *BIT Genève,* 1992.- « L'impact des programmes d'ajustement structurel, 5 études (Tanzanie, Cameroun, Tunisie, Ghana, Burundi) », *AISS*, Genève, Documentation de sécurité sociale n° 15, 1994.- Programme mondial de l'emploi. L'ajustement structurel, l'emploi et la pauvreté à Madagascar. Programme des emplois et des compétences techniques pour l'Afrique, PECTA, Addis Abeba, *OIT*, 1993.- F. STANKIEWICZ, « Ajustement structurel et formation au Niger », Formation : Études de politiques, n°14 Service d'élaboration des politiques et programmes de formation, *BIT*, Genève, 1994.- C. MORRISSON, J.D. LAFAY et S. DESSUS, « La faisabilité politique de l'ajustement dans les pays africains », Centre de développement de l'OCDE, Documents techniques, n° 88, novembre 1993.- Les dimensions sociales de l'ajustement structurel au Burkina Faso, Conférence CISL/ORAF/ONLS, Ouagadougou, 27-29 mars 1995.- M. CARTON, Ch. COMELIAN et P. DIOUF, « Ajustement structurel, éducation et formation au Sénégal », *BIT*, Genève, Document de travail n°113, 1993.- Ph. EGGER, Ph. GARNIER et J. GAUDE, « Ajustement structurel compensation sociale : études de cas au Honduras, Madagascar et Sénégal », ILO Geneva, Occasional paper11, july 1993.- J.P. LACHAUD, L'ajustement structurel et le marché du travail en Afrique francophone. Institut international d'études sociales, Genève, Discussion papers.- Rapport sur l'ajustement

On se souvient qu'à la fin des années 1980, au moment où la baisse des prix des matières premières enlevait aux pays africains la possibilité de faire face durablement au service de leur dette extérieure, les États africains devenaient surendettés[1]. Le triplement des charges à rembourser[2] conduisit « les États africains à se lier aux programmes des institutions financières internationales, notamment de la Banque Mondiale et du Fonds Monétaire International, qui leur imposèrent des mesures drastiques de stabilisation et d'ajustement structurel, avec une kyrielle de conditionnalités »[3]. La nouvelle politique économique venant soumettre les pays africains à la souveraineté absolue de la volonté des bailleurs de fond et à la loi – parfois impitoyable – du marché, ne se serait pas révélée aussi néfaste pour la réalisation des droits fondamentaux en Afrique, si et seulement si elle n'était pas accompagnée d'un corollaire catastrophique. Si et seulement si, la nouvelle politique économique imposée par les institutions financières internationales ne consacrait pas « l'hégémonie absolue de l'économique et la remise en cause des politiques protectrices socialisantes de l'État »[4], c'est-à-dire « l'hégémonie du néolibéralisme et la remise en cause des politiques de protection sociale »[5].

Sous les contraintes des bailleurs de fond, au début des années 1990, les dirigeants des pays africains ont été obligés de précariser le travail, de généraliser les emplois temporaires, de flexibiliser les horaires du travail et, pour finir, d'assouplir les procédures de congédiement. Le problème en a été que de cette précarisation du travail, généralisation des contrats à

---

structurel au Sénégal, OIT, PECTA, Document de travail, Addis Abeba, 1993.- L'ajustement structurel, l'emploi et la pauvreté au Burundi, *OIT*, PECTA, Document de travail, Addis Abeba, 1993.- L'ajustement en Afrique : les réformes, les résultats et les chemins à parcourir. Conférence débat, Yaoundé juin 1994, Compte rendu.- M. KOUADIO BENIE, « L'ajustement structurel et les institutions du marché du travail en Côte d'ICfe », Réunion du réseau du marché du travail en Afrique, Ouagadougou, novembre 1992, *OIT*.

[1] « Réforme et réception des droits fondamentaux au Sénégal », *op. cit.*, p. 2.
[2] Qui découle, d'abord de ce que la majeure partie des pays africains n'étaient pas producteur du pétrole, ensuite du fait que les emprunts contractés dans les années 1970 par tous les pays africains contenaient des clauses d'indexation des taux d'intérêt aux taux d'inflation des pays du Nord, enfin de l'objet faisant que lesdits emprunts étaient de surcroit libellés en dollars ; Ibid.
[3] Ibid.
[4] Ibid.
[5] Ibid.

durée déterminée, flexibilisation des horaires de travail, des procédures du licenciement ont généré une insécurité et instabilité majeures, les salariés ayant été davantage préoccupés par la lutte pour l'amélioration de leur condition de travail que par la défense de leur emploi[1].

M. SIDIBÉ, pour sa part, insiste sur le fait que la nouvelle politique économique s'est accompagnée partout en Afrique « d'une volonté d'ignorance des spécificités locales et d'imposition d'un modèle unique d'organisation des entreprises et des relations de travail »[2]. Ce basculement sémantique, du mimétisme juridique au mimétisme économique, se réalisa par le truchement des politiques d'ajustement structurel, des différents programmes imposés par la Banque Mondiale, le Fonds Monétaire International et d'autres institutions économiques, financières ou monétaires internationales. Fatalement, il allait conduire le droit africain à recevoir la problématique de la classification des libertés et droits fondamentaux, dans le prolongement des interrogations relatives à la subordination des droits sociaux des travailleurs au profit de l'employeur. En toute attente, apparaît le problème de la hiérarchisation des libertés collectives des travailleurs et des droits civils et politique[3].

Mais les impacts du mimétisme juridique ne se limitent guère à ce seul basculement. On les observe également à travers l'évolution galopante du secteur informel dans les différentes branches d'activité de l'économie africaine, ce qui explique davantage la nature et le poids précis du lien existant entre le secteur informel et l'échec de la méthode mimétique en Afrique.

b. Le secteur informel ou l'échec du mimétisme juridique

606. Divers études et rapports étayent le lien de causalité – qui existe – entre l'échec de la méthode du mimétisme juridique et l'essor

---

[1] *Op. cit.,* p. 14.

[2] « Réalité, espace et avenir du droit du travail en Afrique noire francophone », *op. cit.,* p. 3.

[3] Il n'est cependant plus nécessaire de revenir ici sur la finalité plurielle de la réalisation des libertés collectives des travailleurs ne bénéficiant pas exclusivement aux seuls travailleurs mais également à l'employeur, ce point ayant déjà été préalablement développé. *Cf. infra.* n° 461 s.

exponentiel de l'économie informelle en Afrique. Sans aucune prétention à l'exhaustivité, on pourrait en citer deux, étant nécessaire de préciser en prélude que, selon la définition du B.I.T., le secteur informel recouvre « toutes activités économiques qui ne sont pas soumises à des règles contractuelles, à des autorisations, à une fiscalité, à une inspection du travail, ayant un caractère structuré »[1].

D'abord, il est possible d'évoquer l'étude d'un auteur (par ailleurs pourvu d'une autorité particulière sur la question) ; il s'agit de celle de M. le professeur GODINEC, qui explique les circonstances dans lesquelles la compétition sourde (alors instrumentalisée par le mimétisme juridique) entre, d'un côté, la coutume et les usages africains et, de l'autre, le droit importé et à certains égards éloigné des nations africaines, mène inéluctablement au développement de l'informel dans différents domaines de même qu'à la réduction du champ d'application du droit exogène, inadapté, constitué par le droit moderne africain[2]. À travers son analyse, l'auteur met en évidence l'apparition d'une forme inédite de résistance endoculturelle qui s'exprime par le rejet voire, pour reprendre la formule consacrée à cet effet, le « refoulement », des différents modes de fonctionnement mimétique greffés et imposés à la société africaine[3].

On peut ensuite citer l'étude de M. le professeur Le ROY (tout aussi sanctionné d'une autorité particulière en la matière) ; dans son article – au titre évocateur – consacré *aux formes de l'informel et à l'échec du Droit* en Afrique, l'anthropologue du droit décrit deux situations. La première atteste que l'informel, ou du moins ce que l'on désigne ou saisit comme tel, ne serait pas sans formes, même si la doctrine le considère parfois comme que de l'infra-droit ; n'était, plus crûment, du droit déprécié, sinon du non-droit[4]. La deuxième, finalement, explique les raisons pour lesquelles le miroir déformant du droit officiel, où se développe le secteur informel, ne constitue que le résultat de l'échec du Droit et du procédé du mimétisme juridique[5].

---

[1] B.I.T., « Le travail dans le monde », Genève, 1984, p. 30.

[2] P.F. GODINEC, « L'État de Droit en Afrique, le sens des mots », *RJPIC* 1998, p. 9.

[3] Ibid.

[4] Cf. dans le même sens : J. CARBONNIER, *Flexible du droit*, Paris, LGDJ, 1979.

[5] É. Le ROY, « Les formes de l'informel ou l'échec du Droit », Claude Marchand (éd.), Nord-Sud, de l'aide au contrat, pour un développement équitable, Paris, Syros, p. 142-153.

Le délaissement par les acteurs économiques locaux de l'activité formelle s'explique par plusieurs mobiles : mise en place de législations du travail en inadéquation complète avec les besoins exprimés par le marché interne, rigidité excessive imposée par des textes étrangers au contexte africain, insuffisance notoire des administrations du travail sur le plan logistique et organisationnel, transplantation d'un modèle unique d'organisation du marché[1]. Les programmes d'ajustement structurel, les plans d'urgence d'assainissement des finances publiques imposés par les bailleurs de fonds aux pays africains, ont en effet entrainé « le rush des petites et moyennes entreprises industrielles du secteur formel vers le secteur informel »[2] : les facteurs explicatifs des difficultés de réception des libertés collectives de l'homme africain au travail sont en effet à chercher dans les implications de cette compétition sourde entre l'économique et le social[3].

607. Mais le facteur du mimétisme juridique n'est pas le seul qui concoure à la formation de la problématique de l'ineffectivité des droits fondamentaux des personnes. Là est un point déterminant de l'analyse.

On se souvient des récents propos de M. le professeur du BOIS de GAUDUSSON, qui expliquent les raisons pour lesquelles l'invocation systématique du mimétisme juridique et le recours presque mécanique « à la colonisation, si fondés soient-ils, n'expliquent cependant pas tout »[4] dans la situation actuelle de l'échec du Droit en Afrique : « d'autres paradigmes sont aujourd'hui plus convaincants (le degré de développement, la pauvreté, l'histoire etc.) »[5]. D'où la nécessité d'inviter à ne pas considérer à tort la spécificité culturelle comme la véritable cause des difficultés de réception des droits fondamentaux sur le continent noir alors que, et il convient de le souligner, le problème est davantage lié à la fragilité de la situation économique de ces États qu'à la richesse et à la variété des cultures et des traditions[6].

---

[1] « Réalités africaines et enjeux pour le droit du travail », *op. cit.*, p. 2

[2] « Réformes et réceptions des droits fondamentaux du travail au Sénégal », *op. cit.*, p. 6.

[3] Ibid., p. 7.

[4] « Le mimétisme postcolonial, et après ? », *op. cit.*, p 46.

[5] Ibid.

[6] « Réformes et réception des droits fondamentaux du travail au Sénégal », *op. cit.*, p. 1 s.

Le rapport entre le mimétisme juridique et la recrudescence du secteur informel est suffisamment connu ; il ne peut être passé sous silence. De la même manière, on ne peut ignorer l'implication des situations de vulnérabilité économique des pays africains, dans le développement des différentes formes de l'informel. Ainsi que le précise les différents auteurs, le passage du secteur formel au secteur informel de nombre d'entreprises africaines est assurément lié à un principal facteur ; il s'agit de la pression (en partie fiscale) parfois exercée excessivement par les gouvernements africains en raison de leurs difficultés de trésorerie notoires[1].

Une proposition usuelle est formulée par M. le professeur SAMB, pour remédier à de telles difficultés économiques des pays du Sud. Elle est relative à l'adoption d'une politique internationale certes volontariste mais effective et désintéressée (et encore !), destinée à accompagner les pays africains dans leur processus de développement. Pour enfin postuler l'efficacité, elle devra se réaliser sous la seule férule de la protection des droits fondamentaux des personnes, et non se soumettre à la prépondérance du droit économique, à la préservation obsessionnelle de l'intérêt financier des bailleurs de fonds dans le prisme des préceptes de l'économie de marché[2] ; certains diront de « l'économie communiste de marché »[3].

Dans l'appréciation des difficultés de protection des droits fondamentaux de l'homme-situé en Afrique, la question de la fragilité de la situation économique des États africains occupe une place non négligeable. Il est indispensable d'en tenir compte, afin d'offrir aux travailleurs la possibilité de s'accomplir dans l'espace de l'entreprise. Le paradigme des difficultés économiques ne peut assurément être occulté. Cela relève de l'évidence, même si, on le sait, le mouvement du mimétisme juridique et de l'informel est si sourd, les résistances si fortes, qu'il ne faudrait pas oublier de recentrer l'analyse sur l'une de ces principales causes. C'est assurément pour ce faire que, dans leurs analyses respectives, les observateurs africains soutiennent que l'accès à l'effectivité des libertés collectives des travailleurs et aux droits fondamentaux des personnes passe nécessairement par l'audace du

---

[1] Ibid.
[2] Ibid.
[3] *Cf. infra.* n° 438 s.

pluralisme juridique, dans le choix de la méthode de conception du droit en tant que mode d'organisation de la société.

SECTION II. OSER LE PLURALISME JURIDIQUE POUR ACCÉDER À L'EFFECTIVITE DES DROITS FONDAMENTAUX EN AFRIQUE

608. Entre cris et chuchotement[1], violence et espérance[2], dignité et sacralité[3], le souhait d'audace est diversement exprimé par les auteurs : à l'aube des années 2000, lors du *Colloque international de l'Académie africaine de théorie du droit* organisé à Yaoundé, des intervenants aussi divers et éminents que MM. J. POIRIER, C. KUYU MWISSA, M. ALLIOT se sont réunis autour d'une *Table ronde* pour « repenser les droits africains pour le XXIème siècle »[4]. Deux ans plus tard, la nécessité allait de nouveau être formulée d'« inventer un droit nouveau pour répondre à la crise des sociétés africaines »[5]. Comme si cela ne suffisait pas, dans le prolongement de l'exigence constituée par la nécessité méthodologique de l'audace du pluralisme juridique, récemment encore, la question de la recherche d'un modèle correspondant à la démocratie africaine a également préoccupé un auteur[6].

Prenant soin de condamner les tares du procès systématique en mimétisme juridique ou le recours réducteur au fait colonial pour expliquer l'échec du Droit, M. le professeur Le ROY estime que, cette audace, dans le prolongement de laquelle pourra s'obtenir la réalisation des prérogatives fondamentales des personnes, davantage celles des personnes liées à un employeur par un contrat de travail, doit passer par

---

[1] É. Le ROY, *Les Africains et l'Institution de la Justice : entre mimétisme et métissages, op. cit.*, cf. résumé.
[2] Ibid.
[3] A. TUNC, G. CONAC (dir.), *Sacralité, pouvoir et droit en Afrique*, Éd. du CNRS, 1979, p. 224 s.
[4] *Repenser les droits africains pour le XXIème siècle,* éd. Karthala.
[5] E. Le ROY, « Inventer un droit nouveau pour répondre à la crise des sociétés africaines », Marchés tropicaux et méditerranéens, n° spécial 30ème anniversaire ? n°3000, 9 mai 2003.
[6] P. QUANTIN, « La démocratie en Afrique à la recherche d'un modèle », *Pouvoirs*, n°129, 2009, p. 65.

deux étapes : la rupture nécessaire avec une pratique surannée et l'invention indispensable d'un droit plus africain sont décrits comme les passages obligatoires.

A. LA RUPTURE NÉCESSAIRE AVEC UNE PRATIQUE SURANNÉE

La démarche – ô combien pertinente et encore d'actualité – de M. le professeur Le ROY doit retenir l'attention. Sans être le seul[1], l'auteur remonte à la source, à la racine même des techniques employées pour importer le droit moderne dans le champ juridique africain. Ainsi procède-t-il pour faire comprendre les raisons pour lesquelles l'accès à l'efficacité des libertés collectives des travailleurs et des droits constitutionnels des personnes ne pourrait que passer par la preuve – encore attendue – de la réalisation de l'audace souhaitée.

a. S'agissant des libertés collectives des travailleurs

609. Aujourd'hui, au Bénin comme partout dans les pays africains francophones, selon des proportions il est vrai variables, tout le monde s'accorde à reconnaître que les libertés collectives des travailleurs ne sont pas effectives. En tout cas, c'est ce que souligne le rapport de Mme DÉNAKPO[2] et bien d'autres sur l'Afrique en général[3].

Au demeurant, lorsqu'on se réfère aux propos – à certains égards prémonitoires – de G. MARTENS, il n'y a aucune matière à étonnement. À leur connaissance, la surprise s'estompe, tant l'auteur avait pris le pari de l'échec actuel du droit moderne africain. Dans son analyse, il explique

---

[1] J. G. BIDIMA, G. MARTENS, …etc.

[2] *Rapport du Bénin, Formation syndicale sur les NTICS et la Déclaration de l'OIT sur les principes et Droits Fondamentaux au Travail et son suivi, op. cit.,* ibid.

[3] « Même si les normes en vigueur en Afrique, reconnaissent la liberté syndicale et le droit à la négociation collective, les États développent une politique répressive hostile au mouvement syndical et adoptent des règles restrictives à l'exercice du droit de grève, contraires aux normes des conventions n°87 et 89 de l'OIT adoptées et ratifiées dans ces États », « Réformes et réceptions des droits fondamentaux au Sénégal », *op. cit.,* p. 8.

les manières par lesquelles les organisations syndicales ont été mises en place dans la plupart des pays africains et les limites inhérentes à leurs modes de fonctionnement. G. MARTENS rappelle à propos des organisations syndicales que, « au début, la plupart furent créées par des salariés expatriés et manipulés à partir de l'étranger, servant souvent directement les intérêts des groupements politiques et syndicaux français »[1]. Ceci conduisit, ajoute-t-il, à instaurer une certaine concurrence entre les structures traditionnelles existantes et les nouvelles institutions syndicales mises en place par les expatriés manipulés à partir de l'étranger[2], au détriment des premières[3].

Se posant la question de savoir si l'Afrique a besoin des syndicats, l'auteur souligne que dans le Dahomey d'alors (de même que dans tous les autres pays de l'A.O.F), des sociétés d'aide mutuelle et des groupes urbains de solidarité ethnique ont existé longtemps[4] et ont fonctionné avec des résultats à certains égards préférables à la situation actuelle de faillite du Droit ; c'est que les valeurs de dignité, d'égalité, de liberté – caractéristiques de l'État de droit et de la démocratie tels qu'ils se présentent en occident –, sont consubstantielles par nature à toutes sociétés humaines, en dépit de la manière parfois dont elles sont dévoyées et débauchées de leur intention première par les responsables politiques. Le peuple en privation, quel qu'il soit, risquera toujours de les revendiquer, à un moment ou un autre. Dans cette ligne de conduite, sans embarras, le scientifique précise : « les institutions syndicales modernes furent importées de l'Europe »[5] dans le but de « maintenir une illusion d'harmonie sociale sur une force de travail docile en sapant toute possibilité de protestation sérieuse pouvant émaner du mouvement des travailleurs »[6]. Ainsi, un groupe jouant contre l'autre, cela devient un jeu de discréditer les groupements traditionnels réellement chargés de défendre les droits des travailleurs. Ceux-ci étaient vite qualifiés de groupes contrôlés, tandis que les institutions syndicales modernes

[1] « L'Afrique a t-elle besoin des syndicats ? », in *Le Mois en Afrique*, juin – juillet 1984, n°221-222, p. 50 s.
[2] Ibid., p. 54.
[3] G. MARTENS, « Le syndicalisme en Afrique occidentale d'expression française : de 1945 à 1960 », *op cit.*, ibid.
[4] Ibid., p. 53.
[5] Ibid., p. 53.
[6] Ibid.

importées de l'Europe, elles, furent considérées comme des syndicats totalement indépendants[1].

Or s'empresse-t-il aussitôt d'affiner. Il souligne, d'une part : « certains syndicats dits totalement indépendants sont dans l'ensemble inefficaces pour résoudre des litiges importants, tandis que d'autres, bien que semblant tomber dans le groupe dit contrôlé, sont assez efficaces à représenter les intérêts des travailleurs tant au niveau local que national »[2]. D'autre part, « de telles définitions relatives peuvent être utiles à l'examen des organisations des travailleurs dans l'ensemble européens ou américains mais sont rarement entièrement adaptables à l'Afrique où elles peuvent souvent indiquer des situations assez différentes. Le développement et l'héritage socio-économique nettement contrastant entre l'Afrique et le monde occidental ou marxiste rend de telles catégories précises extrêmement difficiles à appliquer dans quelques sens significatifs que ce soit »[3].

Mais la dimension prémonitoire des propos de l'auteur ne réside pas dans ces premières affirmations. Elle est logée dans le rappel des conséquences produites par d'autres pratiques surannées, dont il craint le renouvellement farouche, s'agissant de la mise en place de ce qu'il nomma les « institutions syndicales modernes ». Un rapprochement habile et subtil a pu suffire : « les tentatives faites par les théoriciens marxistes-léninistes pour réduire le fonctionnement des organisations des travailleurs en Afrique à des catégories gelées d'un certain ensemble universel et inévitable de relations [avait donné] des résultats peu satisfaisants et également stériles »[4].

Il conviendra assurément, aux dirigeants politiques et aux leaders syndicaux béninois et plus globalement africains, de tenir compte de ces constatations de nature certes, historique, mais toujours stimulantes et précisément utiles dans le champ de l'actualité. Le mouvement syndical qui, on le sait, a joué un rôle principal dans le combat pour l'indépendance et le développement des pays africains, mérite assurément de retrouver ses lettres de noblesses, dans un environnement

---

[1] Ibid.
[2] Ibid., p. 55.
[3] Ibid., p. 56.
[4] Ibid., p. 56.

actuel caractérisé par un manque d'adhérent constant voire, une désyndicalisation progressive à tout vent. Les propos de M. G. MARTENS devront pour ce faire, être pris en compte dans la nécessité de l'audace du pluralisme juridique. Dans le même dessein, et de manière presque semblable au fond, M. le professeur Le ROY explique, sur le chemin conduisant à la compréhension et à l'admission des droits des personnes-situées, que les pratiques surannées ci-dessus décrites ne concernent guère la catégorie limitée des libertés collectives des travailleurs mais, davantage, la communauté des prérogatives inhérentes à la dignité de la personne humaine.

b. S'agissant des droits fondamentaux des personnes

610. Selon l'analyse de l'auteur[1], en se gardant d'adresser une convocation systématique au mimétisme, on doit mettre en évidence le lien direct – essentiel mais non exhaustif – qui existe entre d'un côté le mimétisme juridique et certaines pratiques surannées du temps colonial et de l'autre l'échec du Droit en Afrique : « mais est-ce vraiment raisonnable qu'une doctrine africaine se contente aussi paresseusement d'ânonner les règles du droit positif de l'Occident ? La Force des choses et la force des évènements doivent nous pousser à cesser de voir avec les yeux d'autrui et de penser avec la tête des autres »[2]. Qu'on y songe ! « Le Nègre ... se dit de multiples manières, ...Seulement sur l'Afrique on a privilégié la dimension vitaliste, transcendante, finaliste et déiste, ce qui abouti des années plus tard, à justifier à partir de l'ontologie vitaliste, l'aptitude du Nègre à la passivité, au fatalisme et son inaptitude à un élan prométhéen qui découvre les lois de la nature et créée à partir d'elles »[3].

Pour M. le professeur Le ROY, la lutte contre l'échec du Droit en Afrique commence par une refondation de la Justice mais surtout par une rupture avec des pratiques surannées. Pour faire comprendre la nécessité de la refondation et de la rupture, l'auteur commence par rappeler les conditions dans lesquelles les usages et les coutumes africaines étaient

[1] Dont la pertinence n'est plus à prouver ou à démontrer tant elle fait autorité et unanimité sur la question qui nous concerne.
[2] *Le Bénin et les droits de l'homme, op. cit.,* spéc. intro.
[3] J. G. BIDIMA, *La philosophie négro-africaine,* Coll. "Que sais – je ?" PUF, 1995.

appréhendées par le droit moderne, dont il fait ressortir les liens indéniables avec les soubresauts de l'échec[1] : « nous l'avons vu, la coutume, dépréciée ou dévalorisée par l'idéologie coloniale a été progressivement associée aux vieux, au village, aux affaires de sorcelleries, aux querelles de femme »[2]. Dans le même temps, et c'est toujours l'auteur qui affine ces propos, l'oralité, la parole, la pratique du droit, qui n'est autre que les sources de vie, les manières spécifiques par lesquelles la norme prend corps, ses modèles et configurations particulières dans les sociétés africaines, furent aussi qualifiées de facteur de désordre[3].

Or, nous explique-t-il[4], le droit est moins ce qu'en dit les textes que ce qu'en font les acteurs, tant les traditions africaines proprement endogènes, les modèles de conduite et de comportements, des systèmes de fonctionnement durable, *habitus*, s'étaient montrés préalablement efficaces pour secréter et intégrer des valeurs de respect des principes de dignité humaine et de protection des droits sacrés des personnes[5]. Ainsi convient-il d'admettre, au vu de ces propos et au gré des considérations et des propositions du spécialiste, que l'accession à la réalité et à la vivacité des droits fondamentaux des personnes en Afrique passe par une césure avec de telles pratiques surannées, décrites par lui de même que par G. MARTENS s'agissant des libertés collectives des travailleurs. Il est en effet indispensable de « remettre en cause la conception du Droit qui survalorise le rôle de la loi écrite et codifiée »[6]. Dans sa principale proposition[7], l'observateur expérimentée de la vie juridique africaine ajoute que cette césure, pour qu'elle soit décisive et surtout opérante, doit

---

[1] *Les Africains et l'institution de la justice : entre mimétisme et métissage, op. cit.*, p 5 s.
[2] Ibid. p. 118.
[3] Ibid., p. 32.
[4] Dans la connaissance pertinente de la réserve se rattachant au fait que « ce n'est pas un secret pour personne que si le droit n'est pas une condition suffisante pour le développement, il en est une condition essentielle », Y.GUYON, « Conclusion », in *Petites Affiches* n°205 du 13 octobre 2004, p. 59-63.
[5] B. G. GBAGO quant à lui martèle que, « l'univers béninois n'a pas découvert les droits de l'homme du jour au lendemain » ; *Le Bénin et les droits de l'homme, op. cit.*, ibid.
[6] E. Le ROY, *Les fondements anthropologiques,* Cours de l'Institut International des Droits de l'homme de Strasbourg, Juin 1007, p. 14.
[7] Dont les termes et la nature n'émanent pas au demeurant de façon exclusive et solitaire des contributions de l'intéressé.

s'accompagner de l'invention d'un Droit plus africain, pour ainsi dire plus proche des réalités et des pratiques culturelles de la société africaine.

B. L'EXIGENCE D'INVENTION D'UN DROIT PLUS AFRICAIN

611. La question parait évidente : doit-on se résoudre à laisser se prolonger cette compétition sourde entre le droit moderne et le droit traditionnel africain, dans le prisme duquel se tisse et se renouvelle la situation de négation du Droit et des droits fondamentaux ? Faut-il se satisfaire de voir « les pays africains [s'aligner] sur la position de ceux de l'Asie du sud-ouest pour lesquels la violation des normes fondamentales du travail apparaît comme un moyen d'attirer l'investissement étranger direct et de conserver les avantages concurrentiels »[1] ? Les motifs souvent invoqués par ces États étant, au demeurant, bien connus… Le sacrifice des droits des travailleurs sur l'autel de la rationalité économique… Soumis à des pressions considérables de la part des bailleurs de fond et à des contraintes internationales de compétitivité économique, le choix de ces pays consiste à marginaliser les droits constitutionnels des travailleurs, pour ainsi donner priorité aux avantages concurrentiels dans le dessein d'attirer les investissements financiers. Comme si, finalement, les deux seraient incompatibles.

Il n'est plus nécessaire de revenir sur l'analyse des auteurs, qui met en exergue les liens structurels qui existent entre l'ineffectivité des libertés constitutionnelles des personnes et l'échec du Droit en Afrique, au travers de la consécration « de l'hégémonie absolue de l'économique et [de] la remise en cause des politiques protectionnistes socialisantes de l'État »[2]. Cela ressort des développements qui ont précédé. Il est plutôt nécessaire, à ce niveau d'analyse, de montrer, dans le but de renverser la tendance de l'ineffectivité des droits fondamentaux et de l'échec du Droit, ce à quoi pourra – et devra – correspondre le terme d'une audace escomptée. Procédons à cette identification.

D'ores et déjà, une certitude apparaît : « en raison des difficultés économiques majeures que connaît l'Afrique, il ne sert à rien d'établir

[1] « Réformes et réception des droits fondamentaux du travail au Sénégal », *op. cit.*, p. 8.
[2] Cf. *infra*. n° 218 s.

comme par le passé un catalogue de bonnes intentions totalement décalé par rapport à la réalité »[1]. En revanche, pour entériner cette audace, « pour l'Afrique, un des défis du XXIème siècle est d'inventer un nouveau contrat social, une nouvelle charte assurant un meilleur fonctionnement de la société en garantissant à tous les chances de prendre part aux décisions importantes et d'accéder aux droits fondamentaux… »[2]. D'une certaine manière, la nécessité d'audace à laquelle invitent les auteurs, a un sens et une portée aussi précis que déterminés. Il faudrait les saisir afin que le périmètre de l'invention ne soit pas confondu, à tort ou par inadvertance, à celui de la dénaturation ou de la variabilité multiculturelle du respect des droits fondamentaux des personnes.

a. Le périmètre de l'invention

612. Pour qu'ils deviennent efficaces et effectifs, les libertés et droits fondamentaux devront refléter les cultures et les valeurs humaines, et non se diluer dans le culte de l'abstraction et de l'universalisme presque vide, bâti hâtivement et sans dialogue[3]. Preuves à l'appui, nombre d'auteurs ont en effet précédemment fait observer que la principale raison de l'échec du Droit et de la fragilité des droits fondamentaux en Afrique réside dans l'importation de son universalisme voire, de son ethnocentrisme en contradiction piteuse avec les valeurs de dignité et d'égalité censées être véhiculées par son mécanisme ; bref, il s'agit de la volonté d'imposer, partout ailleurs, non pas les droits de l'homme mais sa version libérale ; ceci caractérise la prééminence de la rationalité économique sur le bien-être de l'individu[4].

Poursuivant leur raisonnement[5], les intéressés font savoir comment les difficultés de réception des libertés collectives des travailleurs en Afrique sont liées à l'importation libéraliste des droits fondamentaux et à

---

[1] O. O. SIDIBÉ, « Réalités africaines et enjeux pour le droit du travail », *op. cit.*, p. 7.
[2] *Op. cit.*, p. 6.
[3] *Le Bénin et les droits de l'homme, op. cit.*, p. 11.
[4] « Réalités africaines et enjeux pour le droit du travail », *op. cit.*, p. 2 s ; « Réforme et réception des droits fondamentaux du travail au Sénégal », *op. cit.*, p. 2s.
[5] De même que dans celui du professeur Martin KIRCH : *Cf. supra.* n° 613.

l'imposition de ses modes de concurrence impitoyable[1], dans un environnement africain caractérisé par des cultures traditionnelles de solidarité et des pratiques de protection socialisante. Le transfert du droit moderne à ces pays ne pouvait-il pas s'accommoder du respect des valeurs endogènes propres à la société africaine, lesquelles sont consignées au sein des coutumes et des traditions fortement imprégnées de solidarité, de partage, de principes familiaux, de lignages sociaux ? À une époque où l'on cherche à irriguer le Droit et plus particulièrement la branche du droit du travail d'une portion majeure de démocratie sociale et de principe de Justice, la contribution des valeurs africaines au rayonnement de la pratique universelle des droits fondamentaux devait constituer une piste.

Cela paraît relever de l'évidence, mais il convient de le repréciser : « le droit n'est rien d'autre que la traduction sur le plan normatif d'une certaine vision du monde. C'est un produit de la société qui ne peut être de portée universelle[2]. La structure d'un droit, les classifications qu'il admet, les concepts et les notions qu'il utilise ainsi que les types de normes sur lesquelles il se fonde, devraient être inspirées des réalités culturelles et socio-économiques »[3]. « La doctrine africaine du droit gagnerait beaucoup en efficacité si elle orientait ses recherches et sa réflexion vers la compréhension et l'explication de cette normativité originale existant dans la société africaine au lieu de se contenter de récupérer des règles juridiques européennes issues d'un autre champ juridique, non seulement exogène mais aussi étranger et sans connexions logiques pertinentes »[4].

613.À ce niveau de l'analyse, on pourrait légitimement s'interroger sur la manière dont il convient d'orienter les recherches et la réflexion vers le champ juridique africain ? Comment devra-t-on inventer un nouveau Droit plus africain, et surtout dans le respect de quel périmètre ? Ne devant pas se diluer ni se foisonner dans la pléthore de toutes les

---

[1] « Réformes et réceptions des droits fondamentaux du travail au Sénégal », *op. cit.*, p. 7.

[2] Dans le sens où il constitue un mode d'organisation de la société, ce qui diffère à l'évidence de la caractéristique nécessairement universelle attachée à chacun des droits qu'il consacre, en tant que prérogatives édictées pour assurer l'accomplissement des individus.

[3] O. O. SIDIBÉ, « Réalités africaines et enjeux pour le droit du travail », *op. cit.*, p. 5.

[4] *Le Bénin et les droits de l'homme, op. cit.*, p. 18.

branches du droit, il suffira de se borner au présent domaine de recherche, celui du droit du travail qui constitue le lieu par excellence où prennent corps les libertés collectives des travailleurs ; un exemple suffit pour permettre de déduire ce à quoi devra correspondre le périmètre de l'invention d'un Droit plus africain dans les autres branches du droit.

La raison qui fonde cette démarche est assez connue ; on le sait, en matière de droit du travail, les États francophones d'Afrique disposent chacun de très grande valeur. Certes, il convient de faire pénétrer cet outil, car si le droit du travail est bien appliqué par les entreprises d'une certaine dimension et par celles situées dans les centres urbains, il n'en est pas toujours de même dès que l'on s'éloigne de ces centres ou lorsqu'il s'agit des petites entreprises, notamment celles à caractère familial[1]. Dans le champ de la culture juridique africaine, la nécessité formulée de faire pénétrer le droit du travail africain, qui n'est autre que l'appel à l'invention d'un Droit (en l'occurrence du travail) plus africain, pourrait prendre une forme précise.

« Dans la culture africaine, le chef de l'entreprise est assimilé à un chef tout court, c'est-à-dire un bienfaiteur. C'est pourquoi, le travailleur n'hésitera pas à solliciter son assistance même pour des problèmes personnels. Si l'employeur s'en désintéressait, le travailleur pourrait considérer ce comportement comme une violation du contrat de travail. Dans le même ordre d'idées, le travailleur comprendrait très mal l'absence de l'employeur lors d'un décès, d'un baptême ou d'un autre évènement social le concernant. De même, il considérerait comme totalement injustifiée une sanction pour un retard causé par la survenance d'un évènement social majeur »[2]. Pour finir sur ce point, « dans la culture africaine, les obligations du travailleur vis à vis de l'entreprise, ne sont pas au dessus de ces devoirs vis à vis de la société. Par ailleurs, si en Occident les litiges sont tranchés strictement au regard du droit positif, en droit coutumier africain on tient compte de la situation objective et des besoins de chacune des parties. Appliqué au relation du travail, ceci est indéniablement favorable au travailleur »[3].

---

[1] M. KIRCH, *Le droit du travail en Afrique,* Tome I, Le contrat du travail, EDIENA, 1987, p. 9.
[2] « Réalités africaines et enjeux pour le droit du travail », *op. cit.,* p. 5.
[3] Ibid.

Le projet d'invention d'un droit du travail plus africain, devra se réaliser dans ce périmètre, et prendre en compte des éléments endogènes de la culture africaine. Il faudra intégrer ces différents éléments dans la construction d'un droit du travail plus africain, au moyen d'une rupture – à consommer définitivement cette fois-ci – avec les pratiques surannées décrites par G. MARTENS. L'innovation permettra au syndicalisme professionnel, qui a contribué à la lutte pour les indépendances et a aussi été et est encore, sur le continent africain, un acteur de développement, de retrouver une nouvelle jeunesse dans les ordres juridiques africains. Il en va du perfectionnement des fonctions de l'institution, par rapport à sa situation actuelle de faible taux de syndicalisation, résultante de la progression soutenue de l'informel dans les différents pays du continent. Mais, en même temps, on devra ajouter les limites à respecter par cette nécessité d'invention, qui ne peut nullement conduire à dénaturer ou à méconnaitre l'universalité des droits fondamentaux inhérents à la famille des êtres humains.

b. Les limites de la non-dénaturation des droits fondamentaux par l'invention

614. Dans les développements antérieurs, l'accent a été particulièrement mis sur l'étendue de la protection constitutionnelle dont jouissent les droits fondamentaux (en général) à travers la contrainte – de valeur constitutionnelle – de la réserve de loi. Aussi, avions-nous observé de quelle manière le législateur peut être amené à intervenir pour règlementer et aménager ces droits fondamentaux, en les conciliant avec d'autres principes ou règles de même niveau constitutionnel, sous la seule réserve de ne pas les dénaturer. Cette exigence de non-dénaturation, qui du reste s'applique non seulement au niveau béninois et français mais également dans tous les pays pourvus de norme fondamentale et de mécanismes institutionnels et constitutionnels de fonctionnement de l'État, par exemple la juridiction constitutionnelle, doit également recevoir application dans le cadre de l'exigence d'invention d'un Droit plus africain.

À ce propos, M. le professeur du BOIS de GAUDUSSON avait tiré la sonnette d'alarme. Ainsi allait-il récuser toute systématisation ou obstination sur le procédé du mimétisme juridique ou le fait colonial, pour expliquer les difficultés de réception des droits fondamentaux en Afrique et, par là même, contester la vision réductrice qui aboutit de concert à tolérer à l'échelle du continent africain la violation des droits fondamentaux des personnes, motifs pris de l'invention de règles de droit plus africains sinon, de l'attachement aux spécificités culturelles et aux traditions africaines. La nécessité d'audace à laquelle les pays africains font aujourd'hui face, aussi prépondérante soit-elle, dans quelle que branche du droit possible, ne peut et ne doit être comprise en marge de l'obligation – non négociable – du respect des droits et des libertés des personnes. Les prérogatives individuelles et collectives dérivent des valeurs fondatrices de dignité humaine, dont chacun sait la dimension universelle et transcendantale à toutes cultures, civilisations ou traditions. On ne peut autrement illustrer cette évidence qu'en rappelant les complexités et les confusions tantôt faites entre les notions de mimétisme juridique et de standardisation politique et institutionnelle.

Dans le monde d'aujourd'hui, s'est développé un grand jeu, fait d'échanges, de transferts de technologies juridiques et institutionnelles, de conversations entre les émetteurs des normes, de partages des outils efficaces de réglementation, les interférences et interpénétrations qui traversent les espaces juridiques nationaux[1]. Ce jeu, qui permit l'internationalisation et l'appropriation heureuse par tous pays de concepts et principes de *droits fondamentaux* ou de *réserve de loi* (d'origine germanique), on le connaît de préférence à ce niveau d'étude ; en atteste le cadre comparatif choisi pour l'analyse. Il convient de ne pas confondre son objet, c'est-à-dire la standardisation politique et institutionnelle, avec la topique du mimétisme juridique, autre phénomène juridique différent et exogène bien que terriblement proche.

Il n'y a pas longtemps de cela, le président sénégalais A. WADE avait marqué son opposition à toute tropicalisation des droits fondamentaux et des principes, valeurs de démocratie en Afrique[2], s'insurgeant face à l'usage parfois fait des spécificités culturelles pour plaider la faible protection ou le non-respect des droits fondamentaux à l'échelle du continent. D'aucune manière que ce soit, la particularité des traits définissant les coutumes africaines ne peut servir à nier ni le caractère universel, ni la nature prépondérante du respect des droits fondamentaux.

---

[1] « Le mimétisme postcolonial, et après ? », *op. cit.*, p. 52.
[2] O. SAKHO, « Quelle justice pour la démocratie en Afrique ? », *op. cit.*, p. 57.

La nécessité d'inventer un droit du travail plus africain (tel que prôné par la doctrine majoritaire) a pour seul et unique objectif de permettre le rayonnement des droits fondamentaux en Afrique. L'audace du pluralisme juridique souhaitée par des auteurs aussi divers que G. CONAC[1], M. ALLIOT[2] ou É. Le ROY[3] - pour ne citer que ceux-là – ne vise pas à entretenir (et encore moins à nourrir) la violation des droits fondamentaux par le truchement de la défense de la diversité culturelle et de l'identité africaine. Il n'est pas question de rejeter le dialogue des cultures et des civilisations, à travers lequel se meut et s'enrichit le phénomène de la standardisation politique et institutionnelle. L'audace du pluralisme juridique ne vise pas non plus à refuser le développement, par cristallisation d'une sorte d'autarcie juridique proprement blottie sur les valeurs africaines.

615.« Les travailleurs africains revendiquent le développement, mais dans le respect de leur culture et de leur identité »[4] ; ils revendiquent l'existence d'un standard universel du respect des droits fondamentaux, que ce soit sur leur lieu du travail ou en dehors, dans le champ juridique national voire régional[5]. Il ne s'agit pas de récuser les bienfaits de la démocratie occidentale que constitue la substance incompressible des outils d'organisation de la vie politique et des institutions étatiques, mais de partir des règles *reçues* du droit positif occidental pour mieux réguler la société africaine. Dans ce registre, on comprend que le respect partout ailleurs des droits fondamentaux constituerait une standardisation politique et institutionnelle, tandis que, la reproduction identique, dans les champs juridiques africains, des règles du droit positif étranger qui consacrent la précellence de l'économique sur le social, du libéralisme occidental sur la solidarité africaine, serait, quant à elle, un mimétisme juridique, dont il conviendra d'abandonner le mode d'emploi. La

---

[1] *L'Afrique en transition vers le pluralisme politique,* Paris, Économica, 1993, p. 517.

[2] « Un droit nouveau est en train de naitre en Afrique ? » et « La coutume dans les droits originellement africains », in *La Coutume, Société,* Jean BODIN, vol 51, Paris Dessain et Tolba, 1990.

[3] « Inventer un autre droit pour répondre à la crise des sociétés africaines », *op. cit.,* ibid.

[4] « Réalités africaines et enjeux pour le droit du travail », *op. cit.,* p. 6.

[5] Et pas plus tard que le 30 janvier 2007 dernier à Addis Abeba, à travers la Charte africaine de démocratie, des élections et de la gouvernance adoptée par la huitième session ordinaire de la conférence de l'Union africaine, les dirigeants africains ont encore apporté une nouvelle preuve de cette revendication et acculturation proprement africaine des valeurs de la démocratie et du respect des droits fondamentaux inhérents à tout être humain.

démonstration finale de l'audace escomptée par les auteurs devra se réaliser dans les limites irréductibles et incompressibles du respect des droits fondamentaux des personnes humaines.

Conclusion du Titre 2

616. Il faut souligner les quelques insuffisances recelées par les divers instruments de protection juridictionnelle, les multiples systèmes de garanties constitutionnelles des libertés collectives des travailleurs. Elles se cristallisent autour d'un double défaut relatif à l'accès direct, encore quelque peu obstrué, des citoyens français à la justice constitutionnelle et, à l'exercice toujours refusé et pourtant nécessaire du contrôle de constitutionnalité *a posteriori* des lois[1]. Les droits sociaux des travailleurs béninois et français se distinguent sur un point crucial parce que les salariés et, plus généralement, les travailleurs français, ne peuvent pas directement saisir le juge constitutionnel pour contester l'application d'une loi non-conforme au respect de leurs libertés collectives, ce qui relève d'une difficulté supérieure lorsque la disposition législative est déjà au stade de son application.

Certes, il faut le préciser, des progrès notoires ont été accomplis à ce sujet avec les lois du 23 juillet 2008 et du 10 décembre 2009. Cependant, malgré l'innovation majeure des réformateurs des institutions de la Ve République, il subsiste des défauts qui n'empêcheront pas les juges ordinaires français de continuer par employer des techniques de substitutions, dont par exemple le contrôle de conventionnalité[2], pour masquer de réels contrôles de constitutionnalités[3], qu'ils ont toujours opérés bien que de façon dissimulée. De longue date, ces mécanismes leur permettaient (quant ils le souhaitent) de confronter, les lois

---

[1] V. BERNAUD, « Les droits constitutionnels des travailleurs au cœur du contrôle de constitutionnalité du Conseil de l'État ; De l'arrêt *Dehanene* à l'arrêt *Syndicat National des Huissiers de Justice…* », in *Mélanges en l'honneur de Louis FAVOREU*, *op. cit.*, ibid.

[2] « Ce que la Chambre sociale a fait dans son arrêt rendu le 14 avril 2010 (n°09-60.429) par lequel elle a considéré que le critère d'audience électoral issu de la loi du 20 aout 2008, qui conditionne la représentativité syndicale et la désignation à la fonction de délégué syndical, est conforme aux conventions n°98 et n°135 de l'Organisation internationale du travail, à l'article 11 de la Convention européenne de sauvegarde des droits de l'homme et des libertés fondamentales, aux articles 5 et 6 de la Charte sociale européenne et à l'article 28 de la Charte des droits fondamentaux de l'Union européenne » ; P. BONNEAU, A. COEURET, « La représentativité syndicale à l'épreuve de la question prioritaire de constitutionnalité », *op. cit.*, p. 6-7.

[3] Bien qu'il soit nécessaire de préciser que, même dans ce registre, il s'agit toujours en dernière analyse de faire respecter la lettre même des prescriptions de l'article 55 de la constitution de 1958.

irrespectueuses des libertés collectives des travailleurs à la norme fondamentale[1].

617. Il n'est plus nécessaire de rappeler les quelques insuffisances également constatées dans le cadre de la protection des libertés collectives des travailleurs béninois, au travers de la faiblesse du statut protecteur des représentants des travailleurs, en particulier, des représentants du personnel. Les précédents développements ont, à titre spécifique, insisté sur ce point. Plutôt, la nécessité postule la mise en garde des risques qui consisteraient à brader à vil prix, les acquis ô combien majeurs de la *Conférence nationale des Forces vives et de la Nation* du 19 février 1990. Pour reprendre les expressions de M. le professeur du BOIS de GAUDUSSON, *« aucun motif incontestablement valable pour ce faire »* n'existe aujourd'hui au Bénin. Et il faudra faire confiance à la capacité d'autorégulation de la Cour, ainsi qu'elle a déjà commencé par la prouver avec sa propre jurisprudence, à travers l'appropriation de techniques dont on trouve maints exemples auprès de son homologue français et plus globalement européen ou, encore, africain.

618. L'utilité du travail ainsi mené déborde sur, le chemin de l'effectivité, le simple cadre franco-béninois pour intégrer les méthodes d'édifications – de consommation ? – du Droit et des droits dans les pays africains, davantage dans les nations à expression française. Nos oreilles sont depuis le temps familiers à la ritournelle : les systèmes juridiques des pays de l'Afrique francophone ont été élaborés à travers l'usage d'un procédé de mimétisme juridique comme méthode de construction du droit[2]. Ils le seraient par rapport à la culture juridique française, « une culture juridique entretenue grâce aux mêmes sources doctrinales et jurisprudentielles rendues accessibles par la communauté de la langue et facilitée par la circulation des supports d'informations »[3].

Certes, il est difficile de nier le constat à certains égards, sauf à y prendre part de différente manière. Encore convient-il de ne pas omettre

---

[1] En témoigne l'arrêt du 9 avril 1999 dans lequel les juges de la Haute juridiction administrative ont pratiqué un tel contrôle. N°190749.

[2] D. ABARCHI, « Problématique des réformes législatives en Afrique : le mimétisme juridique comme méthode de construction du droit », Rec. *Penant*, 2003, n°842, p. 88.

[3] Ibid., p. 94.

d'ajouter à la nécessité de l'audace de la pluralité juridique son indispensable corollaire : l'originalité et la diversité des cultures africaines ne peuvent, d'aucune manière que ce soit, justifier une tropicalisation des droits fondamentaux. Autrement dit, la richesse des civilisations, à l'évidence louable, ne peut servir de paravent pour tolérer quelle que nature de manquement aux libertés fondamentales et aux droits constitutionnellement garantis, au rang desquels figurent les libertés collectives des travailleurs, plutôt concernées au premier plan par les méconnaissances. Peu importe le bout par lequel on abordait la réflexion, la précision ne pouvait en aucun cas être passée sous silence.

CONCLUSION GÉNÉRALE

619. De retour du voyage dans la comparaison des libertés collectives des travailleurs français et béninois, le lecteur rapportera des impressions multiples. Il constatera, en premier lieu, qu'il existe des particularités[1] certaines, dans la manière dont s'exerce au Bénin et en France chacun des droits constitutionnels propre à la catégorie des travailleurs. Il en est ainsi tant pour la liberté syndicale, que pour le droit de grève ou, encore pour le principe de participation. Il soulignera, en second lieu, que l'appréciation de la fondamentalité des droits à dimension collective consacrés au bénéfice des travailleurs pour compenser leur subordination volontaire n'aura pas été des plus simples à réaliser, à tous points de vue.

620. Dans le champ juridique français tout d'abord. L'étude des différentes formes régionales sous lesquelles naissent les droits sociaux – fondamentaux ? – de l'homme-situé a permis d'en rendre compte. Il est difficile de ne pas souscrire à l'affirmation de M. le professeur DÉCAUX, selon laquelle « "la notion de droits fondamentaux réservés aux citoyens de l'Union" est en elle-même une contradiction. Si des droits sont "fondamentaux", inhérents à l'égale dignité de tous les êtres humains, ils appartiennent à chaque individu quelles que soient sa nationalité ou son origine. Il ne s'agit pas de dénoncer une préférence nationale dans le cadre interne pour lui substituer un traitement communautaire dans le cadre européen. Les droits "réservés" en propre au citoyen de l'Union ressemble à une peau de chagrin ... »[2].

Faut-il encore le rappeler, les droits à expression collective des travailleurs, au nom de la défense des intérêts et des objectifs économiques, ont souffert de longue date d'une rupture d'égalité de

---

[1] Ou, si l'on veut, des « particularismes » – V. P. DURAND, « Le particularisme du droit du travail », *Dr. soc.*, 1945, p. 298-308 ; P. DURAND et R. JAUSSAUD, *Traité de droit du travail,* tome I, Paris, Dalloz, 1947, paragr. 20, p. 254 s., p. 170 s. – ou encore, en fonction d'autres préférences terminologiques, des « spécificités » – V. G. H. CAMERLYNCK et G. LYON-CAEN, *Droit du travail,* 4ème éd., Paris, Dalloz, 1970, paragr. 13, p 15 – sinon de « l'autonomie » – V. G. H. CAMERLYNCK, « L'autonomie du droit du travail », *D.*, 1956, Chr., p. 23.

[2] « Regard sur l'actualité », n° spécial 264, aout 2000, p. 40-41.

traitement avec les droits proclamés dans la déclaration de 1789[1]. La différence de traitement entre les droits civils et politiques, d'une part, et les droits économiques et sociaux, d'autre part, est particulièrement ostensible au regard des normes dont ils proviennent au sein du Conseil de l'Europe. Alors que la *Convention* de Rome de 1950 (au sein de laquelle est inscrite les droits dits de la première génération) dispose d'une force coercitive effective et s'impose absolument aux différents États membres du Conseil, les libertés collectives des travailleurs et les autres droits sociaux (faisant partie de la deuxième génération des droits des personnes) n'ont été consignés que dans une *Charte* sociale européenne[2] : les relativités de cette dernière sont désormais acquises, liées, au principal, à son absence d'invocabilité directe devant les juridictions nationales et, à titre secondaire, au manque d'organe juridictionnel pour contrôler l'application et le respect des règles qu'elle édicte[3].

À l'évidence, cela ne pouvait guère nous échapper que, pour bénéficier des droits sociaux inscrits dans la Charte de Turin, il fallait être ressortissant d'une partie contractante et résider légalement ou travailler régulièrement sur le territoire d'une autre partie[4], d'où les critiques mentionnées ci-dessus de M. le professeur DÉCAUX [5].

Mais[6] il faut davantage préciser la dynamique interprétative[7] développée, depuis peu, par les juges strasbourgeois pour, dans leur enceinte, donner corps aux droits sociaux dont jouissent les seuls

---

[1] P. RODIÈRE, *Droit social de l'Union européenne, op. cit.,* p. 139 ; du même auteur : « les droits sociaux dans la Constitution européenne : quelques questions », *SSL,* 2 mai 2005, n°1213, p. 5 s.

[2] Pour la distinction générale entre une « Convention », une « Déclaration », un « Pacte » ou une « Charte », on renvoie à : L. AZOUX BACRIE, « Déclaration universelle des droits de l'homme, la Déclaration universelle sur le génome humain et les droits de l'homme à l'aube du XXIe siècle-Ombres et lumières », *op. cit.,* ibid.

[3] M. BONNECHÈRE, « Quelle garantie des droits sociaux fondamentaux en droit européen ? », *op. cit.,* p. 8.

[4] Ibid.

[5] Dans le même sens, Cf. M. BONNECHÈRE, « Quelle garantie des droits sociaux fondamentaux en droit européen ? », *op. cit.,* ibid.

[6] En dépit d'une première limite mise en évidence par la contribution au titre évocateur de M. le doyen BOSSU, « Les étrangers résidant régulièrement en France avec leurs enfants mineurs bénéficient de plein droit des prestations sociales », *RJPF,* 01/06/2004, n°6, p 24-25.

[7] F. SUDRE, « L'interprétation dynamique de la Cour européenne des droits de l'Homme », *op. cit.,* ibid.

travailleurs, c'est-à-dire la liberté syndicale, le droit de grève et le principe de participation[1] ; même si l'entreprise est encore à ses balbutiements[2], c'est assurément sur ces derniers qu'il faudra compter afin que les libertés collectives des travailleurs puissent trouver le plein de leur universalité et effectivité dans le vieux contient.

621. Dans l'ordre national béninois ensuite. Le constat est imparable ; les difficultés d'instauration des instruments effectifs de garantie et des systèmes efficients de protection des droits à expression collective des travailleurs sont loin d'être exclusives à l'Europe ; elles sont également connues des dirigeants africains, chargés de mettre en place au niveau régional des outils de régulation et des mécanismes de réglementation à portée intergouvernementale. Pour le dire en clair : les traités africains n'ont pas placé les prérogatives fondamentales de l'homme au travail au centre de leurs principales préoccupations ; si elles sont tantôt envisagées, c'est uniquement en tant que moyens essentiels permettant d'atteindre les objectifs de rationalité économique. Il existe bien sûr quelques textes spécifiques – relatifs aux droits fondamentaux des personnes – à l'échelle du continent. Mais ils sont d'une grande pauvreté en ce qui concerne les droits des travailleurs[3].

Toutefois, à ce sujet, il aurait été particulièrement erroné de borner l'apparition des difficultés de reconnaissance et de protection des libertés collectives des travailleurs au seul périmètre franco-béninois circonscrit par la présente analyse, tant elles s'observent au-delà.

622. Enfin sur le plan du droit international du travail. Les observations de M. le professeur SUPIOT au regard de l'ordre juridique schizophrène doivent être relevées. L'auteur estime que, d'un côté, les normes internationales de travail visant à règlementer les droits des travailleurs souffrent de deux faiblesses, en dépit de leur indéniable légitimité : elles ne disposent d'un caractère que peu contraignant et sont parfois inadaptées ou totalement déconnectées de la réalité sociale des personnes auxquelles elles s'appliquent ; de telles faiblesses s'expliquent

---

[1] J. -P. MARGUÉNAUD, J. MOULY, « L'avènement d'une Cour européenne des droits sociaux », *D.*, 2009 chron. p. 739.

[2] J. -P. MARGUÉNAUD, J. MOULY, « Les incursions de Cour européenne des droits de l'homme dans le droit du travail : une œuvre encore en demi teinte » , *op. cit.*, ibid.

[3] P.-G. POUGOUÉ, *Les droits fondamentaux de l'homme au travail dans les traités africains, in Mondialisation, travail et droits fondamentaux, op. cit.*, p. 138.

par le *self-service* normatif qu'elles autorisent – qui permet à chaque État partie de choisir celles qu'il va ratifier – et par l'absence d'un véritable recours juridictionnel qui permettrait de sanctionner leur violation – en cas d'un manquement par exemple constaté de l'employeur[1]. De l'autre, l'auteur ajoute que, les normes internationales du commerce, à l'inverse des normes internationales de travail, sont, curieusement, pourvues d'un caractère très contraignant : il ne s'agit plus d'un *soft law*, mais de *dura lex* ; les accords commerciaux multilatéraux annexés à l'accord de Marrakech, qui font partie des normes internationales du commerce, s'imposent fermement à tous les membres de l'organisation mondiale du commerce. Non seulement les États doivent par le seul fait de leur adhésion à l'OMC ouvrir leurs frontières commerciales et financières, mais ils sont également tenus de se soumettre à l'ordre d'une juridiction internationale, chargée de régler les litiges du commerce, pouvant les condamner, en cas de manquements à leurs obligations à, de couteuses mesures de rétorsions[2].

623. Pour appeler à la nécessité de renforcer le pouvoir contraignant des normes internationales du travail et de renouer avec l'esprit de Philadelphie (issu des leçons sociales tirées de l'expérience douloureuse de la période de 1914-1945[3]), l'auteur de la *Critique du droit du travail* invite à rompre avec une logique actuelle, constituée par la « subordination des libertés collectives des salariés aux libertés économiques des entreprises »[4]. Force est, par exemple[5], de constater que les États-Unis d'Amérique, en plus de ne pas avoir ratifié les Conventions n°87 et 98 de l'OIT, n'ont consacré explicitement dans leur norme fondamentale ni la liberté syndicale ni la liberté d'association, laquelle constitue « la liberté gémellaire de la première », selon une expression doctrinale largement répandue[6]. La liberté de fonder un

---

[1] « Justice sociale et libéralisation du commerce international », *op. cit.*, p 134.
[2] Ibid., p. 135.
[3] M.-A. MOREAU, « Autour de la justice sociale : perspectives internationales et européennes », *Dr. soc.*, 2010, p. 324 s.
[4] A. SUPIOT, *L'esprit de Philadelphie. La justice sociale face au marché total*, Paris, Le Seuil, 2010, p. 73.
[5] Puisqu'il n'est plus ici question de rappeler dans l'exhaustivité la catégorie des pays se dérobant aux conventions internationales de travail destinées à protéger les droits des personnes salariées, la précision ayant déjà été initialement apportée. *Cf. infra.* n° 25 s.
[6] R. ROURNIER. V. Cour d'appel de Montpellier, 9 juillet 1997, *Syndicat Front national pénitentiaire c. États français et autres*, *D.*, 1997, J., p. 469.

syndicat et d'y adhérer qui, pour reprendre une autre expression doctrinale, s'apparente au levier des droits des travailleurs (mais non seulement de leurs libertés collectives), n'a pas droit de cité dans la constitution américaine[1].

Cependant, en dépit de cette lacune, de longue date, la Cour suprême des États-Unis a placé sous sa protection les droits syndicaux, certes sous couvert de la liberté d'expression[2] ; bien entendu, la connaissance désormais acquise de la complémentarité et de l'indivisibilité qui existent entre les libertés constitutionnelles à caractère individuel et collectif. Les remous, causés par le vote du *National Labour Relation Act* en 1935, en sont l'illustration. Dans les États nord-américains, on le sait, le monopole de la négociation collective est détenu par le ou les syndicats pouvant prouver qu'il représente la majorité des salariés dans une unité considérée[3]. La conséquence directe qui découle de cette règle est que l'ensemble des avantages obtenus, et formalisés dans l'acte collectif, bénéficie à tous les salariés sans distinction aucune, qu'ils soient ou non affiliés au syndicat signataire. En toute logique, nombre de questions relatives à la liberté syndicale négative ne pouvaient manquer de se poser. Ainsi, après l'adoption du *National Labour Relation Act* en 1935 (destiné à favoriser la négociation collective au sein de l'entreprise), de multiples abus syndicaux allaient se succéder[4]. Les représentants syndicaux avaient profité des nouveaux pouvoirs leurs étant conférés, pour inclure des clauses de sécurité syndicale dans leurs accords, imposant aux travailleurs une affiliation obligatoire assortie d'une possibilité de licenciement en cas de résistance[5].

---

[1] V. L. HENKIN, « Les droits économiques dans la Constitution américaine », *Rev. int. dr. comp.,* 1993, p. 440.
[2] Pour une comparaison globale entre les systèmes juridiques français et américains dans le cadre des relations individuelles et collectives de travail, on renvoie à : E. COURTOIS-CHAMPENOIS, *Le droit du travail américain, un droit de l'entreprise – Contribution à l'étude comparée des sources du droit du travail français et américain,* Thèse, Aix-Marseille III, 2001, 643 p.
[3] J.G. GETMAN, T.-C. KOHLER, « Mécanismes de participations aux États-Unis », *Rev. int. dr. comp.,* n°spécial *Journées de la société de législation comparée,* 1983, p. 55 ; A. A. LEVASSEUR, *Droits des États-Unis,* Paris, Dalloz, 1990, p. 308.
[4] Ibid.
[5] Ibid.

Dans ce contexte, la loi *Taft-Hartley* de 1947 s'efforçait de remédier au problème soulevé[1]. Pour ce faire, elle était amenée à interdire précisément les *closed shop*[2]. Dans plusieurs affaires relatives à la liberté syndicale négative dont elle fut saisie[3], la Cour suprême se chargea de confirmer la solution sur le fondement de la liberté reconnue aux travailleurs de s'exprimer dans l'entreprise. Le droit canadien du travail et la jurisprudence de la Cour suprême des Etats-Unis se distinguent, principalement, sur ce point de reconnaissance de l'aspect négatif de la liberté syndicale, par voie de prohibition des *closed shop*[4].

624. On aura compris : il n'est nullement possible de soutenir le désintérêt des juridictions américaines pour les libertés collectives des travailleurs. Une telle conclusion serait hypothétique à inférer, bien que la liberté syndicale, la liberté d'association, ne soient pas consacrées de façon explicite au sein de la constitution des États-Unis, et que les

---

[1] V. X. BLANC-JOUVAN, *Les rapports collectifs du travail aux États-Unis, op. cit.*, p. 241.

[2] Ibid.

[3] Notamment dans sa décision *Railway Employees c. Hanson,* 1956, cité par M.-G. MITCHNICK, « L'évolution récente en matière de syndicalisme obligatoire », *Rev. int. trav.*, 1993, p. 512. Dans le même sens, mais à une occasion diverse, elle décida que les objections morales ou religieuses formulées par un salarié ne sauraient, en tout état de cause, le contraindre à s'affilier ou à être licencié ; Cf. B. VENEZIANI, « La liberté syndicale en droit comparé », *Ann. int. just. const.*, 1997, p. 377.

[4] En effet, grâce à l'enrichissement de la Constitutionnelle canadienne par la Charte des droits et libertés en 1983, la liberté syndicale négative pouvait jouir d'une assise constitutionnelle probante pour faire interdire les clauses de sécurité syndicale au Canada. Son article 2-d) consacre clairement la liberté d'association, ce qui n'est point le cas dans la Constitution des Etats-Unis. Il n'en demeure pas moins qu'une partie de la doctrine canadienne a estimé que les prescriptions de l'article 2-d) ne pouvaient permettre d'inférer la reconnaissance de la liberté syndicale négative sur le fondement de la Loi fondamentale (V. par exemple, P. VERGE et G. MURRAY, *Le droit et les syndicats, aspect du droit syndical québéquois,* Les presses de l'université de Laval, 1991, p. 194). Sur cette opinion, les juges ordinaires ne manqueront pas de s'y aligner. C'est ainsi que dans l'arrêt *Lavigne c. Syndicat des employés de la fonction publique de l'Ontario* de 1991(cité par M.-G. MITCHNICK, *op. cit.,* p. 516 s.), la Cour suprême du Canada avait affirmé que la consécration de la liberté syndicale négative ne pouvait être déduite de l'article 2-d) de la Charte. Cette solution allait être justifiée de façon péremptoire par le juge Wilson : « dans notre civilisation, nous sommes, en tant qu'êtres humains, nécessairement engagés dans des associations que nous n'avons pas choisi. Dans ces conditions, il faut être naïf pour affirmer que la Constitution peut ou devrait nous permettre de nous soustraire à toutes les associations que nous ne jugeons pas souhaitable ».

Conventions fondamentales de l'OIT intéressant les libertés collectives des travailleurs ne soient pas encore intégrées au rang des instruments de l'ordre interne des différents États. Le caractère symptomatique de ce déni d'incorporation n'est pas, toutefois, moins avéré.

625. Il est patent de voir la manière dont les événements récents, relatifs aux droits constitutionnels des travailleurs, corroborent les propos mentionnés dans les développements précédents d'auteurs aussi différents les uns des autres que, MM. les professeurs RODIÈRE[1], POUGOUÉ, SUPIOT[2]. Prenons par exemple l'Acte uniforme de l'OHADA sur le droit du travail, qui devait être adoptée de longue date, et qui ne cesse de connaître des difficultés sans précédent, alors que les autres Actes uniformes de l'Organisation communautaire africaine ont été mis en place avec une facilité déconcertante. Comment ne pas s'étonner des montagnes d'obstacles que rencontre – soudainement – l'Acte uniforme du droit du travail qui, de réformes en contre réformes, de discussions en tergiversations, amendements en renouvellements, peine à trouver force d'application ?

Ainsi qu'on l'affirma dans un champ exogène, les droits à expression collective des travailleurs restent placés sous le signe d'une extériorité aux instruments juridiques africains, également ; les libertés collectives des travailleurs ne sont formellement consacrées par aucune norme africaine contraignante de nos jours[3]. Dans ce contexte, l'entrée en vigueur de l'Acte uniforme du 24 novembre 2006 était attendue comme une réponse particulièrement salvatrice[4]. Il est au congélateur depuis. On connaît les raisons invoquées pour expliquer le refroidissement, elles sont identiques à celles que l'on rencontre dans les différentes théories de classification des droits fondamentaux, qui aboutissent à mettre en compétition – à tort – les droits des travailleurs et les intérêts de l'entreprise.

---

[1] Plus récemment : « L'impact des libertés économiques sur les droits sociaux dans la jurisprudence de la CJCE », *Dr. soc.*, 2010, p. 573 s.
[2] L'énumération n'est pas exhaustive : E. DOCKÈS, « L'Europe antisociale », *RDT*, 2009, p. 145…
[3] P.-G. POUGOUÉ, « Les droits fondamentaux de l'homme au travail dans les traités africains », *in Mondialisation, travail et droits fondamentaux, op. cit.*, ibid.
[4] Ibid.

Et que dire des conditions dans lesquelles le Traité de Lisbonne – marque d'un succès sans conteste cependant – fut récemment adopté[1], moyennant quelques entorses faites à la Charte des droits fondamentaux, par arrangements accordés à la Grande Bretagne et à la Pologne, la clause dérogatoire obtenue par la République Tchèque ? Surtout lorsque l'on sait que s'agissant des droits fondamentaux, ceux des travailleurs sont évidemment les premiers concernés, puisque les droits civils et politiques sont, toutes mesures considérées, solidement ancrés dans la dynamique juridique de la Cour de Strasbourg[2]. Que dire de cette méthode d'avancement, naguère considérée comme un véritable *pied de nez* à l'Europe sociale, qui pourtant constitua la pierre angulaire de l'édifice européen, avec l'article 117 du Traité de Rome promettant « l'amélioration des conditions de vie et de travail de la main-d'œuvre permettant leur égalisation dans le progrès »[3] ?

Il y a là, assurément, nombre d'éléments qui concourent à la compréhension des difficultés de protection des libertés collectives des travailleurs. Il y a, dans ces quelques exemples, les facteurs explicatifs du délitement des droits constitutionnels des travailleurs, dont les diverses thèses d'hiérarchisation des droits fondamentaux constituent la matrice. Certains auteurs – parfois non moins influents – s'emploient à faire admettre que l'objectif de défense des droits des travailleurs serait incompatible avec celui de sauvegarde des intérêts de l'entreprise. Or les dernières évolutions conduisent à souscrire à la démonstration contraire. Elles témoignent de l'existence d'une convergence certaine entre ces deux objectifs. Il n'est plus nécessaire de revenir sur les points de

---

[1] Cf. M. SCHMITT, « La dimension sociale du traité de Lisbonne », *Dr. soc.*, 2010, p. 682 s.

[2] Le contexte et la portée des arrêts *Viking* et *Laval* ne sont plus nécessaires à rappeler : P. RODIÈRE, « Les arrêts *Viking* et *Laval*, le droit de grève et le droit de la négociation collective », *RTD eur.*, 2008, p. 47 s. ; S. ROBIN-OLIVIER, E. PATAUT, « Europe sociale ou Europe économique (à propos des affaires *Viking* et *Laval*) », *RDT* 2008, p. 80 s. Il en est de même pour l'arrêt *Rüffert* : CJCE 3 avril 2008 aff. 246/06 : *RJS* 7/08 n°836, Rec., p. I-1989 ; N. MOIZARD, « La directive 96/71 du 16 décembre 1996 concernant le détachement des travailleurs dans le cadre d'une prestation de services : un noyau dur protecteur ? » : *Dr. soc.*, 2008, p. 866 ; S. LAULOM, « Une nouvelle affaire de dumping social ou le plombier polonais n'était pas un mythe », *SSL*, 2008, n° 1369.

[3] V. C. AUBIN, « L'Europe sociale entre mythe et réalité » », *Dr. soc.*, 2007, p. 618 s. ; A. LYON-CAEN, « Déconstruction européenne », *RDT* 2008, p. 273 s.

développements déjà acquis[1]. Notons simplement que l'engagement spontané – désintéressé ? – de l'employeur sur la réalisation des droits des travailleurs, à travers le mécanisme de la RSE, ne permet plus de soutenir la thèse initiale de l'opposition des prérogatives des travailleurs aux avantages des employeurs et de la qualification des libertés collectives des travailleurs en droits de second rang, n'était en droit de seconde zone, voire en sous-droits fondamentaux, tant les qualifications péjoratives affluent.

626. Les conclusions du ministre du travail J. AUROUX datent du début des années quatre-vingt, mais elles peuvent encore s'appliquer au contexte actuel : « en effet, ces derniers années ont été marquées par l'excessive soumission du développement social aux contraintes économiques alors même que le desserrement de ces dernières exigeait une adhésion sociale rendue impossible par l'exercice d'un pouvoir conservateur. La recherche d'un profit immédiat a trop souvent ignoré les intérêts légitimes des travailleurs mais aussi ceux de la nation tout entière. Dès lors, la crise du système capitaliste international servait de prétexte à une évolution négative du droit des travailleurs et souvent à la dégradation de leurs conditions de vie et de travail »[2].

627. Le même diagnostic, en des termes variés, est réalisé par M. le professeur SUPIOT. Dans son récent ouvrage, l'auteur fait remarquer qu'« au lieu d'indexer l'économie sur les besoins des hommes, et la finance sur les besoins de l'économie, on indexe l'économie sur les exigences de la finance et on traite les hommes comme du "capital humain" au service de l'économie »[3]. Et le spécialiste de renom du droit du travail d'ajouter : « l'implosion des marchés financiers à l'automne

---

[1] J. -Y. Chérot, « Les droits fondamentaux au travail et la globalisation. Un nouveau modèle dans le droit global ?, in *Mélanges en hommage à Louis FAVOREU*, Dalloz, p. 1508 ; J. BERTRAND et B. TEYSSIÉ (dir.) *Les droits fondamentaux des salariés face aux intérêts de l'entreprise*, Aix-en-Provence, PUAM, 1994, 120 p. ; P.-G. POUGOUÉ, Nouveaux enjeux du droit du travail en Afrique noire francophone et dynamique syndicale, in *Droit syndical et droit de l'homme à l'aube du XXe siècle, Mélanges en hommage à J.-M. VERDIER, op. cit.*, p. 128. À rappr. I.DAUGAREILH, E. POIRIER, « Stratégie de développement et réactualisation des droits économiques et sociaux », Conseil économique et social, Comité des droits économiques, sociaux et culturels, 25e session N.U., Genève, mai 2001, EC/12/2001/5 GE.01-409556 (F).

[2] J. AUROUX, *Les droits des travailleurs, rapport du ministre du Travail au Président de la République et au Premier ministre*, Paris, La documentation française, 1982, p. 3.

[3] *L'esprit de Philadelphie. La justice sociale face au marché total, op. cit.*, p. 25.

2008 n'est que le symptôme d'une crise plus profonde, qui est fondamentalement une crise du droit »[1], précisant qu'« il était prévisible, d'un simple point de vue juridique, que les marchés financiers, dont la déréglementation avait été poussée le plus loin, seraient les premiers à s'effondrer »[2].

628. Mais est-ce à dire que l'on devra souhaiter l'affadissement des libertés économiques de l'entreprise au profit des libertés collectives des travailleurs ? Est-on tenu, au vu des constatations de ces auteurs, de décréter l'insurrection doctrinale des droits sociaux des travailleurs sur les droits civils et politiques ? Pour le dire autrement, la logique de coopération, à laquelle postule la réalisation des libertés collectives des travailleurs, ne pourrait-elle pas cohabiter avec celle de compétition qui, sous-tend la sauvegarde de la liberté de l'entreprise ?

629. La réponse des intéressés à ce sujet est particulièrement riche d'enseignements. Pour l'ancien ministre du travail, J. AUROUX, « il s'agit donc aujourd'hui de procéder d'abord au rétablissement de ces droits – parfois chèrement acquis par le monde du travail – qui doit en trouver ou en retrouver le plein exercice »[3]. Plus précisément, il faut y comprendre que « les libertés publiques applicables à tout citoyen doivent entrer dans l'entreprise dans les limites compatibles avec les contraintes de la production »[4]. M. le professeur SUPIOT, lui, informe que, dans la nécessité de sortir du dilemme de la subordination des libertés collectives des travailleurs aux libertés économiques des entreprises, « il y a la traduction juridique de l'idée fort simple selon laquelle toute société humaine a également besoin de coopération et de compétition. Un monde qui ignore l'un ou l'autre de ces besoins court à sa perte, car l'avantage coopératif est aussi déterminant pour la prospérité et le bien-être d'une société que l'avantage compétitif »[5].

630. La principale constatation de l'analyse mérite d'être relevée : le bilan est loin d'être désespérant car il y a plus de déterminisme dans les ordres juridiques nationaux qu'on aurait pu le craindre. Les propos de M.

---

1 *L'esprit de Philadelphie. La justice sociale face au marché total, op. cit.*, p. 91
2 Ibid., p. 93.
3 *Les droits des travailleurs, rapport du ministre du Travail au Président de la République et au Premier ministre, op. cit.*, ibid.
4 Ibid., p. 8.
5 *L'esprit de Philadeplie. La justice sociale face au marché total, op. cit.*, p. 161.

KENOUCHOU[1] (dans l'ordre interne béninois) et ceux de M. FROUIN[2] (dans le champ juridique français), en apportent la confirmation ; la volonté de transcender les difficultés de protection parfois manifestée par les dirigeants politiques locaux ne peut être sous-estimée. Pour autant, faut-il en conclure que les plans sont parfaitement équilibrés et parfaitement satisfaisants ?

Un certain nombre d'améliorations sont assurément indispensables, pour appuyer l'entrain des acteurs locaux. Elles varient en fonction des différents ordres. Il faudra souhaiter la restauration de la valeur des normes de l'OIT relatives aux droits fondamentaux de l'homme au travail, par le passage du stade du *soft law* au rang de la *dura lex*. Cette démarche constituera incontestablement un signal fort donné au plus haut niveau de réglementation des normes. De même, dans les rets du pluralisme juridique, il ne fait aucun doute que l'adoption de l'Acte uniforme de l'OHADA sur le droit du travail représentera une avancée majeure pour les droits des travailleurs en Afrique. Il faut espérer que ce texte finisse par voir le jour. Dans l'attente de voir les dirigeants béninois dotés les délégués élus et syndicaux de meilleurs moyens pour défendre les droits et les intérêts des travailleurs, il incarnera un acte de progrès indéniable sur la scène nationale. La consolidation des droits syndicaux doit, dans l'espace juridique béninois, être pensée en priorité. Pour ce faire, il conviendra d'octroyer des garanties supérieures (notamment législatives) aux représentants des salariés. Les délégués syndicaux sont les premiers concernés par ce besoin : la restauration de leur statut est indispensable.

On pourrait en dire autant sur la scène régionale, voire au-delà. D'un point de vue général, la portée fondamentale des droits à caractère syndical des travailleurs nécessite une amélioration. Une seule certitude ressort de l'ensemble de cette démonstration : l'employeur a assurément son intérêt à tirer du respect des libertés collectives des travailleurs dans son entreprise. Les développements récents, relatifs à la finalité plurielle de la réalisation de ces droits, en sont l'illustration. Il faudra entièrement en tenir compte, afin de surmonter les dernières réticences pouvant

---

[1] *Effectivité et efficacité des normes fondamentales et prioritaires de l'OIT : cas du Bénin et du Togo, op. cit.,* ibid.

[2] *Une construction prétorienne du droit du travail : entre protection de salarié et intérêt de l'entreprise,* Thèse, Université Paris 2, 2009, 325 p.

encore être observées ici et là, pour que la question posée par l'ancien président du CEDS sur les droits sociaux cesse d'être moins théorique que réelle.

INDEX

Les nombres renvoient aux paragraphes

A

B

C

D

E

F

BIBLIOGRAPHIE

I – Ouvrages, monographies, thèses, cours, travaux collectifs

ADAMON (A.), *Le renouveau démocratique au Bénin, la Conférence Nationale des Forces Vives et la Transition,* Paris, Édition L'Harmattan, 1994.

ADJAHO (R.), *La faillite du contrôle des Finances Publiques au Bénin (1960-1990),* Cotonou, Les Éditions du Flamboyant, 1992.

ADJOVI (S.), *De la dictature à la démocratie sans les armes,* Paris, éd. C.P., 1999.

AIQING (Z.), *Libertés et droits fondamentaux des travailleurs en Chine*, Paris, L'Harmattan, 2007, 467 p.

AÏVO (F. J.), *Le juge constitutionnel et l'état de droit en Afrique, l'exemple du modèle béninois*, Paris, L'Harmattan, 2006, 222 p.

L'impact des programmes d'ajustement structurel, AISS. Genève, Documentation de sécurité sociale, n°15, 1994.

ALIPRANTIS (N.), *La place de la convention collective dans la hiérarchie des normes,* Paris, LGDJ, 1980, 363 p.

AMOUSSOU (B.), *Droit béninois du travail;* Cours, Cotonou, 2003.

AMSON (D.), *La protection des libertés économiques et sociales*, Paris, Montchrestien, 1999, Préparation au C.R.F.P.A, 198 p.

ANCEL (M.), *Utilité et méthodes du droit comparé,* Paris, Ides et Calendes, 1971.

ANTONETTI (G.), *Histoire contemporaine politique et sociale,* 8ème éd., Paris, PUF, Coll. Droit fondamental, 1999, 626 p.

APITHY (S. A.), *Les libertés de l'individu dans le système juridique béninois*, Thèse, Caen, 1997, sn 245242.

ARSEGUEL (A.), *La notion d'organisations syndicales les plus représentatives.* Thèse université des sciences de Toulouse 1976, 698 p.

AUBIN (G.), BOUVERESSE (J.), *Introduction historique au droit du travail,* Paris, PUF, Coll. Droit fondamental, 1995, 318 p.

AUBRY (M.), *Pour une Europe sociale,* La Documentation française, 1988.

AUROUX (J.), *Les droits des travailleurs, rapport du ministre du Travail au Président de la République et au Premier ministre,* Paris, La documentation française, 1982, 104 p.

BADET (G.), *Cour constitutionnelle et régularité des élections au Bénin,* Cotonou, Friedrich Ebert, 2000.
BADINTER (R.), *Condorcet un intellectuel en politique*, Paris, Fayard, 1988.
BANEGAS (R.), *Action collective et transition politique en Afrique, la Conférence nationale au Bénin,* Cultures et Conflits n°17, L'Harmattan printemps, 1995.
BARREAU (J.) (dir.), *Quelle démocratie sociale dans le monde du travail ?,* PUR, 2003, p 224.
BARTOLOMEI de la CRUZ (H. G.), EUZÉBY (A.), *L'organisation internationale du travail*, PUF, 1997.
L'impact des conventions et recommandations internationales du travail, Genève, BIT, 1977, vi-113 p.
Recueil de décisions du Comité de la liberté syndicale du Conseil d'administration du Bureau international du travail, Genève, BIT, 1976, xii-184 p. (2ème édition).
BECET (J.-M.), COLARD (D.) : *Les droits de l'homme, I, Dimensions nationales et internationales,* Ed. Economica, Paris, 1982.
BÉRAUD (J.-M.),
La suspension du contrat de travail, Paris, Sirey, 1980.
Étude préalable à l'adoption d'un Acte uniforme en Droit du Travail dans le cadre de l'Organisation pour l'Harmonisation en Afrique du Droit des Affaires (OHADA), BIT, Genève, octobre 2003.
BERGER (V.), *Jurisprudence de la Cour européenne des droits de l'homme,* Sirey, 11ème éd.
BERNARD (H.), *Le livret ouvrier,* Paris, A. Rousseau, 1903.
BERNS (T.), *Responsabilités des entreprises et corégulation,* Bruxelles, Bruylant, 2007, p. 230.
BERTRAND (J.), TEYSSIÉ (B.) (dir.), *Les droits fondamentaux des salariés face aux intérêts de l'entreprise,* Aix-en-Provence, PUAM, 1994, 120 p.
BIDIMA (J. B.), *La philosophie négro-africaine*, Coll. "Que sais – je ?" PUF, 1995.
Conférence internationale du travail : conventions et recommandations, Genève, BIT, 1919-1949, 789 p.
Les révisions des codes du travail en Afrique francophone, Document de travail, Atelier conjoint BIT/Banque mondiale. Washington DC octobre 1995, BIT, Genève.
BLANC-JOUVAN (X.), *Les rapports collectifs du travail aux États-Unis,* Paris, Dalloz, 1957, 554 p.

BLANCHARD (F.), *L'Organisation Internationale du Travail, De la guerre froide à un nouvel ordre mondial*, Seuil, 2004, 311 p.

BOCQUILLON (F.), *La dérogation en droit du travail*, Thèse, Strasbourg, 1999.

BOKALLI (V. E.), SOSSA (D.), *Droit des contrats de transport de marchandises par route*, Bruxelles, Bruylant, 2006, 169 p.

BOLLE (S.), *Le nouveau régime constitutionnel du Bénin. Essai sur la construction d'une démocratie africaine par la constitution*, Thèse, Lille, 1997.

BONNET (J.), *Le juge ordinaire français et le contrôle de constitutionnalité des lois : analyse critique d'un refus*, Dalloz, 2009, 716 p.

BONNECHÈRE (M.), *Le droit du travail*, Paris, La découverte, Coll. Repères, 1997, 123 p.

BORENFREUND (G.), LYON-CAEN (A.), SOURIAC (M.-A.), VACARIE (I.), *La négociation collective à l'heure de la révision*, Dalloz, 2005.

BORGETTO (M.), LAFORE (R.), *La République sociale, Contribution à l'étude de la question démocratique en France*, Paris, PUF, 2000.

BOSSU (B.), DUMONT (F.), VERKINDT (P.-H.), *Droit du travail. Tome 1, Introduction, relations individuelles de travail*, Paris, Montchrestien, 2008, 529 p ; *Droit du travail. Tome 2, relations collectives de travail, réglementation du travail*, Paris, Montchrestien, 2007, 406 p.

BOULAGA (F.-E.), *Les conférences nationales en Afriques noire. Une affaire à suivre*, Paris, Karthala, 1993.

BOULUOIS (V.), CHEVALIER, *Grands arrêts CJCE*, Tome 1, n°17.

BOUZIRI (N.), *La protection des droits civils et politiques par l'ONU : l'œuvre du Comité des droits de l'homme*, L'Harmattan, 2003, 604 p.

BRAIBANT (G.), *La Charte des droits fondamentaux de l'Union européenne*, Éd. Seuil.

BRAUD (P.-H.), *La notion de liberté publique en droit français*, Paris, LGDJ, Bibliothèque de droit public, 1968, 476 p.

BRUN (A.), GALLAND (H.), *Droit du travail*, T. 2, *Les rapports collectifs de travail*, Sirey, 2e éd., 1978.

BURDEAU (G.),
Manuel de droit public, Les libertés publiques, Les droits sociaux, Paris, LGDJ, 1948, 360 p.

Traité de science politique, Paris, LGDJ, 1950, t. 3, 620 p.
Les libertés publiques, 2e éd., Paris, LGDJ, 1961, 388 p.

CALLON (J.-E.),
André PHILIP et la Constitution de 1946, Thèse, Aix-Marseille III, 1996, 4123 p.
Les Projets constitutionnels de la Résistance, Paris, La documentation française, 1998, 244 p.

CAM (P.), SUPIOT (A), *Les dédales du droit social,* Fondation nationale des sciences politiques, 1986, 198 p.

CAMERLYNCK (G. H.), LYON-CAEN (G.), *Droit du travail,* 4ème éd., Paris, Dalloz, 1970.

CAPITANT (D.), *Les effets juridiques des droits fondamentaux en Allemagne*, Paris, LGDJ, 2001, 348 p.

CAPITANT (R.), *Cours de principes de droit public,* 1957.

CARBONNIER (J.),
Flexible du droit, Paris, LGDJ, 1979.
Flexible du droit, Paris, LGDJ, 1992, (7e éd.).
Sociologie juridique, Paris, PUF (coll. « Thémis »), 1978.
Droit civil. Introduction, PUF, Thémis, 1996, 280 p.

CARILLON (A.), *Les sources européennes de droit de l'homme salariés*, Bruxelles, Bruylant, 2006, 562 p.

CASSESE (V. A.), *Le droit international dans un monde divisé*, Paris, Berger-Levrault, 1986, 261 p.

CASTEL (R.), *Les métamorphoses de la question sociale. Chronique du salariat*, Fayard, 1995.

CHALARON (Y.), *Négociations et accords collectifs d'entreprise,* Paris, Litec, 1990, 429 p.

CHAMPEIL-DESPLATS (V.), *Les principes fondamentaux reconnus par les lois de la République,* Thèse, Paris X, 1997, 432 p.

CHAPUS (R.), *Droit administratif général*, Paris, Montchrestien, Domat Droit public, t. 1, 13e éd., 1999, 1399 p.

CHARVIN (R.), SUEUR (J.-J.), *Droit de l'homme et liberté de la personne*, Litec, 5ème éd., 291 p.

CHÉROT (J.-Y.), VAN REENEN (T.) (dir.), *Les droits sociaux à l'âge de la mondialisation,* Paris, Dalloz, 2006.

CHEVALIER (J.-J.), *Les grandes œuvres politiques,* Paris, Armand Colin, 1950, 233 p.

CHOPIN F., *Le droit de grève*, L'Harmattan, 2003.

CLAPIÉ (M.), *De la consécration des principes politiques économiques et sociaux particulièrement nécessaires à notre temps,* Thèse, Montpellier I, 1992, 542 p.

COEURET (A.), GAURIAU (B.), MINÉ (M.), *Droit du travail,* Sirey, 2ème éd., 784 p.

COHEN-JONATHAN (G.), *La Convention européenne des Droits de l'homme*, Paris, Economica, 1989.

COLIN et CAPITANT, 1er éd., *Cours élém. dr. civ.,* t. II, n°143.

COLLIN (F.), DHOQUOIS (R.), GOUTIERRE (P.U.), JEAMMAUD (A.), LYON-CAEN (G.), ROUDIL (A.), *Le droit capitaliste du travail,* P.U. Grenoble, 1980.

COLLIARD (C.-A.), *Libertés publiques*, Paris, Dalloz, 8ème édition.

COLLIARD (C. -A.), LETTERON (R.), *Libertés publiques*, Paris, Dalloz, 8ème Édition, 569 p.

COLLIARD (J.-C.), *Les libertés publiques,* 7e éd., Paris, Dalloz, Précis droit public, 1989, 915 p.

CONAC (G), (sous la direction de),

Les institutions politiques des États d'Afrique francophone et de la République Malgache, Paris, Économica, 1979.

Les institutions administratives des États francophones d'Afrique noire-La vie du droit en Afrique, Paris, Economica, 1979.

L'Afrique en transition vers le pluralisme politique, Paris, Économica, 1993, p. 517.

CONAC (G.), DÉBENE (M.), TÉBOUL (G.), (sous la direction de), *La déclaration des droits de l'homme et du citoyen de 1789,* Paris, Economica, 1999.

CONAC (G.), PRÉTOT (X), TÉBOUL (G.), (sous la direction de), *Le préambule de la Constitution de 1946, Histoire, analyse et commentaires,* Paris, Dalloz, Thèmes et commentaires, 2001, 467 p.

Conseil de l'Europe, *Droit de l'homme Cahier de la Charte sociale n° 5, Le droit syndical et le droit de négociation collective*, 2e éd., 2003.

Introduction à la Convention européenne des Droits de l'Homme, Éditions du Conseil de l'Europe, 2005.

La réforme de la Convention européenne des droits de l'homme, Un travail continu, Ed. Conseil de l'Europe, 764 p.

Convention américaine des droits de l'homme du 22 novembre 1969 : San José, Éd. Conseil de l'Europe, 1970.

CONSTANTINESCO (L.-J.),

Traité de droit comparé, Tome I, *Introduction au droit comparé,* Paris, Economica, 1972.

Traité de droit comparé, Tome II, *La méthode comparative,* Paris, Economica, 1974.

Traité de droit comparé, Tome III, *La science des droits comparés,* Paris, Economica, 1973.

CORNIL, *Du louage de services au contrat de travail,* Paris, 1865, 174 p.

CORNU (G.), (sous la direction de), *Vocabulaire juridique,* Paris, PUF/Association Henri CAPITANT, 6e éd.

COURTOIS-CHAMPENOIS (E.), *Le droit du travail américain, un droit de l'entreprise – Contribution à l'étude comparée des sources du droit du travail français et américain,* Thèse, Aix-Marseille III, 2001, 643 p.

COUTURIER (G.), *Droit du travail,* Paris, PUF, Coll. Droit fondamental, tome 1, *Les relations individuelles de travail,* 3e éd., 1996, 606 p. et tome 2, *Les relations collectives du travail,* 3e éd., 2001, 568 p.

DAILLET (P.), PELLET (A.), *Droit international public,* L.D.G.J., 6ème éd., 1999, Paris.

DAUGAREILH (I.), POIRIER (E.), *Stratégie de développement et réactualisation des droits économiques et sociaux,* Conseil économique et social, Comité des droits économiques, sociaux et culturels, 25e session N.U., Génève, mai 2001, EC/12/2001/5 GE.01-409556 (F).

DAVID (M.), *Les travailleurs et le sens de leur histoire,* Cujas, 1967.

DAVID (R.), *Traité élémentaire de droit civil comparé. Introduction à l'étude des droits étrangers à la méthode comparative,* Paris, L.G.D.J., 1950.

DAVIDSON (B.), *L'Afrique au XXème siècle, l'éveil et les combats du nationalisme africain,* Ed. J.A., 1980, 227 p.

de LUSIGNAN (G.), *L'organisation internationale du travail* (1919-1958), Paris, Editions ouvrières, 1959, 136 p.

de MALBERG (C.), *La loi : expression de la volonté générale,* Sirey, Paris, 1931.

de MÉDÉROS (F.), *Armée et instabilité : les parties militaires au Bénin*, Paris, Le Sycomore, 1987.

DECAUMONT (F.) (dir.), *Le discours d'Épinal, « rebatir la République »,* PUAM, 1991, 218 p.

Déclaration de l'OIT relative aux principes et droits fondamentaux au travail et son suivi: adoptée par la Conférence Internationale du Travail à sa quatre-vingt-sixième session, Genève, 18 juin 1998.

DECOCQ (A.), *Droit pénal général.*

DELMAS MARTY (M.), « Pour un droit commun », Seuil, 1994.

DÉNAKPO (L.), *Rapport du Bénin, Formation syndicale sur les NTICS et la Déclaration de l'OIT sur les principes et Droits Fondamentaux au Travail et son suivi,* 16 mai – 10 juin 2005.

DI MANNO (Th.),

Le Conseil constitutionnel et les moyens et conclusions soulevés d'office, Economica, PUAM, 1994.

« Le juge constitutionnel et les techniques de réserves d'interprétation en France et en Italie », Paris, Aix-en-Provence, Economica, PUAM, 1997, préface L. FAVOREU.

DIENG (A.), Colloque sur *La Commission Africaine des Droits de l'Homme et des Peuples,* Dakar, 17-19 juin 1987 (Rapport Général).

DION-LOYE (S.), *Le fait de grève,* Thèse, Dijon, 1989.

DOBRY (M.), *Sociologie des crises politiques,* Paris, Presses de la FNSP, 1992.

DUGUIT (L.), *Traité de droit constitutionnel,* t. III, 3e éd., 1929, de Boccard.

DUQUESNE (F.), *Droit du travail,* Gualino, 2008, 704 p.

DURAND (P.), JAUSSAUD (R.), *Traité du droit du travail,* t. 1., Dalloz 1947.

DURAND (P.), ROUAST (A.), *Traité de droit du travail,* Paris, Dalloz, t. 3, 1953.

DURAND (P.), VITU (A.), *Traité du droit du travail,* t. 3, Paris, Dalloz, 1956.

DUVERGER (M.), *Constitutions et documents politiques,* Paris, PUF, Thémis, 1966, 651 p.

ESTABLET (J.), *Mathieu KÉRÉKOU, l'inamovible président du Bénin,* Paris, L'Harmattan, 1997, 264 p.

ETEKA (V. E.), *Étude comparative de la Charte africaine des droits de l'homme et des peuples et des autres instruments universels et régionaux des droits de l'homme,* Thèse, Université de Rennes I, 1994.

ETEKA YEMET (V.), *La Charte africaine des droits de l'homme et des peuples,* L'Harmattan, 1996, 476 p.

FARBRE (M.-H.), *Principes républicains de droit constitutionnel,* 4e éd., Paris, L.D.G.J., 1984.

FABRE (M.), GOUROU-MAZEL (A.), *Convention européenne des droits de l'homme, application par le juge français,* Litec, 1998, p. XI.

FAVOREU (L.) (sous la direction de),

Le domaine de la loi et du règlement, 2ème éd., Paris, Aix-en-Provence, Economica, PUAM, 1982, 283 p.

Droits des libertés fondamentales, 2e éd., Paris, Dalloz, Précis droit public, 2001, 544 p.
Droit constitutionnel, Dalloz, 10e éd., 2007.

FAVOREU (L.), LOÏC (Ph.), *Les grandes décisions du Conseil constitutionnel,* 11e éd., Paris, Dalloz, 2001, 1039 p.

FLAUSS (J.-F.), LAMBERT-ABDELGAWAD (E.) (dir.), *L'application nationale de la Charte africaine des droits de l'homme et des peuples,* Bruxelles, Bruylant, 2004.

FONTENEAU (G.), MADOUNGA (N.), LINARD (A.), *Histoire du syndicalisme en Afrique,* Karthala, 2004.

FRANGI (M.), *Constitution et droit privé – Les droits individuels et les droits économiques,* Paris, Aix-en-Provence, Economica, PUAM, Coll. Droit public positif, 1992, 317 p.

FROUIN (J.-Y.), *Une construction prétorienne du droit du travail : entre protection de salarié et intérêt de l'entreprise,* Thèse, Université de Paris II, 2009.

GAUDEMET (J.), « Les transferts de droit », *L'année sociologique,* vol.27, 1976.

GAY (L.), *Les droits-créances constitutionnels*, Bruxelles, Bruylant, 2007, 826 p.

GBADO (B.), *En marche vers la liberté. Passage d'un régime autoritaire à un État de droit, mai 1985-février 1990,* Porto-Novo, éd. CNPMS, 1991.

GBAGO (B. G.), *Le Bénin et les droits de l'homme,* Paris, L'Harmattan, 266 p.

GERNIGON (B.), ODERO (A.), GUIDO (H.), *Les principes de l'OIT sur le droit de grève,* BIT.

GHEBALI (V.-Y.), *L'Organisation Internationale du Travail*, Georg Éditeur Genève, 1987, 332 p.

GILLES (A.), *L'essentiel du régime juridique des droits et libertés fondamentales en France*, Gualino, 2007, 118 p.

GODECHOT (J.), *Les institutions de la France sous la Révolution et l'Empire,* 2ème éd., Paris, PUF, 1968, 791 p.

GODIN (F.), *Bénin 1972-1982. La logique de l'État africain,* Paris, L'Harmattan, 1986, 325 p.

GODINEC (P. F.),
Cours de droit du travail africain et malgache, Paris, Librairie Générale de Droit et de la Jurisprudence, 1966, 288 p.
Les droits africains, évolutions et sources, LGDJ, Paris, 1968.

GOMIEN (D.), HARRIS (D.), ZWAAK (L.), *Convention européenne des droit de l'homme et Charte sociale européenne : droit et pratique,* éd. Conseil de l'Europe, 1997.

GREWE (C.), BENOÎT-ROHMER (F.), (sous la direction de), *Les droits sociaux ou la démolition de quelques droits poncifs,* Presse Universitaires de Strasbourg, 2003.

GROUX (G.), PERNOT (J.-M.), *La grève,* Paris, Les Presses Sciences Po, 2008.

GUILLIEN (R.), VINCENT (J.), *Lexique des termes juridiques,* Paris, Dalloz, 1985.

GURVITCH (G.), *L'expérience juridique et la philosophie pluraliste du droit*, Pédone, 1935, 299 p.

HAURIOU (A.), *Droit constitutionnel et institutions politiques,* 4ème éd., Paris, Montchrestien, 1970, 682 p.

HAURIOU (M.), *Précis de droit constitutionnel,* 2ème éd., Paris, Sirey, 1929.

HAYEK (F.),

Droit, législation et liberté. Une nouvelle formulation des principes de justice et d'économie politique, vol. 2 : *Le Mirage de la justice sociale* (1976), trad. De l'anglais par R. Audouin, PUF, 1981, p. 123 *sq.*

Droit, Législation et Liberté, PUF, 1980, La constitution de la liberté, Litec, 1994.

La présomption fatale : les erreurs du socialisme, PUF, 1997, 237 p.

HERRIOT (E.), *Aux sources de la liberté*, Paris, Gallimard, 1939.

HOLO (T.), *L'étude d'un régime militaire. Le cas du Dahomey (Bénin),* 1972-1977, Thèse de droit, Paris 1 Panthéon-Sorbonne, Paris, 1979.

HOSTACHE (R.), *Le Conseil national de la Résistance,* Paris, PUF, 1958, 514 p.

ISRAËL (J. J.), *Droits et libertés fondamentales,* LGDJ, 1998, 596 p.

JAVILLIER (J.-C.), *Droit du Travail,* L.G.D.J., Paris, 2e éd., 1981.

KENOUKON (C. A.) (dir. J.-C. JAVILLIER), *Effectivité et efficacité des normes fondamentales et prioritaires de l'OIT : cas du Bénin et du Togo, Institut international d'études sociales, 2007,* BIT.

KERBOURC'H (J.-Y.), *Le statut protecteur des représentants du personnel,* Litec, 2003.

KIRCH (M.), *Le droit du travail en Afrique,* Tome I, Le contrat du travail, EDIENA, 1987.

KOUADIO BENIE (M.), *L'ajustement structurel et les institutions du marché du travail en Côte d'ICfe. Réunion du réseau du marché du travail en Afrique*, Ouagadougou, novembre 1992, *OIT*.

KOUBI (G.), *Le Préambule de la Constitution de1946 : antinomies juridiques et contradictions politiques*, Paris, PUF, 1996, 296 p.

LABBÉ (D.), REYNAUD (B.), *La négociation collective en entreprise*, Editions Liaisons, 2001.

LACHAUD (J. P.), *L'ajustement structurel et le marché du travail en Afrique francophone. Institut international d'études sociales,* Genève, Discussion papers.

LAFERRIÈRE (J.), *Manuel de droit constitutionnel,* Paris, Domat, Montchrestien, 1943, 327 p.

LAGARDE (P.), *Le principe de proximité dans le droit international privé contemporain : cours général de droit international privé,* Pays-Bas, M. Nijhoff, 1987, 237p.

LALUMIÈRE (C.), *Rencontre interrégionale organisée par le Conseil de l'Europe en vue de la conférence mondiale sur le droit de l'homme,* Strasbourg, 28-30 janvier 1993.

LAMBERT-ABDELGAWAD (E.), *Le rayonnement de la jurisprudence de la Cour européenne à l'égard de la Commission africaine des droits de l'homme et des peuples. Analyse empirique des références à la jurisprudence de la Cour européenne des droits de l'homme,* collection droit et justice n°64. Bruxelles, Bruylant, 2005, 280 p.

LAMPUE (P.), (sous la direction de), *L'influence du droit français et du droit coutumier sur les lois civiles africaines*, Economica, 1975.

Le GOFF (J.), *Du silence à la parole. Une histoire du droit du travail,* 2ème éd. PU Rennes, 2004.

Le ROY (E.),

Les Africains et l'institution de la justice : entre mimétisme et métissage, Dalloz, 2004, 284 p.

Les fondements anthropologiques, Cours de l'Institut International des Droits de l'homme de Strasbourg, Juin 1007, p. 14.

LECLERCQ (C.), *Libertés publiques,* Paris, Litec, 5ème édition, 363 p.

LEE (E.), LOUFTI (M.), GOREUX (L.), FALL (B.), SIDIBE (M.), DIOP (D.), *Ajustement, emploi et développement au Sénégal, 5 études,* BIT Genève, 1992.

LEFORT (C.), *Essai sur le politique,* Esprit Seuil, 1986.

LEUPRECHT (P.), *L'Europe dans les relations internationales,* Pedone, 1982. 195.

LEVASSEUR (A. A.), *Droits des États-Unis,* Paris, Dalloz, 1990, 493 p.

LEVINET (M.), *Théorie générale des droits et libertés,* Bruylant, 2006, 546 p.

Les Constitutions des États africains d'expression française, L.G.D.G, 1961.

LICHÈRE (F.), POTVIN-SOLIS (L.), RAYNOUARD A. (dir.), *Actes de la journée d'étude organisée le 10 février 2003 à la Faculté de droit, économie et administration de l'Université de Metz. Le dialogue entre les juges européens et nationaux : incantation ou réalité?,* Bruxelles, Bruylant, 2004. 242.

LUCHAIRE (F.), *La protection constitutionnelle des droits et des libertés,* Economica, 1987, 501 p.

LYON-CAEN (A.), LOKIEC (P.), *Droit fondamentaux et droit social,* Dalloz, 2005, 228 p.

MADIOT (Y.), *Droits de l'homme et Libertés publiques,* Masson, 1991.

MALLET (A.), *Introduction à l'Europe sociale,* Éd. ENSP, 1997.

MARGUÉNAUD (J.-P.) (dir.), L'influence de la jurisprudence de la Cour européenne des droits de l'homme sur le droit privé français, Éd. Mission de recherche droit et justice, Paris, 1999.160.

MARTIN (J.), *L'empire renaissant,* Paris, Denoel, 330 p.

MARTIN (P.-M.), *Les échecs du droit international,* Que sais – je ? n°3151, Paris, PUF, 1996.

MARTOR (B.), PILKINGTON (N.), SELLERS (D.), THOUVENOT (S.), *Le droit uniforme africain des affaires issu de l'OHADA,* Litec, 2009, 334 p.

MARZAL (A.), *Analisis politico de la empresa. Razon dominante y modelos de empresa,* Barcelona, Ariel, 1983.

MASCLET (J.-C.), *Les grands arrêts de droit communautaire : Cour de justice des communautés européennes, Conseil constitutionnel, Cour de cassation, Conseil d'État,* PUF, 2003, 128 p.

MATHIEU (B.), *La loi,* Paris, Dalloz, Connaissance du droit, 1996, 137 p.

MATHIEU (B.), VERPEAUX(M.), *Contentieux constitutionnel des droits fondamentaux,* Paris, LGDJ, 2002, 740 p.

MAZEAUD (A.), *Droit du travail,* Montchrestien, 5ème édition, 2006, 635 p.

MENSAH (N. G.), *Le droit du travail au bénin,* T.I, Cotonou, 1976.

MERCIER (R.), *Le travail obligatoire dans les Colonies françaises*, Thèse, Université de Nancy, 1933.

MESTRE (J.-L.), *La Cour de cassation et le contrôle de constitutionnalité. Données historiques* : Presses universitaires d'Aix-Marseille, 1995.

MEYNAUD (J.), SALAH-BEY (A.), *Le syndicalisme africain, évolution et perspective*, Payot, Paris, 1963, 260 p.

MEYRAT (I.), *Droit fondamentaux et droit du travail*, Thèse, Paris X-Nanterre, 1998, 373 p.

MICHEL (H.), *Les courants de pensées de la résistance*, Paris, PUF, 1962, 842 p.

MICHEL (H.), MIRKINE-GUETZÉVITCH (B.), *Les idées politiques de la résistance*, Paris, PUF, 1954. 410 p.

MICHELET (K.), *Les droits sociaux des étrangers*, L'Harmattan, 2002, 494 p.

MIRKINE-GUETZÉVITCH (B.), *Les constitutions de l'Europe nouvelle-avec les textes constitutionnels*, Paris, Librairie Delagrave, 1928 et 1938, 404 p.

MOLFESSIS (N.), *Le Conseil constitutionnel et le droit privé*, Paris, LGDJ, Bibliothèque de droit privé, 1997, 602 p.

MONDOU (Ch.), *Droits des libertés fondamentales*, Ellipses, 2005, 142 p.

MONTCEAU (M.), *L'organisation internationale du travail (1919-1959)*, Paris, PUF (Que sais-je ? »), 1972, 125 p.

MORANGE (J.), *Libertés publiques*, PUF, 1989, 402 p.

MOREAU (M.), *La grève*, Paris, Economica, 1998, 105 p.

MOREAU (M.-A.), *Normes sociales, droit du travail et mondialisation*, Paris, Dalloz, 2006, 461 p.

MORIN (J.-Y.), *Libertés et droits fondamentaux dans les Constitutions des Etats ayant le français en partage*, Bruylant/AUF, 1999.

MORIN (M. –L.), *Le droit des salariés à la négociation collective. Principe général du droit*, LGDJ, 1994, 681 p.

MORRISSON (C.), LAFAY (J. D.), DESSUS (S.), *La faisabilité politique de l'ajustement dans les pays africains*, Centre de développement de l'OCDE, Documents techniques, n°88, novembre 1993.

NAKA (L.), *Le tiers-monde et la crise d'endettement des années 80 : fléchissement des flux financiers en direction des pays en développement*, L'Harmattan, 1989.

NDIAYE (A. I.), TIDJANI (B.), *Mouvements ouvriers et crise économique : les syndicats sénégalais face à l'ajustement structurel, Séries de monographies,* Codestria, Dakar, 1995.

N'GAKA (P.), *Le droit du travail au Congo Brazzaville,* Paris, L'Harmattan, 2006, 332 p.

NOUDJÈNOUMÈ (Ph.), *La démocratie au Bénin*, Paris, L'Harmattan, 395 p.

OBERDORFF (H.), *Droit de l'homme et libertés fondamentales,* L.G.D.J., 2008, 492 p.

ODENT (R.), *Contentieux administratif, Les cours de droit*, 1977, Fascicule, 1, 232 p.

L'ajustement structurel, l'emploi et la pauvreté au Burundi, OIT, PECTA, Document de travail, Addis Abeba, 1993.

Rapport sur l'ajustement structurel au Sénégal, OIT, PECTA, Document de travail, Addis Abeba, 1993.

L'ajustement structurel, l'emploi et la pauvreté à Madagascar. Programme des emplois et des compétences techniques pour l'Afrique, PECTA, Addis Abeba, OIT, 1993.

OLIVIER (J.-M.), *Droit du travail,* cours de DEA Paris 2, 1997-1998.

OLIVIER (R.), *La désignation des délégués syndicaux,* Litec, 2007, 270 p.

OLLIER (P.-D.), *Le droit du travail*, Paris, Armand Colin, Coll. U, 1972, 591 p.

OLSZACK (G.), *Histoire du droit du travail,* Paris, PUF, QSJ ?, 1999, n°3450, 127 p.

OGIER-BERNAUD (V.), *Les droits constitutionnels des travailleurs,* Paris, Economica, PUAM, 427 p.

Introduction – Projet de Charte Africaine des Droits de l'homme et des Peuples, O.U.A. doc. CAB/LEG/67/1.

Avant-projet de la Charte Africaine des Droits de l'Homme et des peuples, Dakar, 28 novembre – 8 décembre 1979, O.U.A. Doc. CAB/LEG/67/3. Rév. 1.

OUGUERGOUZ (F.), *La Charte Africaine des Droits de l'Homme et des Peuples, une approche juridique des droits de l'homme entre tradition et modernité*, Paris, P.U.F., 1993, 479 p.

PAMBOU-TCHIVOUNDA (G.), *Essai sur l'état Africain postcolonial*, L.G.D.J., 1982.

PÉLISSER (J.), SUPIOT (A.), JEAMMAUD (A.), *Droit du travail,* Précis Dalloz, 24e éd., 2008.

PÉLISSIER (J.), LARDY- PELISSIER (B.), *Le syndicalisme salarié,* Paris, Dalloz, 2002.

PETIT (F.),

La notion de représentation dans les relations collectives du travail, Paris, L.G.D.J., 2000, 575 p.

Droit de l'emploi, Montchrestien, 2005, 335 p.

Introduction générale au droit, Sup'foucher, 2007, 214 p.

PETTITI (L. -E.), « La Convention européenne des droits de l'homme, Développements récents et nouveaux défis, rapports de synthèse », coll. Droit et justice n°19, Bruxelles, Nemesis/Bruylant, 1997.

PIC (P.), KRÉHER (J.), *Le nouveau droit ouvrier français dans la cadre de la Charte du Travail,* Paris, 1943.

PLANIOL et RIPERT, *Traité élém. de dr. civ.,* 2e éd., t. II, n°490.

POIRIER (J.), KUYU MWISSA (C.), ALLIOT (M.), *Repenser les droits africains pour le XXIème siècle,* éd. Karthala.

POUILLE (A.), *Libertés publiques et droits de l'homme,* Dalloz, 16e éd.

POULET-GIBOT LECLERC (N.), *La place de la loi dans l'ordre juridique interne,* Paris, PUF, 1990, 239 p.

PRÉLOT (P.-H.), *Droits des libertés fondamentales,* Hachette, 2010.

RADÉ (Ch.), *Droit du travail et responsabilité civile,* LGDJ, 1997, 398 p.

REMONDO (M.), *Le droit administratif gabonais,* LGDJ, 1987, 304 p.

RIALS (S.), *La Déclaration de 1789,* Droit, 1988, 772 p.

RICHER (L.), *Les droits de l'homme et du citoyen,* Economica, 1982, 406 p.

ROBIN-OLIVIER (S.), « Le principe d'égalité de traitement en droit communautaire. Étude à partir des libertés économiques », PUAM, 1999, 552 p.

RODIÈRE (P.),

Droit social de l'union européenne, Traité, LGDJ, 2008, 698 p.

Droit social de l'union européenne, Manuel, LGDJ, 2ème Édition, 2002, 668 p.

ROLLAND (P.), *La protection des libertés en France,* Dalloz, 136 p.

ROUSSILLON (H.), *Le Conseil constitutionnel,* Dalloz, coll. »connaissance du droit », 1991.

SACCO (R.), La comparaison juridique au service de la connaissance du droit, Economica, coll. « Études juridiques comparatives », 1991.

SAMUEL (L.), *Droits sociaux fondamentaux, jurisprudence de la Charte sociale européenne*, Éd. Conseil de l'Europe, 1997.

SASSO (L.), *Les obligations positives en matière des droits fondamentaux,* Thèse, Caen, 1999.

SAUVIAT-CANIN (A.), *La jurisprudence judiciaire et les décisions du Conseil constitutionnel*, Thèse, Limoges, 1993, 576 p.

SCHELLE (G.), *Œuvre de Turgot et document le concernant,* Paris : Félix Alcan, tome 5, 1923. 252.

SECH (C. Y.), *Kéba Mbaye, Parcours et combats d'un grand juge,* Karthala, Paris, 2009, 220 p.

SIMITIS et alii, *Affirmation des droits fondamentaux dans l'Union européenne, il est temps d'agir. Rapport du groupe d'experts en matière de droits fondamentaux, transmis à la Commission en février 1999.*

SINAY (H.), JAVILLIER (J.-C.), *La grève,* Paris, Dalloz, 1984.

STANKIEWICZ (F.), *Ajustement structurel et formation au Niger, Formation : Études de politiques, n°14 Service d'élaboration des politiques et programmes de formation,* BIT, Genève, 1994.

SUDRE (F.) (et autres),

Colloque de Paris du 29 septembre 2006 sur l'office du juge. L'interprétation dynamique de la Cour européenne des droits de l'Homme.

Les grands arrêts de la Cour européenne des droits de l'homme, PUF, 5ème éd., 854 p.

SUPIOT (A.),

Le juge et le droit du travail, Thèse Bordeaux I, 1979, 1039 p.

Les juridictions du travail, Traité de droit du travail, sous la direction de G. H. CAMERLYNCK, Dalloz, tome 8, 1987.

Critique du droit du travail, Paris, PUF, coll. Les voies du droit, 1994, 280 p.

Au-delà de l'emploi, Transformation du travail et devenir du travail en Europe, Paris, Flammarion, 1999, 321 p.

L'esprit de Philadelphie. La justice sociale face au marché total, Paris, Le Seuil, 2010, 178 p.

TERNEYRE (Ph.), *La grève dans les services publics*, Paris, Sirey, 1991.

TERRÉ (F.), *Introduction générale au droit,* Précis Dalloz, 3e éd., 1996.

TEYSSIÉ (B.),

La grève, Dalloz, 1994.

Droit du travail. Relations collectives, Paris, Litec, 2009.

TEYSSIÉ (B.) (dir.), *Les sources du droit du travail*, PUF, 1998.
TIGER (Ph.), *Le droit des affaires en Afrique*, Que sais-je ?; PUF.
TRÉMEAU (J.), *La réserve de loi, compétence législative et constitution*, Economica, PUAM, 1997, 414 p.
TUNC (A.), CONAC (G.) (dir.), *Sacralité, pouvoir et droit en Afrique*, Éd. du CNRS, 1979.
TURPIN (D.), *Libertés publiques et droits de l'homme*, Seuil, 2004.
VALTICOS (V.),
Un développement du droit international du travail : les droits syndicaux et les libertés publiques, Liège, 1972.
Droit international du travail, Paris, Dalloz, 1987.
Les méthodes de protections internationales de la liberté syndicale. Recueil des cours de l'Académie de droit international, 1975-I.

VAN DER HELM (A.-J.), MEYER (V.-M.), *Comparer en droit*, Cerdic, 1991.
VANDAMME (J.), *La question de l'Europe sociale : pour une nouvelle politique sociale en Europe*, avant-propos de Jacques Delors, Tepsa, Economica.
VEDEL (G.), *Propositions pour une révision de la Constitution. Rapport au président de la République, 15 févr. 1993 :* La Doc. Fr., 1993.
VERDIER (J.-M.),
Syndicat et droit syndical, Dalloz, Traité de droit du travail, sous la direction de G.H. CAMERLYNCK, T.V., volume 1 (1984) et 2 (1987).
L'intervention des pouvoirs publics et des juges dans la vie interne des syndicats en droit français selon les normes internationales de l'OIT. Rapport au colloque d'Athènes sur la liberté syndicale dans le droit des pays européens, mars 1986.
Syndicats et droit syndical, vol. 1, 2e éd. 1987.
VERDIER (J.-M.), COEURET (A.), SOURIAC (M.-A.), *Droit du travail, Rapports individuels*, Paris, Dalloz, 15e éd. ; *Rapports collectifs*, Paris, Dalloz, 15e éd.
VERDIER (J.-M.), REYNAUD (J.-D.), ADAM (G.), *La négociation collective en France*, Édition ouvrière, 1972.
VERGE (P.), MURRAY (G.), *Le droit et les syndicats, aspect du droit syndical québéquois*, Les presses de l'université de Laval, 1991, 500 p.
VIALA (A.), *Les réserves d'interprétations dans la jurisprudence du Conseil constitutionnel*, LGDJ, 1999.
VOGEL-POLSKY (E.), VOGEL (J.), *L'Europe sociale 1993 : illusion, alibi ou réalité ?*, Études européennes, 1991.

WANDJI-KEMADJOU (G. B.), *Les droits et libertés fondamentaux du salarié : réflexion sur la hiérarchie des normes,* Thèse, Paris II-Assas, 2007, 355 p.

WACHSMANN (P.), *Les droits de l'homme,* Dalloz, 5ème Édition.

WESSELING (H.), *Le partage de l'Afrique*, Paris, Denoël 1986, rééd. Folio-Gallimard, 2002, p. 169

ZOLLER (E.), *Grands arrêts de la Cour suprême des Etats-Unis,* Paris, PUF, 2000, Coll. Droit fondamental, 1328 p.

II – Articles, communications, chroniques

ABARCHI (D.),
« Problématique des réformes législatives en Afrique : le mimétisme juridique comme méthode de construction du droit », *Penant*, 2003, n°842, p. 88.
« La supranationalité de l'OHADA, Revue internationale de droit africain », *EDJA*, n°44, janviers-mars 2000.

AGOSTINI (E.), « La circulation de modères juridiques », R.I.D.C., 1990 ; p. 461.

AJAVON (A.), « La protection des droits de l'homme dans les Constitutions des États de l'Afrique Noire francophone », *RJPIC.*, n°1, Mars 1992, p. 128.

AKANDJI (J.-F.),
« La France devant le comité européen des droits sociaux », *Dr. soc.*, 01/11/2001, n°11, p. 977-982.
« La procédure de réclamation collective dans la Charte sociale européenne, chronique des décisions du comité européens des droits sociaux (CEDS) 1999-2000 », *RTDH*, 01/10/2001, n°38, p. 1035-1061.
« L'application de la Charte sociale européenne : la mise en œuvre de la procédure de réclamations collectives », *Dr. soc.* 01/09/2000, n°9/10, p. 888-896.
« L'interaction normative entre le Conseil de l'Europe et l'Union européenne en matière de droits sociaux », contribution au colloque de Grenoble des 2 et 3 décembres 1999 sur *L'interaction entre l'Union européenne et le Conseil de l'Europe.*
« Charte sociale et droit communautaire », *in* La *Charte sociale européenne*, Bruylant.

ALIPRANTIS (N.), « Les droits sociaux sont justiciables ! », *Dr. soc.*, 2006, p. 158.

ALLIOT (M.),
« Récits de quelques passages (1940-1963) », in *Un passeur entre les mondes*, Publication de la Sorbonne, 2000, p. 31.
« Un droit nouveau est en train de naitre en Afrique ? » ; « La coutume dans les droits originellement africains », in *La Coutume, Société*, Jean BODIN, vol 51, Paris Dessain et Tolba, 1990.

AMAUGER-LATTÈS, obs., soc. 28 févr. 2007 : *D.* 2007. *AJ* 869 *; D.* 2007. 2269.

ANDRIANTSIMBAZOVINA (J.), « La Convention européenne des droits de l'homme et la CJCE après le traité d'Amsterdam, de l'emprunt à l'appropriation ? », *Europe,* octobre 1998, chron. 7, p. 3.

ATIAS (C.), *D.* 04/12/1997, p. 386.

AUBIN (C.), « L'Europe sociale entre mythe et réalité », *Dr. soc.*, 2007, p. 618.

AUBRY (J.-M.), « Sur l'étude de la hiérarchie des normes en droits public. Éléments de problématique », in *Mélanges offerts à R. PELLOUX,* Paris, L'Hermès, 1980.

AUVERGNON (Ph.) (dir.), *La contractualisation du droit social,* Acte du séminaire international de droit comparé du travail, des relations professionnelles et de la sécurité sociale, Comptrasec, Bordeaux, 2003.

AZOUX BACRIE (L.), « Déclaration universelle des droits de l'homme, la Déclaration universelle sur le génome humain et les droits de l'homme à l'aube du XXIe siècle-Ombres et lumières », *La Gazette du Palais,* mai- juin 2000, p. 879

BADARA FALL (A.), « La Charte africaine des droits de l'homme et des peuples : entre universalisme et régionalisme », *Pouvoirs,* n°129, p. 97.

BADINTER (R.), GENEVOIS (B.), « Normes de valeur constitutionnelle ET degré de protection des droits fondamentaux », *R.F.D.A.,* 1990, p. 317.

BANÉGAS (R.), « Mobilisations sociales et oppositions sous Kérékou », in *Le Bénin, Politique Africaine,* n°59, octobre 1995, p. 26-43.

BAYLOS GRAU (A.), « Le droit de grève en Espagne », *Bull. dr. comp. trav. séc. soc.,* 1995, p. 180.

BÉGUIN (J.), note, décision 79-105 DC du 25 juillet 1979, *JCP* G, 1981, II, 19547.

BÉLIER (G.), « La hiérarchie des normes entre la branche et l'entreprise : saine articulation ou désarticulation du droit de la négociation collective ? », *SSL*, 27 septembre 2004, n°1183, p. 53.

BENNET (J.), « La fin des corporations », *Revue de la Mutualité,* 19ème année, nouvelle série, n°45, mars 1967, p. 45 – 48 (1er article), n°47, octobre 1967, p. 51 – 54 (2ème article).

BENOIT-ROHMER (F.), CREWE (C.), WACHSMANN (P.), « Quelle réforme pour la Cour européenne des droits de l'homme ? », *RUDH*, 2002, p. 253.

BÉRAUD (J.-M.), « Aspects de la liberté syndicale au sens de la CEDH », *Dr. soc.,* 1986, p. 384.

BERGÉ (J.-S.), « L'enchevêtrement des normes internationales et européennes dans l'ordre juridique communautaire : contribution à l'étude du phénomène de régionalisation du droit », *LPA*, 01/10/2004, n°199, p. 32-39.

BERNAUD (V.),
« Les droits constitutionnels des travailleurs au cœur de l'évolution du contrôle de constitutionnalité du Conseil d'État : de l'arrêt Dehane à l'arrêt Syndicat national des huissiers de justice », in *Mélanges en hommage à Louis FAVOREU*, p. 1487.
« Question prioritaire de constitutionnalité et contentieux du travail, mode d'emploi critique », *RJS*, 2010, p. 339.

BERTRAND (conclusion du Commissaire du Gouvernement), Fédération nationale des syndicats des services de santé et services sociaux de la DFDT, Conseil d'État ass. 28 juin 1974, Rec., p. 380 et RTDSS, 1974, p. 699.

BESSE (G.), « A qui profite la RSE ? La responsabilité sociétale des entreprises peut-elle réguler les effets sociaux de la mondialisation ?, *Dr. soc.*, 2005, p. 991.

BEVORT (A.), « De la position commune sur la représentativité au projet de loi : renouveau et continuité du modèle social français », *Dr. soc.*, n°7/8, 2008, p. 830.

BLACHÈR (Ph.),
« Le Conseil constitutionnel en fait-il trop ? », *Pouvoirs*, n°105, avril 2003, p. 17-28.
« La question prioritaire de constitutionnalité en question… », *LPA*, 18 mars 2010, n°55.

BLAISE (J.), « La protection des candidats aux fonctions de représentants du personnel », *JCP* G 1961, I 1639.

BON (P.), « Les droits et libertés en Espagne. Éléments pour une théorie générale », in *Dix ans de démocratie constitutionnelle en Espagne*, Paris, Éditions du CNRS, 1991, p. 44.

BONNEAU, note., soc. 19 février 1981 : *Bull. civ. V*, n°143 ; *D.* 1981 417.

BONNEAU (P.), COEURET (A.), « La représentativité syndicale à l'épreuve de la question prioritaire de constitutionnalité », *SSL*, 25 mai 2010, n°1447, p. 6.

BONNECHÈRE (M.),
note., *Dr. ouv.* 1980. 12.
Soc. 6 juin 1989 (trois arrêts) : *Bull. civ. V*, n°426 ; *D.* 1990. Somm. 170.

« La reconnaissance des droits fondamentaux comme condition de progrès social », *Dr. ouvr.,* 1998, p. 249.
« Quelle garantie des droits sociaux fondamentaux en droit européen ? », *Europe,* 4 juil. 2000.
« Droits sociaux fondamentaux : vers un droit commun pour l'Europe », *SSL,* 25 oct. 2004, n°1187.

BORENFREUND (G.),
« Propos sur la représentativité syndicale », *Dr. soc.,* Juin 1988, p. 478.
Dr. soc., 1989. 333.
« La négociation collective dans les entreprises dépourvues de délégués syndicaux », *Dr. soc.,* 2004. p. 606.
« Le nouveau régime de la représentativité syndicale », *RDT* décembre 2008, 712 ; p. 721.
« Le renouveau du droit syndical dans l'entreprise : entre faveur et défiance ? », *Dr. soc.,* 2009, p. 700.

BOSSU (B.),
« Salarié protégé : l'indemnisation du salarié protégé en cas d'annulation de l'autorisation administrative de licencier », *JCP S,* n°18/12/2007, n°51, p. 43-45 ;
« Les étrangers résidant régulièrement en France avec leurs enfants mineurs bénéficient de plein droit des prestations sociales », *RJPF,* 01/06/2004, n°6, p 24-25 ;
« Droits de l'homme et pouvoirs du chef d'entreprise : vers un nouvel équilibre », *Dr. soc.,* 01/09/1994, n° 9-10, p 747-758.

BOUCHARD (J.-C.), FUMENIER (P.), « De la question préjudicielle de constitutionnalité : vers une société de confiance », *Rev. dr. fisc.,* n°36, 4 septembre 2008, p. 9

BOURMAUD (D.), QUANTIN (P.), « Le modèle et ses doubles : les Conférences nationales en Afrique noire (1990-1991) », in Yves MÉNY, *Les politiques du mimétisme institutionnel. La greffe et le rejet,* Paris, L'Harmattan, 1993, p. 167.

BOUVIER (V.), *Droits*, n°9, 1989, p. 119-129, spéc. p. 119.

BREILLAT (D.), « Les libertés de l'esprit », in *Le grand oral : Protection des libertés et droits fondamentaux,* Paris, Montchrestien, p. 221.

BURON (M.) (rapporteur de la Commission parlementaire), *Europe sociale,* n° 1/90.

CADOUX (C.), « Le statut et les pouvoirs des chefs d'États et des gouvernements », *in* G. CONAC (dir.), *Les institutions politiques des États d'Afrique francophone et de la République Malgache,* ibid., p. 69.

BORRICAND (J.), « Donner et reprendre ne vaut, réflexions sur quelques décisions « sociales » récentes de la Chambre criminelle », *D.*, 1980, chron., 323.

CAMERLYNCK (G. H.), « L'autonomie du droit du travail », *D.*, 1956, Chr., p. 23.

CAPITANT (R.), « La démocratie sociale », in *Ecrits constitutionnels,* 1952-1953, éditions du C.N.R.S., 1982, p. 167.

CAPORAL (S.), « L'inégalité politique maintenue : l'accès refusé à la pleine citoyenneté », in *L'affirmation du principe d'égalité dans le droit public de la révolution française de (1789-1799),* Économica, PUAM, p. 54.

CARLIER (J.-Y.), De SCHUTTER (O.) (dir.), *« La Charte des droits fondamentaux de l'Union européenne : son apport à la protection des droits de l'homme en Europe »* in *Mélange en hommage à MARCUS-HELMONS Silvio,* Bruylant, 2002, p. 304.

CASSIA (P.),

« Le droit communautaire dans et sous la Constitution française », RTD Eur., N°2/2007 p. 407.

« Le traité établissant une constitution pour l'Europe et la Constitution française », *JCP G* 2005. I. 108.

CASSIN (R.), « La Déclaration universelle et la mise en œuvre des droits de l'homme », *RCADI*, 1951, t.79, p 289.

CESARO (J.-F.), « La négociation dans les entreprises pourvues de délégués syndicaux », *Dr. soc.,*2009, p. 658.

CHABANOL (D.), chron., CE 12 nov. 1990 : *Gaz. Pal.* 23 févr. 1991.

CHALARON (Y.), « L'accord dérogatoire en matière du temps du travail », *Dr. soc.,* 1998, p. 355.

CHANTEBOUT (B.), « Suffrage » *in* J. TULARD et al., *Dictionnaire Napoléon,* 1987, Paris, Fayard, p. 1604 s.

CHELLE (D.), PRÉTOT (X.), note, CE, 30 mai 1969, *EDCE*, 1990, p. 243 ; *D.,* 1992, som. Com., p. 156.

CHÉROT (J.-Y.),

« Point de vue français sur le droit constitutionnel économique », in *Étude de droit constitutionnel franco-portugais : à propos de la révision de la Constitution portugaise,* Paris, Economica, Coll. Droit public positif, p. 95.

« Le principe de participation des travailleurs en droit constitutionnels », *Gaz. Pal,* 5 juillet 1994, p. 837.

« Les droits fondamentaux au travail et la globalisation. Un nouveau modèle dans le droit global ? », *in Mélanges en hommage à Louis FAVOREU*, Dalloz, p. 1508.

CHEVALLIER (J.), « L'ordre juridique », in *Le droit en procès,* Paris, PUF, 1983, p.17.

CLAVREUL (C.), *L'influence de la théorie d'E. Sieyès sur les origines de la représentation,* Paris II, 1982.

COHEN (M.),

« Les secours accordés par les comités d'entreprises », *RPDS* 1975, 209.

RPDS. soc., 1977, 13.

« Les entraves directes et indirectes à l'exercices du droit syndical et du droit de grève », *Dr. soc.,* 1978, p. 268.

COHEN-JONATHAN (G.),

Obs. CEDH, 18 janvier 1978, Irlandec/Royaume-Uni, *Cah. dr. eur.* 1979, p 465.

Cour européenne des droits de l'homme- chronique de jurisprudence 1980-1981, *C.D.E.,* 1982, p. 226-232.

COLLET (M.), « Le droit déclaratoire », in *Le Préambule de la Constitution de 1946*, Y. GAUDEMET (dir.), Éd. Panthéon-Assas, p. 19.

COPANS (J.), « À la recherche d'une classe ouvrière », in *Classes ouvrières d'Afrique noire,* Paris, Karthala, 1987.

COEURET (A.),

« Droit syndical et droit pénal ; regard sur une collaboration fructueuse », in *Droit syndical et droits de l'homme, Mélanges en hommage à Jean-Maurice VERDIER,* Dalloz.

« La responsabilité pénale en droit du travail : vers un nouvel équilibre entre personnes physiques et personnes morales », in *Dépénalisation de la vie des affaires et responsabilité pénale des personnes morales,* M. DAURY-FAUVEAU, M. BENILLOUCHE (dir.), Paris, PUF, p. 101.

CORRIGNAN-CARSIN, note., soc. 13 nov. 1996 : *Bull. civ. V,* n°379 ; *JCP 1997.* II. 22754.

COSTA (J. L.), « La jurisprudence de la Chambre criminelle et l'élaboration d'un ordre public et économique et social », in *Mélanges Patin,* Cujas, 1964, p. 65.

COSTA (J.-P.), « Vers une protection des droits économiques et sociaux en Europe ? », *in Mélange en hommage à Pierre Lambert, Les droits de l'homme au seuil du troisième millénaire.*

COUTURIÉ (G.),

obs., soc. 19 nov. 1997 : *Dr. soc.* 1998.89.

« Le choix de la procéduralisation conventionnelle », *SSL* 2004, n°1152, p. 6.

DANIEL (J.), « Alinéa 8 », in *Le Préambule de la Constitution de 1946, Histoire, analyse et commentaire*, Paris, dalloz, Thèmes et commentaires, 2001, p. 212.

DAUGAREILH (I.), « La convention de sauvegarde des droits de l'homme …et la protection sociale », *RTDE,* 2001, p. 123.

DAUSES (M. A.), « La protection des droits fondamentaux dans l'ordre juridique communautaire », *RTDEur.* 1984, p. 410.

DAVID (R.), « Le droit comparé, enseignement de culture générale », *R.I.D.C.,* 1950, p 682.

de BLOIS (M.), « De Closed shop zaak », *NJCM Bulletin,* 1982, p. 400-412.

de BÉCHILLON (D.), « De quelques incidences du contrôle de la conventionnalité internationale des lois par le juge ordinaire, (Malaise dans la Constitution) », *RFDA*, 1998. 226.

de GOUTTES (R.), « L'application de la Constitution par la Cour de cassation : aspects généraux et perspectives de droit civil », *in L'application de la Constitution par les Cours suprêmes,* Dalloz, p. 59.

de QUENAUDON (R.), « L'application par le juge français des droits sociaux fondamentaux affirmées par l'OIT et l'ONU », *Rev. dr. du tr.* 2007, p 109.

de VERGOTTINI (G.), « La protection des droits sociaux fondamentaux dans l'ordre juridique italienne », *in La protection des droits sociaux fondamentaux dans les États membres de l'Union européenne. Étude de droit comparé*, Bruxelles, Bruylant, 2000, p. 572.

DEBÈNE (M.), « Le Conseil constitutionnel et les principes particulièrement nécessaire à notre temps », *AJDA*, 1978, p. 531.

DÉCAUX (E.), « Regard sur l'actualité », n° spécial 264, aout 2000, p. 40.

DÉCAUX (E.), TAVERNIER (P.), « Chronique de jurisprudence de la Cour européenne des droits de l'homme (année 2002) », *J.D.I* 2003, p 566-568.

DEGNI-SEGUI (R.), « L'apport de la Charte Africaine des droits de l'homme et des peuples au Droit international des Droits de l'Homme », *Revue Africaine de droit international comparé,* Tome 3 n°4, Décembre 1991, p. 699-741.

DELPECH (H.), note sous Soc., 5 mars 1953, *J.C.P.,* 1953.II.7553.

DÉPREZ, note., soc. 11 juillet 1989 : *Bull. civ. V,* n°509 ; *GADT,* 4e éd., n°192 ; *D.* 1989. *IR* 233 ; *Dr. soc.,* 1989, 717.

DHOMMEAUX (J.),
« La contribution du comité des droits économiques, sociaux et culturels des Nations Unies à la protection des droits économiques, sociaux et culturels », *A.F.D.I*, 1994, p. 635.
« La jurisprudence du Comité des Droits de l'homme (Novembre 1987-Juillet 1991) », *A.F.D.I.*, p. 514-547.

DION-LOYE (S.), MATHIEU (B.), « Le syndicat, le travailleur et l'individu : trois personnages en attente d'un rôle constitutionnellement défini », *Dr. soc.*, 1990, p. 525.

DION (S.), MATHIEU (B.), « Le droit de grève : l'affirmation elliptique du constituant, le silence du législateur, la parole du juge », *Rev. fr. dr. const.*, 1991, p. 512.

DJOGBÉNOU (J.), « L'idée de réforme de la Constitution du 11 décembre 1990 : Entre progrès et regrets », La Croix.

DOBRY (M.), « Dahomey : règlement de comptes entre les officiers supérieurs », *in Le mois en Afrique, RFEPA,* n°47, novembre 1969, p. 10-13.

DRAGO (G.), « Exception d'inconstitutionnalité : prolégomènes d'une pratique contentieuse », *JCP G*, n°49, 3 décembre 2008, I, 217., p. 13.

DRAGO (R.), obs., C.E. Assemblée. 20 mai 1977, *Ministère de l'éducation c. Quinteau et autres, Rec. Cons. D'Ét.*, p. 230 ; *AJDA*, 1977, p. 638 ; *RDP,* 1978.917.

DRAGUE (O.), « De quelques éléments concernant les conséquences pécuniaires de la grève à l'égard des grévistes et de leurs organisations syndicales », *SSL,* 1986, n°1986, n°322, suppl., D. 20.

DRUESNE (G.), « La jurisprudence constitutionnelle des tribunaux judiciaires sous la Ve République », *Rev. dr. pub.*, 1974, p. 199.

du BOIS de GAUDUSSON (J.),
« Les solutions constitutionnelles des conflits politiques », *AC,* numéro spécial, octobre-décembre 1996, p. 251.
« Le mimétisme postcolonial, et après ? », *Pouvoirs*, n°129, Avril 2009, p. 45.

du GRANRUT (B.), « Faut-il accorder aux citoyens le droit de saisir le Conseil constitutionnel ? » : *RD publ.* 1990, p. 309.

DUBOUT (E.), « Le « contentieux de la troisième génération » ou l'incomplétude du système juridictionnel communautaire », *RTD Eur.*, N°03/2007, p. 427.

DUPEYROUX (J.-J.),
« De la prime anti-grève aux prud'hommes », *Le Monde* 2-3juil. 1978.

« Le droit de grève : de quoi parle t-on ? », *Dr. soc.*, 1988.619.
« Quelques questions », *Dr. soc.*, 1990.

DUPLESSIS (I.), « Le droit de grève et à la négociation collective : perspective canadienne et internationale », Université de Montréal, octobre 2002.

DUQUESNE (F.), « Un délégué syndical en devenir : le nouveau représentant de la section syndicale », *Dr. soc.*, 2008, p. 1084.

DURAND (P.),
« Le particularisme du droit du travail », *Dr. soc.*, 1945. 298.
« Fin d'une controverse. Les effets de la grève sur le contrat de travail (L'article 4 de la loi du 11 février 1950) », *Dr. soc.*, 1950.118.
« Le nouveau droit jurisprudentiel de la grève », *Dr. soc.*, 1951.

FAVENNEC-HÉRY (F.), « La représentativité syndicale », *Dr. soc.*, 2009, p. 630.

FAVOREU (L.),
« L'influence de la jurisprudence du Conseil constitutionnel sur les diverses branches du droit », in *Mélange Léon HAMON*, Économica, 1982, p. 244.
« La décision de constitutionnalité », *Rev. int. dr. comp.*, 1986, p. 622.
« La hiérarchie des normes constitutionnelles et sa fonction dans la protection des droits fondamentaux », *Ann. int. just. const.*, 1990, p. 133.
« Bloc de constitutionnalité », *in Dictionnaire constitutionnel*, Paris, PUF, 1992, p. 87).
in, Recueil d'études en hommage à Ch. EISENMANN, Paris, Cujas, 1975, p. 33.

FIEERENS (J.), « La Charte africaine des droits de l'homme et des peuples », *R. T. D.H.*, Première année, n°3, 1er juillet 1990, p. 235-248.

FITZPATRICK (B.), « Le système européen de protection des droits sociaux fondamentaux », *in La protection des droits sociaux fondamentaux en Europe par la Charte sociale européenne*, Actes du colloque de Sofia des 5, 6 et 7 juillet 2000, Cahier de la Charte sociale, n°11, éditions du Conseil de l'Europe 2001, p 25-34

FLAUSS (J.-F.),
« Radioscopie de la nouvelle Cour européenne des droits de l'homme », *RTDH*, 1998, p 435.
« Les interactions normatives entre instruments européens relatifs à la protection des droits sociaux », *LPA*, 2001, n°148, p. 9.

FRIEDEL (G.), Les représentants du personnel dans les classes, in *Études offertes à G. H. CAMERLYNCK*, p. 331.

FROUIN (J.-Y.),

« L'envers du problème Basirico », *Dr. soc.*, 01/06/1996, n°6, p. 608.
rapp., soc. 10 avril 1998 : *Dr. soc.,* 1998, 579 ; *RJS* 06/98, n°750.

GALLAND (H.), « La "grève perlée" et ses conséquences juridiques », *JCP* 1947.I.637.

GAUDU (F.),
Les droits sociaux, *in Libertés et droits fondamentaux,* R. CABRILLAC, M.-A. FRISON ROCHE, T. REVET (dir.), Dalloz, 12ème éd. 2006, p. 729.
« La sécurité sociale professionnelle : un seul lit pour deux rêves ? », *Dr. soc.* 2007, 393.

GAUTIER (M.), note, *Europe,* février 2005, p. 6.

GAY (L.), « "L'effet cliquet" dans la jurisprudence du Conseil constitutionnel », intervention au IVe Congrès de droit constitutionnel, Aix-en-Provence, 1999, non publié.

GENEVOIS (B.),
« La marque des idées et principes de 1789 dans la jurisprudence du Conseil d'État et du Conseil constitutionnel », *EDCE,* 1988, n°40, p. 181.
« Le Conseil d'État n'est pas le censeur de la loi au regard de la Constitution », *RFDA*, 2000.715.
« Le Conseil d'État et l'interprétation de la loi », *RFDA* 2002. 882.

GERNIGON (B.), «L'Organisation internationale du Travail et les libertés publiques», *Dr. soc.* (Paris), 1982, n° 5 (mai), pp. 425-427.

GERNIGON (B.), ODERO (A.), GUIDO (H.), « Les principes de l'OIT sur la négociation collective du travail », *Rev. int. du trav.,* vol. 139, 2000, n°1, p. 37-60.

GETMAN (J. G.), KOHLER (T.-C.), « Mécanismes de participations aux États-Unis », *Rev. int. dr. comp.,* n°spécial *Journées de la société de législation comparée,* 1983, p. 55.

GLÈLÈ-AHANHANZO (M.),
« Introduction à la Charte africaine des droits de l'homme et des peuples », *Mélanges Claude-Albert COLLIARD*, Pedone, 1984, p. 511.
« La Charte africaine des droits de l'homme et des peuples : ses virtualités et ses limites », *Revue de Droit Africain, Centre de Recherche et d'Études Juridiques Africaines*, n°1, Janvier/Février/Mars 1985.
« Le Bénin » in *L'Afrique en transition vers un pluralisme politique* (sous la Direction de G. CONAC), Économica, 1993, p. 173.

GODINEC (P.-F.),
« L'évolution du syndicalisme en Afrique noire », *Penant*, 72e année, n°691, avril – mai 1962, p. 172.

« Un espoir pour l'homme et les peuples africains ? La Charte africaine des droits de l'homme et des peuples », *Le Mois en Afrique,* juin-juillet 1983, p. 25-26.
« L'État de Droit en Afrique, le sens des mots », *RJPIC* 1998, p. 9.

GOGUEL (F.), « Objet et portée de la protection des droits fondamentaux », in *Cours constitutionnelles et droits fondamentaux,* Économica, 1982, p. 236.

GOHIN (O.), note *JCP* éd. A 2004, 1847.

GREVISSE (S.), « Rapporteur général du Comité européen des droits sociaux », in *Charte sociale européenne*, (dir.) J.-F., AKANDJI-KOMBÉ et S. LECLERC, Bruylant.

GUYON (Y.), in *Petites Affiches* n°205 du 13 octobre 2004, p. 59-63.

LE GRAND (D.), note., soc. 8 juin 1977 : *JCP* 79, éd. G, II, 19089.

HAMON (L.),
Déc. 77-83 DC du 20 juillet 1977, *Rec.* p. 39 ; *D.,* 1979.297.
C.E. Assemblée. 20 mai 1977, *Ministère de l'éducation c. Quinteau et autres, Rec. Cons. D'Ét.,* p. 230 ; *AJDA*, 1977, p. 638. *D.,* 1979, p.297.

HAMSON (C.-J.), « Droit comparé et enseignement du droit » », *R.I.D.C.,* 1950, p 672.

HAURIOU (F.), *S* 1909-3-145.

HENKIN (L.), « Les droits économiques dans la Constitution américaine », *Rev. int. dr. comp.,* 1993, p. 440.

HOLO (T.), « contribution à l'étude des chambres administratives : cas de la chambre administrative de la Cour populaire centrale du Bénin », *in* G. CONAC et J. du BOIS de GAUDUSSON (dir.), *Les Cours suprêmes en Afrique,* tome III, La jurisprudence administrative, Paris, Economica, 1988, p. 30.

HUET (G.), « Exceptio non adimpleti contractus ou exception d'inexécution », *Juriscl. Civ.,* art.1184, n°123.

IMBERT (J.), « L'origine idéologique des "principes de 1789" », in *Les principes de 1789,* PUAM, p. 11.

IMBERT (P.), « Les droits des pauvres, pauvres droits ? », *Rev. dr. public,* 1989, p. 3.

INES (B.),
soc. 23 oct. 2007: *D.* 2007. *AJ*. 2807.
obs., soc., 18 juin 2010, *D.,* AJ, 2010.

JAVILLIER (J.-C.),
Dr. soc., 1975, 375
rapport au 2ème colloque organisé par la commission de droit social du S.A.F. *La délinquance patronale,* 10 décembre 1977, doc. ronéo, p 31.

« Les enseignements de l'analyse comparative et la pratique et la pratique française », *Dr. soc.,* 1990, p. 661.
« La doctrine en droit du travail », *in Les sources du droit du travail,* B. TYESSIÉ (dir.), PUF, 1998, 57 p.
JEAMMAUD (A.),
« Le droit constitutionnel dans les relations de travail », *AJDA* 1991, p. 612.
« Sur l'applicabilité en France des conventions internationales du travail », *Dr. soc.,* n°5, mai 1986, p. 399.
« La constitutionnalisation rampante du droit du travail français », *Les cahiers de droit,* vol. 48, n° 1-2, mars-juin 2007, p. 93.
« Convention européenne des droits de l'homme, relations de travail et droit français », *Annales Univ. Jean Moulin,* 1981, p. 71.
JÉOL (M.), « Les techniques de substitution », in *La Cour de cassation et la Constitution de la République* : Presses universitaires d'Aix-Marseille, 1995, p. 35 et 69.
JÈZE (G.), « Valeur juridique des déclarations de droits », *Rev. dr. pub.,* 1913, p. 685.
JOUVE (E.), « La protection des droits de l'homme et des peuples en Afrique », *Zaïre Afrique,* n°191, Janvier 1985, p. 25-30.
JUVIGNY (P.), « L'OIT et les droits de l'homme », *Rev. franç. aff. soc.,* avril-juin 1969.
KAPTUÉ (L.), « Droit et syndicalisme au Cameroun », *RJA,* 1994, p. 70.
KENFACK DOUAJNI (G.), « L'abandon de souveraineté dans le traité OHADA », *Penant,* 1999, p. 125.
KIRSCH (M.), *Droit Africain du Travail,* n°885, janvier 2000, p 12-13.
LABAYE (H.), « Droits fondamentaux et droit européen », *AJDA,* n°spécial, juil-aout 1998, p. 75.
LALOUPO (F.), « La conférence nationale au Bénin : un concept nouveau de changement de régime politique », *L'Année Africaine,* 1992-1993.
LANGLOIS (Ph.),
obs., soc. 29 mai 1979 : *Bull. civ. V,* n°464 ; *GADT,* 4e éd., n°190 ; *D.* 1980. *IR.* 23.
obs., soc. 15 juin 1978 : *Bull. civ. V,* n°477 ; *D.* 1979. *IR* 25.
« Approche critique des principales dispositions du projet de loi (I) », *SSL,* 19 janvier 2004, p 6.

LAROQUE (P.), « La Charte sociale européenne », *Dr. soc.*, n°3, mars 1979, p. 100.

LATOURNERIE (M.-A.), conclusions, Conseil d'État, 15 décembre 1978, *Manufacture française des pneumatiques Michelin, D.*, 1979, J., p. 327.

Le CROM (J.-P.), *Du bon usage de l'histoire en droit du travail, Regard croisé sur le droit social, SSL,* suppl. n°1095 (28 oct. 2002).

Le ROY (E.),

« Les fondements anthropologiques des droits de l'homme. Crise de l'universalisme et post modernité », *Rev. de la Recherche juridique-Droit prospectif*, 1992, n°1.

« Les formes de l'informel ou l'échec du Droit », Claude Marchand (éd.), Nord-Sud, de l'aide au contrat, pour un développement équitable, Paris, Syros, p. 142-153.

« Inventer un autre droit pour répondre à la crise des sociétés africaines », *Marchés tropicaux et méditerranéens,* N° spécial 30° anniversaire. .N° 3000, 9 mai 2003.

LECLERCQ (C.), « Les libertés publiques en Afrique noire », *in* G. CONAC (dir.), *Les institutions politiques des États d'Afrique francophone et de la République Malgache,* ibid., p. 223 s.

LECLERC (S.), Les restrictions et limitations à l'application de la Charte sociale, *in La Charte social européenne,* Bruylant.

LEVASSEUR (G.),

« La notion de grève », *Dr. soc.*, 1960, p. 654.

note, soc. 23 mars 1953 : *Bull. civ. V,* n°253 ; *GADT* 4e éd., n°186 ; *D.* 1954. 89.

LOSCHAK (D.), « La dégradation du droit de grève dans le secteur public », *Dr. soc.*, 1976, p. 56.

LUCHAIRE (F.), « Procédures et techniques de protection des droits fondamentaux », in L. FAVOREU, dir., *Cours constitutionnelles et droits fondamentaux,* Paris, Economica, PUAM, p.55 s.

LYON-CAEN (A.),

« Sur les fonctions du droit pénal dans les relations du travail », *Dr. soc.*, 1984, p. 439.

obs., soc., 25 février 1988 : *D.* 1988. Somm. 319.

note, CA Versailles, 7 mai 1997, Sté Renault SAc/CGE, DS 1997, p. 509

« Le droit constitutionnel de participation et délimitation des collectivités de travail », *RDT* ; Février 2007, p. 85.

« Déconstruction européenne », *RDT* 2008.273.

LYON-CAEN (A.), SIMITIS (S.), « L'Europe sociale à la recherche de ses références », *Rev. marché en. Eur.*, 1993, p. 109.

LYON-CAEN (G.),

« Les apports du droit comparé au droit du travail », *in Un siècle de droit comparé en France. Les apports du droit comparé au droit positif français. Le livre du centenaire de la société de législation comparée,* Paris, LGDJ, 1969, p 315.

note, soc. 14 juil. 1972, *JCP* 1972, II 17275.

« Les principes généraux du droit du travail », *in* Tendance du droit du travail français contemporain, *Études offertes à G. H. CAMERLYNCK*, Dalloz, 1977, p. 35-45.

« Droit syndical et mouvement syndical » *Dr. soc.* 1984.

« La Constitution française et la négociation collective », *Dr. ouv.*, 1996, p. 480.

MAILLARD (M.), « Le contrat nouvelle embauche est contraire à la Convention n°158 de l'OIT », *D*, 31/01/2008, n°29, p. 1986-1988.

MAKOUNDZI-WOLO (N.), « La commission Africaine des droits de l'homme et des peuples : panacée ou placebo ? », *Revue Congolaise de Droit*, n°04, juil/Déc. 1988, p. 112-182.

MARAIS (A.), « L'introduction du contrôle de constitutionnalité a posteriori : une réforme espérée mais une réforme manquée ? », *Rev. des contrats,* 01/01/2009, n°1, p. 233.

MARGUÉNAUD (J.-P.), MOULY (J.),

note, arrêt *Gaygusuz c/Autriche* du 16 septembre 1996, *D.* 1998, 441.

note, *D* 1997, p. 366.

« Vers une protection du droit de grève par la Cour européenne des droits de l'homme », *D.*, 2003, p. 939.

note, CEDH, 21 nov. 2006, *Baykara c/Turquie*, *JCP G* II 10038 n°10, 7/03/2007.

« Le modèle syndical danois terrassé par le droit d'association négatif », *Dr. soc.*, 01/11/2006, n°11, p. 1022-1025.

« Les incursions de Cour européenne des droits de l'homme dans le droit du travail : une œuvre encore en demi teinte » *RDT* 2008, p. 16.

« La Cour européenne des droits de l'homme à la conquète des droits de grève », *RDT,* 2009, p. 499.

« La Cour européenne des droits de l'homme à la conquête du droit de grève. A propos de l'arrêt de la chambre de la Cour européenne des droits de l'homme *Energi Yapi Yol Sen* contre Turquie du 21 avril 2009 », *RDT,* 01/09/09, n°9, p. 499-504.

« L'avènement d'une Cour européenne des droits sociaux », *D.*, 2009 chron. p. 739.

MARTENS (G.),

« Le syndicalisme en Afrique occidentale d'expression française : de 1945 à 1960 », in *Le Mois en Afrique,* n° 178-179, Octobre-Novembre 1980.

« L'Afrique a t-elle besoin des syndicats ? », in *Le Mois en Afrique*, juin – juillet 1984, n°221-222, p. 50 s.

MARX (K.), *Le capital*, livre 1er , traduit de la 4ème éd. allemande, Paris, Éd. sociales, 1983, p. 833.

MATHIEU (B.),

« Pour une reconnaissance de principes matriciels en matière de protection constitutionnelle des droits de l'homme », *D.*, 1995.

« Précisions relatives au droit constitutionnel de la négociation collective », *D.,* 1997, chr., p. 154.

« Le droit constitutionnel de grève », *Ann. int. just. const.* 1997, p. 310.

« Le droit à la négociation collective "partie inséparable" de la liberté syndicale », J*CP G,* 07/03/07, n°10, p. 35-39.

MAZEAUD (A.), « La négociation des accords d'entreprise en l'absence de délégué syndical », *Dr. soc.,* 2009, p. 669.

MAVOUNGOU (V.), « Le syndicalisme dans les pays d'Afrique à idéologie marxiste-léniniste (à propos du Bénin et du Congo) », *Penant,* 1990. 298.

MAZEAU (H. et P.), *Rev. trim. dr. civ.,* 1948, p. 471.

MÉDÉ (N.), note, DCC 02-058, Afrilex n°4, p 365.

MIGNON (M.), « La valeur juridique du préambule de la Constitution selon la doctrine et la jurisprudence », *D.,* 1951, chr., p. 130.

MITCHNICK (M.-G.), « L'évolution récente en matière de syndicalisme obligatoire », *Rev. int. trav.,* 1993, p. 512.

MODERNE (F.), « L'évolution des juridictions constitutionnelle dans les États d'Afrique francophone et la République Malgache, *in* G. CONAC (dir.), *Les institutions politiques des États d'Afrique francophone et de la République Malgache,* ibid., p. 185.

MOKOTAN (J.-B.), « Une nouvelle voie d'accès au pluralisme politique : la Conférence Nationale souveraine », *Afrique 2000* n°7, novembre 1991, p. 41-53.

MOUNIER (E.), « Faut-il refaire la déclaration des Droits ? », *Esprit*, 1944, n°105, p. 125, article 27.

MORAND (C.-A.), « Le noyau intangible des droits constitutionnels », *in Le noyau intangible des droits de l'homme*, Fribourg, édition universitaires de Fribourg, 1991.

MORANGE (G.), « Valeur juridique des principes contenus dans les déclarations des droits », *Rev. dr. pub.*, 1945, p. 229.

MOREAU (M.), « Sur un droit obèse », *RJC*, 01/05/2006, n°3, p. 267-275.

MOREAU (M.-A.),

« Les justifications des discriminations », *Dr. soc.,*, n°12/12/2002, p. 1112.

« Autour de la justice sociale : perspectives internationales et européennes », *Dr. soc.*, 2010.324.

MORELLET (J.), « L'influence des conventions internationales du travail sur la législation française », *Rev. int. trav.,* 1990, vol.101, n°4, p. 363.

MORIN (M.-L.),

« L'articulation des niveaux de négociation dans l'accord interprofessionnel sur la politique contractuelle du 31 octobre 1995 », *Dr. soc.,* 1995, p.11

« Le Conseil constitutionnel et le droit à la négociation collective », *Dr. soc.,* 1997, p. 26.

« la loi et la négociation collective : concurrence ou complémentarité », *Dr.soc.,* 01/05/1998, p. 419.

« espace et enjeu de la négociation collective », *Dr. soc.,* 01/07/1999, n°7, p. 681.

« Le dualisme de la négociation collective à l'épreuve des réformes : validité et loyauté de la négociation, application et interprétation de l'accord », *Dr. soc.,* 01/01/2008, n°1, p. 24-33.

MORVAN (P.), « Salariés mis à disposition et institutions représentatives du personnel », *JCP S* 2007, n° 1272.

MOULY (J.),

note., soc. 26 févr. 1981 : *Bull. civ.* V, n°s 162 et 163; *D.* 1981. 509.

« Les droits sociaux à l'épreuve des droits de l'homme », *Dr. soc*, 2002, p. 800.

« Coup de vent sur le statut des salariés protégés », *Dr. soc.,* sept-oct. 2005, p. 861.

MUBIALA (M.), « La Cour africaine des droits de l'homme et des peuples : mimétisme institutionnel ou avancée judiciaire ? », *RGDIP,* 1998-3, p. 765 et s.

NADAL (S.), « La transformation du rôle de la négociation des conventions et accords de branche », *SSL,* 27 septembre 2004, n°1183, p. 48.

NIBOYET (J.-P.), « Montesquieu et le droit comparé. La pensée politique et constitutionnelle de Montesquieu », in *Bicentenaire de l'Esprit des lois. 1748-1948,* 1952, p 256.

OLINGA (A.-D.), « Les emprunts normatifs de la Commission africaine des droits de l'homme et des peuples aux systèmes européens et interafricains de garantie des droits de l'homme », RTDH, 01/04/2005, n°62, p. 499-537.

OUGUEREGOUZ (F.), « La Commission africaine des droits de l'homme et des peuples : présentation et bilan d'activité (1988-1989), *A. F.D.I.*, Vol. XXV, 1989, p. 557-571.

OUINSOU (C. O.), « Le contrôle de constitutionnalité au Bénin, Acte de la deuxième réunion préparatoire au symposium de Bamako : Les institutions de la démocratie et de l'État de droit », mars 2000.

OWONA (J.), « L'essor du constitutionnalisme rédhibitoire en Afrique noire : étude de quelques "Constitutions janus" », *Mélanges Paul-François GODINEC*, LGDJ, 1985.

PACTEAU (B.), note, CE 12 oct. 1990 : *JCP* 91, éd. G, II, 21638, 2e esp.

PACTET (P.), « Quelques réflexions sur les principes relatifs aux libertés et aux droits sous la cinquième République », in *Droit et libertés à la fin du XXe, Étude offerte à C.-A. COLLIARD,* Pédone, 1984, p.575.

PAGNERRE (Y.), « Le représentant de la section syndicale », *JCP S* 2009, 1156.

PALLARD (H.), « Universalité ou universalisation des droits de l'homme ?, Un philosophe du droit lit un anthropologue du droit », *in La quête anthropologique du droit : autour de la démarche d'Étienne Le Roy*, Karthala, 2006, p. 115.

PÉLISSIER (J.),
note., crim. 9 nov. 1971 : Bull. crim. N°305 ; JCP 1972. II.17704.
obs., soc. 23 nov. 1978 : *Bull. civ. V,* n°790, *GADT,* 4è éd., n°189; *D.* 1979. *IR* 226.
obs., *D.*, 1978, IR 384.
obs. *D.* 1979 *IR* 427.

PELLOUX (R.), « Trois affaires syndicales devant la Cour européenne des droits de l'homme », AFDI, 1976, p. 120.

PETIT (F.), « La constitutionnalisation du droit du travail », *JCP S* n°37, 14 septembre 2010, p. 9.

PETIT (M.), « L'interdiction des primes anti-grèves », *Rev. prat. dr. soc.* 1978, n°401, p. 247.

PETTITI (C.),
« La Charte des droits sociaux fondamentaux des travailleurs : un progrès ? », *Dr. soc.,* n°04/90, p. 389.
« Le droit de ne pas s'affilier à un syndicat en droit européen », *Dr. soc.,* 1993, p. 1999.
« La Charte sociale européenne révisée », *RTDH,* 01/01/1997, n°29, p. 3-16.

PETTITI (C.), PETTITI (L.),
« Suite du « in concreto » dans la Convention européenne des Droits de l'homme et fin » *Gaz. Pal.*, 1989, doctrine, p. 281-283.
« Du « in concreto » dans la Convention européenne des Droits de l'homme », *Gaz. Pal.,* 1988, doctrine, p. 1-2.

PETTITI (L.-E.),
« Droits fondamentaux et Convention européenne des droits de l'homme », *Gaz. Pal.,* 11 juil. 1997.

PHILIP (L.), « Le développement du contrôle de constitutionnalité et l'accroissement des pouvoirs du juge constitutionnel », *R.D.P.,*1983. 401.

PICARD (E.), «L'émergence des droits fondamentaux en France », *AJDA* 1998.

PICOD (F.), Le droit au juge en droit communautaire, *in* J. RIDEAU (dir.) *Le droit au juge dans l'Union européenne,* LGDJ, 1998, p. 141.

POLLET-PANOUSSIS (D.), « La constitution congolaise de 2006 : petite sœur africaine de la Constitution française », *RFDC*, n°75, 2008, p. 451.

POTIER (M.), « L'Assemblée Constituante et la question de la liberté du travail : texte méconnu, la loi Le Chapelier », in *Idées économiques sous la Révolution 1789-1794,* Lyon, Presses universitaires de Lyon, 1989, p. 235.

POUGOUÉ (P.-G.),
« Le petit séisme du 14 aout 1992 », *RJA,* 1994, p. 9.
Les droits fondamentaux de l'homme au travail dans les traités africain, *in Mondialisation, travail et droits fondamentaux, I. DAUGAREILH (dir.),* Éd. Bruylant & L.G.D.J, 2005, p. 121.
Nouveaux enjeux du droit du travail en Afrique noire francophone et dynamique syndicale, in *Droit syndical et droit de l'homme à l'aube du XXe siècle, Mélanges en hommage à J.-M. VERDIER,* Dalloz.

POUGOUÉ (P.-G.), TCHAKOUA (J.-M.), « Le difficile enracinement de la négociation collective en droit du travail camerounais », *Afrilex* 2000, p. 10.

POULAIN (G.), note, soc. 13 oct. 1971, *JCP* 1972 II 17080.

PRADEL (J.), Les droits fondamentaux à l'épreuve de la mondialisation, *in* Colloque des 16 et 17 mars 2006 sur *Les droits fondamentaux à l'épreuve de la mondialisation*, p. 150.

PRÉTOT X.,

TA Versailles, 22 déc. 1988, *RFD adm.* 1990.440.

« Les bases constitutionnelles de la négociation collective », TPS, 1997, p. 6.

PRIET (F.), « L'incompétence négative du législateur », *Rev. fr. dr. const.,* 1994, p. 59

QUANTIN (P.), « La démocratie en Afrique à la recherche d'un modèle », *Pouvoirs*, n°129, 2009, p. 65.

RAY (J.-E.),

« 1988-1991 : un nouveau droit jurisprudentiel de la grève », *Dr. soc.*, 1991.716.

obs., soc. 7 janv. 1995, *Dr. soc.,* 1995. 835.

obs., soc. 21 mai 1997: *Bull. Civ. V,* n°183: *Dr. soc.* 1997.783.

obs., soc. 24 juin 1998 : *Bull. civ. V,* n°335 *; Dr. soc.* 1998.853.

RAYNAL (J.-J.), « Intégration et souveraineté : le problème de la constitutionnalité du traité

OHADA », *Penant* 2000, p. 5.

REVET (Th.), « Le droit du travail dans la jurisprudence du conseil constitutionnel », in *La légitimité de la jurisprudence du Conseil constitutionnel*, Paris, Economica, 1999, p. 62.

REINHARD Y., obs., *D.*, 1983, IR 167.

RIALS (S.), « Les incertitudes de la notion de Constitution sous la Ve République », *R.D.P.,* 1984. 584.

RIGAUX (F.), « La place de la Charte Africaine dans la reconnaissance des droits des peuples », *Revue Africaine de Droit International et Comparé,* Tome I, n°4, décembre 1989, p. 584-594.

RIVERO (J.), VEDEL (G.), « Les principes économiques et sociaux de la Constitution : le Préambule », *Dr. soc.,* 1947, p. 95.

ROBERT (J.), note, TA Strasbourg, 11 déc. 1989, Paoletti :*RD publ.* 1987, p. 10975.

ROBIN-OLIVIER (S.), PATAUT (E.), « Europe sociale ou Europe économique (à propos des affaires *Viking* et *Laval)* », *RDT* 2008.

RODIÈRE (P.),

« Accord d'entreprise et convention de branche ou interprofessionnelle : négociation indépendante, subordonnée, articulée », *Dr. soc.,* 1982, p 711.
« La branche professionnelle, l'entreprise et le groupe dans le projet de loi "Fillon" sur le dialogue social », *SSL,* 2004. n°1148.
« Les arrêts *Viking* et *Laval,* le droit de grève et le droit de la négociation collective », *RTD eur.,* 2008.
« L'impact des libertés économiques sur les droits sociaux dans la jurisprudence de la CJCE », *Dr. soc.,* 2010.573.

RODIÈRE (R.), « Approche d'un phénomène : les migrations de systèmes juridiques », in *Mélanges Gabriel MARTY,* p. 947.

ROLLAND (P.), Chronique de jurisprudence de la Cour européenne des droits de l'homme, *J.D.I.,* 1982, p. 220-224.

ROMAN (D.), « Les droits sociaux, entre *"injusticiabilité"* et *"conditionnalité" :* élément pour une comparaison », *R. I. D. C.,* 02/2009.

ROTSCHILD-SOURIAC, obs., soc. 21 juillet 1986 : *D.* 1987. Somm. 205, 1er esp.

ROURNIER (R.), Cour d'appel de Montpellier, 9 juillet 1997, *Syndicat Front natinal pénitentiaire c. États francais et autres, D.,* 1997, J., p. 469.

ROUSSEAU (D.),
« Les libertés individuelles et la dignité de la personne humaine », *in* S. GUINCHARD, M. HAURICHAUX, *Le grand oral : Protection des libertés et droits fondamentaux,* Paris, Montchrestien, 4e éd., p. 568.
« La QPC se cherche ! », *Gaz. du Pal.,* 18 mai 2010, n°138, p. 13.

RUIZ FABRI (H.), « Les principes généraux du droit communautaire et du droit comparé », *Revue française de théorie, de philosophie et de culture juridique,* 01/06/07, n°45, p. 127.

SAMB (M.), « Réformes et réception des droits fondamentaux du travail au Sénégal », *Afrilex,* 2000.

SAVATIER (J.),
obs., soc. 10 mars 1961 : *Bull. civ. IV, n°333 ; D.* 1961. Somm. 92 ; *Dr. soc.* 1961. 363.
obs., soc. 8 janvier 1965 : *Bull. civ. IV, n°19 ; Dr. soc.* 1965. 380.
note, *Dr. soc.* 1981. 435.
« Grèves et primes complémentaires du salaire », *Dr. soc.* 1981, 435.
« La distinction entre la grève et l'action syndicale », *Dr. soc.,* 1984, p. 54.
« La liberté dans le travail », *Dr. soc.,* 01/01/1990

note, soc. 27 nov. 1990 : *Bull. civ. V,* n°590 ; *D.* 1990, *IR* 298; *Dr. soc.* 1991. 321.
soc. 29 févr. 1991, *RJS* 1991. 266, n°507.
« Liberté religieuse et relation de travail », *Mélange en l'honneur de J.-M. VERDIER,* Dalloz, 2001, p. 455.

SAKHO (O.), « Quelle justice pour la démocratie en Afrique ? », *Pouvoirs,* 2009, n°129, p. 57-64.

SCHMITT (M.), « La dimension sociale du traité de Lisbonne », *Dr. soc.,* 2010.682.

SCHMITTER (G.), « L'incompétence négative du législateur et des autorités administratives », *Ann. int. just. const.,* 1989, p. 137.

SCHOETTL (J.-E.), *LPA*, 16 fév. 2006, n° 34, p. 3.

SCHWARTZ (A.), « La réception et l'assimilation des droits étrangers, in *Introduction à l'étude du droit comparé, Recueil en l'honneur d'Édouard LAMBERT,* Sirey-LDGJ, 1938, T.II, p. 581.

SEILLER (B.), « Assez d'hypocrisie ! », in *L'application de la Constitution par les Cours suprêmes* (dir. G. DRAGO)., p. 185.

SICILIANOS (L.-A.), « Rapport de séance », *in* Déclaration universelle des droits de l'homme. 1948-1998. Avenir d'un idéal commun, Paris, La Documentation française, 1999, p. 322.

SINAY (H.),
« Les conflits collectifs et l'argent », in *Études offertes à G.H. CAMERLYNCK,* 1977.
chron., « La suppression des primes anti-grèves », *D.* 1979. 81.
« Un tournant du droit du travail, les arrêts Perrier », *D* chron. p. 235.

SINKONDO (M.-H.), « La Charte africaine des droits de l'homme et des peuples ou les apories juridiques d'une convention encombrante », *Penant*, 1994, n°816, p. 288 s.

SOULAS de RUSSEL (D.), « Nature et racine du principe de sécurité juridique : Une mise au point », *Rev. int. dr. comp.,* 01/03/2003, n°1, p. 85-103.

SOURIAC (M.-A.), « L'articulation des niveaux de négociations », *Dr. soc.,* Juin 2004, p. 585.

STEIN (S.), « La sécurisation des accords de branche – commentaire de l'article 45 de la loi du 4 mai 2004 », *SSL,* 27 septembre 2004, n°1183, p. 64.

SUDRE (F.),
obs., *JCP* 1994, I, n°3742, spéc. n°34.
obs., CEDH, 25 avril 1996 ; *JCP* 1997 I, n°4000, spéc. n°40.
obs. *JCP* 1997 I n°4000, n°40.

« La Communauté européenne et les droits fondamentaux après le traité d'Amsterdam », *JCP G* 1998 I, 100.
« Les droits sociaux fondamentaux et la Convention européenne des droits de l'homme », *RUDH*, 2000, p. 28.
« La perméabilité de la convention européenne des droits de l'Homme aux droits sociaux », *RTDE* 2001, p. 467.
« A propos du dynamisme interprétatif de la cour européenne des droits de l'Homme », *JCP, ed.G.*, n°28, 11juillet 2001, p.1365.
« Les "obligations positives" dans la jurisprudence européenne des droits de l'homme, *RTDH*, 1995 », p. 363.
« La protection des droits sociaux fondamentaux par la Cour européenne des droits de l'Homme : un exercice de jurisprudence fiction », *RTUDH*, 2003, p. 755.
« Droit de la Convention européenne des droits de l'homme », *J.C.P.* 5 février 2003, Éd. Générale, I, 109, p 235.

SUEUR (J.-J.),
« Conceptions économiques des membres de la Constituante », *Rev. dr. pub.* 1989, p. 806.
« Régénération des droits de l'homme et/ou consécration de droits nouveaux ? », *in Le Préambule de la Constitution de 1946, Antinomies juridiques et contradictions politiques*, Paris, PUF, 1996, p. 129.

SUPIOT (A.),
« Du nouveau self-service normatif : la responsabilité sociale des entreprises », *in Mélanges J. Pélissier*, Dalloz, p. 543.
« L'Europe gagnée par l'économie communiste de marché », *Revue du MAUSS permanente*, 30 janvier 2008.
« Justice sociale et libéralisation du commerce international », *Dr. soc.*, 02/02/2009, p. 141

SZABO (I.) *in* Les dimensions Internationales des Droits de l'Homme, *Manuel destiné à l'enseignement des droits de l'homme dans les universités*, Unesco, Paris, 1978.

TCHAPNGA (C. K.), « Le juge constitutionnel, juge administratif au Bénin et au Gabon ? », *Rev. fr. dr. const.*, n°75, 03/2008, p. 553.

TELLIER (D.), « Une loi de liberté pour les négociateurs », *SSL*, 27 septembre 2004, n°1183, p. 15.

TERNEYRE (Ph.),
« Grève dans les services publics », *Rép. trav. Dalloz*, 1991.
« Le Conseil d'État et la valeur juridique des droits sociaux proclamés par le préambule de la Constitution du 27 octobre 1946 », *Rev. fr. dr. const.*, 1991, p. 317.

TEYSSIÉ (B.),
obs., soc. 25 février 1988, *JCP* éd. E 1988. II. 15228, n°1.
« Le déroulement de la grève dans les services publics industriels et commerciaux : le primat de la continuité », *Rev. fr. dr. adm.,* 1988, p. 825.
« A propos de la rénovation de la démocratie sociale », *Dr. soc.,* 2009, p. 627.

TICLIÉ (A.), « Aspects de la liberté syndicale », *Rev. int. dr. comp.,* 1993, p. 355.

TISSANDIER (H.), « L'articulation des niveaux de négociation dans l'accord interprofessionnel sur la politique contractuelle du 31 octobre 1995 », *Dr. soc.,* 1995, p. 11.

TOUFFAIT, concl., *D* 1974, p. 593.

TOURNIER (R.), Cour d'appel de Montpellier, 9 juillet 1997, *Syndicat Front national pénitentiare c. État français et autres, D.,* 1997, J., p. 469.

TOUSCOZ (J.), « Le droit de grève dans les services publics et la loi du 31 juillet 1963 », *Dr. soc.,* 1964. 20.

TOZO (E.), *Réflexion : la loi organique de la HAAC*, La Nouvelle Tribune, 02/09/2008.

TUOT (M.), conclusion, CE 12 oct. 1990 : *JCP* 91, éd. G, II, 21638, 2e esp.

TURPIN (D.),
« Le droit de grève face à un nouveau principe de valeur constitutionnelle », *Dr. soc.,* 1980, p. 448.
« Le traitement des antinomies des droits de l'homme par le Conseil constitutionnel », *Droits,* n°2, 1985, p. 85.

TRÉBULLE (F.-G.), « La responsabilité sociale de l'entreprise : un impératif ? », *Rev. de droit des affaires de l'université Panthéon-Assas,* 01/10/08, n°5, p. 29-39.

TROIANIELLO (A.), « Les droits fondamentaux, fossoyeurs du constitutionnalisme ? », *Le Débat,* n°124, mars –avril, 2003.

TROLET ((L.-E), « Dynamisme et contrôle de l'application de la Charte », La Charte sociale européenne : dix années d'application, Université libre de Bruxelles, (Actes du colloque organisé en octobre 1976 par l'institut d'Études Européennes de l'Université libre de Bruxelles) 1978, p. 35-46.

VALLINDAS (P. G.), « L'utilité du Droit comparé en vue de la sélection des matières susceptibles d'unification », *R.H.D.I.,* 1949.84.

VALTICOS (N.),

« Un développement du droit international du travail : les droits syndicaux et les libertés publiques », *En hommage à Paul HORION,* Liège, Faculté de droit, 1972, p. 268.
« Les normes de l'Organisation en matière de protection des droits de l'homme », *Revue des droits de l'homme,* Vol III-1, 1970, p. 109-128.
VANDAMME (F.),
« La révision de la Charte sociale européenne », *Rev. int. dr. trav.,* 1994, vol. 133, n°5-6, p. 697.
« La fermeture de l'usine Renault-Vilvorde : conséquences politiques et sociales internationales », *Revue du marché communautaire de l'Union européenne,* 01/09/1997, n° 411, p. 513.
VASAK (K.),
« Les droits de l'homme en Afrique », *Revue juridique et Politique, Indépendance et Coopération,* avril /juin 1967, p. 273-294.
« La Commission Interaméricaine des Droits de l'Homme », *Revue de Droit International et Comparé,* Vol I-1, 1968, p. 109-117.
VATINET (R.), « Réglementation du droit de grève dans un service public », *JCP S,* n°37, 12 septembre 2006, 1699.
VEDEL (G.),
note, Conseil d'État, sec. 12 fév. 1960, Société Eky, *JCP* éd. G 1960, II, 11629 bis.
« L'accès des citoyens au juge constitutionnel. La porte étroite » *Vie jud.* 11-17 mars 1991, p. 1, 13 et 14.
VERDIER (J.-M.),
note, *JCP* 1968, éd. G II 15605.
note, *JCP* 1968, 84669.
note, *D.* 1969. 471.
note, *D.* 1969. 597.
« Du contrat au statut et du droit individuel aux libertés publiques », *JCP éd. G.,* 1971, I, 2422.
« Réalité, authenticité et représentativité syndicale », *in Études de droit du travail offertes à A. BRUN,* Paris, Librairie sociale et économique, 1974, p. 571.
« Sur les rapports entre la représentativité syndicale et la représentation élue du personnel dans l'entreprise », *Études offertes à G. H. CAMERLYNCK,* Dalloz, 1978, p. 263.
« La réformes et le droit syndical », *Dr. soc.,* 1982, p. 291.
« La présence syndicale dans l'entreprise et la loi du 28 octobre 1982 relative au développement des institutions représentatives du personnel », *Dr. soc.,* 1983, p. 37.

« Négociation collective et représentativité syndicale », du pluralisme intégral au pluralisme tempéré », in *Études dédiées à A. WEILL*, Paris, Dalloz, Litec, 1983, p. 569.
« Liberté et travail, problématique des droits de l'homme et rôle du juge », *D.* 1988, chr., p. 29.
« Sur la relation entre représentation et représentativité syndicale », *Dr. soc.,* 1991, p. 5.
« En guise de manifeste, le droit du travail, terre d'élection pour les droits de l'homme », *in Les orientations sociales du droit contemporain, Écrits en l'honneur de J. SAVATIER,* Paris, PUF, 1992, p. 427.
« L'apport des normes de l'OIT au droit français du travail », *Rev. int. trav.,* 1993, vol. 132, p. 747.
« Négocier la représentation, quels agents, quels pouvoirs, quels statuts ? », *Dr. soc.,* 1997, p. 1040.
« Représentants syndicaux ou élus salariés, un droits positifs encore chargé d'équivoque », *RJS,* 1999, p. 824.
« Relation de travail et droit fondamentaux. Une jurisprudence en éveil », *in Le juge entre deux millénaires, Mélanges offertes à P. DRAI,* Paris, Dalloz, 2000, p. 653.
« La protection des représentants des salariés : une logique de statut », *Dr. soc.,* 2001, p. 634.
« Sur la protection spécifique des droits fondamentaux en droit du travail », *Dr. soc.,* 2001, p. 1035.
« Grande pauvreté, précarité, exclusion : un défi et des moyens pour les syndicats et les représentants des travailleurs ? », *in Mélanges dédiés au président M. DESPAX,* Presses de l'Université des sciences sociales de Toulouse, Toulouse, 2002, p. 520.
« Le coup de vent sur la jurisprudence Perrier : le coup de pouce à la logique du statut protecteur », *Dr. soc.,* n°1, janvier 2008, p. 116.
« Une inégalité paradoxale de la protection : délégué désigné ou élu et conseiller du salarié », *Dr. soc.,* 2010, n°2, p. 174.
« Vulnérabilité des représentants des salariés : des protections spéciales évincées en jurisprudence », *Dr. soc.,* n°7/8 2010, p. 832.

VERKINDT (P.-Y.), « Les élections professionnelles dans l'entreprises », *Dr. soc.,* 2009, p. 641.

VERPEAUX (M.), « Questions préjudicielles et renouveaux constitutionnels », *AJDA*, 2008, p. 1879.

VERPEAUX (M.), PLESSIX (B.), « L'adoption de la révision constitutionnelle », *JCP A* n°31, 28 juillet 2008, act. 696.

VIALA (A.), *in Dictionnaire des droits fondamentaux*, D. CHAGNOLAUT, G. DRAGO (dir.), Dalloz, 2006, p. 287.

VOGEL-POLSKY (E.), « Quel futur pour l'Europe sociale après le sommet de Strasbourg ? », *Dr. soc.*, n° 2 févr. 1990, p. 219.

WALINE (J.), « Les révisions de la Constitution », in, Ph. ARDANT (mél), *Droit et politique à la croisée des cultures*, LGDJ, Paris, 1999, p. 236.

WAQUET (Ph.),

rapp., soc. 13 nov. 1996 : *Bull. civ. V*, n°379 ; *JCP 1997*. II. 22754.

rapp., soc. 29 févr. 1991 : *Bull. civ. V*, n°80 ; *GADT*, 4e éd., n°207 ; *D.* 1991. *IR*. 83 ; *Dr. soc.* 1991. 315 ; trois arrêts.

« Le juge social et la Convention européennes de sauvegardes des droits de l'homme et des libertés fondamentales », in *Soixantième anniversaire de la Chambre sociale de la Cour de cassation 1938-1998*, Paris, La documentation française, 2000, p. 154.

« Le pouvoir de direction et les libertés des salariés », *Dr. soc.*, 2000, p. 1052.

« Les libertés dans l'entreprise », *RJS* 05/2000, p. 335.

« Coup de vent sur la jurisprudence Perrier », *RJS* 6/05.

WACHSMANN (P.), « L'importation de la notion "droits fondamentaux" en France », *RUDH*, vol 16, n° 1-4, 2004, p. 40-49.

ZAJTAY (I.), « La réception des droits étrangers et droit comparé », *R.I.D.C*, 1947, p 686.

ZEIGLER (J.), « Le problème de la protection des droits de l'homme dans les États africains de l'Ouest et du Centre », *Revue Economique de Lausanne*, avril 1963, p. 133-140.

ZILLER (J.), « L'Union européenne et l'outre-mer », *Pouvoirs*, n°113, L'outre-mer, avril 2005, p. 145-158.

TABLE DES MATIÈRES

L'HARMATTAN, ITALIA
Via Degli Artisti 15; 10124 Torino

L'HARMATTAN HONGRIE
Könyvesbolt ; Kossuth L. u. 14-16
1053 Budapest

L'HARMATTAN BURKINA FASO
Rue 15.167 Route du Pô Patte d'oie
12 BP 226 Ouagadougou 12
(00226) 76 59 79 86

ESPACE L'HARMATTAN KINSHASA
Faculté des Sciences sociales,
politiques et administratives
BP243, KIN XI
Université de Kinshasa

L'HARMATTAN CONGO
67, av. E. P. Lumumba
Bât. – Congo Pharmacie (Bib. Nat.)
BP2874 Brazzaville
harmattan.congo@yahoo.fr

L'HARMATTAN GUINÉE
Almamya Rue KA 028, en face du restaurant Le Cèdre
OKB agency BP 3470 Conakry
(00224) 60 20 85 08
harmattanguinee@yahoo.fr

L'HARMATTAN CÔTE D'IVOIRE
M. Etien N'dah Ahmon
Résidence Karl / cité des arts
Abidjan-Cocody 03 BP 1588 Abidjan 03
(00225) 05 77 87 31

L'HARMATTAN MAURITANIE
Espace El Kettab du livre francophone
N° 472 avenue du Palais des Congrès
BP 316 Nouakchott
(00222) 63 25 980

L'HARMATTAN CAMEROUN
BP 11486
Face à la SNI, immeuble Don Bosco
Yaoundé
(00237) 99 76 61 66
harmattancam@yahoo.fr

L'HARMATTAN SÉNÉGAL
« Villa Rose », rue de Diourbel X G, Point E
BP 45034 Dakar FANN
(00221) 33 825 98 58 / 77 242 25 08
senharmattan@gmail.com

44563 - juin 2012
Achevé d'imprimer par

1livre.com
du rêve à la réalité !

Made in United States
Orlando, FL
05 November 2026

90230595R00385